Einfluss von Steuern auf unternehmerische Entscheidungen

Bert Kaminski • Günther Strunk

Einfluss von Steuern auf unternehmerische Entscheidungen

2., vollständig überarbeitete Auflage

Springer Gabler

Bert Kaminski
Helmut Schmidt Universität –
Universität der Bundeswehr Hamburg,
Deutschland

Günther Strunk
Hamburgisches Weltwirtschaftsinstitut (HWWI)
Hamburg, Deutschland

ISBN 978-3-8349-0095-1
ISBN 978-3-8349-6971-2 (eBook)
DOI 10.1007/978-3-8349-6971-2

Die Deutsche Nationalbibliothek verzeichnet diese Publikation in der Deutschen Nationalbibliografie; detaillierte bibliografische Daten sind im Internet über http://dnb.d-nb.de abrufbar.

Springer Gabler
Die erste Auflage des Werkes ist 2003 mit dem Titel „Einfluss von Steuern auf unternehmerische Entscheidungen" im Luchterhand Verlag erschienen.

Einbandentwurf: KünkelLopka GmbH, Heidelberg

Gedruckt auf säurefreiem und chlorfrei gebleichtem Papier

Springer Gabler ist eine Marke von Springer DE. Springer DE ist Teil der Fachverlagsgruppe Springer Science+Business Media
www.springer-gabler.de

Vorwort

Das Steueraufkommen von Bund, Ländern und Gemeinden betrug 2010 rund 21,4% des Bruttoinlandsproduktes.[1] Schon diese Zahl belegt, welche große wirtschaftliche Bedeutung Steuern haben. Von „der Politik" wird immer wieder Entscheidungsneutralität steuerlicher Regelungen (etwa im Sinne von Rechtsform- und/oder Finanzierungsneutralität) angekündigt. Gleichwohl zeigt eine eingehende Analyse, dass unterschiedliche unternehmerische Handlungsweisen, die zu einem vergleichbaren wirtschaftlichen Ergebnis führen, mit unterschiedlichen Steuerbelastungen verbunden sind. Diese Belastungen können dazu führen, dass sich eine Vorteilhaftigkeitsreihenfolge von Alternativen ohne Berücksichtigung von Steuern nach deren Einbeziehung ändert. Folglich müssen „die Steuern" in die betriebswirtschaftliche Entscheidungsfindung Eingang finden. Auf Grund der komplexen steuerlichen Regelungen ist es nicht ausreichend, die Ergebnisse vor Steuern mit dem Faktor (1 – s) zu multiplizieren. Dies unterstellte, dass alle Alternativen gleich besteuert werden. Da eine solche Annahme nicht der Realität entspricht, muss eine konkrete Betrachtung der mit den jeweiligen Alternativen verbundenen steuerlichen Belastungen erfolgen.

Unser Ziel ist es, eine komprimierte Einführung in die Regelungen der Besteuerung zu ermöglichen, die für die Analyse und Beurteilung des Einflusses der Besteuerung auf betriebliche Entscheidungen erforderlich sind. Daraus folgt eine Ausrichtung, die sich an den Erfordernissen der betrieblichen Praxis orientiert, aber auch Studenten der Betriebswirtschaftslehre, insbesondere der Betriebswirtschaftlichen Steuerlehre, einen Einblick in die vorhandenen steuerlichen Einflüsse gibt.

Unternehmerische Entscheidungen lassen sich in Geschäftsleitungsentscheidungen im engeren und im weiteren Sinne unterteilen. Erstere umfassen die konstitutiven Entscheidungen, letztere die laufenden Entscheidungen. Beide Bereiche werden durch Steuern beeinflusst, doch ist Art, Intensität und Häufigkeit des Einflusses unterschiedlich.

Das vorliegende Buch will dabei nicht nur die „klassischen" Einflüsse der Besteuerung auf Investitions- und Finanzierungsentscheidungen sowie Rechtsformwahl und -wechsel aufzeigen, sondern ganz bewusst weitere unternehmerische Entscheidungen mit einbeziehen. Dies gilt insbesondere für den Einfluss von Steuern auf die Wahl von Konzernstrukturen, Controlling, Marketing, Personalwesen, Organisation und Pro-

1 Quelle: Deutsches Statistisches Bundesamt (www.destatis.de) vom 19. 1. 2012, 16:14 Uhr MEZ, sowie Bundesfinanzministerium (www.bundesfinanzministerium.de) vom 19. 1. 2012, 16:12 Uhr MEZ.

duktion. Damit wird deutlich, dass bei immer mehr unternehmerischen Entscheidungen steuerliche Aspekte zu berücksichtigen sind.

Die Zeit seit der 1. Auflage dieses Werkes war durch eine Vielzahl von Rechtsänderungen gekennzeichnet. Hierbei zeigt sich, dass in der Steuergesetzgebung leider nicht immer der Qualität der Vorrang vor Schnelligkeit gegeben wird. Der Gesetzgeber greift zu immer komplizierteren Regelungen und versucht zunehmend, über „Missbrauchsklauseln" ihm als nicht sachgerecht erscheinende Ergebnisse zu verhindern. Dies bewirkt einen erheblichen Zuwachs an Komplexität, führt aber auch zu veränderten Rahmenbedingungen für unternehmerische Entscheidungen, so dass sich deren Vorteilhaftigkeit grundlegend ändert.

Hieraus folgt, dass eine Orientierung im steuerlichen Regelwerk immer schwieriger wird und insbesondere für „Neueinsteiger" ein besonderes Problem darstellt. Um sie zu ermöglichen ist es wichtig, besonders auf die grundlegenden Prinzipien abzustellen, ohne dabei wesentliche – vor allem auch für die Praxis relevante – Details zu vernachlässigen. Deshalb erfolgt eine umfassende Erläuterung der Zusammenhänge, die um praxisbezogene Beispiele sowie Rechts-, Verwaltungs- und Literaturverweise ergänzt wird. Ziel dieser Hinweise ist es, denjenigen weiterführende Fundstellen zur Verfügung zu stellen, die sich eingehender mit den angesprochenen Regelungen und Sachverhalten beschäftigen wollen. Ergänzend kommt ein Anhang mit einem Glossarium der Grundbegriffe zur Besteuerung hinzu.

Um eine Eingrenzung vornehmen zu können, haben wir darauf verzichtet, frühere Rechtslagen und Übergangsvorschriften darzustellen. Vielmehr beziehen sich die Aussagen ausschließlich auf den Stand bei Drucklegung. Außerdem beschränken sich die Überlegungen auf rein innerstaatliche Fragen, während die grenzüberschreitenden Aspekte in unserem Buch „Steuern in der internationalen Unternehmenspraxis" (Wiesbaden 2006) dargelegt wurden.

Die Autoren sind für Anregungen, Kritik und konstruktive Verbesserungsvorschläge zur 2. Auflage aus dem Kreis der Leser stets dankbar. Zugleich danken wir den aufmerksamen Lesern, die uns auf Unstimmigkeiten und Fehler in der 1. Auflage hingewiesen haben. In diesen Dank möchten wir Herrn Dipl.-Kfm. Matthis Hundrieser, Herrn Dipl.-Kfm. Thomas Jansen sowie insbesondere Frau Dipl.-Kffr. Dr. rer. pol. Rasa Rollberg und Frau Katrin Peemöller mit einbeziehen, die uns bei der Überarbeitung dieses Werkes, die in weiten Teilen eine Neuerstellung war, tatkräftig unterstützt haben.

Hamburg, 1. Februar 2012

Univ.-Prof. Dr. habil. Bert Kaminski
StB Prof. Dr. habil. Günther Strunk

Inhaltsverzeichnis

Abkürzungsverzeichnis

ΔR_t	–	Minderung des Restwerts in der Periode t,
€	–	Euro
a	–	Annuität
A	–	Durchschnittswert der Auszahlungen aus dem Investitionsprojekt über dessen gesamte Laufzeit
a. A.	–	andere Auffassung
a. a. O.	–	am angegebenen Ort
a. F.	–	alte Fassung
A_0	–	Anschaffungsauszahlung zu Beginn der Investition (Zeitpunkt t_0)
A_0^j	–	Anschaffungskosten des Investitionsprojektes j zum Zeitpunkt t_0
ABl. EG	–	Amtsblatt der Europäischen Gemeinschaft
ABl. EU	–	Amtsblatt der Europäischen Union
Abs.	–	Absatz
Abschn.	–	Abschnitt
Abs_t	–	Abschreibungen der Periode t
AfA	–	Absetzung für Abnutzung
AG	–	Aktiengesellschaft (Rechtsform)
AktG	–	Aktiengesetz vom 6. 9. 1965 (BGBl. I 1965, S. 1089 ff.), zuletzt geändert durch Gesetz vom 22. 12. 2011 (BGBl. I 2011, S. 3044)
Anm.	–	Anmerkung
AO	–	Abgabenordnung vom 01. 10. 2002 (BGBl. I 2002, S. 3866; BGBl. I 2003, S. 61), zuletzt geändert durch Gesetz vom 22. 12. 2011 (BGBl. I 2011, S. 3044)
Art.	–	Artikel
a_s	–	Annuität unter Berücksichtigung von Steuern
AStG	–	Gesetz über die Besteuerung bei Auslandsbeziehungen (Außensteuergesetz) vom 8. 9. 1972 (BGBl. I 1972, S. 1713 ff.), zuletzt geändert durch Gesetz vom 8. 12. 2010 (BGBl. I 2010, S. 1768)
A_t	–	Auszahlungen der Periode t (wobei diese auch ein evtl. zusätzliches Entgelt in der Periode n für die Entsorgung des Investitionsobjektes beinhalten können)
Aufl.	–	Auflage
BB	–	Betriebs-Berater (Zeitschrift)
Beil.	–	Beilage

BetrAVG	–	Gesetz zur Verbesserung der betrieblichen Altersversorgung - Betriebsrentengesetz vom 19. 12. 1974 (BGBl. I 1974, S. 3610), zuletzt geändert durch Gesetz vom 21. 12. 2008 (BGBl. I 2008, S. 2940)
BFH	–	Bundesfinanzhof
BFH/NV	–	Sammlung der amtlich nicht veröffentlichten Entscheidungen des Bundesfinanzhofs
BFHE	–	Entscheidungssammlung des Bundesfinanzhofs
BGB	–	Bürgerliches Gesetzbuch vom 02. 1. 2002 (BGBl. I 2002, S. 290; BGBl. I 2003, S. 738), zuletzt geändert durch Gesetz vom 27. 7. 2011 (BGBl. I 2011, S. 1600)
BGBl.	–	Bundesgesetzblatt
BGH	–	Bundesgerichtshof
BGHZ	–	Bundesgerichtshof Zivilsachen (Entscheidungssammlung)
BilMoG	–	Gesetz zur Modernisierung des Bilanzrechts vom 25. 05. 2009 (BGBl. I 2009, S. 1102)
BMF	–	Bundesminister/Bundesministerium der Finanzen
BMG	–	Bemessungsgrundlage
BR-Drs.	–	Bundesrats-Drucksache
bspw.	–	beispielsweise
BStBl.	–	Bundessteuerblatt
BT-Drs.	–	Bundestags-Drucksache
Buchst.	–	Buchstabe
BVerfG	–	Bundesverfassungsgericht
BVerfGE	–	Entscheidungen des Bundesverfassungsgerichts
bzw.	–	beziehungsweise
c. p.	–	unter sonst gleichen Bedingungen
C_0	–	Kapitalwert
C_{0S}	–	Kapitalwert unter Berücksichtigung von Steuern
ca.	–	circa
Co.	–	Compagnie
d. h.	–	das heißt
DB	–	Der Betrieb (Zeitschrift)
DBA	–	Abkommen zur Vermeidung der internationalen Doppelbesteuerung (Doppelbesteuerungsabkommen)
Dok.	–	Dokument
DStJG	–	Deutsche Steuerjuristische Gesellschaft
DStR	–	Deutsches Steuerrecht (Zeitschrift)
E	–	Durchschnittswert der Einzahlungen aus dem Investitionsprojekt über dessen gesamte Laufzeit
EBIT	–	Earnings before Interest and Taxes, englisch für Gewinn vor Zinsen und Steuern

EBITDA	–	Earnings before Interest and Taxes, Depreciation and Amortization, englisch für Gewinn vor Zinsen, Steuern und Abschreibungen auf Sachanlagen und immaterielle Vermögenswerte
EDV	–	Elektronische Datenverarbeitung
EFG	–	Entscheidungen der Finanzgerichte (Zeitschrift)
EG	–	Europäische Gemeinschaft
EGAktG	–	Einführungsgesetz zum Aktiengesetz i. d. F. der Bekanntmachung vom 06. 09. 1965 (BGBl. I 1965, S. 1185), zuletzt geändert durch Gesetz vom 9. 12. 2010 (BGBl. I 2010, S. 1900)
E_j	–	Durchschnittserlös der Investitionsvorhabens j
ErbSt	–	Erbschaftsteuer
ErbStG	–	Erbschaftsteuer- und Schenkungsteuergesetz i. d. F. der Bekanntmachung vom 27. 2. 1997 (BGBl. I 1997, S. 378), geändert durch Gesetz vom 7. 12. 2011 (BGBl. I 2011, S. 2592)
ErbStR	–	Erbschaftsteuer-Richtlinien 2003 vom 17. 03. 2003 (BStBl. I 2003, Sondernummer 1, S. 2)
EStG	–	Einkommensteuergesetz i. d. F. der Bekanntmachung vom 8. 10. 2009 (BGBl. I 2009, S. 3366, berichtigt S. 3862), zuletzt geändert durch Gesetz vom 20. 12. 2011 (BGBl. I 2011, S. 2854)
EStH	–	Einkommensteuer-Hinweise
EStR	–	Einkommensteuer-Richtlinien 2008 i. d. F. der Einkommensteueränderungsrichtlinie 2008 vom 18. 12. 2008 (BStBl. I 2008, S. 1017)
E_t	–	Einzahlungen der Periode t (wobei diese auch einen evtl. Liquidationserlös in der Periode n beinhalten können
EU	–	Europäische Union
EuGH	–	Europäischer Gerichtshof
evtl.	–	eventuell
EWR	–	Europäischer Wirtschaftsraum
EZ	–	Erhebungszeitraum
$f_*'(X)$	–	soziale Grenzkosten
F.	–	Fach
f.	–	folgende
$f'(X)$	–	private Grenzkosten
ff.	–	fortfolgende
FG	–	Finanzgericht
FR	–	Finanzrundschau (Zeitschrift)
FS	–	Festschrift
GA	–	Gemeinschaftsaufgabe
GbR	–	Gesellschaft bürgerlichen Rechts

GE	–	Geldeinheiten
GenG	–	Gesetz betreffend die Erwerbs- und Wirtschaftsgenossenschaften i. d. F. der Bekanntmachung vom 16. 10. 2006 (BGBl. I 2006, S. 2230), zuletzt geändert durch Gesetz vom 25. 5. 2009 (BGBl. I 2009, S. 1102)
GewStG	–	Gewerbesteuergesetz in der Fassung der Bekanntmachung vom 15. 10. 2002 (BGBl. I 2002, S. 4167), zuletzt geändert durch Gesetz vom 7. 12. 2011 (BGBl. I 2011, S. 2592)
GewStR	–	Allgemeine Verwaltungsvorschrift zur Anwendung des Gewerbesteuerrechts (Gewerbesteuer-Richtlinien – GewStR 2009) vom 28. 04. 2010 (BStBl. I 2010, Sondernummer 1)
GG	–	Grundgesetz für die Bundesrepublik Deutschland vom 23. 5. 1949 (BGBl. 1949, S. 1 ff.), zuletzt geändert durch Gesetz vom 21 7. 2010 (BGBl. I 2010, S. 944)
ggf.	–	gegebenenfalls
G_j	–	Durchschnittsgewinn des Investitionsvorhabens j
GmbH & Co. KG	–	Kommanditgesellschaft mit mindestens einer GmbH als Komplementär
GmbH	–	Gesellschaft mit beschränkter Haftung
GmbHG	–	Gesetz betreffend die Gesellschaften mit beschränkter Haftung vom 20. 4. 1892 (RGBl. 1892, S. 477) i. d. F. der Bekanntmachung vom 20. 5. 1898 (RGBl. 1898, S 846), zuletzt geändert durch Gesetz vom 22. 12. 2011 (BGBl. I 2011, S. 3044)
GmbHR	–	GmbH-Rundschau (Zeitschrift)
Gr.	–	Gruppe
GrESt	–	Grunderwerbsteuer
GrEStG	–	Grunderwerbsteuergesetz in der Fassung der Bekanntmachung vom 26. 2. 1997 (BGBl. I 1997, S. 418, berichtigt S. 1804), zuletzt geändert durch Gesetz vom 1. 11. 2011 (BGBl. I 2011, S. 2131)
GrS	–	Großer Senat
GrStG	–	Grundsteuergesetz i. d. F. der Bekanntmachung vom 7. 8. 1973 (BGBl. I 1973, S. 965), zuletzt geändert durch Gesetz vom 19. 12. 2008 (BGBl. I 2008, S. 2794)
GRW	–	Gemeinschaftsaufgabe „Verbesserung der regionalen Wirthschaftsstruktur"
GRWG	–	Gesetz über die Gemeinschaftsaufgabe Verbesserung der regionalen Wirtschaftstruktur vom 6. 10. 1969 (BGBL. I 1969, S. 1861), zuletzt geändert durch Gesetz vom 7. 9. 2007 (BGBl. I 2007, S. 2246)
GWG	–	Geringwertiges Wirtschaftsgut

h	–	Hebesatz bei der Gewerbesteuer
H	–	Hinweis in den Steuerrichtlinien
h. M.	–	herrschende Meinung
HGB	–	Handelsgesetzbuch vom 10. 5. 1897 (RGBl. 1897, S. 219), zuletzt geändert durch Gesetz vom 22. 12. 2011 (BGBl. I 2011, S. 3044)
Hrsg.	–	Herausgeber
Hs.	–	Halbsatz
i	–	Zinssatz, Kalkulationszinsfuß (Bruttozinssatz)
i. d. F.	–	in der Fassung
i. d. R.	–	in der Regel
i. e. S.	–	im engeren Sinne
i. H. d.	–	in Höhe der/des
i. H. v.	–	in Höhe von
i. S. d.	–	im Sinne der/des
i. S. v.	–	im Sinne von
i. V. m.	–	in Verbindung mit
i. w. S.	–	im weiteren Sinne
iw	–	Institut der deutschen Wirtschaft Köln
iw-trends	–	iw-Quartalsschrift zur empirischen Wirtschaftsforschung (Zeitschrift)
IFRS	–	International Financial Reporting Standards
InsO	–	Insolvenzordnung i. d. F. der Bekanntmachung vom 5. 10. 1994 (BGBl. I 1994, S.2866), zuletzt geändert durch Gesetz vom 20. 12. 2011 (BGBl. I 2011, S. 2854)
InvZulG 2010	–	Investitionszulagengesetz 2010 i. d. F. der Bekanntmachung vom 7. 12. 2008 (BGBl. I 2008, S. 2350), zuletzt geändert durch Gesetz vom 22. 12. 2009 (BGBl. I 2009, S. 3950)
i_s	–	Nettozinssatz
IStR	–	Internationales Steuerrecht (Zeitschrift)
IWB	–	Internationale Wirtschafts-Briefe (Zeitschrift/Loseblattwerk)
j	–	Index der Investitionsprojekte (j = 1, ..., n)
JbFStR	–	Jahrbuch der Fachanwälte für Steuerrecht
JStG 2009	–	Jahressteuergesetz 2009 vom 19. 12. 2008 (BGBl. I 2008, S. 2794)
JStG 2010		Jahressteuergesetz 2010 vom 08. 12. 2010 (BGBl. I 2010, S. 1768)
JÜ	–	Jahresüberschuss
K	–	Gesamtkosten
K'	–	Grenzkosten
K_f	–	Fixkosten
Kfz	–	Kraftfahrzeug

KG	–	Kommanditgesellschaft
KGaA	–	Kommanditgesellschaft auf Aktien
K^j	–	Kosten des Investitionsprojekt j
K^j_l	–	durchschnittliche laufende Kosten des Investitionsprojekts
KÖSDI	–	Kölner Steuerdialog (Zeitschrift)
krp	–	Kostenrechnungspraxis (Zeitschrift)
KStG	–	Körperschaftsteuergesetz i. d. F. der Bekanntmachung vom 15. 10. 2002 (BGBl. I 2002, S. 4144), zuletzt geändert durch Gesetz vom 7. 12. 2011 (BGBl. I 2011, S. 2592)
KStH	–	Hinweise zu den Körperschaftsteuer-Richtlinien
KStR	–	Körperschaftsteuerrichtlinien vom 13. 12. 2004 (BStBl. I 2004, Sondernummer 2, S. 2)
k_v	–	variable Stückkosten
KWG	–	Kreditwesengesetz i. d. F. der Bekanntmachung vom 9. 9. 1998 (BGBl. I 1998, S. 2776), zuletzt geändert durch Gesetz vom 22. 12. 2011 (BGBl. I 2011, S. 3044)
L^j	–	Liquidationserlös des Investitionsprojekts j am Ende von T
L_n	–	Liquidationserlös zum Zeitpunkt n
LSt	–	Lohnsteuer
LStDV	–	Lohnsteuer-Durchführungsverordnung i. d. F. der Bekanntmachung vom 10. 10. 1989 (BGBl. I 1989, S. 1848), zuletzt geändert durch Gesetz vom 7. 12 2011 (BGBl. I 2011, S. 2592)
LStR	–	Allgemeine Verwaltungsvorschrift zum Steuerabzug vom Arbeitslohn (Lohnsteuer-Richtlinien 2011 – LStR 2011) vom 10. 12. 2007 (BStBl. I 2007, Sondernummer 1) in der Fassung der Lohnsteueränderungsrichtlinie 2011 vom 23. 11. 2010 (BStBl. I 2010, S. 1325)
m	–	Steuermesszahl bei der Gewerbesteuer/ Multiplikatoren bei der Teilsteuerrechnung
M	–	Modifikationen
m. w. N.	–	mit weiteren Nachweisen
ME	–	Mengeneinheiten
MEZ	–	Mitteleuropäische Zeit
Mio.	–	Millionen
MoMiG	–	Gesetz zur Modernisierung des GmbH-Rechts und zur Bekämpfung von Missbräuchen vom 23. 10. 2008 (BGBl. I 2008, S. 2026)
n	–	Ende des Planungszeitraums bzw. Nutzungsdauer der Investition
n. F.	–	neue Fassung
NJW	–	Neue Juristische Wochenschrift (Zeitschrift)

nnv	–	noch nicht veröffentlicht
Nr.	–	Nummer
NWB	–	NWB Steuer- und Wirtschaftsrecht (Zeitschrift)
o. g.	–	oben genannten
OECD	–	Organization for Economic Cooperation and Development
OECD-MA	–	OECD-Musterabkommen zur Vermeidung der Doppelbesteuerung auf dem Gebiet der Steuern vom Einkommen und Vermögen
OFD	–	Oberfinanzdirektion
OHG	–	Offene Handelsgesellschaft
p	–	Preis
p. a.	–	pro anno
PE	–	Preiseinheiten
PIStB	–	Praxis Internationale Steuerberatung (Zeitschrift)
R	–	Richtlinie in den Einkommensteuerrichtlinien/Restwert/Reinertrag
r	–	interner Zinsfuß
RFH	–	Reichsfinanzhof
RGBl.	–	Reichsgesetzblatt
rkr.	–	rechtskräftig
Rn.	–	Randnummer
ROI	–	Return on Investment, englisch für Kapitalverzinsung
r_s	–	interner Zinsfuß unter Berücksichtigung von Steuerng
Rs.	–	Rechtssache
Rspr.	–	Rechtsprechung
R_t	–	Restwert der Anlage in der Periode t.
Rz.	–	Randziffer
s	–	Ökosteuersatz
S.	–	Seite
SE	–	Societa Europaea, lateinsch für Gesellschaft nach Europäischem Recht (Rechtsform)
SEStEG	–	Gesetz über steuerliche Begleitmaßnahmen zur Einführung der Europäischen Gesellschaft und zur Änderung weiterer steuerrechtlicher Vorschriften vom 7. 12. 2006 (BGBl. I 2006, S. 2782, berichtigt BGBl. I 2007, S. 68)
s_{er}	–	kombinierter Ertragsteuersatz
s_{er}^{EPU}	–	Ertragsteuersatz für Einzelunternehmen und Personengesellschaften
$s_{er}^{körp}$	–	Ertragsteuersatz für Körperschaften
s_{ESt}	–	Steuersatz Einkommensteuer
s_{GewSt}	–	Steuersatz der Gewerbesteuer
s_{KSt}	–	Steuersatz der Körperschaftsteuer
SolZ	–	Solidaritätszuschlag

SolZG	–	Solidaritätszuschlagsgesetz 1995 vom 23. 6. 1993 (BGBl. I, S. 944, 75) i. d. F. der Bekanntmachung vom 15. 10. 2002, BGBl. I 2002, S. 4130, zuletzt geändert durch Gesetz vom 7. 12. 2011 (BGBl. I 2011, S. 2592)
Sp.	–	Spalte
s_{SolZ}	–	Solidaritätszuschlagssatz
S_t	–	Steuermehrbelastung in der Periode t infolge der Vornahme einer Investition
StSenkG	–	Gesetz zur Senkung der Steuersätze und zur Reform der Unternehmensbesteuerung vom 23. 10. 2000 (BGBl. I 2000, S. 1790)
Stbg	–	Die Steuerberatung (Zeitschrift)
StbJb	–	Steuerberaterjahrbuch
StBKonR.	–	Steuerberater-Kongress-Report
SteuerStud	–	Steuer und Studium (Zeitschrift)
T	–	Gesamtsteuerbelastung, Nutzungsdauer einer Investition
t	–	Periodenindex (t = 0, 1, ..., n)
t*	–	Periode, in der sich das Investitionsobjekt amortisiert hat
TEV	–	Teileinkünfteverfahren
Tz.	–	Textziffer
u. a.	–	und andere
u. E.	–	unseres Erachtens
u. U.	–	unter Umständen
UmwG	–	Umwandlungsgesetz vom 28. 10. 1994 (BGBl. I 1994, S. 3210, berichtigt BGBl. I 1995, S. 428), zuletzt geändert durch Gesetz vom 22. 12. 2119 (BGBl. I 2011, S. 3044)
UmwSt-Erlass	–	Schreiben betreffend Anwendung des Umwandlungssteuergesetzes i. d. F. des Gesetzes über steuerliche Begleitmaßnahmen zur Einführung der Europäischen Gesellschaft und zur Änderung weiterer steuerrechtlicher Vorschriften (SEStEG) vom 11. 11. 2011, IV C 2 – S 1978-b/08/10001, nnv, im Internet abrufbar unter www.bundesfinanzministerium.de
UmwStG	–	Umwandlungssteuergesetz vom 7. 12. 2006 (BGBl. I 2006, S. 2782, 2791), zuletzt geändert durch Gesetz vom 22. 12. 2009 (BGBl. I 2009, S. 3950)
Univ.	–	Universität
UntStFG	–	Gesetz zur Fortentwicklung des Unternehmenssteuerrechts vom 20. 12. 2001 (BGBl. I 2001, S. 3858)
UStG	–	Umsatzsteuergesetz i. d. F. der Bekanntmachung vom 21. 2. 2005 (BGBl. I 2005, S. 386), zuletzt geändert durch Gesetz vom 7. 12. 2011 (BGBl. I 2011, S. 2592)
UStRG 2008	–	Unternehmensteuerreformgesetz 2008 vom 14. 8. 2007 (BGBL. I 2007, S. 1912)

usw.	–	und so weiter
v.	–	von/vom
v. H.	–	vom Hundert
vgl.	–	vergleiche
V_n	–	Vermögensendwert zum Zeitpunkt n
V_n^S	–	Vermögensendwert zum Zeitpunkt n unter Berücksichtigung von Steuern
VOFI	–	Vollständiger Finanzplan
vs.	–	versus
Vz.	–	Veranlagungszeitraum
WiSt	–	Wirtschaftswissenschaftliches Studium (Zeitschrift)
X	–	Produktionsmenge
X^{alt}	–	alte Produktionsmenge
X^{neu}	–	neue Produktionsmenge
z. B.	–	zum Beispiel
z. T.	–	zum Teil
z. v. E.	–	zu versteuerndes Einkommen
ZfB	–	Zeitschrift für Betriebswirtschaft (Zeitschrift)
ZfbF	–	Zeitschrift für betriebswirtschaftliche Forschung (Zeitschrift)
zzgl.	–	zuzüglich
σ	–	Index der Steuerarten (σ = 1, ..., n)
τ	–	Teilsteuersatz

Abbildungsverzeichnis

1 Einleitung

- Was bildet den Erkenntnisgegenstand der Allgemeinen Betriebswirtschaftslehre?
- Welches Verhältnis besteht zwischen einem Betrieb und einem Unternehmen?
- Welches Verhältnis besteht zwischen einem Betrieb und einem Konzern?
- Welche Zielsetzungen sind mit betriebswirtschaftlichen Überlegungen verbunden?

Die **Allgemeine Betriebswirtschaftslehre** beschäftigt sich mit der Beschreibung und Erklärung der betrieblichen Erscheinungen und Probleme, die alle Unternehmen gleichermaßen betreffen, unabhängig davon, in wessen Eigentum sie stehen, in welcher Rechtsform sie geführt werden und in welcher Branche sie tätig sind.[2] Dabei erfolgt i. d. R. eine Betrachtung des einzelnen Unternehmens. Abhängigkeiten zwischen mehreren Unternehmen finden nur in dem Ausmaß Beachtung, in dem sie sich auf das Wirtschaften innerhalb eines Unternehmens auswirken können. Dies kann etwa der Fall sein, wenn mehrere Unternehmen zu einem **Konzern** gehören. Hierunter werden mehrere rechtlich selbstständige Unternehmen verstanden, die unter einer einheitlichen wirtschaftlichen Leitung stehen.[3] Entscheidungen werden dann häufig am „Gesamtkonzerninteresse" ausgerichtet, dem sich die einzelnen Gesellschaften – mehr oder weniger stark – unterordnen müssen. Folglich ist es geboten, auch die steuerlichen Einflüsse bei allen beteiligten Konzerngesellschaften zu betrachten.

Der Begriff **Betrieb** wird üblicherweise als „eine planvoll organisierte Wirtschaftseinheit ..., in der Sachgüter und Dienstleitungen erstellt und abgesetzt werden" definiert.[4] Im Schrifttum gibt es keine einheitliche Abgrenzung zwischen den Begriffen „Betrieb" und „**Unternehmen**". Im Folgenden wird unter einem „Unternehmen" die rechtlich-finanzielle Einheit verstanden, während der „Betrieb" als die technisch-organisatorische Seite aufgefasst wird. Während Entscheidungen innerhalb des technisch-organisatorischen Bereiches eines Unternehmens, dem Betrieb im engeren Sinne, i. d. R. unabhängig von bestehenden Rechts- und Wirtschaftssystemen getroffen werden, ist dies bei Unternehmensentscheidungen anders.

---

2 Vgl. Wöhe/Döring, Einführung in die Allgemeine Betriebswirtschaftslehre, 24. Aufl., München 2010, S. 8, 45, Schierenbeck/Wöhle, Grundzüge der Betriebswirtschaftslehre, 17. Aufl., München 2008, S. 12, Beschorner/Peemöller, Allgemeine Betriebswirtschaftslehre, 2. Aufl., Herne 2006, S. 2 f.

3 Vgl. die Definition in § 18 AktG sowie ein ähnliches Verständnis in § 290 HGB für Zwecke der Konzernrechnungslegung.

4 Vgl. Wöhe/Döring, Einführung in die Allgemeine Betriebswirtschaftslehre, 24. Aufl., München 2010, S. 27.

Diese hängen von der Einbindung des Unternehmens in ein gegebenes Rechtssystem ab. Daher erfolgt im weiteren Verlauf eine weitgehende Fokussierung auf Unternehmensentscheidungen mit Außenwirkung, die rechtliche wie steuerliche Konsequenzen nach sich ziehen.

Die mit betriebswirtschaftlichen Überlegungen einhergehenden **Zielsetzungen** lassen sich folgendermaßen zusammenfassen:[5]

- **Beschreibungsziel**
  Es erfolgt die Deskription realer Sachverhalte, um dadurch theoretische Erklärungen oder praktische Gestaltungsempfehlungen zu unterstützen. Voraussetzung hierfür ist oft eine Systematisierung (z. B. Klassifizierung bzw. Typenbildung) oder Strukturierung von Sachverhalten.
- **Erklärungsziel**
  Es soll begründet werden, warum bestimmte reale Sachverhalte sich ereignet haben oder zu bestimmten Ergebnissen führen. Dies kann z. B. durch das Bilden von Theorien geschehen. Dadurch wird es möglich, „gesetzesartige" Aussagen abzuleiten, die mit Hilfe von empirischen Daten bestätigt oder falsifiziert werden können.
- **Gestaltungsziel**
  Es sollen Regelungen und Empfehlungen für die Gestaltung betrieblicher Sachverhalte unter Beachtung des allgemeinen ökonomischen Prinzips hergeleitet werden. Insbesondere von *Heinen*[6] ist eine ***„entscheidungsorientierte Betriebswirtschaftslehre"*** vertreten worden. Danach soll es Aufgabe der (Allgemeinen) Betriebswirtschaftslehre sein, Instrumente zu entwickeln, um in einer bestimmten Situation aus der Gesamtheit der Handlungsalternativen diejenige auswählen zu können, die eine größtmögliche Zielerreichung gewährleistet. Hierbei handelt es sich regelmäßig um das Ziel der Gewinnmaximierung.

---

5 Vgl. Chmielewicz, Forschungskonzeptionen der Wirtschaftswissenschaft, 3. Aufl. Stuttgart 1994, S. 8 ff., Zelewski, Grundlagen, in: Corsten/Reiß, Betriebswirtschaftslehre, 4. Aufl., München 2008, S. 24.

6 Vgl. grundlegend Heinen, ZfB 1969, S. 208 ff.

2 Betriebswirtschaftliche Entscheidungslehre als Ausgangspunkt

- Wie lässt sich der Begriff „Entscheidung" definieren?
- Welche Arten von Entscheidungen lassen sich differenzieren?
- Welche unterschiedlichen Rahmenbedingungen können bei unternehmerischen Entscheidungen gegeben sein?
- Warum ist es überhaupt notwendig, den Einfluss von Steuern auf unternehmerische Entscheidungen zu kennen und zu berücksichtigen?
- Bei welchen Entscheidungen ist eine Beeinflussung durch die Besteuerung zu analysieren?
- Wie lässt sich der Entscheidungsprozess innerhalb eines Unternehmens charakterisieren?
- Welche Erscheinungsformen einer Geschäftsleitungsentscheidung lassen sich grundlegend unterscheiden?

2.1 Grundlagen zur betriebswirtschaftlichen Entscheidungstheorie

Aufgabe der Allgemeinen Betriebswirtschaftslehre ist es insbesondere, Entscheidungen in den Unternehmen zu unterstützen. Der **Begriff der Entscheidung** ist definiert als die Wahl einer von mehreren Alternativen, die dem Entscheidungsträger zur Erreichung eines Ziels zur Verfügung stehen.[7] Eine solche Entscheidungssituation kann sowohl bei einer bewussten wie auch bei einer unbewussten Wahl einer der Alternativen vorliegen. Die Alternativen können aus einzelnen oder mehreren Maßnahmen oder Teilen bestehen.

7 Vgl. u. a. Wöhe/Döring, Einführung in die Allgemeine Betriebswirtschaftslehre, 24. Aufl., München 2010, S. 92.

Im Rahmen der **betriebswirtschaftlichen Entscheidungstheorie** wird üblicherweise zwischen zwei Hauptrichtungen unterschieden:[8]

- **Die „normative" Entscheidungstheorie**[9]:
Ausgangspunkt der Überlegungen bildet das Rationalitätspostulat: Aufbauend auf der Annahme des rationalen Verhaltens des Entscheidungsträgers wird nach Regeln zur Bewertung von Aktionsresultaten gesucht, die der Forderung des rationalen Verhaltens entsprechen. Die Anwendung unterschiedlicher Kriterien zu deren Bestimmung führt zu unterschiedlichen Ergebnissen bei der Frage, welche der sich bietenden Handlungsmöglichkeiten diejenige ist, die den Anforderungen des Rationalitätspostulats am besten gerecht wird. Im Rahmen eines solchen Ansatzes ist zumindest zu fordern, dass der Entscheidungsträger über ein widerspruchsfreies Zielsystem verfügt. Ein solcher ist besonders geeignet, um dem verfolgten Gestaltungsziel Rechnung zu tragen.

- **Die deskriptive Entscheidungstheorie:**
Ziel dieser Überlegungen ist es, das Zustandekommen von Entscheidungen in der Wirklichkeit aufzuzeigen. Hierzu werden Hypothesen über das Entscheidungsverhalten aufgestellt, die auf der Grundlage der tatsächlichen Lösung des Entscheidungsproblems durch den Entscheidungsträger zu hinterfragen sind. Auf Grund dieser Prüfung kann entweder eine Bestätigung der Hypothese oder deren Widerlegung erfolgen. Damit wird es möglich, sowohl das Beschreibungs- als auch das Erklärungsziel zu verfolgen.

Ein Entscheidungsproblem besteht nur, wenn der Entscheidungsträger mehrere (mindestens zwei) unterschiedliche Handlungsmöglichkeiten hat. Deshalb muss für die Lösung eines Entscheidungsproblems zunächst eine Analyse der sich bietenden Alternativen erfolgen. Diese werden als **Aktions- oder Entscheidungsraum** bezeichnet, der möglicherweise aus einer Kombination verschiedener Aktionsparameter besteht. Dies bildet die Grundlage zur Bewertung der unterschiedlichen Alternativen, indem deren voraussichtlichen Ergebnisse bestimmt werden. Dies kann z. B. durch die Aufstellung einer Ergebnisfunktion geschehen, die in Abhängigkeit von den Input-Faktoren das entstehende Ergebnis abbildet (z. B. die Zunahme des Absatzes in Abhängigkeit von der Erhöhung der Werbeaufwendungen). Außerdem können mit der Wahl einer Alternative weitere Konsequenzen verbunden sein, die nur bei dieser Handlungsmöglichkeit eintreten. Um eine Entscheidung treffen zu können, sind die Ergebnisse der Alternativen so anzupassen, dass diese tatsächlich miteinander vergleichbar sind. Unter Beachtung des Rationalitätspostulats wird dann die Möglichkeit gewählt, die dem Entscheidungsträger eine maximale Erreichung des verfolgten Ziels ermöglicht. Dies setzt voraus, dass der Entscheidungsträger vorher ein angestrebtes Ziel festgelegt hat. Dabei können die Handlungsmöglichkeiten, die keinen Beitrag zur Erreichung

---

8 Vgl. z. B. Sieben/Schildbach, Betriebswirtschaftliche Entscheidungstheorie, 4. Aufl., Düsseldorf 1994, S. 1 ff., Bamberg/Coenenberg, Betriebswirtschaftliche Entscheidungslehre, 14. Aufl., München 2008, S. 1 ff.

9 Teilweise wird auch von einer **präskriptiven Entscheidungstheorie** gesprochen.

des verfolgten Ziels liefern, sofort eliminiert werden, denn sie führen nicht zu einer Verbesserung der Situation des Steuerpflichtigen. Das Steuerrecht bestimmt mit seinen Vorgaben diesen Entscheidungsraum. Es regelt, die mit den unterschiedlichen Alternativen verbundenen Steuerbelastungen. Folglich müssen steuerliche Aspekte bei der Lösung des Entscheidungsproblems mit einbezogen werden, wenn „die richtige" Alternative gewählt werden soll.

Beim Treffen von Entscheidungen sind unterschiedliche Situationen bezüglich des Umfangs der vorliegenden Informationen (also den einzelnen Ausprägungsformen des Aktions- oder Entscheidungsraums) zu berücksichtigen. Entweder sind diese eindeutig determiniert – was in der Realität nur sehr selten vorkommt – oder es liegt eine mehr oder weniger stark ausgeprägte **Unsicherheit** über die Datenlage vor. Hierbei kann danach unterschieden werden, ob der Entscheidungsträger in der Lage ist, den einzelnen möglichen Datenausprägungen Wahrscheinlichkeiten für deren Eintreten zuzuordnen. Ist dies der Fall, wird üblicherweise von einer Entscheidung unter **Risiko**[10] gesprochen. Hingegen liegt eine Entscheidung unter **Ungewissheit** vor, wenn der Entscheidungsträger keine Anhaltspunkte dafür hat, ob eine der unterschiedlichen, für möglich gehaltenen Ausprägungen eher zu erwarten ist. In einem solchen Fall besteht keine Möglichkeit, Wahrscheinlichkeiten für das Eintreten der unterschiedlichen Sachverhaltskonstellationen zu bestimmen. Dabei wird der Begriff der Wahrscheinlichkeit in diesem Kontext im Sinne einer **„subjektiven Erwartungshäufigkeit"** verwendet.[11] Hingegen würden Wahrscheinlichkeiten im Sinne einer statistischen Verwendung dieses Begriffs voraussetzen, dass es zu einer hinreichend großen Zahl von identischen Wiederholungen des Entscheidungsproblems kommt.[12] Dies ist bei den vorliegend diskutierten Fragen regelmäßig nicht der Fall. Zwar können bestimmte Fragestellungen häufiger zu beantworten sein (z. B. die Frage der Vorteilhaftigkeit einer Investition[13]), doch werden sich dabei die Bedingungen für das Treffen dieser Entscheidungen stark unterscheiden, so dass nicht von einer Wiederholung unter hinreichend vergleichbaren Bedingungen ausgegangen werden kann.

---

10 Dieser Begriff des Risikos ist von demjenigen zu unterscheiden, der verwendet wird, um zwischen einer unternehmerischen Entscheidung im engeren und im weiteren Sinne zu differenzieren. Dort wird auf das Haftungsrisiko abgestellt. Vgl. hierzu Kaminski/Strunk, Besteuerung unternehmerischer Tätigkeit, 2. Aufl., Wiesbaden 2007, S. 17 ff.

11 Gefragt wird also, ob der Steuerpflichtige davon ausgeht, dass bestimmte Konstellationen eher eintreten als andere.

12 Vgl. allgemein zum Begriff der Wahrscheinlichkeit Bamberg/Baur/Krapp, Statistik, 15. Aufl., München 2009, S. 74 ff. und zur relativen Häufigkeit ebenda, S. 11 ff.

13 Vgl. hierzu S. 240 ff.

Beispiel:

Ein Unternehmen trifft regelmäßig Investitionsentscheidungen. Allerdings sind die hiermit verbundenen Zahlungsströme unterschiedlich. Dies hat zur Folge, dass im Rahmen der steuerlichen Gewinnermittlung u. U. unterschiedliche Abschreibungsregelungen zur Anwendung kommen und möglicherweise bei einigen Alternativen auch Investitionsfördermaßnahmen genutzt werden können. Folglich müssen verallgemeinerbare Ansätze zur Lösung des Entscheidungsproblems entwickelt werden, die diesen Besonderheiten Rechnung tragen.

Abbildung 2-1: *Mögliche Ausprägungsformen der Umweltzustände bei unternehmerischen Entscheidungen*

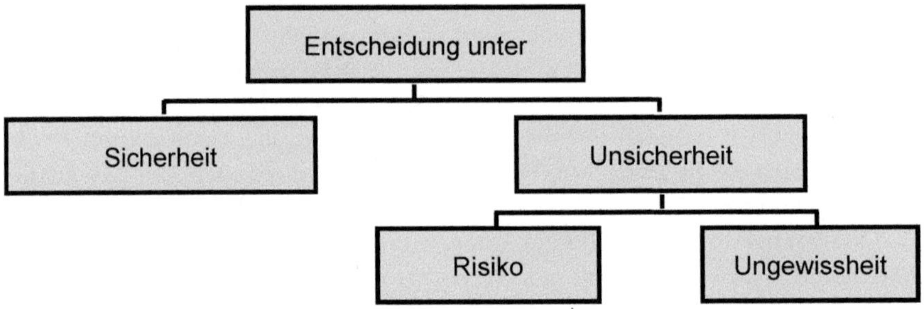

Im Folgenden wird von einer **Entscheidung unter Sicherheit** ausgegangen. Die Berücksichtigung von Unsicherheit bei Entscheidungen ist ein allgemeines Problem, das sich bei (fast) allen betriebswirtschaftlichen Entscheidungsproblemen stellt. Die folgenden Ausführungen beschränken sich auf den Einfluss der Besteuerung auf unternehmerische Entscheidungen. Eine Berücksichtigung der Unsicherheit würde dazu führen, dass steuerliche Unsicherheiten in die Überlegung einzubeziehen sind. Diese können z. B. daraus resultieren, dass die Finanzverwaltung eine andere steuerliche Würdigung eines Sachverhalts vornimmt als das Unternehmen. So können z. B. vom Steuerpflichtigen als angemessen angesehene Preise für konzerninterne Lieferungen von der Finanzverwaltung teilweise als verdeckte Gewinnausschüttung angesehen werden oder einer vom Steuerpflichtigen durchgeführte Investition die staatliche Förderung versagt werden, weil die Voraussetzungen hierfür nach Auffassung der Finanzverwaltung nicht vorliegen.

Hierbei handelt es sich im Grundsatz jedoch um das gleiche Problem, das sich in vergleichbarer Weise bei allen Entscheidungsparametern stellt. Gleichwohl darf nicht übersehen werden, dass der Gesetzgeber sehr häufig Änderungen in den steuerlichen Regelungen vornimmt und damit die **rechtlichen Rahmenbedingungen** für unternehmerische Entscheidungen mehr oder weniger grundlegend **modifiziert**. Teilweise kommt es auch zu einer Änderung der bisherigen Rechtsprechung durch die Gerichte oder einer Neuinterpretation von Normen durch die Finanzverwaltung.

- **Beispiele:**

Der BFH hat mit Beschluss vom 17. 12. 2007[14] seine über 40-jährige Rechtsprechung aufgegeben, dass Verlustvorträge des Erblassers im Erbgang auf den Erben übergehen. Vielmehr geht das Gericht nunmehr davon aus, dass Verlustvorträge personenbezogen zu behandeln sind und mit dem Tod des Erblassers untergehen.

Die Finanzverwaltung hat sich mit BMF-Schreiben vom 12. 3. 2010[15] dazu entschlossen, ein Urteil das vor 17 Jahren ergangen ist[16], anzuwenden, nachdem es bis dahin keine Berücksichtig fand, um diese dann anschließend wieder zu relativieren.[17]

Der Berücksichtigung der Unsicherheit bzw. der Anpassung an Veränderungen des Entscheidungsraumes kommt besonderer Bedeutung zu. Dies kann dazu führen, dass versucht wird, sich die steuerliche Qualifikation eines Vorgangs durch die Finanzverwaltung vor Verwirklichung des Sachverhalts zusagen zu lassen. Außerdem müssen unterschiedliche steuerliche Rahmenbedingungen durch eine eingehende Betrachtung alternativer, für möglich gehaltener Szenarien abgebildet werden.

Um die entstehenden steuerlichen Risiken und Unsicherheiten begrenzen zu können, bestehen unterschiedliche Möglichkeiten. Von besonderer Bedeutung ist regelmäßig die sog. **verbindliche Auskunft.**[18] Danach kann der Steuerpflichtige einen Antrag stellen, dass die Finanzverwaltung ihm die steuerliche Behandlung eines geplanten Sachverhalts verbindlich zusagt. Dadurch lassen sich strittige Rechtsfragen im Vorfeld beantworten. Allerdings hat der Steuerpflichtige keinen Rechtsanspruch auf eine verbindliche Auskunft. Nach dem BMF-Schreiben vom 18. 12. 2007 erteilt die Finanzverwaltung keine verbindlichen Auskünfte, wenn es sich um Fälle handelt, bei denen die Grenze des gerade steuerlich noch zulässigen herausgefunden werden kann (etwa bei der Frage, ob eine bestimmte Vergütungshöhe (noch) anerkannt wird oder ob es sich hierbei um eine verdeckte Gewinnausschüttung handelt) oder wenn zu einer Rechtsfrage ein Erlass des BMF in Vorbereitung ist. Außerdem muss es sich um genau bestimmte Sachverhalte handeln, die erhebliche Auswirkungen haben, und ein besonderes Interesse des Steuerpflichtigen bestehen. Hinzu kommt, dass die verbindliche

---

14 GrS 2/04, BStBl. II 2008, S. 608.

15 IV C 6 - S 2133/09/10001, 2010/0188935, BStBl. I 2010, S. 239, Tz. 8.

16 Vgl. BFH vom 21. 10. 1993, IV R 87/92, BStBl. II 1994, S. 176.

17 Vgl. BMF-Schreiben vom 22. 6. 2010, IV C 6 – S 2133/09/10001, 2010/0482262, BStBl. I 2010, S. 597.

18 Vgl. hierzu das BMF-Schreiben vom 18. 12. 2007, IV A 4 – S 0224/07/0008, 2007/0588308, BStBl. I 2008, S. 2.

Auskunft gem. § 89 Abs. 3 AO entgeltpflichtig ist[19] und dass sie ihre Geltungskraft verliert, sofern es zu einer Gesetzesänderung kommt. In der Praxis ist die Bereitschaft zur Erteilung von entsprechenden Auskünften sehr unterschiedlich ausgeprägt.

Damit besteht die allgemeine Notwendigkeit, sich auf mögliche Aktivitäten des Gesetzgebers einzustellen. Allerdings zeigt die Vergangenheit, dass eine sinnvolle Planung kaum möglich ist, denn dies würde voraussetzen, dass prognostiziert werden kann, welche Art von Änderungen zu erwarten ist. Dies ist jedoch nicht der Fall, insbesondere wenn nicht nur kurzfristige Planungen vorgenommen werden. Den sich hieraus ergebenden Problemen wird dadurch Rechnung getragen, dass **unterschiedliche Szenarien betrachtet** werden, wenn bestimmte alternativ mögliche steuerliche Rahmenbedingungen vorhersagbar sind. Hierbei kommt der Möglichkeit einer Korrektur einer früher getroffenen Entscheidung, ohne dass hiermit negative (steuerliche) Konsequenzen verbunden sind, besondere Bedeutung zu. Außerdem sind solche Handlungsalternativen von besonderem Interesse, die keine präjudizierende Wirkungen für ähnliche Sachverhalte entfalten, weil damit die Möglichkeit erhalten bleibt, eine Entscheidung zukünftig anders ausüben zu können, wenn dies der Sachverhalt erfordert.

🕮	*Bamberg/Coenenberg,* Betriebswirtschaftliche Entscheidungslehre, 14. Aufl., München 2008, S. 67 ff. *Rose,* Steuerliche Absicherung langfristiger Dispositionen – ein Gesetzesvorschlag, StbJb 1987/88, S. 361 ff. *Rose,* Steuerrechtssprünge und Betriebswirtschaftliche Steuerplanung, in: *John* (Hrsg.), Besteuerung und Unternehmenspolitik, FS für *Günter Wöhe,* München 1989, S. 291 ff.

Im Folgenden werden ausgewählte unternehmerische Entscheidungen diskutiert, wobei der Schwerpunkt der Ausführungen auf der Frage liegt, inwieweit eine Beeinflussung durch den Faktor „Steuern“ erfolgt. Eine solche Vorgehensweise impliziert, dass Steuern im Rahmen von unternehmerischen Entscheidungsproblemen berücksichtigt werden müssen. Diese Notwendigkeit besteht, weil die steuerlichen Regelungen nicht entscheidungsneutral wirken. In vielen Fällen sind nicht alle Handlungsmöglichkeiten in der gleichen Weise mit steuerlichen Verpflichtungen und Belastungen verbunden. Vielmehr erfolgt eine unterschiedliche steuerliche Behandlung. Damit existiert ein Einfluss der Besteuerung auf unternehmerische Entscheidungen. Dieser kann darin bestehen, dass sich die bisherige Reihenfolge der Vorteilhaftigkeit unterschiedlicher Handlungsmöglichkeiten verändert. Dies ist z. B. der Fall, wenn eine dieser Möglichkeiten mit einer geringeren steuerlichen Belastung verbunden ist als andere. Dies kann dazu führen, dass eine bisher gegebene Vorteilhaftigkeit einer Handlungsmöglichkeit nicht mehr besteht. Vielmehr führt die steuerliche Belastung

19 Etwas anderes gilt, wenn der Gegenstandswert weniger als 10.000,00 € beträgt, vgl. § 89 Abs. 5 Satz 2 AO.

dazu, dass die betrachtete Maßnahme nunmehr nachteilig ist.[20] Es zeigt sich, dass infolge der **fehlenden Neutralität der Besteuerung** die Berücksichtigung von steuerlichen Überlegungen im Rahmen von betriebswirtschaftlichen Entscheidungen geboten ist, wenn Fehlentscheidungen vermieden werden sollen.

2.2 Bedeutung von Entscheidungen im Rahmen der Betriebswirtschaftlichen Steuerlehre

Gegenstand der Betriebswirtschaftlichen Steuerlehre ist nicht nur das Aufzeigen und die Quantifizierung des steuerlichen Einflusses auf Geschäftsleitungsentscheidungen, sondern dem Gedanken der entscheidungsorientierten Betriebswirtschaftslehre folgend – das **Herleiten von Gestaltungsempfehlungen**. Dies setzt eine Zielsetzung voraus, anhand derer die Zweckmäßigkeit von Handlungsalternativen beurteilt werden kann. Für die weiteren Überlegungen wird das **Ziel der relativen Steuerminimierung** verfolgt. Hierunter ist die Zielsetzung zu verstehen, dass eine bestimmte wirtschaftliche Aktivität mit der geringstmöglichen Steuerbelastung verwirklicht werden soll. Hingegen würde die Zielsetzung der absoluten Steuerminimierung zu einer Einstellung der Unternehmenstätigkeit führen. Vielmehr wird bei den folgenden Überlegungen davon ausgegangen, dass die Unternehmenstätigkeit als solche fortgeführt werden soll. Allerdings soll diese so ausgestaltet werden, dass ein möglichst hoher Gewinn nach Steuern verbleibt. Hierbei kann – in Abhängigkeit von den jeweiligen gesellschaftsrechtlichen Verhältnissen – eine Betrachtung der Gesellschaft oder der Gesellschafter geboten sein. Die Zielsetzung der relativen Steuerminimierung erweist sich häufig als zu abstrakt, um eine konkrete Entscheidungsfindung zu ermöglichen. Deshalb erfolgt eine Konkretisierung, um der jeweiligen Entscheidungssituation Rechnung zu tragen. Dies kann z. B. in der gezielten Periodisierung von Einkünften bestehen, wenn damit dem Gesamtziel „relative Steuerminimierung" gedient wird.

Bei den im Folgenden zu diskutierenden Entscheidungsproblemen gibt die Rechtsordnung des Staates die zu berücksichtigenden Nebenbedingungen vor. Sie bilden für das zu lösende Problem Daten, also durch den Entscheidungsträger nicht veränderbare Restriktionen. Innerhalb des so abgesteckten Rahmens steht es den Beteiligten frei, die Alternative zu wählen, die es ihnen ermöglicht, ihre Zielvorstellungen soweit wie möglich zu erreichen. Die Rechtsprechung billigt dem Steuerpflichtigen grundsätzlich zu, seine Verhältnisse so zu gestalten, dass hiermit eine geringstmögliche Steuerbelastung verbunden ist. Allerdings müssen für die gewählte Gestaltung wirtschaftlich

20 In Ausnahmefällen kann eine Berücksichtigung der Besteuerung auch dazu führen, dass eine bisher unvorteilhafte Entscheidung nunmehr vorteilhaft wird. Dies ist namentlich beim sog. Steuerparadoxon der Fall, vgl. hierzu S. 261 ff.

beachtliche Gründe gegeben sein.[21] Im Folgenden werden lediglich reine Inlandsfälle betrachtet. Das heißt, dass der Entscheider ausschließlich in Deutschland steuerpflichtig ist und die betrachteten Maßnahmen nur im Geltungsbereich deutscher Gesetze erfolgen. Dies hat zur Konsequenz, dass lediglich inländische Regelungen betrachtet werden müssen.[22]

Um den Einfluss von Steuern auf Geschäftsleitungsentscheidungen beurteilen zu können, muss zunächst geprüft werden, welche unterschiedlichen Ausgestaltungsformen von Entscheidungen es überhaupt gibt. Es lassen sich verschiedene Systematiken finden, die sich an der jeweiligen Zielsetzung des Entscheidungsträgers orientieren. So lässt sich z. B. danach differenzieren, wer die jeweilige Entscheidung zu treffen hat (z. B. Entscheidungen, die lediglich von den Eigentümern zu treffen sind, oder solche, die von der Unternehmensleitung gefällt werden), die Häufigkeit der Entscheidungen (einmalige oder laufende Entscheidungen) oder die materielle Bedeutung der Entscheidung (d. h. der Umfang der mit der Entscheidung verbundenen finanziellen Auswirkungen für das Unternehmen).

Für die weiteren Ausführungen wird zwischen Geschäftsleitungsentscheidungen im engeren und im weiteren Sinne differenziert. **Geschäftsleitungsentscheidungen im engeren Sinne** sind dadurch charakterisiert, dass es sich hierbei um Entscheidungen handelt, die sich i. d. R. nur sehr bedingt kurzfristig verändern lassen. Sie erweisen sich als prägend für das Unternehmen, denn sie bestimmen sowohl das Verhältnis des Unternehmens zu seiner Umwelt als auch zu seinen Gesellschaftern. Es handelt sich um Entscheidungen, die infolge ihrer grundlegenden Bedeutung i. d. R. dem Leitungsorgan des Unternehmens zugewiesen werden. Dabei bestimmt sich nach Maßgabe der Organisationsvorschriften des Unternehmens, wer konkret diese Entscheidungen zu treffen hat. Dies wird insbesondere durch die gewählte Rechtsform bestimmt. Diese entscheidet darüber, von welchem Organ (also z. B. dem Vorstand, dem Aufsichtsrat oder der Gesellschafterversammlung) bestimmte Entscheidungen zu treffen sind. Bei den zu diskutierenden Problemen handelt es sich im Einzelnen um die folgenden Fragen:

---

21 Vgl. hierzu z. B. BFH vom 20. 5. 1997, VIII B 108/96, HFR 1997, S. 750. Eine Grenze bildet jedoch insbesondere der Missbrauch rechtlicher Gestaltungsmöglichkeiten gem. § 42 AO. Ein solcher Missbrauch liegt gem. Abs. 2 vor, „wenn eine unangemessene rechtliche Gestaltung gewählt wird, die beim Steuerpflichtigen oder einem Dritten im Vergleich zu einer angemessenen Gestaltung zu einem gesetzlich nicht vorgesehenen Steuervorteil führt. Dies gilt nicht, wenn der Steuerpflichtige für die gewählte Gestaltung außersteuerliche Gründe nachweist, die nach dem Gesamtbild der Verhältnisse beachtlich sind".

22 Vgl. zur Betrachtung von Auslandsfällen Kaminski/Strunk, Steuern in der internationalen Unternehmenspraxis, Wiesbaden 2006.

- die für das Unternehmen als „optimal" anzusehende Rechtsform,
- die Vorteilhaftigkeit des Wechsels der Rechtsform, in der die unternehmerische Tätigkeit ausgeübt wird,
- die „günstigste" Strukturierung des gesamtunternehmerischen Engagements beim Vorliegen eines Unternehmensverbundes (insbesondere bei Konzernen) und
- die Standortwahl.

Diese Entscheidungen sind dadurch charakterisiert, dass sie infolge ihrer grundlegenden Bedeutung für das Unternehmen seine Tätigkeit sowie seine Verhältnisse zur Umwelt weitgehend determinieren. So bestimmt z. B. die gewählte Rechtsform zu einem wesentlichen Teil die einem Unternehmen zur Verfügung stehenden Möglichkeiten der Beschaffung von zusätzlichem Kapital.

Hingegen handelt es sich bei **Geschäftsleitungsentscheidungen im weiteren Sinne**, die im Folgenden auch als **Bereichsentscheidungen** bezeichnet werden, um laufende Entscheidungen. Sie sind deutlich häufiger durch die Unternehmung zu treffen, als Geschäftsleitungsentscheidungen im engeren Sinne. Die Entscheidungskompetenz liegt i. d. R. nicht bei den obersten Entscheidungsgremien des Unternehmens oder gar bei den Gesellschaftern. Vielmehr werden Bereichsentscheidungen im Unternehmen i. d. R. autonom – das heißt ohne Rücksprache mit den Gesellschaftern, jedoch in Abstimmung mit der Unternehmensleitung und unter Einbindung in die Gesamtplanung des Unternehmens – getroffen. Diese Entscheidungen lassen sich in vielen Fällen häufig einfacher korrigieren und entfalten für die Unternehmung eine nicht so lange Bindungswirkung, wie Geschäftsleitungsentscheidungen im engeren Sinne. Die Aussagen zur Reversibilität von Entscheidungen sind relativ zu verstehen. Der Zeitraum, für den sie verbindlich sind, wird von der Art der Entscheidung bestimmt. Im Einzelnen stehen im Rahmen der Bereichsentscheidungen die folgenden Fragestellungen zur Diskussion:

- die „Vorteilhaftigkeit" (im weitesten Sinne) einer Investition und damit verbunden die Frage nach der „optimalen" Finanzierung dieses Investitionsprojekts,
- die Ausgestaltung des Controlling, sodass die im Unternehmen verfolgten Zielsetzungen bestmöglich erreicht werden,
- die Gestaltung und Umsetzung von Marketing-Maßnahmen,
- die Gewinnung von Personal und dessen Entlohnung,
- die Ablauforganisation innerhalb der Unternehmung und
- der Einsatz von Produktionsfaktoren innerhalb der Unternehmung.

Die Betriebswirtschaftliche Steuerlehre ist ein Teilgebiet der Allgemeinen Betriebswirtschaftslehre.[23] Folglich ist es Aufgabe der Betriebswirtschaftlichen Steuerlehre für jeden der genannten Bereiche zu diskutieren, welchen Einfluss der Faktor „Besteuerung" sowohl auf die Geschäftsleitungsentscheidungen im engeren als auch im weiteren Sinne hat. Die jeweils zu treffenden Entscheidungen werden von einer Vielzahl von Faktoren und Kriterien bestimmt. Dies erfordert, nicht isoliert einzelne dieser Faktoren herauszugreifen, sondern eine **Gesamtoptimierung** aller relevanten Faktoren vorzunehmen.

Eine solche Vorgehensweise erweist sich als außerordentlich schwierig. Sie setzt voraus, dass diese Faktoren in allen Fällen hinreichend genau bekannt sind oder zumindest ermittelt werden können. Dies lässt sich häufig nicht gewährleisten. Vielmehr lassen sich lediglich die Faktoren aufzählen, die als potenziell relevant angesehen werden können, ohne dass abschließend festgestellt werden kann, welche dieser Faktoren im Einzelfall welche relative Gewichtung im Verhältnis zu anderen Faktoren haben. Deshalb wird im Rahmen der weiteren Überlegungen davon ausgegangen, dass es als ausreichend angesehen werden kann, wenn die **wesentlichen Einflussgrößen aufgezeigt** werden. Ausgangsüberlegung ist dabei, dass der Faktor **„Besteuerung"** jeweils **nur eine von mehreren relevanten Größen** ist. Damit soll nicht der Eindruck erweckt werden, als würden Entscheidungen ausschließlich auf Grund steuerlicher Überlegungen getroffen. Vielmehr erfolgt im Weiteren eine besonders ausführliche Berücksichtigung dieses Faktors, weil die Beeinflussung von Geschäftsleitungsentscheidungen durch die Besteuerung dargestellt werden soll. Eine solche Vorgehensweise ist geboten, um zu prüfen, inwieweit es überhaupt notwendig ist, steuerliche Überlegungen bei der jeweiligen Entscheidungsfindung zu berücksichtigen. Sollte sich im Einzelfall herausstellen, dass bestimmte Entscheidungen nicht von steuerlichen Faktoren beeinflusst werden, wäre es möglich, die Besteuerung als relevanten Faktor zur Lösung des Entscheidungsproblems unberücksichtigt zu lassen. Außerdem ist der Einfluss der Besteuerung von besonderer Bedeutung, weil der Gesetzgeber versucht, mit einer Vielzahl von – auch – steuerlichen Maßnahmen lenkend in den Wirtschaftsprozess einzugreifen.[24] Daher muss geprüft werden, inwieweit die mit solchen Maßnahmen intendierten Zielsetzungen überhaupt erreicht werden (können). Sofern sich herausstellt, dass die vorgesehenen Maßnahmen nicht zu dem angestrebten Ziel führen, wäre es möglich (ggf. sogar nötig), die bisher bestehenden Lenkungsmaßnahmen abzuschaffen bzw. durch alternative Instrumente zu ersetzen.

Damit besteht eine Grundlage, um **Handlungsempfehlungen an den Gesetzgeber** de lege ferenda zu entwickeln. Diese zeigen auf, wie steuerliche Maßnahmen ausgestaltet sein müssen, wenn sie ein bestimmtes Verhalten der Wirtschaftssubjekte nach sich ziehen sollen. Außerdem kann der Gesetzgeber die steuerlichen Rahmenbedingungen relativ leicht verändern. Damit besteht die Chance, diesen Faktor deutlich einfacher

23 Vgl. hierzu Kaminski/Strunk, Besteuerung unternehmerischer Tätigkeit, 2. Aufl., Wiesbaden 2007, S. 1 ff.

24 Vgl. zu diesen sog. Investitionsfördermaßnahmen S. 225 ff.

und innerhalb kürzerer Zeit anpassen zu können, als dies in anderen Bereichen (wie z. B. bei der Infrastruktur) möglich ist.

Abbildung 2-2: *Abgrenzung zwischen Geschäftsleitungsentscheidungen im engeren und im weiteren Sinne*

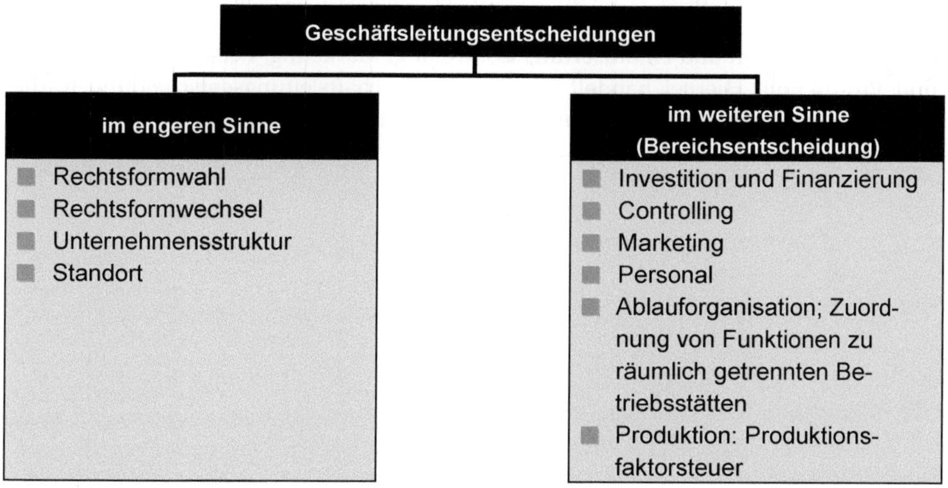

Sollte sich herausstellen, dass bei bestimmten Entscheidungen die Alternativen in gleicher Weise von der Besteuerung betroffen sind, also lediglich eine lineare Transformation in Höhe der Besteuerung vorgenommen wird, kann eine vereinfachende Berücksichtigung des Faktors „Steuern" im Rahmen der Lösung des Entscheidungsproblems erfolgen. Ist dies jedoch nicht der Fall, muss geprüft werden, ob mit vereinfachten Methoden und Mechanismen ein Abbilden von steuerlichen Auswirkungen erfolgen kann. Dies würde es ermöglichen, auch bei komplexen Entscheidungsproblemen zu praktikablen und einfachen Lösungsmöglichkeiten zu gelangen.

Ein solcher Ansatz versucht, im Sinne einer entscheidungsorientierten Betriebswirtschaftslehre Hilfestellungen zu geben, in konkreten Situationen eine Entscheidung zu treffen, die den größtmöglichen Zielerreichungsbeitrag realisiert. Im Folgenden wird davon ausgegangen, dass das Unternehmen als Zielsetzung eine **Gewinnmaximierung** anstrebt. Eine solche Vorgehensweise verkennt nicht, dass es eine Vielzahl von Unternehmen gibt, die eine andere Zielsetzung verfolgen (z. B. Genossenschaften, bei denen der Zweck des Unternehmens gerade nicht in der Erzielung von Gewinnen, sondern im Anbieten von möglichst kostengünstigen Waren und Dienstleistungen für die Genossen besteht[25]). Gleichwohl ist eine solche Zielsetzung legitim, weil in der Unternehmenspraxis das Streben nach Gewinn Hauptmotivation des erwerbswirtschaftlichen Prinzips ist[26] und deshalb davon auszugehen ist, dass dies die Zielsetzung ist, die der Realität am ehesten gerecht wird.

Nachfolgend werden die Entscheidungsprobleme diskutiert, bei denen ein Einfluss durch die Besteuerung besonders nahe liegend ist. Dies sind insbesondere die folgenden Bereiche: Rechtsformwahl und -wechsel, Wahl der Unternehmensstruktur, Standortwahl, Investition und Finanzierung, Controlling, Marketing, Personal, Organisation und Produktion. Hierbei handelt es sich um Geschäftsleitungsentscheidungen, die entweder auf Grund ihrer Bedeutung für das Unternehmen von besonderem Interesse sind, oder um solche, die in vergleichbarer Form relativ häufig zu treffen sind.

25 Vgl. § 1 Abs. 1 GenG.

26 Vgl. Gutenberg, Grundlagen der Betriebswirtschaftslehre, Erster Band, 27. Aufl., Berlin 1979, S. 464 ff.

3 Geschäftsleitungsentscheidungen im engeren Sinne

Die Geschäftsleitungsentscheidungen im engeren Sinne prägen in starkem Maße das Umfeld für die unternehmerische Tätigkeit. Sie schaffen damit auch die Rahmenbedingungen für die Bereichsentscheidungen. Deshalb werden im Folgenden zunächst die Geschäftsleitungsentscheidungen im engeren Sinne behandelt. Da die Rechtsform den Rahmen für unternehmerische Entscheidungen vorgibt, ist es erforderlich, die hierbei bestehenden Möglichkeiten zunächst zu charakterisieren, zumal auch bei der Standortwahl erhebliche Unterschiede in Abhängigkeit von der Rechtsform bestehen können.

3.1 Charakterisierung der steuerlichen Behandlung ausgewählter Rechtsformen

Im Folgenden wird die steuerliche Behandlung ausgewählter Rechtsformen dargestellt, um hierauf aufbauend die unterschiedlichen Vor- und Nachteile herauszuarbeiten. Ergibt sich im Anschluss an diese Überlegungen, dass die derzeit gewählte Rechtsform nicht „optimal" ist, stellt sich die Frage, welche (steuerlichen) Konsequenzen mit einem Wechsel der Rechtsform verbunden sind.[27]

3.1.1 Vorüberlegungen

Um beurteilen zu können, welche der möglichen Rechtsformen für den Steuerpflichtigen die „vorteilhafteste" ist, muss zunächst analysiert werden, wie die verschiedenen Rechtsformen ausgestaltet sind und wie deren steuerliche Behandlung erfolgt. Dabei gibt das Zivilrecht den Rahmen vor. Es bestimmt, welche Formen überhaupt gewählt werden können und welche Anforderungen hierbei jeweils zu erfüllen sind. Für eine Übersicht über die zivilrechtlichen Grundlagen der unterschiedlichen Rechtsformen wird auf die einschlägigen Lehrbücher zum Gesellschaftsrecht verwiesen.

[27] Vgl. hierzu S. 89 ff.

🕮	**Literatur zum Gesellschaftsrecht:** *Henssler/Strohn*, Gesellschaftsrecht, München 2011 *Kübler/Assmann*, Gesellschaftsrecht, 6. Aufl., Heidelberg 2006 *Klunzinger*, Grundzüge des Gesellschaftsrechts, 15. Aufl., München 2009 *Kraft/Kreutz*, Gesellschaftsrecht, 12. Aufl., Neuwied 2007 *Schmidt*, Gesellschaftsrecht, 4. Aufl., Köln 2002

Durch den **Grundsatz der Privatautonomie** eröffnet die Rechtsordnung eine Vielzahl von Möglichkeiten zur Organisation der unternehmerischen Tätigkeit, die entweder ausdrücklich geregelt sind oder zumindest als zulässig angesehen werden (wie z. B. die GmbH & Co. KG[28] oder die sog. Betriebsaufspaltung[29]). Die Analyse, wie diese gesetzlichen Vorgaben im Einzelfall auszulegen und anzuwenden sind, ob sie verfassungsmäßig sind, ob bestimmten Mischformen gebildet werden dürfen (so z. B. ob auch eine Kapitalgesellschaft der einzige persönlich haftende Gesellschafter einer KGaA sein kann) usw., bildet den Gegenstand der Rechtswissenschaften. Abbildung 3-1 fasst die möglichen Formen zusammen.

Neben den in der Abbildung dargestellten Grundformen haben sich auch sog. **Mischformen** herausgebildet. Diese sind dadurch charakterisiert, dass durch eine Kombination von Rechtsformen die jeweils hiermit verbundenen Vorteile nutzbar gemacht werden sollen, ohne jedoch die mit der Grundform verbundenen Nachteile hinnehmen zu müssen. Ein typisches Beispiel sind die Kapitalgesellschaften & Co. KG. Eine KG weist für den Gesellschafter eine Reihe von Vorteilen auf. So werden etwa Gewinne dem Gesellschafter unmittelbar zugerechnet oder Verluste der Gesellschaft können sich grundsätzlich Steuer entlastend beim Gesellschafter auswirken.[30] Allerdings hat die KG den Nachteil, dass zumindest ein unbeschränkt haftender Gesellschafter vorhanden sein muss. Für diesen besteht ein hohes Haftungsrisiko, was tendenziell gegen diese Rechtsform spricht. Dieses Problem lässt sich lösen, indem als einziger Komplementär, eine – speziell hierfür errichtete – Kapitalgesellschaft an der KG beteiligt wird. Hierfür wird üblicherweise eine GmbH verwendet.[31] Typischerweise ist der alleinige Gesellschafter der Komplementär-GmbH auch der einzige Kommanditist der KG, so dass er in der KG alle Entscheidung treffen kann. Damit liegt eine wirtschaftliche Beherrschung vor. Anders als bei der Grundform der KG besteht hier jedoch eine Haftungsbegrenzung. Diese ergibt sich nicht aus dem Recht der Kommanditgesellschaft, denn gem. § 128 i. V. m. § 161 Abs. 2 HGB haftet der Komplementär unbeschränkt für die Verbindlichkeiten der KG. Allerdings ist § 13 Abs. 2 GmbHG zu entnehmen, dass für Verbindlichkeiten der GmbH den Gläubigern nur das Gesellschaftsvermögen haftet, nicht aber die Gesellschafter. Insoweit wird im

28 Vgl. hierzu S. 31 ff.

29 Vgl. hierzu S. 163 ff.

30 Allerdings ist hierbei ggf. steuerlich die Grenze des § 15a EStG für beschränkt haftende Gesellschafter zu beachten, vgl. hierzu S. 78 ff.

31 Denkbar ist auch, dass es sich hierbei um eine Unternehmergesellschaft (haftungsbeschränkt) gem. § 5a GmbHG handelt.

Ergebnis eine vollständige Haftungsbegrenzung erreicht. Lediglich die Einlage des Kommanditisten und das Stammkapital der GmbH stehen als Haftungsmasse zur Verfügung.[32]

Hingegen handelt es sich weder beim Konzern[33] noch bei der Betriebsaufspaltung[34] um eine eigenständige zivilrechtliche Rechtsform.

Abbildung 3-1: *Für eine unternehmerische Tätigkeit im engeren Sinne zur Verfügung stehende Rechtsformen (ohne Mischformen)*

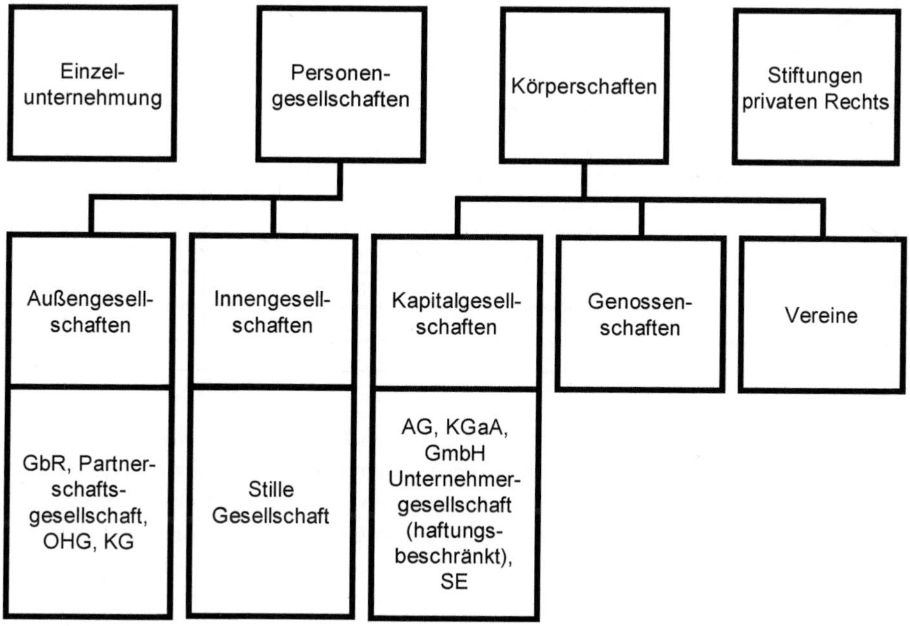

Aus betriebswirtschaftlicher Sicht ist zu analysieren, welche der sich bietenden Möglichkeiten der Steuerpflichtige nutzen soll, d. h. welche Wahl getroffen werden muss, um einen möglichst hohen Zielerreichungsgrad zu erlangen. Vor dem Hintergrund

32 Dies schließt nicht aus, dass der Gesellschafter auf einer anderen Rechtsgrundlage (etwa einer von ihm abgegebenen Bürgschaftserklärung) in Anspruch genommen wird.

33 Vgl. hierzu S. 176 ff.

34 Vgl. hierzu S. 163 ff.

der Zielsetzungen der Allgemeinen Betriebswirtschaftslehre[35] stellt sich die Frage, warum so viele Unternehmen eine bestimmte Rechtsform wählen. **Abbildung 3-2** gibt einen Überblick über die Verbreitung der Rechtsformen und die jeweils erzielten Umsätze. Ferner gilt es, dem Gestaltungsziel Rechnung zu tragen. Danach sind Regeln zu entwickeln, um die „optimale" Rechtsform (im Sinne einer verfolgten Zielsetzung) wählen zu können.

Abbildung 3-2: *Verbreitung der Rechtsformen in der Bundesrepublik Deutschland*[36]

	Anzahl		Umsätze in Mio. €		Durchschnittlicher Umsatz pro Unternehmung in Mio. €
	Absolut	Relativ	Absolut	Relativ	
Einzelunternehmen	2.233.767	70,09%	535.955,95	9,90%	0,24
OHG, GbR	265.868	8,34%	234.825,25	4,34%	0,88
KG, GmbH & Co. KG	137.153	4,30%	1.250.982,87	23,11%	9,12
AG, KGaA	7.862	0,25%	1.037.478,28	19,17%	131,96
GmbH	465.694	14,61%	1.947.513,54	35,98%	4,18
Sonstige	76.534	2,40%	405.484,46	7,49%	5,30
Summe	3.186.878	100,00%	5.412.240,35	100,00%	1,70

Die Übersicht zeigt, dass ein starkes Ungleichgewicht besteht: Während die Zahl der Einzelunternehmen sehr hoch ist, ist deren Anteil am Gesamtumsatz mit ca. 9,9% sehr gering. Auf Grund des vergleichsweise geringen Durchschnittsumsatzes lässt sich folgern, dass diese Rechtsform eher bei kleineren Unternehmen vorzufinden ist. Dieses Verhältnis ist bei der AG und bei der KGaA umgekehrt. Obwohl sie sehr selten vorkommen, ist ihr Anteil am Umsatz überproportional hoch. Die durchschnittliche Aktiengesellschaft erzielt im Vergleich zu den übrigen Rechtsformalternativen mit Abstand den höchsten Durchschnittsumsatz. Dies legt den Schluss nahe, dass die Rechtsform der AG tendenziell von größeren Unternehmen gewählt wird.

Die GmbH ist die am zweithäufigsten anzutreffende Rechtsform. Im Gegensatz zu den Einzelunternehmern entfällt auf diese Gesellschaften am meisten Umsatz, was deren gesamtwirtschaftliche Bedeutung unterstreicht. Außerdem kommt sowohl auf Grund der Zahl als auch wegen des auf sie entfallenden Anteils am Umsatz den Personengesellschaften erhebliche Bedeutung zu. Hierbei ist festzustellen, dass gemessen an der Zahl sowie am Anteil am Gesamtumsatz denjenigen Personengesellschaften ein

35 Vgl. hierzu mit weiteren Nachweisen Kaminski/Strunk, Besteuerung unternehmerischer Tätigkeiten, 2. Aufl., Wiesbaden 2007, S. 1 ff.

36 Vgl. Statistisches Bundesamt, Umsatzsteuerstatistik Eckdaten – Zeitreihenergebnisse und Strukturdaten 2008, Wiesbaden 2010. Abrufbar online im Internet unter www.destatis.de.

höherer Stellenwert zukommt, die eine Haftungsbegrenzung vorsehen bzw. ermöglichen. Dies schlägt sich auch in der am Umsatz gemessenen durchschnittlichen Unternehmensgröße nieder. So erzielen Kommanditgesellschaften und GmbH & Co. KG mit ca. 9,1 Mio. € mehr als zehn mal soviel Durchschnittsumsatz wie OHG und GbR.

Im Folgenden werden zunächst die Grundsätze zur Besteuerung der praktisch relevanten Gesellschaftsformen charakterisiert, um darauf aufbauend die Wahl der „optimalen" Rechtsform treffen zu können. Dabei wird unterstellt, dass der Unternehmer auch als Unternehmer im Sinne des Umsatzsteuergesetzes anzusehen ist,[37] sodass auf möglicherweise bestehende Unterschiede nicht eingegangen wird.[38] Nachdem wir die grundlegende steuerliche Behandlung von Einzelunternehmen sowie Personen- und Kapitalgesellschaften in unserem Buch „Besteuerung unternehmerischer Tätigkeiten"[39] behandelt haben, wird im Folgenden besonderes Gewicht auf ausgewählte Sonder- und Mischformen gelegt.

Unternehmerische Tätigkeiten können von Einzelpersonen oder von Gruppen von natürlichen oder juristischen Personen vorgenommen werden. Schließen sich mehrere Personen zusammen und steht das persönliche Tätigwerden der Gesellschafter anders als die geleistete Kapitaleinlage im Vordergrund, wählen die beteiligten Personen zumeist eine Personengesellschaften. Steht die kapitalmäßige Beteiligung im Vordergrund und die Gesellschaft soll durch Nichtgesellschafter geführt werden, wird zumeist eine Kapitalgesellschaft gewählt.

Im Gegensatz zum Zivilrecht stellt die Personengesellschaft kein eigenständiges Steuersubjekt dar und unterscheidet sich somit erheblich von einer Kapitalgesellschaft, bei der eine strikte Trennung zwischen Gesellschafts- und Gesellschafterebene erfolgt. Einzelunternehmen und Personengesellschaften können jedoch in weiten Teilen gemeinsam betrachtet werden. Schließlich sind regelmäßig alle Gesellschafter einer Personengesellschaft als Mitunternehmer i. S. d. § 15 EStG anzusehen und erzielen in Höhe ihrer Beteiligung am Gesamthandsergebnis sowie ihrer sonstigen erzielten Sondervergütungen Einkünfte aus Gewerbebetrieb. Diese sind ähnlich einer Situation, als wenn er allein das Unternehmen betreiben würde, zu versteuern.

Bei Einzelunternehmer ist zu beachten, dass nur der betriebliche, unternehmerische Teil der Aktivitäten der natürlichen Person im Folgenden berücksichtigt wird. Gedanklich spaltet sich die Tätigkeit einer natürlichen Person in unterschiedliche Vermögenssphären auf und somit auch in unterschiedliche Einkunftsarten. So ist es beispielsweise denkbar, das eine natürliche Person Kapitaleinkünfte aus einer privaten Kapitalanlage ebenso erzielt, wie Vermietungseinkünfte aus einer im Privatvermögen befindlichen Immobilie, als auch Einkünfte aus einer Handelstätigkeit. Die besondere

---

37 Vgl. zu diesem Kriterium Kaminski/Strunk, Besteuerung unternehmerischer Tätigkeit, 2. Aufl., Wiesbaden 2007, S. 40 ff.

38 Zu möglicherweise bestehenden Unterschieden im Rahmen der anderen Verkehrsteuern wird auf die Ausführungen auf S. 86 ff. verwiesen.

39 Wiesbaden 2007, S. 74 ff.

steuerliche Aufgabe besteht darin, diese Sphären zu erkennen, abzugrenzen und zuzuordnen. Wie im Weiteren geschildert, müssen für das Vorliegen eines Gewerbebetriebes eines Einzelunternehmers wie einer Personengesellschaft bestimmte Kriterien erfüllt sein.

3.1.2 Einzelunternehmer

Für die Tätigkeit des Einzelunternehmers ist zu prüfen, ob ein Gewerbebetrieb vorliegt. Dieser wird in § 15 Abs. 2 EStG definiert. Dies ist in folgenden Fällen gegeben: [40]

- Selbstständigkeit (R. 15.1 EStR, H. 15.1 EStH),
- Nachhaltigkeit der Betätigung (H. 15.2 EStH),
- Gewinnerzielungsabsicht (H. 15.3 EStH),
- Beteiligung am allgemeinen wirtschaftlichen Verkehr (H 15.4 EStH),
- keine Land- und Forstwirtschaft (R. 15.5 EStR),
- keine selbstständige Arbeit (Übersicht in H. 15.6 EStH) und
- keine ausschließliche Vermögensverwaltung (R. 15.7 EStR).

3.1.3 Personengesellschaft

- Wie lässt sich die Besteuerung von Personengesellschaften charakterisieren?
- Erzielt ein Gesellschafter einer Personengesellschaft stets gewerbliche Einkünfte?

Bei Einzelunternehmern und Personengesellschaften wird für Zwecke der Einkommensteuerpflicht nicht an das Unternehmen angeknüpft. Vielmehr wird es als „transparent" angesehen und eine Besteuerung erfolgt beim dahinter stehenden Gesellschafter.[41] Daher ist zu prüfen, inwieweit bei ihm aus der Tätigkeit als Einzelunternehmer oder aus der Beteiligung an der Personengesellschaft steuerliche Konsequenzen zu ziehen sind. Im Regelfall liegen gewerbliche Einkünfte vor. § 15 Abs. 1 EStG definiert, wer Einkünfte aus Gewerbebetrieb erzielen kann. Hiernach liegen in den folgenden Fällen Einkünfte aus einer gewerblichen Tätigkeit vor: [42]

40 Vgl. zu einer ausführlichen Erläuterung z. B. Kaminski/Strunk, Besteuerung unternehmerischer Tätigkeit, 2. Aufl., Wiesbaden 2007, S. 84 ff.

41 Gem. § 1 EStG unterliegen nur natürliche Personen der Einkommensteuer.

42 Darüber hinaus sind noch die Sonderfälle der gewerblichen Prägung und der gewerblichen Infizierung gem. § 15 Abs. 3 EStG zu berücksichtigen.

- die Gewinnanteile der Gesellschafter einer Offenen Handelsgesellschaft (OHG), einer Kommanditgesellschaft (KG) oder einer anderen Gesellschaft, bei der der Gesellschafter als Unternehmer (**Mitunternehmer**) des Betriebs anzusehen ist, und
- die Gewinnanteile der **persönlich haftenden Gesellschafter einer Kommanditgesellschaft auf Aktien** (KGaA), soweit sie nicht auf Anteile am Grundkapital entfallen.[43]

Gesellschafter einer **Personengesellschaft** erzielen Einkünfte aus Gewerbebetrieb wenn sie als Mitunternehmer folgende Voraussetzungen erfüllen:

- Vorliegen eines **Gesellschaftsverhältnises** (für dessen Begründung kann u. U. schon ein konkludentes Verhalten ausreichen, so dass die insoweit zu stellenden Anforderungen häufig erfüllt sein werden),
- **Gewerbliche Tätigkeit** im Sinne von § 15 Abs. 2 EStG, wie sie vorstehend bereits erläutert wurde,
- **Mitunternehmerstellung.**
  Diese ist unter folgenden Voraussetzungen gegeben:
  - ***Mitunternehmerrisiko***, welches sich durch die Faktoren Beteiligung am Gewinn, am Verlust und an den stillen Reserven konkretisiert. Entscheidend ist, ob der Betrieb auch auf Rechnung des Gesellschafters geführt wird und ob ihn ein Fehlschlagen der unternehmerischen Entscheidungen zumindest mit trifft.[44]
  - ***Mitunternehmerinitiative.*** Diese ist gegeben, wenn der Beteiligte den Erfolg des Unternehmens durch Entscheidungen beeinflussen kann, indem er entweder selbst entscheiden kann oder zumindest Entscheidungen seiner Partner blockieren kann.[45]

Liegen diese Kriterien nicht vor, ist auch keine Mitunternehmerschaft gegeben. Folglich erzielt der Gesellschafter auch keine gewerblichen Einkünfte. Es ist zu prüfen, ob die Tatbestandsvoraussetzungen einer der anderen sechs Einkunftsarten des EStG[46] erfüllt sind. In der Praxis wird zum Teil versucht, die Qualifikation des Gesellschafters als Mitunternehmer gezielt zu vermeiden. Damit soll die andernfalls entstehende Belastung mit Gewerbesteuer und eine Steuerbarkeit von Veräußerungsgewinnen außerhalb der Regelungen der §§ 17, 20 Abs. 2 und 23 EStG verhindert werden. Dies gilt insbesondere für diverse „Steuersparmodelle", an denen sich die Anleger beteiligen und bei denen eine reine Vermögensverwaltung erfolgt. Auf Grund der nicht

---

43 Vgl. zum persönlich haftenden Gesellschafter der KGaA S. 33 ff.

44 Vgl. H 15.8 Abs. 1 (Mitunternehmerrisiko) EStH.

45 Vgl. H. 15.8 Abs. 1 (Mitunternehmerinitiative) EStH.

46 Land- und Forstwirtschaft (§§ 13 ff. EStG), selbstständige Arbeit (§ 18 EStG), unselbstständige Arbeit (§§ 19 f. EStG), Kapitalvermögen (§ 20 EStG), Vermietung und Verpachtung (§ 21 EStG) oder sonstige Einkünfte im Sinne des § 22 EStG.

gegebenen Gewerblichkeit kann nach Ablauf der Frist für private Veräußerungsgeschäfte eine steuerfreie Veräußerung der Investitionsobjekte erfolgen, während im Fall der Gewerblichkeit die entstehenden Veräußerungsgewinne stets steuerbar (und i. d. R. auch steuerpflichtig) sind. Solche Ausgestaltungsformen sind jedoch eher untypisch, zumal der Gesetzgeber mit § 15b EStG Sonderregelungen geschaffen hat, die sich gegen sog. Steuerstundungsmodelle richten. Hingegen sind die im aktiven Erwerbsleben auftretenden Personengesellschaft in der Regel als steuerliche Mitunternehmerschaft zu qualifizieren.[47]

Sind an einer Personengesellschaft als unbeschränkt haftende Gesellschafter ausschließlich juristische Personen beteiligt und nur diese oder Personen, die nicht Gesellschafter sind, zur Geschäftsführung befugt, erzielt die Gesellschaft gem. § 15 Abs. 3 Nr. 2 EStG ausschließlich Einkünfte aus Gewerbebetrieb.[48] Dies gilt unabhängig davon, ob diese Tätigkeit die Anforderungen des § 15 Abs. 2 EStG erfüllt.[49] Verfahrensrechtlich vollzieht sich die Besteuerung einer Personengesellschaft, indem bei der Gesellschaft eine Gewinnermittlung erfolgt und dieser Gewinn einheitlich und gesondert festgestellt wird.[50] Entsprechend den Regelungen im Gesellschaftsvertrag wird er dem einzelnen Gesellschafter nach Maßgabe des Gewinnverteilungsschlüssels zugewiesen und ist von diesem zu versteuern. Dabei erfolgt eine unmittelbare Zurechnung zu den Gesellschaftern, d. h., es bedarf keiner Gewinnausschüttung oder dergleichen, sondern Gewinne oder Verluste werden unmittelbar beim Gesellschafter steuerlich berücksichtigt.[51]

Liegt – wie im Regelfall – eine Mitunternehmerschaft vor, können mit steuerlicher Wirkung schuldrechtliche Verträge zwischen Gesellschaft und Gesellschafter nicht abgeschlossen werden. Vielmehr führen die infolge dieser Vereinbarungen erhaltenen Vergütungen beim Gesellschafter zu gewerblichen Einkünften.

Beispiel:

An der A & B OHG sind die natürlichen Personen A und B beteiligt. A vermietet ein in seinem Privatvermögen befindliches bebautes Grundstück an die OHG und erhält hierfür einen monatlichen Mietzins. Der A erzielt hieraus keine Einkünfte aus Vermietung und Verpachtung, sondern Einkünfte aus Gewerbebetrieb.[52] Durch die Vermietung ist das Grundstück steuerlich als Sonderbetriebsvermögen zu qualifizieren, obwohl das zivilrechtliche Eigentum unverändert bei A bleibt.

---

47 Dies schließt nicht aus, dass auch bei diesen vermeintliche Missbrauchsbekämpfungsregelungen zur Anwendung kommen können.

48 Vgl. zur GmbH & Co. KG ausführlich S. 31 ff.

49 Vgl. Zimmermann/Hottmann/u. a., Die Personengesellschaft im Steuerrecht, 10. Aufl., Achim 2009, S. 17.

50 Vgl. § 180 Abs. 1 Nr. 2a AO.

51 Allerdings kann sich bei Verlusten infolge des § 15a EStG eine Begrenzung der zu berücksichtigenden Verluste ergeben, vgl. hierzu S. 78 ff.

52 Vgl. § 15 Abs. 1 Satz 1 Nr. 2 Satz 1 2. Hs. i. V. m. § 21 Abs. 3 EStG.

Brönner, Die Besteuerung der Gesellschaften, 18. Aufl., Stuttgart 2007, S. 69 ff.
Hallerbach, Die Personengesellschaft im Einkommensteuerrecht, München 1999
Hüttemann, Die Besteuerung der Personenunternehmen und ihr Einfluss auf die Rechtsformwahl, DStJG 25 (2002), S. 123 ff.
Kommentierung zu § 15 EStG
Lange, Personengesellschaften im Steuerrecht, 7. Aufl., Herne/Berlin 2008
Wallis, v./Brandmüller/Schulze zur Wiesche, Besteuerung der Personen- und Kapitalgesellschaften, 5. Aufl., Heidelberg 2002, S. 31 ff.
Heinhold/Hüsing u. a., Lehrbuch der Besteuerung von Gesellschaften, 2. Aufl., Herne/Berlin 2010, S. 14 ff.
Zimmermann/Hottmann/u.a., Die Personengesellschaft im Steuerrecht, 10. Aufl., Achim 2009

3.1.4 Kapitalgesellschaft

- Wie lässt sich die Besteuerung von Kapitalgesellschaften charakterisieren?
- Kann es zum Entstehen unterschiedlicher Einkunftsarten bei der Kapitalgesellschaft kommen?

Die Kapitalgesellschaft[53] ist selbstständiges Steuersubjekt und unterliegt als solches der Körperschaft- und der Gewerbesteuer. Folglich liegt eine Trennung zwischen Gesellschaft und Gesellschafter vor, sog. **Trennungsprinzip**. Die Gesellschaft kann selbstständig Einkünfte erzielen, ohne dass diese beim Gesellschafter zu steuerbaren und steuerpflichtigen Einkünften führen.[54] Dieser hat nur steuerpflichtige Einkünfte, wenn die Kapitalgesellschaft Gewinnausschüttungen an den Gesellschafter vornimmt. Hingegen können sich Verluste der Kapitalgesellschaft grundsätzlich nicht beim Gesellschafter auswirken, weil diese infolge des Trennungsprinzips in der Gesellschaft eingeschlossen sind und auch nicht ausgeschüttet werden können.[55]

Damit kommt es grundsätzlich zu einer Doppelbelastung von Gewinnen einer Kapitalgesellschaft im Fall der Ausschüttung, denn nach der Einführung des klassischen Körperschaftsteuersystem zum 1. 1. 2002 unterliegen die Gewinne der Gesellschaft

---

53 Unter Kapitalgesellschaften sollten hier zunächst nur die GmbH und die AG behandelt werden. Hingegen wird auf steuerliche Besonderheiten bei der KGaA auf S. 33 ff. eingegangen.

54 Eine Ausnahme besteht lediglich in den Fällen, in denen die Regelungen der sog. Hinzurechnungsbesteuerung gem. §§ 7 ff. AStG anwendbar sind, vgl. hierzu Kaminski/ Strunk, Steuern in der internationalen Unternehmenspraxis, Wiesbaden 2006, S. 84 ff.

55 Etwas anderes würde gelten, wenn eine Organschaft begründet würde, vgl. hierzu S. 190 ff., oder eine mittelbare Verlustberücksichtigung mit Hilfe von Abschreibungen auf die Beteiligung erfolgen kann. Hierbei sind allerdings § 8b Abs. 3 Satz 3 KStG bzw. § 3c Abs. 2 EStG zu berücksichtigen.

zunächst der Körperschaft- und Gewerbesteuer auf Ebene der Gesellschaft, während die Ausschüttung beim Gesellschafter erneut – allerdings begünstigt[56] – besteuert wird. Ist der Gesellschafter hingegen keine natürliche Person, sondern eine Körperschaft, erfolgt eine Steuerfreistellung unter gleichzeitiger Fiktion von nichtabzugsfähigen Betriebsausgaben im Zusammenhang mit der Dividende.[57] Durch eine gezielte Steuerung der Ausschüttung kann die Steuerbelastung des Gesellschafters (= natürliche Person) beeinflusst werden. Außerdem ist es grundsätzlich möglich, dass zwischen Gesellschaft und Gesellschafter schuldrechtliche Verträge abgeschlossen werden, die auch bei der Besteuerung zu berücksichtigen sind, indem z. B. aus einem Arbeitsvertrag ein Gesellschafter Einkünfte aus nichtselbstständiger Arbeit erzielt und bei der Kapitalgesellschaft abzugsfähige Betriebsausgaben entstehen. Wird Privatvermögen des Gesellschafters an die Gesellschaft vermietet, verliert dieses seine steuerliche Eigenschaft nicht, weil es das Institut des Sonderbetriebsvermögens bei Kapitalgesellschaften nicht gibt.

Bei einer inländischen Kapitalgesellschaft ist die Art der erzielten Einkünfte unerheblich. Gem. § 8 Abs. 2 KStG erzielt sie **stets gewerbliche Einkünfte**. Hieraus folgt, dass z. B. eine GmbH, deren ausschließliche Tätigkeit in der Verwaltung eigenen Vermögens besteht, gewerbliche Einkünfte erzielt.[58] Dies gilt z. B. auch für eine Steuerberatungs-GmbH, obwohl die Tätigkeit eines Steuerberaters gem. § 18 Abs. 1 Nr. 1 EStG als selbstständige Arbeit zu qualifizieren ist. Infolge der Rechtsform besteht zusätzlich immer eine Gewerbesteuerpflicht.

Brönner, Die Besteuerung der Gesellschaften, 18. Aufl., Stuttgart 2007, S. 775 ff.
Dinkelbach, Ertragsteuern: Einkommensteuer, Körperschaftsteuer, Gewerbesteuer, 4. Aufl., Wiesbaden 2010, S. 259 ff.
Gosch, Körperschaftsteuergesetz Kommentar, 2. Aufl., München 2009
Heinhold/Hüsing/ u. a., Lehrbuch der Besteuerung von Gesellschaften, 2. Aufl., Herne/Berlin 2010, S. 31 ff.
Köllen/Vogl/Wagner, Lehrbuch Körperschaftsteuer, 2. Aufl., Herne 2002
Wallis, v./Brandmüller/Schulze zur Wiesche, Besteuerung der Personen- und Kapitalgesellschaften, 5. Aufl., Heidelberg 2002, S. 206 ff.
Wittkowski/Wittkowski, Lehrbuch der Besteuerung von Gesellschaften, 2. Aufl., Herne/Berlin 1998, S. 229 ff.
Wrede/Busch, Die Besteuerung der GmbH, 2 Aufl., München 2010

56 Vgl. hierzu S. 292 ff.

57 Vgl. § 8b Abs. 1 i. V. m. Abs. 5 KStG.

58 Dies bedeutet jedoch nicht, dass alle Aufwendungen, die bei der GmbH entstehen, auch deren Gewinn mindern. Dies ist nicht der Fall, wenn die Gesellschaft eine bestimmte Tätigkeit (z. B. eine über Jahre hinweg nur zu Verlusten führende Pferdezucht) lediglich mit Rücksicht auf ihre Gesellschafter ausübt, vgl. hierzu Kaminski/Strunk, Besteuerung unternehmerischer Tätigkeit, 2. Aufl., Wiesbaden 2007, S. 203 .

3.1.5 Sonder- und Mischformen

3.1.5.1 Stille Gesellschaft

- Wie lässt sich eine stille Gesellschaft charakterisieren?
- Welche Rechte und Pflichten hat der stille Gesellschafter?
- Welche Ausprägungsformen lassen sich bei der stillen Gesellschaft unterscheiden?
- Wie erfolgt die Besteuerung des stillen Gesellschafters?
- Wie wirken sich die Zahlungen an den stillen Gesellschafter bei der Gesellschaft bzw. beim Inhaber des Handelsgewerbes aus?

3.1.5.1.1 Charakterisierung

Bei der stillen Gesellschaft (§§ 230 – 236 HGB) handelt es sich um eine **Innengesellschaft.**[59] Dabei erfolgt die Beteiligung (in Form von Geld, Sacheinlagen, Rechten und/oder Dienstleistungen) einer natürlichen oder juristischen Person, einer Personengesellschaft oder einer Erbengemeinschaft am Handelsgewerbe eines anderen.[60] Bei diesem kann es sich wiederum um eine natürliche[61] oder juristische Person oder um eine Personengesellschaft[62] handeln. Dabei wird die Einlage nicht in das Gesamthandsvermögen der Gesellschaft geleistet, sondern sie geht in das Vermögen des Inhabers des Handelsgewerbes über. Die stille Gesellschaft muss auf die Verfolgung eines gemeinsamen Zwecks gerichtet sein.[63] Ferner ist die Beteiligung des stillen Gesellschafters am Gewinn des Inhabers des Handelsgewerbes zwingende Voraussetzung für die Begründung einer stillen Gesellschaft. Hingegen besteht die Möglichkeit, eine Beteiligung am Verlust abzubedingen.[64] Wenn dies nicht geschieht, mindern die dem Stillen zuzurechnenden Verluste den Wert seiner Einlage, die durch zukünftige Gewinne wieder aufzufüllen ist. Erst wenn dies geschehen ist, kann eine Auszahlung des auf ihn entfallenden Gewinnanteils erfolgen.

Ein wesentlicher Beweggrund für die Errichtung einer stillen Gesellschaft besteht darin, dass sie für Außenstehende nicht sichtbar ist. Der Geschäftsinhaber kann mit der Vermögenseinlage des Stillen für eine begrenzte oder unbegrenzte Zeit arbeiten,

---

59 Die insoweit ähnliche Unterbeteiligung, also die Beteiligung an einer Kapital- bzw. Personengesellschaftsbeteiligung, stellt keine unternehmerische Beteiligung im engeren Sinne dar und wird deshalb im Folgenden nicht weiter behandelt.

60 Vgl. § 230 Abs. 1 HGB.

61 Also eine Einzelunternehmung.

62 Da eine GbR kein Handelsgewerbe betreiben kann, scheidet eine stille Gesellschaft bei ihr aus.

63 Hierin besteht der Unterschied zum sog. partiarischen Darlehen, bei dem zwar eine gewinnabhängige Verzinsung gezahlt wird, aber keine gemeinsame Zweckverfolgung gegeben ist.

64 Vgl. § 231 Abs. 1 und 2 HGB.

ohne dass der Name des Geldgebers nach außen dringt. Die Führung der Geschäfte obliegt allein dem Inhaber des Handelsgewerbes, was jedoch nicht ausschließt, dass der stille Gesellschafter auf anderer Grundlage (z. B. infolge arbeitsvertraglicher Vereinbarungen) in leitender Position für die Gesellschaft tätig wird. Das Gesetz sieht vor, dass der stille Gesellschafter eine abschriftliche Mitteilung des vom Inhaber des Handelsgewerbes zu erstellenden Jahresabschlusses verlangen kann und das Recht hat, dessen Richtigkeit durch Einsicht in die Bücher und Papiere der Gesellschaft zu prüfen.[65] Im Insolvenzfall kann der stille Gesellschafter gem. § 236 Abs. 1 HGB seine Einlage – soweit sie seinen Verlustanteil übersteigt – als Insolvenzforderung geltend machen und somit als Insolvenzgläubiger am Verfahren teilnehmen.

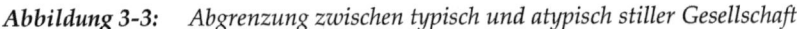

Abbildung 3-3: *Abgrenzung zwischen typisch und atypisch stiller Gesellschaft*

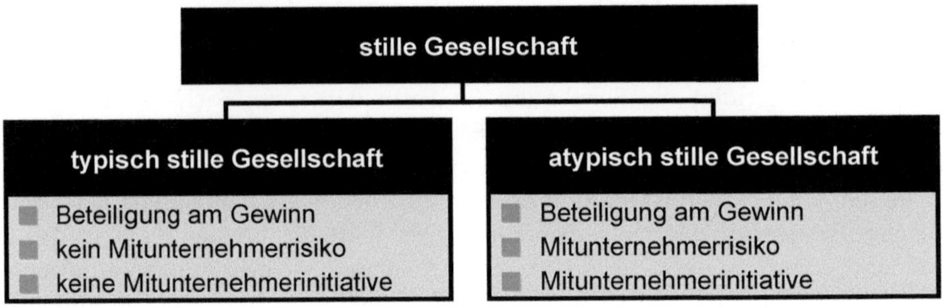

Vor dem Hintergrund der Privatautonomie und dem hieraus abzuleitenden Grundsatz der Vertragsfreiheit haben die handelnden Personen innerhalb der gesetzlich vorgeschriebenen Grenzen einen breiten Gestaltungsspielraum. Abgesehen von den wenigen gesetzlich zwingenden Merkmalen bietet das Zivilrecht einen weiten Spielraum für die vertragliche Ausgestaltung stiller Gesellschaftsverhältnisse. Um die Frage beantworten zu können, wie die ertragsteuerliche Behandlung der stillen Gesellschaft erfolgt, ist zwischen der sog. typisch stillen und der sog. atypisch stillen Gesellschaft zu differenzieren.[66] In Abhängigkeit von der zivilrechtlichen Ausgestaltung der stillen Beteiligung, entsteht entweder ein Gesellschaftsverhältnis, das einer Mitunternehmerschaft („**atypisch stille Gesellschaft**“) oder einem Darlehensverhältnis („**typisch stille Gesellschaft**“) gleicht. Wegen der Eigenschaft als Innengesellschaft kann der Stille nur begrenzt die Mitunternehmerinitiative entfalten.[67] Daher ist im Rahmen der steuerlichen Differenzierung sehr stark auf das Mitunternehmerrisiko abzustellen.

65 Vgl. § 235 Abs. 1 HGB.

66 Vgl. Blaurock, Handbuch – Stille Gesellschaft, Köln 2010, Rn. 4.24.

67 Vgl. auch BFH vom 28. 10. 1981, I R 25/79, BStBl. II 1981, S. 186, und vom 12. 11. 1985, VIII R 364/83, BStBl. II 1985, S. 314.

In Abbildung 3-3 sind die Charakteristika dieser beiden möglichen ertragsteuerlichen Erscheinungsformen dargestellt.

Die Bezeichnung als „typisch" oder als „atypisch" lässt keinen Rückschluss zu, welche dieser beiden Erscheinungsformen in der Praxis häufiger vorkommt. Vielmehr wird vermutet, dass – zumindest bisher – die typisch stille Beteiligung eher seltener anzutreffen ist als die atypisch stille. Die Bezeichnung „typisch" rührt daher, dass diese Variante weitgehend dem gesetzlichen Leitbild der §§ 230 – 236 HGB angenähert ist.[68]

3.1.5.1.2 Typisch stille Gesellschaft

Die typisch stille Gesellschaft als solche unterliegt nicht der Besteuerung und wird steuerliche wie eine Darlehensbeziehung behandelt. Folglich sind die an den typisch stillen Gesellschafter gezahlten Vergütungen grundsätzlich abzugsfähige Betriebsausgaben des **Geschäftsinhabers**. Etwas anderes gilt, wenn die Regelung zur Zinsschranke greift.[69] Steuerbilanziell handelt es sich bei der typisch stillen Einlage um eine Verbindlichkeit. Außerdem ist zu berücksichtigen, dass der Inhaber des Handelsgewerbes bei Gewinnausschüttungen Kapitalertragsteuer i. H. v. 25% (zzgl. SolZ) einzubehalten hat.[70] Für Zwecke der Gewerbesteuer muss 25% der gezahlten Vergütung gem. § 8 Nr. 1 Buchst. c) GewStG hinzugerechnet werden, soweit diese den Gewerbeertrag verringert hat. Dieser Betrag ist – zusammen mit den anderen Positionen innerhalb des § 8 Nr. 1 GewStG – durch den Freibetrag von 100.000,- € begünstigt. Damit ist festzustellen, dass für Zwecke der Gewerbesteuer eine Gleichbehandlung mit einem Darlehen erfolgt. Entsprechend der anteiligen Hinzurechnung von Gewinnanteilen des typisch Stillen muss ein Viertel des von ihm zu tragenden Verlustanteils bei der Ermittlung des Gewerbeertrags des Geschäftsinhabers berücksichtigt werden.[71] Auf Grund des negativen Vorzeichens kommt es zur Minderung der Hinzurechnungen i. S. d. § 8 GewStG.

Beim typisch stillen Gesellschafter ist danach zu differenzieren, ob sich die stille Beteiligung im Privat- oder Betriebsvermögen befindet. Sofern der **stille Gesellschafter** seine Beteiligung in seinem **Privatvermögen** hält, führen die laufenden Gewinne zu Einkünften aus Kapitalvermögen (§ 20 Abs. 1 Nr. 4 EStG). Gem. § 20 Abs. 9 EStG können die tatsächlich im Zusammenhang mit der stillen Beteiligung entstandenen Werbungskosten nicht abgezogen werden. Vielmehr ordnet das Gesetz die Berücksichtigung des Sparerpauschbetrags i. H. v. 801,- € an, wobei sich dieser Betrag bei zusammenveranlagten Steuerpflichtigen verdoppelt. Diese Werbungskostenpauschale bezieht sich auf alle Einkünfte i. S. d. § 20 EStG und ist nicht auf Gewinnanteile aus typisch stillen Beteiligungen beschränkt. Die um den Pauschbetrag geminderten Ein-

68 Vgl. Dürr, Mezzanine-Kapital in der HGB- und IFRS-Rechnungslegung, Berlin 2007, S. 70.

69 Vgl. Hierzu eingehend S. 298 ff.

70 Vgl. § 43 Abs. 1 Nr. 3 i. V. m. § 43a Abs. 1 Nr. 2 EStG. Dieser Steuerabzug verfolgt einen Sicherungszweck.

71 Gem. R 8.1 Abs. 3 Satz 2 GewStR gilt der § 8 Nr. 1 Buchst. c) GewStG für die Verlustbeteiligung des Stillen entsprechend.

künfte aus Kapitalvermögen unterliegen der Abgeltungssteuer des § 32d EStG. Dieser sieht einen konstanten Sondersteuersatz von 25% (zzgl. SolZ) vor, der unabhängig von dem sich nach dem Einkommensteuer-Tarif ergebenden Einkommensteuer-Satz gilt. Der Progressionsvorbehalt kommt ebenfalls nicht zur Anwendung. Allerdings sieht § 32d Abs. 2 EStG für die Kapitalerträge aus einer typisch stillen Gesellschaft Ausnahmen von der Besteuerung mit Abgeltungssteuer vor, um eine missbräuchliche Nutzung des ermäßigten Einkommensteuersatzes zu verhindern. Die Besteuerung mit einem Sondersteuersatz von 25% scheidet aus, wenn:

- der Inhaber des Handelsgewerbes und der stille Gesellschafter nahe stehende Personen[72] sind (§ 32d Abs. 2 Nr. 1 Buchst. a) EStG),
- die stille Beteiligung an einer Kapitalgesellschaft oder einer Genossenschaft besteht und der Stille zumindest mit 10% an dieser Kapitalgesellschaft bzw. dieser Genossenschaft beteiligt ist (§ 32d Abs. 2 Nr. 1 Buchst. b) EStG),[73]
- ein sog. Rückgriffsfall besteht. Demnach beteiligt sich eine Person typisch still am Handelsgewerbe eines Dritten, während dieser zugleich Kapital an den Betrieb des typisch stillen Gesellschafters überlässt (§ 32d Abs. 2 Nr. 1 Buchst. c) EStG). In diesem Fall ist der Dritte praktisch nur „dazwischengeschaltet", um so in die Besteuerung der Kapitalerträge mit der Abgeltungssteuer zu kommen. Da wirtschaftlich ein Rückgriffsrecht des Dritten gegen den Gesellschafter oder eine diesem nahe stehende Person besteht, erklärt sich die häufig verwendete Bezeichnung der Back-to-Back-Finanzierung.

In diesen Fällen gehen die Einkünfte aus der stillen Gesellschaft – zusammen mit den anderen Einkünften des Steuerpflichtigen – in die Summe der Einkünfte ein und unterliegen dem allgemeinen Einkommensteuertarif.

Bei der Besteuerung auf der Ebene des typisch stillen Gesellschafters ist auf den Zeitpunkt des Zuflusses abzustellen. Die stille Beteiligung darf nach dem Gesamtbild der tatsächlichen Verhältnisse keine Mitunternehmerschaft darstellen, was insbesondere dazu führt, dass sich der typisch Stille weder an den stillen Reserven noch am Geschäftswert des Geschäftsinhabers beteiligen darf.

Die **Wertminderungen** der stillen Einlage (z. B. infolge einer Insolvenz des Inhabers des Handelsgewerbes) führen steuerlich beim typisch stillen Gesellschafter zunächst zu nicht zu berücksichtigenden Vermögensverlusten. Dies kann sich bei einer Realisation ändern. Für den Veräußerungsfall sieht § 20 Abs. 2 Nr. 4 EStG

---

72 Diese liegen vor, wenn auf Grund von Beteiligungen oder Kapitalüberlassungsverträgen eine der beteiligten Personen einen beherrschenden Einfluss – ggf. auch über Dritte – auf eine andere ausüben kann oder wenn eine der beteiligten Personen ein eigenes wirtschaftliches Interesse an der Einkunftserzielung der anderen hat.

73 Für die Bestimmung der Beteiligungsquote ist die unmittelbaren Beteiligung am gezeichneten Kapital bzw. das Verhältnis der gezeichneten Geschäftsanteile der Mitglieder zum Gesamtnennbetrag der Geschäftsanteile einer Genossenschaft relevant; allerdings ist bei mittelbarer Beteiligung zu prüfen, ob § 32d Abs. 1 Nr. 1 Buchst. a) EStG Anwendung findet.

grundsätzlich vor, dass ein evtl. Veräußerungsgewinn der Besteuerung unterliegt. Vorbehaltlich der o. g. Ausnahmen des § 32d Abs. 2 EStG unterliegen Veräußerungsgewinne der Abgeltungssteuer. Hingegen bestehen für Verluste aus der typisch stillen Beteiligung Sonderregelungen: Gem. § 20 Abs. 6 Satz 2 EStG dürfen diese Verluste nicht in den allgemeinen Verlustausgleich oder -abzug einbezogen werden. Sie sind lediglich mit anderen Einkünften aus Kapitalvermögen verrechenbar. Verbleibt in einer Periode ein negativer Betrag, kann dieser nicht nach § 10d EStG zurückgetragen werden, sondern darf lediglich mit zukünftigen Einkünften aus Kapitalvermögen saldiert werden.

In der Praxis wurden stille Beteiligungen bisher häufig genutzt, um Nachkommen frühzeitig an dem Unternehmen beteiligen zu können. Wird eine stille Gesellschaft mit Angehörigen eingegangen, sind ergänzend die allgemeinen Grundsätze zur Angemessenheit von Gewinnverteilungsvereinbarungen zu beachten.[74]

Befindet sich die stille Beteiligung hingegen in einem **Betriebsvermögen**, liegen stets Betriebseinnahmen vor, unabhängig davon, ob es sich um laufende oder Veräußerungsgewinne handelt. Alle Aufwendungen im Zusammenhang mit der stillen Gesellschaft sind Betriebsausgaben; Verluste aus der Aufgabe der Beteiligung mindern den Gewinn. In jedem Fall sind gewerbliche Einkünfte gegeben, die der Gewerbesteuer unterliegen.

3.1.5.1.3 Atypisch stille Gesellschaft

Der **atypisch stille Gesellschafter** erzielt gewerbliche Einkünfte, weil er als Mitunternehmer anzusehen ist. Dies liegt insbesondere an der regelmäßig erfolgenden Beteiligung an den stillen Reserven, den Verlusten sowie am Geschäftswert des Handelsgewerbes. Entscheidend ist dabei nicht, ob eine Haftung wie bei einem Gesellschafter einer Personengesellschaft vereinbart ist. Vielmehr wird die Parallele zu einem Kommanditisten einer KG gezogen. Folglich wird die stille Einlage in der Steuerbilanz als Eigenkapital ausgewiesen. Werden vom stillen Gesellschafter in seinem Eigentum befindliche Wirtschaftsgüter an den Inhaber des Handelsgewerbes überlassen, so liegt Sonderbetriebsvermögen des Stillen vor. Außerdem werden Vergütungen aus evtl. bestehenden schuldrechtlichen Verträgen zwischen dem Inhaber des Handelsgewerbes und dem Stillen in gewerbliche Einkünfte umqualifiziert.[75] Beim stillen Gesellschafter sind die ihm zuzurechnenden Verluste unter Beachtung des § 15a Abs. 1 i. V. m. § 15a Abs. 5 EStG einkommensmindernd zu berücksichtigen. Aufwendungen im Zusammenhang mit der stillen Beteiligung (wie insbesondere Refinanzierungskosten) werden als Sonderbetriebsausgaben abgezogen. Als Besonderheit ist zu beachten, dass sofern Dividenden im Sinne des § 20 Abs. 1 Nr. 1 EStG von der Mitunternehmerschaft erzielt werden, sowohl die Steuerbefreiung nach § 3 Nr. 40 Buchst. a) EStG bzw. § 8b Abs. 2 KStG als auch das Abzugsverbot des § 3c Abs. 2 EStG zur Anwendung

---

[74] Vgl. hierzu H 15.9 Abs. 3 EStR.

[75] Vgl. § 15 Abs. 1 Satz 1 Nr. 2 2. Hs. EStG.

gelangt. Bei Kapitalgesellschaften sind die fiktiv nicht abzugsfähigen Betriebsausgaben in Höhe von 5% zu beachten, während das allgemeine Abzugsverbot des § 3c Abs. 1 EStG durch § 8b Abs. 5 Satz 2 KStG suspendiert wird.[76]

Beim Inhaber des Handelsgewerbes liegen ebenfalls gewerbliche Einkünfte vor. Beide Gesellschafter haben die Möglichkeit der pauschalierenden „Anrechnung" der Gewerbesteuer auf die Einkommensteuer gem. § 35 EStG, sofern die Voraussetzungen hierfür erfüllt sind. Die Ermittlung des (anteiligen) Gewinns ist in **Abbildung 3-4** zusammengefasst. Dabei hat eine einheitliche und gesonderte Feststellung des Gesamtgewinns der Mitunternehmerschaft zu erfolgen.[77]

Abbildung 3-4: *Schema zur Gewinnermittlung im Fall der atypisch stillen Gesellschaft am Beispiel der GmbH & Still*

	Handelsbilanzgewinn (nach Abzug des Gewinnanteils des Stillen bzw. nach der Minderung der stillen Einlage durch den Verlustanteil des Stillen)
±	bilanzsteuerrechtliche Modifikationen nach §§ 4–7k EStG
=	Steuerbilanzgewinn der GmbH
+	Gewinnanteil des atypisch Stillen
./.	Verlustanteil des atypisch Stillen
=	Steuerbilanzgewinn der Mitunternehmerschaft
+	Sonderbetriebseinnahmen (wie z. B. Dividendenzahlungen an den atypisch stillen Gesellschafter)
./.	Sonderbetriebsausgaben (wie z. B. die mit der Beteiligung des Stillen zusammenhängende Aufwendungen)
=	Gesamtgewinn der Mitunternehmerschaft

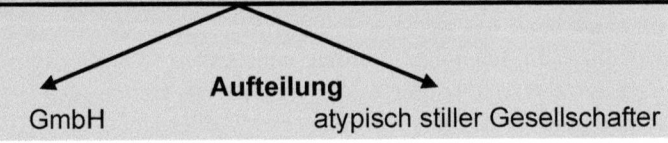

Aufteilung

GmbH — atypisch stiller Gesellschafter

Dieses Schema zur Gewinnermittlung gilt auch für die Gewerbesteuer, wobei diese jedoch ausschließlich an das Handelsgewerbe anknüpft. Ihm werden die Gewinnanteile des stillen Gesellschafters (und ggf. seine Sonderbetriebseinnahmen und -ausgaben) hinzugerechnet. Da zugleich eine Mitunternehmerschaft vorliegt, kommt es zur An-

76 Etwas anderes würde allerdings gelten, wenn es sich um ein Kreditinstitut oder Finanzdienstleistungsunternehmen handelte, vgl. § 8b Abs. 7 KStG.

77 Vgl. §§ 179 Abs. 2, 180 Abs. 1 Nr. 2a AO.

wendung des Freibetrages[78], auch wenn eine atypisch stille Beteiligung an einer Kapitelgesellschaft erfolgt. Ferner besteht die Möglichkeit zur Anrechnung der Gewerbesteuer auf die Einkommensteuer des Gesellschafters, sofern eine natürliche Person als atypisch stiller Gesellschafter beteiligt ist. Der Inhaber des Handelsgewerbes ist Schuldner der Gewerbesteuer. Hält der stille Gesellschafter seine Beteiligung in einem Betriebsvermögen, erfolgt eine Kürzung des Gewerbeertrags des Handelsgewerbes nach § 9 Nr. 2 GewStG, während vom „Stillen" zu tragende Verluste hinzuzurechnen sind.[79] Damit wird im Ergebnis sowohl die einmalige Gewerbesteuerbelastung sichergestellt als auch eine Doppelerfassung verhindert.

🕮	*Blaurock,* Handbuch: Stille Gesellschaft, 7. Aufl., Köln 2010 *Schoor,* Die GmbH & Still im Steuerrecht, 2. Aufl., Herne/Berlin, 1995 *Zacharias/Hebig/Rinnewitz,* Die atypisch stille Gesellschaft: Recht, Steuer, Betriebswirtschaft, 2. Aufl., Bielefeld 2000 *Schulze zur Wiesche,* Die GmbH & Still, 5. Aufl., München 2009

3.1.5.2 Besonderheiten bei der GmbH & Co. KG

- Wird die GmbH & Co. KG steuerlich als Personen- oder als Kapitalgesellschaft behandelt?
- Welche steuerlichen Besonderheiten bestehen gegenüber einer „normalen" KG?

In der Praxis hat die GmbH & Co. KG sehr große Bedeutung. Diese Rechtsform ermöglicht es, Vorteile der Kapitalgesellschaft mit denen der Personengesellschaft zu verbinden. Die Zulässigkeit dieser Unternehmensform ist heute unumstritten, und zwar auch in dem Fall der sog. **Einmann-GmbH & Co. KG**, bei der der einzige Gesellschafter der GmbH gleichzeitig einziger Kommanditist ist, und der sog. **doppelstöckigen GmbH & Co. KG**, bei der der Vollhafter der KG wiederum eine GmbH & Co. KG ist. Damit wird deutlich, wie stark diese Rechtsform genutzt werden kann, um die individuellen Wünsche der Gesellschafter zu berücksichtigen. Der Gesetzgeber hat durch das MoMiG[80] die Unternehmergesellschaft (haftungsbeschränkt) als Sonderform der GmbH eingeführt. Sie ist dadurch gekennzeichnet, dass das Stammkapital mind. 1,- € betragen muss. Ferner besteht eine Pflicht, die Teile der in Zukunft entstehenden Gewinne zu thesaurieren, bis das für eine GmbH vorgesehene Stammkapital von 25.000,- € erreicht ist. Auch diese Gesellschaft kann als Komplementär einer GmbH & Co. KG (bzw. dann Unternehmergesellschaft haftungsbeschränkt & Co. KG) verwendet werden.

---

78 Vgl. § 11 Abs. 1 Nr. 1 GewStG und BFH vom 10. 11. 1993, I R 20/93, BStBl. II 1994, S. 327.

79 Vgl. § 8 Nr. 8 GewStG.

80 Gesetz zur Modernisierung des GmbH-Rechts und zur Bekämpfung von Missbräuchen (MoMiG) vom 23. 10. 2008, BGBl. I 2008, S. 2026.

Steuerlich ist inzwischen anerkannt, dass die GmbH & Co. KG eine Personengesellschaft ist. Folglich unterliegt sie nicht selbst der Einkommen- oder Körperschaftsteuer. Vielmehr erfolgt – wie bei allen Personengesellschaften – eine Ermittlung der Einkünfte auf Ebene der Gesellschaft und eine Zurechnung zu den daran beteiligten Gesellschaftern, wobei bei ihr eine einheitliche und gesonderte Gewinnfeststellung zu erfolgen hat. Zugleich besteht für die KG entweder infolge einer gewerblichen Betätigung (§ 15 Abs. 3 Nr. 1 EStG) oder auf Grund einer gewerblichen Prägung (§ 15 Abs. 3 Nr. 2 EStG) eine Gewerbesteuerpflicht, wobei sowohl der Freibetrag als auch die Anrechnung der Gewerbesteuer auf die Einkommensteuer der Mitunternehmer zur Anwendung kommen.

Überlässt einer der Gesellschafter – entweder die GmbH oder einer der Kommanditisten – der KG Wirtschaftsgüter, so werden diese zum Sonderbetriebsvermögen bei der KG, unabhängig davon, ob dieses bisher bilanziert wurde. Sofern ein Kommanditist Anteile an der Komplementär-GmbH hält, werden diese notwendiges Sonderbetriebsvermögen II.[81]

Der **Kommanditist** bezieht infolge seiner Stellung als Mitunternehmer gewerbliche Einkünfte gem. § 15 Abs. 1 Satz 1 Nr. 2 EStG. Er kann alle im Zusammenhang mit seiner Gesellschafterstellung stehenden Aufwendungen als Sonderbetriebsausgaben geltend machen, wobei es allerdings im Fall von schuldrechtlichen Verträgen zwischen ihm und der KG zu einer Umqualifikation in gewerbliche Einkünfte kommt. Erleidet die KG Verluste, so erfolgt eine (anteilige) Zurechnung zum Kommanditisten, die dieser in den Grenzen des § 15a EStG steuerlich geltend machen kann.[82] Ist der Kommanditist zugleich als Gesellschafter an der Komplementär-GmbH beteiligt, so erzielt er im Fall der Ausschüttung keine Einkünfte aus Kapitalvermögen, sondern infolge der Qualifikation der GmbH-Beteiligung als Sonderbetriebsvermögen II gewerbliche Einkünfte. Diese unterliegen bei ihm dem Teileinkünfteverfahren, sofern es sich bei ihm um eine natürliche Person handelt. Demzufolge dürfen Aufwendungen im Zusammenhang mit der GmbH-Beteiligung gem. § 3c Abs. 2 EStG i. H. v. 60% geltend gemacht werden.

Die **Komplementär-GmbH** ist körperschaftsteuerpflichtig und unterliegt außerdem der Gewerbesteuerpflicht. Ihr zugerechnete Verluste können steuerlich geltend gemacht werden. Dies setzt eine vermögensmäßige Beteiligung am Kommanditkapital voraus. Für Zwecke der Gewerbesteuer ist zu beachten, dass gem. § 9 Nr. 2 GewStG bei der GmbH eine Kürzung um den Gewinnanteil erfolgt, der aus der KG stammt. Folglich tritt für die GmbH keine Belastung mit Gewerbesteuer ein, wenn diese neben ihrer Funktion als Vollhafter in der KG keine weitere wirtschaftliche Betätigung ausübt. Dies ist häufig gegeben. Andernfalls würden bei einer Inanspruchnahme der

81 Vgl. BFH vom 15. 11. 1967, IV R 139/67, BStBl. II 1967, S. 152 und vom 11. 12. 1990, VIII R 14/87, BStBl. II 1990, S. 510 ff. Etwas anderes kann lediglich dann gelten, wenn die GmbH einen eigenständigen, nennenswerten Geschäftsbetrieb neben ihrer Aufgabe als Vollhafter bei der KG unterhält.

82 Vgl. S. 78 ff.

GmbH als Komplementär der KG auch die anderen Betätigungen in die Haftungsmasse fallen. Dies konterkariert die Zielsetzung einer möglichst umfassenden Haftungsbegrenzung. Daher sollte eher über die Gründung einer zweiten GmbH oder ggf. einer Unternehmergesellschaft haftungsbeschränkt nachgedacht werden.

Ein weiteres Spezialproblem bei der GmbH & Co. KG bildet die Verrechnung der **Aufwendungen für die Geschäftsführung**. Hierauf wird im Zusammenhang mit der Behandlung von schuldrechtlichen Verträgen eingegangen.[83]

Binz/Sorg/Mayer, Die GmbH & Co. KG im Gesellschafts- und Steuerrecht, 11. Aufl., München 2010
Brönner/Rux/Wagner, Die GmbH & Co. KG, 8. Aufl., Freiburg 1998
Fichtelmann, Die GmbH & Co. KG im Steuerrecht, 8. Aufl., Heidelberg 1999
Hesselmann/Tillmann, Handbuch der GmbH & Co., 20. Aufl., Köln 2009

3.1.5.3 Besonderheiten bei der Kommanditgesellschaft auf Aktien

- Wie lässt sich die Kommanditgesellschaft auf Aktien zivilrechtlich charakterisieren?
- Wie erfolgt die steuerliche Behandlung des persönlich haftenden Gesellschafters?
- Wie werden die Kommanditaktionäre steuerlich behandelt?

Bei der Kommanditgesellschaft auf Aktien (KGaA) handelt es sich um eine gesetzlich normierte **„Mischung"** aus Elementen einer **Kommanditgesellschaft und** einer **Aktiengesellschaft.** Sie ist dadurch charakterisiert, dass es wenigstens einen persönlich haftenden Gesellschafter (Komplementär) gibt, der zugleich als Vorstand für die KGaA tätig ist (§ 278 Abs. 2 AktG). Damit obliegt ihm die Geschäftsführung und Vertretung der Gesellschaft. Außerdem existiert ein in Aktien verbrieftes Kommanditkapital. Die hieran beteiligten Kommanditaktionäre sind im Wesentlichen den Aktionären einer „normalen" Aktiengesellschaft gleichgestellt und bilden praktisch den Kommanditisten ab. Zivilrechtliche Besonderheiten bestehen lediglich in den Fällen, in denen die beherrschende Stellung des persönlich haftenden Gesellschafters dazu führen könnte, dass die Schutzinteressen der Kommanditaktionäre gefährdet wären. So gilt z. B. ein Stimmrechtsausschluss, wenn der Komplementär zugleich Kommanditaktionär ist und Fragen des Vorstandes zur Abstimmung anstehen. Ferner gilt ein ausdrückliches Verbot, dass der persönlich haftende Gesellschafter dem Aufsichtsrat angehört (§ 287 Abs. 3 AktG). Wie bei anderen Aktiengesellschaften auch, können bestimmte Geschäftsführungsmaßnahmen des Vorstandes an eine Zustimmung des Aufsichtsrats geknüpft werden. Aus betriebswirtschaftlicher Sicht ist diese Rechtsform immer dann von besonderem Interesse, wenn es in einem Unternehmen einen Gesellschafterkreis gibt, der auch in Zukunft einen starken Einfluss auf die Gesellschaft ausüben will und zugleich der Zugang zum Kapitalmarkt angestrebt wird. Dabei ist

83 Vgl. hierzu S. 366 ff.

zu beachten, dass nach neuerer Rechtsprechung unstreitig ist, dass persönlich haftender Gesellschafter einer Kommanditgesellschaft auf Aktien auch eine Kapitalgesellschaft oder eine GmbH & Co. KG sein kann.[84] Damit besteht die Möglichkeit, die gesetzlich angestrebte vollumfängliche Haftung der Komplementäre wirtschaftlich auf die Einlage in die jeweilige Komplementärgesellschaft zu beschränken und damit eine vollständige Haftungsbegrenzung zu erreichen. Auf Grund dieser Rechtsprechung hat die KGaA wieder eine weitere Verbreitung gefunden. So betreiben u. a. einige Fußballbundesliga-Vereine ihren Profispielbetrieb in dieser Rechtsform, indem sich der Verein oder eine eigens dafür gegründete Kapitalgesellschaft als Komplementär beteiligt. Dritte (etwa Vereinsmitglieder, Fans oder Anleger) bekommen die Möglichkeit, Kommanditaktien zu erwerben.

Aus steuerlicher Sicht sind drei unterschiedliche Betrachtungsebenen zu unterscheiden: Zunächst ist zu fragen, inwieweit die KGaA selbstständig steuerpflichtig ist. Darauf aufbauend ist der Frage nachzugehen, wie die persönlich haftenden Gesellschafter besteuert werden, um abschließend zu analysieren, welche steuerlichen Konsequenzen sich bei den Kommanditaktionären ergeben.

Die **Kommanditgesellschaft auf Aktien** ist nach § 1 Abs. 1 Nr. 1 KStG körperschaftsteuerpflichtig. Bei der Ermittlung des zu versteuernden Einkommens gelten die allgemeinen Gewinnermittlungsvorschriften.[85] Eine Besonderheit besteht allerdings infolge des § 9 Abs. 1 Nr. 1 KStG. Danach sind die Teile des Gewinns abzugsfähig, die Komplementäre auf ihre nicht auf das Grundkapital gemachten Einlagen oder als Vergütungen (Tantieme oder Ruhegehalt) für die Geschäftsführung erhalten. Hieraus folgt, dass die Vergütungen, die an die persönlich haftenden Gesellschafter gezahlt werden, den Steuerbilanzgewinn der KGaA verringern. Bestehen zwischen dem Komplementär und der Gesellschaft schuldrechtliche Verträge, wie z. B. ein Darlehensvertrag, so sind die hierfür geleisteten Zahlungen abzugsfähige Betriebsausgaben. Die KGaA ist gem. § 2 Abs. 2 Satz 1 GewStG als Gewerbebetrieb im Inland gewerbesteuerpflichtig. Dabei ermittelt sich der Gewerbeertrag nach den allgemeinen Vorschriften. Eine Besonderheit besteht infolge von § 8 Nr. 4 GewStG. Danach sind dem Gewinn aus Gewerbebetrieb die Gewinnanteile hinzuzurechnen, die von persönlich haftenden Gesellschaftern auf ihre nicht auf das Grundkapital gemachten Einlagen oder als Geschäftsführervergütung geleistet wurden. Damit wird die körperschaftsteuerliche Kürzung nach § 9 Abs. 1 Nr. 1 KStG für Zwecke der Gewerbesteuer wieder rückgängig gemacht. Daher mindert – anders etwa als bei einem GmbH-Geschäftsführer – die Geschäftsführervergütung bei einer KG auf Aktien nicht die Bemessungsgrundlage für Zwecke der Gewerbesteuer. Diese Hinzurechnung soll gem. R 8.2 Satz 4 GewStR nicht die Vergütung für die Hingabe von Darlehen oder die Überlassung von Wirtschaftsgütern erfassen. Hier kommt allenfalls eine Hinzurechnung nach Maßgabe der allgemeinen gewerbesteuerlichen Hinzurechnungs-

84 Vgl. BGH vom 24. 2. 1997, II ZB 11/96, BGHZ 134, S. 392.

85 Vgl. hierzu Strunk/Kaminski, Steuerliche Gewinnermittlung bei Unternehmen, Neuwied 2001, S. 253 ff.

regelung in Betracht, z. B. bei den Entgelten für Schulden gem. § 8 Nr. 1 Buchst. a) GewStG.

Sofern die Komplementäre oder die Kommanditaktionäre nicht ihrerseits Körperschaften sind, unterliegen sie der Einkommensteuer. Infolge des § 15 Abs. 1 Satz 1 Nr. 3 EStG erzielt der **Komplementär** einer KGaA, wenn es sich bei diesem um eine natürliche Person handelt, Einkünfte aus Gewerbebetrieb. Hierbei kommt es auf die Frage, ob er mitunternehmerisch an der KGaA beteiligt ist, nicht an. Dabei werden sowohl sein Gewinnanteil, soweit dieser nicht auf Anteile am Grundkapital entfällt, als auch Vergütungen für schuldrechtliche Verträge (z. B. Geschäftsführervergütungen) von dieser Qualifikation erfasst. Unterhält der Komplementär keinen Gewerbebetrieb i. S. d. § 15 Abs. 2 EStG, zählen die ihm ggf. gehörenden Kommanditaktien nicht zu seinem (Sonder-)Betriebsvermögen.[86] Vielmehr erzielt der Komplementär Einkünfte aus Kapitalvermögen aus diesen Aktien, sofern es sich hierbei um Privatvermögen handelt. Hingegen führt die Hingabe eines Darlehens in Form von Wirtschaftsgütern an die Kommanditgesellschaft auf Aktien – wie im Fall einer „normalen" KG-Beteiligung – zur Qualifikation als Sonderbetriebsvermögen des Komplementärs. Der Komplementär ist zwar kein Mitunternehmer, wird aber wie ein solcher behandelt. Für die Besteuerung der so erzielten gewerblichen Einkünfte besteht grundsätzlich die Möglichkeit, eine pauschalierte „Anrechnung" der von der KGaA gezahlten Gewerbesteuer gem. § 35 EStG vorzunehmen. Sofern die Beteiligung des Komplementärs zu einem bestehenden gewerblichen Betriebsvermögen gehört, kann insoweit eine Belastung mit Gewerbesteuer entstehen. Hingegen führt die Qualifikation der Einkünfte des Komplementärs der KGaA zu Einkünften aus Gewerbebetrieb allein noch nicht dazu, dass beim Komplementär eine Gewerbesteuerpflicht entsteht. Werden die Anteile im Rahmen eines Gewerbetriebes gehalten, sind in dessen Gewinn auch die Gewinnanteile und Sondervergütungen aus der Kommanditgesellschaft auf Aktien enthalten. Da diese bereits gem. § 8 Nr. 4 GewStG bei der Kommanditgesellschaft auf Aktien hinzugerechnet worden sind, ist gem. § 9 Nr. 2b GewStG eine Kürzung vorzunehmen. Damit wird der Gewerbeertrag der Kommanditgesellschaft auf Aktien bei jeder Beteiligungsform einer Mitunternehmerschaft gleichgestellt. Allerdings werden unter § 9 Nr. 2b GewStG nur Gewinnanteile erfasst, nicht aber Vergütungen für die Geschäftsführung sowie Sondervergütungen. Deren Kürzung entspricht der Hinzurechnung bei der KG nach § 8 Nr. 4 GewStG.

Die steuerliche Behandlung der **Kommanditaktionäre** gleicht derjenigen von Aktionären einer Aktiengesellschaft. Sofern die Aktionäre ihre Anteile in einem Privatvermögen halten, beziehen sie Einkünfte aus Kapitalvermögen gem. § 20 Abs. 1 Nr. 1 EStG. Diese sind zum Zuflusszeitpunkt gem. § 11 Abs. 1 EStG der Besteuerung zu unterwerfen. In Abhängigkeit vom steuerlichen Statut unterliegen diese Anteile entweder der Abgeltungssteuer oder dem Teileinkünfteverfahren. Sofern diese Aktien veräußert werden, sind die entstehenden Veräußerungsgewinne nach § 20 Abs. 2 Nr. 1 oder nach § 17 EStG steuerbar und steuerpflichtig. Bestehen schuldrechtliche Verträge zwischen

86 Vgl. BFH vom 21. 6. 1989, X R 14/88, BStBl. II 1989, S. 881.

dem Aktionär und der Kommanditgesellschaft auf Aktien, richtet sich deren steuerliche Behandlung nach dem zugrunde liegenden Sachverhalt, sodass z. B. bei einem Arbeitsvertrag Einkünfte aus nichtselbstständiger Tätigkeit gem. § 19 EStG entstehen. Gehören die Kommanditaktien hingegen zu einem Betriebsvermögen, führen Ausschüttungen zu gewerblichen Einkünften. Handelt es sich bei der besitzenden Gesellschaft um eine Kapitalgesellschaft, so sind die zufließenden Dividenden gem. § 8b Abs. 1 KStG steuerfrei, wobei die fiktiv nicht abzugsfähigen Betriebsausgaben in Höhe von 5% gem. § 8b Abs. 5 KStG zu beachten sind. Die im Zusammenhang mit der Beteiligung stehenden laufenden Aufwendungen sind abzugsfähig und fallen nicht unter das Abzugsverbot des § 3c Abs. 1 EStG. Handelt es sich beim Betriebsvermögen des Gesellschafters um dasjenige einer Personengesellschaft, so kommen die Regelungen des Teileinkünfteverfahrens zur Anwendung. Dabei ist zu beachten, dass Aufwendungen im Zusammenhang mit der Beteiligung gem. § 3c Abs. 2 EStG nur in Höhe von 60% zu berücksichtigen sind. Gewerbesteuerlich kann eine Belastung des Kommanditaktionärs nur entstehen, wenn sich diese Anteile in einem Betriebsvermögen befinden. Liegt eine Schachtelbeteiligung vor, erfolgt eine Kürzung gem. § 9 Nr. 2a GewStG. Dies setzt eine Beteiligung von mindestens 15% voraus.

🕮	*Ammenwerth,* Die Kommanditgesellschaft auf Aktien (KGaA) – eine Rechtsformalternative für personenbezogene Unternehmen?, Frankfurt am Main 1997 *Schaumburg/Schulte,* Die KGaA – Recht und Steuern in der Praxis, Köln 2000

3.2 Rechtsformwahl

- Wie wird der Begriff „Rechtsformwahl" definiert?
- Warum handelt es sich bei der Wahl der Rechtsform überhaupt um ein betriebswirtschaftliches Entscheidungsproblem?
- Warum ist es erforderlich, im Rahmen von Rechtsformüberlegungen steuerliche Fragestellungen zu berücksichtigen?
- Aus welchen Anlässen stellt sich die Frage nach der Rechtsformwahl?
- Wie verläuft der Entscheidungsprozess bei der Rechtsformwahl?

Nach unserem Verständnis sind die Begriffe **Rechtsform**, **Gesellschaftsform** und **Unternehmensform** synonym zu verwenden. Hierunter ist ein System rechtlicher Regelungen zu verstehen, mit dem die Beziehungen zwischen

- Eigentümer und Betrieb,
- Betrieb und Außenstehenden sowie

- den Eigentümern untereinander

determiniert werden.[87]

Die weiteren Ausführungen werden zeigen, dass die gewählte Unternehmensform erhebliche Rückwirkungen auf viele Bereiche der Unternehmung und damit auf viele betriebswirtschaftliche Fragestellungen hat. Hieraus folgt, dass es sich um eine **Geschäftsleitungsentscheidung im engeren Sinne** handelt, die von grundlegender Bedeutung ist. Es ist zwar möglich, eine einmal gewählte Form zu verändern[88], doch ist dies regelmäßig mit erheblichen Problemen und Kosten verbunden, so dass der Wechsel der Rechtsform eher selten erfolgt.[89] Aus betriebswirtschaftlicher Sicht ist damit das Entscheidungsproblem der Rechtsformwahl zu lösen. Es stellt sich zunächst vor Aufnahme der unternehmerischen Tätigkeit, indem die Frage beantwortet wird, in welchem „rechtlichen Gewand" die Tätigkeit ausgeübt werden soll. Ferner ist zu prüfen, inwieweit im Rahmen der laufenden Betätigung mit einer gewählten Rechtsform Vor- bzw. Nachteile verbunden sind. Dabei kann sich infolge von geänderten rechtlichen und/oder wirtschaftlichen Bedingungen die Notwendigkeit ergeben, über einen Rechtsformwechsel nachzudenken. Ferner können auch außerordentliche Ereignisse dazu führen, dass die bisherige Rechtsform auf ihre Eignung für die Zukunft geprüft werden muss. Dies gilt z. B. wenn ein Unternehmen im Rahmen eines Erbgangs oder einer vorweggenommenen Erbfolge übertragen wird und die nachfolgende Generation andere Anforderungen an die Rechtsform (z. B. hinsichtlich der Haftung) stellt, als dies bisher der Fall war.

- Zur Lösung des Problems der Rechtsformwahl werden unterschiedliche „**Methoden**" verwendet. Dabei erweist sich die bloße Gegenüberstellung der einzelnen Eigenschaften der unterschiedlichen Rechtsformen als wenig sinnvoll, da i. d. R. keine Rechtsformalternative bezüglich aller relevanten Merkmale die anderen dominiert. Deshalb erfolgt regelmäßig eine **simultane Lösung** des Entscheidungsproblems. In einem ersten Schritt wird bestimmt, welche Entscheidungskriterien für die Wahl der Rechtsform im konkreten Fall überhaupt von Bedeutung sind. In einem zweiten Schritt werden diese Kriterien mit einem Faktor gewichtet. Anschließend erfolgt die Zuweisung von Wertungszahlen nach der Reihenfolge der Zielerreichung der einzelnen Alternativen. Dabei wird der Alternative, die das Merkmal am besten erfüllt, z. B. 2 Punkte, derjenigen, die es am zweitbesten erfüllt, 1 Punkt und schließlich bei einer vollständigen Nichterfüllung 0 Punkte zugewiesen. Anschließend werden die vergebenen Wertungszahlen mit den Gewichtungsfaktoren der Kriterien multipliziert. Durch die Addition dieser Einzelwerte lässt sich der Gesamtwert einer Rechtsformalternative bestimmen. Die Rechtsform mit dem höchsten Gesamtwert verspricht unter zugrunde gelegten Annahmen den besten Zielerreichungsgrad und ist daher

87 In Anlehnung an Haberstock, Der Einfluß der Besteuerung auf Rechtsform und Standort, unveröffentlichter Entwurf zur 3. Aufl., S. 7.

88 Dieser Vorgang wird allgemein als Umwandlung bezeichnet.

89 Vgl. zu den hiermit verbundenen Auswirkungen S. 89 ff.

auszuwählen. Abbildung 3-5 stellt ein mögliches Beispiel eines solchen Scoring-Modells dar. Hierbei wird es möglich, sowohl die jeweils im konkreten Fall als relevant angesehenen Kriterien zu berücksichtigen als auch eine Wertung innerhalb dieser Kriterien vorzunehmen. Dabei ist individuell zu entscheiden, wie viele und welche Kriterien verwendet werden und wie stark die Differenzierung innerhalb der Bewertungsskala erfolgen soll.

Abbildung 3-5: *Beispiel für die Anwendung eines Scoring-Modells zur Rechtsformwahl*[90]

Entscheidungs-kriterium	Gewichtung	Alternativen		
		A	B	C
1	0,2	0 → 0,0	1 → 0,2	2 → 0,4
⋮	⋮	⋮	⋮	⋮
n	0,4	2 → 0,8	1 → 0,4	0 → 0,0
Summe	1	...	...	...

Ein solches Scoring-Modell ist jedoch auch mit Nachteilen behaftet. Es täuscht einerseits Genauigkeit vor, indem der Eindruck erweckt wird, als ließe sich das Entscheidungsproblem der Rechtsformwahl durch relativ einfache Näherungsverfahren lösen. Dies trifft jedoch nicht zu. Ferner wird die Frage der Vorteilhaftigkeit letztlich in sehr starkem Maße von den subjektiven Erwartungen und Wertevorstellungen des Entscheidungsträgers bestimmt. Im Rahmen dieses Ansatzes kann aber zumindest auf das Entscheidungskriterium der **Dominanz** der Alternativen abgestellt werden. Danach werden solche Alternativen aus der weiteren Betrachtung eliminiert, die in keinem Fall besser als eine andere Alternative aber zumindest bei einem Kriterium schlechter sind.

Der Bestimmung der relevanten Entscheidungskriterien für die Rechtsformwahl kommt große Bedeutung zu, ebenso wie deren relative Gewichtung. Weit verbreitet ist auch eine **sukzessive Methode**. Hierbei wird stufenweise vorgegangen, indem zunächst diejenigen Rechtsformen ausgegrenzt werden, die die jeweils als zwingend angesehenen Entscheidungskriterien nicht erfüllen. Damit wird zunächst der Kreis der zu betrachtenden Alternativen eingeschränkt. Solche Hauptentscheidungskriterien können z. B. die Haftungsbegrenzung und die Flexibilität sein. Die danach verbleibenden Alternativen werden auf der Grundlage einer subjektiven Bewertung oder nach Maßgabe der Anwendung des oben dargestellten Scoring-Modells beurteilt.

90 Darstellung in Anlehnung an Rose/Glorius-Rose, Unternehmen: Rechtsformen und Verbindungen, 3. Aufl., Köln 2002, S. 126.

Diese Vorgehensweisen zur Lösung des Entscheidungsproblems der Rechtsformwahl machen deutlich, dass sich nicht alle Faktoren hinreichend genau quantifizieren lassen, sodass dem Entscheidungsträger immer ein gewisser Bewertungsspielraum verbleibt. Um möglichen Fehlern vorzubeugen, kann es sich als sinnvoll erweisen, alternative Gewichtungen der einzelnen Entscheidungskriterien vorzunehmen und die hierbei entstehenden Auswirkungen auf das Ergebnis kritisch zu hinterfragen. Ferner kann analysiert werden, wie stark sich die Ausprägungsformen der einzelnen Kriterien ändern können, ohne dass die Vorteilhaftigkeit einer Rechtsform gegenüber ihren Alternativen umkehrt.

Im Folgenden werden zunächst ausgewählte Kriterien für die Rechtsformwahl erläutert, um anschließend speziell auf den Einfluss der Besteuerung einzugehen.

Haberstock, Der Einfluss der Besteuerung auf Rechtsform und Standort, 2. Aufl., Hamburg 1984
Heinhold, Unternehmensbesteuerung, Band I, Rechtsform, Stuttgart 1996
Jacobs/Scheffler/Rohrs, Unternehmensbesteuerung und Rechtsform, 4. Aufl., München 2009
König/Maßbaum/Sureth, Besteuerung und Rechtsformwahl, 4. Aufl., Herne 2009
Krüger, Zweckmäßige Wahl der Unternehmensform, 7. Aufl., Bonn 2002
Rose/Glorius-Rose, Unternehmen: Rechtsformen und Verbindungen, 3. Aufl., Köln 2002, S. 125 ff.
Schneeloch, Rechtsformwahl und Rechtsformwechsel mittelständischer Unternehmen, 2. Aufl., München 2006
Wöhe, Betriebswirtschaftliche Steuerlehre II/1. Der Einfluss der Besteuerung auf die Wahl und den Wechsel der Rechtsform des Betriebes, 5. Aufl., München 1990

3.2.1 Kriterien für die Rechtsformwahl

- Welche Kriterien sind bei der Rechtsformwahl zu berücksichtigen?
- Welche Bedeutung haben steuerliche Überlegungen im Rahmen dieser Kriterien?

Die Frage nach der „richtigen" oder „optimalen" Rechtsform wird von einer Vielzahl von Faktoren bestimmt. Im Einzelnen sind dies u. a. die in Abbildung 3-6 genannten Kriterien.

Nicht alle dieser Faktoren lassen sich quantifizieren und einige sind mit erheblicher Unsicherheit und Änderungsanfälligkeit verbunden, so dass dadurch das Entscheidungsproblem weiter erschwert wird. Hinzu kommt, dass diese Kriterien simultan betrachtet werden müssen, da es i. d. R. keine dominierende Rechtsformalternative hinsichtlich sämtlicher Entscheidungskriterien gibt. So kann es sich z. B. aus steuerlichen Gründen als vorteilhaft erweisen, die Rechtsform einer Kapitalgesellschaft zu wählen. Allerdings sind Kapitalgesellschaften – und nunmehr auch Personengesellschaften, an denen nur Kapitalgesellschaften als Vollhafter beteiligt sind[91] – ab einer bestimmten Größe zur Offenlegung[92] und Prüfung[93] ihres Jahresabschlusses verpflichtet. Dies führt nicht nur zu – u. U. deutlich – höheren rechtsformspezifischen Kosten, sondern auch dazu, dass Außenstehende einen Einblick in das Unternehmen bekommen, der in vielen Fällen vom Unternehmen bzw. den dahinter stehenden Gesellschafter nicht gewollt ist. Daher muss abgewogen werden, welchen Kriterien eine höhere Bedeutung zukommt. Dabei lassen sich **keine allgemeingültigen Rangfolgen** aufstellen; vielmehr ist hierfür die Präferenz des Entscheidungsträgers ausschlaggebend. Außerdem kann versucht werden, durch Mischformen[94] die Vorteile der unterschiedlichen Rechtsformen miteinander zu kombinieren.

Abbildung 3-6: *Allgemeine Kriterien zur Rechtsformwahl*

1. Umfang der Haftung
2. Einflussnahme auf die Entscheidungen der Gesellschaft, insbesondere Geschäftsführung und Vertretung
3. Beteiligung am Gewinn- und Verlust sowie ggf. an den stillen Reserven
4. Möglichkeiten zur Finanzierung (insbesondere mit Eigen- und Fremdkapital)
5. Steuerbelastung
6. Rechtsformspezifische Aufwendungen und Anforderungen (insbesondere Informations-, Publizitäts- und Prüfungspflichten)
7. Möglichkeiten zur Vermeidung oder zur Begrenzung der Mitbestimmung von Arbeitnehmern
8. Sonstige Motive (z. B. die Versorgung von Gesellschaftern durch den Erwerb von Rentenansprüchen, Sicherung der Unternehmenskontinuität, öffentliches Ansehen einer bestimmten Rechtsform)

Darüber hinaus ist zu prüfen, welche Bedeutung die Besteuerung im Rahmen der Rechtsformwahl hat. Gerade vor dem Hintergrund der sehr vielfältigen und zum Teil

91 Vgl. § 264a HGB.
92 Vgl. § 325 HGB.
93 Vgl. §§ 316 ff. HGB.
94 Hierzu gehören insbesondere die GmbH & Co. KG.

sehr grundlegenden Steuerrechtsänderungen[95] in den letzten Jahren stellt sich die Frage, ob die Besteuerung dauerhaft überhaupt einen Einfluss haben kann, oder ob dieser Faktor mittlerweile eine so hohe Änderungshäufigkeit aufweist, dass er sich im Rahmen von steuerplanerischen Überlegungen kaum noch sinnvoll abbilden lässt. Gleichwohl ist festzustellen, dass steuerliche Faktoren nicht nur erhebliche Belastungsunterschiede zwischen den Rechtsformalternativen bewirken, sondern auch insgesamt so große materielle Bedeutung haben, dass ihre Nichtberücksichtigung zu falschen Entscheidungen führt. Daher sind – trotz aller hiermit verbundenen Schwierigkeiten – Steuern im Rahmen von Rechtsformwahlüberlegungen zu berücksichtigen. Die obige Aufzählung der Kriterien macht deutlich, dass der Faktor Steuern dabei einer von mehreren Entscheidungsparametern ist. Im Bereich der Ertragsteuern müssen sowohl laufende als auch einmalige Belastungsunterschiede zwischen den Rechtsformen berücksichtigt werden. Bei der Erbschaftsteuer sind lediglich unregelmäßige Belastungsdifferenzen in die Entscheidungsfindung einzubeziehen. Hinzu kommt, dass – zumindest auf der Grundlage gegenwärtig geltender rechtlicher Vorgaben – die Belastungsunterschiede sich gut quantifizieren lassen und damit eine gewissen Objektivierung und Nachprüfbarkeit von Entscheidungen möglich wird. Diesem Faktor kann u. a. dann große Bedeutung zukommen, wenn in der Zukunft mit möglichen Auseinandersetzungen hinsichtlich der Frage zu rechnen ist, ob in der Vergangenheit Fehler gemacht wurden und wer hieraus die Konsequenzen tragen muss. Solche Streitfälle treten insbesondere bei Erbauseinandersetzungen auf.

In bestimmten Sachverhaltskonstellationen hat die Besteuerung nur eine untergeordnete Bedeutung. Will (oder muss) ein Unternehmen unbedingt an die Börse, um dringend benötigtes Eigenkapital beschaffen zu können, scheint die Rechtsform der AG oder der KGaA unausweichlich. Allerdings sind solche Situationen vergleichsweise selten. Außerdem kann eine bestimmte Zielsetzung (wie z. B. die Erlangung der Haftungsbegrenzung der Gesellschafter) durch unterschiedliche Rechtsformen (z. B. eine GmbH oder eine GmbH & Co. KG) erlangt werden. Folglich wird damit der Kreis der Alternativen zwar eingeschränkt, aber es verbleibt insoweit eine gewisse Flexibilität. Außerdem muss der Entscheidungsträger im Rahmen des Entscheidungsproblems wissen, welche rechtsformspezifischen Belastungen auf ihn zukommen. Bezogen auf das Beispiel des Börsengangs bedeutet dies, dass nicht nur die Kosten für die Finanzierung, sondern auch eine mögliche damit verbundene steuerliche Mehrbelastung berücksichtigt werden muss.

Da die deutschen Regelungen zur Besteuerung nicht rechtsformneutral sind, d. h., dass in Abhängigkeit von der gewählten Rechtsform erhebliche Unterschiede in der

95 So wurde z. B. 2001 das bisherige körperschaftsteuerliche Anrechnungsverfahren durch ein klassisches Körperschaftsteuersystem ersetzt. 2008 wurde die Möglichkeit einer Thesaurierungsbegünstigung (§ 34a EStG) in das EStG aufgenommen. Danach haben Mitunternehmer einer Personengesellschaft die Möglichkeit, nicht entnommene Gewinne mit einem Steuersatz von 28,25% zu besteuern. Allerdings erfolgt eine spätere Nachversteuerung, wenn dieser Gewinn entnommen wird oder als entnommen gilt. Vgl. hierzu S. 53 ff.

Steuerbelastung entstehen können, kommt Fragen der Rechtsformwahl ertragsteuerlich besondere Bedeutung zu. So könnte z. B. erwogen werden, nicht das gesamte Unternehmen in eine Aktiengesellschaft umzuwandeln, sondern nur einen Teil der Aktivitäten in dieser Rechtsform vorzunehmen und andere Bereiche in einer anderen Form zu führen. Außerdem setzt ein „Gang an die Börse" nicht zwingend eine Aktiengesellschaft voraus. Vielmehr ist auch eine Kommanditgesellschaft auf Aktien (KGaA) denkbar.[96] Dies hat den Vorteil, dass einerseits die Möglichkeit des Zugangs zum Kapitalmarkt erhalten bleibt, andererseits für die persönlich haftenden Gesellschafter die Voraussetzung geschaffen wird, um sich weiterhin entsprechend den Regelungen zur Mitunternehmerschaft besteuern zu lassen. Das angestrebte Ziel (Eigenkapitalbeschaffung über die Börse) lässt sich dementsprechend auf unterschiedlichen Wegen erreichen, die mit differierenden steuerlichen Belastungen (die zwischen AG und KGaA sogar regelmäßig vorkommen werden) verbunden sein können. Damit wird deutlich, dass insoweit auch unter Beachtung nichtsteuerlicher Faktoren ein Handlungsspielraum bestehen bleiben kann, der es dem Steuerpflichtigen ermöglicht, einerseits seine ursprünglichen Ziele zu verwirklichen, und zugleich – gewissermaßen als Nebeneffekt – steuerliche Vorteile zu nutzen. Insoweit wird versucht, eine möglichst optimale Kombination aus steuerlichen und außersteuerlichen Vorzügen zu erreichen.

Im Schrifttum ist immer wieder die Forderung nach einer **„rechtsformneutralen Besteuerung"** erhoben worden. Im Koalitionsvertrag der damaligen Bundesregierung aus CDU/CSU und SPD aus dem Jahr 2005 wurde eine weitgehende Rechtsform- und Finanzierungsneutralität der Besteuerung als Zielsetzung benannt.[97] Damit ist gemeint, dass die Wahl zwischen den unterschiedlichen Rechtsformen nicht durch steuerliche Einflüsse verzerrt (also beeinflusst) wird. Vielmehr sollen hierfür ausschließlich wirtschaftliche und andere außersteuerliche Überlegungen maßgeblich sein. Diese Forderung erweist sich jedoch als fragwürdig, da es sich bei steuerlichen Überlegungen letztlich auch um wirtschaftliche handelt und, wie die weiteren Ausführungen in diesem Buch noch zeigen werden, eine solche Neutralität in anderen Bereichen (z. B. bei der Finanzierung[98]) auch nicht besteht. Außerdem darf der grundlegende Unterschied zwischen den Rechtsformen nicht übersehen werden: Auch wenn zivilrechtlich die Tendenz der letzten Jahre zu einer immer stärkeren Verselbstständigung der Personengesellschaft gegenüber ihren Gesellschaftern geführt hat, gilt steuerlich das Trennungsprinzip zwischen der Personengesellschaft und ihren Mitunternehmern nicht. Vielmehr erfolgt eine grundlegend andere Besteuerung als bei Kapitalgesellschaften. Allerdings wird diese grundsätzliche Wertung vom Gesetzgeber nicht konsequent umgesetzt. So gilt etwa die Personengesellschaft als solche als Steuersubjekt für Zwecke der Gewerbesteuer [99] oder bei einer Kapitalgesellschaft kann die

96 Zu den steuerlichen Besonderheiten einer KGaA vgl. S. 33 ff.

97 Vgl. Koalitionsvertrag von CDU, CSU und SPD, S. 81, im Internet abrufbar unter http://www.cducsu.de/upload/koavertrag0509.pdf.

98 Vgl. hierzu S. 282 ff.

99 Vgl. z. B. BFH vom 26. 1. 1968, VI R 129/66, BStBl. II 1968, S. 369.

Veräußerung von Anteilen durch den Gesellschafter unter den Voraussetzungen des § 8c KStG zu einem Untergang der – ggf. anteiligen – Verlustvorträge der Kapitalgesellschaft führen.[100] Daher ist u. E. die Forderung nach einer rechtsformunabhängigen Besteuerung zu undifferenziert. Vielmehr muss genau analysiert werden, ob die Sachverhalte wirtschaftlich tatsächlich vergleichbar sind, oder ob infolge von bestehenden (z. B. zivilrechtlichen) Unterschieden eine differenzierte Behandlung zumindest gerechtfertig ist.

🕮	*Schreiber,* Rechtsformunabhängige Unternehmensbesteuerung? Eine Kritik des Verhältnisses von Einkommen- und Körperschaftsteuer auf der Grundlage eines Modells für mehrperiodige Steuerbelastungsvergleiche, Köln 1987 *Sieker,* Möglichkeiten rechtsformneutraler Besteuerung von Einkommen, DStJG 25 (2002), S. 145 ff.

Die Besteuerung darf nicht dazu führen, dass wirtschaftlich gleiche Sachverhalte ungleich besteuert werden. Vielmehr verlangt das Bundesverfassungsgericht in ständiger Rechtsprechung einerseits, dass in einem solchen Fall eine Gleichbehandlung zu erfolgen hat, und andererseits, dass wirtschaftlichen Unterschieden im Rahmen der Besteuerung Rechnung getragen wird.[101] Wie problematisch ein Verstoß gegen die Forderung nach Rechtsformneutralität sein kann, illustriert das folgende Beispiel.

■ **Beispiel:**

In einer Straße befinden sich zwei Bäckereien. Die Unternehmen sollen wirtschaftlich absolut identisch sein, also gleiche Größe, Kapitalausstattung, eine deckungsgleiche Produktpalette, gleichhohe Umsatzerlöse, einen identischen Kundenstamm usw. aufweisen. Der einzige Unterschied besteht in der Rechtsform. Hieraus unterschiedliche steuerliche Konsequenzen zu ziehen, erscheint problematisch, denn dies ist mit der Forderung nach Gleichmäßigkeit der Besteuerung nicht vereinbar. Gleichwohl darf nicht übersehen werden, dass eine Ungleichbehandlung nicht nur bei der Besteuerung der Gesellschaften erfolgt, sondern z. B. auch bei deren Gesellschaftern, wenn diese ein Darlehen an die Gesellschaft geben oder andere schuldrechtliche Verträge mit ihr abschließen. Insoweit reicht es also nicht aus, für die Frage der Rechtsformneutralität ausschließlich auf die Besteuerung der Gesellschaften abzustellen, sondern es muss eine umfassende Betrachtung durchgeführt werden. Dies gilt auch für die möglicherweise unterschiedlichen Haftungsverhältnisse, wenn etwa eine Bäckerei als OHG (und damit verbundener umfassender persönlichen Haftung der Gesellschafter) und die andere als GmbH (und damit auf die Einlage begrenzte Haftung der Gesellschafter) geführt wird. Liegt dem Vergleich jedoch eine GmbH und eine GmbH & Co. KG zugrunde, wird es schon deutlich schwieriger die

100 Vgl. hierzu S. 75 ff.

101 Vgl. z. B. BVerfG vom 22. 2. 1984, 1 BvL 10/80, BStBl. II 1984, S. 352, vom 3. 11. 1982, 1 BvR 620/78, BStBl. II 1982, S. 717 und vom 4. 10. 1984, 1 BvR 789/79, BStBl. II 1985, S. 22.

eintretenden Besteuerungsunterschiede zu rechtfertigen, weil in beiden Fällen eine Haftungsbegrenzung erfolgt.

Die Forderung nach Rechtsformneutralität ließe sich dadurch verwirklichen, dass eine einheitliche Form der Unternehmensbesteuerung eingeführt wird, die unabhängig von der jeweiligen Rechtsform gilt. Allerdings könnte ein solcher Ansatz zu erheblichen Verwerfungen mit anderen Einkunftsarten führen. Errichtet etwa ein Steuerpflichtiger reine Grundstücksgesellschaften, unterliegen Einkünfte aus der Vermietung von Immobilien der Unternehmensbesteuerung. Insoweit wird damit ein großer Gestaltungsspielraum für die Steuerpflichtigen geschaffen. Dies gilt umso mehr, sofern in einem solchen System schuldrechtliche Verträger zwischen Gesellschaft und Gesellschafter anerkannt werden. Dadurch wäre es möglich, die Grundstücke im Privatvermögen zu belassen und diese dann an die Gesellschaft zu vermieten. Der Verkauf von Immobilien führte dann zu nach Ablauf der Frist des § 234 EStG zu nicht steuerbaren Veräußerungsgewinnen. Gleichzeitig müsste ein Teil der laufenden Vermietungseinkünfte den Regelungen zur Unternehmensbesteuerung unterworfen werden. In Abhängigkeit von der jeweiligen Vorteilhaftigkeit können u. U. erhebliche Gestaltungsmöglichkeiten geschaffen werden, die möglicherweise zu gravierenden Ungleichbehandlungen führen. Damit käme es aber zu einer Ausdehnung der steuerlichen Unternehmereigenschaft,[102] die betriebswirtschaftlich fraglich wäre, denn sie umfasste nicht mehr nur eine originäre betriebliche Tätigkeit, sondern müsste auch jede Form der Vermögensverwaltung berücksichtigen. Folglich käme es zu einer Dominanz dieser Einkunftsart gegenüber allen anderen, für die es keine sachliche Rechtfertigung gibt.

Ziel der Überlegungen im Rahmen der Betriebswirtschaftlichen Steuerlehre als anwendungsorientierte Wissenschaft ist es, konkrete Hinweise zur praxisgerechten Lösung des Entscheidungsproblems „Rechtsformwahl" zu geben, um die Voraussetzung dafür zu schaffen, eine kritische Würdigung der Regelungen zur Besteuerung von Unternehmen und deren Gesellschaftern – de lege lata und de lega ferenda – vornehmen zu können. Wenn eine Regierung z. B. die Zielsetzung verfolgt, die Zahl der unternehmerisch Tätigen zu erhöhen, um damit einen Beitrag zur Abbau der Arbeitslosigkeit zu leisten, stellt sich die Frage, ob bestimmte vorgeschlagene Maßnahmen dieses Ziel erreichen oder wie Maßnahmen aussehen müssten, um entsprechend zu wirken. Dies zeigt, dass nicht die Fragen der Auslegung des bestehenden Rechts im Mittelpunkt der betriebswirtschaftlichen Überlegungen stehen, sondern welche betriebswirtschaftlichen Auswirkungen sich aus den Regelungen ergeben bzw. wie die Vorgaben aussehen müssten, damit bestimmte, als wünschenswert angesehene Effekte eintreten.

---

102 Als Anknüpfungspunkt für eine solche Steuer.

3.2.2 Vorteilhaftigkeitsvergleich

- Welche unterschiedlichen Steuern und steuerlichen Einflussfaktoren müssen im Rahmen der Rechtsformwahl berücksichtigt werden?
- Wie kann eine Analyse der steuerlichen Vorteilhaftigkeit methodisch erfolgen?

Bei der Rechtsformwahl ist zwischen dem Einfluss der laufenden Besteuerung (infolge der Belastung mit Einkommen-, Gewerbesteuer und Solidaritätszuschlag bzw. mit Körperschaft-, Gewerbesteuer und Solidaritätszuschlag) und dem Einfluss von aperiodischen Ereignissen (z. B. Umwandlung oder Vererbung eines Unternehmens) zu unterscheiden.

Um einen Vergleich der Vorteilhaftigkeit unterschiedlicher Rechtsformen durchzuführen, gibt es verschiedene methodische Ansätze. Diese Verfahren müssen ausreichend praktikabel sein und einen Vergleich der möglichen Alternativen zulassen. Hierfür wird auf die Steuerbelastung abgestellt, die bei der Wahl einer der Alternativen entsteht. Um die Quantifizierung dieser Belastung zu erreichen, stehen die in Abbildung 3-7 dargestellten Verfahren zur Verfügung.

Abbildung 3-7: *Steuerliche Methoden zur Bestimmung der Steuerbelastung*

Höhe der Steuerbelastung wird bestimmt auf Grund der
kasuistischen Veranlagungssimulation
Durchführung der Verfahrensschritte, wie sie bei einer Wahl dieser Rechtsform durch das Finanzamt erfolgten, d. h.:
Ermittlung der Bemessungsgrundlage
Anwendung des Tarifs für jede Steuerart.
Teilsteuerrechnung von G. Rose
Abhängigkeiten zwischen den Steuerarten (sog. Steuerinterdependenzen) sollen im Steuersatz („Teilsteuersätzen") berücksichtigt werden.

Für die weiteren Überlegungen wird auf eine – wenn auch auf den jeweiligen Sachverhalt begrenzte – Veranlagungssimulation abgestellt. Gleichwohl sollte diese Vorgehensweise nicht dazu führen, dass die Bedeutung der Teilsteuerrechnung unterschätzt wird. Ihr besonderer Wert ergibt sich daraus, dass sie es ermöglicht, mathematisch exakt die Zusammenhänge und Wechselwirkungen zwischen den unterschiedlichen Steuern zu berücksichtigen. Außerdem erweist sie sich als sinnvolles Hilfsmittel bei der Begleitung von Steuerpflichtigen durch eine Betriebsprüfung: Die Anwendung der Teilsteuerrechnung ermöglicht es, sofort zu ermitteln, wie hoch die finanziellen Auswirkungen für das Unternehmen sind, wenn der Betriebsprüfer einen Sachverhalt steuerlich anders als der Steuerpflichtiger würdigt, z. B. wenn die Vergütung für eine schuldrechtliche Vereinbarung zwischen dem Gesellschafter und der Gesellschaft in eine verdeckte Gewinnausschüttung umqualifiziert wird, während bisher ein Abzug als Betriebsausgabe erfolgte.

Ausgangsüberlegung der Teilsteuerrechnung – die im Folgenden für eine Kapitalgesellschaft dargestellt wird – ist, dass die Gesamtsteuerbelastung des Unternehmens sich als die Summe der einzelnen Steuerarten ergibt, denen das Unternehmen unterliegt. Ziel ist es dabei, Teilsteuersätze zu ermitteln, die sich auf eine Basisgröße anwenden lassen und die es ermöglichen, bei einer Variation dieser Basisgröße (z. B. einem Mehrergebnis im Rahmen einer Betriebsprüfung) die hieraus entstehende Steuerbelastung zu bestimmen. Diese Steuer bestimmt sich jeweils aus dem Produkt aus Steuersatz und Bemessungsgrundlage. Analytisch lässt sich dies darstellen als:

$$T = \sum_{\sigma} \tau_{\sigma} \cdot BMG_{\sigma},$$

wobei:

T = Gesamtsteuerbelastung

τ = Teilsteuersatz

σ = Index der Steuerarten ($\sigma = 1, ..., n$)

BMG = Bemessungsgrundlage.

Ausgehend von dieser Überlegung wird für jede Steuer die Bemessungsgrundlage definiert und hierauf der jeweilige Steuersatz angewendet. Die ertragsteuerliche Bemessungsgrundlage kann ganz allgemein bestimmt werden durch:

$R = JÜ + M,$

wobei:

R = Reinertrag,

JÜ = Jahresüberschuss und

M = Modifikationen.

Ausgangspunkt bildet der Jahresüberschuss gem. Handelsbilanz. Allerdings ist zu berücksichtigen, dass diese Größe nicht mit der Bemessungsgrundlage für die Ertragsteuern übereinstimmt. Vielmehr sind z. B. die Abweichungen zwischen Handels- und Steuerbilanz und die außerbilanziellen Gewinnkorrekturen zu beachten.[103] Für jede Steuerart ist nach Maßgabe dieser Formel nun die jeweilige Bemessungsgrundlage zu bestimmen. Die körperschaftsteuerliche Gewinnermittlung knüpft an die Regelungen

103 Vgl. hierzu Strunk/Kaminski, Steuerliche Gewinnermittlung bei Unternehmen, Neuwied 2001, S. 192 ff.

in den §§ 4 ff. EStG an und ergänzt diese um besondere Vorgaben für die Ermittlung des Einkommens.[104] Dies ist beim Solidaritätszuschlag unproblematisch, weil er an die Höhe der Körperschaftsteuer anknüpft und damit die Einbeziehung einfach möglich ist. Hingegen muss bei der Gewerbesteuer berücksichtigt werden, dass die Hinzurechnungen und Kürzungen[105] regelmäßig dazu führen, dass der Gewerbesteuer eine andere Bemessungsgrundlage zugrunde liegt als der Körperschaftsteuer. In der Unternehmenspraxis sind die Hinzurechnungen regelmäßig deutlich höher als die Kürzungen. Durch die Einfügung von entsprechenden Korrekturfaktoren wird diesen Unterschieden Rechnung getragen, denn diese weisen häufig eine Höhe auf, die bei einer Nichtberücksichtigung zu einer falschen Entscheidung führten. Diese für jede Steuer unterschiedliche Bestimmungsgleichung wird dann mit den sog. Multifaktoren multipliziert. Hierbei handelt es sich um die eigentlichen Steuersätze, wobei Wechselwirkungen zwischen den einzelnen Steuerarten im Rahmen des Steuersatzes berücksichtigt werden. Diese Gleichungen lassen sich beispielhaft wie folgt bestimmen:

Steuerbelastung bei einer Änderung des **Reinertrags**:

$m_1 = s^{KSt} + s^{GewSt} + s^{KSt} \cdot s^{SolZ}$,

bilanz-, einkommen- bzw. körperschaftsteuerliche Korrekturen:

m_2 wie m_1, jedoch mit positivem oder negativem Vorzeichen, je nach Art der Korrektur,

bei **rein körperschaftsteuerlichen** Korrekturen mit Auswirkungen auf den SolZ:

$m_3 = s^{KSt} + s^{KSt} \cdot s^{SolZ}$,

gewerbesteuerliche Korrekturen:

$m_4 = s^{GewSt}$, wobei bei diesen ergänzend geprüft werden muss, inwieweit sich der Gewerbeertrag als Bemessungsgrundlage für die Gewerbesteuer verändert. Hierbei ist zu hinterfragen, ob der zur Korrektur führende Betrag bisher eine Hinzurechnung oder Kürzung bei der Gesellschaft ausgelöst hat. War dies der Fall, ist dies bei der Bestimmung des neuen Gewerbeertrags zu berücksichtigen. Vor diesem Hintergrund ist es sinnvoll, die Bestimmung der Körperschaftsteuer (einschließlich Solidaritätszuschlag) von der Ermittlung der Gewerbesteuer zu separieren, um mögliche Konsequenzen bei den Hinzurechnungen und Kürzungen abbilden zu können.

Hierbei sind:

s^{KSt} = Körperschaftsteuersatz (zur Zeit 15%)

---

104 Vgl. hierzu insbesondere §§ 8a, 9 und 10 KStG.

105 Vgl. §§ 8 und 9 GewStG. Hierbei hat insbesondere die Hinzurechnung der Finanzierungskosten nach § 8 Nr. 1 GewStG besondere Bedeutung.

s^{GewSt} = Gewerbesteuersatz (ermittelt nach der Formel m · h, wobei m die Messzahl in Höhe von 3,5 bildet und h den jeweiligen Hebesatz der Gemeinde[106]) und

s^{SolZ} = Solidaritätszuschlagssatz auf die festgesetzte Einkommensteuer bzw. Körperschaftsteuer (zur Zeit 5,5%).

Wenn in diese Gleichungen konkrete Werte eingesetzt werden (insbesondere der jeweilige gewerbesteuerliche Hebesatz), lässt sich ermitteln, welche Steuerbelastung mit einer Änderung der Bemessungsgrundlage verbunden ist. Dies ist z. B. im Rahmen einer Betriebsprüfung sinnvoll.

Beispiel:

Im Rahmen einer Betriebsprüfung stellt der Prüfer fest, dass eine bisher im vollen Umfang als Betriebsausgabe behandelte Darlehensvergütung an den beherrschenden Gesellschafter als verdeckte Gewinnausschüttung i. S. v. § 8 Abs. 3 Satz 2 KStG zu qualifizieren ist. Folglich muss der Teil der Vergütung, der nicht dem Fremdvergleichsgrundsatz genügt, dem Einkommen der Kapitalgesellschaft außerbilanziell hinzugerechnet werden. Zugleich hat das Darlehen nach § 8 Nr. 1 Buchst. a) GewStG zu einer Hinzurechnung in Höhe von 25% der Zinsen geführt. Um die sich hieraus ergebende Steuermehrbelastung bestimmen zu können, ist es erforderlich, die mit der Umqualifizierung verbundenen Auswirkungen auf die Körperschaftsteuer (Erhöhung des Einkommens in vollem Umfang infolge der verdeckten Gewinnausschüttung) und die Auswirkungen auf den Solidaritätszuschlag (Folgewirkung der Änderung bei der Körperschaftsteuer) zu berücksichtigen. Hinzu kommen die Konsequenzen bei der Gewerbesteuer, die darin bestehen, dass eine Erhöhung des Gewerbeertrages um den Betrag der verdeckten Gewinnausschüttung vorzunehmen ist.[107] Wird von einem Hebesatz von 470% ausgegangen, lässt sich die Steuermehrbelastung durch Einsetzen in die Gleichung für m_3 und m_4 bestimmen. Für Körperschaftsteuer und Solidaritätszuschlag ergibt sich: $m_3 = 0{,}15 + 0{,}15 \cdot 0{,}055 = 0{,}15 \cdot (1 + 0{,}055) = 15{,}825\%$. Dieser Faktor ist auf die volle Bemessungsgrundlage anzuwenden, weil der Erhöhung des Einkommens infolge der verdeckten Gewinnausschüttung keine weiteren Effekte gegenüber stehen. Bei der Gewerbesteuer ergibt sich durch Einsetzen in m_4 die folgende Berechnung: $m_4 = 3{,}5 \cdot 470\% = 16{,}45\%$. Bei der Bestimmung der Bemessungsgrundlage ist aber der gegenläufige Effekt infolge der Verringerung der Hinzurechnung nach § 8 Nr. 1 Buchst. a) GewStG um 25% zu berücksichtigen, während die verdeckte Gewinnausschüttung den Gewerbeertrag um 100% erhöht. Folglich kommt es im Ergebnis zu einer Zunahme der gewerbesteuerlichen Bemessungsgrundlage um 75% des

106 Diese Berechnung wird deutlich komplizierter, wenn das Unternehmen in mehreren Gemeinden Betriebsstätten unterhält und deshalb eine Zerlegung des einheitlichen Messbetrages auf diese Gemeinden zu erfolgen hat.

107 Infolge von § 7 GewStG hat die verdeckte Gewinnausschüttung auch Auswirkungen im Bereich der Gewerbesteuer.

Korrekturbetrages.[108] Dies kann auch in der Weise berücksichtigt werden, dass dieser Faktor auf den Steuersatz angewendet wird und die Bemessungsgrundlage unverändert bleibt. Hieraus ergibt sich ein Wert von 12,3375%. Kommt es zu einer Korrektur von z. B. 100.000,- €, hätte dies eine Steuermehrbelastung von 28.162,50 €[109] zur Folge. Hinzu kämen die Zinsen auf die Steuernachzahlungen, die nur bestimmt werden können, wenn bekannt ist, auf welchen Veranlagungszeitraum sich die Korrektur bezieht.[110]

🕮	Zur Teilsteuerrechnung: *Rose,* Untersuchungen über die Steuerbelastung der Unternehmen, DB 1968, Beilage 7 *ders.,* Die Steuerreform im Spiegel der Teilsteuerrechnung, DB 1989, S. 1 ff. *ders.,* Betriebswirtschaftliche Steuerlehre, 3. Aufl., Wiesbaden 1992, S. 146 ff. *Ottersbach,* Die Teilsteuerrechnung nach dem Steuerentlastungsgesetz 1999/2000/2002, DB 2000, S. 781 ff. *Bachem,* Teilsteuerrechnung für Kapitalgesellschaften ab 2001, SteuerStud 2001, S. 524 ff. *Marx/Hetebrügge,* Unternehmensteuerreform 2008 im Spiegel der Teilsteuerrechnung, DB 2007, S. 2381 ff.

3.2.2.1 Ertragsteuern

- Welche ertragsteuerlichen Parameter sind als die entscheidenden Größen für die Rechtsformwahl anzusehen?
- Warum kann es sich als sinnvoll erweisen, zunächst eine ausschließlich auf steuerliche Faktoren beschränkte Betrachtung vorzunehmen?

Die Rechtsformwahl wird von einer Vielzahl von steuerlichen und außersteuerlichen Faktoren beeinflusst.[111] Wenn zunächst – aus Vereinfachungsgründen – davon ausgegangen wird, dass die nichtsteuerlichen Faktoren als indifferent angesehen werden, so sind die steuerlichen Überlegungen ausschlaggebend für das zu lösende Problem. Diese Annahme ermöglicht es zugleich, den „kritischen Wert" zu bestimmen. Er gibt das Ausmaß steuerlicher Vorteile an und damit den Umfang an möglichen Nachteilen, die in Kauf genommen werden können, ohne die steuerlichen Vorteile zu überschreiten. Insoweit bliebe diese Alternative – auch bei Nachteilen in anderen Bereichen –

---

108 Hierbei wird unterstellt, dass der Sockelbetrag des § 8 Nr. 1 GewStG von 100.000,- € auch nach der Korrektur unverändert in voller Höhe genutzt werden kann. Andernfalls wären weitere Berechnungen erforderlich, die zu einem anderen Faktor führten.

109 Dieser Betrag ergibt sich als: 100.000,- € Korrekturbetrag · (15,825 + 12,3375).

110 Bei diesen Zinsen handelt es sich um einen Ausgleich für die zu spät erfolgte Steuerzahlung. Sie betragen 0,5% pro Monat. Allerdings ist die mit ihnen verbundene Belastung deutlich höher, weil es sich um nicht abzugsfähige Betriebsausgaben handelt. Folglich sind sie aus bereits versteuertem Einkommen zu bezahlen.

111 Vgl. hierzu nochmals Abbildung 3-6, S. 40.

unverändert vorteilhaft. Dies setzt allerdings voraus, dass sich alle Vor- und Nachteile exakt quantifizieren lassen. Dies ist häufig nicht der Fall, weil z. B. eine bestehende Haftungsbegrenzung nicht in einen konkreten Wert umgerechnet werden kann, der den steuerlichen Vorteilen gegenübergestellt werden könnte. Außerdem ist zu beachten, dass sich viele andere Einflussfaktoren unterschiedlich gestalten lassen. So sind z. B. die Regelungen des Gesellschaftsrechts in Teilbereichen abdingbar, so dass der Entscheidungsträger durch entsprechende gesellschaftsvertragliche Regelungen oder die Wahl einer Mischform diese Vorteile erlangen kann. Hingegen ist das Steuerrecht – schon auf Grund der Anforderungen an die Gleichmäßigkeit der Besteuerung – nicht dispositiv, sondern zwingendes Recht. Im Einzelnen sind die in Abbildung 3-8 dargestellten Kriterien im Rahmen von steuerlichen Überlegungen zur Rechtsformwahl von Bedeutung. Diese Liste ist ggf. zu erweitern, wenn die diesen Überlegungen zugrunde liegenden Prämissen aufgehoben werden. Dies gilt speziell für die Beschränkung auf rein inländische Sachverhalte. Außerdem können sich aus den persönlichen Verhältnissen der am Unternehmen Beteiligten weitere Besonderheiten ergeben.

Abbildung 3-8: *Steuerliche Kriterien zur Rechtsformwahl*

- Höhe der Steuersätze
- Steuerliche Anerkennung von schuldrechtlichen Verträgen zwischen Gesellschaft und Gesellschafter
- Berücksichtigung von im Zusammenhang mit der Gesellschafterstellung stehenden Aufwendungen (insbesondere Refinanzierungskosten)
- Möglichkeit zur Gestaltung des Zuflusszeitpunktes von Gewinnen beim Gesellschafter
- Möglichkeiten der Verlustnutzung
- Auswirkungen auf im Ausland ansässige Gesellschafter
- Bestehen von rechtsformspezifischen Vergünstigungen

3.2.2.1.1 Höhe der Steuersätze und bestehende Steuerpflichten

Ein wesentlicher Unterschied zwischen den Grundalternativen Personen- und Kapitalgesellschaft besteht in der andersartigen Besteuerung beider Gesellschaften. Während Kapitalgesellschaften für Zwecke der Gewerbe- und der Körperschaftsteuer als selbstständiges Steuersubjekt anzusehen sind, ist dies bei Personengesellschaften nur für die Gewerbesteuer der Fall. Hingegen wird die Personengesellschaft für die Einkommensteuer als transparent betrachtet. Sie unterliegt als solche nicht der Einkommensteuer. Vielmehr wird auf Ebene der Gesellschaft das Einkommen ermittelt, das bei den dahinter stehenden Gesellschafter versteuert wird.[112] Geht die Gesellschaft einer gewerblichen Tätigkeit nach, erzielen die als Mitunternehmer beteiligten Gesellschafter Einkünfte aus Gewerbebetrieb, andernfalls liegt die jeweils gegebene Einkunftsart vor. Dies ist dann der Fall, wenn eine Gesellschaft ihren Gesellschaftern z. B. Einkünfte aus Kapitalvermögen oder solche aus Vermietung und Verpachtung vermittelt. Die Besteuerung beim Gesellschafter richtet sich dann nach den für diese jeweilige Einkunftsart geltenden Grundsätze. Dies ist jedoch vergleichsweise selten. Im Regelfall liegen eine gewerbliche Tätigkeit und eine Mitunternehmerschaft vor.[113]

Wenn eine natürliche Person als Gesellschafter Einkünfte aus Gewerbebetrieb erzielt, erhält sie zugleich die Möglichkeit zur pauschalierten „Anrechnung" der von der Gesellschaft gezahlten Gewerbesteuer auf die Einkommensteuer, wenn und soweit die Voraussetzungen des § 35 EStG erfüllt sind. Die Grundidee dieser Regelung besteht darin, dass die Doppelbelastung mit Gewerbesteuer und Einkommensteuer vermieden werden soll. Daher wird der Belastung infolge der Gewerbesteuer eine Entlastung bei der Einkommensteuer gegenübergestellt. Der vom Gesetzgeber vorgesehene Mechanismus zielt – wenn auch nur in gewissen Grenzen – darauf ab, die wirtschaftliche Belastung infolge der Gewerbesteuer auszugleichen. Eine solche Intention hätte es Nahe gelegt, die Gewerbesteuer – zumindest für Personengesellschaften – abzuschaffen. Die nunmehr geltenden Regelungen führen zu komplizierten Vorgaben und erreichen ihre Zielsetzung nicht immer vollumfänglich.

Damit kommt es zur Bestimmung eines gesonderten Steuersatzes für diese Einkünfte, indem zunächst der normale Einkommensteuertarif angewendet wird, aber zugleich eine pauschalierte „Anrechnung" des 3,8-fachen des Gewerbesteuer-Messbetrages auf die Einkommensteuer erfolgt.[114] Folglich ist die Höhe der Steuerbelastung entscheidend davon abhängig, wie hoch der gewerbesteuerliche Hebesatz in den Gemeinden ist, in denen das Unternehmen Betriebsstätten unterhält.[115] Ursächlich hierfür ist, dass sich die Gesamtsteuerbelastung der Personengesellschaft aus der Gewerbesteuer und der Einkommensteuer (zzgl. SolZ) zusammensetzt. Für die Frage, inwieweit eine „Anrechnung" nach § 35 EStG erfolgen kann, sind mehrere Höchstgrenzen zu beachten: Dies sind die tatsächlich gezahlte Gewerbesteuer und das 3,8-fache des Gewerbesteuer-Messbetrages. Durch die erste Regelung soll erreicht werden, dass bei einer Ansässigkeit in einer Gemeinde mit einem Hebesatz von weniger als 380% nicht mehr Gewerbesteuer auf die Einkommensteuer angerechnet werden kann, als tatsächlich bezahlt wurde. Die Obergrenze in Höhe des 3,8-fachen des Messbetrages führt dazu, dass bei einem Hebesatz von mehr als 380% ein Teil der Gewerbesteuer beim Gesellschafter nicht anrechenbar ist. Das Gesetz zieht im Einzelnen weitere Begrenzungen

---

112 Vgl. hierzu nochmals die Charakterisierung der steuerlichen Behandlung dieser Gesellschaften auf S. 20 ff. und S. 23 ff.

113 Vgl. hierzu nochmals S. 21.

114 Vgl. zu den Einzelheiten dieser Regelung Kaminski/Strunk, Besteuerung unternehmerischer Tätigkeit, 2. Aufl., Wiesbaden 2007, S. 248 f. und S. 253.

115 Vgl. hierzu ausführlich S. 217 ff.

für die Anrechnung vor. So kann diese nur in Höhe des Betrages erfolgen, indem Einkommensteuer auf die gewerblichen Einkünfte entfällt. Führt z. B. der Verlustausgleich zwischen zwei Beteiligungen an gewerblich tätigen Personengesellschaften áuf Ebene eines Mitunternehmers im Ergebnis zu Einkünften i. S. v. § 15 EStG in Höhe von Null, scheidet eine Anrechnung vollständig aus. Es erfolgt auch keine Erstattung der von der Gesellschaft gezahlten Gewerbesteuer. Vielmehr wird diese definitiv.

Zwar variiert auch bei Kapitalgesellschaften die Höhe der Steuerbelastung in Abhängigkeit vom jeweiligen Hebesatz der Betriebsstättengemeinden[116], doch verläuft der Körperschaftsteuer-Tarif linear und ist mit 15% in aller Regel deutlich geringer als der Einkommensteuersatz bei natürlichen Personen. Damit bestehen im Bereich des Steuersatzes Vorteile für die Kapitalgesellschaft. Etwas anderes gilt bei Steuerpflichtigen mit vergleichsweise geringen Steuersätzen. Eine „Anrechnung" der Gewerbesteuer auf die Körperschaftsteuer scheidet aus, so dass eine Doppelbelastung erfolgt.

🕮	*Blaufus/Hechtner/Hundsdoerfer,* Die Gewerbesteuerkompensation nach § 35 EStG im Jahressteuergesetz 2008 – Was will uns der Gesetzgeber mit der Neufassung sagen?, BB 2008, S. 80 ff. *BMF-Schreiben* vom 24. 2. 2009, Steuerermäßigung bei Einkünften aus Gewerbebetrieb gemäß § 35 EStG, IV C 6 – S 2296 – a/08/10002, 2007/0220243, BStBl. I 2009, 440 ff. *BMF-Schreiben* vom 22. 12. 2009, Steuerermäßigung bei Einkünften aus Gewerbebetrieb (§ 35 EStG); Anwendung des BFH-Beschlusses vom 7. April 2009 – (BStBl. 2010 II S. 116), IV C 6 – S 2296 – a/08/10002, 2009/0862400, BStBl. I 2010, 43 *Förster,* Problembereiche der Anrechnung der Gewerbesteuer auf die Einkommensteuer gem. § 35 EStG 2001, FR 2000, S. 866 ff. *Hechtner,* Kritische Anmerkungen zum BMF-Schreiben – Steuerermäßigung bei Einkünften aus Gewerbebetrieb gemäß § 35 EStG – Gesetzesänderung per Verwaltungsanweisung?, BB 2009, S. 73 ff.

Bei diesen Überlegungen darf nicht unberücksichtigt bleiben, dass ein grundlegender Unterschied in den Besteuerungskonzeptionen der beiden Rechtsformalternativen besteht: Während im Fall der Personengesellschaft die Gewinne sich bereits „auf Ebene" des Gesellschafters befinden, erfolgt im Fall der Kapitalgesellschaft bei einer Ausschüttung eine erneute Besteuerung der empfangenen Dividende, ohne dass die Möglichkeit besteht, die von der Kapitalgesellschaft gezahlte Körperschaft- und/oder Gewerbesteuer beim Gesellschafter anzurechnen. Dieser Doppelbesteuerung auf Ebene von Gesellschaft und Gesellschafter soll dadurch Rechnung getragen werden, dass die Dividenden bei einer Ausschüttung an eine Kapitalgesellschaft steuerfrei bleiben[117]

116 Vgl. zum Begriff der Betriebsstätte § 12 AO.

117 Vgl. § 8b Abs. 1 KStG und Kaminski/Strunk, Besteuerung unternehmerischer Tätigkeit, 2. Aufl., Wiesbaden 2007, S. 225 ff.

und bei einer natürlichen Person regelmäßig die Abgeltungssteuer zur Anwendung kommt, während die Dividenden bei einer Personengesellschaft dem sog. Teileinkünfteverfahren[118] unterliegen. Hieraus folgt, dass ein isolierter Vergleich der Höhe der Steuersätze kaum Aussagen über die Vorteilhaftigkeit ermöglicht. Vielmehr müssen diese u. a. um Überlegungen zum **Ausschüttungsverhalten** ergänzt werden, denn dabei kann es zu einer erneuten Steuerbelastung bei der Kapitalgesellschaftsalternative kommen. Hingegen kann bei einer dauerhaften Thesaurierung ein nachhaltiger Vorteil erzielt werden, der u. U. diesen Nachteil kompensiert, weil die infolge der geringen Steuerbelastung im Unternehmen zusätzlich verbleibenden finanziellen Mittel für Investitionen genutzt werden können. Insgesamt kann ein Vorteil verbleiben, wenn die Verbleibensdauer entsprechend lang und die aus der Anlage erzielte Rendite hinreichend hoch ist.

Hiermit verbunden war ein gravierender Nachteil für die Personengesellschaften, die die erzielten Gewinne im Unternehmen reinvestierten: Es mussten häufig Entnahmen getätigt werden, um die Steuerzahlungen der Gesellschafter begleichen zu können. Infolge des progressiven Tarifs waren diese häufig vergleichsweise hoch, so dass Personengesellschaften – verglichen mit thesaurierenden Kapitalgesellschaften – nur deutlich geringere Mittel für Investitionen zur Verfügung standen. Um dieses Problem zu lösen, hat der Gesetzgeber in § 34a EStG eine sog. Thesaurierungsbegünstigung geschaffen. Danach können Mitunternehmer einer Personengesellschaft beantragen, dass Gewinne, die aus der Gesellschaft nicht entnommen wurden, einem ermäßigten Steuersatz in Höhe von 28,25% unterliegen. Auf diesen Steuerbetrag kann die Gewerbesteuer in den allgemeinen Grenzen des § 35 EStG angerechnet werden. Die verbleibende Einkommensteuer bildet die Bemessungsgrundslage für den Solidaritätszuschlag. Hierbei handelt es sich um ein Wahlrecht, dass jeder Mitunternehmer gesondert ausüben kann. Wird ein begünstigt besteuerter Betrag später entnommen oder ist eines der in § 34a Abs. 6 EStG genannten Tatbestandsmerkmale erfüllt, kommt es zu einer Nachbesteuerung der Beträge mit einem konstanten Steuersatz in Höhe von 25% zzgl. Solidaritätszuschlag.

Die folgende Belastungsrechnung – die schuldrechtliche Verträge zwischen Gesellschaft und Gesellschafter unberücksichtigt lässt und von einer vollständigen Ausschüttung ausgeht – zeigt den entstehenden Belastungsunterschied auf. Sie geht davon aus, dass beim Gesellschafter der Kapitalgesellschaft alternativ die Abgeltungssteuer des § 32d EStG oder bei einer Beteiligung im Betriebsvermögen das Teileinkünfteverfahren zur Anwendung kommt. Vereinfachend wird unterstellt, dass beim Gesellschafter in allen Fällen keine Aufwendungen im Zusammenhang mit der Beteiligung entstehen. Hieraus könnten sich weitere Unterschiede ergeben, weil diese bei Personengesellschaften vollständig abzugsfähig sind, während sie sich bei den Dividenden einer Kapitalgesellschaft im Rahmen der Abgeltungssteuer gar nicht und im Rahmen des Teileinkünfteverfahrens nur in Höhe von 60% auswirken können.

---

118 Vgl. § 3 Nr. 40 Buchst. d) EStG und Kaminski/Strunk, Besteuerung unternehmerischer Tätigkeit, 2. Aufl., Wiesbaden 2007, S. 230 ff. sowie S. 261 f.

Diese Berechnung zeigt deutlich, dass die transparente Betrachtungsweise bei der Personengesellschaft zu Nachteilen im Vergleich mit einer thesaurierenden Kapitalgesellschaft führt[119], während im Fall der Ausschüttung an den Gesellschafter die fehlende Möglichkeit zur Anrechnung der Gewerbesteuer auf die Körperschaftsteuer sich als gravierender Nachteil der Kapital- gegenüber der Personengesellschaft darstellt.[120]

Abbildung 3-9: *Belastungsvergleich zwischen Personen- und Kapitalgesellschaft*[121]

	Personengesellschaft	Kapitalgesellschaft	
Gewinn	100,00	100,00	
Steuerbelastung auf Ebene der Gesellschaft:			
Gewerbesteuer (h = 470%)	16,45	16,45	
Körperschaftsteuer	–	15,00	
Solidaritätszuschlag	–	0,83	
Gesamtsteuerbelastung der Gesellschaft	**16,45**	**32,28**	
Steuerbelastung auf Ebene des Gesellschafters:[122]	**immer**	**im Ausschüttungsfall**	
		25%[123]	**TEV**[124]
Einkommensteuer (Steuersatz von 45%)	31,70[125]	16,93	18,28
Solidaritätszuschlag	1,74	0,93	1,01
Nettobetrag	50,11	49,86	48,43
Gesamtsteuerbelastung	**49,89**	**50,14**	**51,57**

Wird die Thesauerierungsbegünstigung des § 34a EStG mit berücksichtigt, ergibt sich das folgende Bild.

119 Eine Ausnahme besteht lediglich dann, wenn bei den Gesellschaftern – unter Berücksichtigung der pauschalierten Anrechnung nach § 35 EStG – ein Steuersatz zur Anwendung käme, der niedriger als die Körperschaft- und Gewerbesteuer ist.

120 Vgl. zu diesen Unterschieden des Besteuerungszeitpunkts auf Ebene des Gesellschafters S. 70 ff.

121 Es wird eine reine Grenzbetrachtung angestellt, so dass davon ausgegangen wird, dass Freibeträge schon durch andere Gewinne aufgezehrt wurden.

122 Im Fall der Dividendenausschüttung wird auf den Abzug von Kapitalertragsteuer verzichtet, weil diese im vorliegenden Fall vollständig anrechenbar ist.

123 Abgeltungssteuer i. S. d. § 32d EStG.

124 Teileinkünfteverfahren i. S. d. § 3 Nr. 40 Buchst. d) EStG.

125 Unter Berücksichtigung der pauschalierten „Anrechnung" gem. § 35 EStG i. H. v. 13,30.

Abbildung 3-10: Thesaurierungsbegünstigung für nicht entnommene Gewinne einer Personengesellschaft i. S. d. § 34a EStG

100%ige „Thesaurierung“		
	Gewinn	100,00
./.	Gewerbesteuer (h = 470%)	16,45
=	Gewinn nach Gewerbesteuer	83,55
	nicht entnommener Gewinn	83,55
	regelbesteuerter Gewinn	16,45
	Einkommensteuer auf nicht entnommenen Gewinn (28,25%)	23,60
+	Einkommensteuer auf regelbesteuerten Gewinn (45%)	7,40
=	Einkommensteuer	31,00
./.	Anrechnung gem. § 35 EStG	13,30
=	verbleibende Einkommensteuer	17,70
	Solidaritätszuschlag (5,5%)	0,97
=	**Steuerbelastung bei „Thesaurierung“**	**35,12**
	Nachversteuerung	
	Begünstigungsbetrag	83,55
./.	28,25% Einkommensteuer	23,60
./.	5,5% Solidaritätszuschlag	1,30
=	Nachversteuerungsbetrag i. S. d. § 34a Abs. 3 EStG	58,65
	Einkommensteuer (25%)	14,66
+	Solidaritätszuschlag (5,5%)	0,81
=	**Steuerbelastung bei Nachversteuerung**	**15,47**
	Gesamtsteuerbelastung	**50,59**

Bei diesen Berechnungen ist von entscheidender Bedeutung, inwieweit die Anrechnung der Gewerbesteuer auf die Einkommensteuer tatsächlich möglich ist. Wenn keine Anrechnung erfolgen kann (z. B. infolge eines Aufeinandertreffens von positiven und negativen Einkünften aus Gewerbebetrieb beim Gesellschafter und des hiermit verbundenen Verlustausgleichs), verschiebt sich die Vorteilhaftigkeit zu Lasten der Personengesellschaft. Zugleich zeigt sich, dass die Vorteilhaftigkeit der Thesaurierungsbegünstigung entscheidend davon abhängig ist, wie lange die Phase bis zum Eintritt der Nachbesteuerung ist. Bei hohen Steuersätzen ist diese Regelung umso vorteilhafter, je länger die „Thesaurierungsphase" dauert. Bei niedrigen Steuersätzen ist die Regelung nachteilig. Es ist es für die Gesellschafter dann günstiger, die Gewinne ihrem individuellen Steuersatz zu unterwerfen und eine Nachversteuerung zu vermeiden. Dies ist auch systemkonform, weil insoweit keine Diskriminierung der reinvestierten Gewinne erfolgt.

Bäumer, Die Thesaurierungsbegünstigung nach § § 34a EStG – einzelne Anwendungsprobleme mit Lösungsansätzen, DStR 2007, S. 2089 ff.
BMF-Schreiben vom 11. 8. 2008, Anwendungsschreiben zur Begünstigung der nicht entnommenen Gewinne (§ 34a EStG), IV C 6 – S 2290 – a/07/10001, 2008/0431405, BStBl. I 2008, S. 838 ff.
Knief/Nienaber, Gewinnthesaurierung bei Personengesellschaften im Rahmen der Unternehmensteuerreform 2008 – ein Belastungsvergleich mit Fokus auf den Mittelstand, BB 2007, 1309 ff.
Lange, Personengesellschaften im Steuerrecht, 7. Aufl., Herne/Berlin 2008, S. 423 ff.
Rupp/Preißer, Tarifvorschriften: Thesaurierung (§ 34a EStG) und Steuerermäßigungen (§ 35 EStG), in: *Preißer/Pung* (Hrsg.), Die Besteuerung der Personen- und Kapitalgesellschaften, Weil im Schönbuch 2009, S. 704 ff.
Thiel/Sterner, Die Thesaurierungsbegünstigung nach § 34a EStG – einzelne Anwendungsprobleme mit Lösungsansätzen, DB 2007, S. 1095 ff.
Zimmermann/Hottmann u.a., Die Personengesellschaft im Steuerrecht, 10. Aufl., Achim 2009, S. 425 ff.

3.2.2.1.2 Schuldrechtliche Beziehungen zwischen Gesellschaft und Gesellschafter

- Welche Unterschiede bestehen in der steuerlichen Behandlung von schuldrechtlichen Beziehungen zwischen Gesellschaft und Gesellschafter?
- Kann durch die Vereinbarung von objektiv überhöhten Vergütungen für Leistungen eines Gesellschafters eine Minimierung der Steuerbelastung erreicht werden?
- Welche steuerlichen Konsequenzen ergeben sich aus überhöhten Vergütungen?
- Wie ist zu bestimmen, ob die getroffenen schuldrechtlichen Vereinbarungen (noch) als „angemessen" anzusehen sind?

Infolge des Trennungsprinzips zwischen der **Kapitalgesellschaft** und dem hinter ihr stehenden Gesellschafter werden schuldrechtliche Verträge zwischen beiden regelmäßig auch mit steuerlicher Wirkung anerkannt. Allerdings gilt dies nur insoweit, wie keine verdeckte Gewinnausschüttung vorliegt. Dem liegt folgende Überlegung zugrunde:

Die Kapitalgesellschaft unterliegt nicht nur der Körperschaftsteuer, sondern auch – als Gewerbebetrieb kraft Rechtsform – der Gewerbesteuer. Die Gewerbesteuer knüpft für die Ermittlung des Gewerbeertrags an den Gewinn an, so dass schuldrechtliche Verträge auch zu einer Verringerung der gewerbesteuerlichen Bemessungsgrundlage führen. Hierin liegt eine der Hauptmotivationen für Gesellschafter, mit ihrer Gesellschaft überhöhte Entgelte zu vereinbaren. Zwar unterliegen diese beim Gesellschafter der Besteuerung (z. B. als Einkünfte aus nichtselbstständiger Arbeit, aus Kapitalvemögen usw.), doch entfällt die Belastung mit Gewerbesteuer. Der Anreiz liegt also darin, durch entsprechende Vereinbarungen eine Verringerung der Belastung mit Gewerbesteuer herbeizuführen.

Außerdem sind zusätzlich die veränderten Belastungen des Gesellschafters zu berücksichtigen: Beim Gesellschafter unterliegen Dividenden grundsätzlich der Abgeltungssteuer, während Darlehenszinsen gem. § 32d Abs. 2 Nr. 1 Buchst. b) EStG nicht mit diesem Sondersteuersatz belegt werden, wenn Zinsen an einen Gesellschafter gezahlt werden, der zu mindestens 10% an der Gesellschaft beteiligt ist. In diesem Fall findet die Abgeltungssteuer keine Anwendung, so dass es zu einem Wechsel im Besteuerungssystem kommt: Der Anwendungsbereich der Abgeltungssteuer wird verlassen und es erfolgt eine Besteuerung nach dem progressiven Tarif.

Beispiel:

Die A-GmbH ist ertragstark. Der zu 100% an der Gesellschaft beteiligte Geschäftsführer G fragt, ob er Gewinne aus der Gesellschaft in Form von Dividenden entnehmen oder ob er seine Geschäftsführervergütung erhöhen soll, um damit den Gewinn aus der Gesellschaft in sein privates Vermögen zu „verlagern", oder ob es für ihn möglicherweise günstiger wäre, unentgeltlich für die GmbH zu arbeiten und dafür höhere Dividenden zu erhalten. Dabei geht er (zunächst) davon aus, dass eine steuerliche Anerkennung durch die Finanzverwaltung erfolgt.[126] Im Folgenden sollen diese beiden Alternativen betrachtet werden, wobei unterstellt wird, dass alle anderen Bedingungen gleich sind.

Wie die Belastungsrechnung in **Abbildung 3-11** zeigt, ist die „Ausschüttung" in Form von Gehaltszahlungen stets günstiger. Dies liegt daran, dass die Belastung mit Gewerbesteuer und Körperschaftsteuer bei der Kapitalgesellschaft regelmäßig eine so hohe Vorbelastung bewirkt, dass die Gewinnminderung und der anschließende Verlust des Teileinkünfteverfahrens diese Belastung nicht auszugleichen vermögen.

Im Ergebnis kommt es darauf an, ob die Einsparung an Gewerbesteuer, Körperschaftsteuer und Solidaritätszuschlag für die Kapitalgesellschaft größer ist als der Nachteil, der infolge des Verlustes der Begünstigung der Besteuerung von Dividenden entsteht, wobei auch mögliche Auswirkungen auf Einkünfte, die dem Steuerpflichtigen aus anderen Quellen zufließen, wegen des progressiven Einkommensteuer-Tarifs zu berücksichtigen sind. Sofern beim Gesellschafter die Abgeltungssteuer zur Anwendung kommt, hat dies für die übrigen Einkünfte den Vorteil, dass der auf sie anzuwendende Steuersatz infolge der Progression nicht erhöht wird. Eine Anwendung des Progressionsvorbehaltes für die unter die Abgeltungssteuer fallenden Einkünfte sieht das Gesetz nicht vor.

---

126 Vgl. zur Frage der Angemessenheit von Gesellschafter-Geschäftsführervergütungen S. 62 ff.

Abbildung 3-11: *Belastungsvergleich: Gewinn oder Geschäftsführergehalt?*

	Ausschüttung von Gewinnen	„Ausschüttung" in Form von Gehaltszahlungen
Gewinn **vor** Gehalt und Steuern	100,00	100,00
./. Geschäftsführer-Gehalt	–	100,00
Gewinn nach Gehalt und vor Steuern	100,00	0,00
Steuern auf Ebene der GmbH:		
Gewerbesteuer (h = 470)	16,45	0,00
Körperschaftsteuer	15,00	0,00
Solidaritätszuschlag	0,83	0,00
Gewinn nach Steuern der GmbH	67,72	0,00
Steuerbelastung auf Ebene des Gesellschafters (Vollausschüttung)[127]		
Einkünfte aus § 19 EStG	–	100,00
steuerpflichtige Einkünfte aus § 20 EStG[128]	40,63	0,00
Summe der Einkünfte	40,63	100,00
Einkommensteuersatz (alternativ) – unter Berücksichtigung des Solidaritätszuschlags:		
a) s_{ESt} = 0%	0,00	0,00
b) s_{ESt} = 23,5%	10,07	24,79
c) s_{ESt} = 45,0%	19,29	47,48
Gesamtsteuerbelastung (alternativ) – unter Berücksichtigung des Solidaritätszuschlags:		
a) s_{ESt} = 0%	32,28	0,00
b) s_{ESt} = 23,5%	42,35	24,79
c) s_{ESt} = 45,0%	51,57	47,48

Zu beachten ist bei diesen Überlegungen außerdem, dass bei einer Anwendung der Abgeltungssteuer ein Abzug der Werbungskosten, die im Zusammenhang mit den Dividenden entstanden sind, nicht möglich ist. Dies gilt insbesondere für Finanzierungskosten. Hingegen sind bei allen anderen Einkünften, die vollumfänglich der Besteuerung unterliegen, auch die damit in Zusammenhang stehenden Aufwendungen

127 Da die Kapitalertragsteuer beim Gesellschafter (infolge seiner hier unterstellten unbeschränkten Einkommensteuerpflicht) ohnehin anrechenbar ist, wird auf ihre Berücksichtigung verzichtet.

128 Unter Berücksichtigung des § 3 Nr. 40 Buchst. d) EStG. Werbungskosten im Zusammenhang mit der Beteiligung sind nicht angefallen.

grundsätzlich vollständig als Betriebsausgaben[129] bzw. Werbungskosten abziehbar. Hieraus folgt, dass aus steuerplanerischer Sicht ein Vorteil dadurch erlangt werden kann, dass Gewinne auf Ebene der Kapitalgesellschaft nicht als Gewinne ausgeschüttet werden, sondern über schuldrechtliche Beziehungen aus der Gesellschaft an den Gesellschafter gelangen.

Beispiel:

Ein Gesellschafter finanziert seine Beteiligung an einer inländischen GmbH mit Fremdkapital. Die hierfür jährlich entstehende Zinsbelastung ist nach § 20 Abs. 9 Satz 1 2. Hs. EStG gar nicht zu berücksichtigen, und zwar unabhängig davon, ob im jeweiligen Jahr Gewinnausschüttungen von der Kapitalgesellschaft an den Gesellschafter fließen. Wenn sich der Gesellschafter hingegen entschließt, seine Beteiligung mit Eigenkapital zu finanzieren, gleichzeitig der Gesellschaft eine Immobilie vermietet, deren Erwerb er fremdfinanziert hat, so sind die Zinsen, die der Gesellschafter zahlt, in vollem Umfang als Werbungskosten bei seinen Einkünften aus Vermietung und Verpachtung zu berücksichtigen. Dies ist auch systemkonform, denn die von der Gesellschaft gezahlten Mieten unterliegen der vollumfänglichen Besteuerung, so dass eine Einschränkung des Werbungskostenabzugs nicht sachgerecht wäre.

Wie das vorstehende Beispiel zeigt, lässt sich durch die gezielte Gestaltung von schuldrechtlichen Beziehungen zwischen Gesellschaft und Gesellschafter ein steuerlicher Vorteil dadurch erlangen, dass ggf. in Zusammenhang mit der Beteiligung stehende Aufwendungen die volle Abzugsfähigkeit erlangen und nicht unter das Abzugsverbot des § 20 Abs. 9 EStG fallen. Dabei sind jedoch die Folgewirkungen zu beachten. So führt z. B. die Vermietung einer fremdfinanzierten Immobilie durch den Gesellschafter – unabhängig von der Frage der angemessenen Miete – dazu, dass die Liquiditätssituation der Kapitalgesellschaft auch in wirtschaftlichen Krisenzeiten nachhaltig belastet wird, während in vergleichbaren Situationen Gewinnausschüttungen regelmäßig nicht erfolgen. Hieraus entsteht eine dauerhafte Liquiditätsbelastung bei der Gesellschaft. Zwar hätte der Gesellschafter grundsätzlich die Möglichkeit, in Krisenzeiten auf die Zahlung von Zinsen zu verzichten, doch könnte dies möglicherweise Zweifel an der Ernsthaftigkeit und der tatsächlichen Durchführung des Darlehensvertrags entstehen lassen. Sofern es dem Steuerpflichtigen nicht gelingt, diese zu entkräften, besteht die Gefahr einer vollständigen Nichtanerkennung dieser Darlehensbeziehung. Ferner wird hiermit eine zusätzliche Gewerbesteuerbelastung ausgelöst, denn § 8 Nr. 1 Buchst. e) GewStG sieht vor, dass 12,5% der Mietzinsen für unbewegliche Wirtschaftsgüter dem Gewerbeertrag hinzuzurechnen sind.

Die Finanzverwaltung tritt solchen Bestrebungen entgegen. Infolge des bestehenden Interessengegensatzes ist eine umfangreiche Rechtsprechung entstanden, die sich mit der Frage beschäftigt, ob eine verdeckte Gewinnausschüttung vorliegt. Nach der stän-

129 Wenn die Beteiligung in einem Betriebsvermögen gehalten wird.

digen Rechtsprechung des BFH[130] und Auffassung der Finanzverwaltung[131] sind hierfür folgende Voraussetzungen erforderlich:

- Vermögensminderung oder verhinderte Vermögensmehrung,
- die durch das Gesellschaftsverhältnis veranlasst ist,
- sich auf die Höhe des Einkommens auswirkt und
- nicht auf einem den gesellschaftsrechtlichen Vorschriften entsprechenden Gewinnverwendungsbeschluss beruht.

Die Auswirkungen einer verdeckten Gewinnausschüttung lassen sich wie folgt zusammenfassen:

- **Ebene der Gesellschaft:**

  Gem. § 8 Abs. 3 Satz 2 KStG darf eine verdeckte Gewinnausschüttung den Gewinn nicht mindern. Dies gilt infolge des Anknüpfens der Gewerbesteuer an den Gewinn der Kapitalgesellschaft auch für diese Steuer. Wenn im Rahmen der Gewinnermittlung die gezahlten Beträge z. B. als Lohn- oder Zinsaufwand abgezogen wurden, müssen sie nun wieder hinzugerechnet werden. Hieraus resultiert eine Belastung in Höhe des kombinierten Ertragsteuersatzes auf die verdeckte Gewinnausschüttung und eine zusätzliche Belastung infolge der nicht als Betriebsausgaben abzugsfähigen Zinsen auf Steuernachforderungen[132].

- **Ebene des Anteilseigners:**

  Beim Empfänger ist danach zu unterscheiden, welcher steuerliche „Status" der Beteiligung gegeben ist:

  - Handelt es sich um Anteile, die im Privatvermögen gehalten werden, führt die verdeckte Gewinnausschüttung zu Einkünften aus Kapitalvermögen i. S. d. § 20 Abs. 1 Nr. 1 Satz 2 EStG. Diese werden nach den allgemeinen Grundsätzen als Gewinnausschüttungen besteuert, indem die Abgeltungssteuer erhoben werden muss. Da die verdeckte Gewinnausschüttung regelmäßig dem Gesellschafter schon zugeflossen ist, kommt ein Einbehalt im Rahmen der Ausschüttung nicht mehr in Betracht. Vielmehr muss eine Nacherklärung und Nacherhebung erfolgen.

  - Handelt es sich um eine Beteiligung, die sich im Betriebsvermögen einer Personengesellschaft oder eines Einzelunternehmers befindet, gelten die im vorstehenden Punkt genannten Konsequenzen entsprechend, allerdings mit der Besonderheit, dass nicht die Abgeltungssteuer zur Anwendung kommt, sondern das Teileinkünfteverfahren.

---

130 Ständige Rechtsprechung, vgl. grundlegend BFH vom 22. 2. 1989, I R 44/85, BStBl. II 1989, S. 475 und vom 11. 10. 1989, I R 12/87, BStBl. II 1990, S. 89.

131 Vgl. R 36 Abs. 1 KStH 2008.

132 Vgl. § 233a AO i. V. m. § 10 Nr. 2 KStG.

- Werden die Anteile hingegen in einem Betriebsvermögen einer Kapitalgesellschaft gehalten, sind die empfangenen verdeckten Gewinnausschüttungen gem. § 8b Abs. 1 KStG steuerfrei, d. h., hier erfolgt keine steuerwirksame Einkommenserhöhung um den Betrag der verdeckten Gewinnausschüttung. Allerdings sind die fiktiv nicht abzugsfähigen Betriebsausgaben des § 8b Abs. 5 KStG in Höhe von 5% der zufließenden Dividende einkommenserhöhend zu berücksichtigen. Zu beachten ist außerdem, dass bei der Gewerbesteuer diese Steuerfreiheit gem. § 9 Nr. 7 GewStG nur unter eingeschränkten Voraussetzungen gewährt wird. Sind diese nicht erfüllt, unterliegen die verdeckten Gewinnausschüttungen beim Empfänger der Gewerbesteuer.

Wenn der zugeflossene Vermögensvorteil sich beim Gesellschafter zu einem früheren Zeitpunkt bereits einkommenserhöhend ausgewirkt hat (z. B. als überhöhter Einkaufspreis), ist dieser Wert zu korrigieren, bzw. es hat eine entsprechende Änderung der zugrunde liegenden Einkunftsart zu erfolgen. So werden z. B. bei einem überhöhten Geschäftsführergehalt aus dem unangemessen hohen Anteil der Einkünfte aus nichtselbstständiger Arbeit solche aus Kapitalvermögen.

Besonders strenge Anforderungen werden bei Vereinbarungen zwischen der Kapitalgesellschaft und den sie beherrschenden Gesellschaftern[133] gestellt. Zusätzlich zu den allgemeinen Kriterien werden hier folgende Anforderungen verlangt:

- Vorliegen einer zivilrechtlich wirksamen (insbesondere vor dem Hintergrund des Selbstkontrahierungsverbots des § 181 BGB[134]), klaren und im Voraus abgeschlossenen Vereinbarung.[135]

- Ein Abschluss von Vereinbarungen mit Wirkung für die Vergangenheit ist nicht möglich.

- Es muss nach den vereinbarten Regelungen tatsächlich verfahren werden.

---

133 Ein solcher liegt vor, wenn er den Abschluss des zu beurteilenden Rechtsgeschäfts (insbesondere auf Grund der Ausübung seiner Stimmrechte) erzwingen kann, vgl. H 36 KStH 2008, „Beherrschender Gesellschafter".

134 Gem. § 181 BGB kann ein Vertreter eines anderen mit sich als Vertragspartner keine Rechtsgeschäfte vornehmen, sofern diese Regelung nicht ausdrücklich abbedungen wurde. Dieses Problem stellt sich regelmäßig, wenn ein Gesellschafter zugleich Geschäftsführer der GmbH ist und mit sich (als Gesellschafter) zum Beispiel einen Mietvertrag abschließen will. Die Forderung der Finanzverwaltung in H 36 KStH 2008, „Zivilrechtliche Wirksamkeit", wonach eine wirksame Befreiung von diesem sog. **Selbstkontrahierungsverbot** eine entsprechende Regelung in der Satzung voraussetzt und in das Handelsregister eingetragen werden sollte, ist durch die Rechtsprechung des BFH inzwischen überholt, wonach auch eine rückwirkende Eintragung im Handelsregister und eine nachträgliche Änderung der Satzung möglich sein soll.

135 Gleichwohl ist inzwischen gem. H 36 KStH 2008 auch eine nachträgliche Änderung möglich.

- Es muss der Nachweis der vereinbarten Regelungen geführt werden können; ist dies nicht möglich, gehen alle Zweifelsfragen zu Lasten des Steuerpflichtigen. Hieraus resultiert ein faktisches Gebot zur Schriftform, wenn der Steuerpflichtige nicht erhebliche Nachteile riskieren will.[136]

In der Praxis zeigt sich, dass die Frage der Angemessenheit der schuldrechtlichen Beziehungen zwischen Gesellschaft und Gesellschafter häufig Anlass zu heftigen Auseinandersetzungen mit der Finanzverwaltung bietet.[137] Die oben dargestellten möglichen Vorteile einer hohen oder gar überhöhten Vergütung sind mit erheblicher Rechtsunsicherheit behaftet. Dies gilt insbesondere für die Frage, ob die Gesamtausstattung des Gesellschafter-Geschäftsführers (noch) angemessen ist oder ob bereits eine verdeckte Gewinnausschüttung vorliegt.

Hierbei ist auf die folgenden Kriterien abzustellen:[138]

- Art und Umfang der Tätigkeit,
- die künftigen Ertragsaussichten des Unternehmens,
- das Verhältnis des Geschäftsführergehalts zum Gesamtgewinn und zur verbleibenden Kapitalverzinsung sowie
- Art und Höhe der Vergütungen, die gleichartige Betriebe ihren Geschäftsführern für entsprechende Leistungen gewähren.

Dabei ist regelmäßig auf die sog. **Gesamtausstattung** abzustellen. Hierzu zählen sämtliche Vergütungen und Vorteile, die der Gesellschafter-Geschäftsführer erhält. Vereinbarungen über die Zahlung von Zuschlägen für Überstunden sind fremdunüblich und werden deshalb von der Rechtsprechung abgelehnt.[139] Bei der Gewährung von erfolgsab- und -unabhängigen Vergütungen verlangt die Rechtsprechung, dass das Fixum wenigstens 75% beträgt.[140] Damit soll das „Absaugen" von Gewinnen verhindert werden. Außerdem spricht der Beweis des ersten Anscheins für die Annahme einer verdeckten Gewinnausschüttung, wenn die Tantiemeversprechen gegenüber mehreren Gesellschafter-Geschäftsführern – auch wenn sie nicht wesentlich an der

---

136 Allerdings führt das Fehlen von schriftlichen Vereinbarungen nicht allein zu einer Umqualifikation in verdeckte Gewinnausschüttungen. Vielmehr hat die Rechtsprechung Vereinbarungen auch ohne Erfüllung dieser Form zugelassen, vgl. z. B. BFH vom 29. 7. 1992, I R 28/92, BStBl. II 1993, S. 247.

137 Zum ordentlichen und gewissenhaften Geschäftsleiter als Beurteilungskriterium für die Angemessenheit vgl. Kaminski/Strunk, Besteuerung unternehmerischer Tätigkeit, 2. Aufl., Wiesbaden 2007, S. 189.

138 Vgl. BFH vom 28. 6. 1989, I R 89/85, BStBl. II 1989, S. 854. Dem folgt die Finanzverwaltung im BMF-Schreiben vom 14. 10. 2002, IV A 2-S 2742-62/02, BStBl. I 2002, S. 972, Rz. 10.

139 BFH vom 19. 3. 1997, I R 75/96, BStBl. II 1997, S. 577.

140 Vgl. BFH vom 5. 10. 1994, I R 50/94, BStBl. II 1995, S. 549, relativierend BFH vom 4. 6. 2003, I R 24/02, BStBl. II 2004, S. 136.

Gesellschaft beteiligt sind – insgesamt den Satz von 50 v. H. des Jahresüberschusses übersteigen.[141]

Häufig wird in der Praxis versucht, mit Hilfe von Gehaltsuntersuchungen zu einer Lösung zu gelangen. Die Rechtsprechung verlangt, dass der Gesellschaft nach Zahlung der Vergütungen noch eine angemessene Verzinsung verbleiben muss. Allerdings hat das Hessische FG den Umkehrschluss, dass eine verbleibende angemessene Verzinsung die Angemessenheit der Vergütung impliziere, abgelehnt.[142] Vielmehr sei eine Prüfung der Angemessenheit erforderlich, die das Gericht mit Hilfe von bei verschiedenen Institutionen durchgeführten Gehaltsvergleichen vornehmen will, wobei lediglich Fremd-Geschäftsführer als Vergleichsmaßstab herangezogen werden. Zwar war gegen diese Entscheidung ursprünglich eine Revision beim BFH anhängig[143], doch wurde diese inzwischen wieder zurückgenommen. Allerdings hat der BFH mit Urteil vom 17. 10. 2001[144] den Finanzgerichten faktisch untersagt, Datenbankanalysen, die von einem Prozessbeteiligten vorgelegt werden, per se unberücksichtigt zu lassen. In diesem Verfahren ist jedoch offen geblieben, welchen Beweiswert diese Unterlagen haben.

Besondere Probleme entstehen, wenn die Kapitalgesellschaft Verluste erzielt. Hier kommt es dann zur sog. ***„Besteuerung von Aufwand"***. Da die Vereinbarungen nur dann steuerlich anerkannt werden, wenn sie unter den o. g. Voraussetzungen getroffen wurden, folgt hieraus, dass sie auch dann anzuwenden sind, wenn die Kapitalgesellschaft einen Verlust erzielt. Damit entsteht eine negative Belastungswirkung: Der Gewinn der Kapitalgesellschaft wird weiter verringert, so dass sich der Verlust erhöht. Dieser kann allenfalls zurück- oder vorgetragen werden. I. d. R. ist hiermit jedoch erst zu einem späteren Zeitpunkt eine steuerliche Entlastung verbunden, insbesondere in den Fällen des Verlustvortrages. Beim Gesellschafter liegen steuerpflichtige Einkünfte vor, die regelmäßig zu einer zusätzlichen Steuerbelastung führen. Vor dem Hintergrund der Gesamtsteuerbelastung ist festzustellen, dass sich die schuldrechtlichen Verträge negativ auswirken: Bei der Kapitalgesellschaft führen sie (noch) nicht zu einer Steuerminderbelastung, beim Gesellschafter zu einer Steuermehrbelastung. Zu beachten ist, dass Verträge zwischen Gesellschaft und Gesellschafter auch in Verlustfällen durchgeführt werden müssen, weil andernfalls zweifelhaft ist, ob diese Verträge tatsächlich ernsthaft abgeschlossen wurden. Ein Ausweg kann nur in einer Kündigung unter Bedingungen bestehen, wie sie auch unter fremden Dritten erfolgt wäre.

Grundlegend anders stellt sich die Situation hingegen bei **Personengesellschaften** dar. Bei ihnen führen schuldrechtliche Vereinbarungen zwischen Gesellschaft und Gesellschafter stets zu Einkünften aus Gewerbebetrieb, § 15 Abs. 1 Satz 1 Nr. 2 2. Hs. EStG.

---

141 Vgl. BMF-Schreiben vom 5. 1. 1998, IV B 7 – S 2742 – 1/98, BStBl. I 1998, S. 90, unter Hinweis auf den BFH vom 5. 10. 1994, I R 50/94, BStBl. II 1995, S. 549.

142 Vgl. FG Hessen vom 18. 11. 1998, 4 K 4573/97, EFG 2000, S. 287, 288.

143 I R 8/00.

144 I R 103/00, BStBl. II 2004, S. 171.

Hierfür ist die Bezeichnung „Sonderbetriebseinnahmen" gebräuchlich, unter die alle persönlichen Erträge eines Mitunternehmers fallen, die wirtschaftlich durch seinen Mitunternehmeranteil bedingt sind, jedoch nicht in Gewinnanteilen bestehen. Neben den Vergütungen für schuldrechtliche Verträge gehören hierzu auch alle Erträge, die im Zusammenhang mit dem Sonderbetriebsvermögen stehen. Andererseits kann der Mitunternehmer alle Aufwendungen, die ihm im Zusammenhang mit seiner Stellung als Gesellschafter entstanden sind, in voller Höhe als **Sonderbetriebsausgaben** geltend machen. Dies gilt z. B. für alle Aufwendungen, die durch die Geschäftsführungstätigkeit veranlasst sind (z. B. Fahrtkosten), sowie für Aufwendungen, die durch das Sonderbetriebsvermögen (I oder II) veranlasst sind. So können z. B. Absetzungen für Abnutzungen auf ein der eigenen KG vermietetes Haus abgezogen werden. Hierunter fallen insbesondere auch Schuldzinsen, die mit der Beteiligung oder Wirtschaftsgütern des Sonderbetriebsvermögens im Zusammenhang stehen.

Ziel dieser Konzeption ist es, eine Gleichbehandlung zwischen Mitunternehmern und Einzelunternehmen zu erreichen. Anders als bei Kapitalgesellschaften ist die Angemessenheit von Vergütungen für schuldrechtliche Verträge zwischen Gesellschaft und Gesellschafter bei den Personengesellschaften bedeutungslos. Die Problematik der verdeckten Gewinnausschüttung kann sich nicht stellen. Dabei wirkt sich die Umqualifizierung auch auf die Gewerbesteuer aus, sodass auch deren Bemessungsgrundlage nicht verringert wird. Allerdings kommt solchen Vereinbarungen insoweit Bedeutung zu, als dass mit ihnen die Gewinnverteilung zwischen den Gesellschaftern beeinflusst werden kann.

■ **Beispiel:**

An der A & B OHG sind die Gesellschafter A und B jeweils zu 50% beteiligt. Die Gesellschaft erzielt einen Gewinn in Höhe von 100.000,- €, der bereits durch eine Vergütung an den A für dessen Geschäftsführer-Tätigkeit in Höhe von 150.000,- € verringert wurde. Damit beträgt der zutreffende Gewinn 250.000,- €. Für die Ermittlung der Einkünfte des A und B hat die Vereinbarung des Gehalts Bedeutung, weil dem A diese Vergütung vorab zugerechnet wird und bei ihm der Besteuerung unterliegt. Der danach verbleibende Betrag (hier die 100.000,- €) wird nach Maßgabe des zivilrechtlichen Gewinnverteilungsschlüssels auf die Gesellschafter verteilt. Im Ergebnis erzielt damit der A Einkünfte aus Gewerbebetrieb aus der A & B OHG in Höhe von 200.000,- € und der B von 50.000,- €. Diese Regelung führt zu Problemen im Rahmen der Anwendung des § 35 EStG. Dieser sieht vor, dass für die Zuweisung des gewerbesteuerlichen Anrechnungsvolumens auf die Einkommensteuer auf den zivilrechtlichen Gewinnverteilungsschlüssel abzustellen ist. Danach wird A und B – vorbehaltlich weiterer Hinzurechnungen und Kürzungen – ein max. Anrechnungsbetrag in Höhe von jeweils 14.995,75 €[145] zugewiesen. Im Ergebnis bekommt damit der B „zu viel" zugewiesen und der A „zu wenig". Dies gilt unabhängig davon, ob sich die Beträge beim Gesellschafter B überhaupt auswirken können oder ob möglicherweise infolge der allgemeinen Grenzen für die Anrechnung ein Teil dieser Beträge nicht abgezogen werden kann.[146] Dieser Aufteilungsschlüssel ist zwingend und kann von den Gesellschaftern nicht anders vereinbart werden.

Ein besonderes Problem besteht bei der **GmbH & Co. KG**. Es resultiert aus der Frage, wer die Aufwendungen für die Geschäftsführung der KG trägt und wie die hierfür geleisteten Entgelte steuerlich zu qualifizieren sind. Hierbei ist zwischen zwei Zahlungen zu unterscheiden:

- Einerseits die Vergütung an die **Komplementär-GmbH** für die Übernahme der Geschäftsführung und
- Andererseits die Vergütung, die der **Geschäftsführer** für seine Tätigkeit im Rahmen der GmbH oder der GmbH & Co. KG bekommt.

Die von der KG an die Komplementär-GmbH gezahlte Vergütung führt bei dieser zu Sonderbetriebseinnahmen, die als gewerbliche Einkünfte zu versteuern sind. Eine solche Qualifikation ließe sich nur dann vermeiden, wenn die KG direkt einen Geschäftsführungsvertrag mit den Geschäftsführern abgeschlossen hätte. Hieraus folgt, dass diese Zahlungen den Gewinn der Personengesellschaft und deren Gewerbeertrag nicht verringern. Wenn diese Zahlungen von der GmbH verwendet werden, um die Geschäftsführer zu vergüten, sind diese Beträge Sonderbetriebsausgaben, die das zu versteuernde Einkommen der GmbH verringern. Hierbei kommt es auf die Frage, inwieweit gesellschaftsrechtliche Beziehungen zwischen dem Geschäftsführer und den beiden Gesellschaften bestehen, nicht an.

Für die steuerliche Behandlung der **Bezüge des Gesellschafters** ist entscheidend, ob er auch über eine gesellschaftsrechtliche Stellung verfügt. Hierbei lassen sich vier mögliche Varianten unterscheiden:

1. Der Geschäftsführer ist nur Gesellschafter der KG.
2. Der Geschäftsführer ist sowohl Gesellschafter der GmbH als auch der KG.
3. Der Geschäftsführer ist nur Gesellschafter der GmbH, also nicht der KG.
4. Der Geschäftsführer ist weder Gesellschafter der GmbH noch der KG.

---

145 Dieser Betrag ergibt sich aus den 250.000,- € abzgl. des Freibetrags von 24.500,- € gem. § 11 Abs. 1 Nr. 1 GewStG und der Anwendung der Steuermesszahl von 3,5% auf diese Summe. Dies führt zum Gewerbesteuermessbetrag von 7.892,50 €. Hiervon ist das 3,8-fache anrechenbar, also 29.991,50 €. Dieser Betrag ist nach Maßgabe des zivilrechtlichen Gewinnverteilungsschlüssels (hier: jeweils 50%) auf die Gesellschafter aufzuteilen.

146 Würde der B auf seine Einkünfte einen Steuersatz von 20% anwenden, entstünde eine Steuerbelastung von 10.000,- €, mit der Folge, dass die überschießenden 4.995,75 € sich nicht bei ihm und infolge der nicht möglichen Übertragung auch nicht beim A auswirken können.

zu 1. und 2.:

Sofern ein Kommanditist zugleich Geschäftsführer der GmbH ist, wird davon ausgegangen, dass seine Tätigkeit aus dem KG-Gesellschaftsverhältnis heraus veranlasst anzusehen ist. Folglich werden die Vergütungen hierfür (einschließlich der Arbeitgeber- und Arbeitnehmeranteile zur Sozialversicherung[147] und evtl. Pensionsaufwendungen) als Sonderbetriebseinnahmen angesehen, die zu gewerblichen Einkünften führen. Hierfür kommt es weder auf die Frage an, wer die Zahlungen geleistet hat, noch darauf, ob der Kommanditist zugleich auch an der GmbH beteiligt war. Bei der KG liegen nicht abzugsfähige Betriebsausgaben vor. Eine Sonderregelung besteht lediglich für den Fall, bei dem die GmbH eine eigene abgrenzbare, wesentliche gewerbliche Tätigkeit ausübt. Ist dies der Fall, sind die Geschäftsführervergütungen Einkünfte aus nichtselbstständiger Arbeit, die bei der GmbH auch den Gewinn und den Gewerbeertrag mindern.[148]

zu 3. und 4.:

Wenn der Geschäftsführer nur Gesellschafter der GmbH oder an keinem der beiden Unternehmen beteiligt ist, hat eine Besteuerung des Geschäftsführergehalts und des Arbeitnehmeranteils zu den Sozialversicherungsbeiträgen als Einkünfte aus nichtselbstständiger Arbeit zu erfolgen. Ein besonderes Problem entsteht, wenn die Gesellschafter zugleich an der KG beteiligt sind. Hier kann eine verdeckte Gewinnausschüttung darin zu sehen sein, dass die GmbH eine zu geringe Vergütung für ihre Stellung als Vollhafter erhält, weil die Gesellschafter ihre Stellung dafür nutzen, dass der KG ein höherer Gewinn verbleibt. Hieraus folgt, dass die Höhe der Vergütung der GmbH mit besonderer Vorsicht zu bestimmen ist. Bei deren Bestimmung ist ein Fremdvergleich durchzuführen. Dabei ist insbesondere den folgenden Faktoren Rechnung zu tragen:

- der Mindestverzinsung des eingesetzten Kapitals,
- dem Haftungsrisiko in Abhängigkeit von der wirtschaftlichen Lage der KG und
- der Sicherstellung des Auslagenersatzes für die Geschäftsführertätigkeit (insbesondere Gehälter und Arbeitsmittel).

Für schuldrechtliche Verträge bei atypisch stillen Gesellschaften gelten die allgemeinen Grundsätze, die für Mitunternehmerschaften zur Anwendung gelangen.

🕮	*Heigl*, Unternehmensbesteuerung, 2. Aufl., München 1996, S. 365 ff.

147 Vgl. BFH vom 2. 8. 1960, I 221/59 S, BStBl. III 1960, S. 408.
148 Vgl. BFH vom 21. 3. 1968, IV R 166/67, BStBl. II 1968, S. 579.

3.2.2.1.3 Berücksichtigung von im Zusammenhang mit der Gesellschafterstellung stehenden Aufwendungen

- Warum ist es notwendig, die dem Gesellschafter im Zusammenhang mit seiner Beteiligung entstehenden Aufwendungen im Rahmen der Entscheidung über die Rechtsformwahl mit zu berücksichtigen?
- Wie erfolgt die steuerliche Behandlung dieser Aufwendungen bei den einzelnen Rechtsformalternativen?

In vielen Fällen muss ein Gesellschafter seine Einlage, die er in die Gesellschaft leistet, fremdfinanzieren. Hiermit ist aus steuerlicher Sicht die Frage verbunden, ob die hieraus entstehenden Kosten (neben den Kosten der Geldbeschaffung sind dies insbesondere die Zinsen) einkommensmindernd berücksichtigt werden können. Schließlich besteht ein unmittelbarer Zusammenhang zwischen den Aufwendungen und den Erträgen aus der Beteiligung, so dass diese grundsätzlich als Betriebsausgaben bzw. als Werbungskosten zu qualifizieren sind.

Bei **Kapitalgesellschaften** ist danach zu unterscheiden, wer Gesellschafter ist. Wird die Beteiligung von einer natürlichen Person im Privatvermögen gehalten, so unterliegen die hieraus fließenden Einkünfte i. d. R. der Abgeltungssteuer. Gem. § 20 Abs. 9 EStG sind die hiermit im Zusammenhang stehenden Werbungskosten nicht abzugsfähig. Vielmehr kann ausschließlich der sog. Sparer-Pauschbetrag des § 20 Abs. 9 Satz 1 1. Hs. EStG in Höhe von 801,- €[149] abgezogen werden. Dies ist gewissermaßen die Kehrseite des Vorteils eines vergleichsweise niedrigen, an der Quelle abzuziehenden Steuersatzes. Allerdings ist dies wirtschaftlich nicht unproblematisch, denn diese Regelung lässt unberücksichtigt, dass diese Finanzierungskosten im Zusammenhang mit Erträgen entstehen, die bereits auf Ebene der Kapitalgesellschaft besteuert wurden, ohne dass diese Zinsen dort abzugsfähig waren, und auch beim Gesellschafter eine erneute Besteuerung erfolgt. Vor diesem Hintergrund sollten Gesellschafter sehr genau überlegen, ob eine Fremdfinanzierung der Anteile sinnvoll ist oder ob es vorteilhafter wäre, wenn eine niedrigere – aber eigenfinanzierte – Einlage erfolgte und im Gegenzug eine höhere Verschuldung der Gesellschaft vorgenommen wird.[150] Eine andere Rechtsfolge entsteht, wenn der Gesellschafter sich auf die Ausnahme in § 32d Abs. 2 Nr. 3 EStG berufen kann. Danach besteht auf Antrag die Möglichkeit, bei einer Beteiligungsquote von mindestens 25% oder mindestens 1%iger Beteiligung und einer beruflichen Betätigung für die Gesellschaft[151] im Jahr der Antragstellung von der Abgeltungssteuer zum Teileinkünfteverfahren zu wechseln. Dieser Antrag hat eine Bin-

149 Bei zusammenveranlagten Steuerpflichtigen verdoppelt sich dieser Betrag auf 1.602,- €.

150 Vgl. zu den hierzu zu beachtenden Fragen, die u. a. auch berücksichtigen müssen, inwieweit der Zinsaufwand bei der Gesellschaft infolge der Zinsschranke abzugsfähig ist, S. 298 ff.

151 Vgl. zu den dabei zu beachtenden Anforderungen an diese Tätigkeit BMF-Schreiben vom 22. 12. 2009, IV C 1 – S 2252/08/10004, BStBl. I 2010, S. 94 und Schmitt-Homann, BB 2010, S. 351 ff., Schmidt/Eck, BB 2010, S. 1123 ff.

dungsdauer von 5 Jahren und kann widerrufen werden. Wird hiervon Gebrauch gemacht, ist ein anschließender neuer Antrag nicht möglich. Dies bedeutet, dass unter den genannten Voraussetzungen eine Abzugsfähigkeit der Refinanzierungskosten in Höhe von 60% erreicht werden kann.

Werden die Anteile an der Kapitalgesellschaft hingegen vom Gesellschafter im Betriebsvermögen einer Personengesellschaft gehalten, sind infolge der Anwendung des Teileinkünfteverfahrens nur 60% der Aufwendungen abzugsfähig, während die übrigen 40% nicht berücksichtigt werden dürfen. Diese Regelungen gelten unabhängig davon, ob im gleichen Veranlagungszeitraum Dividenden ausgeschüttet werden, ob die Gesellschaft Gewinne oder Verluste erzielt oder ob es sich um die Beteiligung an einer in- oder ausländischen Kapitalgesellschaft handelt.

Beispiel:

Zum Betriebsvermögen der A & B OHG gehört auch die Beteiligung an der I-GmbH. Infolge erheblicher wirtschaftlicher Schwierigkeiten, die sich auch durch Sanierungsmaßnahmen nicht beseitigen lassen, kommt es immer wieder zu Zahlungsstockungen bei der I-GmbH. Schließlich muss die Gesellschaft einen Insolvenzantrag wegen Zahlungsunfähigkeit stellen. Selbst wenn bei der A & B OHG die Voraussetzungen für eine Teilwertabschreibung auf die Anteile an der I-GmbH erfüllt sind[152], darf sich diese nach § 3c Abs. 2 EStG nur i. H. v. 60% ergebniswirksam im zu versteuernden Einkommen niederschlagen. Unabhängig davon ist in der (Handels- und in der) Steuerbilanz eine Abschreibung in voller Höhe vorzunehmen. Die nicht abzugsfähigen 40% sind außerhalb der Bilanz zu korrigieren und erhöhen so den Unterschiedsbetrag i. S. d. § 4 Abs. 1 Satz 1 EStG und den Gewerbeertrag.

Besondere Probleme entstehen, wenn die Gesellschaft dauerhaft keine Gewinnausschüttungen vornehmen kann und gleichwohl beim Gesellschafter Kosten im Zusammenhang mit der Beteiligung entstehen, wie dies insbesondere im Fall der Fremdfinanzierung des Beteiligungserwerbs gegeben ist. Dem Gesellschafter fließen keine Einkünfte zu, aus denen er die Aufwendungen bestreiten kann, und auch eine Berücksichtigung in Form von Verlustausgleich oder -abzug ist allenfalls anteilig im Rahmen des Teileinkünfteverfahrens möglich. Hingegen scheidet bei Anwendung der Abgeltungssteuer der Abzug auch in diesem Fall vollständig aus, wenn einmal vom Sparer-Pauschbetrag abgesehen wird. Der BFH hat hierin jedoch einen Verstoß gegen die Besteuerung nach der wirtschaftlichen Leistungsfähigkeit gesehen, wenn während der gesamten Behaltensdauer keine Ausschüttungen aus der Kapitalgesellschaft an den Gesellschafter erfolgen.[153] Der Gesetzgeber hat durch eine Änderung in § 3c Abs. 2

152 Dies setzt gem. § 6 Abs. 1 Nr. 2 EStG voraus, dass es sich um eine voraussichtlich dauerhafte Wertminderung handeln muss, vgl. hierzu Tz. 3 ff. des BMF-Schreibens vom 25. 2. 2000, IV C 2 – S 2171 b – 14/00, BStBl. I 2000, S. 372 sowie aus der Rspr. BFH vom 21. 9. 2011, I R 89/10, BFHE nnv.

153 Vgl. BFH vom 24. 11. 2009, VIII R 11/07, BFH/NV 2010, S. 1417, Rn. 27.

Satz 2 EStG durch das JStG 2010[154] gleichwohl auch in diesen Fällen eine anteilige Nichtabzugsfähigkeit angeordnet.

Wird die Beteiligung im Betriebsvermögen einer **Kapitalgesellschaft** gehalten, sind die hieraus fließenden Erträge grundsätzlich steuerfrei, entweder als Dividenden gem. § 8b Abs. 1 KStG oder als Veräußerungsgewinne gem. § 8b Abs. 2 KStG. Hinsichtlich der Abzugsfähigkeit von Aufwand in Verbindung mit der Beteiligung ist zu differenzieren, ob es sich um laufenden Aufwand oder um solchen im Zusammenhang mit dem Stammrecht handelt. Während erster voll abzugsfähig ist, sieht § 8b Abs. 3 Satz 3 KStG ein Abzugsverbot in den Fällen vor, in denen etwa ein Veräußerungsverlust entsteht oder eine Teilwertabschreibung auf die Beteiligung vorgenommen werden soll. Außerdem ist ergänzend zu beachten, dass bei zufließenden Dividenden oder entstehenden Veräußerungsgewinnen jeweils nicht abzugsfähige, fiktive Betriebsausgaben in Höhe von 5% des jeweiligen Betrages entstehen. Außerdem sind die allgemeinen Regelungen zur Begrenzung der Abzugsfähigkeit von Fremdkapitalkosten zu beachten. Dies gilt sowohl für die Zinsschranke[155] als auch für die gewerbesteuerliche Hinzurechnung nach § 8 Nr. 1 Buchst. a) GewStG.

Bei der Alternative **Personengesellschaft** und den übrigen mitunternehmerischen Beteiligungen stellt sich diese Situation grundlegend anders dar: Alle Aufwendungen des Mitunternehmers im Zusammenhang mit seiner Gesellschafterstellung mindern seine gewerblichen Einkünfte. Hierbei handelt es sich um Sonderbetriebsausgaben, die – wenn die übrigen Voraussetzungen für abzugsfähige Betriebsausgaben vorliegen – gewinnmindernd zu berücksichtigen sind. Dies gilt unabhängig davon, ob der Gesellschafter eine natürliche oder eine juristische Person ist und ob es sich um eine Beteiligung im Betriebs- oder Privatvermögen handelt. Etwas anderes gilt in den Fällen, in denen es bei Finanzierungsaufwendungen zu einer Anwendung des § 4 Abs. 4a EStG kommt[156] oder wenn der Personengesellschaft Dividenden im Sinne des § 20 Abs. 1 Nr. 1 EStG zugerechnet werden. Hier hat eine Zuordnung von Fremdkapital zu den Dividendeneinkünften zu erfolgen, wobei die Abzugsbeschränkung des § 3c EStG zu berücksichtigen ist. Folglich können dieser Aufwendungen nur in Höhe von 60% abgezogen werden, unabhängig davon, ob es sich hierbei um laufenden Aufwand handelt oder um solchen, der im Zusammenhang mit dem Stammrecht der Beteiligung entsteht.

Die Ausführungen zeigen, dass bei der Notwendigkeit einer Refinanzierung der höheren Einlage bei natürlichen Personen als Gesellschafter (ggf. einer zwischengeschalteten Personengesellschaft) eine allenfalls 60%ige Abzugsfähigkeit der Zinsen erfolgen kann. Dies dürfte dazu führen, dass die Bereitschaft des Gesellschafters sich an einer Kapitalerhöhung zu beteiligen, nicht sehr ausgeprägt sein wird. Etwas anderes gilt, wenn es sich beim Gesellschafter um eine Körperschaft handelt. Damit stellt sich die

---

154 Jahressteuergesetz 2010 (JStG 2010) vom 08. 12. 2010, BGBl. I 2010, S. 1768.

155 Vgl. hierzu S. 298 ff.

156 Vgl. hierzu S. 310 ff.

Frage, ob alternative Finanzierungsformen gefunden werden können, die nicht mit diesen steuerlichen Nachteilen verbundenen sind, um so eine – auch unter Berücksichtigung der steuerlichen Belastung – günstigere Finanzierung zu ermöglichen.[157]

🕮	*Musil,* Abzugsbeschränkungen bei der Abgeltungsteuer als steuersystematisches und verfassungsrechtliches Problem, FR 2010, S. 149 ff. *Frotscher,* Die Ausgabenabzugsbeschränkung nach § 3c EStG und ihre Auswirkung auf Finanzierungsentscheidungen, DStR 2001, S. 2045 ff. *Otto,* Vereinbarkeit des Halbabzugsverbots gemäß § 3c Abs. 2 EStG mit dem Grundgesetz, DStR 2008, S. 228 ff. *Oldiges,* Wirkungen und Rechtfertigung des pauschalen Abzugsverbots gemäß § 8b Abs. 5 KStG, DStR 2008, S. 533 ff. *Kaminski,* Aktuelle steuerliche Überlegungen zur Finanzierung von mittelständischen Unternehmen, Stbg 2010, S. 433 ff.

3.2.2.1.4 Möglichkeit zur Gestaltung des Zuflusszeitpunktes von Gewinnen beim Gesellschafter

- Warum ist das Zuflussprinzip für die Rechtsformwahl überhaupt von Bedeutung?
- Welche Unterschiede bestehen bei den einzelnen Rechtsformen bezogen auf das Zuflussprinzip?

Die beiden Hauptalternativen – Personen- und Kapitalgesellschaft – sind durch einen grundlegenden Unterschied bezüglich des Zeitpunkts der Berücksichtigung von Gewinnen gekennzeichnet: Bei Kapitalgesellschaften gilt das sog. Trennungsprinzip, während bei den Gesellschaftern einer Personengesellschaft eine unmittelbare Zurechnung der Gewinne (und – wenn unter Umständen auch mit gewissen Einschränkungen[158] – der Verluste) zu den Gesellschaftern erfolgt.

Dies hat weitreichende Konsequenzen: Die **Kapitalgesellschaft** und ihre Gesellschafter sind zwei unterschiedliche, voneinander unabhängige Rechtsträger. Da dieser Grundsatz auch für Zwecke der Besteuerung gilt, kommt es bei den Anteilseignern erst dann zu einer Besteuerung von Gewinnen, die aus der Kapitalgesellschaft stammen, wenn diese an die Gesellschafter ausgeschüttet werden. Dieser Umstand hat jedoch infolge des § 8b Abs. 1 KStG für Kapitalgesellschaften als Gesellschafter nur noch für Liquiditätsüberlegungen und infolge der Hinzurechnung von steuerlich nicht abziehbaren Betriebsausgaben nach § 8b Abs. 5 Satz 1 KStG Bedeutung. Damit besteht die Möglichkeit, gezielt eine Ausschüttungspolitik vorzunehmen. Mit anderen Worten: Die Gesellschaft nimmt dann Ausschüttungen vor, wenn dies für ihre Anteilseigner steuerlich günstig ist, z. B. weil sie zu diesem Zeitpunkt (z. B. infolge von Verlusten) einen deutlich geringeren Steuersatz haben.

157 Vgl. hierzu unten auf S. 282 ff.
158 Vgl. hierzu insbesondere § 15a EStG und die Ausführungen auf S. 78 ff.

Durch eine **richtige „Dosierung" der Ausschüttung** kann auch eine vollständige Ausschöpfung des Sparer-Pauschbetrages nach § 20 Abs. 9 Satz 1 EStG erfolgen, und zwar auch dann, wenn es im Zeitablauf zu erheblichen Schwankungen bei der Höhe des Gewinns der Kapitalgesellschaft kommt. Allerdings hängt der Erfolg solcher Bestrebungen davon ab, inwieweit der Gesellschafter die Höhe der Ausschüttungen beeinflussen kann bzw. ob die Gesellschafter eine homogene Struktur aufweisen. Dies wird bei Publikumsgesellschaften regelmäßig nicht der Fall sein, während sich bei kleinen, stark personenbezogenen Gesellschaften häufig Vorteile erzielen lassen. Denkbar wäre, die Beteiligung über eine speziell für diesen Zweck gegründete Gesellschaft zu halten, an der nur ein Gesellschafter beteiligt ist. Allerdings stellt sich bei solchen Gestaltungen die Frage, ob hierin ein Gestaltungsmissbrauch liegt und ob die hiermit verbundenen Belastungen (u. a. Erklärungspflichten aber auch die zusätzlich ausgelöste Steuerbelastung infolge von § 8b Abs. 5 KStG) eine solche Gestaltung vorteilhaft werden lassen. Auf Grund der Höhe des Sparer-Pauschbetrages und seiner Anwendung auf alle Einkünfte aus Kapitalvermögen sind die hiermit verbundenen Vorteile häufig gering.

Ergänzend kommt hinzu, dass bei Kapitalgesellschaften die Möglichkeit besteht – ggf. über viele Jahre hinweg –, eine **Thesaurierung von Gewinnen** vorzunehmen. Dies hat den Vorteil, dass die entsprechenden Beträge nicht zusätzlich dem Steuersatz der Anteilseigner unterliegen, sondern nur in Höhe der Gewerbe- und Körperschaftsteuer belastet werden. Dies erweist sich als vorteilhaft, weil bei einer Weiterausschüttung an eine natürliche Person als Anteilseigner diese Dividenden bei ihm nochmals der Besteuerung unterlägen, auch wenn die jeweils konkrete Besteuerung beim Gesellschafter davon abhängig ist, ob es sich um eine juristische oder natürliche Person handelt und bei letzterer, welche konkreten Besteuerungsregelungen auf den Gesellschafter Anwendung finden.[159] Dadurch wird nicht nur dem Unternehmen dauerhaft Liquidität zur Verfügung gestellt, die dieses für Investitionszwecke nutzen kann, sondern auch ein Steuersatzeffekt erzielt. Ob sich eine solche Gestaltung tatsächlich als vorteilhaft erweist, hängt nicht zuletzt davon ab, wofür die so im Unternehmen angesammelten Beträge verwendet werden. Werden die gleichen Investitionen durchgeführt, die auch im Falle einer Ausschüttung an den Anteilseigner vorgenommen worden wären, müssen die unterschiedlichen (steuerlichen) Konsequenzen von Investitionen des Betriebs- und des Privatvermögens (insbesondere die Frage der Gewerbesteuerpflicht, die Steuerbarkeit von Veräußerungsgewinnen und mögliche erbschaftsteuerliche Effekte) berücksichtigt werden.

Hingegen erfolgt die Besteuerung einer Personengesellschaft nach einer grundlegend anderen Konzeption, wobei danach zu unterscheiden ist, ob der Gesellschafter als Mitunternehmer an der Gesellschaft beteiligt ist oder nicht. Diese Frage ist zwar nicht für die Behandlung im Rahmen des Zuflussprinzips (§ 11 EStG) entscheidend, wohl aber dafür, welche Einkunftsart i. S. d. § 2 Abs. 1 EStG die Gesellschafter beziehen. Dies bedeutet im Umkehrschluss, dass nicht alle Gesellschafter einer Personen-

159 Vgl. hierzu S. 316 ff.

gesellschaft stets gewerbliche Einkünfte erzielen. Liegen die o. g. Voraussetzungen für die Stellung als Mitunternehmer[160] nicht vor, erfolgt die steuerliche Qualifikation der Einkünfte des Gesellschafters nach Maßgabe der §§ 13 ff. EStG, d. h., dass in einem solchen Fall grundsätzlich jede Einkunftsart erzielt werden kann. Diese Fälle sind in der Praxis jedoch deutlich seltener. I. d. R. wird die Beteiligung an einer Personengesellschaft angestrebt, um die Stellung als Mitunternehmer einzunehmen.

Die Besteuerung von Personengesellschaften erfolgt, indem auf deren Ebene eine Gewinnermittlung vorgenommen wird und die hierbei entstehenden Gewinne (oder Verluste) dem Gesellschafter auf Grund der §§ 179 ff. AO unmittelbar zugerechnet werden und von diesem zu versteuern sind. Dies gilt sowohl für den Gewinn aus der Gesamthandsbilanz als auch für die im Zusammenhang mit schuldrechtlichen Beziehungen zwischen der Personengesellschaft und ihrem Mitunternehmer stehenden Gewinne, denn gem. § 15 Abs. 1 Satz 1 Nr. 2 2. Hs. EStG führen diese Vergütungen beim Gesellschafter zu gewerblichen Einkünften. Hieraus folgt, dass das Betreiben einer Ausschüttungspolitik einer Personengesellschaft nicht möglich ist. Hierin kann ein Nachteil liegen, wenn im Zeitablauf unterschiedlich hohe Ergebnisse erzielt werden und die Gesellschafter infolge des progressiven Einkommensteuertarifs einer hohen Belastung unterliegen. Andererseits kann das Trennungsprinzip – wie die folgenden Ausführungen zeigen werden – in Verlustfällen nachteilig sein, weil diese bei der Kapitalgesellschaft „eingeschlossen" sind, während im Fall der Personengesellschaft eine Zurechnung zum Gesellschafter erfolgt.[161]

Allerdings besteht nunmehr eine Möglichkeit, die im Vz. der Gewinnentstehung beim Gesellschafter einer Personengesellschaft ausgelöste Steuerbelastung zu begrenzen. Dies kann geschehen, indem ein Antrag durch einen Gesellschafter auf Anwendung der Thesaurierungsbegünstigung nach § 34a EStG gestellt wird. Dies hätte zur Folge, dass beim Gesellschafter ein Steuersatz von 28,25% anzuwenden ist, wobei von diesem noch die Anrechnung der Gewerbesteuer auf die Einkommensteuer gem. § 35 EStG vorzunehmen ist. Hiermit wird zwar eine Zurechnung der Einkünfte zum Mitunternehmer nicht verhindert, aber die hiermit verbundene Steuerbelastung deutlich verringert. Sofern zu einem späteren Zeitpunkt die Tatbestandsvoraussetzungen für die Nachbesteuerung nach § 34a Abs. 6 EStG erfüllt sind, kommt es zu einer Steuerbelastung in Höhe von 25% auf die als entnommen geltenden Beträge beim Steuerpflichtigen. Bei diesen Steuerbelastungen ist jeweils ergänzend der Solidaritätszuschlag zu berücksichtigen.

3.2.2.1.5 Verlustnutzung

- Welche Unterschiede bestehen zwischen den Rechtsformen bei der Behandlung von Verlusten?

---

160 Vgl. hierzu nochmals S. 20 ff.

161 Dabei sind für die Frage, inwieweit diese sich beim Gesellschafter entlastend auswirken können, allgemeine Regelungen zu beachten, vgl. hierzu Kaminski/Strunk, Besteuerung unternehmerischer Tätigkeit, 2. Aufl., Wiesbaden 2007, S. 97 ff.

- Lassen sich diese Unterschiede durch Gestaltungen überwinden?
- Besteht ein Zusammenhang zwischen einer zivilrechtlich gegebenen Haftungsbegrenzung und dem möglichen Umfang einer steuerlichen Verlustnutzung?

Aufbauend auf den unterschiedlichen Konzeptionen zur Besteuerung von Personen- und Kapitalgesellschaften ergeben sich Rückwirkungen auf die Frage, inwieweit entstehende Verluste steuerlich zu berücksichtigen sind. Dabei ist sowohl danach zu differenzieren, bei welcher Person sich diese Verluste auswirken, als auch der Frage nachzugehen, inwieweit Beschränkungen der Höhe nach bestehen.

Bei einer **Kapitalgesellschaft**, die nach inländischen Vorschriften zur Buchführung verpflichtet ist, entstehen ausschließlich Einkünfte aus Gewerbebetrieb (§ 8 Abs. 2 KStG). Hieraus folgt, dass auch für Zwecke der Verlustbehandlung nur gewerbliche Einkünfte vorliegen. Insoweit scheiden ein horizontaler und ein vertikaler Verlustausgleich aus. Andererseits sind alle Einkünfte solche aus Gewerbebetrieb, so dass sich positive und negative Einkünfte innerhalb der Bestimmung des zu versteuernden Einkommens praktisch automatisch ausgleichen. Ein Verlustabzug ist nach Maßgabe des § 10d EStG i. V. m. § 8 Abs. 1 KStG möglich. Hierbei sind die folgenden Grenzen zu beachten:

- Der maximal mögliche Verlustrücktrag beträgt 511.500,- €.
- Ein Verlustrücktrag ist lediglich in den vorhergehenden Veranlagungszeitraum möglich.
- Der Verlustrücktrag kann auf Antrag des Steuerpflichtigen der Höhe nach (ggf. bis auf 0,- €) begrenzt werden.
- Ein Verlustvortrag ist zeitlich unbegrenzt möglich.

Infolge des Trennungsprinzips zwischen der Kapitalgesellschaft und ihren Gesellschaftern wirken sich Verluste, die bei der Gesellschaft entstehen, nicht bei deren Anteilseignern aus. Diese können auch nicht in Form einer „negativen Dividende" ausgeschüttet werden. In der Regel haben Verluste der Kapitalgesellschaft für die Anteilseigner keine Auswirkungen. Etwas anderes gilt lediglich für den Fall, dass die Verluste zu einem Sinken des Werts der Anteile an der Gesellschaft führen. Sofern sich diese in einem Betriebsvermögen befinden, ist zu prüfen, ob eine Teilwertabschreibung auf die Anteile vorgenommen werden kann. Allerdings sind hierfür von der Rechtsprechung strenge Anforderungen aufgestellt worden, so dass eine solche Abschreibung nur in Ausnahmefällen erfolgen kann.[162] Sofern die Beteiligung von einer inländischen Kapitalgesellschaft gehalten wird, ist ergänzend § 8b Abs. 3 Satz 3 KStG zu beachten, der die gewinnmindernde Geltendmachung solcher Teilwertabschrei-

---

162 Vgl. u. a. BFH vom 26. 9. 2007, I R 58/06, BStBl. II 2009, S. 294 und FG Saarland vom 7. 12. 2010, 1 K 1414/07, EFG 2011, S. 866 (Nichtzulassungsbeschwerde beim BFH anhängig unter dem Aktenzeichen IV B 13/11). Zur Definition einer voraussichtlich dauernden Wertminderung vgl. BFH vom 21.9.2011, I R 89/10 und I R 7/11, BFHE nnv.

bungen untersagt. Befindet sich die Beteiligung im Betriebsvermögen einer Personengesellschaft, kann sich eine Teilwertabschreibung nur in Höhe von 60% auf das Ergebnis auswirken, weil § 3c Abs. 2 EStG für unter das Teileinkünfteverfahren fallende Einkünfte eine entsprechende Beschränkung des Betriebsausgabenabzugs vorsieht. Bei im Privatvermögen gehaltenen Anteilen können sich diese Verluste allenfalls bei einem Verkauf auswirken, wobei allerdings die Vorschriften über die Behandlung der entsprechenden Verluste zu beachten sind[163]. Im Ergebnis ist damit festzustellen, dass sich Verluste der Kapitalgesellschaft i. d. R. nicht beim Anteilseigner auswirken. Ihre Nutzung kann lediglich durch einen Verlustrück- bzw. -vortrag bei der Gesellschaft erfolgen, wobei ersterer infolge seiner geringen Höhe häufig nur untergeordnete Bedeutung hat. Dies bewirkt eine nachteilige Beeinträchtigung der Liquiditätssituation des Unternehmens, denn ggf. kann es sehr lange dauern, bis die Verlustvorträge sich steuerlich ausgewirkt haben. Um diese negativen Folgen zu vermeiden, könnte daran gedacht werden, eine Organschaft zu begründen.[164]

Erzielt die Kapitalgesellschaft später ein positives zu versteuerndes Einkommen, sind die Regelungen der Mindestbesteuerung des § 10d Abs. 2 EStG i. V. m. § 8 Abs. 1 KStG zu beachten. Danach kann das positive Einkommen der Kapitalgesellschaft bis zur Höhe des Sockelbetrages von 1 Mio. € verringert werden. Ein darüber hinausgehendes Einkommen wird durch Verlustvorträge nur in Höhe von 60% verringert, die verbleibenden 40% unterliegen der Besteuerung.

Beispiel:

Eine Kapitalgesellschaft erzielt im Jahr ihrer Gründung einen Verlust in Höhe von 10 Mio. €. Da ein Verlustrücktrag ausscheidet, kann nur ein Verlustvortrag erfolgen. Im zweiten Jahr ihres Bestehens ermittelte die Gesellschaft ihr z. v. E. mit 2 Mio. €. Der Verlustabzug ist wie folgt zu bestimmen:

z. v. E.	2.000.000,- €
./. Sockelbetrag	1.000.000,- €
Verbleiben	1.000.000,- €
davon 60% als Verlustabzug nutzbar	600.000,- €
In Periode 2 zu versteuern	400.000,- €

Wie das Beispiel zeigt, führt die Mindestbesteuerung dazu, dass trotz bestehender hoher Verlustvorträge eine Steuerbelastung eintritt. Damit kommt es zu einer Belastung der Liquiditätssituation und zu einer Erhöhung der Krisenanfälligkeit von Unternehmen. Gleichzeitig – und dies motivierte den Gesetzgeber zur Einführung dieser Regelungen – erfolgt eine Verstetigung des Aufkommens aus der Körperschaftsteuer und der Gewerbesteuer, weil Verluste sich erst über einen deutlich längeren Zeitraum auswirken. Dies ist – vorbehaltlich zwischenzeitlicher Vorgänge, die zum Untergang der Verlustvorträge führen – nur eine zeitliche Streckung der Nutzung der Verluste,

163 Vgl. § 17 Abs. 2 Satz 6, § 23 Abs. 3 Satz 6 f. EStG sowie § 20 Abs. 6 EStG.
164 Vgl. zur Organschaft ausführlich S. 190 ff.

weil die in früheren Veranlagungszeiträumen nicht ansetzbaren Verlustabzugsbeträge zu einem Abzug in späteren Jahren führen.

Trotz der grundsätzlichen Anwendung des Trennungsprinzips hat der Gesetzgeber eine Durchbrechung dieses Grundsatzes für den Fall vorgesehen, dass eine Person mehr als 25% der Anteile an der Gesellschaft erwirbt. Systematisch ist dies problematisch, denn gerade die Trennung zwischen der Ebene der Kapitalgesellschaft und der des Gesellschafters hätte es geboten, auch bei den Verlustvorträgen Vorgänge auf Ebene der Gesellschafter nicht zu negativen Konsequenzen auf Gesellschaftsebene führen zu lassen. Die nunmehr geltenden Regelungen sehen einen Grundtatbestand vor, der dann durch Rückausnahmen wieder eingeschränkt wird. Zunächst stellt das Gesetz darauf ab, wie hoch die Quote der Anteile ist, die eine Person oder eine ihm nahe stehende Person oder eine Gruppe von Gesellschaftern mit gleichgerichteten Interessen innerhalb von fünf Jahren mittelbar oder unmittelbar erwirbt. Hieran knüpfen unterschiedliche Konsequenzen für die laufenden Verluste und die Verlustvorträge an:

- Werden bis zu 25% der Anteile durch eine Person erworben, hat dies keinen Einfluss auf die vorhandenen Verluste und Verlustvorträge.
- Erfolgt ein Erwerb von mehr als 25% und bis zu 50% der Anteile, gehen die laufenden Verluste und Verlustvorträge in Höhe des Prozentsatzes des Anteilserwerbes unter, zu dem die Anteile übertragen werden.
- Werden mehr als 50% der Anteile erworbenen, gehen die laufenden Verluste und die vorhandenen Verlustvorträge vollständig unter.

Besondere Komplexität erhalten diese Regelungen, indem auf einen Fünfjahreszeitraum abgestellt wird. Dies hat zur Folge, dass bei einem Überschreiten der genannten Schwellenwerte ein erneuter Untergang von Verlustvorträgen ausgelöst werden kann.

- **Beispiel**:

  A erwirbt von B zum 01. 01. 01 30% der Anteile an der B-GmbH, die anderen 70% behält weiterhin der B. Zu diesem Zeitpunkt hat die Gesellschaft Verlustvorträge in Höhe von 10 Mio. €. Da mehr als 25% (aber nicht mehr als 50%) der Anteile übertragen werden, geht in Höhe der Beteiligungsquote der Verlustvortrag unter. Hieraus folgt, dass die B-GmbH nach dem Kauf der Anteile lediglich über Verlustvorträge von 7 Mio. € verfügt. Zum 01. 01. 03 erwirbt A weitere 21% der Anteile an der Gesellschaft von B, die Verlustvorträge belaufen sich zu diesem Zeitpunkt auf 15 Mio. €. Zwar unterschreitet dieser Beteiligungskauf isoliert betrachtet die 25%-Grenze, doch infolge des vorherigen Kaufs werden innerhalb von weniger als 5 Jahren mehr als 50% der Anteile erworben. Folglich gehen die gesamten Verlustvorträge der Gesellschaft unter. Entschließt sich der A zum 01. 01. 05 weitere 26% der Anteile von B an der B-GmbH zu erwerben, gehen die zu diesem Zeitpunkt vorhandenen Verlustvorträge im Umfang von 26% unter. Würden hingegen die

Beteiligungserwerbe zum 01. 01. 03 und zum 01. 01. 05 gemeinsam die 50%-Grenze überschreiten, gingen alle am 01. 01. 05 vorhandenen Verlustvorträge unter.

Das Gesetz ist weit formuliert und versucht, jeweils ähnliche Tatbestände ebenfalls mit zu erfassen. Entscheidend ist dabei, in welchem Umfang eine Person, eine einem Erwerber nahestehende Person oder eine Gruppe von Personen mit gleichgerichteten Interessen Anteile an der Gesellschaft erwirbt. Dieser grundsätzlich sehr große Anwendungsbereich der Regelungen wird durch eine Reihe von Rückausnahmen eingeschränkt. Diese lassen sich überblicksartig wie folgt zusammenfassen:

- **Stille Reserven-Klausel:**
  Danach können laufende Verluste und Verlustvorträge abgezogen werden, soweit sie anteilig oder vollständig auf die stillen Reserven entfallen, die zum Zeitpunkt des Anteilserwerbs im Betriebsvermögen enthalten sind. Dadurch werden Gestaltungen unnötig, die darauf abzielen, durch eine gezielte Aufdeckung von stillen Reserven Verlustvorträge vor dem Gesellschafterwechsel nutzen zu wollen.

- **Konzernklausel:**
  Danach bleiben die Verlustvorträge erhalten, wenn „an dem übertragenden und an dem übernehmenden Rechtsträger dieselbe Person zu jeweils 100% mittelbar oder unmittelbar beteiligt ist".

- **Sanierungsklausel:**
  Diese Regelung sieht vor, dass ein Untergang der Verlustvorträge nicht erfolgt, wenn der Gesellschafterwechsel mit dem Ziel der Sanierung erfolgt. Dies setzt voraus, dass die Gesellschaft sanierungsbedürftig und sanierungsfähig ist. Außerdem muss eine Weiterführung der wesentlichen Strukturen erfolgen. Allerdings erblickt die EU-Kommission hierein eine versteckte Beihilfe, deren Genehmigung versagt wurde.[165] Hiergegen ist ein Klageverfahren der Bundesregierung vor dem EuGH anhängig.[166]

- **SoFFin-Klausel:**
  Eine Sonderregelung besteht in § 14 Finanzmarktstabilisierungsfondsgesetz, wenn der Bankenrettungsfonds der Bundesregierung eine Bank erwirbt und diese über Verlustvorträge verfügt. Dieser Erwerb führt nicht zum Untergang der Verlustvorträge.

Die Regelungen sind sehr umstritten, insbesondere wenn es zu einer Kombination der Vorgaben zur Mindestbesteuerung des § 10d Abs. 2 EStG und des § 8c KStG

---

165 Vgl. Pressemitteilung der Europäischen Kommission vom 26. 1. 2011, IP/11/65 sowie zur Aussetzung der Sanierungsklausel BMF-Schreiben vom 30. 4. 2010, IV C 2-S 2745-a/08/10005:002, BStBl. I 2010, S. 482.

166 Vgl. Rechtssache T-205/11, Klage der Bundesregierung eingereicht beim EuGH am 7. 4. 2011, ABl. EU C 186 vom 25. 6. 2011, S. 28.

kommt.[167] Der BFH ist für einen solchen Fall den im Schrifttum geäußerten verfassungsrechtlichen Bedenken gefolgt und hat in seinem Beschluss vom 26. 8. 2010[168] im Rahmen eines Verfahrens zum einstweiligen Rechtschutz den Steuerpflichtigen Aussetzung der Vollziehung gewährt.

🕮	*Sistermann/Brinkmann,* Verlustabzugsbeschränkungen nach § 8c KStG – Anmerkungen zum BMF-Schreiben vom 4. 7. 2008, BB 2008, S. 1928 ff. *Ziegenhagen/Thewes,* Die neue Sanierungsklausel in § 8c Abs. 1a KStG, BB 2009, S. 2116 ff. *Bien/Wagner,* Die Konzernklausel bei § 8c KStG, BB 2010, S. 923 ff. *Gröger,* Verlustnutzung in Folge eines Sanierungserwerbs in 2010, BB 2010, S. 2926 ff. *Drüen,* Die Sanierungsklausel des § 8c KStG als europarechtswidrige Beihilfe, DStR 2011, S. 289 ff. *Suchanek/Jansen,* Änderungen bei der Stille-Reserven-Klausel des § 8c KStG durch das Jahressteuergesetz 2010, GmbHR 2011, S. 174 ff. *Wagner,* Zweifelsfragen zur Anwendbarkeit der Konzernklausel des § 8c KStG, PIStB 2011, S. 45 ff. *Kaminski,* Aktuelle Entwicklungen bei der Besteuerung von Kapitalgesellschaften, Stbg 2011, S. 529 ff.

Weist eine Kapitalgesellschaft **negative Gewerbeerträge** auf, ist § 10a GewStG zu beachten. Dieser enthält entsprechende Regelungen zur Mindestbesteuerung und einen Verweis auf § 8c KStG. Folglich gelten insoweit die gleichen Restriktionen. Ergänzend wird die Forderung nach Unternehmer- und Unternehmensidentität erhoben. Unternehmeridentität liegt vor, wenn der Gewerbetreibende, der den Verlustabzug geltend machen will, diesen Verlust auch in eigener Person erlitten hat.[169] Hieran kann es fehlen, wenn Umwandlungsvorgänge durchgeführt werden.[170] Die Forderung nach Unternehmensidentität ist erfüllt, wenn der im Jahr der Nutzung des negativen Gewerbeertrages bestehende Gewerbebetrieb identisch mit demjenigen ist, der im Jahre der Verlustentstehung bestand. Als wesentliche Beurteilungskriterien werden hierfür in R 10a.2 GewStR die folgenden Kriterien genannt: die Art der Betätigung, der Kunden- und Lieferantenkreis, die Arbeitnehmerschaft, die Geschäftsleitung, die Betriebsstätten sowie der Umfang und die Zusammensetzung des Aktivvermögens. Ferner muss – unter Berücksichtigung dieser Kriterien – ein wirtschaftlicher, organisatorischer und finanzieller Zusammenhang bestehen.

---

167 Vgl. u.a. FG Nürnberg vom 17.3.2010, 1 V 1379/2009, StBW 2010, S. 822 (Beschwerde beim BFH eingelegt unter I B 49/10) sowie Vorlagebeschluss des FG Hamburg vom 4.4.2011, 2 K 33/10, EFG 2011, S. 1460 (Aktenzeichen des BVerfG: 2 BvL 6/11).

168 Vgl. BFH vom 26. 8. 2010, I B 49/10, BFH/NV 2010, S. 2356.

169 Vgl. R 10a.3 Abs. 1 GewStR.

170 Vgl. hierzu S. 89 ff. Hingegen hat diese Tatbestandsvoraussetzung große Bedeutung für Personengesellschaften.

Liegt hingegen die Rechtsform einer **Personengesellschaft** vor, so gilt das Trennungsprinzip nicht. Vielmehr erfolgt eine unmittelbare Zurechnung der Gewinne und Verluste aus der Gesamthandsbilanz (anteilig), aus den Sondervergütungen, dem Sonderbetriebsvermögen sowie ggf. aus der Ergänzungsbilanz. Dies führt dazu, dass auch Verluste den Gesellschaftern zugerechnet werden. Anders als bei der Kapitalgesellschaft wirken sie sich hier grundsätzlich sofort aus. Inwieweit der einzelne Mitunternehmer diese Verluste mit steuerlicher Wirkung geltend machen kann, hängt von seinen persönlichen Verhältnissen ab. Hierbei wird zunächst innerhalb einer Einkunftsart ein unbegrenzter Ausgleich (**horizontaler Verlustausgleich**) vorgenommen. Ein Ausgleich mit Einkünften einer anderen Art (**vertikaler Verlustausgleich**) erfolgt im zweiten Schritt. Sofern nach Vornahme des Verlustausgleichs noch negative Einkünfte verbleiben, sind diese nach Maßgabe des § 10d EStG zurück- bzw. vorzutragen. Hierbei gelten die oben bereits dargestellten Grenzen, beim Verlustvortrag ist ergänzend die Mindestbesteuerung zu beachten.

Bei beschränkt haftenden Gesellschaftern einer Personengesellschaft (dies sind insbesondere die Kommanditisten einer Kommanditgesellschaft) sind die Möglichkeiten zur Verlustberücksichtigung eingeschränkt, wenn der ihnen zuzurechnende Verlustanteil an der KG dazu führt, dass deren Kapitalkonto negativ wird bzw. ihr negatives Kapitalkonto sich erhöht. In diesen Fällen können die Verluste weder mit anderen Einkünften ausgeglichen, noch nach Maßgabe des § 10d EStG abgezogen werden. Vielmehr ist eine Verlustberücksichtigung lediglich in der Weise möglich, dass ein zeitlich unbegrenzter Verlustvortrag mit späteren Gewinnen aus derselben Beteiligung erfolgt (§ 15a Abs. 2 EStG).

Streitig ist jedoch, was zum Kapitalkonto des Gesellschafters gehört. Mittlerweile gehen Rechtsprechung[171] und Finanzverwaltung[172] davon aus, dass hierfür

- der Anteil des beschränkt haftenden Gesellschafters am Gesamthandsvermögen gem. **Steuerbilanz** der Gesellschaft und
- der Anteil des Kommanditisten am Gesamthandsvermögen gem. **Ergänzungsbilanz** des Kommanditisten

entscheidend ist. Hingegen ist das **Sonderbetriebsvermögen nicht** zu berücksichtigen, so dass Verluste, die sich aus diesem Vermögen ergeben, uneingeschränkt ausgleichs- bzw. abzugsfähig sind. Auch wenn sich diese Entscheidung zu Gunsten des Steuerpflichtigen auswirken kann, wenn er über negatives Sonderbetriebsvermögen verfügt, so ist sie doch in vielen Fällen nachteilig, weil die Grundstücke, die regelmäßig kein Gesamthandsvermögen darstellen, nicht zum Ausgleichsvolumen zählen. Außerdem ist es nicht mehr möglich, durch ein Gesellschafterdarlehen das Ausgleichsvolumen zu beeinflussen.

171 Vgl. grundlegend BFH vom 1. 6. 1989, IV R 19/88, BStBl. II 1989, S. 1018, und vom 14. 5. 1991, VIII R 31/88, BStBl. II 1992, S. 167.

172 Vgl. BMF-Schreiben vom 20. 2. 1992, IV B 2 S 2241a – 8/92, BStBl. I 1992, S. 123.

Gem. BMF-Schreiben vom 30. 5. 1997[173] sind bei der Ermittlung des Kapitalkontos die folgenden Positionen zu berücksichtigen:

- „**Geleistete Einlagen**; hierzu rechnen insbesondere erbrachte Haft- und Pflichteinlagen, aber auch z. B. verlorene Zuschüsse zum Ausgleich von Verlusten. Pflichteinlagen gehören auch dann zum Kapitalkonto im Sinne des § 15a Abs. 1 Satz 1 EStG, wenn sie unabhängig von der Gewinn- oder Verlustsituation verzinst werden.
- In der Bilanz **ausgewiesene Kapitalrücklagen**. Wenn eine KG zur Abdeckung etwaiger Bilanzverluste ihr Eigenkapital vorübergehend durch Kapitalzuführung von außen im Wege der Bildung einer Kapitalrücklage erhöht, so verstärkt sich das steuerliche Eigenkapital eines jeden Kommanditisten nach Maßgabe seiner Beteiligung an der Kapitalrücklage.
- In der Bilanz **ausgewiesene Gewinnrücklagen**. Haben die Gesellschafter einer KG durch Einbehaltung von Gewinnen Gewinnrücklagen in der vom Gesellschaftsvertrag hierfür vorgesehenen Weise gebildet, so verstärkt sich das steuerliche Eigenkapital eines jeden Kommanditisten nach Maßgabe seiner Beteiligung an der Gewinnrücklage.

Der Umstand, dass durch die Bildung von Kapital ... und Gewinnrücklagen das steuerliche Eigenkapital der KG nur vorübergehend verstärkt und die Haftung im Außenverhältnis nicht nachhaltig verbessert wird, ist für die Zugehörigkeit ausgewiesener Kapital- und Gewinnrücklagen zum Kapitalkonto im Sinne des § 15a Abs. 1 Satz 1 EStG ohne Bedeutung.“.

Allerdings ist zu beachten, dass gem. § 15a Abs. 1 Satz 2 EStG in den Fällen, in denen die im Handelsregister eingetragene Haftsumme die vom Kommanditisten tatsächlich geleistete Einlage übersteigt, in Höhe des übersteigenden Betrages ein Verlustausgleich auch dann möglich ist, wenn dadurch ein negatives Kapitalkonto entsteht bzw. sich erhöht. Damit soll beschränkt haftenden Gesellschaftern insoweit die Geltendmachung von Verlusten ermöglicht werden, wie sie zivilrechtlich einen Vermögensverlust erleiden können. Allerdings ist diese Regelung an strenge Voraussetzungen geknüpft. Danach muss:

- der Kommanditist und die Haftsumme im Handelsregister eingetragen sein,
- das Bestehen der Haftung nachgewiesen werden,
- eine Vermögensminderung auf Grund der Haftung nicht durch Vertrag ausgeschlossen sein und
- eine Vermögensminderung auf Grund der Haftung nicht nach Art und Weise des Geschäftsbetriebs unwahrscheinlich sein.

173 IV B 2 – S 2241a-51/93 II, BStBl. I 1997, S. 627.

In der Praxis wird versucht, durch Gestaltungen die negativen Auswirkungen des § 15a EStG zu mindern.[174] Diese können einerseits darauf gerichtet sein, mit Hilfe von Sondervergütungen und Sonderbetriebsvermögen Verluste nicht bei der Gesamthandsbilanz entstehen zu lassen, sondern im Bereich des Sonderbetriebsvermögens, so dass die Regelung des § 15a EStG dann unbeachtlich ist, und andererseits durch Gestaltungen im Vorfeld von drohenden § 15a-Problemen. Hier ist z. B. an die Erhöhung der Haftsumme (beispielsweise mit Hilfe von neuen Einlagen oder der Umwandlung von Gesellschafterdarlehen in Gesellschafterkapital), der Gestaltung von schuldrechtlichen Verträgen zwischen Gesellschaft und Gesellschaftern sowie die Ausübung von Bilanzierungs- und Bewertungswahlrechten bei der Personengesellschaft zu denken.

Der BFH hat entschieden, dass einkommensteuerliche Verluste im Erbgang nicht auf den Erben übergehen.[175] Hieraus folgt, dass der Tod eines Gesellschafters zu einem – ggf. überraschenden – Untergang der Verlustvorträge führen kann. Eine Besonderheit besteht im Verhältnis zu **§ 15a EStG**: Die bisher herrschende Meinung vertritt zu § 15a EStG die Auffassung, dass die in Folge dieser Regelung nicht abzugsfähigen Verluste bei einem Erbgang nicht untergehen, sondern vom Erben genutzt werden können.[176] Entscheidend hierfür soll sein, dass Verluste nach § 15a EStG betriebs- bzw. objektgebunden sind[177] und sich der Verlust beim Steuerpflichtigen erst dann manifestiert, wenn ein Gewinn anfällt, auf den der Steuerpflichtige infolge des § 15a EStG nicht zugreifen kann. Insoweit wird der Objektbezug – wie er auch der Regelung des § 6 Abs. 3 EStG zugrunde liegt – entsprechend übertragen.

🕮	*Heißenberg,* Verluste bei beschränkter Haftung, KÖSDI 2001, S. 12948 ff, *Helmreich,* Verluste bei beschränkter Haftung und § 15a EStG, Stuttgart 1998 *Kahle,* Das Kapitalkonto i. S. d. § 15a EStG, FR 2010, S. 773 ff. *Lüdemann,* Verluste bei beschränkter Haftung, Berlin 1998 Kommentierungen zu § 15a EStG

3.2.2.1.6 Rechtsformspezifische Vergünstigungen

- Inwieweit wirken sich steuerliche Begünstigungen bei den unterschiedlichen Rechtsformen aus?

---

174 Vgl. ausführlich zu diesen Gestaltungsmöglichkeiten Zimmermann/Hottmann/u. a., Die Personengesellschaft im Steuerrecht, 10. Aufl., Achim 2009, S. 717 ff.

175 Vgl. BFH vom 17. 12. 2007, GrS 2/04, BStBl. II 2008, S. 608.

176 Vgl. Wacker, in: Schmidt/Drenseck, EStG, § 15a, 30. Aufl. 2011, Rz. 234, Baldi, in: Frotscher, EStG, § 15a, Juni 2006, Rz. 321, Lüdemann, in: Hermann/Heuer/Raupach, EStG/KStG, § 15a EStG, Juli 2004, Rz. 63 und bereits vor dem Hintergrund der Rspr. des Großen Senats v. Beckerath, in: Kirchhof/Söhn/Mellinghoff, EStG, § 15a, Juni 2009, Rz. 354 und 509, Bitz, in: Littmann/Bitz/Pust, EStG, § 15a, Mai 2009, Rz. 5b, Dötsch, DStR 2008, S. 646, Strnad, BB 2000, S. 597, Fischer, NWB, F.3, 15045, Gragert/Wißborn, NWB, F 3, S. 15114.

177 Vgl. BFH vom 11. 5. 1995, IV R 44/93, BFH/NV 1995, S. 68 und vom 10. 3. 1998, VIII R 76/96, BStBl. II 1999, S. 269.

- Welche Auswirkungen ergeben sich bei diesen Vergünstigungen für den Gesellschafter?

Einige Erträge sind beim empfangenden Unternehmen steuerfrei. In Abhängigkeit von der Rechtsform hat diese Steuerfreiheit jedoch unterschiedliche Wirkungen. Zu den steuerfreien Einnahmen gehören insbesondere:

- Steuerfreistellungen nach nationalem oder nach Abkommensrecht auch auf Ebene des Gesellschafters (z. B. Betriebsstättengewinne analog zu Art. 7 OECD-MA, Investitionszulagen i. S. d. Investitionszulagengesetzes),
- Steuerfreiheit von „durchgeschütteten" Gewinnen nach § 8b Abs. 1 KStG[178],
- Gewinne aus dem Verkauf von Beteiligungen an Kapitalgesellschaften i. S. d. § 8b Abs. 2 KStG[179],
- Freibetrag gem. § 11 GewStG,
- Möglichkeit zur Rücklagenbildung für Gewinne aus der Veräußerung von Anteilen an Kapitalgesellschaften gem. § 6b Abs. 10 EStG,
- Gewerbesteuerfreiheit von Gewinnen aus der Veräußerung eines Betriebes, Teilbetriebs einer Mitunternehmerschaft, eines Mitunternehmeranteils oder eines Anteils eines persönlich haftenden Gesellschafters einer KGaA für Zwecke der Gewerbesteuer, soweit er auf natürliche Personen entfällt,[180]
- Möglichkeit Organgesellschaft sein zu können[181], und
- Möglichkeit zur steuerneutralen Übertragung von Einzelwirtschaftsgütern[182].

Soweit wie diese Regelungen auch für **Einzel- bzw. Mitunternehmer** gelten, ist diese Steuerfreiheit endgültig. Da die anteiligen, steuerfreien Beträge direkt den Kapitalkonten der Gesellschafter zugerechnet werden, scheidet eine Versteuerung bei ihnen aus. Damit wird eine Entnahme möglich, ohne dass es zu einer Besteuerung dieser Beträge kommt. Allerdings sind einige der genannten Regelungen nicht auf Personengesellschaften und Einzelunternehmer anzuwenden. Bei den abkommensrechtlichen Regelungen ist zu bedenken, dass die Personengesellschaft als solche nicht abkommensberechtigte Person (i. S. d. Art. 3 OECD-MA) ist.[183] Auch die Regelungen zur Steuerfreiheit von erhaltenen Dividenden[184] und die Vorschriften über steuerfreie Gewinne aus Beteiligungsveräußerungen[185] gelten ausschließlich für Kapitalgesellschaften als empfangende Gesellschaften. Zwar gibt es die Möglichkeit, dass Personengesellschaften

178 Auf § 8b Abs. 5 Satz 1 KStG wird verwiesen.
179 Auf § 8b Abs. 3 Satz 1 KStG wird verwiesen.
180 Vgl. § 7 Satz 2 GewStG.
181 Vgl. hierzu S. 190 ff.
182 Vgl. hierzu S. 135 ff.
183 Vgl. Kaminski/Strunk, Steuern in der internationalen Unternehmenspraxis, Wiesbaden 2006.
184 Vgl. § 8b Abs. 1 KStG.
185 Vgl. § 8b Abs. 2 KStG.

den Gewinn aus der Veräußerung einer Beteiligung an einer Kapitalgesellschaft in eine gewinnmindernde Rücklage einstellen[186], doch ist dies nicht nur an deutlich restriktivere Voraussetzungen geknüpft (wie z. B. eine Behaltensfrist), sondern auch auf einen Betrag von 500.000,- € begrenzt.

Anders sehen die Situationen hingegen bei **Kapitalgesellschaften** aus. Bei ihnen führt das Trennungsprinzip zwischen Gesellschaft und Gesellschafter dazu, dass sich die Steuerfreiheit nur auf die Ebene der Kapitalgesellschaft erstreckt. Diese Steuerfreiheit bleibt jedoch nur so lange erhalten, wie diese Gewinne im Unternehmen verbleiben bzw. im Fall der Dividenden an eine andere Kapitalgesellschaft „weitergeschüttet" werden.[187] Erfolgt hingegen eine Auskehrung an Gesellschafter, die keine Kapitalgesellschaft sind, so kommt es zu einer Nachversteuerung. Dies geschieht, indem die Dividenden beim empfangenden Anteilseigner (natürliche Person) erneut der Besteuerung unterliegen. Allerdings ist zu beachten, dass für diese Einkünfte i. d. R. das Teileinkünfteverfahren[188] oder die Abgeltungssteuer zur Anwendung gelangt.

Es besteht demnach ein grundlegender Unterschied zwischen Personen- und Kapitalgesellschaften: Während bei Personengesellschaften die Steuerfreiheit bis auf die Ebene der Gesellschafter reicht, ist dies bei der Kapitalgesellschaft nicht der Fall. Bei ihr bzw. bei ihrem Gesellschafter kommt es zu einer Nachversteuerung, wie bei allen anderen Dividenden auch. Insoweit besteht ein Vorteil für die Personengesellschaftsalternative. Daher stellt sich die Frage, inwieweit es gelingt, durch Gestaltungsmaßnahmen eine Kombination der Vorteile der Kapitalgesellschaft und der Möglichkeit des Erhalts der Steuerfreiheit zu erreichen. Eine Möglichkeit, dieses Ergebnis zu erreichen, besteht in der Begründung einer körperschaftsteuerlichen Organschaft.[189]

Außerdem gibt es eine Reihe weiterer Vergünstigungen, die in Abhängigkeit von der Rechtsform gewährt werden. So können z. B. nur Personengesellschaften und Einzelunternehmen in den Genuss des Freibetrages bei der Gewerbesteuer kommen.[190]

3.2.2.2 Erbschaftsteuer

- Welche rechtsformspezifischen Besonderheiten bestehen bei der Erbschaftsteuer?
- Welche Bedeutung kommt der Erbschaftsteuer im Rahmen der Rechtsformwahl zu?

Die erbschaftsteuerliche Behandlung von Beteiligungen an Personen- und Kapitalgesellschaft erfolgt teilweise nach unterschiedlichen Regelungen. Zwar können die folgenden begünstigenden Regelungen sowohl von Personen- als auch von Kapitalgesellschaften in Anspruch genommen werden, doch setzt dies voraus, dass die Beteili-

186 Vgl. § 6b Abs. 10 EStG.
187 Hinzuweisen ist hierbei allerdings auf die 5%-Pauschale nach § 8b Abs. 3 Satz 1 KStG.
188 Vgl. § 3 Nr. 40 Buchst. d) EStG.
189 Vgl. hierzu S. 190 ff.
190 Vgl. § 11 GewStG.

gung an der inländischen Kapitalgesellschaft zu mehr als einem Viertel besteht, während es bei einer Personengesellschaft auf die Höhe der Beteiligung nicht ankommt:

- Die **Regelverschonung** (§ 13a Abs. 1 ErbStG):
  Danach wird für Betriebsvermögen, land- und forstwirtschaftliches Vermögen und für Beteiligungen an Kapitalgesellschaften von mehr als 25% ein Verschonungsabschlag in Höhe von 85% des Wertes der Vermögens gewährt.

- **Abzugsbetrag** (§ 13a Abs. 2 ErbStG):
  Der nicht bereits durch die Regelverschonung begünstigte Betrag bleibt außer Ansatz, soweit der Wert dieses Vermögens insgesamt 150.000,- € nicht übersteigt. Dieser Abzugsbetrag verringert sich um 50% des Wertes des Vermögens, das diesen Betrag überschreitet.

- **Optionsverschonung** (§ 13a Abs. 8 ErbStG):
  Anstelle der Regelverschonung wird eine vollständige Steuerbefreiung gewährt, wenn der Erwerber erklärt, strenge Anforderungen hinsichtlich der Lohnsumme und der Verbleibensfristen zu beachten.

- **Steuerklassenprivileg** (§ 19a ErbStG):
  Bei der Übertragung von begünstigtem Vermögen wird – sofern nicht ohnehin schon ein Übergang nach Maßgabe der Steuerklasse I erfolgt – ein Entlastungsbetrag abgezogen, der im Ergebnis dazu führt, dass eine Übertragung nach den Tarifvorschriften der Steuerklasse I erfolgt. Damit kommt es zur Anwendung deutlich geringerer Steuersätze.

Insoweit erfolgt eine Gleichbehandlung von Beteiligungen an Personen- und Kapitalgesellschaften. Wenn die Beteiligung an der Kapitalgesellschaft exakt 25% oder weniger beträgt, können diese begünstigenden Vorschriften allerdings nicht genutzt werden. Hingegen kommt es im Fall der Personengesellschaft nicht auf die Höhe der Beteiligung an. Voraussetzung ist lediglich, dass es sich um einen Anteil i. S. d. § 15 Abs. 1 Satz 1 Nr. 2 oder Abs. 3 EStG (oder bei einer freiberuflichen Tätigkeit nach § 18 Abs. 4 EStG) handelt. Dies wird regelmäßig auch bei Beteiligungsquoten von 25% oder darunter der Fall sein. Insoweit sind Personengesellschaften tendenziell häufiger begünstigt. Allerdings besteht bei Kapitalgesellschaften die Möglichkeit der sog. Poolbildung. Gem. § 13b Abs. 1 Nr. 3 ErbStG werden einzelne Gesellschafter als eine Einheit behandelt, wenn sie sich untereinander verpflichten, über die Anteile nur einheitlich zu verfügen oder ausschließlich auf andere derselben Verpflichtung unterliegende Anteilseigner zu übertragen und das Stimmrecht gegenüber nichtgebundenen Gesellschaftern einheitlich auszuüben. Selbst wenn diese Regelung in Anspruch genommen wird, um die Begünstigungen auch bei einer nicht über 25% liegenden Beteiligung an einer Kapitalgesellschaft zu erlangen, ist damit immer gegenüber den Mitunternehmerschaften der Nachteil verbunden, dass diese Begünstigungen nur unter den erschwerten Voraussetzungen erlangt werden können. Hiermit können weitere Nachteile verbunden sein, weil die Mitglieder des Pools als Einheit anzusehen sein können oder bei ihnen zumindest gleichgerichtete Interessen anzunehmen sind. Dies kann etwa bei einem Anteilserwerb i. S. d. § 8c KStG nachteilig sein.

Der Gesetzgeber musste infolge des Urteils des BVerfG vom 7. 11. 2006[191] eine Neuregelung der Bewertungsvorschriften vornehmen. Hierbei war er gehalten, die Vorgabe des Gerichts zu beachten, dass grundsätzlich alle Wirtschaftsgüter mit dem gemeinen Wert zu bewerten waren. Dieser Zielsetzung folgt der Gesetzgeber im Grundsatz auch, indem auch für Beteiligungen an Unternehmen – unabhängig von der jeweiligen Rechtsform – eine Bewertung mit diesem Wert erfolgen soll. Trotz dieser grundsätzlichen Gleichstellung gibt es im Detail eine Reihe von unterschiedlichen Vorgaben, die u. U. Einfluss auf die Rechtsformwahl haben können.

Es erfolgt eine unterschiedliche Abgrenzung des Betriebsvermögens. Während bei den Mitunternehmerschaften auch Sonderbetriebsvermögen als Betriebsvermögen qualifiziert wird und damit grundsätzlich durch die o. g. Regelungen begünstigt ist, stellen von einem Gesellschafter an seine Kapitalgesellschaft vermietete Wirtschaftsgüter Privatvermögen dar und sind folglich nicht begünstigt. Eine Besonderheit gilt allerdings im Rahmen der Anwendung des vereinfachten Ertragswertverfahrens gem. §§ 199 ff. BewG. Bei diesem ist das Sonderbetriebsvermögen nicht in den vereinfachten Ertragswert einzubeziehen, sondern gesondert zu bewerten. Gleichwohl ist es dennoch nach den Regelungen über Betriebsvermögen zu übertragen und damit grundsätzlich begünstigt.[192]

Ein weiterer Unterschied ergibt sich als mittelbare Auswirkung infolge der unterschiedlichen steuerlichen Behandlung von schuldrechtlichen Verträgen zwischen der Gesellschaft und ihrem Gesellschafter.[193] Beim vereinfachten Ertragswertverfahren führen schuldrechtliche Verträge zu einer Verringerung des Ertragswerts, während bei Personengesellschaften eine solche Vereinbarung steuerlich nicht anerkannt wird und damit den Durchschnittsertrag nicht verringert.

Eine rechtsformspezifische Ungleichbehandlung besteht darin, dass § 28 ErbStG die Möglichkeit eröffnet, auf Antrag eine Stundung der Erbschaftsteuer in den Fällen des Übergangs von Betriebsvermögen von bis zu 10 Jahren zu erhalten. Voraussetzung hierfür ist jedoch, dass diese Stundung für die Erhaltung des Betriebs notwendig ist. Diese Regelung gilt ausschließlich für Betriebsvermögen oder land- und forstwirtschaftliches Vermögen. Hieraus folgt, dass Beteiligungen an Kapitalgesellschaften nicht zum Kreis des begünstigten Vermögens gehören. In der Praxis erweist sich dieser Besteuerungsunterschied als von geringer praktischer Bedeutung. Ursächlich hierfür ist, dass nach Auffassung des Bundesfinanzhofs Voraussetzung für eine solche

---

191 BVerfG vom 7. 11. 2006, 1 BvL 10/02, BVerfGE 117, S. 1 ff.

192 Die Bestimmung des gemeinen Wertes erfolgt für das Gesamthandsvermögen in einem Ertragswertverfahren oder anderen üblichen Verfahren (§§ 97 Abs. 1a Nr. 1 i. V. m. 109 Abs. 2 i. V. m. 11 Abs. 2, 199 ff. BewG) und das Sonderbetriebsvermögen wird nur mit dem gemeinen Wert der einzelnen Wirtschaftsgüter bewertet (§ 97 Abs. 1a Nr. 2 BewG); vgl. Gleichlautender Ländererlass vom 25. 6. 2009, BStBl. I 2009, S. 698, Abs. 11.

193 Vgl. hierzu nochmals S. 56 ff.

Stundung ist, dass der Steuerpflichtige weder aus eigenem Vermögen noch aus sonstigem ererbten Vermögen in der Lage ist, die entstehende Belastung mit Erbschaftsteuer zu tragen.[194] Diese restriktive Auslegung durch die Rechtsprechung führt dazu, dass i. d. R. kein Anspruch des Steuerpflichtigen auf Stundung besteht. Die Finanzverwaltung folgt in ihrer Verwaltungspraxis dieser restriktiven Auslegung durch den Bundesfinanzhof.[195] Daher erweisen sich die mit diesem materiellen Unterschied verbundenen Auswirkungen als gering.

Schließlich ist noch darauf hinzuweisen, dass der Tod eines Mitunternehmers zum Untergang der vorhandenen Verlustvorträge führt. Dies gilt auch dann, wenn diese im gewerblichen Bereich entstanden sind, sofern nicht die Sonderregelung des § 15a EStG Anwendung findet. Hingegen gilt der unentgeltliche Übergang von Anteilen an einer Kapitalgesellschaft im Erbgang nicht als Gesellschafterwechsel i. S. v. § 8c KStG.[196]

Bei diesen Überlegungen ist zu beachten, dass die **Bedeutung der Erbschaftsteuer** im Rahmen der Rechtsformwahl sehr unterschiedlich sein kann, weil die Frage des Einflusses des Gesellschafters besondere Bedeutung hat. Insbesondere bei Familienunternehmen kann dieser Faktor schwerwiegend sein. Hingegen ist bei Publikumsgesellschaften seine Bedeutung naturgemäß sehr gering. Dies gilt selbstverständlich auch in den Fällen, in denen keine vorweggenommenen Erbfolgen geplant sind. Gleichwohl ist festzustellen, dass in absehbarer Zeit eine Vielzahl von Unternehmen vor dem Übergang auf die nächste Generation steht und damit die Erbschaftsteuer tendenziell an Bedeutung gewinnt.

📖

Bareis, Analyse des neuen ErbSt-Rechts, DStR 1997, S. 557 ff.

Birnbaum, Jahressteuergesetz 2010/Erbschaftsteuer - Der negative Kaskadeneffekt bei der Begünstigung unternehmerischen Vermögens, BB 2010, S. 3119 ff.

Flick, Beim Vergleich der Rechtsformen auch die ErbSt beachten!, DB 1997, S. 844 ff.

Krüger/Siegemund/Köhler, Die Auswirkungen der ErbSt-Reform auf den unentgeltlichen Übergang von Produktivvermögen, DStR 1997, S. 637 ff.

Olbrich/Hares, Erbschaftsteuerreform und Unternehmensbewertung, DStR 2010, S. 1250 ff.

Schulte/Birnbaum/Hinkers, Unternehmensvermögen im neuen Erbschaftsteuer- und Bewertungsrecht - Zweifelsfragen und Gestaltungsansätze, BB 2009, S. 300 ff.

194 Vgl. BFH vom 11. 5. 1988, II B 28/88, BStBl. II 1988, S. 730.

195 Vgl. R. 86 Abs. 2 ErbStR.

196 Vgl. Tz. 4 des BMF-Schreibens vom 4. 7. 2008, IV C – S 2745 – a/08/10001, BStBl. I 2008, S. 736.

3.2.2.3 Sonstige Steuern

- Bei welchen anderen Steuern bestehen rechtsformspezifische Besonderheiten?
- Welche Bedeutung kommt diesen Unterschieden im Rahmen der Rechtsformwahl zu?

Eine Belastung mit **Grunderwerbsteuer** kann entstehen, wenn mehr als 95% der Anteile an einer Kapitalgesellschaft, die über inländischen Grundbesitz verfügt, in einer Hand vereinigt werden.[197] Durch diese Regelung wollte der Gesetzgeber Gestaltungen vermeiden, die darauf abzielen, anstelle von Grundstücken Beteiligungen an Gesellschaften zu veräußern, die im Wesentlichen nur Immobilien besitzen. Allerdings handelt es sich hierbei nicht um eine Benachteiligung von Kapitalgesellschaften, denn in § 1 Abs. 2a GrEStG findet sich eine vergleichbare Regelung für die Übertragung von mehr als 95% der Anteile an einer Personengesellschaft. Allerdings besteht insoweit ein Unterschied, als im Fall der Personengesellschaft ein Zeitraum von 5 Jahren betrachtet wird, während bei der Kapitalgesellschaft entscheidend ist, ob eine Vereinigung von mehr als 95% der Anteile in einer Hand erfolgt.

Eine wesentliche rechtsformspezifische Ungleichbehandlung liegt jedoch bei **Einbringungsfällen** vor. Während die Überführung von Grundstücken in eine Kapitalgesellschaft (oder umgekehrt) einen Rechtsträgerwechsel darstellt, der zu einer Belastung mit GrESt führt, bestehen Sonderregelungen für Personengesellschaften. Gem. § 5 Abs. 2 GrEStG wird bei der Überführung eines Grundstücks in ein Gesamthandsvermögen die Grunderwerbsteuer insoweit nicht erhoben, wie der bisherige Eigentümer des Grundstücks an der Gesellschaft beteiligt ist.

- **Beispiel:**

  A ist einziger Kommanditist der A-GmbH & Co. KG. Persönlich haftender Gesellschafter ist die A-GmbH, deren Anteile sich zu 100% im Besitz des Gesellschafters A befinden. Die GmbH beschränkt sich auf die Rolle des Vollhafters, ist aber am Vermögen der KG nicht beteiligt. Wenn sich A entschließt, ein Grundstück aus seinem Privatvermögen in die KG einzulegen, so fällt hierbei keine Grunderwerbsteuer an. Ausschlaggebend hierfür ist, dass der bisherige Eigentümer des Grundstücks (A) allein vermögensmäßig an der KG beteiligt ist.[198]

Eine entsprechende Regelung enthält § 6 Abs. 2 GrEStG. Danach fällt bei einer Überführung eines Grundstücks aus dem Gesamthandsvermögen in das Alleineigentum eines Mitunternehmers insoweit keine GrESt an, wie der Erwerber des Grundstücks am Vermögen der KG beteiligt ist.

---

197 Vgl. § 1 Abs. 3 GrEStG.

198 Dies wäre auch dann der Fall, wenn A nicht am Vermögen der A-GmbH beteiligt wäre.

- **Fortsetzung des Beispiels von S. 86:**

  Sofern sich A aus dem obigen Beispiel entschließt, das Grundstück wieder aus dem Betriebsvermögen der KG zu entnehmen, fällt keine Grunderwerbsteuer an, weil A unverändert der einzige vermögensmäßig an der Gesellschaft beteiligte Gesellschafter ist.

Im Bereich der **Umsatzsteuer** bestehen keine rechtsformspezifischen Unterschiede, die einen Einfluss auf die Rechtsformwahl haben. Ausschlaggebend hierfür ist, dass das UStG allenfalls größenabhängige Befreiungen und Erleichterungen kennt, diese aber für die hier betrachteten Unternehmen nicht von Bedeutung sind.

Zusammenfassend ist festzustellen, dass der Einfluss dieser sonstigen Steuern auf die Rechtsformwahl eher gering ist. Die Rechtsformalternativen werden in der Regel in gleicher Weise von diesen Steuerbelastungen erfasst. Ist dies nicht der Fall ist, handelt es sich um einmalige Effekte, die von den Unterschieden im Rahmen der laufenden Besteuerung dominiert werden.

3.2.3 Fazit zum Einfluss der Besteuerung auf die Rechtsformwahl

Die vorstehenden Ausführungen haben deutlich werden lassen, dass ein vielfältiger Einfluss der Besteuerung auf die Rechtsformwahl besteht. U. E. kann bei einer vereinfachenden Berücksichtigung dieses Einflusses von folgenden **Grundthesen** ausgegangen werden:

- Bei **Großbetrieben** verliert die Möglichkeit, durch schuldrechtliche Verträge die gewerbesteuerliche Bemessungsgrundlage zu verringern, zunehmend an Bedeutung. Die Steuersatzdifferenzen zwischen Einkommensteuer und Körperschaftsteuer gewinnen an Gewicht und führen bei einer Thesaurierung zu Vorteilen für die Kapitalgesellschaft.

- Bei **mittelgroßen Betrieben** haben die Unterschiede bei der Gewerbesteuer große Bedeutung. Zu beachten ist insbesondere, dass mit der Vereinbarung schuldrechtlicher Beziehungen die Möglichkeit besteht, die kumulierte Vorbelastung mit Gewerbesteuer (ggf. anteilig) und die Körperschaftsteuer zu umgehen, um diese Beträge dem individuellen ESt-Satz des Anteilseigners zu unterwerfen. Dies ist abhängig von der Höhe dieser Steuerbelastungen.

- Bei **kleinen Betrieben** spielen häufig Progressionsüberlegungen eine große Rolle, so dass ggf. eine Steuerbelastung bei der Alternative Personengesellschaft eintritt, die unter der Körperschaft- und Gewerbesteuerbelastung liegt, so dass die Personengesellschaft der Kapitalgesellschaft vorzuziehen ist. Andererseits besteht nur bei der Kapitalgesellschaft die Möglichkeit zur Ausschüttungspolitik, um Gewinne in „steuergünstigen" Jahren auszukehren.

Je nach individueller Ausgestaltung des konkreten Sachverhalts ist zu prüfen, inwieweit den folgenden Überlegungen eine Bedeutung zukommt.

- Inwieweit muss mit **Verlusten** gerechnet werden?
  Das Trennungsprinzip bei Kapitalgesellschaften führt im Vergleich zur Zurechnung zum Mitunternehmer zu Vorteilen bei der Personengesellschaft. Allerdings sind vielfältige Einschränkungen zu beachten (wie insbesondere § 15a EStG und die Mindestbesteuerung des § 10d Abs. 2 EStG). I. d. R. entstehen Liquiditäts- und Zinsvorteile bei einer Entscheidung zu Gunsten einer Personengesellschaft. Verstärkt wird dieser Nachteil der Kapitalgesellschaft noch durch die Gefahr der „Besteuerung von Aufwand" bei schuldrechtlichen Verträgen, weil diese zu einer weiteren Erhöhung der Verluste führen und zugleich beim Gesellschafter steuerpflichtige Einkünfte entstehen lassen.

- Als nachteilig erweist sich im Bereich der Kapitalgesellschaft das Risiko einer Umqualifizierung von Vergütungen aus **schuldrechtlichen Verträgen** in verdeckte Gewinnausschüttungen.

- Von großer Bedeutung ist die steuerliche Behandlung von **Refinanzierungskosten** für die Beteiligung. Hier liegen die Vorteile im Bereich der Personengesellschaft, bei der ohne weiteres ein voller Abzug dieser Aufwendungen möglich ist.[199] Hingegen ist bei einer Beteiligung einer Kapitalgesellschaft – je nach steuerlicher Qualifikation der Beteiligung – eine mehr oder weniger umfangreiche Einschränkung der Abzugsfähigkeit dieser Kosten zu beachten. Allerdings ist bei Personengesellschaften die Gefahr zu berücksichtigen, dass Finanzierungsaufwendungen der Gesellschaft infolge des § 4 Abs. 4a EStG nicht vollständig als Betriebsausgaben anerkannt werden.

- Außerdem können sonstige steuerliche Überlegungen einen besonderen Einfluss haben, z. B.:

  - die Besteuerung eines evtl. Veräußerungsgewinns und die Attraktivität aus Sicht des Verkäufers sowie hieraus resultierende Auswirkungen auf einen möglichen späteren Kaufpreis;

  - In den Fällen, in denen eine Vermögensübertragung im Wege des Erbganges bevorsteht, kommt naturgemäß der Belastung mit Erbschaftsteuer besondere Bedeutung zu.

199 Eine Ausnahme besteht jedoch insoweit, wie Anteile an einer Kapitalgesellschaft zum Betriebsvermögen gehören.

3.3 Umstrukturierungen

- Wie ist der Begriff der Umstrukturierung definiert?
- Wie ist der Begriff des Rechtsformwechsels definiert?
- Welches Verhältnis besteht zwischen der „Umstrukturierung" und dem „Rechtsformwechsel"?

Nachdem im vorherigen Kapitel die Rechtsformwahl als betriebswirtschaftliches Entscheidungsproblem dargestellt sowie Methoden und Kriterien zu deren Beurteilung analysiert wurden, wird im Folgenden erläutert, welche Besonderheiten beim Übergang von einer rechtlichen Ausprägungsform in eine andere zu beachten sind. Der in diesem Zusammenhang verwendete Begriff der Umstrukturierung ist hierbei als Oberbegriff für alle Arten von Änderungen des Unternehmens zu verstehen, die in einer Änderung der Rechtsform, einer Verschiebung der vermögens- und anteilsrechtlichen Zusammensetzung der Gesellschafter sowie in einer geänderten Vermögenszuordnung zu unterschiedlichen Unternehmen bei gleich bleibendem Gesellschafterkreis bestehen. Abbildung 3-12 zeigt das Verhältnis zwischen Rechtsformwechsel und Umstrukturierung.

Abbildung 3-12: *Systematisierung von Umstrukturierungen*

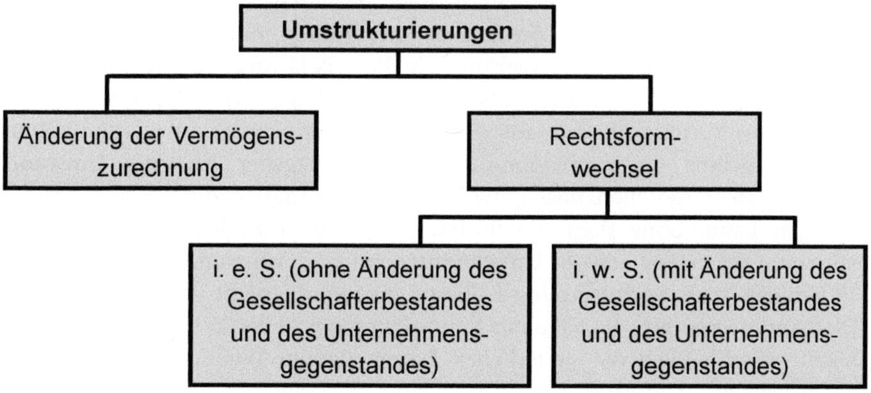

Unter dem Begriff des **Rechtsformwechsels im engeren Sinne** wird die Fortführung des bisherigen unternehmerischen Engagements unter vollständiger Beibehaltung der bisherigen Gesellschafterstruktur in einer geänderten Rechtsform verstanden. Hiervon zu trennen ist der **Rechtsformwechsel im weiteren Sinne**, bei dem sowohl die Unternehmensidentität als auch die Gesellschafteridentität nur teilweise sichergestellt ist. Typische Erscheinungsform ist z. B. der Rechtsformwechsel unter Aufnahme neuer Gesellschafter, wie dies bei Joint Venture geschieht. Bei diesen werden die Aktivitäten von zwei oder mehreren Unternehmen in einer gemeinsamen Gesellschaft zusammengefasst, um diese anschließend dauerhaft gemeinsam weiter zu führen.

Vom Rechtsformwechsel zu trennen sind alle weiteren Maßnahmen im Zusammenhang mit der Umstrukturierung von Unternehmen, bei denen die Gegenleistung – ähnlich der Vorgehensweise beim Kauf und Verkauf von Wirtschaftsgütern – nicht in der ausschließlichen Gewährung von Gesellschaftsanteilen besteht. Diese sonstigen entgeltlichen Fälle führen stets zu einer Aufdeckung und sofortigen Versteuerung der stillen Reserven in dem Vermögen der betroffenen Unternehmen.[200] Wenn keine Besonderheiten zur Anwendung kommen, müssen Umwandlungsvorgänge im Wege der Einzelrechtsnachfolge vorgenommen werden. Dies hätte zur Konsequenz, dass sämtliche Vermögensgegenstände, Schulden, Vertragsverhältnisse usw. einzeln auf die neue Gesellschaft übergeleitet werden müssten. Um diese Verfahren zu erleichtern, hat der Gesetzgeber im sog. Umwandlungsgesetz Sonderregelungen vorgesehen, die eine Vermögensübertragung im Wege der Gesamtrechtsnachfolge regeln. Damit wird es möglich, dass eine Gesellschaft in einem Schritt in sämtliche Rechte und Pflichten der bisherigen Gesellschaft tritt.

Steuerlich führt ein Rechtsträgerwechsel – wie eine Veräußerung – zur **Aufdeckung** und regelmäßig auch zur Besteuerung der vorhandenen **stillen Reserven**. Dies hätte zur Folge, dass mit einer Umwandlung eine sehr hohe Steuerbelastung verbunden wäre. In vielen Fällen wären Unternehmen gezwungen, betriebswirtschaftlich nicht oder nicht mehr vorteilhafte Strukturen fortzuführen, nur um diese Steuerbelastung zu vermeiden. Wirtschaftlich wirkte sich diese Belastung besonders stark aus, weil dem Unternehmen – anders als bei einer tatsächlichen Veräußerung – keine finanziellen Mittel zufließen, aus denen die Steuern finanziert werden können. Um dieses Ergebnis zu vermeiden, hat der Gesetzgeber im sog. **Umwandlungssteuergesetz** vorgesehen, dass unter bestimmten Voraussetzungen eine Umwandlung erfolgen kann, ohne dass die vorhandenen stillen Reserven aufgedeckt werden müssen. Dies erfasst sowohl Umwandlungen i. S. d. Umwandlungsgesetzes (§§ 3 bis 19 UmwStG), als auch Vermögensübertragungen, die nicht im UmwG geregelt sind. Dies sind namentlich die Fälle der Einbringung (§§ 20 bis 25 UmwStG). Das UmwStG regelt ausschließlich die steuerlichen Folgen der im Weiteren auf S. 106 ff. näher beschriebenen Umwandlungen und die Einbringung für die Körperschaft-, Einkommen- und Gewerbesteuer. Steuerliche Konsequenzen für andere Steuerarten (z. B. die Umsatz-, die Grunderwerb- oder die Erbschaftsteuer) regelt das UmwStG nicht.

---

200 Etwas anderes würde nur dann gelten, wenn die Voraussetzungen für eine steuerliche Begünstigung erfüllt sind, wie dies z. B. bei § 6b EStG der Fall sein kann.

Das UmwStG findet Anwendung, wenn eine nach den Vorschriften des UmwG zulässige und zivilrechtlich wirksame Umwandlung vorliegt (sog. Maßgeblichkeit des Gesellschaftsrechts). Voraussetzung ist zunächst, dass der sachliche (§ 1 Abs. 1 und Abs. 3 UmwStG) und der persönliche Anwendungsbereich (§ 1 Abs. 2 und Abs. 4) erfüllt sind. Diese werden durch die in den jeweiligen Einzelsteuergesetzen geregelten Steuerpflichten (§ 1 EStG, §§ 1 bis 4 KStG sowie § 2 GewStG) begrenzt.

Im Folgenden werden auch die Einbringungsfälle mitberücksichtigt, die nach §§ 20 bis 25 UmwStG steuerneutral möglich sind. Die Überführung von Wirtschaftsgütern aus dem Privatvermögen in ein Betriebsvermögen oder aus einem Betriebsvermögen in ein anderes Betriebsvermögen nach § 6 Abs. 3 und Abs. 5 EStG sowie § 16 Abs. 3 Satz 2 EStG sind ebenfalls typische Anwendungsfälle solcher geänderten Vermögenszurechnungen. Gemeinsam ist allen Umstrukturierungen, dass eine Veränderung der Zuordnung von Wirtschaftsgütern zu einzelnen Vermögenssphären des Steuerpflichtigen oder der beteiligten Gesellschaften erfolgt.

Beispiele:

Die beiden jeweils zu 50% beteiligten Gesellschafter der A-AG beschließen einen Formwechsel auf eine GmbH. Hierbei handelt es sich um einen – steuerneutral zu gestaltenden – Rechtsformwechsel im engeren Sinne. Auf der Ebene der Kapitalgesellschaft sind keine materiellrechtlichen Änderungen festzustellen, da sich lediglich das Rechtskleid von einer Aktiengesellschaft in eine GmbH wechselt. So tritt die GmbH hinsichtlich sämtlicher Rechte und Pflichten in die Rechtsstellung der A-AG ein.[201] Alternativ könnte eine solche Umwandlung von einer AG auf eine GmbH auch durch eine Verschmelzung der untergehenden AG auf eine neu gegründete oder bereits vorhandene GmbH erfolgen, doch sprechen zumeist zivilrechtliche Gründe für einen Formwechsel.

Die A-GmbH möchte gemeinsam mit der B-KG ein Joint Venture zur Entwicklung und Vermarktung eines bestimmten Produktes begründen. Es wird beabsichtigt eine neue Kapitalgesellschaft zu gründen, auf die die mit dem Produkt befassten Teilbetriebe der A-GmbH und der B-KG abgespalten werden. Dies erfolgt hinsichtlich der Abspaltung aus der A-GmbH nach § 15 UmwStG sowie hinsichtlich der Abspaltung aus der B-KG gem. § 20 UmwStG steuerneutral. Es liegt eine Veränderung in der Gesellschafterstruktur wie der Unternehmensidentität vor, so dass ein Rechtsformwechsel im weiteren Sinne gegeben ist. Gleichwohl ist auch dieser Vorgang ohne Aufdeckung stiller Reserven und deren Versteuerung möglich. Der Gesetzgeber sieht in einer solchen Abspaltung und Zusammenführung in einer

201 So würden z. B. auch Verlustvorträge und vortragsfähige gewerbesteuerliche Fehlbeträge von der neuen Gesellschaft genutzt werden können. Vgl. zur Körperschaftsteuer z. B. Dötsch, in: Dötsch/Jost/Pung/Witt, § 8c KStG, Juli 2010, Rz. 44 und zur Gewerbesteuer Kleinheisterkamp, in: Lenski/Steinberg, GewSt, § 10a, Mai 2009, Anm. 89. Etwas anderes könnte aber dann gelten, wenn ein Formwechsel aus einer Kapital- in eine Personengesellschaft erfolgt oder umgekehrt.

neuen Gesellschaft eine förderungswürdige Maßnahme und verzichtet auf die sofortige Besteuerung der stillen Reserven, insoweit wie eine spätere Besteuerung nicht gefährdet erscheint. In jedem Fall ist zu berücksichtigen, dass die Steuerneutralität sich stets nur auf die stillen Reserven bezieht. Offene Reserven, wie beispielsweise Gewinnvorträge einer Kapitalgesellschaft gelten im Falle einer Umwandlung in eine Personengesellschaft oder – wie im vorliegenden Fall – einer Abspaltung anteilig als ausgeschüttet und gelten beim Gesellschafter als zugeflossen.[202]

Der Alleingesellschafter der A-GmbH möchte sein Einzelunternehmen derselben Branche in die A-GmbH gegen Gewährung von Gesellschaftsanteilen einbringen. Hierbei bedient er sich der Regelung des § 20 Abs. 1 UmwStG, um die Einbringung steuerneutral vorzunehmen. Es handelt sich im wirtschaftlichen Sinne um keine Änderung der Vermögenszuordnung, da weder neue Gesellschafter hinzutreten, noch das Geschäftsfeld erweitert wird.

3.3.1 Gründe für Umstrukturierungen

- Welche mögliche Gründe gibt es für eine Umstrukturierung?
- Gibt es besondere steuerliche Gründe für eine Umstrukturierung?

Die Gründe für eine Umstrukturierung sind genauso vielfältig wie die Überlegungen im Rahmen der Rechtsformwahl. Dabei kommen die gleichen Kriterien zur Anwendung, wie dies auch im Rahmen der Rechtsformwahlentscheidung der Fall ist.[203] Im Folgenden sollen ausgewählte zusätzliche Gründe herausgegriffen und näher erläutert werden.

3.3.1.1 Außersteuerliche Motive

Die Veränderung von wirtschaftlichen und/oder rechtlichen Rahmenbedingungen kann dazu führen, dass die einmal gewählte Rechtsform eines Unternehmens nicht mehr als sachgerecht angesehen wird. Verantwortlich hierfür sind häufig Gründe, die keinen steuerlichen Bezug aufweisen. Vielmehr handelt es sich um außersteuerliche Gründe. Dies können z. B. die in Abbildung 3-13 genannten sein.

Abbildung 3-13: *Mögliche außersteuerliche Gründe für einen Rechtsformwechsel*

- Neuorganisation des Unternehmens zum Zwecke der eigenverantwortlichen Führung einzelner Geschäftsfelder
- Haftungssegmentierung

202 Vgl. § 7 i. V. m. § 16 Satz 1 UmwStG.
203 Vgl. S. 15 ff.

- Bildung verkehrsfähiger Einheiten (z. B. in Vorbereitung eines Börsengangs eines Teils des Unternehmens)
- Vermeidung von Gleichbehandlungen der Arbeitnehmer (z. B. bei der Frage, welcher Tarifvertrag anzuwenden ist)
- Vermeidung von Publizitäts-, Prüfungs- oder Mitbestimmungspflicht
- Erlangung von Möglichkeiten zur vereinfachten Kapitalherabsetzung
- Ausnutzung von Finanzierungsvorteilen, z. B. indem die Aufnahme von neuem Kapital bei kapitalmarktorientierten Gesellschaften einfacher möglich wird
- Bestimmte Rechtsformen werden als sinnvoller erachtet, z. B. weil die Größe des Unternehmens nach außen kommuniziert werden kann
- starkes Unternehmenswachstum
- Geänderte rechtliche Rahmenbedingungen und damit einhergehende größere Haftungsrisiken
- Begründung strategischer Allianzen
- Reduzierung von Beteiligungsketten
- Segmentierung der Geschäftsfelder in einzelne Unternehmenseinheiten, die selbstständig am Markt auftreten
- Beteiligung von Mitarbeitern an ausgewählten Teilen eines Unternehmens

3.3.1.2 Steuerliche Motive

- Worin liegt die Aufgabe der Betriebswirtschaftlichen Steuerlehre bei der Begleitung einer Umstrukturierung?
- Welche Steuerarten sind bei einer Umstrukturierung zu beachten?
- Welche steuerlichen Motive kann es für eine Umstrukturierung geben?

Das deutsche Steuerrecht kennt kein einheitliches Unternehmenssteuerrecht, vielmehr ergeben sich unterschiedliche steuerliche Belastungen in Abhängigkeit von der gewählten rechtlichen Ausgestaltung der unternehmerischen Tätigkeit. Die hierbei zu berücksichtigenden Ausprägungsformen wurden hinsichtlich ihrer Vorteilhaftigkeit bereits auf S. 15 ff. erläutert. Aus der konstitutiven Entscheidung über die Rechtsform ergibt sich zwangsläufig auch das Problem, dass im Verlauf des Lebenszyklus eines Unternehmens ein Wechsel dieser Form aus unterschiedlichen Gründen erforderlich werden kann.

Aufgabe der Betriebswirtschaftlichen Steuerlehre ist es, zum einen die **steuerlichen Folgen** einer Umstrukturierung **aufzuzeigen**, um dann in einem zweiten Schritt Wege zu analysieren, wie unter Beibehaltung des gewünschten Zieles die **steuerlichen Belastungen minimiert** werden können. Überdies kann eine betriebswirtschaftliche

Motivation in der Gesamtsteuerminimierung durch eine Umstrukturierung liegen, die auf den Vorteilhaftigkeitsüberlegungen im Rahmen der Rechtsformwahl beruht. Dem dritten Bereich der Betriebswirtschaftlichen Steuerlehre, der normativen Steuerkritik, wird im Rahmen dieser Veröffentlichung keine Beachtung geschenkt. Es sei nur angemerkt, dass die steuerneutrale Umstrukturierung von Unternehmen unter bestimmten Voraussetzungen die Notwendigkeit solcher Umstrukturierungen anerkennt und durch steuerliche Mehrbelastungen nicht be- oder verhindern möchte. Dies gilt umso mehr, weil die Maßnahmen nicht zu einem endgültigen Steuerverzicht durch den Fiskus, sondern nur zu einer späteren Besteuerung (z. B. insbesondere bei einer zukünftigen Veräußerung) führen.

Dabei sind einerseits die Ertragsteuern (also Körperschaft-, Einkommen- und Gewerbesteuer) zu berücksichtigen, da hinsichtlich dieser Steuerarten die Besteuerung der stillen Reserven auf Grund der Umstrukturierung verhindert werden. Andererseits sind weitere ertragsteuerliche Fragen zu beantworten (z. B. bezüglich der zukünftigen Bilanzierung und ggf. möglichen Abschreibung des Betriebsvermögens). Allerdings wird nur die sofortige Besteuerung der stillen Reserven verhindert, nicht jedoch die Besteuerung offener Reserven. So sind etwa bei einem Formwechsel einer GmbH in eine KG die offenen Reserven, wie z. B. der Jahresüberschuss sowie vorgetragene Gewinne, beim Anteilseigner als Dividenden zu versteuern, da eine Gewinnausschüttung insoweit im Zeitpunkt der Umwandlung fingiert wird.[204]

Andererseits sind auch weitere Steuerarten zu beachten. Beispielhaft ist die **Grunderwerbsteuer** zu nennen. Das UmwStG enthält keine Regelungen zu dieser Steuer, so dass regelmäßig über die Vermeidung einer Belastung mit Grunderwerbsteuer für die im Vermögen der Gesellschaften befindlichen Immobilien nachgedacht werden muss. Die folgenden Überlegungen werden zeigen, dass in Einzelfällen eine vollständige Vermeidung der Grunderwerbsteuer nicht erreicht werden kann. Durch das JStG 2009[205] wurde im Grunderwerbsteuergesetz jedoch § 6a GrEStG eingeführt, mit dem Steuervergünstigungen bei Umstrukturierungen im Konzern gewährt werden, wenn es sich um Maßnahmen nach dem Umwandlungsgesetz handelt. Dennoch muss im Einzelfall geprüft werden, ob eine Belastung mit Grunderwerbsteuer durch die geplanten Umstrukturierungen eintritt.[206] Dies gilt umso mehr, weil immer mehr Bundesländer von der Möglichkeit Gebrauch machen, einen höheren Steuersatz als die früher bundeinheitlich geltenden 3,5% vorzusehen.

Der Umwandlungsvorgang selbst löst zunächst keine erbschaftsteuerlichen Konsequenzen aus. Anders als vor der Erbschaftsteuerreform zum 1. 1. 2009[207] kommt es jedoch durch die Umwandlung in eine andere Rechtsform nicht mehr zu so signifi-

---

204 Vgl. § 7 UmwStG.

205 Jahressteuergesetz 2009 (JStG 2009) vom 19. 12. 2008, BGBl. I 2008, S. 2794.

206 Vgl. gleich lautende Erlasse der obersten Finanzbehörden der Länder vom 1. 12. 2010, Anwendung des § 6a GrEStG, BStBl. I 2010, S. 1321 ff.

207 Gesetz zur Reform des Erbschaftsteuer und Bewertungsrechts vom 24. 12. 2008, BGBl. I 2008, S. 3018.

kanten Besteuerungsunterschieden.[208] Zu beachten ist allerdings, das begünstigte Beteiligungen an Kapitalgesellschaften nur vorliegen, wenn der Erblasser oder Schenker zu mehr als 25% an der Gesellschaft beteiligt ist, während es bei Beteiligungen an Personengesellschaften keine Mindestbeteiligung als Voraussetzung für eine etwaige Begünstigung gibt.

Im Folgenden werden einige Gründe für eine Umstrukturierung dargestellt, die ausschließlich auf steuerlichen Überlegungen beruhen.

3.3.1.2.1 Vorbereitung der Unternehmensnachfolge

Trotz der zum 1. 1. 2009 in Kraft getretenen Reform des Erbschaftsteuerrechts, die eigentlich die Ungleichbehandlung unterschiedlicher Formen von Betriebsvermögen vermeiden sollte, sind weiterhin Unterschiede in der erbschaftsteuerlichen Belastung bei der Übertragung von Gesellschaftsanteilen zwischen Kapital- und Personengesellschaften zu beobachten, wie dies bereits auf S. 82 ff. ausgeführt wurde. Insbesondere im Vorfeld von Überlegungen zur **Unternehmensnachfolgeplanung** kann es sich als sinnvoll erweisen, einen Wechsel der Rechtsform vorzunehmen. Dies gilt namentlich für alle Unternehmen, bei denen der Erblasser oder Schenker bei der Rechtsform einer Kapitalgesellschaft über die notwendige Beteiligungshöhe von mehr als 25%[209] nicht verfügt und somit für die Erben bzw. Beschenkten die Verschonungsregel des § 13a ErbStG nicht in Anspruch genommen werden kann. Da für gewerbliche Personengesellschaften zur Erlangung der Verschonungsregel keine Mindestbeteiligungshöhe erforderlich ist, kann eine Umwandlung der Gesellschaft in eine Personengesellschaft sinnvoll sein.

Zwar besteht die Möglichkeit, dass eine Begünstigung auch dann erlangt wird, wenn der Erblasser oder der Erbe nicht die Mindestbeteiligungsquote erfüllen. Dies setzt jedoch die sog. Poolbildung voraus. Ist ein solcher Poolvertrag nicht gewollt, kommt den Umwandlungen große Bedeutung zu. In diesen Fällen ist es häufig unausweichlich, in eine Personengesellschaft zu wechseln. Da bestimmte Vorgänge nach dem Umwandlungssteuerrecht Auswirkungen auf die gewährte Verschonung des übertragenen Vermögens haben können, bedarf es in der Praxis einer sehr genauen Prüfung im Vorfeld der Umwandlung. Eine Optimierung der erbschaftsteuerlichen Belastung durch den zeitnahen Wechsel und Rückumwandlung in eine andere Rechtsform ist auf Grund der 5-Jahres bzw. 7-Jahres-Frist zur Erlangung der Verschonung für erbschaftsteuerliche Zwecke kein gangbarer Weg.

Auch die bewusste Erlangung von Begünstigungen für Verwaltungsvermögen ist an bestimmte zeitliche Voraussetzungen gebunden. So muss von außen der Gesellschaft zugeführtes eigentlich schädliches „Verwaltungsvermögen", das jedoch auf Grund des Überwiegens des begünstigten Vermögens doch begünstigt ist, vor der Über-

208 Vgl. zu den rechtsformspezifischen Besonderheiten bei der Erbschaftsteuer nochmals S. 82 ff.
209 Vgl. § 13b Abs. 1 Nr. 3 ErbStG.

tragung mindestens zwei Jahre zum Vermögen der Gesellschaft gehören. Werden diese Fristen nicht eingehalten, können die angestrebten steuerlichen Vorteile nicht erlangt werden.

Häufig erfolgen Umwandlungen im Vorfeld einer Unternehmensnachfolge aber nicht um steuerliche Vorteile zu erlangen, sondern um das Unternehmen in die zivilrechtliche gewünschte Rechtsform zu bringen. Häufig sind Erben nicht bereit, die vollumfängliche Haftung für Verbindlichkeiten des Unternehmens zu übernehmen. Ggf. wird es auch als sinnvoll erachtet, das Unternehmen rechtzeitig aus dem Einflussbereich der Erben ein Stück weit herauszuziehen oder die finanziellen Voraussetzungen zu schaffen, um einzelne mögliche Erben gar nicht am Unternehmen beteiligen zu müssen, sondern diese z. B. zu einem Erbverzicht gegen finanzielle Ausgleichzahlungen in Form einer Abfindung zu bewegen. Hierfür kann es sinnvoll sein, einen Teil der Aktien an die Börse zu bringen und den erlangten Kaufpreis für die Abfindung zu nutzen. Teilweise wird ein einheitliches Unternehmen in mehrere Teile aufgespalten, um diese jeweils auf einen Erben übertragen zu können.

3.3.1.2.2 Finanzierung des Unternehmenskaufs

Beim Kauf und Verkauf von Unternehmen zeigen sich unterschiedliche Konsequenzen der Rechtsformen für Erwerber und Veräußerer. Ein Dilemma ergibt sich dadurch, dass unterschiedliche Besteuerungsfolgen beim Verkäufer und Käufer eintreten. Die Veräußerung von Anteilen an einer Kapitalgesellschaft beim Verkäufer ist durch eine vollständige oder 40%ige Steuerfreiheit der Veräußerungsgewinne begünstigt. Demgegenüber erlangt der Erwerber mit Anteilen an einer Kapitalgesellschaft kein zusätzliches Abschreibungspotential in Höhe der mitbezahlten stillen Reserven in den bilanzierten wie nicht bilanzierten Wirtschaftsgütern sowie dem erworbenen Geschäfts- oder Firmenwert. Weder handels- noch steuerbilanziell ist die Beteiligung an einer Kapitalgesellschaft ein Wirtschaftsgut, das einer planmäßigen Abnutzung unterliegt und somit durch Absetzungen für Abnutzungen ratierlich im Wert gemindert werden darf. Die bezahlten stillen Reserven in den Anteilen führen auch nicht zu einer Erhöhung der Wertansätze der Wirtschaftsgüter in der Bilanz der Gesellschaft, deren Anteile erworben wurden. Somit ist eine Berücksichtigung der Anschaffungskosten als Aufwand erst in Fällen der außerplanmäßigen Abschreibung oder im Zeitpunkt eines Verkaufs der Anteile unter dem Buchwert möglich. Hierbei sind ergänzend die Begrenzungen zur steuerlichen Anerkennung solcher Abschreibungen – bei Kapitalgesellschaften § 8b Abs. 3 Satz 3 KStG und bei Personengesellschaften § 3c Abs. 2 EStG – zu beachten.

Folglich hat der Käufer regelmäßig kein Interesse daran, eine Beteiligung an einer Kapitalgesellschaft zu erwerben, weil diese nicht planmäßig abschreibungsfähig ist. Aus seiner Sicht ist es wünschenswert im Anschluss an den Kauf eine Umwandlung in eine Personengesellschaft vorzunehmen. In der Vergangenheit gab es einen kurzen Zeitraum, in dem der Gesetzgeber es zuließ, dass ein sich ergebender Übernahmeverlust durch Aufstockung der Werte in der Ergänzungsbilanz bis maximal auf die gemeinen Werte ausgeglichen werden konnte. Hierdurch erlangte der Erwerber das Abschreibungsvolumen und der Verkäufer bekam die Steuerbegünstigung der Veräußerungsgewinne. Durch die bereits 2006 erfolgte Änderung des § 4 Abs. 6 UmwStG, nach der ein **Übernahmeverlust außer Ansatz bleibt**, wurde diesem Modell recht zeitnah die gesetzliche Grundlage entzogen.

Nach der jetzigen Rechtslage könnte daran gedacht werden, eine **Umwandlung** der zu veräußernden Kapitalgesellschaft in eine Personengesellschaft **im Vorgriff auf die Veräußerung** vorzunehmen. Dies ist steuerlich jedoch nur in seltenen Fällen sinnvoll. Der Vorgang der Umwandlung als solcher ist steuerneutral möglich, doch führt die anschließende Veräußerung der Anteile an der Personengesellschaft zu einem steuerpflichtigen Ertrag. Sowohl die laufenden Gewinne als auch die Veräußerungsgewinne aus einer Beteiligung an einer Personengesellschaft sind grundsätzlich nicht begünstigt, es sei denn, zum Vermögen der Personengesellschaft gehören Anteile an einer Kapitalgesellschaft.[210] Der sofortigen Versteuerung der stillen Reserven beim Veräußerer steht eine zeitversetzte Entlastungswirkung auf Grund der Abschreibung beim Erwerber gegenüber. Eine solche Vorgehensweise ist dann sinnvoll, wenn der Verkäufer durch den Veräußerungsgewinn sonst nicht nutzbare Verluste des laufenden Jahres aufbraucht und bei ihm keine Steuer entsteht. Der Verzicht auf eine Steuerzahlung tritt jedoch nur dann ein, wenn die Mindestbesteuerung[211] nicht zur Anwendung gelangt, also es sich nicht um Verlustvorträge handelt. Aber auch die Einbringung der Anteile an der Personengesellschaft in eine Kapitalgesellschaft gegen Gewährung von Gesellschaftsrechten nach § 20 UmwStG ist nur dann sinnvoll, wenn der Veräußerer eine Zeitspanne von 7 Jahren bis zur Veräußerung der Anteile verstreichen lässt. Erst zu diesem Zeitpunkt wird die Rückgängigmachung der Steuerneutralität vollständig verhindert. Bei allen Verkäufen davor, ist anteilig eine Versteuerung der insoweit aufzudeckenden stillen Reserven zum Zeitpunkt der Einbringung vorzunehmen.

3.3.1.2.3 Erlangung rechtsformspezifischer Vergünstigungen

Wie die obigen Ausführungen gezeigt haben, gibt es einige Einkünfte, die auf Ebene der empfangenden Gesellschaft steuerfrei bleiben (z. B. steuerfreie Investitionszulagen, Einkünfte i. S. d. § 3 EStG, nach DBA-Recht befreite Einkunftsbeträge).[212] Inwieweit die Steuerfreiheit auch auf Ebene der Gesellschafter erhalten bleibt, hängt von der Rechtsform des Unternehmens ab. Handelt es sich um eine Personengesellschaft, so ist die Steuerfreiheit endgültig. Hingegen kommt es bei Kapitalgesellschaften – früher oder später – zu einer Nachversteuerung (ggf. erst im

210 Neben der Vergünstigung des § 3 Nr. 40 Buchst. a) EStG kann der verbleibende Gewinn aus der Veräußerung der Kapitalgesellschaftsanteile gem. § 6b Abs. 10 EStG in eine steuerfreie Rücklage eingestellt werden, sofern die Voraussetzungen hierfür erfüllt sind.

211 Gem. § 10d EStG und § 10a GewStG gilt hierbei ein Sockelbetrag in Höhe von 1 Mio. €. Darüber hinaus ist ein Ausgleich in Höhe von 60% des 1 Mio. € übersteigenden Betrags möglich. Insoweit kommt es wesentlich darauf an, ob diese Grenze überschritten wird.

212 Vgl. S. 80 ff.

Fall der Ausschüttung an den „ultimativen" Anteilseigner als natürliche Person), sodass im Ergebnis die Steuerfreiheit verloren geht und lediglich Zins- und Liquiditätsvorteile erlangt werden können. Erzielt eine Gesellschaft hohe steuerfreie Einnahmen, stellt sich die Frage, ob zur Erhaltung dieser Steuerfreiheit auf Ebene der Anteilseigner ein Wechsel der Rechtsform erfolgen soll.

Auf der anderen Seite haben Kapitalgesellschaften die Möglichkeit, Beteiligungen an Kapitalgesellschaften unter den Voraussetzungen des § 8b KStG steuerfrei zu veräußern und Dividenden steuerfrei zu vereinnahmen.[213] Eine vergleichbare Regelung gibt es für Personengesellschaften nicht. Im Veräußerungsfall von Kapitalgesellschaftsanteilen können allenfalls die restriktiven Möglichkeiten des § 6b Abs. 10 EStG genutzt werden. Besteht ein umfangreicher Besitz von Beteiligungen an Kapitalgesellschaften, ist ein Anreiz gegeben, das inländische Personenunternehmen in eine Kapitalgesellschaft umzuwandeln, um die entsprechenden Vergünstigungen nutzen zu können. Zu berücksichtigen ist hierbei jedoch, dass etwaige Verluste und Wertminderungen in den Anteilen an der Kapitalgesellschaft nach der Umwandlung sich gem. § 8b Abs. 3 Satz 3 KStG nicht steuermindernd auswirken. Seit dem VZ 2008 gilt dies auch für solche Verluste, die beim zu mehr als 25% an der Kapitalgesellschaft beteiligten Gesellschafter dadurch entstehen, dass ein gewährtes Darlehen an die Gesellschaft ausfällt (§ 8b Abs. 3 Satz 4 KStG). Etwas anderes würde nur gelten, wenn die Fremdüblichkeit des Darlehens nachgewiesen werden kann. Diese Beschränkungen greifen nicht für den Anteilseigner, der eine natürliche Person ist.

Ein weiterer Grund für die Umwandlung von Personengesellschaften in Kapitalgesellschaften kann in § 14 Abs. 1 KStG liegen, der **als Organgesellschaft nur** eine **Kapitalgesellschaft** akzeptiert.[214] Zur Beibehaltung einer einheitlichen Struktur innerhalb eines Kapitalgesellschaftskonzerns bzw. einer Organschaft wird daher regelmäßig nach dem Erwerb der Anteile an einer Personengesellschaft über eine Umwandlung in eine Kapitalgesellschaft nachgedacht. Dies gilt vor allem, um gewerbesteuerliche Nachteile zu vermeiden.[215]

Die unterschiedliche steuerliche Behandlung von Kapitalgesellschaften und ihren Gesellschaftern sowie Personengesellschaften und ihren Mitunternehmern führt zu zahlreichen Steueroptimierungsmöglichkeiten. So ist beispielsweise daran zu denken, ein Einheitsunternehmen in unterschiedliche zivilrechtliche Rechtsträger aufzuteilen, wobei bestimmte Funktionen einzelnen Gesellschaften zugewiesen werden. Hierbei bietet sich z. B. das Halten von Beteiligungen an Kapitalgesellschaften in einer Kapitalgesellschaft an, um sowohl empfangene Dividenden als auch Veräußerungsgewinne steuerfrei zu vereinnahmen und auf der Gesellschaftsebene wieder neu zu investieren. Entsprechendes gilt für die Ausgliederung von Grundbesitz auf eine Kapitalgesellschaft, bei der die Gewinne nur der 15%igen Körperschaftsteuer (zzgl. SolZ) unterlie-

---

213 Hinzuweisen ist allerdings auf die Fiktion von nicht abzugsfähigen Betriebsausgaben in Höhe von 5% der Dividende bzw. des Veräußerungsgewinns.

214 Vgl. S. 190 ff.

215 Vgl. S. 195 ff.

gen, nicht aber der Gewerbesteuer. Vielmehr sieht § 9 Nr. 1 Sätze 2 – 5 GewStG regelmäßig eine Kürzung des Gewerbeertrages um diese Grundstückserträge vor.

Zur Vermeidung der negativen Effekte der Zinsschranke[216], also der Beschränkung des Betriebsausgabenabzugs für Fremdkapitalzinsen gem. § 4h EStG, kann es sinnvoll sein, die jedem Unternehmen gewährte Freigrenze von 3.000.000,- € mehrfach auszunutzen. Dies kann zur Auflösung von Organschaften führen, aber auch zur Bildung von Holdingstrukturen mit mehreren Gesellschaften, wobei durch die Zurechnung der Verbindlichkeiten zum Sonderbetriebsvermögen bei Personengesellschaften zumeist die Errichtung von Personengesellschaften sinnvoll ist.

3.3.2 Zivilrechtliche Grundlagen zur Umwandlung von Unternehmen

- Welche Formen der Umwandlung von Unternehmen lassen sich zivilrechtlich unterscheiden?
- Wodurch lassen sich die einzelnen Formen einer Umwandlung charakterisieren?
- Warum ist eine Auseinandersetzung mit den zivilrechtlichen Grundlagen für eine Unternehmensumwandlung aus Sicht der Betriebswirtschaftlichen Steuerlehre überhaupt erforderlich?
- Welche Formen der Umwandlung außerhalb des Umwandlungsgesetzes lassen sich unterscheiden?

Unter dem Begriff der **Umwandlung** wird im Folgenden eine Transaktion verstanden, bei der unter weitgehender Beibehaltung der Identität der Gesellschafter und weitgehender Identität des Unternehmensgegenstandes eine rechtliche Umstrukturierung der unternehmerischen Tätigkeit erfolgt. In negativer Abgrenzung bedeutet dies, dass Maßnahmen, die die Veräußerung von Unternehmensteilen oder die Zuführung von neuem Kapital durch Aufnahme neuer Gesellschafter zum Gegenstand haben, nicht in den Anwendungsbereich des steuerneutralen Rechtsformwechsels im engeren Sinne fallen. Allerdings können sie mittels Umwandlungen nach dem UmwG erreicht werden. Die besondere Bedeutung des UmwG für die steuerliche Beurteilung von Umstrukturierungen ergibt sich daraus, dass besondere steuerliche Vergünstigungen grundsätzlich nur für die Umstrukturierungen gelten, die wirksam nach dem deutschen UmwG durchgeführt wurden. Neben den bereits in der Vergangenheit möglichen Umwandlungsformen der Verschmelzung, des Formwechsels sowie der Vermögensübertragung ist seit 1995 auch die Spaltung in den Ausgestaltungsformen Aufspaltung, Abspaltung oder Ausgliederung möglich. Der besondere Vorteil liegt darin, dass nicht nur beim Zusammenschluss von Unternehmen eine Gesamtrechtsnachfolge möglich ist, sondern auch bei der Reduzierung von Unternehmensaktivitäten, wie dies

216 Vgl. hierzu ausführlich auf S. 298 ff.

typischerweise bei der Abspaltung oder der Ausgliederung von Unternehmensteilen der Fall ist. Die bei Spaltungen eingeführte partielle Gesamtrechtsnachfolge bedeutet eine wesentliche verfahrenstechnische Erleichterung.

Abbildung 3-14: *Mögliche Formen einer Umwandlung nach dem UmwG*

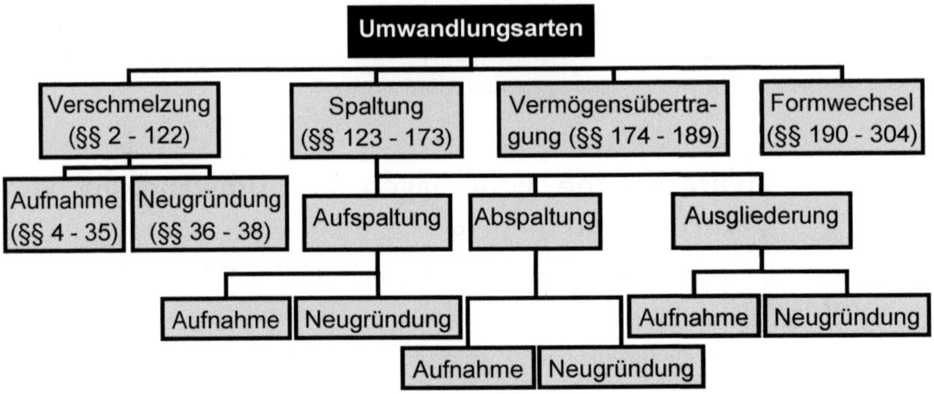

3.3.2.1 Verschmelzung

Der Hauptanwendungsfall der Umwandlungen ist die Verschmelzung gem. §§ 2 – 122 UmwG. Hierunter wird ein Vorgang verstanden, bei dem ein Rechtsträger **aufgelöst, aber nicht abgewickelt** werden muss, bevor er auf einen anderen Rechtsträger verschmolzen wird. Vor allem hinsichtlich sog. **kreuzender Verschmelzungen** zwischen Personen- und Kapitalgesellschaften und umgekehrt ergeben sich besondere zivilrechtliche Vorteile gegenüber einer Auflösung und anschließenden Aufnahme des Vermögens des untergegangenen Rechtsträgers. So ist beispielsweise die Einzelübertragung von Vermögensgegenständen, wie z. B. Grundstücken, nicht erforderlich. Vielmehr erfolgt im Rahmen der Gesamtrechtsnachfolge ein Eintritt des übernehmenden Rechtsträgers in die Rechtsstellung des untergehenden Rechtsträgers. Je nachdem, ob auf einen bestehenden Rechtsträger verschmolzen wird oder ob mittels der Verschmelzung ein Rechtsträger erstmals begründet wird, liegt entweder eine Verschmelzung **durch Aufnahme** oder **durch Neugründung** vor.

Als übertragende, übernehmende sowie neue Rechtsträger kommen Personenhandelsgesellschaften und Partnerschaftsgesellschaften, Kapitalgesellschaften, eingetragene Genossenschaften, eingetragene Vereine, Versicherungsvereine auf Gegenseitigkeit aber keine Gesellschaften bürgerlichen Rechts in Betracht. Einzelunternehmer können nur als übernehmender Rechtsträger gem. § 3 Abs. 2 Nr. 2 UmwStG an Verschmelzungen beteiligt sein, nicht hingegen als übertragender Rechtsträger. Für die Gesellschaft bürgerlichen Rechts bleibt abzuwarten, inwieweit die Rechtsprechung des BGH zur Gesellschaftereignung einer GbR bei einer Kommanditgesellschaft Einfluss auf die umwandlungsrechtlichen Regelungen haben wird.[217]

Die typischen Formen von Verschmelzungen sind die Verschmelzung von Kapitalgesellschaften, sog. **Fusionen,** sowie die Verschmelzung von Personengesellschaften. Den **Anteilsinhabern** des übertragenden Rechtsträgers wird dabei im Wege des Anteilstausches eine Beteiligung an dem übernehmenden, bestehenden oder neuen Rechtsträger gewährt.

Wegen der strengen Bindung der umwandlungssteuerlichen Vorschriften an eine rechtswirksame Verschmelzung nach UmwG kommt der Einhaltung dieser Regelungen auch steuerlich eine herausragende Bedeutung zu. Abbildung 3-15 stellt die Verschmelzung von Kapitalgesellschaften im Wege der Neugründung dar.

Abbildung 3-15: *Verschmelzung von Kapitalgesellschaften im Wege der Neugründung*

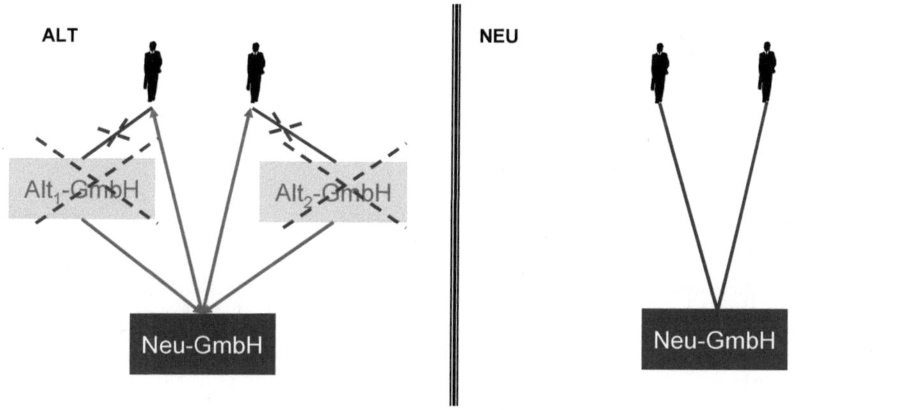

[217] Vgl. BGH vom 16. 7. 2001, II ZB 23/00, BGHZ 148, S. 291 ff.

3.3.2.2 Spaltung

Unter einer Spaltung wird ein Vorgang verstanden, bei dem das Vermögen eines Rechtsträgers im Wege der **partiellen Gesamtrechtsnachfolge**, also im Sinne einer Sonderrechtsnachfolge, auf einen oder mehrere andere Rechtsträger übertragen wird. Entsprechend der Behandlung bei der Verschmelzung sind Spaltungen **zur Aufnahme** bzw. **zur Neugründung** denkbar. Die Regelungen zur Spaltung erweisen sich für die beteiligten Unternehmen von besonderer Bedeutung, da nur mittels der Spaltung den Unternehmen die Konzentration auf ihre Kernkompetenzen durch Ausgliederung von bestimmten Unternehmensteilen und Begründung von Joint Ventures ermöglicht wird. Die bis zur Einführung der Spaltung des Umwandlungsgesetzes notwendige Einzelübertragung von Wirtschaftsgütern, Schulden, Rechten usw. hatte für die Praxis regelmäßig erhebliche finanzielle wie rechtliche Schwierigkeiten. Nunmehr besteht die Möglichkeit, diesen Vorgang im Wege der partiellen Gesamtrechtsnachfolge durchzuführen. An einer Spaltung können als übernehmende, übertragende oder als neue Rechtsträger die in § 3 Abs. 1 UmwG genannten Personen teilnehmen. Insofern erfolgt bei der Spaltung ein Gleichklang mit den oben dargestellten Regelungen zur Verschmelzung. Innerhalb der Spaltungen sind drei Ausprägungsformen zu unterscheiden:

- Aufspaltung,
- Abspaltung oder
- Ausgliederung.

Abbildung 3-16: *Funktionsweise der Abspaltung*

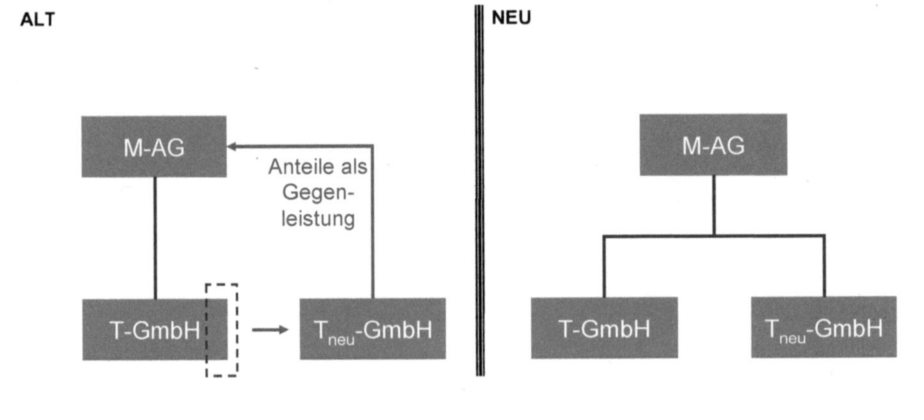

Unter einer **Abspaltung** wird der Vorgang verstanden, dass Unternehmensteile von dem übertragenen Rechtsträger auf eine Schwestergesellschaft übertragen werden. Die

Gesellschafter des übertragenden Rechtsträgers erhalten Gesellschaftsanteile an dem übernehmenden Rechtsträger im Wert der erfolgten Übertragung. Abbildung 3-16 stellt diese Vorgehensweise dar.

Abbildung 3-17: *Funktionsweise der Aufspaltung*

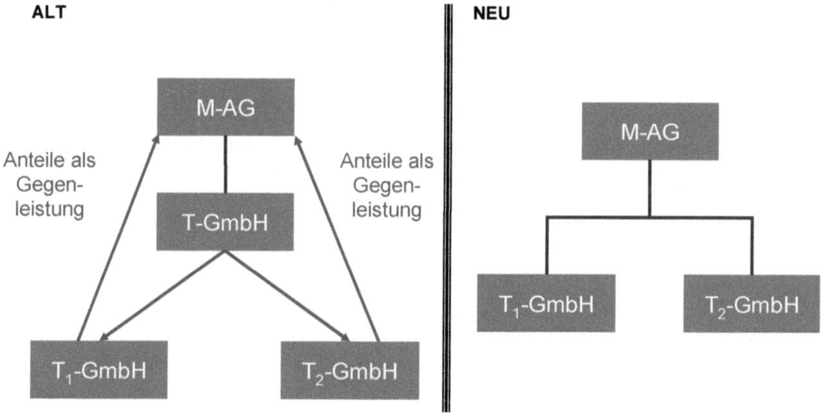

Abbildung 3-18: *Funktionsweise der Ausgliederung*

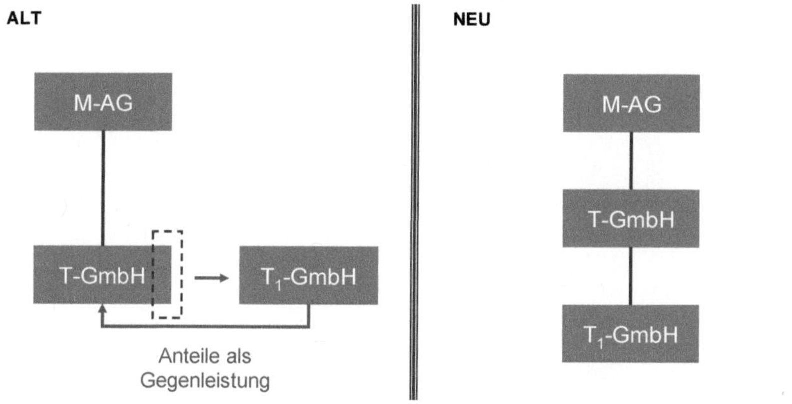

Demgegenüber erfolgt bei einer **Aufspaltung** eine Auflösung des bisherigen Rechtsträgers und die Etablierung zweier oder mehrerer neuer Rechtsträger. Der Unterschied zwischen Auf- und Abspaltung liegt daher in dem Weiterbestehen bzw. in der zwingenden Liquidation des übertragenden Rechtsträgers. Abbildung 3-17 fasst das Grundprinzip der Spaltung zusammen.

Die dritte Form bildet die **Ausgliederung**, bei der nicht der Gesellschafter des übertragenden Rechtsträgers die Anteile an der neuen Gesellschaft erhält, sondern die übertragende Gesellschaft. Im Ergebnis führt eine Ausgliederung stets zu Tochtergesellschaften aus der Sicht des übertragenden Rechtsträgers und nicht, wie bei einer Auf- oder Abspaltung, zu Schwestergesellschaften. Folglich kommt es stets zu einer Verlängerung der Beteiligungskette. Dies verdeutlicht Abbildung 3-18.

3.3.2.3 Sonstige Umwandlungsformen innerhalb des UmwG

Neben den Fällen der Verschmelzung und der Spaltung sind die Fälle des **Formwechsels** sowie der **Vermögensübertragung** zu nennen, wobei bei letzterer als Unterscheidungskriterien im Rahmen der Vollübertragung eine Gegenleistung für die Übertragung des Vermögens nicht in der Gewährung von Gesellschaftsanteilen liegt, sondern in anderer Form, z. B. einer Barleistung. Da diese Form nur sehr selten angewendet wird und steuerlich nur in Ausnahmefällen begünstigt ist, unterbleibt ihre weitere Betrachtung.

Der Formwechsel hat demgegenüber eine größere praktische Relevanz. Bei dieser Art der Umwandlung ändert sich lediglich das sog. Rechtskleid eines Unternehmens, also die Rechtsform des Unternehmens, unter Wahrung seiner rechtlichen und wirtschaftlichen Identität.

Abbildung 3-19: Funktionsweise des Formwechsels

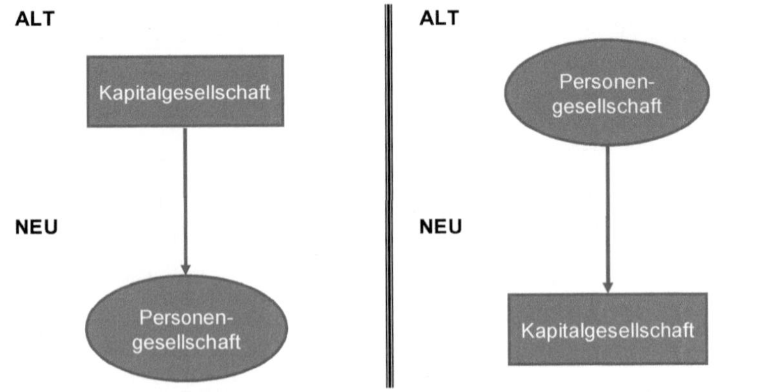

Diese Art der Umwandlung ist für die Unternehmen aus außersteuerlichen Gründen besonders attraktiv, da sie mit den geringsten administrativen Belastungen verbunden ist. Der Formwechsel als solcher ist sowohl innerhalb einer Gruppe von unterschiedlichen Rechtsformen denkbar, z. B. von einer GmbH in eine Aktiengesellschaft, aber auch zwischen zwei Arten von Rechtsformen, also z. B. von einer Aktiengesellschaft in eine Kommanditgesellschaft oder umgekehrt. Als Rechtsträger der neuen Rechtsform können auch Gesellschaften bürgerlichen Rechtes entstehen, die jedoch nicht formwechselnde Rechtsträger sein können.

Budde/Zerwas, Verschmelzungsbilanzen, in: Budde/Förschle/Winkeljohann, Sonderbilanzen, 4. Aufl., München 2008, S. 387 – 440
Förschle/Hoffmann, Bilanzierung beim Formwechsel, in: Budde/ *Förschle/Winkeljohann,* Sonderbilanzen, 4. Aufl., München 2008, S. 547 – 585
Förschle/Hoffmann, Übernahmebilanzierung bei Umwandlungen, in: Budde/ *Förschle/Winkeljohann,* Sonderbilanzen, 4. Aufl., München 2008, S. 495 – 545
Kallmeyer, Umwandlungsgesetz Kommentar, 4. Aufl., Köln 2010
Klingberg, Spaltungsbilanzen, in: Budde/Förschle/Winkeljohann, Sonderbilanzen, 4. Aufl., München 2008, S. 441 – 485
Klingberg, Vermögensübertragung, in: Budde/Förschle/Winkeljohann, Sonderbilanzen, 4. Aufl., München 2008, S. 487 – 493

3.3.2.4 Umwandlungsformen außerhalb des UmwG

Außerhalb des Umwandlungsgesetzes bestehen noch weitere Möglichkeiten der Übertragung von Vermögen in das Gesellschaftsvermögen, die steuerlich nach § 20 bzw. § 24 UmwStG behandelt werden. Es handelt sich hierbei um:

- Fälle der Gesamtrechtsnachfolge,
- Fälle der Einzelrechtsnachfolge,
- Sacheinlage i. S. v. § 5 Abs. 4 GmbHG bzw. § 27 AktG bei der Gründung einer Kapitalgesellschaft,
- Anwachsung gem. § 738 BGB bzw. § 142 HGB,
- Aufnahme eines Gesellschafters in ein Einzelunternehmen,
- Einbringung eines bestehenden Einzelunternehmens in eine Personengesellschaft,
- Eintritt eines weiteren Gesellschafters in eine bestehende Personengesellschaft und
- Einbringung von Mitunternehmeranteilen an einer Personengesellschaft in eine andere Personengesellschaft.

Die Rechtsgrundlagen für diese Umstrukturierungen bestimmen sich hierbei nach dem Grundsatz der Vertragsfreiheit sowie den zu berücksichtigenden Regelungen in den Einzelgesetzen, wie z. B. BGB, HGB, AktG oder GmbHG.

3.3.3 Steuerliche Aspekte von Umstrukturierungen

3.3.3.1 Aufbau und Inhalt des Umwandlungssteuergesetzes

- Welche grundsätzliche Aussage ist dem UmwStG zu entnehmen?
- Wie ist das UmwStG aufgebaut?

Die Motive für einen Rechtsformwechsel sowie die dargestellten zivilrechtlichen Rahmenbedingungen bilden die Grundlage für die steuerliche Analyse der Umstrukturierungsvorgänge. Die Steuerneutralität, also die Vermeidung der Besteuerung stiller Reserven in den übertragenen Wirtschaftsgütern anlässlich der Umwandlung, ist hierbei das wesentliche Ziel. Jede Steuerbelastung infolge einer Umwandlung, bei der denen regelmäßig keine finanziellen Mittel von außen dem Unternehmen zugeführt werden, kann ein Umwandlungshindernis sein. Daher hat der Gesetzgeber eine Vielzahl von Fällen geschaffen, bei denen Umwandlungen ohne Aufdeckung und Versteuerung stiller Reserven vorgenommen werden können. Die Nichtbesteuerung stellt dabei rechtssystematisch einen Ausnahmefall von der eigentlich vorzunehmenden Realisierung stiller Reserven bei Veräußerungs- oder Tauschvorgängen dar. Das Umwandlungssteuergesetz enthält insoweit eine gesetzliche Regelung, die den allgemeinen Grundsatz der Gewinnrealisierung durchbricht, da es sich um eine spezielle Regelung handelt, deren Rechtsfolgen erst bei Vorliegen bestimmter Voraussetzungen eintreten. Diese Spezialvorschriften haben Vorrang vor den allgemeinen Regelungen über die Gewinnrealisierung. Die Vorschriften sind im UmwStG enthalten. Dieses wird ergänzt durch dem sog. Umwandlungssteuererlass[218], indem die Finanzverwaltung ihre Sicht zu ausgewählten Zweifelsfragen des Gesetzes vertritt. Weitere Vorschriften enthält das Einkommensteuergesetz in § 6 EStG, die auf S. 146 ff. diskutiert werden.

Anders als das Umwandlungsgesetz orientiert sich das UmwStG nicht an möglichen Umwandlungsformen, sondern richtet sich an einer **entscheidungsorientierten Betrachtungsweise** aus. So werden Übertragungen in eine gewünschte Zielrechtsform dargestellt, wobei in Abhängigkeit von der gewählten Umwandlungsart, an unterschiedlichen Stellen des UmwStG enthalten Vorschriften angewendet werden. Aus Sicht der Betriebswirtschaftlichen Steuerlehre als Gestaltungslehre ist es besonders erfreulich, dass ein angestrebter Zustand durch unterschiedliche Umwandlungs-

218 UmwSt-Erlass vom 11. 11. 2011, IV C 2 – S 1978-b/08/10001, BStBl. I 2011, S. 1074, im Internet abrufbar unter www.bundesfinanzministerium.de.

formen mit weitgehend identischem wirtschaftlichen und zivilrechtlichen Ergebnis, aber unterschiedlichen steuerlichen Konsequenzen erreicht werden kann.

Dem Aufbau des Umwandlungssteuergesetzes folgend sollen in den weiteren Ausführungen die Einbringungs- und Übertragungsfälle in der gesetzlichen Reihenfolge dargestellt werden.

Abbildung 3-20: *Aufbau des UmwStG*

Teil	§§	Vorschrift	Umwandlungsfall
1	1 – 2	Allgemeine Vorschriften	
2	3 – 9	Vermögensübergang bei Verschmelzung auf eine Personengesellschaft oder natürliche Person und Formwechsel einer Kapitalgesellschaft in eine Personengesellschaft	Verschmelzung, Formwechsel
3	11 – 13	Verschmelzung oder Vermögensübertragung (Vollübertragung) auf eine andere Körperschaft	Verschmelzung
4	15 – 16	Aufspaltung, Abspaltung und Vermögensübertragung (Teilübertragung)	Spaltung
5	18 – 19	Gewerbesteuer	Verschmelzung, Formwechsel, Spaltung
6	20 – 23	Einbringung von Unternehmensteilen in eine Kapitalgesellschaft oder Genossenschaft und Anteilstausch	Verschmelzung, Spaltung
7	24	Einbringung eines Betriebs, Teilbetriebs oder Mitunternehmeranteils in eine Personengesellschaft	Verschmelzung, Spaltung
8	25	Formwechsel einer Personenhandels- in eine Kapitalgesellschaft oder Genossenschaft	Formwechsel
10	27 – 28	Anwendungsvorschriften und Ermächtigung	

Der allgemeine Teil des Umwandlungssteuergesetzes enthält Regelungen über den Anwendungsbereich des Umwandlungssteuergesetzes auf Umwandlungen im Sinne des Umwandlungsgesetzes und insbesondere die steuerlichen Rückwirkungsklauseln. Im zweiten Teil (§§ 3 – 9 UmwStG) erfolgt die Darstellung des Vermögensübergangs von einer Kapitalgesellschaft auf eine Personengesellschaft oder auf eine natürliche

Person sowie der Formwechsel von einer Kapitalgesellschaft in eine Personengesellschaft. Der dritte Teil behandelt die steuerlichen Folgen einer Vermögensübertragung von einer Körperschaft auf eine andere Körperschaft, die in den §§ 11 – 13 UmwStG geregelt sind. Hauptanwendungsfall ist hierbei die Fusion von Kapitalgesellschaften. Im vierten Teil (§§ 15 – 16 UmwStG) wird die Auf- und Abspaltung behandelt. Die damit im engen Zusammenhang stehende Ausgliederung wird hingegen im Rahmen der Einbringungsvorschriften des sechsten Teils in den §§ 20 – 23 UmwStG, bei der Einbringung von Betrieben, Teilbetrieben oder Mitunternehmeranteilen in eine Kapitalgesellschaft gegen Gewährung von Gesellschaftsanteilen, sowie im siebten Teil in § 24 UmwStG, bei der Einbringung eines Betriebes, Teilbetriebs oder eines Mitunternehmeranteils in eine Personengesellschaft, abgehandelt. Der fünfte Teil (§§ 18 und 19 UmwStG) beinhaltet die gewerbesteuerlichen Aspekte aller Umwandlungsvorgänge. Im abschließenden achten Teil des Umwandlungssteuergesetzes erfolgt eine Darstellung des Formwechsels einer Personengesellschaft in eine Kapitalgesellschaft. Weitere Vorschriften zu den Anwendungen des Gesetzes werden nicht näher angesprochen.

3.3.3.2 Grundprobleme des Umwandlungssteuerrechts

- Welche Grundprobleme bestehen bei der Umwandlung von Unternehmen?
- Erstrecken sich diese ausschließlich auf steuerliche Überlegungen?
- Gibt es neben ertragsteuerlichen Aspekten weitere steuerliche Fragen und mögliche Belastungen, die in diesem Zusammenhang zu beachten sind?

Hauptgegenstand der Überlegungen ist die Frage, inwieweit eine steuerneutrale Umwandlung möglich ist, also ob die **Aufdeckung und Versteuerung der stillen Reserven** im übergehenden Vermögen vermieden werden kann. Dabei ist zu beachten, dass nach derzeitiger Rechtslage sowohl Veräußerungen wie auch Tauschvorgänge, die als solche einer Veräußerung gleichgestellt sind, grundsätzlich zur Aufdeckung und Versteuerung der vorhandenen stillen Reserven zwingen. Eine über die Regelungen des § 3 Nr. 40 EStG hinausgehende Begünstigung für natürliche Personen kann sich aus §§ 16 Abs. 4 und 34 Abs. 3 i. V. m. Abs. 2 Nr. 1 EStG ergeben. Danach unterliegt der Veräußerungs- oder Aufgabegewinne unter bestimmten Voraussetzungen einmalig im Leben einem ermäßigten Steuersatz und wird gem. § 16 Abs. 4 EStG durch einen Freibetrag in Höhe von maximal 45.000,- € begünstigt. Sofern sich die Anteile in einem Betriebsvermögen einer Personengesellschaft befanden, können natürliche Personen als deren Gesellschafter unter Umständen für die Gewinne aus der Veräußerung von Anteilen eine steuerfreie Rücklage gem. § 6b EStG bilden. Außerdem gestattet § 6 Abs. 5 EStG unter bestimmten Voraussetzungen die Übertragung von Einzelwirtschaftsgütern zum Buchwert.[219]

[219] Vgl. S. 148 ff.

Auf Grund der vollständigen oder partiellen Steuerfreiheit von Veräußerungsgewinnen aus Anteilen an Kapitalgesellschaften bei Körperschaften sind bestimmte Anwendungsfälle des UmwStG heute nicht mehr gegeben. Während früher für das steuerneutrale „Umhängen" von Anteilen innerhalb eines Kapitalgesellschaftskonzerns die Vornahme einer Umstrukturierung erforderlich war, ist dieses Problem durch die Steuerfreiheit nach § 8b Abs. 2 KStG durch einen konzerninternen Verkauf zu fremdüblichen Preisen lösbar.

Außerdem stellt sich die Frage, ob personenbezogene Steuervergünstigungen, wie z. B. die **Inanspruchnahme des Verlustabzuges** nach § 10d EStG, vom übernehmenden Rechtsträger ungemindert genutzt werden können. Würden beispielsweise Verlustvorträge durch eine Verschmelzung untergehen, hätte dies im Hinblick auf die Zielsetzung der steuerneutralen Verschmelzung erhebliche negative Auswirkungen. Die entsprechenden Vorschriften lassen unter bestimmten Voraussetzungen eine Nutzung der Verlustvorträge zu. Hierbei ist auf die jeweilige Form der Umwandlung entscheidend.

Aus wirtschaftlicher Sicht wird versucht die Steuerneutralität sowie die Weiternutzung etwaiger Verlustvorträge auch bei Umwandlungen sicherzustellen. Gelänge dies nicht, würden Umwandlungen regelmäßig unterbleiben, weil die infolge der Umwandlung entstehende Steuerbelastung so hoch wäre, dass die mit einer Umwandlung verbundenen Vorteile regelmäßig überkompensiert wären (*„prohibitive Wirkung der Steuerbelastung"*). Insoweit besteht in vielen Fällen die Notwendigkeit, die exogen vorgegebene Entscheidung für eine Umwandlung so umzusetzen, dass die hierbei entstehende Steuerbelastung möglichst gering ist. Ziel ist es, die **steuerlichen „Transaktionskosten"**, die aus einer aus außersteuerlichen Motiven gebotenen Umstrukturierung resultieren, **zu minimieren**. Hierfür kann es sich auch anbieten, im Vorfeld einer Umwandlung durch gezielte Gestaltungsmaßnahmen eine Nutzung der Verlustverträge zu erreichen. Hierbei setzt die Mindestbesteuerung des § 10d Abs. 2 EStG solchen Gestaltungen Grenzen. Insoweit sollte versucht werden, eine Verlustnutzung im Rahmen des Verlustausgleichs und nicht des Verlustabzugs zu erreichen, um den Begrenzungen durch die Mindestbesteuerung zu entgehen.

3.3.3.3 Analyse einzelner Umwandlungsarten innerhalb des UmwG

- Welche Voraussetzungen müssen für die Steuerneutralität einer Umwandlung nach dem UmwG erfüllt sein?
- Haben die einzelnen Umwandlungsarten unterschiedliche steuerliche Konsequenzen?
- Besteht die Möglichkeit der zeitlichen Rückbeziehung von Umwandlungsvorgängen?

3.3.3.3.1 Möglichkeit der steuerlichen Rückwirkung und hieraus entstehende Konsequenzen

Alle Umwandlungsarten, die zivilrechtlich dem UmwG folgen, können mit steuerlicher Wirkung auf einen früheren Zeitpunkt von **maximal 8 Monaten** vor dem Beschluss über die Umwandlung, der regelmäßig auch der Tag der Anmeldung ist gem. § 2 UmwStG **zurückbezogen** werden. Diese steuerrechtliche Fiktion gilt ungeachtet davon, dass zivilrechtlich die Umwandlung erst mit der Eintragung in das Handelsregister wirksam wird und diese nicht rückwirkend erfolgen kann. Das Einkommen und das Vermögen des übertragenden Rechtsträgers und der Übernehmerin sind nach § 2 Abs. 1 UmwStG so zu ermitteln, als ob das Vermögen des übertragenden Rechtsträgers mit Ablauf des steuerlichen Übertragungsstichtags ganz (z. B. bei Verschmelzungen oder Aufspaltungen) oder teilweise (z. B. bei Abspaltungen) auf die Übernehmerin übergegangen wäre. Der Umstand, dass der handelsrechtliche Übertragungsstichtag mit dem steuerlichen Übertragungsstichtag nicht übereinstimmt, sondern um einen Tag differiert, ist in der Praxis weitgehend ohne Bedeutung, da es ohne Beanstandung bleibt, wenn die identischen Werte übernommen werden.

Zivilrechtlich darf das zuständige Registergericht eine Verschmelzung nur eintragen, wenn die der Verschmelzung zugrunde liegende Bilanz nicht älter als 8 Monate ist.[220] Die Rückwirkung gilt gleichermaßen für Verschmelzungen wie für die Auf- und Abspaltung.[221] Hinsichtlich des Formwechsels ist eine eigenständige steuerliche Rückwirkungsmöglichkeit des § 9 Satz 3 UmwStG ebenso zu beachten, wie für Ausgliederungsfälle die spezielle Regelung in § 20 Abs. 6 bzw. § 24 Abs. 4 UmwStG analog.

Für steuerliche Zwecke gilt für die Zeit zwischen der Eintragung der Verschmelzung und der letzten handelsrechtlichen Schlussbilanz des übertragenden Rechtsträgers die Verschmelzung **als bereits vollzogen**. Diese steuerliche Rückwirkungsmöglichkeit, die der Steuerpflichtige nicht unmittelbar aus dem UmwStG, sondern dem UmwG entnehmen kann, eröffnet Gestaltungsspielräume. So kann beispielsweise ein Stichtag gewählt werden durch den die Wahl des Rückwirkungszeitraums eine gewünschte steuerliche Wirkung eintritt. In der Nutzung der Rückwirkungsmöglichkeit kann regelmäßig kein Missbrauch rechtlicher Gestaltungsmöglichkeiten i. S. d. § 42 AO gesehen werden, selbst wenn die vom Gesetzgeber beabsichtigten Arbeitserleichterungen durch Vermeidung einer erneuten Erstellung eines Jahresabschlusses nicht erreicht wird, weil die Rückbeziehung nicht auf den letzten Bilanzstichtag erfolgt. In der Regel wird jedoch der Bilanzstichtag als steuerlicher Umwandlungsstichtag gewählt, auf den die Schlussbilanz des übertragenden Rechtsträgers aufgestellt wird. Allerdings ist der Bilanzierende in einem bestimmten Maße frei, durch die Schaffung von Rumpfwirtschaftsjahren den Zeitpunkt der Bilanz, die dem Vermögensübergang zugrunde gelegt wird, zu beeinflussen.

---

220 Vgl. § 17 Abs. 2 Satz 4 UmwG.

221 §§ 17 Abs. 2 Satz 4, 36 Abs. 1, 125 Satz 1, 135 UmwG.

Abbildung 3-21: *Steuerliche Rückwirkung von Umwandlungen gem. § 2 Abs. 1 UmwStG*

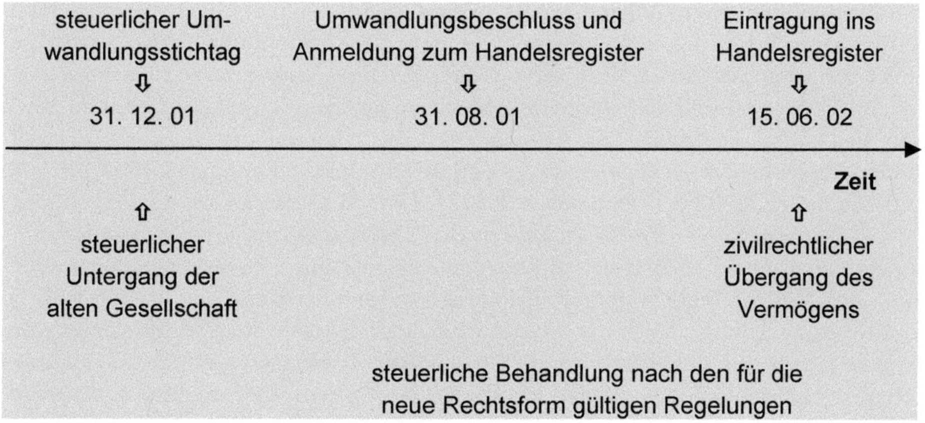

Die Rückwirkung nach § 2 Abs. 1 UmwStG hat zur Folge, dass trotz der noch nicht vollzogenen zivilrechtlichen Umwandlung vom Zeitpunkt auf den die Schlussbilanz des übertragenden Rechtsträgers aufgestellt wird, die beantragte Umwandlung als durchgeführt gilt. Bei einer Verschmelzung von einer Kapitalgesellschaft auf eine Personengesellschaft sind Aufwendungen und Erträge der Gesellschaft auf Grund von schuldrechtlichen Verträgen mit den Gesellschaftern aus dem Ergebnis der Gesellschaft zu eliminieren, da sie bei der nun gegebenen Personengesellschaft gem. § 15 Abs. 1 Satz 1 Nr. 2 2. Hs. EStG zu den Einkünften aus Gewerbebetrieb bzw. zu den Sonderbetriebsausgaben zählen. Eine Gewinnerhöhung hat auch durch die nach dem steuerlichen Übertragungsstichtag vorgenommenen Zuführungen zur Pensionsrückstellung zu erfolgen. Die bisher angesammelte Pensionsrückstellung für Gesellschaftergeschäftsführer ist jedoch nach Auffassung der Finanzverwaltung[222] nicht gewinnerhöhend aufzulösen. Hingegen ist bei einer Verschmelzung auf das Einzelunternehmen des Alleingesellschafters eine gewinnerhöhende Auflösung der Pensionsrückstellung geboten.[223] Diese Gewinnerhöhung kann durch die Bildung einer Rücklage nach § 6 UmwStG zunächst kompensiert werden, muss aber innerhalb eines Zeitraums von 3 Jahren gewinnerhöhend aufgelöst werden. Dadurch soll ein starker Anstieg des Steuersatzes verhindert werden, denn der progressive Einkommensteuer-Tarif hätte zur Folge, dass dieser einmalige Vorgang u. U. zu einem hohen Steuersatz führte, der dann auf sämtliche Einkünfte des Steuerpflichtigen anzuwenden wäre.[224]

222 Vgl. UmwSt-Erlass vom 11. 11. 2011, Rn. 06.04.

223 Vgl. UmwSt-Erlass vom 11. 11. 2011, Rn. 06.07.

224 Etwas anderes gilt lediglich, indem das Gesetz für einzelne Einkunftsarten einen besonderen Tarif vorsieht, wie dies bei der Abgeltungssteuer der Fall ist.

Die Behandlung von Gewinnausschüttungen im Rückwirkungszeitraum wird durch den Zeitpunkt des Ausschüttungsbeschlusses bestimmt. Erfolgt nur die Ausschüttung innerhalb des Rückwirkungszeitraums, wurde der Beschluss jedoch davor gefasst, handelt es sich bei dem Anteilseigner, für den die Rückwirkungsfiktion greift, um Einkünfte gem. § 20 Abs. 1 Nr. 1, Abs. 8 EStG.[225] Diese Einkünfte werden nach dem Teileinkünfteverfahren, der Abgeltungssteuer oder bei Kapitalgesellschaften nach § 8b Abs. 1 KStG besteuert. Für Anteilseigner, die während des Rückwirkungszeitraums ausscheiden, liegen im Zuflusszeitpunkt Kapitaleinkünfte i. S. d. § 20 Abs. 1 Nr. 1 EStG vor,[226] die nach dem 31. 12. 2008 grundsätzlich der Abgeltungssteuer unterliegen. Wurden die Anteile an der Kapitalgesellschaft beim Gesellschafter bereits zuvor einem Betriebsvermögen zugerechnet, kommt es insoweit zur Anwendung des Teileinkünfteverfahrens. Erfolgt demgegenüber nicht nur die tatsächliche Ausschüttung, sondern auch der Ausschüttungsbeschluss im Rückwirkungszeitraum, liegt steuerlich eine Entnahme vor, die keinen steuerbaren Zufluss bildet. Gleichwohl kommt es hinsichtlich der offenen Rücklagen jedoch gem. § 7 UmwStG zu einer Besteuerung beim Anteilseigner. Für den aus der Gesellschaft im Rückwirkungszeitraum ausscheidenden Gesellschafter ändert sich an der bereits oben dargestellten Rechtsfolge nichts. In jedem Fall ist daher eine sorgfältige Planung des Zeitpunkts der Gewinnausschüttung erforderlich, um steuerliche Vorteile erlangen bzw. Nachteile vermeiden zu können.

3.3.3.3.2 Verschmelzungen

- Welche Voraussetzungen müssen für die Steuerneutralität einer Verschmelzung erfüllt sein?
- Unter welchen Bedingungen ist die Verschmelzung zu Buchwerten vorteilhaft?
- Unter welchen Bedingungen ist die Verschmelzung zu gemeinen Werten bzw. Zwischenwerten der Umwandlung zu Buchwerten vorzuziehen?
- Was wird unter einem „Teilbetrieb“ verstanden?
- Was wird unter der „Wertverknüpfung“ verstanden?
- Was wird unter der „Fußstapfentheorie“ verstanden?
- Inwieweit kann der übernehmende Rechtsträger die Verlustvorträge des übertragenden Rechtsträgers nutzen?

Die Verschmelzung einer Körperschaft auf eine Personengesellschaft und die Verschmelzung einer Körperschaft auf das Vermögen ihres Alleingesellschafters, einer natürlichen Person, sind die Hauptanwendungsfälle für den zweiten Teil des Um-

225 Vgl. UmwSt-Erlass vom 11. 11. 2011, Rn. 02.27 f.
226 Vgl. UmwSt-Erlass vom 11. 11. 2011, Rn. 02.18.

wandlungssteuergesetzes (§§ 3 – 9 UmwStG). Anders als früher ist auch der Formwechsel einer Kapitalgesellschaft in eine Personengesellschaft in den §§ 3 – 9 UmwStG geregelt. Die nachfolgenden Ausführungen gelten jedoch zunächst nur für Verschmelzungen.

Auf den steuerlichen Übertragungsstichtag ist eine **reguläre letzte steuerliche Jahresbilanz** zu erstellen, die nach den Regelungen des § 5 Abs. 1 EStG aus den handelsrechtlichen Grundsätzen ordnungsmäßiger Buchführung abzuleiten ist, aber hinsichtlich der Bewertungsansätze, insbesondere des Buchwertansatzes keine Maßgeblichkeit mehr erfährt. Während nach § 17 Abs. 2 UmwG die übertragende Kapitalgesellschaft in der Schlussbilanz kein Wahlrecht für den anzusetzenden Wertansatz einzelner Wirtschaftsgüter hat, besteht gemäß § 3 UmwStG für steuerliche Zwecke ein Wahlrecht, die Wirtschaftsgüter in der steuerlichen Schlussbilanz mit dem **Buchwert**, mit einem höheren Wert, dem sog. **Zwischenwert**, oder höchstens mit dem **gemeinen Wert** anzusetzen. Die Finanzverwaltung hat ihre ursprüngliche Auffassung, wonach es eine Bindungswirkung der Handelsbilanz für die Steuerbilanz auch in diesen Fällen gibt, mit dem neuen UmwSt-Erlass[227] aufgegeben. § 3 UmwStG ist eine eigenständige steuerliche Ansatz- und Bewertungsvorschrift, so dass keine Bindungswirkung an die Handelsbilanz besteht.

Das Wahlrecht kann sinnvoll eingesetzt werden. Dies ist insbesondere dann bedeutsam, wenn die übertragende Kapitalgesellschaft noch **Verlustvorträge** i. S. d. § 10d EStG besitzt, die bei der Verschmelzung auf eine Personengesellschaft von dieser nicht mehr genutzt werden können.[228] In diesen Fällen bietet es sich an, bestehende stille Reserven in den Wirtschaftsgütern der untergehenden Kapitalgesellschaft durch Bewertung mit dem gemeinen Wert oder Zwischenwert[229] in der Schlussbilanz aufzudecken und den sich so ergebenden Übertragungsgewinn mit dem Verlustvortrag zu verrechnen. Die Aufdeckung von stillen Reserven führte dann auf der Ebene der übernehmenden Personengesellschaft zu einer höheren Abschreibungsbemessungsgrundlage und somit mittelbar (i. d. R. über die AfA) zu einer steuermindernden Wirkung. Bei nicht abnutzbaren Wirtschaftsgütern lägen bei einer späteren Veräußerung höhere Anschaffungskosten vor, so dass nur ein geringerer Veräußerungsgewinn der Besteuerung unterläge. Allerdings ist die Mindestbesteuerung zu beachten. Sie wirkt sich aus, wenn der Verlustvortrag und der Gewinn im Vortragsjahr mehr als 1 Mio. € beträgt, da dann nicht der gesamte überschießende Teil der Verluste verrechnet werden kann, und es in jedem Fall zu einer Steuerzahlung kommt.

Die übergehenden Wirtschaftsgüter sind gem. § 3 Abs. 1 UmwStG grundsätzlich mit dem gemeinen Wert i. S. v. § 9 Abs. 2 BewG anzusetzen. Dies ist der Wert, der bei einer Veräußerung im gewöhnlichen Geschäftsverkehr erzielt werden könnte. Dies gilt auch für nicht entgeltlich erworbene und selbst geschaffene immaterielle Wirtschafts-

227 Vgl. UmwSt-Erlass vom 11. 11. 2011, Rn. 03.04.

228 Vgl. Brähler, Umwandlungssteuerrecht, 6. Aufl., Wiesbaden 2011, S. 93.

229 Die Wirtschaftsgüter dürfen zum Zwischenwert nur angesetzt werden, soweit die Voraussetzungen des § 3 Abs. 2 UmwStG erfüllt sind.

güter. Hierzu zählt auch der Geschäfts- oder Firmenwert. Dies ist allerdings nicht unumstritten, da es sich bilanziell zumindest bis zum BilMoG[230] beim Geschäfts- oder Firmenwert nicht um einen Vermögensgegenstand handelte. Dennoch spricht die eigenständige steuerliche Bewertungsvorschrift für die auch von der Finanzverwaltung vertretene Auffassung zur Erfassung des Geschäfts- oder Firmenwertes.[231]

Alternativ zur Bewertung mit dem gemeinen Wert kann auf Antrag gem. § 3 Abs. 2 UmwStG auch eine Bewertung mit dem Buchwert vorgenommen werden. Dies hätte zur Folge, dass die vorhandenen stillen Reserven nicht aufgelöst werden müssten. Voraussetzung hierfür ist jedoch, dass die spätere Besteuerung der stillen Reserven bei den Gesellschaftern der übernehmenden Personengesellschaft in der Bundesrepublik Deutschland sichergestellt ist. Hiervon ist im hier unterstellten reinen Inlandsfall regelmäßig auszugehen. Weitere Voraussetzung für den Buchwertansatz der Wirtschaftsgüter ist, dass das Vermögen durch die Umwandlung auf einen anderen Rechtsträger übergeht. Außerdem darf keine Gegenleistung gewährt werden oder eine solche nur in Gesellschaftsrechten bestehen. Schädlich für die Steuerneutralität ist die Leistung eines Spitzenausgleichs der nicht in Gesellschaftsrechten, sondern z. B. in Geld erfolgt.

(a) Verschmelzung einer Kapitalgesellschaft auf eine Personengesellschaft als übernehmenden Rechtsträger

(i) Grundlagen und Rechtsfolgen

Im Folgenden wird von einer Verschmelzung einer Kapitalgesellschaft auf eine Personengesellschaft ausgegangen. Diese hat steuerlich nach den §§ 3 – 9 UmwStG zu erfolgen. Eine Verschmelzung einer Personengesellschaft auf eine andere Personengesellschaft bestimmt sich steuerlich hingegen nach § 24 UmwStG und ist Gegenstand späterer Erläuterungen.[232]

Die Rechtsgrundlagen ergeben sich wiederum aus den §§ 3 – 9 UmwStG. Gem. § 3 Abs. 1 UmwStG müssen die Wirtschaftsgüter in der Schlussbilanz der übertragenden Körperschaft mit dem gemeinen Wert angesetzt werden. Sind die Voraussetzungen des § 3 Abs. 2 UmwStG erfüllt, räumt der Gesetzgeber der übertragenden Kapitalgesellschaft ein Bewertungswahlrecht ein, das einen Ansatz der übergehenden Wirtschaftsgüter zum Buch- oder Zwischenwert ermöglicht. Ein sich ergebender **Übertragungsgewinn** ist sowohl körperschaft- als auch gewerbesteuerpflichtig. Ein solcher Übertragungsgewinn entsteht, wenn in der steuerlichen Schlussbilanz stille Reserven aufgedeckt werden. Dies sieht § 3 Abs. 1 UmwStG als Regelfall vor, sofern nicht die o. g. Ausnahmen erfüllt sind, die eine Fortführung der Buchwerte ermöglichen.

230 Gesetz zur Modernisierung des Bilanzrechts (BilMoG) vom 25. 5. 2009, BGBl. I 2009, S. 1102.
231 Vgl. UmwSt-Erlass vom 11. 11. 2011, Rn. 03.05.
232 Vgl. S. 143 ff.

(ii) Besteuerungsfolgen beim übertragenden Rechtsträger

Durch die Buchwertverknüpfung wird gewährleistet, dass die vorhandenen stillen Reserven auch bei der übernehmenden Personengesellschaft steuerverhaftet bleiben und eine Besteuerung dieser Reserven gewährleistet ist. Allerdings tritt die übernehmende Personengesellschaft hinsichtlich eines verbleibenden Verlustabzugs nach § 10d EStG sowie verrechenbarer Verluste nach § 15a oder § 15b EStG nicht in die Rechtsstellung der übertragenden Gesellschaft ein. Vielmehr gehen diese unter, sofern nicht auf Ebene der Kapitalgesellschaft durch entsprechende Gestaltungsmaßnahmen, wie z. B. die Veräußerung einzelner Wirtschaftsgüter, eine Nutzung erreicht werden kann. Denkbar wäre auch ein Ansatz zum zulässigen Zwischenwert zur teilweisen Realisierung stiller Reserven möglich. Hierbei sind die Nachteile der Mindestbesteuerung zu beachten. Hinsichtlich eines etwaigen Zinsvortrages i. S. d. Zinsschrankenregelung des § 4h EStG tritt die übernehmende Gesellschaft ebenfalls nicht in die Rechtsstellung der übertragenden Gesellschaft ein. Handelsrechtlich ist darauf zu achten, dass bei einer Bewertung mit dem Verkehrswert und der hiermit verbundenen Erhöhung des handelsrechtlichen Eigenkapitals nach den Änderungen im HGB durch das BilMoG[233] latente Steuern im handelsrechtlichen Jahresabschluss zu berücksichtigen sind, die den Jahresüberschuss mindern. Dies kann besonders belastend sein, wenn die Umwandlung vor vielen Jahren erfolgte und die Aufstockung der Bilanzwerte zur Bildung einer Gewinnrücklage geführt hat. Müssen nun handelsrechtlich die latenten Steuern passiviert werden, kann dies ergebnisneutral mit der Gewinnrücklage verrechnet werden. Besteht diese jedoch nicht mehr, erfolgt die Bildung der passiven latenten Steuern ergebniswirksam und mindert damit das aktuelle Jahresergebnis. Dies ist zwar zunächst nicht liquiditätswirksam, kann aber die Eigenkapitalquote massiv reduzieren.

■ **Beispiel:**

Die A-GmbH und die natürliche Person B sind an der A&B-KG zu jeweils 50% beteiligt. Diese hält 94% der Anteile an der T-AG (Anschaffungskosten 3 Mio. €). Die restlichen 6% befinden sich in Streubesitz. Der Buchwert des Betriebsvermögens der T-AG beträgt 2 Mio. €, dessen gemeiner Wert beläuft sich auf 6 Mio. €. Ferner weist sie Gewinnrücklagen über 1 Mio. € aus. Ferner trägt die T-AG Verluste i. H. v. 4 Mio. € vor sich her. Die T-AG soll auf die A&B-KG verschmolzen werden. Es erfolgt

a) ein Ansatz zum gemeinen Wert und

b) ein Ansatz zum Buchwert.

Zu a) „Übertragung zum gemeinen Wert"

Bei Ansatz des gemeinen Wertes ergibt sich ein Übertragungsgewinn i. H. v. 4 Mio. €. Von diesem kann ein Verlustabzug nach § 10d EStG erfolgen, sodass ein

233 Gesetz zur Modernisierung des Bilanzrechts (BilMoG) vom 25. 5. 2009, BGBl. I 2009, S. 1102.

Betrag von 1,2 Mio. € der Körperschaftsteuer zzgl. Solidaritätszuschlag sowie der Gewerbesteuer unterliegen. Der restliche Verlustvortrag von 1,2 Mio. € kann nach der Verschmelzung nicht mehr genutzt werden.

Zu b) „Übertragung zum Buchwert"

Sofern ein Antrag nach § 3 Abs. 2 UmwStG Erfolg hat, ergibt sich ein Übertragungsgewinn von null. Ein Verlustabzug ist folglich nicht möglich, sodass die Verlustvorträge von 4 Mio. € untergehen. Eine Steuerbelastung infolge der Mindestbesteuerung wurde damit erfolgreich vermieden.

(iii) Besteuerungsfolgen beim übernehmenden Rechtsträger sowie den Anteilseignern

Auf Ebene der übernehmenden Personengesellschaft bzw. ihrer Gesellschafter ist ein **Übernahmegewinn oder -verlust** zu ermitteln. Die übernommenen Wirtschaftsgüter sind zwingend mit den in der steuerlichen Schlussbilanz der übertragenden Körperschaft enthaltenen Werten anzusetzen (sog. Wertverknüpfung gem. § 4 Abs. 1 Satz 1 UmwStG). Die übernehmende Personengesellschaft tritt nach § 4 Abs. 2 Satz 1 UmwStG in die Rechtstellung der übertragenden Kapitalgesellschaft ein (sog. **Fußstapfentheorie**). Dies bedeutet beispielsweise für die zukünftig vorzunehmende AfA eine Bindung an die bisherigen Anschaffungs- oder Herstellungskosten, betriebsgewöhnliche Nutzungsdauer sowie die Abschreibungsmethoden. Wird demgegenüber eine Aufstockung auf die gemeinen Werte vorgenommen verändert sich hinsichtlich der Gebäude-AfA nur die Bemessungsgrundlage, nicht aber Abschreibungsdauer und -modus.[234] Bei den sonstigen Wirtschaftsgütern muss die Bemessungsgrundlage und möglicherweise die Abschreibungsdauer neu bestimmt werden.[235] Eine darüber hinausgehende Änderung der Abschreibungsregeln bzw. der Bemessungsgrundlagen ist für steuerliche Zwecke nicht zulässig, da kein neuer Anschaffungsvorgang vorliegt.

Da die Personengesellschaft selbst nicht Steuersubjekt ist und die Gesellschafter anteilig an ihrem Vermögen beteiligt sind sowie ihre Anteile einen unterschiedlichen Wert aufweisen, muss die Ermittlung des Übernahmeergebnisses personen- bzw. gesellschafterbezogen erfolgen. Die Bestimmung des Übernahmegewinns bzw. -verlusts folgt dabei dem in Abbildung 3-22 angegebenen Schema.

[234] Vgl. § 4 Abs. 3 UmwStG.
[235] Vgl. § 4 Abs. 3 UmwStG.

Abbildung 3-22: Schema zur Bestimmung des Übernahmegewinns/-verlusts

	Wertansatz der übergegangenen Wirtschaftsgüter
–	Buchwert der Anteile an der übertragenden Kapitalgesellschaft
–	Umwandlungskosten
=	Übernahmegewinn/-verlust der 1. Stufe (§ 4 Abs. 4 Satz 1 UmwStG)
+	Sperrbetrag nach § 50c EStG (Altfälle)
–	fiktive Dividende i. S. d. § 7 UmwStG
=	Übernahmegewinn/-verlust der 2. Stufe (§ 4 Abs. 5 UmwStG)

Die übernommenen Wirtschaftsgüter sind zwingend mit den in der steuerlichen Schlussbilanz der übertragenden Körperschaft enthaltenen Werten anzusetzen (sog. **Wertverknüpfung** gem. § 4 Abs. 1 Satz 1 UmwStG). Bei der Ermittlung des Wertansatzes der übergegangenen Wirtschaftsgüter sind von der übertragenden Körperschaft selbst geschaffene immaterielle Wirtschaftsgüter des Anlagevermögens, die gem. § 5 Abs. 2 EStG in der Jahresbilanz nicht aktiviert werden durften, mit dem Buchwert oder dem gemeinen Wert anzusetzen. Dies gilt auch für den von der Körperschaft selbst geschaffenen Geschäfts- oder Firmenwert.

Die Umwandlung einer Kapitalgesellschaft in eine Personengesellschaft stellt sich steuerlich **wie eine Vollausschüttung der offenen Gewinne und Gewinnrücklagen** dar (sog. **Ausschüttungsfiktion**).[236] Insoweit ist es sachgerecht, dass der Übernahmegewinn bei der aufnehmenden Personengesellschaft bzw. den dahinter stehenden Gesellschaftern (= natürliche Personen) gem. § 4 Abs. 7 Satz 2 UmwStG nach dem Teileinkünfteverfahren zu berücksichtigen ist. Ist der Gesellschafter der übernehmenden Personengesellschaft eine inländische Kapitalgesellschaft findet § 8b KStG Anwendung. Die Ermittlung des Übernahmeergebnisses gem. § 4 Abs. 4 UmwStG ist nur unter der Fiktion der Einlage der Anteile an der Kapitalgesellschaft in das Betriebsvermögen der Personengesellschaft möglich (sog. **Einlagefiktion** gem. § 5 Abs. 3 UmwStG).

Ein **Übernahmeverlust** ergibt sich, wenn die übernehmende Personengesellschaft beim Erwerb der Anteile an der übertragenden Kapitalgesellschaft stille Reserven erworben hat und diese zum Zeitpunkt der Umwandlung noch bestehen. Denkbar ist, dass die übertragende Kapitalgesellschaft überschuldet und damit das übernommene Vermögen negativ ist. Dieser Übernahmeverlust bleibt gem. § 4 Abs. 6 UmwStG **voll-**

236 Vgl. § 7 UmwStG.

ständig außer Ansatz, sofern er auf Körperschaftsteuersubjekte entfällt, bei denen nach § 8b Abs. 2 KStG Veräußerungsgewinne steuerbefreit sind.[237] Ist der Gesellschafter jedoch eine natürliche Person, können Verlust in dem Umfang des § 3c Abs. 2 EStG berücksichtigt werden. Bei der Gewerbesteuer wird gem. § 18 Abs. 2 UmwStG weder ein Übernahmegewinn noch ein Übernahmeverlust berücksichtigt.

Ein Übernahmeverlust 1. Stufe kann ausgeglichen werden durch einen bestehenden Sperrbetrag im Sinne des **§ 50c EStG.**[238] Dieser ergibt sich – anders als bis zum Veranlagungszeitraum 2000 – nicht auf Grund des Umwandlungsvorganges durch Beteiligung nicht anrechnungsberechtigter Anteilseigner. Vielmehr handelt es sich hierbei um bereits vor diesem Zeitpunkt entstandene Sperrbeträge, die ihre Ursache außerhalb des Umwandlungsvorgangs haben. Für die Praxis entsteht hieraus die Notwendigkeit, sich die Historie der Anteilsübertragungen der Kapitalgesellschaft genau anzuschauen, um etwaige § 50c EStG-Fälle rechtzeitig zu erkennen.

Die oben dargestellte Ermittlung des Übernahmeergebnisses geht von einem vollständigen Anteilsbesitz durch die übernehmende Personengesellschaft aus. Bestehen demgegenüber auch Anteile, die im Privatvermögen gehalten werden und nicht nach § 17 EStG oder § 22 UmwStG erfasst sind, ist der Wert des übergehenden Vermögens nur entsprechend der Quote der steuerverhafteten Anteile zu berücksichtigen.

Steuerliche Auswirkungen ergeben sich nicht nur auf Ebene der übertragenden Kapitalgesellschaft sowie der übernehmenden Personengesellschaft, sondern auch auf **Ebene der Gesellschafter** der übernehmenden Personengesellschaft. Gemäß § 5 UmwStG nehmen nur die Anteile an der übertragenden Kapitalgesellschaft an der steuerneutralen Umwandlung teil, die zum Übertragungsstichtag zum Betriebsvermögen des Gesellschafters gehören oder nach § 17 EStG oder § 22 UmwStG steuerverhaftet sind. Nur bei diesen ist gewährleistet, dass die Anteile vor und nach der Verschmelzung bei einer Veräußerung durch den Gesellschafter der Besteuerung unterliegen.

Für Gesellschafter, die ihre Anteile an der Kapitalgesellschaft im Privatvermögen halten und keine Steuerverhaftung nach § 17 EStG oder § 22 UmwStG gegeben ist, waren für Umwandlungen bis zum 31. 12. 2008 erhebliche Nachteile verbunden. Während bis dahin etwaige Veräußerungsgewinne beim Verkauf der Kapitalgesellschaftsanteile nicht steuerbar waren, muss bei einer späteren Veräußerung von Mitunternehmeranteilen an einer Personengesellschaft eine vollständige Besteuerung mit dem individuellen Steuersatz vorgenommen werden. Für Umwandlungen nach dem 31. 12. 2008 kommt es bei einer Veräußerung der Anteile von Privatpersonen, die nicht solche im Sinne des § 17 Abs. 1 EStG sind, zu einer Besteuerung, wenn die Anteile nicht bereits zum 31. 12. 2008 erworben waren. In diesen sog. „Altfällen" kommt es nicht zur Versteuerung gem. § 20 Abs. 2 Nr. 1 EStG. Sind Anteile jedoch erst nach dem

---

[237] Sonderregelungen gelten in den Fällen des § 8b Abs. 7 und 8 KStG.

[238] Mit Wirkung zum 1. 1. 2002 ist § 50c EStG aufgehoben worden, so dass es sich hierbei ausschließlich um Altfälle handelt.

31. 12. 2008 angeschafft worden und werden sie im Rahmen eines Verschmelzungsvorgangs veräußert bzw. scheiden die Gesellschafter aus, erfolgt eine reguläre Veräußerungsgewinnbesteuerung (Abgeltungssteuer nach § 32d EStG, Teileinkünfteverfahren oder Freistellung nach § 8b KStG).

Für den mit weniger als 1% beteiligten Gesellschafter, der seinen Anteil im Privatvermögen hält, gilt Folgendes. Nach §§ 4 Abs. 4 Satz 3 i. V. m. 5 UmwStG nimmt er nicht am Übernahmeergebnis teil, sondern muss gem. § 7 UmwStG im Rahmen der Umwandlung die ihm anteilig zuzurechnenden offenen Reserven (also Jahresüberschuss, Gewinnvortrag und Gewinnrücklagen) als Einkünfte aus Kapitalvermögen gem. § 20 Abs. 1 Nr. 1 EStG i. V. m. dem Abgeltungssteuersatz gem. § 32d EStG besteuern. Diese Besteuerung ist auch in den Fällen nicht zu vermeiden, in denen die Veräußerung der Anteile als nicht steuerbar zu qualifizieren ist. In allen anderen Fällen sind sowohl die offenen Reserven als auch die zuzurechnenden stillen Reserven mit dem Abgeltungssteuersatz zu versteuern. Nimmt ein Gesellschafter an der steuerneutralen Verschmelzung teil, wird nur die sofortige Besteuerung der stillen Reserven, nicht jedoch die der offenen Reserven (wie z. B. der Gewinnvorträge) vermieden.

Fortsetzung des Beispiels von S. 115:

Zu a) „Übertragung zum gemeinen Wert"

Die Gewinnrücklagen der T-AG gelten als ausgeschüttet. Hierzu gehörten die ursprünglichen 1 Mio. € Gewinnrücklagen sowie die aufgedeckten stillen Reserven, sodass auf die A-GmbH eine Gewinnausschüttung von 2,35 Mio. € entfällt, die – wirtschaftlich betrachtet – nach § 8b Abs. 1 und 5 KStG zu 95% steuerfrei sind. Auf B entfällt der gleiche Betrag, der grundsätzlich dem Teileinkünfteverfahren unterliegt. Gewerbesteuerlich erfolgt eine Kürzung nach § 9 Nr. 2a GewStG. Die Minderheitsaktionäre werden laut Verschmelzungsvertrag nach der Verschmelzung Gesellschafter der aufnehmenden Personengesellschaft. Ihnen sind auf Grund der Ausschüttungsfiktion 300.000,- € Einkünfte aus Kapitalvermögen zuzuweisen. Da sie keine Anteile i. S. d. § 17 EStG halten, müssen sie diese im Rahmen des Abgeltungssteuersystems mit 25% zzgl. Solidaritätszuschlag besteuern.

Als Gegenleistung für die Hingabe ihrer Anteile an der T-AG wird den Altgesellschaftern anteiliges Vermögen der T-AG im Wert von 5.640.000,- € zugerechnet. Nach Abzug der Anschaffungskosten und der erhaltenen Gewinnausschüttung ergibt sich ein Übernahmeverlust von 2.060.000,- Mio. €. Zu 50% bleibt er außer Ansatz, da er in dieser Höhe auf die A-GmbH entfällt. Soweit er auf den B entfällt, kann er zu 60% berücksichtigt werden, sodass er infolge der Verrechnung mit der fiktiven Ausschüttung und dem Teileinkünfteverfahren auf 792.000,- € Einkommensteuer zahlen muss. Gewerbesteuerlich hat der Übernahmeverlust keine Auswirkung. Da die Minderheitsaktionäre der T-AG keine Anteile i. S. d. § 17 EStG halten, gelten diese nicht nach § 5 Abs. 2 UmwStG als in die A&B-KG eingelegt, sodass für diese auch kein Übernahmegewinn ermittelt und besteuert werden muss bzw. kein Übernahmeverlust abziehbar wird.

Die aufnehmende A&B-KG muss das Vermögen mit 6 Mio. € bewerten, woran nun auch die ehemaligen Minderheitsaktionäre als Mitunternehmer beteiligt sind.[239] Das Kapitalkonto von A-GmbH und B ist um den anteiligen Übernahmegewinn zzgl. der ihnen zustehenden Gewinnausschüttung nach § 7 UmwStG, also um jeweils 1.320.000,- € zu erhöhen.

Zu b) „Übertragung zum Buchwert"

Die Gewinnrücklagen der T-AG gelten ebenfalls als ausgeschüttet, sodass auf die A-GmbH und B jeweils 470.000,- € Dividende im Rahmen der Ausschüttungsfiktion entfallen, die wie oben zu behandeln sind. Den Minderheitsaktionären der T-AG sind nur nach § 7 UmwStG 60.000,- € Einkünfte aus Kapitalvermögen zuzuweisen.

Als Gegenleistung für die Hingabe ihrer Anteile an der T-AG erhalten die Altgesellschafter anteiliges Vermögen der T-AG, das diesmal mit 1.880.000 € zu bewerten ist. Der Übernahmeverlust gleicht dem bei Aufdeckung der stillen Reserven (2.060.000,- €). B kann seinen Anteil daran mit der fiktiven Gewinnausschüttung verrechnen, allerdings nur soweit dadurch kein Verlust entsteht. Aus der Verschmelzung resultiert für ihn daher keine Steuerbelastung. Verbleibende Übernahmeverluste i. H. v. 560.000,- € kann er nicht weiter nutzen. Die aufnehmende A&B-KG muss das Vermögen mit 2 Mio. € bewerten, woran nunmehr auch die ehemaligen Minderheitsaktionäre mitunternehmerisch beteiligt sind.[240] Das Kapitalkonto der A-GmbH und des B sinkt jeweils um 560.000,- €.

(iv) Sonderprobleme

Die Gesellschafter, die Anteile von weniger als 1% im Privatvermögen halten, sind aus steuerlichen Gründen quasi gezwungen, die Gesellschaft zu verlassen, um spätere steuerliche Nachteile zu vermeiden. Vor allem durch aktien- und umwandlungsrecht-

239 Das ihnen zuzuweisende Kapitalkonto beliefe sich auf 360.000,- €. Angesichts der Ausschüttungsfiktion führten Anschaffungskosten der Beteiligung an der T-AG oberhalb der 60.000,- €-Marke beispielsweise 100.000,- € latent zu einer Doppelbelastung. In dem Fall hätten sie Vermögen im Wert von 400.000,- € versteuert (fiktive Ausschüttung sowie die historischen Anschaffungskosten der T-AG-Beteiligung). Bei einer Veräußerung zu diesem Preis müssten sie angesichts eines Kapitalkontos von 360.000,- € dennoch auf 40.000,- € Steuern zahlen.

240 Ihr Kapitalkonto beliefe sich auf 120.000,- €. Wertunterschiede zum Ansatz mit dem gemeinen Wert haben keine Auswirkung auf die Gesellschaftsrechte, da sich diese ausschließlich nach Verschmelzungs- und Gesellschaftsvertrag richten.

liche Regelungen, wie z. B. dem „Squeeze-out" von Minderheitsgesellschaftern[241], bzw. die Möglichkeit diese Gesellschafter bei Umstrukturierungsentscheidungen zu überstimmen, kann sich für sie ein erhebliches Risiko ergeben, da sie in jedem Fall an die Mehrheitsgesellschafter verkaufen wollen oder müssen. Für Minderheitsgesellschafter einer GmbH ergibt sich dies nicht aus gesetzlichen Zwängen wie etwa nach §§ 327a ff. AktG, doch ist der wirtschaftliche Anreiz weiterhin Gesellschafter zu bleiben vergleichsweise gering, so dass ein Ausscheiden aus der Gesellschaft aus anderen Gründen angestrebt wird. Sind die Anteile an der Kapitalgesellschaft nicht solche i. S. d. § 17 Abs. 1 EStG und wurden sie vor dem 01. 01. 2009 erworben, empfiehlt sich eine sofortige nicht steuerbare Veräußerung. Unterliegt der Veräußerungsgewinn nach § 20 Abs. 2 EStG der Abgeltungssteuer gem. § 32d EStG, ist dies vorteilhafter als die spätere Veräußerung der Mitunternehmeranteile mit dem individuellen Einkommensteuersatz. Folglich ist auch in diesem Fall einer Veräußerung bzw. dem Ausscheiden aus der Gesellschaft regelmäßig der Vorzug zu geben ist. Infolge des hiermit verbundenen Liquiditätszuflusses wird die Begleichung der Steuern erleichtert.

Die **Umwandlungskosten** sind von jedem beteiligten Rechtsträger in Höhe des auf ihn entfallenden Anteils selbst zu tragen. Hierbei sind die bei der übertragenden Kapitalgesellschaft anfallenden Umwandlungskosten sofort abzugsfähige Betriebsausgaben. Dies gilt für die Kosten bei der übernehmenden Personengesellschaft bzw. bei ihren Gesellschaftern. Hierzu zählt unter anderem die Grunderwerbsteuer für die Übertragung von Grundvermögen, da es mangels einer Anschaffung nicht zu einer Aktivierung beim Grundvermögen kommt. Streitig ist derzeit, ob die Umwandlungskosten bei der übernehmenden Personengesellschaft vollständig abzugsfähig sind oder nach § 3c Abs. 2 EStG deren Abzug anteilig versagt wird. Wird der Interpretation gefolgt, dass die Verschmelzung der Kapitalgesellschaft deren Abwicklung und die Auskehrung aller offenen Reserven sei, so liegen Einkünfte aus Kapitalvermögen i. S. d. § 20 Abs. 1 Nr. 1 EStG vor, die eine entsprechende Berücksichtigung der damit im Zusammenhang stehenden Aufwendungen nach den üblichen Regelungen in Abhängigkeit von dem jeweiligen Gesellschafter verlangt. Handelt es sich um Privatpersonen, die ihre Anteile im Betriebsvermögen hält, kommt § 3c Abs. 2 EStG zur Anwendung, da auf die Einkünfte das Teileinkünfteverfahren nach § 3 Nr. 40 Buchst. d) EStG mit anteiliger Befreiung zum Tragen kommt. Die Verschmelzung der Kapitalgesellschaft kann jedoch auch als Dividendenausschüttung angesehen werden. Handelt es sich um Dividenden, die nach dem 31. 12. 2008 zufließen, und befinden sich die Anteile im Privatvermögen, kann vertreten werden, dass die Umwandlungskosten im Zusammenhang mit der Dividendenausschüttung stehen und daher nach

241 Gem. §§ 327a ff. AktG kann die Hauptversammlung einer Aktiengesellschaft oder KGaA auf Verlangen eines Aktionärs, dem mindestens 95% der Aktien gehören, die Übertragung der Aktien der Minderheitsgesellschafter auf den Hauptaktionär beschließen Für die Durchführung eines verschmelzungsspezifischen Squeeze-out im Zusammenhang mit einem Upstream Merger gem. § 62 UmwG reicht es aus, dass die übernehmende Aktiengesellschaft an der übertragenden Tochtergesellschaft mit 90% beteiligt ist. Den ausscheidenden Gesellschaftern ist eine angemessene Abfindung zu gewähren.

§ 20 Abs. 9 EStG nicht abgezogen werden können. Dagegen spricht jedoch die wirtschaftliche Verursachung durch die Umwandlung und die Überführung des Vermögens aus dem privaten in den steuerlich verstrickten Bereich des Betriebsvermögens. Dies legt es nahe, im Rahmen des § 3c EStG abzugsfähige Betriebsausgaben anzunehmen. Streitig ist, ob diese bei der letztmaligen Ausschüttung der Kapitalgesellschaft zu berücksichtigen sind.

Bei der Umwandlung einer Kapitalgesellschaft in eine Personengesellschaft stellt sich i. d. R. das Problem der nicht abziehbaren Übernahmeverluste. Außerdem ergibt sich für den Anteilseigner einer Kapitalgesellschaft die Schwierigkeit, dass – sofern eine Umwandlung unterbleibt – etwaige Fremdkapitalkosten auf den Erwerb der Anteile an der Kapitalgesellschaft bei ihm gem. § 3c Abs. 2 EStG nur teilweise oder gem. § 20 Abs. 9 EStG überhaupt nicht abzugsfähig sind. Durch eine Umwandlung in eine Personengesellschaft kann die Umqualifizierung der Aufwendungen in vollständig abziehbare Sonderbetriebsausgaben erlangt werden. Demgegenüber führt die Umwandlung zu einer Reduzierung der steuerlichen Anschaffungskosten. Als Gestaltungsmöglichkeit kann sich die Begründung einer Organschaft anbieten, wobei die Kapitalgesellschaft die Organgesellschaft darstellt und der Gesellschafter mittels eines gewerblichen Einzelunternehmens oder einer gewerblichen Personengesellschaft als Organträger fungiert.[242] In diesen Fällen erzielt der Anteilseigner nicht mehr Einkünfte gem. § 20 Abs. 1 Nr. 1 EStG, sondern solche aus Gewerbebetrieb gem. § 15 Abs. 1 Satz 1 Nr. 1 EStG. Neben diesen Gestaltungsmöglichkeiten sind in der Literatur zahlreiche Modelle entwickelt worden, mit deren Hilfe der eigentlich nicht abziehbare Übernahmeverlust steuerlich doch genutzt werden kann. Hierbei gehen die Überlegungen von einer Thesaurierung der Gewinne vor der Umwandlung über eine Liquidation der Kapitalgesellschaft sowie das sog. Mitunternehmer- und KGaA-Modell bis hin zu einem Asset Deal und dem sog. Kombinationsmodell. Die Vorteilhaftigkeit der einzelnen Modelle kann nur im konkreten Einzelfall bestimmt werden, wobei zahlreiche Gestaltungen bereits durch die Rechtsprechung als nicht tragfähig bzw. nicht zulässig angesehen wurden.

Der Übernahmeverlust kann bis zu 60% der fiktiven Dividende berücksichtigt werden (§ 4 Abs. 6 Satz 4 UmwStG). Es sind Fälle denkbar, z. B. hohe Gewinnrücklagen, bei denen für den Gesellschafter durch die Umwandlung keine Steuerbelastung entsteht.

(b) Verschmelzung einer Personengesellschaft auf eine andere Personengesellschaft als übernehmenden Rechtsträger

Eine Verschmelzung einer Personengesellschaft auf eine andere Personengesellschaft, die gem. §§ 39 – 45 UmwG zulässig ist, richtet sich steuerlich nach § 24 UmwStG. Hierbei handelt es sich steuerlich um die Einbringung eines Mitunternehmeranteils in eine Personengesellschaft gegen Gewährung von Gesellschaftsrechten, die steuer-

242 Vgl. hierzu S. 191 ff.

neutral möglich ist.[243] Hinsichtlich der konkreten Umsetzung wird auf die Ausführungen auf S. 143 ff. verwiesen.

(c) Verschmelzung einer Kapitalgesellschaft auf eine Kapitalgesellschaft als übernehmendem Rechtsträger

Bei der Verschmelzung einer Kapitalgesellschaft auf eine andere Kapitalgesellschaft sind die §§ 11 – 13 UmwStG zu beachten. Gem. § 11 Abs. 1 UmwStG müssen die Wirtschaftsgüter in der Schlussbilanz der übertragenden Körperschaft mit dem gemeinen Wert angesetzt werden. Die übertragende Kapitalgesellschaft kann in ihrer steuerlichen Schlussbilanz die zu übertragenen Wirtschaftsgüter mit dem **Buchwert**, oder einem **Zwischenwert** ansetzen, soweit folgende Voraussetzungen erfüllt sind:[244]

- Sicherstellung, dass eine spätere Versteuerung der stillen Reserven bei der übernehmenden Kapitalgesellschaft erfolgt und
- das Recht der Bundesrepublik Deutschland hinsichtlich der Besteuerung des Gewinns aus der Veräußerung der übertragenen Wirtschaftsgüter bei der übernehmenden Körperschaft nicht ausgeschlossen oder beschränkt wird und
- eine Gegenleistung nicht gewährt wird oder diese nur in Gesellschaftsrechten besteht.

Im Sinne der Wertverknüpfung des § 12 Abs. 1 Satz 1 UmwStG hat die **übernehmende Kapitalgesellschaft** die Wirtschaftsgüter mit den Werten aus der Schlussbilanz der übertragenden Kapitalgesellschaft anzusetzen. Ein sich ergebender Übernahmegewinn oder -verlust als Differenz zwischen dem Wert der übernommenen Wirtschaftsgüter und den Anschaffungskosten der untergehenden Anteile an der verschmolzenen Kapitalgesellschaft bleibt gem. § 12 Abs. 2 Satz 1 UmwStG bei der Gewinnermittlung der übernehmenden Kapitalgesellschaft außer Ansatz.[245] Für die Gewerbesteuer ergibt sich dies aus § 19 Abs. 1 UmwStG. Die übernehmende Kapitalgesellschaft tritt nicht vollumfänglich in die Rechtsstellung der untergehenden Kapitalgesellschaft ein. Dies zeigt insbesondere der Verweis in § 12 Abs. 3 UmwStG auf § 4 Abs. 2 und 3 UmwStG. Verrechenbare Verluste (z. B. i. S. d. § 15a EStG), verbleibende Verlustvorträge, vom übertragenden Rechtsträger nicht ausgeglichene negative Einkünfte, ein Zinsvortrag nach § 4h Abs. 1 Satz 5 EStG und ein EBITDA-Vortrag nach § 4h Abs. 1 Satz 3 EStG gehen nicht über. Die hiermit verbundenen Nachteile können so gravierend sein, dass eine Verschmelzung nur unterbleibt, um sie zu verhindern. Dies gilt insbesondere, weil die regelmäßig mögliche Aufdeckung der stillen Reserven in der Schlussbilanz

243 Vgl. hierzu auch den entsprechenden Hinweis im UmwSt-Erlass vom 11. 11. 2011, Rn. 01.47

244 Vgl. § 11 Abs. 2 UmwStG.

245 Typische Fälle, bei denen ein Übernahmegewinn entsteht, sind solche, bei denen Schwestergesellschaften aufeinander verschmolzen werden und der Wert der übergegangenen Wirtschaftsgüter regelmäßig auf fehlende Anschaffungskosten der Anteile trifft und insoweit den Übernahmegewinn begründet. Dieser bleibt gem. § 12 Abs. 2 Satz 2 UmwStG außer Ansatz.

der untergehenden Kapitalgesellschaft Verluste nur innerhalb der Regelungen zur Mindestbesteuerung nutzbar machen. Hingegen werden Besitzzeiten von Wirtschaftsgütern dem übernehmenden Rechtsträger zugerechnet. Auch die Abschreibungsdauer sowie -modalitäten sind beizubehalten (sog. Fußstapfentheorie).

Die steuerlichen **Folgen für die Anteilseigner** der übertragenden Körperschaft regelt § 13 UmwStG. Im Fall der Buchwertverknüpfung zwischen der Schlussbilanz der übertragenden Kapitalgesellschaft und der Übernahmebilanz der übernehmenden Kapitalgesellschaft ergeben sich für die Anteilseigner keine unmittelbaren steuerlichen Belastungen. Die Anteile an der übertragenden Kapitalgesellschaft, die im Betriebsvermögen gehalten werden, gelten als zum Buchwert veräußert und die an ihre Stelle tretenden Anteile als mit diesem Wert angeschafft. Anteilen im Betriebsvermögen gleichgestellt sind Anteile i. S. v. § 22 UmwStG. Diese Anteile waren bisher steuerverstrickt und sind es auch weiterhin.

Anteile, die nicht im Betriebsvermögen gehalten werden, aber unter § 17 EStG fallen, erfahren eine nur geringfügig abweichende Behandlung.[246] An die Stelle des Buchwertes treten die Anschaffungskosten der Anteile. Insoweit ändert sich auch für Anteile im Sinne des § 17 EStG nichts an der steuerlichen Qualifikation. Alle sonstigen Anteile, wie Anteile im Privatvermögen, die nicht unter § 17 EStG fallen, nehmen an dem steuerneutralen Austausch nicht teil, so dass es sich um einen Realisationsvorgang handelt. Ob es in diesen Fällen zu einer Besteuerung kommt, hängt von den Umständen des Einzelfalls ab. Gehörten die Anteilen an der untergehenden Kapitalgesellschaft bereits vor dem 1. 1. 2009 zum Privatvermögen, ist die spätere Veräußerung ein nicht steuerbarer Vermögenszufluss, egal wann veräußert wird. Sind die Anteile erst nach dem 31. 12. 2008 in das Privatvermögen des Anlegers gelangt, kommt es gem. § 20 Abs. 2 EStG i. V. m. § 32d EStG zu einer Besteuerung mit der Abgeltungssteuer. Die Umwandlungsfälle folgen damit den Besteuerungsfolgen bei üblichem Anteilsbesitz, so dass keine zusätzlichen Vorteile durch die Verschmelzung auf die übernehmende Kapitalgesellschaft erlangt werden können.

■ **Beispiel:**

Die M-AG hält 80% der Anteile an der T-AG. Die M-AG hat für die Beteiligung Anschaffungskosten i. H. v. 2 Mio. € (entspricht dem Anteil am Nennkapital) aufgewandt. Der Buchwert des Betriebsvermögens der T-AG beträgt 4,5 Mio. €, dessen gemeiner Wert 7,5 Mio. €. Die T-AG hat in ihrer Steuerbilanz eine Rückstellung über 750.000,- € für die Verletzung von Patentrechten der M-AG gebildet. Die T-AG soll auf die M-AG verschmolzen werden. Es erfolgt

a) ein Ansatz zum gemeinen Wert und

b) ein Ansatz zum Buchwert.

---

[246] Vgl. § 13 Abs. 2 UmwStG.

Zu a) „Übertragung zum gemeinen Wert"

Es entsteht bei der T-AG ein Übertragungsgewinn von 3 Mio. €, welcher der Körperschaftsteuer, dem Solidaritätszuschlag sowie der Gewerbesteuer unterliegt. Die M-AG setzt das übernommene Vermögen mit 7,5 Mio. € an. Es entsteht ein Übernahmeergebnis von 5,5 Mio. €. Dieser bleibt grundsätzlich außer Ansatz. Allerdings ist der Teil des Übernahmegewinns mit der 5%-Pauschale zu belegen, soweit er auf übernommene Wirtschaftsgüter entfällt, die dem Anteil der M-AG an der T-AG entsprechen. Dies sind hier 4 Mio. €.[247] Neben den aktiven Wirtschaftsgütern geht auch die Rückstellung auf die M-AG über. Da es sich nunmehr um eine reine Innenbeziehung handelt, kann sie bilanziell keinen Bestand mehr haben. Die Rückstellung ist erfolgswirksam aufzulösen. In Höhe von 80% kann dieses Ergebnis in eine steuerfrei Rücklage eingestellt werden und zeitlich über drei Jahre gestreckt aufgelöst und versteuert werden.[248] Die restlichen 150.000,- € sind sofort als Übernahmefolgegewinn mit Körperschaftsteuer, Solidaritätszuschlag sowie Gewerbesteuer zu belegen. Die Anteile der Minderheitsgesellschafter der T-AG gelten als zum gemeinen Wert veräußert und die im Gegenzug erhaltenen Anteile an der M-AG als zu diesem Wert angeschafft. Die Besteuerung des entstehenden Veräußerungsgewinns von insgesamt 1 Mio. €[249] richtet sich nach der Qualifikation des Anteilseigners: Für Kapitalgesellschaften ist er zu 95% steuerfrei, für natürliche Personen, mit Anteilen im Betriebsvermögen oder Anteilen nach § 17 EStG nur zu 40%. Im Übrigen unterliegt er dem Abgeltungssteuersatz zzgl. Solidaritätszuschlag. Unabhängig vom Ansatz in der steuerlichen Schlussbilanz der übertragenden T-AG können auf Antrag nach § 13 Abs. 2 UmwStG auch die Buchwerte bzw. die Anschaffungskosten fortgeführt werden. Dies verhindert die Realisation der in den Anteilen verhafteten stillen Reserven.

Zu b) „Übertragung zum Buchwert"

Der Übertragungsgewinn beträgt null. Die übernehmende M-AG muss das Vermögen mit 4,5 Mio. € ansetzen. Das Übernahmeergebnis reduziert sich folglich auf 2,5 Mio. €, wovon nur 2,5 Mio. € der 5%-Pauschale unterliegen.[250] Der Übernahmefolgegewinn aus der Auflösung der Rückstellung ist wie oben zu behandeln und zu versteuern. Die Anteile der Minderheitsgesellschafter an der T-AG werden wie oben behandelt. Auch hier besteht grundsätzlich die Möglichkeit statt dem gemeinen Wert die Buchwerte bzw. Anschaffungskosten fortzuführen.

---

247 Rechnung: 7,5 Mio. € übernommene Wirtschaftsgüter x 80% Anteil der M-AG daran abzgl. 2 Mio. € Anschaffungskosten der Beteiligung der M-AG an der T-AG.

248 Vgl. §§ 12 Abs. 4 i. V. m. 6 Abs. 1 Satz 2 UmwStG.

249 Rechnung: 7,5 Mio. € Wert des übernommenen Vermögens x 20% - 2 Mio. € x 20% / 80% Anschaffungskosten der Minderheitsaktionär.

250 Rechnung: 4,5 Mio. € übernommene Wirtschaftsgüter x 80% Anteil der M-AG daran abzgl. 2 Mio. € Anschaffungskosten der Beteiligung der M-AG an der T-AG.

(d) Verschmelzung einer Personengesellschaft auf eine Kapitalgesellschaft als übernehmendem Rechtsträger

Die Verschmelzung einer Personengesellschaft auf eine Kapitalgesellschaft, die zivilrechtlich nach §§ 39 – 45 UmwG zulässig ist, bestimmt sich steuerrechtlich nach den Vorschriften zur Einbringung von Mitunternehmeranteilen in Kapitalgesellschaften gegen Gewährung von Gesellschaftsrechten nach § 20 UmwStG. Auf diese Vorschrift wird ab S. 135 näher eingegangen.

3.3.3.3.3 Formwechsel

Die Umwandlung einer Personengesellschaft in eine Kapitalgesellschaft (und umgekehrt) ist zivilrechtlich sowohl im Wege einer **Verschmelzung** als auch mittels eines Formwechsels möglich, wobei die administrativen Kosten des Formwechsels regelmäßig niedriger sind. Steuerlich gelten für den Formwechsel einer Kapitalgesellschaft in eine Personengesellschaft dieselben Regelungen wie für die Verschmelzung nach §§ 3 – 9 UmwStG. Folglich kann steuerlich das gleiche Ergebnis erzielt werden. Hinsichtlich des Formwechsels von einer Personengesellschaft in eine Kapitalgesellschaft sind die Vorschriften über die Einbringung von Mitunternehmeranteilen in eine Kapitalgesellschaft gegen Gewährung von Gesellschaftsrechten nach § 20 UmwStG zu beachten.[251]

Der Formwechsel führt gegenüber der Verschmelzung jedoch im Einzelfall zu steuerlichen Vorteilen, so dass dem Formwechsel der Vorzug zu geben ist. Hierbei ist insbesondere die Steuerfreiheit für Zwecke der Grunderwerbsteuer zu nennen. Während bei Verschmelzungsfällen eine Belastung mit Grunderwerbsteuer bei inländischen Immobilien im Betriebsvermögen nicht zu vermeiden ist, liegt beim Formwechsel kein Rechtsträgerwechsel vor. Folglich kann diese Belastung vermieden werden.[252]

Hinsichtlich der meisten anderen steuerlichen Fragen ergeben sich jedoch keine Abweichungen gegenüber einer Verschmelzung. So erfolgt beispielsweise bei einem Formwechsel ebenfalls keine Bindung an eine handelsrechtlich zu erstellende Bilanz. Insoweit ist auch beim Formwechsel die ehemals zu beachtende diagonale Maßgeblichkeit der Handelsbilanz für die Steuerbilanz nicht anzuwenden, so dass auch in diesen Fällen die Ausübung des Wahlrechtes zur Aufstockung auf die gemeinen Werte nicht eingeschränkt wird. Anwendbar ist auch die Rückwirkungsmöglichkeit des § 2 Abs. 1 UmwStG.

3.3.3.3.4 Spaltungen gem. §§ 15, 16 UmwStG

■ Unter welchen Voraussetzungen ist eine steuerneutrale Spaltung möglich?

---

251 Vgl. S. 136 ff.

252 Bundeseinheitlicher Erlass des Finanzministeriums Baden-Württemberg vom 18. 9. 1997, DB 1997, S. 2002.

- Wie ist der Begriff des Teilbetriebs definiert und welche Bedeutung hat er für steuerneutrale Spaltungen?
- Was ist unter einem sog. „fiktiven Teilbetrieb" zu verstehen?
- Was ist unter einem „Spaltungshindernis" zu verstehen?
- Wie können „Spaltungshindernisse" überwunden werden?
- Was sind sog. „neutrale Wirtschaftsgüter"
- Wie müssen, ggf. können diese zugeordnet werden?
- Welches Schicksal erleiden Verlust- und Zinsvorträge im Rahmen der Spaltung?
- Welche Gestaltungen erkennt der Gesetzgeber im Rahmen der Spaltung als missbräuchlich an?
- Welche Konsequenzen zieht er daraus?
- Welche gewerbesteuerlichen Konsequenzen ergeben sich bei der Spaltung?

Eine steuerneutrale Spaltung ist nur möglich, wenn die Regelungen des Umwandlungsgesetzes beachtet werden. Dies ergibt sich unmittelbar aus § 1 Abs. 1 UmwStG, der eine Anwendung des 2. bis 5. Teils des UmwStG nur für Umwandlungen im Sinne des Umwandlungsgesetzes vorsieht. Durch den Verweis in § 15 UmwStG auf §§ 11 bis 13 UmwStG finden die **Regelungen zur Verschmelzung** von Kapitalgesellschaften bei Auf- und Abspaltungen entsprechend Anwendung. **§ 15 UmwStG** regelt demnach ausschließlich die **Auf- und Abspaltung von Kapitalgesellschaften** und enthält keine Regelungen zur steuerlichen Behandlung von Ausgliederungen. Diese werden nach Maßgabe der allgemeinen Einbringungsregeln des § 20 UmwStG für Einbringungen in Kapitalgesellschaften und des § 24 UmwStG für Einbringungen in Personengesellschaften behandelt.

Der sachliche Anwendungsbereich erfasst den Übergang des Vermögens von einer Körperschaft auf eine andere Körperschaft gem. § 15 Abs. 1 Satz 1 UmwStG. Der Übergang des Vermögens von einer Körperschaft auf eine Personengesellschaft ist im § 16 UmwStG geregelt. Nicht gesetzlich kodifiziert ist demgegenüber die Spaltung von Personengesellschaften auf Personengesellschften. Die Finanzverwaltung hat für diese Fälle in Rn. 01.47 des UmwSt-Erlasss vom 11. 11. 2011 erklärt, dass die Regelungen des § 24 UmwStG hierauf entsprechend anzuwenden sind. [253] Für die Spaltung von Personengesellschaften auf deren Mitunternehmer gelten davon abweichend die spezielleren Grundsätze zur Realteilung.[254]

Bei Auf- und Abspaltungen ist eine steuerneutrale **partielle Gesamtrechtsnachfolge** durch den übernehmenden Rechtsträger möglich. Es besteht in entsprechender Anwendung des § 11 Abs. 1 Satz 1 UmwStG grundsätzlich die Möglichkeit das Buchwert-

253 Vgl. S. 143 ff.
254 Vgl. S. 152 ff.

privileg in Anspruch zu nehmen, d. h. die Realisierung der stillen Reserven zu vermeiden.

Auch für die Spaltung gilt, dass zwei wesentliche Aspekte berücksichtigt werden müssen: Zum einen ist dies die **Sicherstellung der Steuerneutralität** für ertragsteuerliche Zwecke und auf der anderen Seite die weitere **Nutzung von Verlustvorträgen** i. S. d. § 10d EStG sowie der Zinsvorträge i. S. d. § 4h EStG. Gerade die Nutzung der Verluste wird durch immer zahlreichere Beschränkungen von Verlustausgleich und -abzug immer schwieriger.

(a) Spaltung auf eine Kapitalgesellschaft

(i) Voraussetzungen einer steuerneutralen Spaltung

Voraussetzung für die angestrebte Steuerneutralität ist das Vorliegen von Teilbetrieben. Im Falle der Aufspaltung müssen auf übernehmende bzw. neu zu gründende Rechtsträger jeweils Teilbetriebe übertragen werden. Demgegenüber ist bei einer Abspaltung darauf zu achten, dass sowohl das abgespaltene als auch das verbleibende Vermögen die Teilbetriebseigenschaft erfüllen (sog. **doppeltes Teilbetriebserfordernis**).

Die Finanzverwaltung nimmt im Rahmen des neuen UmwSt-Erlass vom 11. 11. 2011 in Rn. 15.02 zur Definition des Teilbetriebsbegriffs nicht mehr auf R 16 Abs. 3 EStR sondern ausschließlich auf das EU-Recht Bezug. Demnach ist nun von folgender Definition auszugehen: „Teilbetrieb im Sinne des § 15 UmwStG ist die Gesamtheit der in einem Unternehmensteil einer Gesellschaft vorhandenen aktiven und passiven Wirtschaftsgüter, die in organisatorischer Hinsicht einen selbstständigen Betrieb, das heißt eine aus eigenen Mitteln funktionsfähige Einheit darstellen"[255]. Ein Teilbetrieb im Aufbau erfüllt das Teilbetriebserfordernis nicht (mehr).[256]

Dem Teilbetrieb sind alle **funktional wesentlichen Betriebsgrundlagen** zuzurechnen. Der Erlassgeber weist auf die bisher einschlägige Rechtsprechung zur Teilbetriebseigenschaft hin, sieht aber die Notwendigkeit die funktionale Betrachtungsweise aus Sicht der übertragenden Gesellschaft zu berücksichtigen. [257] Als wesentliche Betriebsgrundlagen i. S. d. § 15 UmwStG gelten Wirtschaftsgüter, die für die Erreichung des Betriebszwecks des Teilbetriebs notwendig und von besonderer Bedeutung sind. Daher sind sie zwingend und ausschließlich dem jeweiligen Teilbetrieb zuzuordnen. Auf den Umfang der in diesen Wirtschaftsgütern enthaltenen stillen Reserven kommt es nicht an. Als wesentliche Betriebsgrundlagen kommen regelmäßig die im Teilbetrieb genutzten Grundstücke, die zur Produktion eingesetzten Maschinen aber auch immaterielle Werte wie Marken oder Patente in Frage.

---

[255] UmwSt-Erlass vom 11. 11. 2011, Rn. 15.02, in der selbst wiederum auf Artikel 2 Buchst. j) Richtlinie 2009/133/EG , ABl.. EG Nr. L 10, S. 34 verwiesen wird.

[256] Vgl. UmwSt-Erlass vom 11. 11. 2011, Rn. 15.03. Vgl. kritisch hierzu Schumacher, in: Rödder/Herlinghaus/van Lishaut, UmwStG, § 20, Köln 2008, Rz. 134.

[257] Vgl. UmwSt-Erlass vom 11. 11. 2011, Rn. 15.02.

Alle funktional wesentlichen Betriebsgrundlagen müssen im Rahmen der Spaltung übertragen werden. Verfügt der übertragende Rechtsträger lediglich über das wirtschaftliche Eigentum an einer wesentlichen Betriebsgrundlage, so genügt auch dessen Übertragung auf den übernehmenden Rechtsträger. Hingegen reicht es nicht aus, wenn eine wesentliche Betriebsgrundlage zivilrechtlich zurückbehalten wird und dem übernehmenden Rechtsträger lediglich eine bloße Nutzungsüberlassung erfolgt.[258]

Gelingt eine Zuordnung nicht, z. B. weil das Wirtschaftsgut die funktional wesentliche Betriebsgrundlage für mehrere Teilbetriebe ist, kann eine steuerneutrale Spaltung nicht vorgenommen werden (sog. Spaltungshindernis).[259] In Rn. 15.08 des UmwSt-Erlass wird für den Fall einer von mehreren Teilbetrieben genutzten Immobilie eine dingliche Teilung des Grundvermögens verlangt. Sofern diese als unzumutbar oder undurchführbar anzusehen ist, kann in Ausnahmefällen aus Billigkeit eine ideelle Aufteilung nach dem Verhältnis der Nutzung erfolgen. Entsprechend kann auch bei anderen Wirtschaftsgütern verfahren werden, bei denen Bruchteilseigentum begründet werden kann.

In der überwiegenden Zahl der Fälle wird die übertragende Kapitalgesellschaft nicht nur wesentliche Betriebsgrundlagen haben, sondern auch sog. **neutrale Wirtschaftsgüter**, die nur unterstützende Funktion haben, von untergeordneter Bedeutung sind oder nicht der eigentlichen Tätigkeit des Betriebs dienen. Hierzu können kurzfristig wiederbeschaffbares Anlagevermögen oder Finanzmittel zählen.[260] Entweder gehören sie objektiv und funktional zu keinem Teilbetrieb oder sie können mehreren Teilbetrieben zugeordnet werden, ohne deren wesentliche Betriebsgrundlage zu sein. Nach bislang herrschender Meinung, können diese Wirtschaftsgüter originären Teilbetrieben als Verstärkung des Betriebskapitals ohne weiteren Nachweis zugeordnet werden.[261] Nach Auffassung der Finanzverwaltung hat zunächst eine Zuordnung nach wirtschaftlichen Zusammenhängen zu erfolgen, bevor es zu einer gewillkürten Zuordnung kommt.[262]

Der Gesetzgeber hat neben den real bestehenden Teilbetrieben die sog. **fiktiven Teilbetriebe** geschaffen. Nach § 15 Abs. 1 Satz 3 UmwStG sind Mitunternehmeranteile sowie 100%-Beteiligungen an Kapitalgesellschaften den Teilbetrieben gleichgestellt.[263] Dies hat zur Konsequenz, dass Holdinggesellschaften steuerneutral gespalten werden können, sofern sie ausschließlich 100%-Beteiligungen oder Mitunternehmeranteile halten oder diese Beteiligungen wirtschaftlich real existierenden Teilbetrieben zuzu-

---

258 Vgl. UmwSt-Erlass vom 11. 11. 2011, Rn. 15.07 unter Hinweis auf das BFH vom 7. 4. 2010, I R 96/08, BStBl. II 2011, S. 467.

259 Vgl. UmwSt-Erlass vom 11. 11. 2011, Rn. 15.08.

260 Vgl. Brähler, Umwandlungssteuerrecht, Wiesbaden 2011, 6. Aufl., S. 375 f.

261 Vgl. etwa Schumacher, in: Rödder/Herlinghaus/van Lishaut, UmwStG, § 15, Köln 2008, Rz. 150.

262 Vgl. UmwSt-Erlass vom 11. 11. 2011, Rn. 15.02 und Rn. 15.07. Kritisch demgegenüber Schmitt, DStR 2011, S. 1108 ff.

263 Vgl. UmwSt-Erlass vom 11. 11. 2011, Rn. 15.04 und Rn. 15.06.

ordnen sind. Eine 100%-Beteiligung an einer Kapitalgesellschaft ist jedoch nur dann als Teilbetrieb anzusehen, wenn es sich dabei nicht zugleich auch um eine funktional wesentliche Betriebsgrundlage eines anderen real bestehenden Teilbetriebs handelt.[264] Die steuerneutrale Auf- oder Abspaltung eines Mitunternehmeranteils ist allerdings nur dann möglich, wenn auch das Sonderbetriebsvermögen anteilig mit übertragen wird. Das gilt allerdings nur für funktional wesentliche Betriebsgrundlagen im Sonderbetriebsvermögen.[265] Hierbei kann es sich um notwendiges Sonderbetriebsvermögen handeln, da bei gewillkürtem Sonderbetriebsvermögen die Qualifikation als funktional wesentliche Betriebsgrundlage nicht gegeben ist.

Eine Zuordnung von neutralem Vermögen zu fiktiven Teilbetrieben ist nur dann und nur insoweit zulässig als diese in unmittelbarem wirtschaftlichem Zusammenhang mit der Beteiligung oder dem Mitunternehmeranteil stehen. Hierzu gehören die Erträgniskonten sowie die Betriebs- und Geschäftsausstattung, die für die Verwaltung der Beteiligungen erforderlich ist.[266]

Sofern die Teilbetriebseigenschaften erfüllt sind, steht einer steuerneutralen Spaltung nach § 15 UmwStG nichts im Wege. Die beteiligten Unternehmen sind in der Regel gut beraten, das Vorliegen eines Teilbetriebes im Wege einer verbindlichen Auskunft im Vorwege mit der Finanzverwaltung abzustimmen. Ergibt sich dabei, dass eine steuerneutrale Ab- oder Aufspaltung nicht möglich ist, muss in einem nächsten Schritt über alternative Maßnahmen nachgedacht werden. Eine hiervon ist, „spaltbares" Material zu schaffen. Hierfür wird geprüft, ob durch andere steuerneutrale Maßnahmen ein (fiktiver) Teilbetrieb erlangt werden kann, der dann zur steuerneutralen Spaltung berechtigt. Folgende Beispielsfälle verdeutlichen dies.

- Eine Gesellschaft besitzt zwei 100%-Beteiligungen an Kapitalgesellschaften und mehrere fremdvermietete Immobilien. Die Gesellschaft soll nach § 15 Abs. 1 UmwStG steuerneutral aufgespalten werden, wobei jeweils eine 100%-Beteiligung sowie die Immobilien auf neue Rechtsträger übertragen werden sollen. Eine steuerneutrale Aufspaltung ist im vorliegenden Fall wegen der fehlenden Teilbetriebseigenschaft der vermieteten Immobilien nicht möglich. Als Gestaltung bietet sich daher an, die Immobilien steuerneutral in eine Personengesellschaft einzubringen und im Anschluss daran zu spalten. Eine steuerneutrale Einbringung gem. § 24 Abs. 1 UmwStG setzt allerdings ebenfalls einen Teilbetrieb voraus, der hier nicht gegeben ist. Alternativ könnte daran gedacht werden, die Immobilien gem. § 6 Abs. 5 Satz 3 Nr. 1 EStG im Rahmen einer zwingenden Buchwertverknüpfung auf eine Personengesellschaft zu übertragen.[267] Im Anschluss an diese Übertragung kann der Steuerpflichtige nach Ablauf einer Frist von 3 Jahren gem. § 15 Abs. 2 Satz 1 UmwStG die geplante steuerneutrale Aufspaltung vornehmen.

---

[264] Vgl. UmwSt-Erlass vom 11. 11. 2011, Rn. 15.06.
[265] Vgl. UmwSt-Erlass vom 11. 11. 2011, Rn. 15.04.
[266] Vgl. UmwSt-Erlass vom 11. 11. 2011, Rn. 15.08.
[267] Vgl. hierzu S. 148 ff.

- Eine Gesellschaft besitzt eine 100%-Beteiligung sowie eine 60%-Beteiligung an Kapitalgesellschaften. Weiteres Vermögen ist nicht vorhanden. Die Gesellschaft soll aufgespalten werden. Auch hier könnte daran gedacht werden, einen Mitunternehmeranteil gem. § 24 UmwStG zu schaffen, doch wäre dies ebenfalls nicht steuerneutral möglich, da auch der Einbringungsgegenstand eine 100%-Beteiligung sein muss. Daher kommt als Lösung nur eine mehrheitsvermittelnde Einbringung gem. § 20 Abs. 1 Satz 2 UmwStG in eine neu gegründete Kapitalgesellschaft in Betracht. Aus der bisherigen Tochtergesellschaft wird durch die Einbringung der Anteile eine Enkelgesellschaft. Auch in diesen Fällen ist eine steuerneutrale Aufspaltung erst nach Ablauf einer Frist von 3 Jahren gem. § 15 Abs. 2 Satz 1 UmwStG möglich.

Beide Beispiele zeigen, dass die genaue Kenntnis unterschiedlicher Möglichkeiten der Umstrukturierungen und deren sinnvolle Aneinanderreihung steuerliche Ergebnisse schaffen kann, die unmittelbar nicht erzielt werden könnten.

(ii) Verlustnutzungsmöglichkeit bei Spaltungen gem. § 15 UmwStG

In **Abspaltungsfällen** verringern sich bei der Überträgerin verrechenbare Verluste (z. B. i. S. d. § 15a EStG), ein verbleibender Verlustabzug, nicht ausgeglichene negative Einkünfte, ein Zinsvortrag oder der EBITDA-Vortrag in dem Verhältnis, in dem bei Zugrundelegung des gemeinen Werts Vermögen auf eine andere Körperschaft übergeht. Regelmäßig wird dies der vereinbarte Spaltungsschlüssel sein. Vor diesem Hintergrund ist genau zu prüfen, welcher Teil des Vermögens auf einen neuen Rechtsträger übertragen wird und welches beim bisherigen Rechtsträger verbleibt. Tendenziell führt eine möglichst geringe Vermögensübertragung auch zu einem niedrigeren Untergang von Vortragsbeträgen.

Im Falle der **Aufspaltung** kommt es auf Grund des Untergangs desjenigen Rechtsträgers, der den Verlust verursacht hat, zu einem vollständigen Untergang des Verlustes. Im Ergebnis scheidet sowohl bei Auf- als auch bei Abspaltungsfällen eine Verlustnutzung nach der Transaktion ganz bzw. teilweise aus. Aber auch die Aufdeckung bestehender stiller Reserven direkt vor der Spaltung bei der übertragenden Gesellschaft ist wegen der Mindestbesteuerung nur eingeschränkt möglich.

- **Beispiel**:

  Die X-AG weist einen Verlustvortrag i. H. v. 12 Mio. € und einen Zinsvortrag von 6 Mio. € auf. In ihrem Betriebsvermögen befindet sich ein Teilbetrieb A (gemeiner Wert: 20 Mio. €, Buchwert: 11 Mio. €) sowie ein 100%-Anteil an der B-GmbH (gemeiner Wert: 40 Mio. €, Buchwert: 4 Mio. €). Die X-AG soll gespalten werden. Bei der Aufspaltung auf die X1-AG und die X2-AG gehen Verlust- und Zinsvorträge vollständig unter.[268] Wird der Teilbetrieb A hingegen auf die X1-AG abgespalten geht lediglich ein Drittel der Verlust- und Zinsvorträge unter. 8 Mio. € Verlustvor-

[268] Vgl. §§ 15 Abs. 1 Satz 1 i. V. m. 12 Abs. 3 i. V. m. 4 Abs. 2 Satz 2 UmwStG.

träge und 4 Mio. € Zinsvorträge bleiben nutzbar (§ 15 Abs. 3 UmwStG). Zu beachten ist, dass die Ausschüttungen der B-GmbH nach § 8b KStG steuerfrei sind, sodass grundsätzlich keine Einkünfte anfallen, mit denen eine Verrechnung erfolgen könnte. Um dies zu verhindern müsste entweder mit der B-GmbH eine körperschaftsteuerliche Organschaft begründet werden[269] oder eine Abspaltung des fiktiven Teilbetriebs B-GmbH auf die X1-AG erfolgen. Dann blieben immerhin 4 Mio. € Verlustvortrag und 2 Mio. € Zinsvortrag nutzbar.

(iii) Missbrauchsvermeidungsregelungen bei der Spaltung

Das gesamte UmwStG enthält Normen, die bestimmte, vom Gesetzgeber als missbräuchlich im Sinne des Gesetzeszwecks angesehene Maßnahmen behindert oder ursprünglich gewährte Steuervorteile nachträglich versagt. Neben diesen gesetzlich normierten Missbrauchstatbeständen, die als spezialgesetzliche Regelung gegenüber der allgemeinen Vorschrift des § 42 AO vorrangig sind, hat vor allem die Finanzverwaltung durch zahlreiche Formulierungen im UmwSt-Erlass vom 11. 11. 2011 dafür gesorgt, dass die Unsicherheit hinsichtlich der Rechtsanwendung des UmwStG zugenommen hat. Vor allem der Hinweis im Erlass, dass bestimmte Maßnahmen unter dem Gesichtspunkt des § 42 AO zu prüfen seien, ist der von den Unternehmen geforderten und benötigten Rechtssicherheit abträglich. Gesetzgeber wie Finanzverwaltung sehen einen Missbrauch wohl immer dann als gegeben an, wenn die Begünstigungen auch über die reinen Fälle des Rechtsformwechsels hinaus angewandt werden sollen.

In diesem Rahmen sind die Anforderungen in § 15 Abs. 2 UmwStG einzuhalten, um die Versagung der Steuerneutralität bei Veräußerungsabsicht zu verhindern.

Wird die Voraussetzung zu einer steuerneutralen Spaltung erst dadurch geschaffen, dass Wirtschaftsgüter, die an sich keinen Teilbetrieb repräsentieren, auf einen (ggf. neugeschaffenen) fiktiven Teilbetrieb (Mitunternehmeranteil oder 100%-Beteiligung an einer Kapitalgesellschaft) übertragen werden, versagt § 15 Abs. 2 Satz 1 UmwStG das Buchwertprivileg. Erst drei Jahre nach dieser Übertragung erlaubt das Gesetz die steuerneutrale Spaltung.

Wenn durch die Spaltung selbst die Veräußerung an außenstehende Personen vollzogen wird oder die Voraussetzungen hierfür geschaffen werden, versagt § 15 Abs. 2 Satz 2 f. UmwStG ebenfalls die Möglichkeit zu Buchwerten zu übertragen. Eine solche Veräußerung liegt vor, wenn die Anteile verkauft werden oder im Rahmen einer weiteren Verschmelzung, Spaltung oder Einbringung in eine Kapitalgesellschaft übergehen, wenn dies zur Beteiligung außenstehender Personen führt.[270] Nicht schädlich ist demgegenüber der unentgeltliche Übergang auf Grund einer Erbfolge, einer Erbauseinandersetzung ohne Ausgleichszahlung sowie von Realteilungen, die zum Buchwert erfolgen.[271] Eine Kapitalerhöhung innerhalb von 5 Jahren im Anschluss an

---

269 Vgl. hierzu S. 190 ff.

270 Vgl. UmwSt-Erlass vom 11. 11. 2011, Rn. 15.22, Rn. 15.24 und Rn. 15.26.

271 Vgl. UmwSt-Erlass vom 11. 11. 2011, Rn. 15.23.

die Spaltung ist grundsätzlich schädlich, wenn das von den neu beitretenden Gesellschaftern gezahlte Aufgeld nicht innerhalb dieses Zeitraums an die Altgesellschafter ausgekehrt wird.[272]

Beispiel:

Die T-GmbH besteht aus zwei Teilbetrieben A und B. Teilbetrieb B soll veräußert werden. Ein entsprechender Veräußerungsgewinn wäre voll steuerpflichtig. Daher spaltet die Muttergesellschaft M-AG den Teilbetrieb B auf die neu zu gründende B-GmbH ab und veräußert im Anschluss daran die Anteile an der B-GmbH an einen fremden Dritten. Diese Veräußerung wäre nach § 8b KStG steuerfrei. Nach § 15 Abs. 2 UmwStG müssen die abgehenden Wirtschaftsgüter bei der T-GmbH mit dem gemeinen Wert angesetzt werden. Eine steuerneutrale Abspaltung zu Buchwerten ist nicht möglich.

Für die unternehmerische Praxis besonders problematisch ist, dass nicht nur die Veräußerung, sondern auch Maßnahmen zu deren Vorbereitung schädlich sind. Eine solche Vorbereitung wird regelmäßig bereits dann angenommen, wenn innerhalb von 5 Jahren nach dem steuerlichen Übertragungsstichtag Anteile an einem an der Spaltung beteiligten Rechtsträger an einen fremden Dritten veräußert werden (§ 15 Abs. 2 Satz 4 UmwStG). Diese Anteile müssen vor der Spaltung 20% ausmachen. Durch die exakte Festlegung im Gesetz und die fehlende Formulierung, dass von einer Veräußerungsabsicht „insbesondere" dann auszugehen ist, wenn ..., ist unseres Erachtens zu schließen, dass jede Veräußerung die weniger als 20% ausmacht oder jede Veräußerung außerhalb des Zeitraums unschädlich ist.[273]

Beispiel:

Person N hält 30% der Anteile an der P-GmbH. Diese soll auf die neu zu gründenden P1-GmbH und P2-GmbH aufgespalten werden. Die P1-GmbH erhält 25% des Vermögens und die P2-GmbH 75%. Die N-AG erhält jeweils 30% der Anteile an den Gesellschaften. Im Nachgang zur Spaltung veräußert N

a) die Anteile an der P1-GmbH

b) die Hälfte der Anteile an der P2-GmbH

c) die Anteile an der P1-GmbH ebenso wie der O, der 70% der Anteile hält.

In den Fällen a) und b) ist eine Beanspruchung des Buchwertprivilegs möglich. N veräußert einen Anteil an der P1-GmbH, der vor der Spaltung nur 7,5%[274] ausgemacht hätte. Gleiches gilt für Fall b). Der gesamte Anteil an der P2-GmbH machte vor der Spaltung zwar 22,5% aus, allerdings veräußert er davon nur die Hälfte, sodass sich die Veräußerungsquote auf 11,25%[275] beläuft. In Fall c) muss hingegen

[272] Vgl. UmwSt-Erlass vom 11. 11. 2011, Rn. 15.25.
[273] Vgl. zur Quotenberechnung UmwSt-Erlass vom 11. 11. 2011, Rn. 15.29 ff.
[274] Rechnung: 25% übergegangenes Vermögen x 30% Anteilsquote.
[275] Rechnung: 75% übergegangenes Vermögen x 30% Anteilsquote x 50% Veräußerungsquote.

der gemeine Wert bei der Spaltung angesetzt werden, da eine Veräußerung von insgesamt 25%[276] erfolgt. Um das Buchwertprivileg dennoch in Anspruch nehmen zu können, könnte O die Veräußerung bis zum Ende der Fünfjahresfrist aufschieben.

Ebenfalls schädlich ist eine Spaltung zum Zwecke der Trennung von Gesellschafterstämmen (§ 15 Abs. 2 Satz 5 UmwStG), sofern die Beteiligungen an der zu spaltenden Kapitalgesellschaft vor dem steuerlichen Übertragungsstichtag vor weniger als 5 Jahren begründet wurden. Diese Vorschrift kann im Einzelfall als betriebswirtschaftlich sinnvoll angesehene Trennungen von Gesellschafterstämmen im Rahmen der vorweggenommenen Erbfolge verhindern.

Beispiel:

Die natürlichen Personen R und S sind zu einem bzw. zwei Dritteln an der Q-GmbH beteiligt. Diese soll in die R-GmbH und die S-GmbH aufgespalten werden. Die R-GmbH erhält ein Drittel des Vermögens der Q-GmbH, die S-GmbH den Rest. R soll Alleingesellschafter der R-GmbH und S Alleingesellschafter der S-GmbH werden. Die Beteiligungen an der Q-GmbH bestanden seit 20 Jahren. R veräußert im Anschluss an die Spaltung seinen Anteil an der R-GmbH. Nach § 15 Abs. 2 Satz 5 UmwStG könnte eine steuerneutrale Spaltung erfolgen. Allerdings sind die übrigen Anforderungen des § 15 Abs. 2 UmwStG ebenfalls einzuhalten, sodass der Ansatz des gemeinen Wertes zwingend geboten ist.

Die Aufzählung zeigt, dass der Gesetzgeber nur Umstrukturierungen unter weitgehender Beibehaltung der Gesellschafteridentität begünstigt wissen möchte, nicht jedoch Vorgänge, die zu einem Desinvestment der bisherigen Gesellschafter führen. Gleichzeitig macht die Regelung aber auch deutlich, dass es zivilrechtlicher Vereinbarungen bei Spaltungsfällen bedarf, um nicht infolge einer schädlichen Veräußerung bei einem an der Spaltung beteiligten Rechtsträger die Steuerneutralität nachträglich zu verlieren. Sofern schädlich über die Anteile verfügt wird, geht die Steuerneutralität nicht nur anteilig, sondern für das gesamte Vermögen der gespaltenen Kapitalgesellschaft verloren. Um hier eine Absicherung der wirtschaftlichen Überlegungen zu erlangen, bedarf es nicht nur einer zivilrechtlichen Vereinbarung, sondern auch der regelmäßigen Überprüfung der Durchsetzbarkeit etwaiger Schadenersatzansprüche gegen den Schädiger.

(b) Spaltung auf eine Personengesellschaft

Bei einer Ab- oder Aufspaltung auf eine Personengesellschaft als aufnehmender Rechtsträger sind die Vorschriften zur Verschmelzung auf eine Personengesellschaft gem. §§ 3 – 8 UmwStG entsprechend anzuwenden.[277] Insbesondere hinsichtlich des

[276] Rechnung: 25% übergegangenes Vermögen x 30% Anteilsquote + 25% übergegangenes Vermögen x 70% Anteilsquote.

[277] Vgl. hierzu nochmals S. 114 ff.

doppelten Teilbetriebserfordernisses, der Behandlung sog. Missbrauchsfälle sowie des Schicksals verrechenbarer Verluste (z. B. i. S. d. § 15a EStG), verbleibender Verlustvorträge, nicht ausgeglichener negativer Einkünfte, Zinsvorträge oder des EBITDA-Vortrags gilt § 15 UmwStG in analoger Weise.[278] Hierbei ist zu beachten, dass nach der Spaltung entstehende einkommensteuerlichen Verluste infolge des Transparenzprinzips unmittelbar dem Gesellschafter zugewiesen werden.

(c) Spaltungen und Gewerbesteuer

Für Umstrukturierungen nach § 15 UmwStG sieht § 19 UmwStG vor, dass für die Ermittlung des Gewerbeertrages die Regelungen der §§ 11 – 13, 15 und 17 UmwStG entsprechend anzuwenden sind. Die zulässige Buchwertverknüpfung gilt gem. § 19 UmwStG somit auch für die Gewerbesteuer, ebenso wie die Missbrauchstatbestände. Hinsichtlich des Untergangs eines Verlustvortrages i. S. d. § 10a GewStG der untergehenden Gesellschaft gelten die besonderen Regelungen der §§ 12 Abs. 3 2. Hs. i. V. m. 4 Abs. 2 Satz 2 UmwStG bzw. § 15 Abs. 3 UmwStG entsprechend.

Bei der Spaltung oder Verschmelzung einer Kapitalgesellschaft auf eine Personengesellschaft ist § 18 UmwStG zu beachten. Im Einzelnen bedeutet dies, dass das **Wahlrecht** zur Buchwertverknüpfung auch dann gegeben ist, wenn **die Besteuerung** der stillen Reserven **mit Gewerbesteuer nicht sichergestellt ist**, weil z. B. eine Übertragung auf die Einzelpraxis eines Freiberuflers erfolgt.[279] Der Gewerbeertrag der übernehmenden Personengesellschaft kann nicht um die gewerbesteuerlichen Verlustvorträge nach § 10a GewStG der untergehenden Kapitalgesellschaft gemindert werden. Gemäß § 18 Abs. 2 UmwStG ist ein sich ergebender Übernahmegewinn ebenso wie ein Übernahmeverlust gewerbesteuerlich unbeachtlich.

3.3.3.4 Umstrukturierungen außerhalb des UmwG

- Besteht auch bei Umstrukturierungen außerhalb des UmwG die Möglichkeit der Steuerneutralität?
- Welche Voraussetzungen müssen für die Steuerneutralität erfüllt sein?
- Welche Beschränkungen vom Bewertungswahlrecht gibt es?

Die Regelungen über eine steuerneutrale Einbringung von Einzelwirtschaftsgütern, Teilbetrieben, Mitunternehmeranteilen oder 100%-Beteiligungen an Kapitalgesellschaften basieren regelmäßig auf der zivilrechtlichen Möglichkeit der Gesamtrechtsnachfolge, der partiellen Gesamtrechtsnachfolge sowie der Einzelrechtsnachfolge. Bestimmte Umwandlungsvorgänge nach dem UmwG erfolgen steuerlich nach § 20 bzw. § 24 UmwStG. Außerdem sind Vorgänge nach anderen Gesetzen denkbar, die steuerlich zur Anwendung von § 20 oder § 24 UmwStG führen. Namentlich handelt es

278 Vgl. hierzu nochmals S. 128 ff.

279 Vgl. UmwSt-Erlass vom 11. 11. 2011, Rn. 18.01.

sich hierbei um Vorgänge der Einzelrechtsnachfolge etwa der Gründung einer Kapitalgesellschaft durch Sacheinlagen nach § 5 Abs. 4 GmbHG oder § 27 AktG. Ebenfalls denkbar ist eine Einbringung durch Sachkapitalerhöhung gem. § 56 GmbHG bzw. § 183 AktG. Ferner ist die Anwachsung i. S. d. § 738 BGB zu nennen, die zivilrechtlich als Gesamtrechtsnachfolge und steuerlich als Einzelrechtsnachfolge anzusehen ist.

3.3.3.4.1 Einbringung in eine Kapitalgesellschaft gem. § 20 UmwStG

- Was ist unter dem Begriff „Einbringung" zu verstehen?
- Welche Rechtsträger können an einer Einbringung teilnehmen?
- Unter welchen Bedingungen kann eine Einbringung steuerneutral erfolgen?
- Welches Schicksal erleiden steuerliche Verlust- oder Zinsvorträge bei Einbringungen?
- Was ist unter „Einbringungsgewinn I" zu verstehen?
- Wann entsteht er und welche steuerlichen Konsequenzen ergeben sich aus ihm?

(a) Grundlagen und Rechtsfolgen

Die Einbringung von Wirtschaftsgütern in eine Kapitalgesellschaft gegen Gewährung von Gesellschaftsrechten führt grundsätzlich zu einer Realisierung der stillen Reserven in den einzubringenden Wirtschaftsgütern. Hiervon sieht § 20 UmwStG nur dann eine Ausnahme vor, wenn bestimmte Voraussetzungen erfüllt sind. Eine Steuerneutralität ist nur möglich, wenn die Einbringung

- eines Betriebs,
- eines Teilbetriebs oder
- eines Mitunternehmeranteils

in eine Kapitalgesellschaft oder eine Genossenschaft erfolgt.

Sacheinbringungen und Einbringungen von Kapitalgesellschaftsanteilen (Anteilstausch i. S. d. § 21 UmwStG) haben im Steuerrecht unterschiedliche Rechtsgrundlagen. Daher ist es nicht erforderlich, den Fall der Einbringung einer 100%-Beteiligung (sog. „fiktiver Teilbetrieb") als einen Fall des § 20 Abs. 1 UmwStG anzusehen. Die Mehrheitsvermittelnde Einbringung von Anteilen ist von § 21 UmwStG privilegiert.

Wirtschaftlich kann die Einbringung nach § 20 UmwStG u. a. für Zwecke des Formwechsels eines Einzelunternehmens oder einer Personengesellschaft in eine Kapitalgesellschaft, zur Verschmelzung von Personengesellschaften auf Kapitalgesellschaften oder aber zur Begründung von Joint-Ventures in Kapitalgesellschaftsform eingesetzt werden.

(b) Persönlicher Anwendungsbereich

§ 1 Abs. 4 Satz 1 Nr. 2 UmwStG bestimmt, welche Personen als Einbringende für einen steuerneutralen Vorgang in Betracht kommen. Dabei kann es sich um Körperschaften handeln, die nach EU- oder EWR-Recht gegründet wurden, soweit sich deren statutarischer Sitz sowie deren Geschäftsleitung innerhalb der EU oder des EWR befinden. Natürliche Personen müssen innerhalb der EU oder des EWR ansässig sein. Erfolgt die Einbringung durch eine Personengesellschaft müssen deren Gesellschafter die oben genannten Anforderungen erfüllen. Sind diese Anforderungen nicht erfüllt, ist § 20 UmwStG dennoch anwendbar, wenn die für die Einbringung gewährten Anteile in Deutschland steuerverstrickt sind.[280]

Die als Gegenleistung gewährten Anteile erhalten dann die einbringenden Einzelunternehmen bzw. Kapitalgesellschaften. Bei Personengesellschaften geht die herrschende Meinung im Schrifttum[281] sowie die Finanzverwaltungsauffassung[282] von einer Einbringung nicht durch die Personengesellschaft, sondern durch die Mitunternehmer aus, sofern die einbringende Personengesellschaft im Rahmen der Einbringung selbst untergeht. Bleibt die Personengesellschaft hingegen auch nach der Einbringung bestehen, so ist die Personengesellschaft als Einbringende anzusehen.[283] Bei doppelstöckigen Personengesellschaftskonstruktionen erhält die Unterpersonengesellschaft als Einbringende die Anteile als Gegenleistung, nicht die hinter der Oberpersonengesellschaft stehenden Gesellschafter.[284]

§ 1 Abs. 4 Satz 1 Nr. 1 UmwStG bestimmt daneben, dass nur Kapitalgesellschaften mit Sitz und Geschäftsleitung innerhalb der EU oder des EWR als Ziel einer Einbringung, also als übernehmende Rechtsträger, in Betracht kommen.

■ **Beispiel:**

Die in Deutschland unbeschränkt einkommensteuerpflichtige Person A betreibt in Frankreich ein Einzelunternehmen. Aus haftungsrechtlichen Gründen will er das Unternehmen in der Rechtsform einer Kapitalgesellschaft betreiben. Daher bringt er sein Einzelunternehmen im Rahmen der Sachkapitalerhöhung

a) in eine GmbH deutschen Rechts oder

b) in eine S.à.r.l. französischen Rechts ein.

Für beide Vorgänge kann sich A auf § 20 UmwStG berufen.

---

280 Vgl. hierzu das Beispiel im UmwSt-Erlass vom 11. 11. 2011, Rn. 01.53. Allerdings weist Art. 13 OECD-MA das Besteuerungsrecht für Nichtbetriebsstättenvermögen dem Ansässigkeitsstaat zu, sodass diese Möglichkeit i. d. R. ausscheiden wird.

281 Vgl. z. B. Herlinghaus, in: Rödder/Herlinghaus/van Lishaut, UmwStG, § 20, Köln 2008, Rz. 34.

282 Vgl. UmwSt-Erlass vom 11. 11. 2011, Rn. 20.06.

283 Vgl. UmwSt-Erlass vom 11. 11. 2011, Rn. 20.03.

284 Vgl. UmwSt-Erlass vom 11. 11. 2011, Rn. 20.03.

(c) Sachlicher Anwendungsbereich

(i) Auf Ebene der übernehmenden Kapitalgesellschaft

Gegenstand der Einbringung nach § 20 UmwStG darf nicht ein Einzelwirtschaftsgut sein. Es muss sich vielmehr um eine in einem Betrieb oder Teilbetrieb verbundene Summe von Wirtschaftsgütern handeln. Während der Betrieb alle betrieblich genutzten Wirtschaftsgüter eines Einzelunternehmens oder einer Gesellschaft umfasst, ist die Einbringung von Teilen des Betriebes nur dann steuerneutral möglich, wenn gleichzeitig die Voraussetzungen eines Teilbetriebes vorliegen.[285] In der Regel bereitet die Zuordnung funktional wesentlicher Betriebsgrundlagen zum Teilbetrieb die größten Schwierigkeiten, da sowohl die Identifizierung als solche als auch die Zuordnung bei doppelter Nutzung eines Wirtschaftsgutes als wesentliche Betriebsgrundlage nicht einfach ist. Die Ausführungen zu wesentlichen Betriebsgrundlagen in Spaltungsfällen gelten bei Anwendung des § 20 UmwStG entsprechend.[286] Die Zurückbehaltung funktional wesentlicher Betriebsgrundlagen hat zur Folge, dass die im eingebrachten Vermögen ruhenden stillen Reserven aufzudecken und zu versteuern sind. Insoweit kann es sinnvoll sein, die Frage des Vorliegens wesentlicher Betriebsgrundlagen durch eine verbindliche Auskunft im Vorfeld mit der Finanzverwaltung abzustimmen. Im Gegensatz zur Spaltung erfordern die Einbringungsgrundsätze jedoch nicht, dass beim Einbringenden ein Teilbetrieb verbleibt.

Sind die genannten Voraussetzungen erfüllt, steht der übernehmenden Gesellschaft ein **Wahlrecht** zu: Sie kann die übernommenen Wirtschaftsgüter einheitlich mit dem **Buchwert**, dem **gemeinen Wert** oder einem **Zwischenwert** ansetzen. Sofern kein Antrag durch das aufnehmende Unternehmen gestellt wird, kommt es zur Regelbewertung mit dem gemeinen Wert. Die einheitliche Ausübung bezieht sich jedoch nur auf die einzelne Einbringung. Hingegen kann bei mehreren, zeitgleichen Einbringungen eine unterschiedliche Ausübung des Bewertungswahlrechts erfolgen. Das Bewertungswahlrecht wird jedoch eingeschränkt,

- wenn beim übernehmenden Rechtsträger, z. B. infolge einer Steuerbefreiung, keine Besteuerung mit Körperschaftsteuer erfolgt,
- wenn die **Passivposten das Aktivvermögen** des eingebrachten Vermögens **übersteigen**. In diesen Fällen muss das Aktivvermögen mindestens so hoch angesetzt werden, dass ein Ausgleich der Bilanz gegeben ist. Dies kann zu einem Zwischenwert- oder maximal zu einem Ansatz mit dem gemeinen Wert führen.

---

285 Zur Definition des Teilbetriebes vgl. S. 128 ff.

286 Vgl. S. 128.

- Außerdem hat die aufnehmende Kapitalgesellschaft das Vermögen mit dem gemeinen Wert anzusetzen, wenn das Besteuerungsrecht Deutschlands hinsichtlich des Gewinns aus der Veräußerung des eingebrachten Betriebsvermögens bei der übernehmenden Gesellschaft ausgeschlossen oder beschränkt wird.[287]

Bekommt der Einbringende für die Einbringung nicht nur Anteile an der Kapitalgesellschaft sondern auch andere Wirtschaftsgüter beispielsweise eine Barzahlung, verwehrt § 20 Abs. 2 Satz 4 UmwStG in entsprechendem Umfang das Buchwertprivileg. Damit kommt es zur Realisierung von stillen Reserven i. H. d. den Buchwert übersteigenden Teils des gemeinen Werts der erhaltenen sonstigen Gegenleistung. Für den Anteilseigner gilt gem. § 20 Abs. 3 UmwStG der Wert, mit dem die übernehmende Gesellschaft das eingebrachte Betriebsvermögen ansetzt grundsätzlich als Veräußerungspreis und als Anschaffungskosten der Gesellschaftsanteile.

Die übernehmende Kapitalgesellschaft muss die Bewertung des eingebrachten Vermögens nicht zum handelsrechtlichen Einbringungstag vornehmen, sondern kann eine Wertermittlung auf den steuerlichen Übertragungsstichtag beantragen. Dieser kann zurückbezogen werden auf einen Tag, der höchstens acht Monate vor dem Tag des Abschlusses des Einbringungsvorgangs liegt. Gestalterisch lassen sich durch diese Rückwirkung steuerliche Vorteile erzielen, da die steuerliche Rückbeziehung auch unmittelbare Auswirkungen auf die Nutzung von Verlustvorträgen sowie zwischenzeitlich eingetretenen Wertänderungen haben kann. Vor diesem Hintergrund kommt der eindeutigen Dokumentation und Nachvollziehbarkeit der Bewertung der Wirtschaftsgüter und der Bestimmung der gemeinen Werte eine besondere Bedeutung zu.

Einkommen- bzw. körperschaftsteuerliche Verlustvorträge verbleiben auf Grund des Transparenzprinzips beim Einbringenden[288] und gehen nicht auf die übernehmende Kapitalgesellschaft über. Gleiches gilt für verrechenbare Verluste z. B. i. S. d. § 15a EStG.[289] Auch Zins-, EBITDA-Vorträge und nicht abgezogene gewerbesteuerliche Fehlbeträge gehen gem. §§ 20 Abs. 9 und 23 Abs. 5 UmwStG nicht auf die übernehmende Kapitalgesellschaft über. Vielmehr besteht auf Ebene der übernehmenden Körperschaft die Gefahr, dass es infolge der Gewährung der Gesellschaftsrechte an den Einbringenden zu einem schädlichen Beteiligungserwerb nach § 8c KStG kommt. Dies hätte – so keine Ausnahme greift – den vollständigen oder quotalen Untergang körperschaft- und gewerbesteuerlicher Verlustvorträge sowie des Zins- oder EBITDA-Vortrags zur Folge.[290]

287 In jüngster Zeit ist streitig, wann dieses Kriterium erfüllt ist, vgl. hierzu Kaminski, Stbg 2011, S. 338 ff., m. w. N. zur aktuellen Rspr. und zum Diskussionsstand.

288 Vgl. zur Behandlung beim Einbringenden S. 141.

289 Vgl. Wacker, in: Schmidt, EStG, § 15a, 30. Aufl., München 2011, Rz. 236 f.

290 Vgl. hierzu S. 75 ff.

(ii) Auf Ebene der Einbringenden

Die Entscheidung über die Ausübung des Bewertungswahlrechtes hat auch Auswirkungen auf die Besteuerung beim Einbringenden. Gem. § 20 Abs. 2 UmwStG gilt der Wert, mit dem die Kapitalgesellschaft das eingebrachte Vermögen ansetzt, **als Veräußerungspreis des Einbringenden** (Wertverknüpfung). Gleichzeitig gilt dieser Wert auch als Anschaffungskosten der gewährten bzw. erhaltenen Anteile. Folglich tritt bei einer Inanspruchnahme des Buchwertprivilegs keine Besteuerung auf Ebene des Einbringenden ein.

Allerdings können steuerliche Vergünstigungen, z. B. nach § 16 Abs. 4 und § 34 EStG, vom Einbringenden nur in Anspruch genommen werden, wenn die übernehmende Kapitalgesellschaft das eingebrachte Vermögen mit dem gemeinen Wert angesetzt hat.[291] Erfolgt ein Ansatz zum Buch- oder Zwischenwert, können diese Begünstigungen nicht genutzt werden.

Im Ergebnis ist eine spätere Versteuerung der stillen Reserven in den Anteilen damit weitestgehend sichergestellt, sofern bei der späteren Veräußerung der Anteile der sich ergebende Gewinn der Besteuerung unterliegt. Eine derartige Veräußerung unterliegt grundsätzlich in Deutschland entweder dem günstigeren Teileinkünfteverfahren auf Grund des § 17 Abs. 6 EStG oder ist nach § 8b Abs. 2 KStG gänzlich steuerfrei.[292] Hierin hat der Gesetzgeber einen Missbrauchsfall gesehen. Gem. § 22 Abs. 1 Satz 1 UmwStG wird daher rückwirkend eine Versteuerung der eingebrachten stillen Reserven angeordnet, wenn der Einbringende die erhaltenen Anteile innerhalb der Sperrfrist von sieben Jahren veräußert oder einen sonstigen steuerschädlichen Tatbestand erfüllt.[293] So erklärt das Gesetz bereits einen fehlenden oder nicht fristgerecht erbrachten Nachweis der Zuordnung der erhaltenen Anteile zum Einbringenden als schädlich. In dem Fall ist ein sog. anteiliger Einbringungsgewinn I festzustellen und durch den Einbringenden nach den allgemeinen Regeln zu versteuern.

Der Einbringungsgewinn I berechnet sich aus der Differenz des gemeinen Wertes des eingebrachten Betriebsvermögens zum Wert, mit dem die übernehmende Gesellschaft das Vermögen angesetzt hat (Buch- oder Zwischenwert) nach Abzug der Kosten für den Vermögensübergang. Grundsätzlich besteht hier die Möglichkeit § 6b EStG anzuwenden, soweit der Gewinn auf begünstigte Wirtschaftsgüter i. S. dieser Vorschrift entfällt. Ferner ist der Teil vom Einbringungsgewinn I auszunehmen, der auf eingebrachte Anteile an Kapitalgesellschaften entfällt. Diesbezüglich gelten die Sonderregelungen zum sog. Anteilstausch und der Feststellung und Besteuerung eines Einbringungsgewinns II.[294] Für jedes vollendete Jahr nach dem Einbringungszeitpunkt verringert sich der Einbringungsgewinn um ein Siebtel.

---

291 Vgl. § 22 Abs. 1 Satz 1 UmwStG.

292 Allerdings ist die 5%-Pauschale des § 8b Abs. 5 Satz 1 KStG zu beachten.

293 Vgl. § 20 Abs. 1 Satz 5 i. V. m. 20 Abs. 2 UmwStG sowie § 20 Abs. 1 Satz 6 UmwStG.

294 Vgl. S. 142.

Korrespondierend erhöhen sich die Anschaffungskosten der Beteiligung. Damit sinkt gleichzeitig der zu besteuernde Veräußerungsgewinn. Darüber hinaus kann die übernehmende Gesellschaft auf Antrag eine gewinnneutrale Aufstockung der Buchwerte i. H. d. besteuerten Einbringungsgewinn I vornehmen, § 23 Abs. 2 UmwStG.

Beispiel:

Der in Berlin ansässige Einzelunternehmer C bringt seinen Betrieb in die deutsche D-GmbH gegen Gewährung von Gesellschaftsrechten ein. Der Buchwert des eingebrachten Vermögens beträgt 1.000.000,- € und der gemeine Wert 2.400.000,- €. C erhält 0,5% der Gesellschaftsanteile an der D-GmbH. Eine steuerneutrale Einbringung ist möglich, so dass zum Zeitpunkt der Einbringung keine stillen Reserven aufgedeckt und versteuert werden. Die Anschaffungskosten der Beteiligung betragen daher 1.000.000,- €. Der Buchwert des Vermögens der D-GmbH erhöht sich um den gleichen Betrag. Im vierten Jahr nach der Einbringung veräußert D seine Anteile zum gemeinen Wert. Es wird ein Einbringungsgewinn I i. H. v. 800.000,- € festgestellt,[295] der voll zu versteuern ist. In dieser Höhe liegen nachträgliche Anschaffungskosten auf die Beteiligung vor, sodass der Veräußerungsgewinn lediglich 600.000,- € beträgt. Dieser ist nach § 3 Nr. 40 EStG zu 40% steuerfrei. Die D-GmbH kann gem. § 23 Abs. 2 UmwStG eine entsprechende steuerneutrale Erhöhung der Buchwerte um 800.000,- € beantragen, um so zusätzliches Abschreibungspotenzial zu erhalten. Gäbe es die Vorschrift des § 22 Abs. 1 Satz 1 UmwStG nicht oder hätte C nach Ablauf der Siebenjahresfrist veräußert, könnte er seine Anteile unter Berücksichtigung einer Haltefrist von 12 Monaten nach dem Teileinkünfteverfahren vollständig begünstigt versteuert verkaufen und den Gewinn in Höhe von 1.400.000,- € mit einer Steuerbelastung von ca. 27% anstatt 45% vereinnahmen.

Einkommen- bzw. körperschaftsteuerliche Verlustvorträge sind beim Einbringenden auf Grund der zuvor transparenten Besteuerung weiterhin nutzbar. Der Zins- oder EBITDA-Vortrag geht allerdings unter, wenn ein Betrieb übertragen wird (§ 4h Abs. 5 EStG). Bei Einbringung eines Mitunternehmeranteils gilt dies jedoch nur anteilig.[296] Erfolgt die Einbringung eines Teilbetriebs, bleibt der im Ausgangsbetrieb verbleibende Zinsvortrag unberührt.[297] Soweit gem. § 10a GewStG die Unternehmens- und Unternehmeridentität beim einbringenden Rechtsträger sichergestellt ist, sind gewerbesteuerliche Fehlbeträge weiterhin nutzbar, sofern noch entsprechende Gewinnquellen übrig bleiben: Dies ist etwa der Fall, wenn eine Kapitalgesellschaft lediglich einen Teilbetrieb einbringt. Bei Einbringungen von Teilbetrieben durch Einzelunternehmer oder Personengesellschaften kommt es darauf an, ob mit dem eingebrachten Teilbetrieb gewerbesteuerliche Verluste verbunden waren. Sofern ein Einzelunternehmen oder eine ganze Personengesellschaft Einbringungsgegenstand ist,

295 Rechnung: 1.400.000,- Differenzbetrag abzgl. 4/7 von 1.400.000,- € Abschmelzungsbetrag.
296 Vgl. Patt, in: Dötsch/Jost/Patt/Pung, UmwStG, § 20 (SEStEG), März 2010, Rz. 340 ff.
297 Vgl. Patt, in: Dötsch/Jost/Patt/Pung, UmwStG, § 20 (SEStEG), März 2010, Rz. 341.

liegt i. d. R. die Unternehmeridentität nicht mehr vor.[298] Bei Mitunternehmeranteilen gilt dies quotal.[299]

3.3.3.4.2 Anteilstausch gem. § 21 UmwStG

- Was ist unter einem Anteilstausch zu verstehen?
- Was ist unter „Einbringunsgewinn II" zu verstehen?
- Wie ist er zu ermitteln und welche steuerlichen Konsequenzen ergeben sich aus ihm?

Gem. § 21 UmwStG können auch Beteiligungen an einer Kapitalgesellschaft steuerneutral eingebracht werden, sofern die übernehmende Kapitalgesellschaft nach der Einbringung die Mehrheit der Anteile an der Kapitalgesellschaft hat, deren Anteile eingebracht wurden. Ein solcher Vorgang setzt nicht zwingend voraus, dass der Einbringende die Mehrheit der Kapitalgesellschaftsanteile besitzt, da auch die bisherigen Anteile der übernehmenden Gesellschaft berücksichtigt werden.

Die Vorschrift hat durch die weitgehende Steuerfreiheit von Anteilsveräußerungen in § 8b Abs. 2 KStG an Bedeutung verloren. Einbringende Kapitalgesellschaften können durch einen Anteilsverkauf die gleiche Wirkung ebenso schnell und vergleichbar kostengünstig erreichen, wie dies mittels des Anteilstausches nach § 21 UmwStG möglich wäre.

Bei natürlichen Personen oder Personengesellschaften kann dagegen die Realisation eines Einbringungsgewinnes verhindert werden. Veräußert die übernehmende Gesellschaft die Anteile innerhalb einer Sperrfrist von sieben Jahren oder ist ein anderer steuerschädlicher Tatbestand erfüllt, sieht § 22 Abs. 2 UmwStG eine teilweise Versagung der Steuerneutralität vor.[300] Auch hier muss der Einbringende nachweisen, dass der übernehmenden Kapitalgesellschaft die eingebrachten Anteile weiterhin gehören. Ansonsten wird ein anteiliger Einbringungsgewinn II festgestellt und vom Einbringenden (nicht von der übernehmenden Gesellschaft) versteuert. Der Gewinn unterliegt dem Teileinkünfteverfahren (oder ggf. der Abgeltungssteuer).

Der Einbringungsgewinn II berechnet sich aus der Differenz des gemeinen Wertes der eingebrachten Anteile zum Wert, mit dem die übernehmende Gesellschaft die Anteile angesetzt hat (Buch- oder Zwischenwert) nach Abzug der Kosten für den Vermögensübergang. Für jedes vollendete Jahr nach dem Einbringungszeitpunkt verringert sich der Einbringungsgewinn um ein Siebtel.

Korrespondierend erhöhen sich die Anschaffungskosten der Beteiligung beim Einbringenden sowie auf Antrag der Buchwert beim übernehmenden Rechtsträger. Damit sinkt gleichzeitig der nach § 8b Abs. 2 KStG steuerbefreite Veräußerungsgewinn.

---

298 Vgl. Patt, in: Dötsch/Jost/Patt/Pung, UmwStG, § 23 (SEStEG), November 2007, Rz. 140 f.
299 Vgl. Ritzer, in: Rödder/Herlinghaus/van Lishaut, UmwStG, § 23, Köln 2008, Rz. 281.
300 Kapitalgesellschaften als einbringende Rechtsträger sind von dieser Regelung nicht betroffen.

Beispiel:

Der in Berlin ansässige E bringt seinen 40%-Anteil an der F-GmbH in die deutsche G-AG gegen Gewährung von Gesellschaftsrechten ein. Die historischen Anschaffungskosten der eingebrachten Anteile betragen 400.000,- € und deren gemeiner Wert 1.800.000,- €. E hält danach 0,5% der ausgegebenen Aktien der G-AG. Die G-AG hatte zuvor einen Anteil von 20% an der F-GmbH, sodass sie durch die Einbringung die Mehrheit der Stimmrechte erhält. Daher ist eine steuerneutrale Einbringung möglich, so dass zum Zeitpunkt der Einbringung keine stillen Reserven aufgedeckt und versteuert werden müssen. Die Anschaffungskosten der Beteiligung betragen daher 400.000,- €. Der Buchwert des Vermögens der G-AG erhöht sich um den gleichen Betrag.

a) Im vierten Jahr nach der Einbringung veräußert E seine Anteile zum gemeinen Wert. E realisiert einen Veräußerungsgewinn in Höhe von 1.400.000,- €, der nach Maßgabe des § 17 Abs. 6 EStG mit dem Teileinkünfteverfahren zu besteuern ist.

b) Im vierten Jahr nach der Einbringung veräußert die G-AG ihren 60%-Anteil an der F-GmbH an eine fremden Dritten zum gemeinen Wert. Es wird ein Einbringungsgewinn II i. H. v. 800.000,- € festgestellt.[301] Dieser ist durch den E gem § 17 EStG nach Maßgabe des Teileinkünfteverfahrens zu besteuern. Die G-AG kann gem. § 23 Abs. 2 UmwStG eine entsprechende steuerneutrale Erhöhung der Anschaffungskosten um 800.000,- € beantragen. Hierdurch sinkt der Veräußerungsgewinn der Gesellschaft, der zwar nach § 8b Abs. 2 KStG steuerfrei ist, jedoch gem. § 8b Abs. 3 KStG mit 5% nicht abzugsfähigen Betriebsausgaben verbunden ist.

3.3.3.4.3 Einbringung in eine Personengesellschaft gem. § 24 UmwStG

- Welche zivilrechtlichen Maßnahmen sind umwandlungsteuerlich von § 24 UmwStG erfasst?
- Unter welchen Umständen kann die Einbringung in eine Personengesellschaft steuerneutral erfolgen?
- Was passiert mit Verlust- oder Zinsvorträgen des eingebrachten Betriebs?

301 Rechnung: 1.400.000,- Differenzbetrag abzgl. 4/7 von 1.400.000,- € Abschmelzungsbetrag.

(a) Grundlagen und Rechtsfolgen

Die Einbringung von Wirtschaftsgütern in Personengesellschaften führt grundsätzlich zur Realisation der stillen Reserven. Ist Gegenstand der Einbringung ein qualifizierter Vermögensteil eines Unternehmens i. S. d. § 24 UmwStG, hat die übernehmende Personengesellschaft ein Bewertungswahlrecht. Sie kann das Vermögen mit dem **Buch-, Zwischen-** oder dem **gemeinem Wert** ansetzen. Hinsichtlich der begünstigten Personen, die an einer steuerneutralen Einbringung nach § 24 UmwStG teilnehmen können, ist grundsätzlich auf die Ausführungen zu § 20 UmwStG zu verweisen.[302] Als ergänzende Voraussetzung tritt hinzu, dass die einbringende Person Mitunternehmer der aufnehmenden Personengesellschaft werden muss oder dass sich seine Stellung als Mitunternehmer zumindest verstärkt.[303]

Gegenstand der Einbringung muss nach § 24 Abs. 1 UmwStG ein Betrieb, Teilbetrieb oder Mitunternehmeranteil sein. Eine 100%-Beteiligung als sog. „fiktiver Teilbetrieb" ist in der Aufzählung zunächst nicht enthalten. Allerdings erkennt der UmwSt-Erlassvom 11. 11. 2011 auch diesen als begünstigungsfähiges Vermögen an,[304] sodass hier eine Selbstbindung der Finanzverwaltung eintritt.

Zivilrechtlich kann eine Einbringung in eine Personengesellschaft durch folgende Vorgänge erreicht werden:

- durch Aufnahme eines Gesellschafters in ein Einzelunternehmen zur Begründung einer Personengesellschaft,
- durch Einbringung eines Einzelunternehmens in eine bestehende Personengesellschaft,
- durch Eintritt eines weiteren Gesellschafters in eine bestehende Personengesellschaft,
- in den Fällen der Anwachsung,
- durch Verschmelzung von Personenhandelsgesellschaften,
- durch Ausgliederungen auf Personenhandelsgesellschaften oder
- durch Spaltung von Personengesellschaften.

Eine Rückbeziehung des steuerlichen Einbringungsstichtages ist für einen Zeitraum von maximal 8 Monaten möglich. Dies gilt jedoch nicht für die Anwachsung, also einen Vorgang, der nicht dem handelsrechtlichen Umwandlungsgesetz folgt.[305]

---

302 Vgl. S. 137.

303 Vgl. UmwSt-Erlass vom 11. 11. 2011, Rn. 24.07.

304 Vgl. UmwSt-Erlass vom 11. 11. 2011, Rn. 24.03 i. V. m. Rn. 20.06 und Rn. 15.02, 15.05 f. Für das anders lautende Urteil des BFH vom 17. 07. 2008, I R 77/06, BStBl. II 2009, S. 464 existiert mit BMF-Schreiben vom 20. 05. 2009, IV C 6-S 2134/07/10005, BStBl. I 2009, S. 671 ein Nichtanwendungserlass , der nach Auffassung von Kroener/Momen, DB 2012, S. 76 fortgilt.

305 Vgl. UmwSt-Erlass vom 11. 11. 2011, Rn. 20.05.

(b) Bewertungswahlrecht

Bei der Ausübung des Bewertungswahlrechtes ergeben sich gegenüber der Einbringung in eine Kapitalgesellschaft folgende Vorteile und Abweichungen: Zum einen ist eine Einbringung zum Buchwert auch möglich, wenn das eingebrachte Betriebsvermögen negativ ist. Zum anderen reicht eine Überführung der Wirtschaftsgüter in das Sonderbetriebsvermögen des Gesellschafters bei der Personengesellschaft aus. Nichtsdestotrotz muss der Einbringende eine gewisse Beteiligung am Gesamthandsvermögen der Personengesellschaft erhalten.

In der Gesamthandsbilanz der Personengesellschaft soll regelmäßig eine Aufdeckung der stillen Reserven erfolgen, um die tatsächlichen Beteiligungsverhältnisse der Gesellschafter zueinander wiederzuspiegeln. Allerdings hätte eine entsprechende Wahlrechtsausübung (Ansatz des gemeinen Werts) die Realisation der stillen Reserven beim Einbringenden zur Folge. Steuerlich kann dieses Ergebnis vermieden werden, indem für den Einbringenden eine Ergänzungsbilanz gebildet wird. In dieser erfolgt der Ausweis des Minderkapitals und eine Korrektur bis auf die Buchwerte der Wirtschaftsgüter.[306]

Beispiel:

Das bisherige Einzelunternehmen des A hat einen Buchwert von 1.000.000,- € und einen Verkehrswert von 3.000.000,- €. Der A möchte zusammen mit B eine Personengesellschaft gründen, an der beide Gesellschafter jeweils zur Hälfte beteiligt sind. Der B hat eine Bareinlage in die neue Gesellschaft in Höhe von 3.000.000,- € zu leisten. Um eine Versteuerung der stillen Reserven im Vermögen des A zum Zeitpunkt der Gründung der Personengesellschaft zu vermeiden, wird dieser eine negative Ergänzungsbilanz mit Minderkapital erstellen. Das auszuweisende Minderkapital beläuft sich auf 2.000.000,- €. In der Gesamthandsbilanz wird das Vermögen der Personengesellschaft mit 6.000.000,- € ausgewiesen, da nur so die tatsächlichen Beteiligungsverhältnisse ersichtlich sind.

Erfolgt die Einbringung nicht nur gegen Gewährung von Gesellschaftsrechten an der aufnehmenden Personengesellschaft, sondern werden weitere Wirtschaftsgüter oder Barzahlungen gewährt, so entsteht in Höhe des gemeinen Wertes der Wirtschaftsgüter bzw. in Höhe der Zuzahlung ein steuerpflichtiger Gewinn für den Einbringenden. Werden außerdem die Wirtschaftsgüter in die Personengesellschaft zu gemeinen Werten eingebracht, ist der sich ergebende Gewinn beim Einbringenden nach § 16 Abs. 4 und § 34 EStG begünstigt.

Mit der Einbringung in Personengesellschaften ist wie beim Anteilstausch die Gefahr der Feststellung und Nachversteuerung eines Einbringungsgewinns II verbunden. Hierzu kann es kommen, wenn eine natürliche Person neben dem Betriebsvermögen

---

306 Zu den Einzelheiten zur Gewinnermittlung bei Personengesellschaften sowie der Bildung und Fortführung von Ergänzungsbilanzen, Strunk/Kaminski, Steuerliche Gewinnermittlung bei Unternehmen, Neuwied 2001, S. 229 ff.

auch Kapitalgesellschaftsanteile einbringt. Sind nämlich an der Personengesellschaft auch Kapitalgesellschaften beteiligt, sind die Anteile auch diesen quotal zuzurechnen. Im Fall der Veräußerung oder einer anderen schädlichen Verfügung bewirkt § 24 Abs. 5 UmwStG, dass die stillen Reserven, die während der Anwendbarkeit des Teileinkünfteverfahrens entstanden sind, auch nach diesem versteuert werden und nicht nach § 8b Abs. 2 KStG eine Steuerbefreiung erlangen.

Da die Einbringung in die Personengesellschaft[307] an der steuerlichen Transparenz der Struktur nichts ändert, können einkommen- und körperschaftsteuerliche Verlustvorträge nach den allgemeinen Grundsätzen weiter genutzt werden. Gleiches gilt für verrechenbare Verluste, z. B. i. S. d. § 15a EStG.[308] Der Zins- oder EBITDA-Vortrag geht nach §§ 24 Abs. 6 i. V. m. 20 Abs. 9 UmwStG nicht auf die Personengesellschaft über. Bei einzubringenden Betrieben und Mitunternehmeranteilen gehen entsprechende Vorträge komplett bzw. quotal unter (§ 4h Abs. 5 EStG). Erfolgt die Einbringung eines Teilbetriebes ist hingegen kein Untergang vorgesehen.[309] Bei gewerbesteuerlichen Fehlbeträgen kommt es auf die Wahrung der Unternehmens- und Unternehmeridentität an. Diese ist bei Einbringungen in Personengesellschaften in vielen Fällen gegeben, sodass bei eingebrachten Betrieben oder Teilbetrieben der Fehlbetrag vollständig oder zumindest anteilig übergeht. Bei eingebrachten Mitunternehmeranteilen verbleibt er bei der Personengesellschaft, deren Anteil eingebracht wurde.[310]

3.3.3.4.4 Einlagen nach § 6 Abs. 1 EStG sowie Übertragungsvorgänge nach §§ 6 Abs. 3 und Abs. 5 EStG, 16 Abs. 3 Sätze 2 ff. EStG

- Wie sind Einlagen steuerlich zu behandeln?
- Worin besteht der Unterschied zwischen „Überführung“ und „Übertragung“ von Wirtschaftsgütern?
- Unter welchen Umständen können einzelne Wirtschaftsgüter steuerneutral überführt bzw. übertragen werden?
- Welche Voraussetzungen knüpft der Gesetzgeber daran?

(a) Einlagen nach § 6 Abs. 1 Nr. 5 EStG

Von den Einbringungsvorgängen sind Einlagevorgänge zu trennen, bei denen ein Wirtschaftsgut, welches im wirtschaftlichen und zivilrechtlichen Eigentum einer Person steht, aus dem privaten in den betrieblichen Vermögensbereich überführt wird. Generell ist eine Überführung aus dem nichtsteuerbaren Privatvermögensbereich in das steuerverhaftete Betriebsvermögen **ohne die Realisation von stillen Reserven**

---

[307] Analog: Spaltung oder Verschmelzung von Personengesellschaften auf Personengesellschaften.

[308] Vgl. Wacker, in: Schmidt, EStG, § 15a, 30. Aufl., München 2011, Rz. 238 f.

[309] Vgl. Patt, in: Dötsch/Jost/Pung/Witt, UmwStG, § 24 (SEStEG), Februar 2008, Rz. 189a.

[310] Vgl. hierzu H 10a.3 Abs. 2 GewStH ff.

möglich, indem die eingelegten Wirtschaftsgüter mit dem Teilwert zum Zeitpunkt der Einlage angesetzt werden. Bei einer späteren Veräußerung des Wirtschaftsgutes aus dem Betriebsvermögen werden nur die stillen Reserven besteuert, die während der Zugehörigkeit zum Betriebsvermögen entstanden sind.

Erfolgt aber die Überführung von Wirtschaftsgütern, die auch im Privatvermögen steuerverstrickt sind, kann es durch die Einlage zu einer Verstrickung der stillen Reserven kommen. Anteile an Kapitalgesellschaften bzw. Wertpapiere sind im Rahmen der §§ 17 oder 20 Abs. 2 EStG grundsätzlich steuerverstrickt. Nach § 6 Abs. 1 Nr. 5 Buchst. b) und c) EStG hat deren Einlage mit den historischen Anschaffungskosten zu erfolgen. Ferner besteht mit § 6 Abs. 1 Nr. 5 Buchst. a) EStG eine Sonderregelung für Wirtschaftsgüter, die innerhalb der letzten drei Jahre vor dem Zeitpunkt der Einlage angeschafft oder hergestellt wurden. Diese Wirtschaftsgüter sind mit dem Teilwert, höchstens jedoch mit den Anschaffungs- oder Herstellungskosten zu bewerten. Handelt es sich um ein abnutzbares Wirtschaftsgut, sind die Anschaffungs- oder Herstellungskosten um Absetzungen für Abnutzungen zu verringern. Ist das Wirtschaftsgut vor der Zuführung aus einem Betrieb des Steuerpflichtigen entnommen worden, tritt an die Stelle der Anschaffung der Zeitpunkt der Entnahme und an die Anschaffungskosten der Wert der Entnahme. Damit erübrigt sich im Regelfall die Aufdeckung und Versteuerung der stillen Reserven. Zu einer Besteuerung der stillen Reserven kommt es in diesen Fällen erst zum Zeitpunkt der tatsächlichen Veräußerung. Dann gehören zu den stillen Reserven aber auch diejenigen, die während der Zugehörigkeit zum Privatvermögen entstanden sind. Im Fall einer Einlage von sonstigen Wirtschaftsgütern, die außerhalb der letzten drei Jahre vor dem Zeitpunkt der Einlage angeschafft oder hergestellt wurden, ist ein Einlagegewinn nach § 23 EStG steuerfrei. Bei Grundstücken, die innerhalb der zehnjährigen „Spekulationsfrist“[311] veräußert werden, erfolgt die entsprechende Spekulationsgewinnbesteuerung erst nachträglich bei tatsächlicher Veräußerung.[312]

Beispiel:

Der in Düsseldorf ansässige Einzelunternehmer H hat ein vor 20 Jahren für 400.000,- € erworbenes Ladenlokal in bester Lage an fremde Dritte vermietet. H kündigt den Mietvertrag fristgerecht und nutzt ab diesem Zeitpunkt das Ladenlokal für eigenbetriebliche Zwecke. Da das Ladenlokal zuvor kein Betriebsvermögen war, ist es nun in das Betriebsvermögen zum Zeitwert (hier beispielsweise 1.000.000,- €) einzulegen. Die in der Zeit der Fremdvermietung entstandenen stillen Reserven bleiben damit steuerlich unverstrickt. Es kommt zu keiner Einlagebesteuerung. Lediglich künftige Veräußerungsgewinne gehören zu den Einkünften aus Gewerbebetrieb des H.

311 Hierbei ist die Absicht, mit der das Grundstück erworben wird, irrelevant.

312 Vgl. § 23 Abs. 1 Satz 5 Nr. 1 EStG. Nach Nr. 2 gilt dies nicht bei verdeckter Einlage in eine Kapitalgesellschaft.

Abwandlung: Das Ladenlokal wurde vor zwei Jahren erworben.

Die Einlage erfolgt zu fortgeführten Anschaffungskosten. Es kommt nicht zu einer Einlagebesteuerung. Allerdings bewirkt die Einlage die steuerliche Verstrickung derjenigen stillen Reserven, die in den zwei Jahren vor Einlage geschaffen wurden.

In Zusammenhang mit den Einlagen ist zu beachten, dass sobald im Austausch gegen die Einlage Gesellschaftsrechte an einer Kapital- oder Personengesellschaft gewährt werden, die oben beschriebenen Einlagegrundsätze nicht mehr gelten. In dem Fall liegt ein tauschähnlicher Vorgang vor, der zum Ansatz des gemeinen Wertes führt.[313]

(b) Übertragungen nach § 6 Abs. 3 EStG

Sofern ein Betrieb, ein Teilbetrieb oder ein Mitunternehmeranteil in einen Betrieb unentgeltlich übertragen wird, hat zwingend eine Buchwertverknüpfung zu erfolgen. Dem Steuerpflichtigen steht insoweit kein Wahlrecht zu. Solche Fälle sind in der Praxis jedoch eher selten, da zumeist mit den positiven Wirtschaftsgütern auch Schulden in unmittelbarem Zusammenhang stehen, die mit übertragen werden. Ist dies der Fall, handelt es sich nicht mehr um eine unentgeltliche Übertragung. Die Regelung ist auch anwendbar, wenn ein bisheriger Betriebsinhaber Wirtschaftsgüter, die unverändert in seinem Betriebsvermögen verstrickt bleiben, nicht mit überführt. Allerdings setzt dies voraus, dass der übernehmende Mitunternehmer das Vermögen für einen Zeitraum von fünf Jahren nicht veräußert und das Unternehmen nicht aufgibt.

(c) Überführungen und Übertragungen nach § 6 Abs. 5 EStG

Der Gesetzgeber nennt in § 6 Abs. 5 EStG eine Vielzahl verschiedener Fälle, bei denen eine Besteuerung stiller Reserven zu unterbleiben hat. Dies gilt unabhängig davon, ob es sich bei diesen Wirtschaftsgütern um Anlage- oder Umlaufvermögen handelt. Hierbei erfolgt stets eine Beschränkung auf Überführungen und Übertragungen zwischen Betriebsvermögen. Folgerichtig werden entsprechende Vorgänge vom Privatvermögen in das Betriebsvermögen nicht durch diese Regelung erfasst. Steuersystematisch handelt es sich um eine Entnahme i. S. v. § 4 Abs. 1 Satz 2 EStG aus dem abgebenden Betriebsvermögen und um eine Einlage i. S. v. § 4 Abs. 1 Satz 8 EStG in das aufnehmende Betriebsvermögen.[314]

Überführungen zeichnen sich dadurch aus, dass kein Rechtsträgerwechsel stattfindet. Das bedeutet, dass das Wirtschaftsgut weiterhin im zivilrechtlichen Eigentum des gleichen Steuerpflichtigen bleibt. Für Überführungen aus dem Privatvermögen in ein Einzelunternehmen oder in das Sonderbetriebsvermögen bei einer Mitunternehmerschaft gelangen Einlagegrundsätzen zur Anwendung.[315] Für Überführungen von einem Betriebsvermögen in ein anderes, wäre hingegen zunächst eine Gewinn reali-

313 Vgl. BMF vom 26. 11. 2004, IV B 2-S 2178-2/04, BStBl. I 2004, S. 1190. Vgl. auch S. 149.

314 Vgl. Tz. 1 des BMF-Schreibens vom 8. 12. 2011, IV C 6 – S 2241/10/10002, 2011/097385, BStBl. I 2011, S. 1279, im Internet abrufbar unter www.bundesfinanzministerium.de.

315 Vgl. S. 146. Gleiches gilt auch für die verdeckte Einlage in eine Kapitalgesellschaft.

sierende Entnahme zum Teilwert vonnöten, um das Wirtschaftsgut danach in das andere Betriebsvermögen einlegen zu können. Dies verhindert § 6 Abs. 5 Satz 1 und 2 EStG, der

- die Überführung eines Wirtschaftsgutes von einem Betriebsvermögen in ein anders desselben Steuerpflichtigen (Satz 1) oder
- die Überführung aus dem eigenen Betriebsvermögen in das Sonderbetriebsvermögen einer Mitunternehmerschaft oder umgekehrt (Satz 2) sowie
- die Überführung zwischen verschiedenen Sonderbetriebsvermögen desselben Steuerpflichtigen bei verschiedenen Mitunternehmerschaften (Satz 2)

zum Buchwert vorschreibt.

- **Beispiel:**

  Der in Stuttgart ansässige J (natürliche Person) ist sowohl an der K-OHG als auch an der L-KG mitunternehmerisch beteiligt. Seit mehreren Jahren hat J der K-OHG ein in seinem zivilrechtlichen Eigentum stehendes Grundstück mit aufstehendem Fabrikgebäude vermietet (aktueller Buchwert: 400.000,- €; Teilwert: 1.000.000,- €). Infolge von Umsatzeinbrüchen will die K-OHG den Standort schließen. Da sich die L-KG auf einem Wachstumsmarkt bewegt und dringend neue Produktionskapazitäten sucht, vermietet J das Grundstück nebst Bebauung an die L-KG. Das Grundstück wird aus dem Sonderbetriebsvermögen I des J bei der K-OHG in das Sonderbetriebsvermögen I bei der L-KG überführt. Daher kommt J in den Genuss des Buchwertprivilegs des § 6 Abs. 5 Satz 2 EStG. Eine Aufdeckung der stillen Reserven i. H. v. 600.000,- € ist nicht vorgesehen.

Bei Übertragungen findet dagegen ein Rechtsträgerwechsel statt. Das Wirtschaftsgut wechselt den zivilrechtlichen Eigentümer. Die Rechtsprechung erkennt hierin einen tauschähnlichen Vorgang, sofern bei der Übertragung Gesellschaftsrechte als Gegenleistung gewährt werden.[316] Daher kommt es auch bei Übertragungen auf Personengesellschaften grundsätzlich zu einer Veräußerungsgewinnbesteuerung. Veräußerungsgewinne in den Wirtschaftsgütern sind nur nach Ablauf der Frist für private Veräußerungsgeschäfte des § 23 EStG steuerfrei. Bei übertragenen Kapitalgesellschaftsanteilen erfolgt eine Aufdeckung der stillen Reserven nach §§ 17, 20 Abs. 2 EStG.[317]

Wenn die Wirtschaftsgüter bereits in einem Betriebsvermögen steuerverstrickt waren, erlaubt § 6 Abs. 5 Satz 3 EStG eine **steuerneutrale** Übertragung von Wirtschaftsgütern, die unentgeltlich oder gegen Gewährung oder Minderung von Gesellschaftsrechten erfolgt, in den folgenden Fällen:

---

316 Vgl. BFH vom 24. 1. 2008, IV R 37/06, BFHE 220, S. 374 und vom 17. 7. 2008, I R 77/06, BStBl. II 2009, S. 464. Zustimmend BMF vom 20. 5. 2009, IV C 6 – S 2134/07/10005, 2009/0300414, BStBl. I 2009, S. 671.

317 Die Annahme eines qualifizierten Anteilstausch scheidet hier aus, da das UmwStG diesen bei Einbringungen in Personengesellschaften nicht vorsieht.

- Aus einem Betriebsvermögen des Mitunternehmers in das Gesamthandsvermögen einer Mitunternehmerschaft und umgekehrt (Nr. 1).
- Aus dem Sonderbetriebsvermögen eines Mitunternehmers in das Gesamthandsvermögen derselben Mitunternehmerschaft oder einer anderen Mitunternehmerschaft an der er beteiligt ist und umgekehrt (Nr. 2).
- Zwischen den Sonderbetriebsvermögen verschiedener Mitunternehmer derselben Personengesellschaft (Nr. 3).

Dabei ist zu beachten, dass der andere Rechtsträger eine Personengesellschaft sein muss. Übertragungen auf Kapitalgesellschaften sind durch § 6 Abs. 5 EStG nicht begünstigt, sodass bei diesen mit Ausnahme von §§ 20, 21 UmwStG eine Aufdeckung der stillen Reserven in aller Regel nicht vermieden werden kann.

- **Beispiel:**

  Der in Dresden ansässige M ist zu 50% mitunternehmerisch an der M-KG beteiligt. Er hat der Gesellschaft einen in seinem zivilrechtlichen Eigentum stehenden Fuhrpark vermietet. Diesen überträgt er nunmehr aus dem Sonderbetriebsvermögen in das Gesamthandsvermögen der M-KG. Hierdurch erhöht er seinen Anteil an der Gesellschaft auf 75%. Der Fuhrpark wies zum Übertragungszeitpunkt einen Buchwert von 250.000,- € und einen Teilwert von 750.000,- € auf. Es kommt nicht zur Realisation der stillen Reserven, da die Übertragung durch § 6 Abs. 5 Satz 3 Nr. 2 EStG privilegiert ist und zum Buchwert erfolgen muss. Bilanziell kann in der Gesamthandsbilanz jedoch ein Ansatz des Teilwertes erfolgen, der in einer Ergänzungsbilanz des A um 500.000,- € auf den Buchwert abgestockt wird.

Die Buchwertfortführung ist in allen genannten Fällen nur zulässig, wenn die Übertragung des Wirtschaftsgutes unentgeltlich oder ausschließlich gegen Gewährung oder Minderung von Gesellschaftsrechten erfolgt. Sie scheitert regelmäßig, wenn gemeinsam mit dem Wirtschaftsgut Verbindlichkeiten übertragen werden sollen. Nach der sog. **Trennungstheorie**[318] kommt es in diesen Fällen zu einer zwingenden (teilweisen) Realisierung von stillen Reserven. Ist die Übertragung von Verbindlichkeiten gewünscht oder erforderlich, sollte als Alternative regelmäßig die steuerneutrale Übertragung von stillen Reserven gem. § 6b EStG geprüft werden, sofern die hierfür erforderlichen Vorbesitzzeiten gem. § 6b Abs. 4 Nr. 2 EStG und die übrigen Voraussetzungen erfüllt sind.

In den Fällen des § 6 Abs. 5 EStG ist eine steuerneutrale Übertragung zwingend, da insoweit kein Bewertungswahlrecht besteht. Sofern ein Buchwertansatz vermieden werden soll, bietet sich u. U. ein Verkauf als Alternative an, um so eine sofortige Aufdeckung der stillen Reserven zu gewährleisten. Wenn durch die Übertragung der Anteil einer Körperschaft, Personenvereinigung oder Vermögensmasse unmittelbar

---

318 Vgl. dazu Korn/Strahl, in: Korn, EStG, § 6, August 2011, Rz. 108, m. w. N.

oder mittelbar an dem Wirtschaftsgut begründet oder erhöht wird, schränkt § 6 Abs. 5 Satz 5 EStG den Buchwertansatz ein. Um das Überspringen von stillen Reserven (die dann ggf. nach § 8b KStG steuerfrei wären) zu verhindern, ist insoweit ein den Gewinn realisierender Ansatz des Teilwertes geboten.

Fortsetzung des Beispiels von Seite 150:

Der andere Mitunternehmeranteil wird von der N-GmbH gehalten. Hieraus folgt, dass sich i. H. v. 25% der Anteil einer Körperschaft an dem Gegenstand der Übertragung erhöht. Insoweit ist also der Teilwert anzusetzen. Es erfolgt daher eine Übertragung zum Wert von 375.000,- €[319], was zu einer Realisation von stillen Reserven von 125.000,- € führt. Steuerbilanziell erfassbar ist dies durch den Ansatz des Teilwertes in der Gesamthandsbilanz und einer Abstockung um nur 375.000,- € in der Ergänzungsbilanz des M.

Die Buchwertfortführung im Rahmen des § 6 Abs. 5 Satz 3 EStG verlangt allerdings, dass das übertragene Wirtschaftsgut nicht innerhalb einer Sperrfrist veräußert oder entnommen wird. Geschieht dies dennoch, ist rückwirkend auf den Zeitpunkt der Übertragung der Teilwert anzusetzen. Dies ist allerdings durch die Erstellung einer Ergänzungsbilanz und einer entsprechenden Zuordnung der stillen Reserven zum übertragenden Gesellschafter verhinderbar. Die Sperrfrist endet drei Jahre nach Abgabe der Steuererklärung des Übertragenden für den Veranlagungszeitraum, in dem die Übertragung erfolgt. Diese Regelung ist für die Unternehmenspraxis problematisch, weil der Steuerpflichtige nachweisen muss, zu welchem Zeitpunkt er seine Steuererklärung abgegeben hat.

Außerdem ist eine zweite Missbrauchsvorschrift zu beachten. Danach ist rückwirkend zum Übertragungszeitpunkt der Teilwert anzusetzen, wenn innerhalb von 7 Jahren nach der Übertragung des Wirtschaftsgutes der Anteil einer Körperschaft, Personenvereinigung oder Vermögensmasse an dem übertragenden Wirtschaftsgut aus einem anderen Grund unmittelbar oder mittelbar begründet wird oder dieser sich erhöht. Streitig ist, ob auch Vorgänge nach Maßgabe des Umwandlungssteuergesetzes unter diese Regelung fallen und nachträglich zu einer Bewertung mit dem Teilwert führen.

Hingegen ist unstreitig, dass, wenn ein Wirtschaftsgut innerhalb des Betriebs eines Steuerpflichtigen von einem Betriebsteil in einen anderen Betriebsteil übergeht, keine Entnahme vorliegt. Hier fehlt es schon an einem Ausscheiden aus dem Betriebsvermögen

Im Zusammenhang mit den Übertragungen sollte die Möglichkeit einer Einbringung geprüft werden, die unter die Regelungen des Umwandlungssteuergesetzes fällt. Hierbei ist regelmäßig Voraussetzung, dass es sich um einen Betrieb, Teilbetrieb oder Mitunternehmeranteil handelt.[320] Sind diese Bedingungen erfüllt, hat der Steuerpflichtige ein Wahlrecht zwischen dem Ansatz zum Buch-, Zwischen- oder gemeinen Wert.

---

319 Rechnung: 75% von 250.000,- € + 25% von 750.000,- €.

320 Vgl. hierzu ausführlich S. 128 ff.

Dies gilt insbesondere für Übertragungen auf Kapitalgesellschaften, da § 6 Abs. 5 EStG diese nicht in den Genuss des Buchwertansatzes kommen lässt.

Das Gesetz enthält keine Regelung zur Übertragung von einzelnen Wirtschaftsgütern aus dem Gesamthandsvermögen einer Personengesellschaft in das Gesamthandsvermögen einer anderen Personengesellschaft. Dies spielt bei Schwesterpersonengesellschaften einen große Rolle. Dieser Fall ist zwar nicht direkt vom Gesetzgeber normiert worden, doch ließe er sich durch die Abfolge von mehreren grundsätzlich begünstigten Vorgängen erreichen. So könnte etwa ein Wirtschaftsgut aus dem Gesamthandsvermögen in das Sonderbetriebsvermögen dieses Gesellschafters überführt werden. Dies wäre steuerlich zum Buchwert möglich. Anschließend könnte – ebenfalls durch § 6 Abs. 5 Satz 3 Nr. 2 EStG begünstigt – aus dem Sonderbetriebsvermögen bei der einen Personengesellschaft in das Gesamthandsvermögen bei einer anderen Personengesellschaft übertragen werden. Zwischen den Senaten des BFH ist derzeit streitig, ob eine solche Vorgehensweise zulässig ist.[321] Für die Antwort auf diese Frage ist letztlich entscheiden, ob bei der Interpretation auf den Wortlaut der Norm abgestellt wird oder auf das, was der Gesetzgeber eigentlich regeln wollte. Wird der ersten Auffassung gefolgt, wäre eine Begünstigung nicht möglich. Hingegen würde die zweite Interpretation einen Buchwertansatz erfordern. Das BMF vertritt mit Schreiben vom 29. 10. 2011[322] die Auffassung, dass in diesen Fällen – auch bei beteiligungsidentischen Personengesellschaften – eine Übertragung zum Buchwert nicht zulässig sei. Bei mehreren aufeinander folgenden Übertragungen, die jeweils für sich die Voraussetzungen des § 6 Abs. 5 EStG erfüllen und im Ergebnis zu einer Überführung aus einem Gesamthandsvermögen in ein anderes Gesamthandsvermögen führen, soll geprüft werden, ob der Buchwertfortführung die Gesamtplanrechtsprechung oder andere missbräuchliche Gestaltungen i. S. v. § 42 AO entgegen stehen. Allerdings wird auf die ggf. mögliche Nutzung des § 6b EStG verwiesen.

Sofern die Gesamtheit der zu übertragenden Wirtschaftsgüter einen steuerlichen Teilbetrieb bildet, ist hingegen unstreitig, dass § 24 UmwStG grundsätzlich die steuerneutrale Spaltung der Personengesellschaft auf eine bereits bestehende oder neu gegründete Personengesellschaft ermöglicht.

(d) Realteilungen von Personengesellschaften nach § 16 Abs. 3 Sätze 2 ff. EStG

Die Rückübertragung von Gesamthandsvermögen in das Betriebsvermögen erfolgt regelmäßig nach § 6 Abs. 5 Satz 3 Nr. 1 EStG steuerneutral. Wird allerdings in diesem Zusammenhang die Personengesellschaft aufgelöst, aber nicht liquidiert, kommen

---

321 Vgl. BFH vom 25. 11. 2009, I R 72/08, BStBl. II 2010, S. 471 und vom 18. 3. 2010, IV B 105/09, BStBl. II 2010, S. 971, sowie Wit, DStR 2010, S. 1072, Bode, DB 2010, S. 1156, Gosch, DStR 2010, S. 1173, 1175. Die Finanzverwaltung folgt einer engen Auslegung, gewährt aber Aussetzung der Vollziehung, vgl. BMF vom 29. 10. 2010, IV C 6 – S 2241/10/10002:001, 2010/0823164, BStBl. I 2010, S. 1206.

322 IV C 6 – S 2241/10/10002, BStBl. I 2011, S. 1206.

statt der o. g. Norm bzw. den Grundsätzen zur Betriebsaufgabe nach § 16 Abs. 3 Satz 1 EStG die Regelungen der Realteilung zur Anwendung. Die Mitunternehmer teilen das Betriebsvermögen untereinander auf und führen die einzelnen Teile als eigenen Betrieb fort. Dann erfolgt anstatt einer Gewinnrealisation durch Übertragung in das Privatvermögen eine zwingend steuerneutrale Übertragung zum Buchwert in das jeweilige (ggf. dann erst neu entstehende) Betriebsvermögen der einzelnen Mitunternehmer. Einzelne Entnahmen in das Privatvermögen sind dabei für die Steuerneutralität im Ganzen unschädlich. Übertragungsgegenstand können dabei sein:

- Teilbetriebe
- Mitunternehmeranteile oder
- einzelne Wirtschaftsgüter.

Zivilrechtlich erfolgt die Realteilung durch Gesellschafterbeschluss im Wege der Einzelrechtsnachfolge. Eine auf §§ 123 ff. UmwG fußende Gesamtrechtsnachfolge, z. B. durch Aufspaltung auf zwei Personengesellschaften folgt den Einbringungsgrundsätzen des § 24 UmwStG. In diesem Zusammenhang eignet sich die Realteilung lediglich zur Aufspaltung der Personengesellschaft auf Einzelunternehmen der ehemaligen Mitunternehmer. Vorteilhaft ist dabei, dass die Steuerneutralität kein Teilbetriebserfordernis voraussetzt. Neben dem Vorteil, dass die Steuerpflichtigen ggf. von den §§ 16 Abs. 4, 34 EStG profitieren können, sind die Behaltensanforderungen nicht so streng wie bei der Übertragung nach § 6 Abs. 5 EStG.

Nur wenn bei der Realteilung einzelne Wirtschaftsgüter übertragen werden und an diesen der Anteil einer Körperschaft, Personenvereinigung oder Vermögensmasse unmittelbar oder mittelbar begründet oder erhöht wird, schränkt § 16 Abs. 3 Satz 4 EStG den Buchwertansatz ein. Um das Überspringen von stillen Reserven (die dann ggf. nach § 8b KStG steuerfrei wären) zu verhindern, ist insoweit ein Gewinn realisierender Ansatz des gemeinen Wertes geboten. Ferner ist bei der Realteilung von einzelnen Wirtschaftsgütern der gemeine Wert anzusetzen, soweit innerhalb der Sperrfrist eine Veräußerung oder Entnahme von Grund und Boden oder wesentlichen Betriebsgrundlagen erfolgt. Die o. g. Sperrfrist endet drei Jahre nach Abgabe der Steuererklärung des Übertragenden für den Veranlagungszeitraum, in dem die Realteilung erfolgt. Erhält ein Realteiler Mitunternehmeranteile oder Teilbetrieb gilt dies nicht. Sofern bei einer Realteilung, bei der Anteile an Kapitalgesellschaften auf eine von § 8b KStG begünstigte Körperschaft, Personenvereinigung oder Vermögensmasse übertragen werden, innerhalb einer siebenjährigen Sperrfrist veräußert oder über sie schädlich verfügt, ist rückwirkend ebenfalls der gemeine Wert der Anteile anzusetzen.

Brähler, Umwandlungssteuerrecht, 6. Aufl., Wiesbaden 2011
Buyer/Klein/Müller, Änderung der Unternehmensform, 8. Aufl., Herne/Berlin 2010
Dötsch/Jost/Pung/Witt, Die Körperschaftsteuer, Loseblattwerk Stuttgart 1985 ff.
Dötsch/Patt/Pung/Mölenbrock, Umwandlungssteuerrecht, 6. Aufl., Stuttgart 2007
Frotscher/Maas, KStG/UmwStG, Loseblattwerk, Freiburg 1978 ff.
Hörtnagl/Stratz, Umwandlungsrecht/Umwandlungssteuerrecht, 5. Aufl., München 2019
König/Maßbaum/Sureth, Besteuerung und Rechtsformwahl, 4. Aufl., Herne/Berlin 2009
Rödder/Herlinghaus/van Lishaut, Umwandlungssteuergesetz, Köln 2008
Sagasser/Bula/Brünger, Umwandlungen, 4. Aufl., München 2011
Strauch, Umwandlungssteuerrecht, Heidelberg 2009
Widmann/Mayer, Umwandlungsrecht Kommentar, Loseblattwerk, Bonn 1995 ff.

3.4 Wahl der Unternehmensstruktur

- Warum besteht die Notwendigkeit in Ergänzung der Überlegungen zur Rechtsformwahl über die Unternehmensstruktur nachzudenken?
- Welche Erscheinungsformen von Unternehmensstrukturen lassen sich unterscheiden?
- Welche Ausgestaltungsformen von Konzernen sind möglich?

Neben der Rechtsformwahl[323] für eine unternehmerische Tätigkeit ist die Frage zu beantworten, ob die Tätigkeit innerhalb eines einzelnen Rechtsträgers, einer losen Verbindung von getrennten Rechtsträgern oder im Rahmen eines Konzerns vorgenommen wird. Einerseits kann ein starkes Wachstum zu der Frage führen, ob die Vornahme sämtlicher Aktivitäten innerhalb eines Rechtsträgers auch in Zukunft noch beibehalten werden soll. Andererseits kann ein Zusammenschluss von mehreren Unternehmen erfolgen, der dazu zwingt, eine Entscheidung über die Unternehmensstruktur zu treffen. Hierbei kann zunächst an eine Verschmelzung[324] gedacht werden. Allerdings wird sich in vielen Fällen eine so weitgehende Integration der bisherigen Unternehmen und Unternehmensteile als nicht sinnvoll erweisen (z. B. wenn eine Kooperation nur in einem bestimmten Bereich erfolgen soll oder Teil-

323 Vgl. nochmals S. 36 ff.
324 Vgl. hierzu S. 112 ff.

funktionen nach dem Zusammenschluss doppelt vorhanden sind und deshalb verkauft werden sollen).

In Abhängigkeit vom Grad der rechtlichen Verselbstständigung des unternehmerischen Engagements lassen sich zwei Grundformen unterscheiden: Werden sämtliche Aktivitäten innerhalb eines Rechtsträgers ausgeführt, liegt ein **Einheitsunternehmen** vor. Die Alternative besteht darin, dass eine **Separierung von Teilaktivitäten** erfolgt. Hierbei lassen sich unterschiedliche Ausprägungsformen unterscheiden. Denkbar ist, dass eine Aufteilung in der Weise erfolgt, dass einer Gesellschaft das Vermögen zugeordnet wird und der anderen die laufende Produktion (einschließlich aller hiermit verbundenen Risiken). Eine solche Vorgehensweise wird als **Betriebsaufspaltung** bezeichnet.[325] Häufig erfolgt jedoch eine Aufteilung der unternehmerischen Aktivitäten auf mehr als zwei Gesellschaften, wobei für die Abgrenzung von Vermögen und Aufgaben häufig sachliche Kriterien entscheidend sind. Auf diese Weise entsteht ein **Konzern.**

Ein Konzern im engeren Sinne ist nur bei Kapitalgesellschaften möglich. § 18 AktG definiert einen Konzern wie folgt: „Sind ein herrschendes und ein oder mehrere abhängige Unternehmen unter der einheitlichen Leitung des herrschenden Unternehmens zusammengefasst, so bilden sie einen Konzern.".[326] Wesensmerkmal eines Konzerns ist der Zusammenschluss rechtlich selbstständiger Unternehmen unter einheitlicher Leitung. Obliegt die Leitung einem herrschenden Unternehmen, wird von einem **Unterordnungskonzern** gesprochen. Wird die einheitliche Leitung gemeinsam ausgeübt und fehlen sowohl ein herrschendes wie ein abhängiges Unternehmen, ist von einem **Gleichordnungskonzern** auszugehen. Ein Konzern ist nach §§ 11 ff. PublG auch dann gegeben, wenn bestimmte (u. a. größenabhängige) Merkmale von Gesellschaften anderer Rechtsformen erfüllt sind. Daher wird im Folgenden sowohl von Personengesellschafts- als auch von Kapitalgesellschaftskonzernen ausgegangen.

Für die Wahl der möglichen Unternehmensstruktur eines Unternehmens ist eine **Vielzahl von außersteuerlichen und steuerlichen Faktoren** entscheidend. So sprechen beispielsweise für ein Einheitsunternehmen:

- Einheitliche Organisationsabläufe und Zentralisierung der Entscheidungen,
- Höhere Identifikationsmöglichkeit der Mitarbeiter mit dem „einheitlichen" Unternehmen im Sinne einer „corporate identity",
- Möglicherweise bessere Reputation gegenüber Investoren und Kreditgebern durch eine einheitliche Vermögensmasse und Nicht-Verteilung auf mehrere Rechtsträger,
- Einheitlicher Marken- und Firmenauftritt erhöht Bekanntheitsgrad von Produkten sowie des Unternehmens,

---

325 Vgl. hierzu ausführlich S. 163 ff.

326 Obwohl es sich um eine Regelung des AktG handelt, ist sie für die GmbH analog anzuwenden. Ausschlaggebend hierfür ist das Fehlen eines eigenständigen Konzernrechts im GmbHG wie auch das praktische Bedürfnis nach einer Regulierung.

- Bessere Dokumentation des gesamten Leistungsspektrums des Unternehmens,
- Keine weiteren besonderen Rechnungslegungs-, Prüfungs- und Offenlegungspflichten des erstellten Jahresabschlusses,
- Gewinn- und Verlustausgleich zwischen den einzelnen Betriebsteilen ohne zusätzliche Maßnahmen jederzeit steuerlich möglich,
- Keine Berücksichtigung von Quellensteuern bei Dividendenzahlungen sowie Zahlungen auf Grund von bei Konzernen häufig vorliegenden Lizenz- und Darlehensverträgen,
- Interne Reorganisationen führen regelmäßig nicht zu steuerlichen Folgen, da nur ein Rechtsträger beteiligt ist, z. B. bei der Überführung von Wirtschaftsgütern innerhalb des Unternehmens,
- Gewerbesteuerliche Vorteile durch Vermeidung von Hinzurechnungen und Kürzungen,
- Reduzierung administrativer Pflichten, z. B. Erstellung der Steuererklärungen nur eines Unternehmens, statt einer Vielzahl von Gesellschaften, und
- Weitere steuerliche Vorteile, zum Beispiel bei der Gewährung von Rabatten an Mitarbeiter im Rahmen des sog. Werkverkaufs.

Demgegenüber spricht u. a. für die Organisation in getrennten Rechtsträgern, an denen der Gesellschafter mehrheitlich beteiligt ist:

- Das Führungspersonal kann je nach Unternehmensgröße und -branche auf die speziellen Belange der Konzerngesellschaft eingestellt werden,
- Eine Desinvestition oder die Aufnahme neuer Gesellschafter ist bei klar abgrenzbaren Geschäftsfeldern regelmäßig leichter möglich als die Beteiligung an einem Einheitsunternehmen,
- Die Begründung betriebswirtschaftlich notwendiger strategischer Allianzen für bestimmte Geschäftsbereiche setzt eindeutige gesellschaftsrechtliche Abgrenzungen voraus, damit die Zusammenarbeit nicht nur auf schuldrechtlicher, sondern auch auf gesellschaftsrechtlicher Basis erfolgen kann und damit deren Dauerhaftigkeit gewährleistet wird,
- Die Finanzierungsmöglichkeiten des Unternehmens durch Kapitalerhöhung oder Veräußerung von Anteilen an Konzernunternehmen sind regelmäßig besser als bei einem Einheitsunternehmen,
- Die Kontrolle der Geschäftsführung bzw. die Einheitlichkeit der Geschäftsführung kann durch entsprechende Unternehmensverträge oder durch Schaffung einer Personalunion in den Führungsgremien der Gesellschaften herbeigeführt werden,

- Ein steuerlicher Gewinn- und Verlustausgleich zwischen den Konzernunternehmen ist nur bei Vorliegen einer Organschaft möglich und scheidet daher bei Personengesellschaftskonzernen aus,
- Bei Kapitalgesellschaftskonzernen entsteht durch die Steuerfreiheit von Dividenden und Gewinnen aus der Veräußerung von Beteiligungen an Kapitalgesellschaften nach § 8b Abs. 1 und Abs. 2 KStG keine Liquiditätsbelastung, sofern von den Auswirkungen infolge der fiktiv nicht abzugsfähigen Betriebsausgaben in Höhe von 5% auf Grund von § 8b Abs. 3 bzw. Abs. 5 KStG abgesehen wird, und
- Bei Kapitalgesellschaftskonzernen kann der Zufluss der Einnahmen beim Gesellschafter „natürliche Person" durch den Gewinnverwendungsbeschluss über die Ausschüttung steueroptimal gestaltet werden.[327]

Im Folgenden werden für unterschiedliche Ausprägungsformen der Unternehmensstruktur die hiermit verbundenen steuerlichen Konsequenzen sowie mögliche Vor- und Nachteile dargestellt. Dabei ist – wie schon bei den Überlegungen zur Rechtsformwahl und zum Rechtsformwechsel – zu beachten, dass die steuerlichen Aspekte nur einen Faktor bilden, der um andere Kriterien und Entscheidungsparameter zu ergänzen ist. Außerdem sind Wechselwirkungen zwischen den unterschiedlichen Kriterien zu berücksichtigen.

3.4.1 Einheitsunternehmen

- Was ist unter einem Einheitsunternehmen zu verstehen?
- Welche steuerlichen Vorteile sind mit einem Einheitsunternehmen verbunden?
- Welche steuerlichen Nachteile sind mit einem Einheitsunternehmen verbunden?

Unter einem Einheitsunternehmen wird im Folgenden eine Organisationsform verstanden, in der die **gesamte unternehmerische Betätigung einer Person in einem Rechtsträger vereinigt** ist. Bei diesem Rechtsträger kann es sich sowohl um einen Einzelunternehmer, eine Personen- oder eine Kapitalgesellschaft handeln. Grundsätzlich sind bei Einheitsunternehmen die jeweils gültigen steuerlichen Vorschriften der entsprechenden Rechtsformen zu beachten, so dass sich die oben bereits dargestellten Vor- oder Nachteile ergeben.[328]

---

327 Im Rahmen der Günstigerprüfung kann dabei ggf. auch ein Steuersatz von weniger als 25% zur Anwendung kommen.

328 Vgl. S. 155 ff.

Abbildung 3-23: Struktur einer Einheitsunternehmung

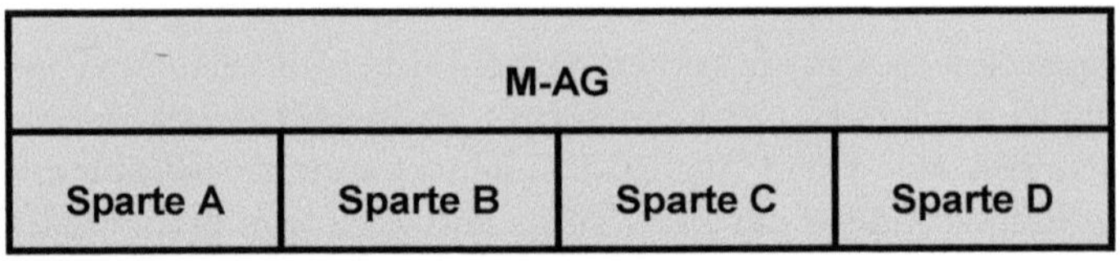

Im Folgenden werden einige besondere Aspekte dargestellt, bei denen sich das Einheitsunternehmen von Betriebsaufspaltungen und Konzernstrukturen unterscheidet. Hierbei erfolgt eine Beschränkung auf die folgenden Bereiche:

- Ergebniszuweisung innerhalb des Unternehmens,
- Ergebnisausgleich zwischen den einzelnen Unternehmensteilen,
- Funktionsverlagerungen innerhalb des Unternehmens,
- Geldwerte Vorteile gegenüber den Mitarbeitern,
- Steuerliche Behandlung der Desinvestition und
- Administrative Belastungen durch das steuerliche Verfahrensrecht.

3.4.1.1 Ergebniszuweisung innerhalb des Unternehmens

Auf Grund der fehlenden rechtlichen Trennung einzelner Unternehmensbereiche werden die von den einzelnen Bereichen erwirtschafteten Gewinne oder Verluste **direkt** beim Einheitsunternehmen **berücksichtigt** und nur von diesem besteuert.[329] Besonderheiten ergeben sich hinsichtlich der Gewerbesteuer, wenn die Ergebnisse in mehreren Betriebsstätten angefallen sind. Es ist eine Zerlegung des einheitlichen Gewerbesteuermessbetrages des Unternehmens auf die einzelnen Betriebsstätten vorzunehmen. Diese richtet sich nach §§ 28 ff. GewStG. Hierbei hat grundsätzlich eine Zerlegung des Messbetrages nach dem Verhältnis der Arbeitslöhne im Stammhaus zu denen in der jeweiligen Betriebsstätte zu erfolgen, wobei eine Begrenzung der individuellen Löhne und Gehälter auf 50.000,- € zu beachten ist. Durch höhere Gehälter (z. B. für Geschäftsführer) können Verzerrungen entstehen, weil die übersteigenden Beträge im Rahmen der Zerlegung nicht berücksichtigt werden.

Im Unterschied zum Personengesellschaftskonzern sowie zum nicht organschaftlich organisierten Kapitalgesellschaftskonzern erfolgt eine einheitliche Ermittlung des Gewerbeertrages und des Gewerbesteuermessbetrages auf der Ebene des Einheitsunternehmens. Für die Zurechnung zu den einzelnen Betriebsstätten ist der festgelegte

329 Bei Personengesellschaften erfolgt für Zwecke der Einkommensteuer eine Einkunftszurechnung zu den Mitunternehmern, die diese Einkünfte zu versteuern haben.

Gewerbeertrag damit bindend. Demgegenüber wird bei den anderen genannten Unternehmensstrukturen eine eigenständige Ermittlung des Gewerbeertrages vorgenommen, die im Einzelfall erhebliche zusätzliche Kosten verursachen kann, da eine zutreffende Abgrenzung der Betriebseinnahmen und -ausgaben auf die Rechtsträger erforderlich ist. Eine identische Vorgehensweise wie beim Einheitsunternehmen ergibt sich bei organschaftlich verbundenen Kapitalgesellschaften, da mittels der Organschaft die rechtliche Selbstständigkeit der Konzerngesellschaften für steuerliche Zwecke in Betriebsstätten umqualifiziert wird. Die „Ergebniszuweisung" von den Bereichen des Unternehmens, in denen die Erträge erwirtschaftet werden, zum Stammhaus erfolgt ohne zusätzliche Besteuerung, so dass der erwirtschaftete Gewinn einheitlich mit dem jeweiligen Steuersatz des Mitunternehmers oder der Kapitalgesellschaft besteuert wird. Eine bei Kapitalgesellschaftskonzernen zu berücksichtigende Kapitalertragsteuer bei der Ausschüttung von Gewinnen ist bei Einheitsunternehmen nicht gegeben. Diese führt regelmäßig zu einer Liquiditätsbelastung beim Empfänger der Dividenden selbst dann, wenn die Dividenden bei ihm vollständig oder zu 40% von der Steuer befreit sind. Gemäß § 43 Abs. 1 Satz 3 EStG ist der Kapitalertragsteuerabzug bei Dividenden ungeachtet des § 3 Nr. 40 EStG und des § 8b KStG vorzunehmen. Hieraus resultiert regelmäßig ein Zins- und Liquiditätsnachteil, auch wenn es zu einer vollständigen späteren Erstattung dieser Steuer kommt.

3.4.1.2 Ergebnisausgleich zwischen den Unternehmensteilen

Gewinne oder Verluste innerhalb des Unternehmens werden bei der Ermittlung des Einkommens des Einheitsunternehmens berücksichtigt, so dass nur die **Nettogröße** der Besteuerung unterliegt. Ausnahmen von dieser Regel ergeben sich bei bestimmten Auslandsverlusten, bei denen ein Abzug grundsätzlich versagt wird, oder in Abkommensfällen, bei denen positive wie negative Einkünfte einer Betriebsstätte von der deutschen Besteuerung freigestellt sind.[330] Im Gegensatz zu Kapitalgesellschaftskonzernen, bei denen mittels einer Organschaft derselbe Effekt erreicht werden kann, ist es bei Einheitsunternehmen nicht erforderlich bestimmte gesellschaftsrechtliche Maßnahmen zu ergreifen und steuerliche Vorschriften einzuhalten, um in den Genuss des Ergebnisausgleichs zu kommen. Bei Personengesellschaftskonzernen erfolgt ein Ausgleich von Gewinnen und Verlusten der Gesellschaften nur für einkommen- oder körperschaftsteuerliche Zwecke, nicht jedoch für Zwecke der Gewerbesteuer, so dass sich insoweit ein Nachteil für den Personengesellschaftskonzern ergibt.

3.4.1.3 Funktionsverlagerungen innerhalb des Unternehmens

Aus außersteuerlichen wie steuerlichen Gründen kann es sinnvoll sein, bestimmte Funktionen nicht mehr von dem bisherigen Betriebsteil vornehmen zu lassen, sondern von einem anderen innerhalb des Unternehmens. Mit der Funktionsverlagerung geht

330 Vgl. hierzu Kaminski/Strunk, Steuern in der internationalen Unternehmenspraxis, Wiesbaden 2006.

regelmäßig auch die Überführung von Wirtschaftsgütern einher, wobei es sich sowohl um materielle wie immaterielle Wirtschaftsgüter handeln kann. Bei dieser Überführung ist zu prüfen, ob sie steuerneutral, also ohne Aufdeckung der stillen Reserven, erfolgen kann. Da innerhalb des Einheitsunternehmens kein Rechtsträgerwechsel erfolgt, ist eine **Realisierung und Besteuerung der stillen Reserven nicht geboten**. Dies schließt nicht aus, dass es bei grenzüberschreitenden Funktionsverlagerungen zu ertrag- wie umsatzsteuerlichen Belastungen kommt. Bei Inlandsfällen hat auch dann keine Realisierung der stillen Reserven bei der Überführung der Wirtschaftsgüter zu erfolgen, wenn diese bei einer späteren Veräußerung einer niedrigeren Gewerbesteuerbelastung unterliegen als bei einer Veräußerung am bisherigen Standort. Das **Fehlen eines Entstrickungstatbestandes für gewerbesteuerliche Zwecke** im Inland ist ein sehr bedeutender Vorteil eines Einheitsunternehmens, der allerdings auch bei den meisten anderen Strukturformen erreicht werden kann. Etwas anderes gilt hingegen, wenn eine grenzüberschreitende Verlagerung von Funktionen erfolgt.

3.4.1.4 Geldwerte Vorteile gegenüber den Mitarbeitern

Ein Vorteil des Einheitsunternehmens gegenüber allen anderen Unternehmensstrukturen liegt in der lohnsteuerlichen Behandlung von geldwerten Vorteilen gegenüber Mitarbeitern, z. B. im Rahmen eines sog. Hausverkaufs. Die lohnsteuerfreien Vorteile, die den Mitarbeitern gewährt werden können, gelten regelmäßig nur für die **Mitarbeiter des Unternehmens**, nicht jedoch für die Mitarbeiter von Konzernunternehmen. Bei Einheitsunternehmen ist deshalb die lohnsteuerliche Belastung auf der Ebene des Unternehmens durch die Möglichkeit der geringeren Pauschalversteuerung niedriger.[331] Dieser Aspekt erweist sich gerade für die Unternehmen als besonderer Nachteil, die vergleichsweise große Anteile ihrer Fertigung an „eigene" Mitarbeiter veräußern.

3.4.1.5 Steuerliche Behandlung von Desinvestitionen

Die raschen Veränderungen von Rahmenbedingungen für Unternehmen (z. B. auf Grund schneller technischer wie wirtschaftlicher Neuerungen) erfordern es, sich von Unternehmensteilen zu trennen und neue unternehmerische Tätigkeiten zu begründen. Aber auch wirtschaftlich unrentabel arbeitende Bereiche oder solche mit einer unangemessen niedrigen Rendite werden von Unternehmen veräußert. Ein solcher Vorgang führt bei dem Einheitsunternehmen stets zu einem laufenden, steuerpflichtigen Gewinn, der je nach Rechtsform sowohl der Körperschaftsteuer bzw. Einkommensteuer sowie der Gewerbesteuer unterliegt. Die nach Steuern **verbleibende Reinvestitionssumme** ist bei den Einheitsunternehmen daher **grundsätzlich geringer** als zum Beispiel bei Kapitalgesellschaftskonzernen. Diese können den Gewinn aus der Veräußerung von Kapitalgesellschaftsanteilen in vollem Umfang zur Reinvestition

[331] Vgl. auch die Ausführungen auf S. 372 ff.

nutzen.[332] Zwar besteht grundsätzlich die Möglichkeit, für die entstehenden Veräußerungsgewinne eine **„steuerfreie" Rücklage i. S. d. § 6b EStG** zu bilden, doch ist hierbei der enge Anwendungsbereich der Regelung zu beachten. Begünstigt sind ausschließlich Gebäude und Grundstücke sowie – wenn durch Personengesellschaften oder Einzelunternehmen gehalten – Beteiligungen an Kapitalgesellschaften. Ein Vorteil für das Einheitsunternehmen besteht hierbei im Rahmen der Vorgaben zur Reinvestition. Gem. § 6b Abs. 3 EStG muss diese innerhalb von 4 Jahren erfolgen. Da bei Kapitalgesellschaften eine auf die Gesellschaft bezogene Betrachtung erfolgt, besteht die Gefahr, dass eine solche Reinvestition nicht innerhalb dieser Frist erfolgt. Hingegen wird bei Personengesellschaftskonzernen eine auf den einzelnen Mitunternehmer bezogene Betrachtung vorgenommen. Tendenziell ist aber bei einem Einheitsunternehmen der Kreis möglicher Reinvestitionsobjekte am größten.

Etwas anderes gilt hingegen, wenn die Einstellung der Aktivität zu Verlusten führt. In diesem Fall kann beim Einheitsunternehmen ein uneingeschränkter Verlustausgleich erfolgen. Dadurch kommt es zu einem tendenziell schnelleren Verlustausgleich. Hingegen ist im Kapitalgesellschaftskonzern ein solcher Ausgleich nicht möglich. Vielmehr führt § 8b Abs. 3 Satz 3 KStG dazu, dass Verluste aus der Veräußerung bei einer Beteiligung an einer Kapitalgesellschaft durch die besitzende Kapitalgesellschaft das zu besteuernde Einkommen nicht mindern dürfen. Hingegen erfolgt im Personengesellschaftskonzern – vorbehaltlich einer eventuellen Anwendung des § 15a EStG – ein sofortiger Verlustausgleich. Allerdings sind bei der Gewerbesteuer die Forderung nach Unternehmens- und Unternehmeridentität zu beachten. Hierbei erweist sich die fehlende Möglichkeit des Rücktrags negativer Gewerbeerträge als besonders gravierend. Dies hat zur Folge, dass bei der Unternehmenstätigkeit auf Grund der nicht gegebenen Unternehmensidentität keine Nutzung der negativen Gewerbeerträge erfolgen kann.

Sofern die „Mutterpersonengesellschaft" an einer Tochterpersonengesellschaft beteiligt ist sowie die Rolle des Gesellschafters an der Vollhafter-GmbH als auch der des Kommanditisten an der GmbH & Co. KG einnimmt, führt die Haftung der GmbH dazu, dass diese ausschließlich – gegebenenfalls im Rahmen eines Insolvenzverfahrens – liquidiert wird. Da es sich hierbei um Betriebsvermögen der Mutterpersonengesellschaft handelt, hat eine Ausbuchung der Beteiligung zu erfolgen. Allerdings verringern die hieraus entstehenden Teilwertabschreibungen den Gewinn der Personengesellschaft in Folge des § 3c Abs. 2 EStG lediglich in Höhe von 60%. Bei der Kommanditistenstellung ist § 15a EStG zu beachten. Sofern bei diesem eine endgültige Nichtnutzung von Verlusten eintritt, gehen diese auf den Komplementär über. Dies gilt unabhängig von der Frage, ob es sich bei diesem um eine natürliche oder juristische Person handelt und inwieweit die Möglichkeit zu einer steuerlich relevanten Nutzung dieser Verluste besteht. Das Haftungsvolumen der GmbH wird hierdurch nicht berührt.

---

332 Allerdings ist die 5%-Pauschale nach § 8b Abs. 3 Satz 1 KStG zu beachten.

3.4.1.6 Gewerbesteuerliche Vor- und Nachteile

Neben den rechtsformspezifischen gewerbesteuerlichen Vor- und Nachteilen erweist sich das **Fehlen von Hinzurechnungen und Kürzungen bei innerbetrieblichen Leistungsbeziehungen und -verrechnungen** als gewerbesteuerlicher Vorteil für das Einheitsunternehmen. Hierin besteht vor allem gegenüber konzerninternen Finanzierungen ein besonderer Vorteil, da Mehrfachbelastungen vermieden werden können. Ein weiterer Vorteil des Einheitsunternehmens besteht darin, dass eine exakte Zurechnung des Gewerbeertrages zu den Betriebsstätten nicht erforderlich ist. Im Rahmen der **Zerlegung** des Gewerbeertrages wird bei mehreren Betriebsstätten in Gemeinden mit unterschiedlich hohem Hebesatz eine vereinfachte Schlüsselgröße genutzt.[333] Hingegen ist bei Personengesellschaftskonzernen sowie nicht organschaftlich organisierten Kapitalgesellschaftskonzernen eine exakte Zurechnung erforderlich. Hierbei lassen sich unter Umständen Vorteile bei der Zerlegung erzielen, wenn lohnintensive Tätigkeiten in Betriebsstätten durchgeführt werden, die in Gemeinden mit einem niedrigen Hebesatz belegen sind.

Durch die Zusammenfassung der gesamten unternehmerischen Tätigkeit in einem Rechtsträger können im Fall des Einzelunternehmers oder der Personengesellschaft gewerbesteuerliche **Freibeträge** nach § 11 GewStG **nur einmal** in Anspruch genommen werden. Insoweit ergibt sich ein Nachteil gegenüber Personengesellschaftskonzernen. Kapitalgesellschaften können sich auf diese Regelung ohnehin nicht berufen.

3.4.1.7 Administrative Belastungen durch das steuerliche Verfahrensrecht

Verfahrensrechtlich weist das Vorliegen nur eines Rechtsträgers **erhebliche Vorteile** auf, da nur für diesen steuerliche Pflichten bestehen. Im Gegensatz zu Konzernen verfügt das Einheitsunternehmen zumeist nur über einen Ansprechpartner bei der Finanzverwaltung und hat nur für ein Unternehmen Steuererklärungen abzugeben. Zwar ist der Umfang der Betriebsprüfungen solcher Unternehmen durchaus mit einer Konzernbetriebsprüfung vergleichbar, doch ergeben sich erhebliche Vorteile durch die geringere Zahl von Verwaltungsakten gegenüber einer Konzernstruktur. Das weiter unten noch zu behandelnde steuerliche Beteiligungscontrolling in Einheitsunternehmen ist wesentlich leichter durchzusetzen, da zumindest Umfang und Art der zu beschaffenden Informationen eine geringere Belastung darstellen.

3.4.1.8 Zusammenfassende Beurteilung

Wie die Ausführungen gezeigt haben, weisen Einheitsunternehmen einige steuerliche Vorteile auf. Dennoch überrascht es nicht, dass die meisten unternehmerischen Tätigkeiten nicht in dieser Struktur geführt werden, sondern in der Form von Kon-

---

333 Gem. § 29 Abs. 1 GewStG hat eine Zerlegung nach dem Verhältnis der Arbeitslöhne zu erfolgen.

zernen. Die außersteuerlichen Gründe überwiegen regelmäßig, da vor allem die Möglichkeiten der Begründung strategischer Allianzen, der Aufnahme von Finanzmitteln sowie der Schaffung einer Akquisitionswährung für Unternehmenskäufe in der Form von Anteilen an Konzerngesellschaften die steuerlichen Aspekte in den Hintergrund treten lassen. Insbesondere in Abhängigkeit von ihrer Größe werden Unternehmen regelmäßig über die bewusste Herbeiführung einer Betriebsaufspaltung oder das Errichten von Konzernstrukturen nachdenken, um die außersteuerlichen und steuerlichen Nachteile der Einheitsunternehmung zu kompensieren bzw. Vorteile zu erlangen.

3.4.2 Betriebsaufspaltung

- Was wird unter einer Betriebsaufspaltung verstanden?
- Welche Gründe gibt es für die Errichtung einer Betriebsaufspaltung?
- Welche Voraussetzungen müssen für die steuerliche Anerkennung einer Betriebsaufspaltung erfüllt sein?
- Welche steuerlichen Konsequenzen ergeben sich aus einer Betriebsaufspaltung?
- Welche Nachteile sind mit einer Betriebsaufspaltung verbunden?

Anstelle eines Einheitsunternehmens kann eine **Trennung** der **Vermögensverwaltung** und der **operativen Tätigkeit** durch Schaffung einer Betriebsaufspaltung herbeigeführt werden. In diesen Fällen kommt es nicht zur „Zergliederung" des Unternehmens in einzelne Funktionsbereiche, die dann in hierfür speziell errichtete Gesellschaften überführt werden, sondern es erfolgt eine Zweiteilung des Unternehmens in eine **Besitzgesellschaft**, die das Vermögen hält, und in eine **Betriebsgesellschaft**, die der eigentlichen unternehmerischen Tätigkeit nachgeht. Hierbei ist nicht auszuschließen, dass innerhalb der Betriebsgesellschaft unterschiedliche Geschäftsfelder enthalten sind, die möglicherweise eine Überführung in eigenständige Gesellschaften rechtfertigen würde. Häufig wird die Besitzgesellschaft in der Rechtsform einer Personengesellschaft betrieben und die Betriebsgesellschaft in der einer Kapitalgesellschaft, um eine maximal mögliche Begrenzung der Haftung zu erreichen.

3.4.2.1 Gründe für die Schaffung einer Betriebsaufspaltung

3.4.2.1.1 Außersteuerliche Gründe

Insbesondere bei Gesellschaften, bei denen es einen starken Einfluss einer Familie oder eines überschaubaren Gesellschafterkreises gibt, kann es sinnvoll sein, die unternehmerische Tätigkeit im Wege einer Betriebsaufspaltung auf zwei oder mehr Unternehmen aufzuteilen. Als mögliche Gründe hierfür kommen – neben den sogleich noch zu diskutierenden steuerlichen Überlegungen – insbesondere in Betracht:

- **Die Beschränkung des Risikos**
  Regelmäßig werden die mit der unternehmerischen Tätigkeit verbundenen Risiken (insbesondere das Produktions-, Absatz- und Produkthaftungsrisiko) auf eine Kapitalgesellschaft übertragen. Da die wesentlichen Wirtschaftsgüter sich im zivilrechtlichen Eigentum einer anderen Gesellschaft (Besitzgesellschaft) befinden, erfolgt eine Haftungsabschottung des Vermögens gegen die mit der Unternehmenstätigkeit verbundenen Risiken.

- **Die Aufnahme neuer Gesellschafter**
  Durch das Vorliegen von zwei Gesellschaften wird es möglich, neue Gesellschafter in lediglich eine der beiden eintreten zu lassen. Dabei kann z. B. über die Beteiligung eines Gesellschafters an der Produktionskapitalgesellschaft eine Beschaffung des für die operative Tätigkeit erforderlichen Kapitals erfolgen.

- **Die Möglichkeiten zur Gestaltung der Unternehmensnachfolge**
  Es besteht die Möglichkeit, die zukünftigen Erben frühzeitig am Vermögen zu beteiligen, möglicherweise ohne ihnen einen Einfluss auf die eigentliche operative Geschäftsführung zu geben oder diese frühzeitig am Unternehmen zu beteiligen, ohne dass dies mit einer zivilrechtlichen Haftung verbunden ist. Dabei ermöglichen die zivilrechtlichen Gestaltungsspielräume eine Verfolgung der jeweiligen Interessen, z. B. in der Form der Beteiligung der Erben an der Besitzgesellschaft, ohne dass zugleich Gesellschaftsrechte an der Betriebsgesellschaft gewährt werden.[334]

- **Die Umgehung von Mitbestimmungsregelungen**
  Durch eine Aufteilung des eigentlich einheitlichen Unternehmens wird möglicherweise die Grenze für das Eingreifen von Mitbestimmungsregelungen unterschritten. Dadurch kann z. B. eine Freistellung von Mitarbeitern für die Betriebsratsarbeit verhindert werden, woraus eine erhebliche Kostenersparnis resultiert.

- **Die Umgehung von besonderen Rechnungslegungs-, Prüfungs- und Offenlegungspflichten**
  Die Vorschriften zur handelsrechtlichen Rechnungslegung sehen unterschiedliche Regelungen in Abhängigkeit von der Größe wie der Rechtsform des Unternehmens vor. Durch die Wahl einer Betriebsaufspaltung lassen sich Erleichterungen erzielen, indem z. B. die Bilanzsumme als ein Kriterium für die Größenklassen des § 267 HGB gesenkt werden kann. Außerdem unterliegt die Betriebsaufspaltung als solche – abgesehen von den auf die Betriebsaufspaltung nur in Ausnahmefällen anwendbaren Vorschriften über die Konzernrechnungslegung – nicht den handelsrechtlichen Prüfungs- und Offenlegungspflichten.[335]

---

334 Bei solchen Gestaltungen ist jedoch stets darauf zu achten, dass die Voraussetzungen für eine steuerliche Anerkennung der Betriebsaufspaltung (vgl. hierzu S. 169 ff.) weiterhin bestehen bleiben.

335 Hingegen wäre insbesondere eine GmbH & Co. KG, bei der ausschließlich juristische Personen als Vollhafter vorliegen, von diesen Regelungen erfasst. Vgl. hierzu § 264a HGB und die einschlägige Literatur.

3.4.2.1.2 Steuerliche Gründe

Im Rahmen einer Betriebsaufspaltung werden häufig Besitzpersonen- und Betriebskapitalgesellschaften gewählt. Neben dem hiermit verbundenen Haftungsvorteil lassen sich auch steuerliche Vorteile erzielen. Dies hat steuerlich den positiven Effekt, dass die Besitzgesellschaft entsprechend dem Mitunternehmerkonzept besteuert wird und die Betriebskapitalgesellschaft dem körperschaftsteuerlichen Vollanrechnungsverfahren unterliegt. Die Besitzpersonengesellschaft erhält den Freibetrag nach § 11 GewStG. Ferner besteht die grundsätzliche Möglichkeit zur pauschalierenden „Anrechnung" der Gewerbesteuer auf die Einkommensteuer gem. § 35 EStG und der Anwendung des ermäßigten Steuersatzes auf die Gewinne, die dauerhaft im Unternehmen reinvestiert werden.[336] Vor diesem Hintergrund werden im Folgenden die Gründe für die Errichtung einer Betriebsaufspaltung am Beispiel der Besitzpersonen- und der Betriebskapitalgesellschaft aufgezeigt.

Die Gesellschafter des Besitzunternehmens würden infolge der grundsätzlich vorliegenden ausschließlich vermögensverwaltenden Tätigkeit Einkünfte aus Vermietung oder Verpachtung nach § 21 EStG erzielen, denn die Gesellschaft überlässt der Betriebskapitalgesellschaft die wesentlichen Betriebsgrundlagen. Infolge der Betriebsaufspaltung kommt es zu einer Umqualifizierung in gewerbliche Einkünfte. Außerdem entsteht eine Gewerbesteuerpflicht der Besitzpersonengesellschaft. Darüber hinaus sind stille Reserven bei der späteren Beendigung der Betriebsaufspaltung zu versteuern. Auf Grund der pauschalierten „Anrechnung" nach § 35 EStG können sich durch die Begründung der Betriebsaufspaltung steuerliche Vorteile ergeben. Außerdem kann der Freibetrag nach § 11 GewStG abgezogen werden. Insoweit ergeben sich die allgemeinen Vorteilhaftigkeitsüberlegungen, die für diesen Mechanismus gelten.[337] Da die Besitzgesellschaft über ortsungebundenes Vermögen verfügt, kann diese an einem Standort mit einem niedrigen gemeindlichen Hebesatz angesiedelt und ihr dieses Vermögen zugeordnet werden. Allerdings ist hiermit eine geringere Anrechnung nach § 35 EStG verbunden. Für Zwecke der Erbschaftsteuer handelt es sich nicht um Verwaltungsvermögen, sondern um begünstigtes Betriebsvermögen. Folglich sind die allgemeinen Regelungen anzuwenden, die grundsätzlich die Möglichkeit der erbschaftsteuerlichen Teil- oder Vollverschonung eröffnen.

Bei der Betriebskapitalgesellschaft ist vorteilhaft, dass die Aufwendungen für den Gesellschafter-Geschäftsführer, sofern sie einem Fremdvergleich standhalten, als Betriebsausgabe steuermindernd angesetzt werden können und somit die körperschaft- wie gewerbesteuerliche Bemessungsgrundlage der Betriebsgesellschaft verringern. Dies gilt auch für die Mietzinszahlung, die die Betriebskapitalgesellschaft als Vergütung für die Überlassung der wesentlichen Betriebsgrundlagen an die Besitzpersonengesellschaft zahlt. Für Zwecke der Gewerbesteuer ist zu beachten, dass hiermit regelmäßig die Hinzurechnungstatbestände des § 8 Nr. 1 GewStG verbunden sind. Folglich

336 Vgl. § 34a EStG.
337 Vgl. hierzu eingehend S. 20 ff.

sind entsprechend anteilige Hinzurechnungen zum Gewerbeertrag vorzunehmen, so dass hiermit eine höhere Belastung mit Gewerbesteuer verbunden ist. Dem steht keine Entlastung bei der Besitzpersonengesellschaft gegenüber.

Im Übrigen sind die für die gewählte Rechtsform einschlägigen Vorschriften zu beachten. Dies bezieht sich vor allem auf Fragen der verdeckten Gewinnausschüttung bei schuldrechtlichen Vereinbarungen zwischen Gesellschaft und Gesellschafter. Zur Vermeidung einer verdeckten Gewinnausschüttung müssen die vereinbarten Entgelte für die Überlassung bzw. die Nutzung von Wirtschaftsgütern angemessen sein. Einen Anhaltspunkt können die ortsübliche Miete, Versicherungswerte oder in Einzelfällen die Ergebnisse von beauftragten Gutachten geben. Die hierbei zu beachtende Schriftform der Vereinbarung und die im Vorfeld zu treffenden Vereinbarungen sind zur Vermeidung einer verdeckten Gewinnausschüttung zu beachten. Ebenso denkbar sind verdeckte Einlagen, wenn das Besitzunternehmen gegenüber der Betriebs-GmbH auf ihm zustehende Entgelte (wie z. B. Miet- oder Pachtzinsen) verzichtet.
Dies setzt voraus, dass es sich um ein einlagefähiges Wirtschaftsgut handelt. Nach der ständigen Rechtsprechung des BFH ist dies bei Nutzungsüberlassung und Dienstleistung nicht der Fall.[338]

Die einkommenssteuerliche Qualifizierung der Einkünfte der Gesellschafter beider Gesellschaften bestimmt sich nach den grundsätzlichen Vorschriften über Kapitalgesellschaften bzw. Personengesellschaften. Auf Grund der deutlich niedrigeren Körperschaftsteuersätze erscheint es bei der Absicht, dauerhaft Gewinne zu thesaurieren als vorteilhaft, sowohl die Besitz- als auch die Betriebsgesellschaft in der Rechtsform der Kapitalgesellschaft zu führen. Alternativ böte sich an, das Wahlrecht zur Thesaurierungsbegünstigung nach § 34a EStG zu nutzen, wenn die Gesellschaften in der Rechtsform der Personengesellschaft betrieben werden.

Einer der wesentlichen Vorteile einer Betriebsaufspaltung besteht darin, dass die Überführung von Wirtschaftsgütern zwischen der Besitzgesellschaft und dem Betriebsunternehmen zu Buchwerten erfolgt und insoweit keine stillen Reserven aufgedeckt und versteuert werden müssen. Während eine steuerneutrale Einbringung von Einzelwirtschaftsgütern sonst nicht zulässig ist, ergibt sich ein Vorteil für die Betriebsaufspaltung. Dies gilt allerdings nur insoweit, wie eine Übertragung von Wirtschaftsgütern zwischen zwei Personengesellschaften bzw. zwischen dem Betriebsvermögen eines Gesellschafters und dem Gesamthands- oder Sonderbetriebsvermögen bei einer Personengesellschaft steuerneutral möglich ist. Ebenso eindeutig ist allerdings die zu berücksichtigende Rechtsfolge[339], dass bei der Übernahme von betrieblichen Verbindlichkeiten im Zusammenhang mit der Übertragung eines Wirtschaftsgu-

338 Vgl. BFH vom 8. 11. 1960, I 131/59 S, BStBl. III 1960, S. 513, vom 9. 3. 1962, I 203/61 S, BStBl. III 1962, S. 338, vom 3. 2. 1971, I R 51/66, BStBl. II 1971, S. 408, vom 24. 5. 1984, I R 166/78, BStBl. II 1984, S. 747, vom 26. 10. 1987, GrS 2/86, BStBl. II 1988, S. 348 und vom 14. 3. 1989, I R 8/85, BStBl. II 1989, S. 633.

339 Vgl. BMF vom 7. 6. 2001, IV A 6-S 2241-52/01, BStBl. I 2001, S. 367, H 6.15 EStH 2009 sowie seitens der Rechtsprechung der BFH vom 11. 12. 2001, VIII R 58/98, BStBl. II 2002, S. 420.

tes insoweit von einem Anschaffungsvorgang auszugehen ist, der zur Realisierung der stillen Reserven führt. Hingegen kann bei Einbeziehung von mindestens einer Kapitalgesellschaft eine steuerneutrale Übertragung nur insoweit erfolgen, wie die Voraussetzungen des Umwandlungssteuergesetzes erfüllt sind.[340]

3.4.2.2 Unterschiedliche Ausprägungsformen einer Betriebsaufspaltung

Zu unterscheiden sind zwei grundsätzliche Formen der Betriebsaufspaltung. Bei der **echten** Betriebsaufspaltung gehen das Betriebs- und das Besitzunternehmen aus einem bereits bestehenden einheitlichen Unternehmen hervor. Hingegen bestehen bei der **unechten** Betriebsaufspaltung von vornherein mindestens zwei separate Unternehmen. Zwischen ihnen werden erst nach Gründung der Gesellschaften die Voraussetzungen für eine Betriebsaufspaltung geschaffen.

- **Beispiel:**

  Die Gesellschaft A beschränkt ihre Tätigkeit auf das Halten von Vermögen, unter anderem Maschinen, Immobilien und Know-how. Eine eigene operative Tätigkeit übt die Gesellschaft, die zu 100% der natürlichen Person A gehört, nicht aus. Das Vermögen ist an die B-GmbH vermietet. Diese Gesellschaft ist operativ tätig und gehört dem Gesellschafter B.

  Es liegt zunächst keine Betriebsaufspaltung vor, weil die Gesellschaften unterschiedlichen Gesellschaftern gehören. Erwirbt A sämtliche Anteile an der B GmbH von B, sind jedoch die Voraussetzungen für eine Betriebsaufspaltung erfüllt.

Die Errichtung einer **echten** Betriebsaufspaltung erfolgt nach den Regelungen des Umwandlungs- und Umwandlungssteuergesetzes. Dabei ist die Rechtsform des zuvor bestehenden Einheitsunternehmens regelmäßig auch die Rechtsform des zukünftigen Besitzunternehmens, da das Anlagevermögen des Einheitsunternehmens die vermögensmäßige Basis der Besitzgesellschaft bildet. Nur die Wirtschaftsgüter des Umlaufvermögens werden auf eine neu gegründete oder bereits bestehende Gesellschaft übertragen. Dies schließt nicht aus, dass bei dieser Gesellschaft vor oder nach Erfüllung der Voraussetzungen für eine Betriebsaufspaltung ein Formwechsel erfolgt.

Demgegenüber ist bei der **unechten** Betriebsaufspaltung bereits eine Trennung in Besitz- und Betriebsgesellschaft gegeben. Folglich sind lediglich die Voraussetzungen für eine Betriebsaufspaltung noch herbeizuführen. Dies kann entweder dadurch geschehen, dass die personelle Verflechtung (z. B. indem eine Anteilsübertragung zwischen den Gesellschaften stattfindet) und die sachliche Verflechtung durch entsprechende schuldrechtliche Verträge (z. B. Pacht-, Vermietungs- und Nutzungsüberlassungsverträge) zwischen den beteiligten Gesellschaften herbeigeführt wird. Das Besitzunternehmen wird zumeist in der Rechtsform einer Personengesellschaft geführt.

---

340 Vgl. hierzu S. 109 ff.

Es besitzt das Anlagevermögen, das von der Betriebsgesellschaft zur Vornahme der operativen Geschäftstätigkeit benötigt wird.

Die Betriebsaufspaltung ist für Zwecke der **Unternehmensnachfolge** ein sehr interessantes Instrument. Die nichtunternehmerisch tätigen Erben werden an der weitgehend unternehmerisch risikolosen Vermögensverwaltung beteiligt und die unternehmerisch agierenden Erben an der Betriebskapitalgesellschaft. Dabei ist bei solchen Überlegungen zu beachten, dass auch zum Zeitpunkt des Erbfalls die Voraussetzungen für das Vorliegen einer Betriebsaufspaltung erfüllt sein müssen, weil es anderenfalls zu einer Beendigung der Betriebsaufspaltung käme.[341] Außerdem besteht die Möglichkeit, einen Teil der Erben schon zu einem vergleichsweise frühen Zeitpunkt an der Besitzgesellschaft zu beteiligen. Dieser Ansatz ist besonders interessant, wenn davon ausgegangen wird, dass die Voraussetzungen für eine Begünstigung des Betriebsvermögens nach §§ 13a, 19a ErbStG nicht erfüllt sind. Es kann versucht werden, durch die gezielte Übertragung von Anteilen in einem Abstand von 10 Jahren eine wiederholte Nutzung der persönlichen Freibeträge zu erreichen. Alternativ könnte überlegt werden, ob über die Poolung der Anteile eine Nutzung der Begünstigung der §§ 13a, 19a ErbStG erlangt werden kann.

3.4.2.3 Steuerliche Grundlagen einer Betriebsaufspaltung

3.4.2.3.1 Begründung einer Betriebsaufspaltung

Für das Vorliegen einer Betriebsaufspaltung kommt es nicht darauf an, ob der Steuerpflichtige diese begründen wollte. Denkbar ist, dass die Voraussetzungen für eine Betriebsaufspaltung unbewusst geschaffen werden, ohne dass dies von den Beteiligten gewollt war. Hieraus können erhebliche Nachteile wie z. B. die Zugehörigkeit zum Betriebsvermögen und damit die Steuerverstricktheit der Wirtschaftsgüter verbunden sein.[342] Daher muss der Steuerpflichtige sehr sorgfältig darauf achten, dass die Voraussetzungen für eine Betriebsaufspaltung entweder gar nicht erst gegeben sind oder wenn diese bereits bestehen, dass diese nicht unbewusst zerstört werden und eine Beendigung der Betriebsaufspaltung erfolgt.

Wird eine Betriebsaufspaltung bewusst herbeigeführt, so geschieht dies zumeist mit einem Besitzunternehmen in der Rechtsform einer Personengesellschaft und einem Betriebsunternehmen in Form einer Kapitalgesellschaft. Besitz- und Betriebsgesellschaft sind zwei rechtlich selbstständige Unternehmen, die voneinander unabhängig Steuererklärungen abgeben und ihren sonstigen Steuerpflichten nachkommen.

Die Begründung einer Betriebsaufspaltung kann steuerpflichtig oder -neutral erfolgen. Eine steuerneutrale Einbringung von Wirtschaftsgütern in eine andere Gesellschaft gem. § 20 oder § 24 UmwStG ist nur zulässig, wenn sog. Teilbetriebe, Betriebe oder

---

341 Vgl. zu den hiermit verbundenen steuerlichen Konsequenzen S. 175 ff.

342 Hiermit ist insbesondere der Nachteil der in jedem Fall gegebenen Steuerbarkeit von Veräußerungsgewinnen verbunden.

Mitunternehmeranteile oder 100%-Beteiligungen an Kapitalgesellschaften Gegenstand der Einbringung sind. Bei der Übertragung von Einzelwirtschaftsgütern in eine Betriebskapitalgesellschaft kommt es zur Aufdeckung und Versteuerung der stillen Reserven.[343] Würden bei der Begründung einer Betriebsaufspaltung die Wirtschaftsgüter des Anlagevermögens auf eine neue Gesellschaft übertragen, käme es zur Besteuerung der stillen Reserven. Daher wird im Regelfall eine Übertragung des Umlaufvermögens auf die Betriebsgesellschaft erfolgen, weil hier i. d. R. nur gereinge stille Reserven vorhanden sind. Etwas anderes gilt in den Fällen, in denen eine Übertragung von Wirtschaftsgütern zwischen dem Sonderbetriebsvermögen unterschiedlicher Personengesellschaften erfolgt. Zugleich ist zu prüfen, inwieweit die Voraussetzungen des § 6 Abs. 5 EStG erfüllt sind und die Übertragung zum Buchwert zu erfolgen hat. Im Übrigen sind die Ausführungen zu den steuerlichen Aspekten der Umstrukturierung zu beachten.[344]

3.4.2.3.2 Voraussetzungen für die Annahme einer steuerlichen Betriebsaufspaltung

Eine Betriebsaufspaltung liegt vor, wenn ein Unternehmen (Besitzunternehmen) eine wesentliche Betriebsgrundlage an eine gewerblich tätige Personen- oder Kapitalgesellschaft (Betriebsunternehmen) zur Nutzung überlässt (**sachliche Verflechtung**) und eine oder mehrere Personen zusammen sowohl das Besitzunternehmen als auch das Betriebsunternehmen in dem Sinne beherrschen, dass sie in der Lage sind, in beiden Unternehmen einen einheitlichen geschäftlichen Betätigungswillen durchzusetzen (**personelle Verflechtung**).[345] Aus dieser Beschreibung der Betriebsaufspaltung durch die Finanzverwaltung lassen sich zwei Voraussetzungen identifizieren: das Erfordernis der sachlichen und personellen Verflechtung.

(a) Sachliche Verflechtung

Eine sachliche Verflechtung liegt vor, wenn:

- wesentliche Betriebsgrundlagen
- einem gewerblichen Unternehmen
- zur Nutzung überlassen

werden.

Hieraus ergibt sich, dass nicht grundsätzlich jede Überlassung von Wirtschaftsgütern zu einer sachlichen Verflechtung führt. Diese ist nur gegeben, wenn es sich um sog. **wesentliche Betriebsgrundlagen** handelt. Die Qualifizierung folgt dabei dem Be-

343 Etwas anderes würde nur dann gelten, wenn die Voraussetzung für eine Begünstigung des Veräußerungsgewinns erfüllt ist. Dies kann z. B. in Folge von § 6b Abs. 2 EStG der Fall sein.

344 Vgl. hierzu nochmals oben S. 89 ff.

345 Vgl. H 15.7 Abs. 4 EStH 2010, „Allgemeines".

triebszweck der Betriebsgesellschaft. Wesentliche Grundlage eines Betriebes sind Wirtschaftsgüter (vor allem solche des Anlagevermögens), die zur Erreichung des Betriebszwecks erforderlich sind und ein besonderes wirtschaftliches Gewicht für die Betriebsführung bei der Betriebsgesellschaft haben.[346] Ein Wirtschaftsgut ist nicht allein deshalb als wesentliche Betriebsgrundlage anzusehen, weil erhebliche stille Reserven in ihm ruhen.[347] Hierin liegt ein Unterschied zur Beurteilung einer wesentlichen Betriebsgrundlage bei einer Betriebsaufgabe oder -veräußerung, da in diesen Fällen auch auf das Kriterium der beachtlichen stillen Reserven abgestellt wird.[348] Das Vorliegen einer wesentlichen Betriebsgrundlage ist damit nach einer **funktionalen Betrachtungsweise** zu bestimmen, nicht nach einer quantitativen. Während die Zuordnung von Produktionsmaschinen, Patenten und ähnlichen Schutzrechten sowie Fabrikationsgrundstücken[349] zu den wesentlichen Betriebsgrundlagen regelmäßig unproblematisch ist,[350] ergeben sich bei der Zuordnung von Büro- und Verwaltungsgebäuden Schwierigkeiten. Nach der Rechtsprechung des BFH[351] ist ein solches Gebäude wesentliche Betriebsgrundlage, wenn es die räumliche und funktionale Grundlage für die Geschäftstätigkeit der Betriebsgesellschaft bildet. Dies gilt auch dann, wenn das Betriebsunternehmen jederzeit am Markt ein für seine Belange gleichwertiges Grundstück mieten oder kaufen kann.[352]

Als weitere Voraussetzung der sachlichen Verflechtung tritt die Überlassung zur Nutzung hinzu, die sowohl entgeltlich als auch unentgeltlich erfolgen kann. Bei unentgeltlicher Überlassung sind jedoch die Einkunftskorrekturvorschriften zu prüfen. Regelmäßig erfüllt ist die Forderung nach einer Nutzung durch ein gewerblich tätiges Unternehmen, da die Betriebsgesellschaft durch Produktion oder Handelstätigkeit gekennzeichnet ist und hierbei die ihr überlassenen Ressourcen einsetzt.

(b) Personelle Verflechtung

Unter personeller Verflechtung verstehen Finanzverwaltung[353] und Rechtsprechung,[354] dass beide Unternehmen, also Betriebs- und Besitzunternehmen, von derselben Person oder Personengruppe in einer Weise beherrscht werden, dass beide Unternehmen auf Grund dieses Umstandes wie ein einheitliches Unternehmen geführt werden. Dies ist regelmäßig der Fall, wenn eine Personalunion gegeben ist. Eine solche

---

346 Vgl. BFH vom 26. 1. 1989, IV R 151/86, BStBl. II 1989, S. 455 sowie vom 24. 8. 1989, IV R 135/86, BStBl. II 1989, S. 1014.

347 Vgl. BFH vom 24. 8. 1989, IV R 135/86, BStBl. II 1989, S. 1014.

348 Vgl. H 16 Abs. 8 EStH 2010, Stichwort „Begriff der wesentlichen Betriebsgrundlage".

349 Vgl. BFH vom 12. 9. 1991, IV R 8/90, BStBl. II 1992, S. 347.

350 Weitere Beispiele: BFH vom 23. 1. 1991, X R 47/87, BStBl. II 1991, S. 405, vom 29. 10. 1991, VIII R 77/87, BStBl. II 1992, S. 334, vom 4. 11. 1992, XI R 1/92, BStBl. II 1993, S. 245, vom 26. 3. 1992, IV R 50/91, BStBl. II 1992, S. 830 und vom 2. 4. 1997, X R 21/93, BStBl. II 1997, S. 565.

351 Vgl. BFH vom 23. 5. 2000, VIII R 11/99, BStBl. II 2000, S. 621.

352 Vgl. BFH vom 26. 5. 1993, X R 78/91, BStBl. II 1993, S. 718.

353 Vgl. H 15.7 Abs. 6 EStH 2010, Stichwort „Allgemeines".

354 Vgl. BFH vom 8. 11. 1971, GrS 2/71, BStBl. II 1972, S. 63.

liegt vor, wenn dieselben Personen als Gesellschafter an beiden Unternehmen beteiligt sind und in beiden Unternehmen die Mehrheit der Stimmrechte besitzen, um in beiden Gesellschaften einen einheitlichen geschäftlichen Betätigungswillen durchsetzen zu können. Neben einer kapitalmäßigen Mehrheit führt auch eine faktische Beherrschung zur personellen Verflechtung. Beweisanzeichen hierfür können eine Alleingeschäftsführerfunktion oder weitere Indizien sein.[355]

- **Beispiele für das Vorliegen einer personellen Verflechtung:**

  A ist an der Besitzpersonengesellschaft mit 80% beteiligt und hält außerdem 60% der Anteile an der Betriebskapitalgesellschaft.

  B ist an der Besitzpersonengesellschaft unmittelbar mit 80% beteiligt und hält außerdem 80% an einer Kapitalgesellschaft, die ihrerseits wiederum 100% an der Betriebskapitalgesellschaft hält.[356]

  C und D sind im gesetzlichen Güterstand der Zugewinngemeinschaft verheiratet und jeweils mit 30% an der Besitz- und der Betriebsgesellschaft beteiligt. Die Anteile wurden von beiden durch eigenes Vermögen erworben und stellen jeweils die Altersvorsorge der Ehegatten dar. Außerdem sind beide als Geschäftsführer in beiden Gesellschaften tätig, so dass ein gemeinsames wirtschaftliches Interesse unterstellt werden kann.

Eine personelle Verflechtung setzt nicht voraus, dass einer Person alleine die Mehrheit der Stimmrechte an beiden Gesellschaften gehört. Denkbar sind auch Fälle, in denen eine **Personengruppe**, die gleichgerichtete Interessen verfolgt, die Mehrheit der Stimmanteile hält. Bei fremden Dritten, die ihre Stimmanteile in einer Gesellschaft bürgerlichen Rechts bündeln, um Einfluss auf die Geschäftsführung beider Gesellschaften ausüben zu können, kann das Tatbestandsmerkmal „gleichgerichtetes Interesse" unterstellt werden. Dies ist bei Anteilen, die innerhalb der Familien von mehreren Personen gehalten werden, schwieriger. Eine Zusammenrechnung von **Ehegattenanteilen** kommt grundsätzlich nicht in Betracht. Eine Ausnahme gilt jedoch, wenn zusätzlich zur ehelichen Lebensgemeinschaft weitere Beweisanzeichen vorliegen, die für gleichgerichtete wirtschaftliche Interessen der Ehegatten sprechen.[357] Demgegenüber ist bei einer Gütergemeinschaft[358], bei der sowohl die Mehrheit der Anteile an der Betriebsgesellschaft als auch an der Besitzgesellschaft zum Gesamtgut der Ehe gehören, die personelle Verflechtung gegeben.

---

355 Zum Beispiel, weil der Gesellschafter gleichzeitig der einzige Fremdkapitalgeber der Gesellschaft ist.

356 Vgl. BFH vom 22. 1. 1988, III B 9/87, BStBl. II 1988, S. 537.

357 Vgl. Beschluss des BVerfG vom 12. 3. 1985, 1 BvR 571/81, 1 BvR 494/82, 1 BvR 47/83, BStBl. II 1985, S. 475.

358 Hierbei handelt es sich um einen der gesetzlich durch Ehevertrag vorgesehenen Güterstände für Ehegatten. Durch die Vereinbarung der Gütergemeinschaft wird das gesamte Vermögen der Ehegatten gemeinschaftliches Vermögen. Es entsteht das sog. Gesamtgut (§ 1416 Abs. 1 BGB) und die Ehegatten bilden eine Gesamthandsgemeinschaft. Sie können daher über Gesamthandsgegenstände nicht selbstständig verfügen (§ 1419 BGB).

Ebenfalls zu untersuchen ist die Berücksichtigung von **Anteilen von Kindern**. Hierbei ist regelmäßig davon auszugehen, dass die Anteile volljähriger Kinder eigenständig zu würdigen sind und nicht per se den Eltern zugerechnet werden können. Dem gegenüber erhöhen die Anteile von Minderjährigen regelmäßig den Anteil der Eltern, weil diese über die Anteile der Kinder verfügen können und eine Koordinierung der wirtschaftlichen Interessen erfolgen wird.[359]

Eine Interessengleichheit und damit eine Zusammenrechnung von Anteilen einzelner Gesellschafter liegt nicht vor, wenn Interessengegensätze offen zutage getreten sind, wie das z. B. bei einem Rechtsstreit zwischen den Gesellschaftern der Fall ist. Unabhängig davon ist Voraussetzung, dass eine Stimmenmehrheit (nicht Kapitalmehrheit) an beiden Gesellschaften besteht.

3.4.2.3.3 Vorteilhaftigkeitsüberlegungen

Trotz der engen sachlichen wie persönlichen Verflechtung zwischen den Unternehmen erfolgt für steuerliche Zwecke grundsätzlich eine Trennung beider Gesellschaften. Insbesondere wird – anders als bei einer Organschaft – nicht von einem wirtschaftlich betrachteten Einheitsunternehmen ausgegangen.[360] Beide Gesellschaften sind selbstständig steuerpflichtig und haben eigene Steuererklärungen abzugeben. Für die beim Einheitsunternehmen untersuchten Kriterien lassen sich folgende Feststellungen treffen.

(a) Ergebnisabführung zwischen den Unternehmen

Auf Grund der fehlenden gesellschaftsrechtlichen Verflechtungen der Unternehmen untereinander kommt eine Ergebnisabführung zwischen den Unternehmen nicht in Betracht, da eine steuerliche Erfassung nur beim Gesellschafter der Unternehmen eintritt, wenn es sich um eine Personengesellschaft handelt. Sonst erfolgt eine Besteuerung mit Körperschaftsteuer. Hinsichtlich der Abführung von positiven wie negativen Ergebnissen an den Gesellschafter ist auf die Besonderheiten der jeweiligen Rechtsform hinzuweisen.[361] Bei der wohl bisher vorherrschenden Konstellation einer Besitzpersonen- und einer Betriebskapitalgesellschaft kann im Gewinnfall die Auskehrung an den Gesellschafter durch entsprechende Beschlüsse erreicht werden. Demgegenüber ist eine Zurechnung der Verluste der Betriebskapitalgesellschaft beim Gesellschafter weder handels- noch steuerrechtlich zulässig. Die Verluste sind auf der Ebene der Kapitalgesellschaft „eingeschlossen". Die Zahlungen der Betriebsgesellschaft an die Besitzgesellschaft sind keine Ergebnisabführung, sondern Betriebsausgaben bzw. Betriebseinnahmen. Etwas anderes gilt, wenn diese Zahlungen dem Grunde oder der Höhe nach als unangemessen qualifiziert werden und deshalb steuerlich nicht anzuerkennen sind.

---

359 Zu weiteren Einzelheiten wird auf R 15.7 Abs. 8 EStR 2008 verwiesen.

360 Allerdings erfolgt im Rahmen der handelsrechtlichen Konzernrechnungslegung gemäß §§ 290 ff. HGB auch beim Vorliegen einer Organschaft keine Konsolidierung.

361 Vgl. S. 36 ff.

(b) Ergebnisausgleich zwischen den Unternehmen

Ein Ergebnisausgleich zwischen den Gesellschaften würde die Bildung einer Organschaft voraussetzen. Dies ist jedoch nicht möglich. Die Besitzgesellschaft müsste hierfür die Funktion eines Organträgers übernehmen. Dies scheidet jedoch aus, weil die finanzielle Eingliederungsvoraussetzung nicht erfüllt ist, denn die Gesellschafter der Besitzgesellschaft halten die Anteile an der Betriebskapitalgesellschaft. Eine Organschaft unter Einbeziehung beider Unternehmen wäre nur dann möglich, wenn der gemeinsame Gesellschafter seine Anteile im Rahmen eines gewerblichen Unternehmens hält[362], doch ist dies regelmäßig bei Betriebsaufspaltungen nicht der Fall. Wirtschaftlich betrachtet kommt es in Folge der Zahlung für die zur Nutzung überlassenen Wirtschaftsgüter zu einem gewissen Ergebnisausgleich: Bei der Betriebsgesellschaft liegen – unter Beachtung der gewerbesteuerlichen Hinzurechnung – Betriebsausgaben und bei der Besitzgesellschaft Betriebseinnahmen vor. Dieser „Ausgleich" erfolgt jedoch nur in dem Umfang, wie die vereinbarten Vergütungen steuerlich angemessen sind und anerkannt werden. Außerdem ist er unabhängig von der Ertragssituation der Unternehmen, so dass diese Vergütungen auch dann zu zahlen sind, wenn hieraus bei der Betriebsgesellschaft Verluste entstehen. Sofern beide Unternehmen in der Rechtsform einer Personengesellschaft geführt werden, ergeben sich die gleichen Besonderheiten wie bei einem Personengesellschaftskonzern.[363]

(c) Funktionsverlagerungen zwischen den Unternehmen

Die Verlagerungen von Funktionen und die damit einhergehende Überführung von Wirtschaftsgütern zwischen der Besitz- und der Betriebsgesellschaft sind wie im Rahmen der Errichtung der Betriebsaufspaltung steuerneutral möglich, sofern es sich um inländische Sachverhalte handelt. Handelt es sich bei beiden Gesellschaften um Kapitalgesellschaften, ist die Fremdüblichkeit der Vergütung zu beachten, weil anderenfalls eine verdeckte Gewinnausschüttung vorliegt. Dies kann in Anwendung der sog. Geschäftschancenlehre auch bei der Übertragung von Funktionen der Fall sein.

(d) Geldwerte Vorteile gegenüber den Mitarbeitern

Geldwerte Vorteile gegenüber den Mitarbeitern der Besitzgesellschaft beim verbilligten Kauf von Produkten der Betriebsgesellschaft sind steuerlich nicht begünstigt, da der Vorteil an Nichtmitarbeiter erbracht wird. Allerdings wird die Besitzgesellschaft regelmäßig ohnehin kaum über eigenes Personal verfügen, weil sich ihre Tätigkeit auf die Überlassung der wesentlichen Betriebsgrundlagen beschränkt und hierfür in der Regel kein eigenes Personal erforderlich ist.

---

362 Dieses Unternehmen würde dann als Organträger fungieren, die Besitz- und die Betriebsgesellschaft wären Organe.

363 Vgl. S. 176 ff.

(e) Steuerliche Behandlung von Desinvestitionen

Beim Verkauf von Wirtschaftsgütern der Besitz- oder der Betriebsgesellschaft sind die allgemeinen Vorschriften der jeweiligen Rechtsform anzuwenden. Da bei der Betriebsgesellschaft in der Regel ausschließlich die Veräußerung von Produkten des Umlaufvermögens gegeben ist, unterliegen die Erträge aus der Umsatztätigkeit der regulären Steuerpflicht. Bei Veräußerungen aus der Besitzgesellschaft gilt grundsätzlich entsprechendes, doch muss darauf geachtet werden, dass ausschließlich nicht wesentliche Betriebsgrundlagen der Betriebsgesellschaft verkauft werden.

Werden der Betriebsgesellschaft seitens der Besitzgesellschaft keine wesentlichen Betriebsgrundlagen mehr zur Nutzung überlassen, führt dies zur Beendigung der Betriebsaufspaltung. Bei der Veräußerung von Anlagevermögen durch die Besitzgesellschaft sollte geprüft werden, inwieweit dieser Vorgang in den Anwendungsbereich des § 6b EStG fällt und damit die sofortige Besteuerung der stillen Reserven vermieden werden kann.

(f) Gewerbesteuerliche Vor- und Nachteile

Das System der gewerbesteuerlichen Hinzurechnungen und Kürzungen kommt bei Betriebsaufspaltungen recht häufig zum Tragen, da die Miet- und Pachtzinsen gem. § 8 Nr. 1 GewStG hinzugerechnet werden. Bekanntlich sind hierfür die folgenden Hinzurechnungssätze vorgesehen:

- 25% von einem Fünftel der Miet- und Pachtzinsen beweglicher Wirtschaftsgüter,
- 25% der Hälfte der Miet- und Pachtzinsen für unbewegliche Wirtschaftsgüter und
- 25% eines Viertels der Aufwendungen für die zeitlich befristete Überlassung von Rechten.

Hierbei ist ein Freibetrag für die gesamten Hinzurechnungstatbestände des § 8 Nr. 1 GewStG in Höhe von 100.000,- € zu beachten. Im Ergebnis kommt es damit in den Betriebsaufspaltungsfällen immer zu einer teilweisen Doppelbelastung mit Gewerbesteuer, wenn die Entgelte für die Nutzungsüberlassung der wesentlichen Betriebsgrundlagen nach Maßgabe der o. g. Quoten bei der Betriebsgesellschaft dem Gewerbeertrag hinzugerechnet werden müssen und gleichzeitig bei der Besitzgesellschaft der Gewerbesteuer unterliegen. Auch wenn diese eigentlich „nur" eine vermögensverwaltende Tätigkeit ausübt, führen die Grundsätze der Betriebsaufspaltung bei ihr dazu, dass sie der Gewerbesteuer unterliegt.

(g) Administrative Belastungen durch das steuerliche Verfahrensrecht

Die Belastungen beider Unternehmen orientieren sich an ihrer jeweiligen Rechtsform. Wenngleich eine Konzernbetriebsprüfung nicht stattfinden wird, ist von einer engen

Zusammenarbeit der Betriebsprüfungen beider Gesellschaften auszugehen. Eine signifikante Mehr- oder Minderbelastung gegenüber einer zahlenmäßig entsprechenden Konzernstruktur ist nicht gegeben. Da die Abläufe bei der Besitzgesellschaft vergleichsweise einfach sind, entstehen bei ihr in der Regel keine wesentlichen Belastungen. Allerdings unterliegt bei der Betriebskapitalgesellschaft die Höhe der Entgelte für die überlassenen wesentlichen Betriebsgrundlagen häufig einer besonders intensiven Prüfung durch die Finanzverwaltung. Damit soll deren Angemessenheit gewährleistet und die Verschiebung von Vermögen zwischen Gesellschaften unterbunden werden.

3.4.2.3.4 Beendigung einer Betriebsaufspaltung

Die Beendigung einer Betriebsaufspaltung hat für die beteiligten Unternehmen sowie die an der Besitzpersonengesellschaft beteiligten Gesellschafter erhebliche steuerliche Folgen. Es müssen die in den Wirtschaftsgütern des Betriebsvermögens ruhenden stillen Reserven sowohl auf der Ebene der Besitz- als auch der Betriebsgesellschaft aufgedeckt und versteuert werden. Wegen der bereits oben dargestellten Umqualifizierung der Einkünfte der Besitzpersonengesellschaft in gewerbliche Einkünfte erfolgt nun auch eine Besteuerung bei Beendigung der Betriebsaufspaltung, da die Wirtschaftsgüter das Betriebsvermögen verlassen bzw. die rein vermögensverwaltende Tätigkeit dieser Gesellschaft nicht mehr als gewerblich qualifiziert wird. Im Einzelfall ist zu prüfen, ob dieser Nachteil durch eine rechtzeitige Überführung von der Personenbesitzgesellschaft in ein anderes Betriebsvermögen vermieden werden kann.

Nach der Beendigung der Betriebsaufspaltung ergeben sich **keine** steuerlichen Auswirkungen bei der **Betriebs-Kapitalgesellschaft.** Vielmehr entstehen diese nur bei der Besitzpersonengesellschaft und bei ihren Gesellschaftern. Sind beispielsweise die Voraussetzungen einer **personellen Verflechtung** nach dem Erbgang nicht mehr gegeben, führt dies zu einer Betriebsaufgabe (§ 16 Abs. 3 EStG) des Besitzunternehmens mit der Folge, dass dessen Betriebsvermögen – einschließlich der Anteile an der Betriebs-GmbH (u. U. ausgenommen sind einbringungsgeborene Anteile i. S. d. § 21 UmwStG) – in das Privatvermögen des bisherigen Besitzunternehmers übergeht.[364]

3.4.2.4 Zusammenfassende Beurteilung

Wenngleich die Betriebsaufspaltung eine Vielzahl von zivilrechtlichen Vorteilen wie z. B. der Segmentierung und Haftungsabschottung hat, ist die steuerliche Würdigung i. d. R. eine Reflexwirkung auf diese zivilrechtlichen Gegebenheiten. Zumeist ist die Betriebsaufspaltung aus Sicht des betroffenen Steuerpflichtigen nicht gewünscht, da seine bisher im Privatvermögen befindlichen Vermögenswerte, die zur Nutzung überlassen wurden, in den steuerlich verstrickten Bereich des Betriebsvermögens überführt werden und damit regelmäßig ein steuerlicher Vorteil der Nichtsteuerbarkeit etwaiger Veräußerungsgewinne verloren geht. Daher liegt die wesentliche Zielrichtung in der

364 Vgl. BFH vom 22. 9. 1999, X B 47/99, BFH/NV 2000, S. 559.

Vermeidung der Betriebsaufspaltung. Allerdings kann es Gründe geben, bewusst eine Betriebsaufspaltung herbeizuführen. So sind beispielsweise gewerbliche Immobilien bei einer Erbschaft oder Schenkung nur begünstigt, wenn sie als Bestandteil eines Betriebsvermögens anzusehen sind, wie dies bei einer Betriebsaufspaltung der Fall wäre. Auch kann es gelegentlich von Bedeutung sein, eine Betriebsaufspaltung zu haben, um eine Entstrickung und sofortige Versteuerung vorhandener stiller Reserven bei Überführung aus einem anderen Betriebsvermögen zu vermeiden. Im Einzelfall muss genau geprüft werden, welche Konsequenzen eintreten und ob diese gewünscht sind.

Wenn eine Betriebsaufspaltung bewusst herbeigeführt wird, sind hierfür regelmäßig die außersteuerlichen Gründe ausschlaggebend. Weit häufiger kam es in der Vergangenheit zu Fällen, in denen die Steuerpflichtigen eine Qualifikation als steuerliche Betriebsaufspaltung verhindern wollten, da hierdurch u. a. eine Gewerbesteuerpflicht der Miet- und Pachteinnahmen ausgeschlossen werden konnte. Bei einer Vermietung von Wirtschaftsgütern aus dem Privatvermögen heraus kann die gewerbesteuerliche Belastung auf die o. a. dargestellten Hinzurechnungen nach § 8 Nr. 1 GewStG begrenzt werden. Diese ungewollten Betriebsaufspaltungen waren vor allem auf Grund der Rechtsprechung des BFH zur wesentlichen Betriebsgrundlage häufig gegeben. Durch die Möglichkeit der pauschalierten „Anrechnung" der Gewerbesteuer auf die Einkommensteuerschuld nach § 35 EStG hat sich die Angst vor einer Betriebsaufspaltung verringert. Zum Teil lohnt es sich für Unternehmen bewusst aus der vermögensverwaltenden in eine gewerbliche Tätigkeit eines Besitzunternehmens zu wechseln. Dies setzt jedoch eine genaue Prüfung des Einzelfalls voraus. Hierbei kommt auch der Doppelbelastung mit Gewerbesteuer besondere Bedeutung zu. Dabei ist zu beachten, dass die Gewerbesteuer der Betriebskapitalgesellschaft vom Gesellschafter nicht angerechnet werden kann. Folglich handelt es sich hierbei um eine tatsächliche Mehrbelastung.

Brandmüller, Die Betriebsaufspaltung nach Handels- und Steuerrecht, 7. Aufl., Heidelberg 1997
Fichtelmann, Betriebsaufspaltung im Steuerrecht, 10. Aufl., Heidelberg 1999
Kaligin, Die Betriebsaufspaltung, 7. Aufl., Berlin 2011
Korn/Strahl, Steuerforum 2009: 5, Betriebsaufspaltung, Aktuelle Probleme und Gestaltungshinweise, Stuttgart 2009
Söffing, Die Betriebsaufspaltung, 4. Aufl., Herne/Berlin 2010

3.4.3 Personengesellschaftskonzern

- Wie lässt sich ein Personengesellschaftskonzern charakterisieren?
- Welche steuerlichen Vor- und Nachteile sind mit einem Personengesellschaftskonzern verbunden?

Es kann sinnvoll sein, die Unternehmenstätigkeit nicht nur in zwei Gesellschaften, wie bei einer Betriebsaufspaltung, aufzuteilen, sondern in mehrere zivilrechtlich selbstständige Gesellschaften. Die Aufgliederung des Einheitsunternehmens kann hierbei entweder nach **funktionalen, geographischen oder marktbezogenen Kriterien** erfolgen. So wäre beispielsweise eine Aufgliederung in eine Produktions-, Vertriebs- und Finanzierungsgesellschaft im Rahmen einer funktionalen Zuordnung denkbar. Demgegenüber sind Ländergesellschaften ein typisches Beispiel für eine Orientierung an geographischen Kriterien.[365] Hierbei kann auch ein mehrstufiger Aufbau erfolgen, in dem zentrale Funktionen bei Holding-Gesellschaften konzentriert werden, die diese Leistung für die Gesellschaften in einer Region erbringen, deren Anteile ihr gehören. Ein Beispiel für marktbezogene Kriterien wäre eine Gesellschaft für Konsumgüter, eine für Investitionsgüter und eine für Servicedienstleistungen. In jedem Fall werden regelmäßig mehr als zwei Gesellschaften für die Umsetzung einer solchen Struktur benötigt. Damit der Unternehmer bzw. die Gesellschafter ihren Einfluss auf die Geschäftspolitik der Gesellschaften nicht verlieren, müssen diese auch weiterhin in entsprechender Weise an den neu geschaffenen Gesellschaften beteiligt sein. Hierbei ist es zunächst unerheblich, ob eine unmittelbare oder eine mittelbare Beteiligung besteht. Häufig werden die Anteile an den Gesellschaften über eine weitere, zu gründende Holdinggesellschaft gehalten.

Die dabei zu nutzende Rechtsform ist frei wählbar, führt aber zu steuerlichen Vor- oder Nachteilen. Folgende Konstellationen sind möglich:

1. Muttergesellschaft und Tochtergesellschaften sind ausnahmslos Kapitalgesellschaften,
2. Muttergesellschaft und Tochtergesellschaften sind ausnahmslos Personengesellschaften,
3. Muttergesellschaft ist eine Kapitalgesellschaft und Tochtergesellschaften sind ausnahmslos Personengesellschaften und
4. Muttergesellschaft ist eine Personengesellschaft und Tochtergesellschaften sind ausnahmslos Kapitalgesellschaften.

Während die Fälle 1 und 4 auf Seite 183 ff. erläutert werden, erfolgt im Folgenden eine Beschränkung auf die Fälle 2 und 3. Die isolierte Vorteilhaftigkeit der einzelnen Rechtsformen wurde bereits auf S. 45 ff. erläutert. Gegenstand der weiteren Ausführungen sind ausgewählte Besonderheiten bei der Nutzung eines Personengesellschaftskonzerns.[366] Zivilrechtlich kann eine Personengesellschaft an einer anderen Personengesellschaft ebenso beteiligt sein wie an einer Kapitalgesellschaft. Steuerliche Aspekte ergeben sich insbesondere bei den bereits auf S. 157 ff. dargestellten Kriterien, die im Folgenden für die Alternative eines reinen Personengesellschaftskonzerns betrachtet werden:

---

365 Vgl. zum internationalen Konzern Kaminski/Strunk, Steuern in der internationalen Unternehmenspraxis, Wiesbaden 2006, S. 104 ff.

366 Vgl. zur Definition des Konzernbegriffs S. 155

- Ergebnisabführung zwischen den Personengesellschaften,
- der Ergebnisausgleich zwischen einzelnen Personengesellschaften,
- Funktionsverlagerungen zwischen einzelnen Personengesellschaften,
- Geldwerte Vorteile gegenüber den Mitarbeitern,
- die steuerliche Behandlung von Desinvestitionen,
- Gewerbesteuerliche Vor- und Nachteile,
- Steuerliche Vergünstigungen auf Ebene der Mitunternehmer und
- Administrative Belastungen durch das steuerliche Verfahrensrecht.

Der Aufbau eines Personengesellschaftskonzerns kann unterschiedlich ausgestaltet sein. Denkbar ist, dass alle Gesellschafter unbeschränkt haften müssen, wie dies bei der Rechtsform der OHG der Fall ist.[367] Hiermit sind erhebliche Risiken verbunden, die die Gesellschafter häufig nicht bereit sind zu tragen. Folglich wird versucht, Strukturen zu wählen, bei denen diese Risiken begrenzt werden können. Hierzu bietet es sich an, die Gesellschaftsform so zu wählen, dass als einziger Komplementär eine eigens hierfür errichtete Kapitalgesellschaft fungiert. Die Anteile an einer solchen Gesellschaft gehören dann entweder den Gesellschaftern dieser Gesellschaft oder den Gesellschaftern der „Obergesellschaft". Dies gilt entsprechend für die Stellung als Kommanditist, wobei die Anteile der Vollhaftergesellschaft und die KG-Anteile nicht von der gleichen Person gehalten werden müssen. Damit besteht eine hohe Flexibilität, um den jeweiligen Anforderungen Rechnung zu tragen. Außerdem können an den jeweiligen Gesellschaften unterschiedliche Beteiligungsquoten bestehen. Wird für jede Vollhafterstellung eine eigenständige Kapitalgesellschaft errichtet, erfolgt damit eine optimale Haftungsbegrenzung. Dies führt zu einer steigenden Zahl von Gesellschaften, doch sind die hiermit verbundenen administrativen Belastungen in der Regel gering, weil diese Gesellschaften – schon um der Haftungszielsetzung zu genügen – keiner eigenen Geschäftstätigkeit nachgehen.

3.4.3.1 Ergebniszurechnung zwischen den Personengesellschaften

Die Personengesellschaft ist steuerlich „nur" Einkunftsermittlungssubjekt, aber nicht Steuersubjekt für Zwecke der Einkommen- oder Körperschaftsteuer.[368] Dies gilt auch für zwischengeschaltete Personengesellschaften. Die anteiligen Gewinne aus einer Beteiligung an einer Personengesellschaft werden **dem unmittelbaren oder mittelbaren Mitunternehmer zugerechnet**, ohne dass es eines Ausschüttungsbeschlusses bedarf. Auch ein tatsächlicher Abfluss des Gewinns in Form liquider Mittel ist nicht erforderlich. Insoweit besteht ein besonderer Nachteil gegenüber einem Kapitalgesell-

367 Vgl. § 128 HGB.

368 Eine Belastung mit Körperschaftsteuer ergibt sich, wenn eine Körperschaft mitunternehmerisch an der Personengesellschaft beteiligt ist.

schaftskonzern, da der Zuflusszeitpunkt nicht gestaltet werden kann.[369] Die zugerechneten Einkünften sind nicht solche im Sinne des § 20 Abs. 1 Nr. 1 EStG, sondern erfahren ihre Qualifikation anhand der Tätigkeit des Unternehmens. Es erfolgt kein Kapitalertragsteuerabzug gem. § 43 EStG. Eine Ausnahme ergibt sich jedoch, wenn die Personengesellschaft selbst als Anteilseigner einer Kapitalgesellschaft Dividenden im Sinne des § 20 Abs. 1 Nr. 1 EStG empfangen hat. In diesen Fällen hat die Kapitalgesellschaft oder die die Kapitalerträge auszahlende Stelle die Kapitalertragsteuer bereits einbehalten und an das Finanzamt abgeführt. Dies gilt unabhängig davon, ob beim mittelbaren oder unmittelbaren Mitunternehmer die Befreiungsvorschrift nach § 8b Abs. 1 i. V. m. Abs. 6 KStG oder nach § 3 Nr. 40 Buchst. a) EStG zum Tragen kommt. In Inlandsfällen führt dies zu einem Liquiditätsnachteil auf Grund verspäteter Erstattung der zu viel gezahlten Steuern. Erzielt die Personengesellschaft originär Einkünfte aus einer gewerblichen Tätigkeit, erwachsen dem Personengesellschaftskonzern keine Liquiditätsbelastungen, da diese Einkünfte nicht dem Kapitalertragsteuerabzug unterliegen.

Für die **Gewerbesteuer** bestehen jedoch Besonderheiten. Nicht die Mitunternehmer der Personengesellschaft sind **Steuersubjekt**, sondern die Personengesellschaft. Folglich muss jede Personengesellschaft ihre individuelle Gewerbesteuer ermitteln und an die jeweilige Gemeinde abführen. Gleichwohl kann die von der Gesellschaft gezahlte Gewerbesteuer beim Gesellschafter in den Grenzen des § 35 EStG angerechnet werden, wenn es sich bei diesem um eine natürliche Person handelt. Um Doppelbelastungen mit Gewerbesteuer bei nachgeschalteten Personengesellschaften zu verhindern, erfolgt gem. § 9 Nr. 2 GewStG eine Kürzung des Gewerbeertrages der Mutterpersonengesellschaft um die Gewinnanteile aus Beteiligungen an anderen Personengesellschaften. Da die Kürzung unabhängig von der Beteiligungshöhe sowie der Besitzzeit der Beteiligung gewährt wird, entsteht für die Gesellschaften kein Nachteil, unabhängig davon, wie viele Personengesellschaften in dem Konzern zwischengeschaltet sind. Jede Gesellschaft erhält den Freibetrag nach § 11 GewStG, so dass eine mehrfache Nutzung erfolgen kann.

Im Gegensatz zu Kapitalgesellschaften erfolgt bei Personengesellschaften auch eine **Zurechnung negativer Einkünfte**, da es für steuerliche Zwecke nicht auf einen entsprechenden Gesellschafterbeschluss ankommt. Die Verluste werden dem Gesellschafter der Personengesellschaft direkt zugerechnet und bei diesem steuerlich erfasst. Inwieweit eine Verlustausgleichsmöglichkeit besteht, bestimmt sich nach den allgemeinen Regelungen (wie z. B. § 2 Abs. 3 EStG und den besonderen Vorschriften gem. § 15a EStG). Allerdings führen die Besonderheiten bei der Gewerbesteuer dazu, dass die Verluste praktisch in der Personengesellschaft eingeschlossen sind und lediglich mit zukünftigen positiven Gewerbeerträgen aus dieser Gesellschaft ausgeglichen werden können. Voraussetzung hierfür ist jedoch, dass sowohl die Forderung nach Unternehmens- als auch nach Unternehmeridentität erfüllt wird. Daher kann z. B. ein Gesellschafterwechsel dazu führen, dass negative Gewerbeerträge sich zukünftig nicht

369 Vgl. hierzu nochmals S. 70 ff.

mehr auswirken können. Hingegen scheidet ein interperiodischer Ausgleich mit evtl. Gewinnen aus einer anderen gewerblichen Betätigung beim Gesellschafter oder eine Saldierung der Gewerbeerträge innerhalb des Konzerns grundsätzlich aus.

3.4.3.2 Ergebnisausgleich zwischen einzelnen Personengesellschaften

Bei Holdingpersonengesellschaften kommt es für körperschaft- oder einkommensteuerliche Zwecke zu einem **Ausgleich empfangener Gewinne und Verluste** aus den Tochterpersonengesellschaften. Hierdurch kann eine Steuerbelastung trotz Vorliegens eines ausgeglichenen oder negativen Konzernergebnisses vermieden werden. Dies gelingt jedoch **nicht** für die **Gewerbesteuer**, da hier jede einzelne Personengesellschaft ein eigenes Steuersubjekt ist.

- **Beispiel 1:**

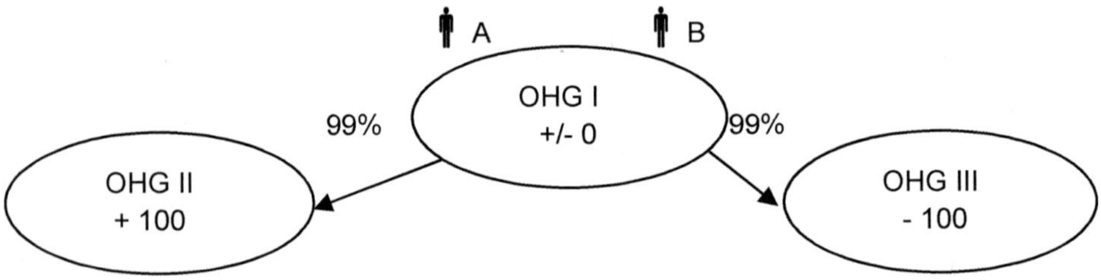

OHG I und III haben keinerlei Gewerbesteuer zu zahlen. Bei der OHG II entsteht eine Belastung des Gewerbeertrags von 100 mit Gewerbesteuer. Im Ergebnis hat der Personengesellschaftskonzern Gewerbesteuer entrichtet, obwohl das Konzernergebnis Null beträgt. Sofern auch die Einkünfte der Gesellschafter A und B aus Gewerbebetrieb Null betragen, kann auch keine Anrechnung der von der OHG II gezahlten Gewerbesteuer erfolgen.

- **Beispiel 2:**

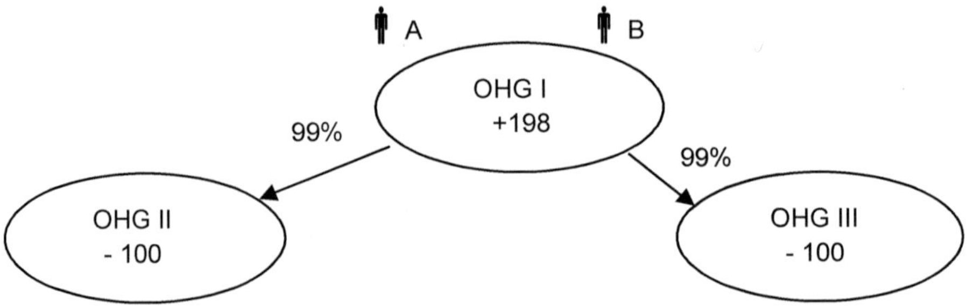

In diesem Beispiel ist das Konzernergebnis ebenfalls Null, doch kommt es zu keiner gewerbesteuerlichen Belastung, da gem. § 8 Nr. 8 GewStG die Verlustanteile der OHG II und III bei der Ermittlung des Gewerbeertrages der OHG I hinzugerechnet werden und daher der Gewerbeertrag der OHG I 0 beträgt.

Da die Ergebnisentwicklung der einzelnen Gesellschaften innerhalb des Personengesellschaftskonzerns nicht vorhergesehen werden kann, sind Situationen wie im Beispiel 1 nicht auszuschließen. Da Personengesellschaften nicht als Organgesellschaft fungieren können, kommt eine gewerbesteuerliche Organschaft nicht in Betracht, so dass gegenüber einem Kapitalgesellschaftskonzern insoweit ein Nachteil besteht. Dies gilt auch im Vergleich zu einem Einheitsunternehmen, bei dem eine Saldierung der Gewerbeerträge über sämtliche Unternehmensteile hinweg erfolgt.

3.4.3.3 Funktionsverlagerungen zwischen einzelnen Personengesellschaften

Hinsichtlich der steuerlichen Behandlung der Überführung von Wirtschaftsgütern ist auf die Ausführungen zu den Umstrukturierungen hinzuweisen.[370] Eine Übertragung von Einzelwirtschaftsgütern zwischen Personengesellschaften ist nur im Rahmen der Regelungen des **§ 6 Abs. 5 EStG** möglich. Ergänzend kann ggf. eine Übertragung von aufzudeckenden stillen Reserven gem. § 6b EStG in Betracht kommen. Damit wird zwar die Aufdeckung von stillen Reserven nicht verhindert, aber ihre Besteuerung wird bis zu einer Veräußerung des Ersatzwirtschaftsgutes hinaus geschoben. Im Ergebnis erfolgt damit die Übertragung der stillen Reserven auf das neue Wirtschaftsgut.

3.4.3.4 Geldwerte Vorteile gegenüber den Mitarbeitern

Geldwerte Vorteile können nur gegenüber den Mitarbeitern der Personengesellschaft gewährt werden, die **die zu verkaufenden Produkte hergestellt** haben oder mit diesen handeln. Insofern erfolgen eine Gleichbehandlung mit einem Kapitalgesellschaftskonzern und ein Nachteil gegenüber dem Einheitsunternehmen.

3.4.3.5 Steuerliche Behandlung von Desinvestitionen

Die Veräußerung von Wirtschaftsgütern innerhalb und aus dem Personengesellschaftskonzern heraus stellt regelmäßig laufende steuerpflichtige Erträge dar, die der Besteuerung auf Ebene der Personengesellschaft mit Gewerbesteuer und auf Ebene der Mitunternehmer mit Einkommen- oder Körperschaftsteuer unterliegen.

Eine Ausnahme von der Steuerpflicht ergibt sich nur bei Veräußerungen von Anteilen an Kapitalgesellschaften, die gem. § 8b Abs. 2 i. V. m. Abs. 6 KStG oder § 3 Nr. 40 EStG von der Steuer vollständig oder in Höhe von 40% befreit sind. Nach inzwischen h. M.

---

370 Vgl. S. 89 ff.

entfaltet § 8b Abs. 2 KStG auch für die Gewerbesteuer Wirkung.[371] Entscheidend hierfür ist, dass die Veräußerung der mittelbar über eine Personengesellschaft gehaltenen Streubesitzbeteiligung den Regelungen der §§ 8 Nr. 5, 9 Nr. 2a GewStG unterliegt. Folglich besteht keine abweichende gewerbesteuerliche Regelung, so dass § 8b Abs. 2 KStG infolge des § 7 GewStG auch für diese Bedeutung hat.[372] Damit kommt es zu einer Ungleichbehandlung von Dividenden und Veräußerungsgewinnen aus Streubesitzbeteiligungen. Praktische Vorteile werden sich hieraus allenfalls dann ziehen lassen, wenn die anderen Gesellschafter ebenfalls Beteiligungen von weniger als 15% besitzen und damit ein gewisser Gleichklang der Gesellschafterinteressen vorliegt.

3.4.3.6 Gewerbesteuerliche Vor- und Nachteile

Neben den oben dargestellten Nachteilen der Gewerbesteuer bei Veräußerungsgewinnen lässt sich als weiterer Vorteil noch die Anwendung des **Freibetrages** gem. § 11 GewStG auf Ebene jeder Gesellschaft nennen. Hingegen entstehen im Vergleich mit einem Einheitsunternehmen keine Hebesatzvorteile, weil beim Vorliegen mehrerer Betriebsstätten eine Zerlegung nach Maßgabe der §§ 28 ff. GewStG erfolgt. Insofern ist eine identische Behandlung gewährleistet.

Zur Vermeidung unangemessener Mehr- oder Minderbelastungen einzelner Gesellschafter auf Grund von Besonderheiten im Bereich des Sonderbetriebsvermögens bedarf es regelmäßig ergänzender zivilrechtlicher Vereinbarungen zwischen den Gesellschaftern.

3.4.3.7 Steuerliche Vergünstigungen auf Ebene der Mitunternehmer

Steuerliche Vergünstigungen auf Ebene der Mitunternehmer ergeben sich sowohl bei der Körperschaft- wie auch der Einkommensteuer. Neben den Befreiungstatbeständen für Dividenden und Veräußerungsgewinne aus Kapitalgesellschaftsanteilen sowie der Vergünstigung nach § 6b EStG ist die pauschalierte „Anrechnung" der Einkommensteuer nach § 35 EStG zum Ausgleich der Mehrbelastung durch die Gewerbesteuer zu nennen, die unabhängig von der Anzahl der zwischengeschalteten Personengesellschaften zum Tragen kommt. Hierbei sind allerdings Detailprobleme zu beachten, die im Einzelfall trotz Gewerbesteuerzahlung eine Entlastung nach § 35 EStG nicht vorsehen.[373] Für Zwecke des § 6b EStG ist für jeden Einzel- bzw. Mitunternehmer zu prüfen, ob er die Voraussetzung für die Nutzung der Übertragungsmöglichkeit erfüllt.

---

371 Vgl. Sarrazin, in: Lenski/Steinberg, GewStG, § 8 Nr. 5, August 2008, Anm. 10 und Keß, in: Lenski/Steinberg, GewStG, § 9 Nr. 2a, Januar 2010, Anm. 40.

372 Eine Hinzurechnung der Veräußerungsgewinne gem. § 8 Nr. 5 GewStG unterbleibt, weil dieser sich ausschließlich auf § 8b Abs. 1 KStG bezieht.

373 Vgl. hierzu nochmals S. 50 ff.

3.4.3.8 Administrative Belastungen durch das steuerliche Verfahrensrecht

Die einheitliche und gesonderte Gewinnfeststellung auf Ebene der Personengesellschaft stellt in der Praxis eine nicht unerhebliche zusätzliche Belastung dar. Da Sonderbetriebsausgaben und -einnahmen aller Mitunternehmer bereits im Rahmen der Gewinnfeststellung berücksichtigt werden müssen, entsteht beträchtlicher administrativer Aufwand. Alle Mitunternehmer müssen rechtzeitig informiert und zur Abgabe der entsprechenden Informationen aufgefordert werden. Diese Belastung ist gravierend, wenn von den Gesellschaftern Wirtschaftsgüter an die Gesellschaft auf schuldrechtlicher Basis überlassen wurden. Gerade die Bestimmung der Höhe der mit diesen Wirtschaftsgütern zusammenhängenden Aufwendungen kann Probleme bereiten, zumal in einer Betriebsprüfung auch deren Nachweis erbracht und die Veranlassung durch das jeweilige Wirtschaftsgut belegt werden müssen. Entsprechendes gilt für eine mögliche Fremdfinanzierung der Gesellschaftereinlagen und an die Gesellschaft überlassene Wirtschaftsgüter.

3.4.3.9 Zusammenfassende Beurteilung

Die Vorteile eines Personengesellschaftskonzerns liegen sicherlich in der einkommensteuerlichen Zuordnung von Gewinnen und Verlusten zwischen Mutter- und Tochtergesellschaft, ohne dass es hierfür eines Ergebnisabführungsvertrages und weiterer Maßnahmen bedarf. Als Nachteil verbleibt allerdings die Gewerbesteuerpflicht bei den unteren Personengesellschaften, da diese selbst bei ausgeglichenem Ergebnis innerhalb des Konzerns nicht vermieden werden kann. Die Nutzung von erhöhten Anschaffungskosten beim Unternehmenserwerb und der damit verbundene steuerfinanzierte Unternehmenskauf sind als weiterer Vorteil zu nennen. Die Transparenz der Personengesellschaft kann sich sowohl vorteilhaft als auch als nachteilig auswirken. Nachteilig ist, dass bei einer Thesaurierung des Gewinns auf Ebene der Personengesellschaft die Einkünfte dennoch den Gesellschaftern zugerechnet und dort versteuert werden müssen. Um Nachteile gegenüber Kapitalgesellschaftsstrukturen zu vermeiden, hat der Gesellschafter das Recht den besonderen Steuersatz nach § 34a EStG zu beantragen. Die Vorteilhaftigkeit dieser Regelung ist vom jeweiligen Steuersatz des Gesellschafters und von den Zeitpunkten der späteren Nachbesteuerung abhängig.

🕮	*Zimmermann/Hottmann/u.a.*, Die Personengesellschaft im Steuerrecht, 10. Aufl., Achim 2009, S. 793 – 860

3.4.4 Kapitalgesellschaftskonzern

- Welche Ausprägungsformen eines Kapitalgesellschaftskonzerns sind zu unterscheiden?

Wie die obigen Ausführungen gezeigt haben, können Konzernstrukturen zu erheblichen Vorteilen führen. Allerdings ist der Personengesellschaftskonzern in seiner reinen Form unter ausschließlicher Beteiligung von Personengesellschaften stets mit dem Nachteil der unbeschränkten Haftung verbunden.[374] Ferner ist eine Finanzierung über den Kapitalmarkt nur sehr eingeschränkt möglich. Dieses Problem könnte gelöst werden, indem ein Kapitalgesellschaftskonzern errichtet wird. Es gibt kein besonderes **Konzernsteuerrecht** in dem Sinne, dass der Konzern als solcher zum Steuersubjekt wird und die Aufwendungen und Erträge aus konzerninternen Transaktionen konsolidiert werden. Vielmehr ist steuerlich danach zu unterscheiden, in welcher Form die Konzernverbundenheit zum Ausdruck kommt. Dies kann entweder im Wege einer reinen Gesellschafterstellung geschehen oder zusätzlich durch die Begründung einer Organschaft. Im Folgenden wird davon ausgegangen, dass ein reiner Kapitalgesellschaftskonzern vorliegt, d. h., dass alle Gesellschaften des Konzernverbundes Kapitalgesellschaften sind.

Außerdem wird darauf verzichtet, die Behandlung über Personengesellschaften – und damit mittelbar – gehaltenen Beteiligungen zu analysieren. Eine solche Vorgehensweise führt in Folge der steuerlichen Transparenz nicht zu abweichenden körperschaftsteuerlichen Konsequenzen. Besonderheiten könnten sich allenfalls bei der Gewerbesteuer ergeben, sofern auf Ebene der Personengesellschaft die Voraussetzungen des § 9 Nr. 2a GewStG nicht erfüllt sind. Da nachfolgend regelmäßig von 100%-Beteiligungen auszugehen ist, kommt es entscheidend darauf an, ob die Beteiligung seit Beginn des Erhebungszeitraums besteht. Ist dies der Fall, treten keine anderen Konsequenzen als beim direkten Halten der Beteiligung ein.

Abbildung 3-24: *Grundstruktur eines Kapitalgesellschaftskonzerns*

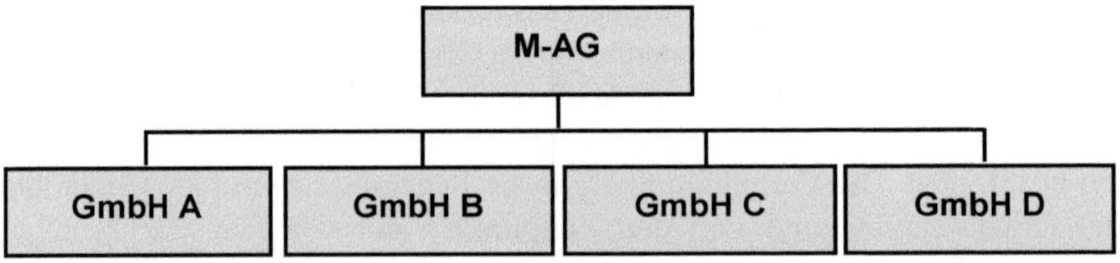

[374] In dem auf S. 31 ff. dargestellten Fall der Gründung von Kapitalgesellschaften, deren ausschließliche Aufgabe in der Übernahme der Position des einzigen Komplementärs besteht, wären keine „reinen" Personengesellschaften gegeben.

3.4.4.1 Steuerliche Konsequenzen von Kapitalgesellschaftskonzernen

3.4.4.1.1 Steuerliche Charakterisierung

- Welche steuerlichen Konsequenzen ergeben sich aus dem Vorliegen eines Kapitalgesellschaftskonzerns, wenn keine Organschaft besteht?
- Welche Besonderheiten sind bei der Besteuerung einer konzernverbundenen Kapitalgesellschaft zu beachten?

Die einzelnen Kapitalgesellschaften des Konzerns sind für Zwecke der Gewerbe- und Körperschaftsteuer selbstständige Steuersubjekte. Folglich kommen bei ihnen die allgemeinen Grundsätze zur Besteuerung von Kapitalgesellschaften zur Anwendung.[375] Besonderheiten infolge des Anteilsbesitzes bestehen lediglich bei Dividenden, Veräußerungsgewinnen, der Finanzierung des Anteilserwerbs und bei schuldrechtlichen Verträgen, die innerhalb von Konzernen regelmäßig vorliegen.

Die Besteuerung von Dividenden und Veräußerungsgewinnen erfolgt nach den Regelungen des § 8b KStG, so dass sie i. d. R. steuerfrei sind, wobei die Fiktion der nicht abzugsfähigen Betriebsausgaben in Höhe von 5% Anwendung findet.[376] Aus steuerplanerischer Sicht ist besonders darauf zu achten, dass die Beteiligungsquote des Konzerns für Zwecke der Gewerbesteuer wenigstens 15% beträgt, weil andernfalls die Steuerfreiheit der Dividenden bei der empfangenden Gesellschaft nur für die Körperschaftsteuer gelten würde.[377] Im Rahmen von Konzernstrukturen bereitet diese Grenze in der Regel keine Probleme, weil schon aus Gründen der Einflussnahme auf die Geschäftspolitik regelmäßig eine höhere Beteiligungsquote gegeben ist. Außerdem besteht die Möglichkeit, durch konzerninterne Veräußerungsgeschäfte, die nach § 8b Abs. 2 KStG grundsätzlich steuerfrei sind[378], den entsprechenden Beteiligungsbesitz in einer Gesellschaft zu bündeln, um so die 15%-Quote zu überschreiten.[379]

Schuldrechtliche Vereinbarungen im Konzern werden nach den gleichen Grundsätzen beurteilt, wie solche zwischen einer Kapitalgesellschaft und ihren Gesellschaftern.[380] Dabei ist zu beachten, dass dies auch bei einer mittelbaren Beteiligung gilt. Voraussetzung für die steuerliche Anerkennung ist die Fremdüblichkeit der Vereinbarungen,

---

375 Vgl. hierzu S. 23 ff. und Kaminski/Strunk, Besteuerung unternehmerischer Tätigkeit, 2. Aufl., Wiesbaden 2007, S. 174 ff.

376 Vgl. zu einer näheren Erläuterung der Voraussetzungen S. 319 ff.

377 Diese Besteuerungsfolge ergibt sich daraus, dass § 8 Nr. 5 GewStG eine Hinzurechnung vorsieht, wenn die Anforderungen, die § 9 Nr. 2a GewStG an eine Kürzung stellt, nicht erfüllt sind. Hierzu gehört auch eine entsprechend hohe Beteiligungsquote. Für gewerbesteuerliche Zwecke wird dann die allgemeine Rechtsfolge des § 8b KStG neutralisiert.

378 Etwas anderes würde in den Fällen des § 8b Abs. 7 KStG gelten.

379 Allerdings sind auch hierbei die nicht abzugsfähigen Betriebsausgaben in Höhe von 5% des Veräußerungsgewinns in Folge von § 8b Abs. 3 Satz 1 KStG zu beachten.

380 Vgl. hierzu nochmals S. 23 ff.

sowie das Vorliegen von klaren, im Voraus getroffenen Vereinbarungen, die auch tatsächlich umgesetzt wurden. Ist dies nicht gegeben, liegt eine verdeckte Gewinnausschüttung oder eine verdeckte Einlage vor. Diese wäre zwar auf Ebene der empfangenden Gesellschaft gem. § 8b Abs. 1 KStG steuerfrei, doch entstehen hieraus erhebliche Nachteile. Bei der leistenden Gesellschaft werden – in der Regel mehrere Jahre später – Zinsen auf im Rahmen einer Betriebsprüfung festgesetzten Steuernachzahlungen erhoben, die bei dieser Gesellschaft nicht abzugsfähig sind.[381]

3.4.4.1.2 Mögliche steuerliche Vor- und Nachteile

Trotz der möglicherweise sehr engen wirtschaftlichen und rechtlichen Verflechtungen zwischen den einzelnen Gesellschaften werden die Kapitalgesellschaften nicht als steuerliche Einheit angesehen, sondern jede Gesellschaft isoliert betrachtet. Hieraus entstehen steuerliche Vor- wie Nachteile, die auf der Grundlage der oben dargestellten Beurteilungskriterien näher erläutert werden sollen. Auf Abweichungen im Fall der Organschaft wird auf S. 190 ff. eingegangen.

(a) Ergebnisabführung zwischen den Unternehmen

Die einzelnen Konzerngesellschaften sind eigenständige juristische Personen und selbstständige Steuersubjekte, doch hat die Frage der Ergebnisabführung seit der Unternehmenssteuerreform nachhaltig an Bedeutung verloren. Im Gewinnfall bedarf es eines formellen Gewinnverwendungsbeschlusses, der einen festgestellten und i. d. R. einen geprüften Jahresabschluss voraussetzt. Eine Berücksichtigung der Dividenden ist nach der Rechtsprechung des BFH[382] regelmäßig nicht im gleichen Geschäftsjahr möglich. Hieraus können Liquiditätsnachteile entstehen, sofern keine Vorabausschüttung vorgenommen wird, womit weiterer Aufwand verbunden wäre.

Aus der Ausschüttung ergeben sich in der Regel bei der empfangenden Gesellschaft infolge der Steuerfreiheit nach § 8b Abs. 1 KStG **keine wesentlichen steuerlichen Konsequenzen**[383]. Vielmehr sind die Einkünfte für Zwecke der Körperschaft- und in der Regel auch der Gewerbesteuer[384] steuerfrei. Nicht zu unterschätzen sind die Liquiditäts- und Zinsnachteile gegenüber einer Einheitsunternehmung und einem Per-

381 Dies hat zur Folge, dass im Vergleich zu anderen Finanzierungsquellen (wie etwa Darlehen) Nachteile entstehen. Infolge der Abzugsfähigkeit der Fremdkapitalzinsen und der dadurch bedingten Steuerminderzahlung kann der Steuerpflichtige Zinssätze akzeptieren, die oberhalb des Zinssatzes auf Steuernachzahlungen von 6% liegen, ohne sich zu verschlechtern. In Abhängigkeit vom gewerbesteuerlichen Hebesatz liegen die kritischen Zinsen zwischen 7,77% (gewerbesteuerlicher Hebesatz: 200%) und 8,95% (gewerbesteuerlicher Hebesatz: 490%).

382 Vgl. BFH vom 7. 8. 2000, GrS 2/99, BStBl. II 2000, S. 632.

383 Allerdings sind infolge des § 8b Abs. 5 KStG mögliche Auswirkungen auf die Aufwendungen im Zusammenhang mit der Beteiligung zu beachten.

384 Eine Ausnahme besteht lediglich in den Fällen, in denen die erforderliche Mindestbeteiligung von 15% nicht erreicht wird, vgl. §§ 9 Nr. 2a, 7 GewStG.

sonengesellschaftskonzern infolge der Einbehaltung und späteren Erstattung von Kapitalertragsteuer. Zu beachten ist, dass bei Dividendenausschüttung als Reflex zur Steuerfreiheit der Dividende nicht abzugsfähige Betriebsausgaben in Höhe von 5% der Dividende unwiderlegbar fingiert werden. Dies erhöht die Bemessungsgrundlage von Körperschaft- und Gewerbesteuer. Auf Grund der relativ geringen Steuersätze ist die hiermit verbundene Steuerbelastung – verglichen mit derjenigen bei natürlichen Personen – gering.

(b) Ergebnisausgleich zwischen den Unternehmen

Ein Ergebnisausgleich zwischen den einzelnen Kapitalgesellschaften ist **nicht möglich**. Vielmehr handelt es sich um selbstständige Steuersubjekte, die zwar ihre Gewinne ausschütten, evtl. Verluste jedoch lediglich im Wege des Verlustabzugs auf Ebene der Gesellschaft nutzen können. Etwas anderes gilt jedoch für den auf S. 190 ff. diskutierten Fall der Organschaft. Auch eine mittelbare Verlustnutzung durch die besitzende Kapitalgesellschaft scheidet aus, weil seit der Unternehmenssteuerreform eine ergebniswirksame Teilwertabschreibung auf Beteiligungen an Kapitalgesellschaften gem. § 8b Abs. 3 KStG nicht mehr möglich ist.[385] Eine mittelbare Verlustberücksichtigung kann auch nicht dadurch erreicht werden, dass der Gesellschafter auf ein möglicherweise von ihm gewähltes Darlehen verzichtet. § 8b Abs. 3 Sätze 4 ff. KStG führen dazu, dass in den üblichen Fällen eine solche Abschreibung durch eine außerbilanzielle Korrektur neutralisiert wird, sofern nicht der Nachweis geführt werden kann, dass die Darlehensgewährung fremdüblich war.

(c) Funktionsverlagerungen zwischen den Unternehmen

Verlagerungen von Funktionen und die damit verbundene Überführung von Wirtschaftsgütern zwischen den einzelnen Kapitalgesellschaften bewirken eine Realisierung der stillen Reserven in den überführten Wirtschaftsgütern. Etwas anderes gilt nur, wenn die Voraussetzungen für eine steuerneutrale Umstrukturierung nach dem UmwStG[386] erfüllt sind oder ein Wirtschaftsgut übertragen wird, für das eine Rücklage nach § 6b EStG gebildet werden kann. Sofern ausschließlich Anteile an einer anderen Kapitalgesellschaft übertragen werden, bleiben die hieraus entstehenden Gewinne unter den Voraussetzungen des § 8b Abs. 2 KStG steuerfrei.

Hierbei ist zu prüfen, ob zwischen den Gesellschaften Vermögensvorteile übertragen werden, die von fremden Dritten nicht unentgeltlich überlassen worden wären. Ist dies geschehen, wird die Finanzverwaltung das vereinbarte Entgelt auf eine Fremdüblichkeit prüfen. Fehlt es an dieser, weil ein zu geringes oder gar kein Entgelt vereinbart wurde, wird eine steuerliche Korrektur erfolgen. Sofern eine Übertragung

---

[385] Hierbei erfolgt handels- und steuerfinanziell eine Abschreibung, die jedoch durch eine außerbilanzielle Korrektur wieder neutralisiert wird.

[386] Vgl. hierzu nochmals S. 109 ff.

zwischen Schwestergesellschaften erfolgt, können nach Maßgabe der sog. Dreieckstheorie[387] auch Auswirkungen beim Gesellschafter zu berücksichtigen sein.

(d) Geldwerte Vorteile gegenüber den Mitarbeitern

Geldwerte Vorteile gegenüber den Mitarbeitern der einzelnen Konzerngesellschaften beim verbilligten Kauf von Produkten der Konzerngesellschaft sind steuerlich nur insoweit begünstigt, wie sie gegenüber den Mitarbeiten dieser Gesellschaft erbracht werden.[388] Hingegen sind Leistungen gegenüber Mitarbeitern einer anderen Konzerngesellschaft nicht privilegiert. Etwas anderes gilt lediglich dann, wenn eine Gesellschaft nach ihren Vorgaben und Plänen von einer Gesellschaft innerhalb des Konzerns produzieren lässt oder damit vergleichbare gewichtige Beiträge zur Herstellung der Ware erbringt. Sie gilt dann als Hersteller der Ware i. S. d. § 8 Abs. 3 EStG.[389] Damit erfolgt im Vergleich zum Einheitsunternehmen eine restriktive Eingrenzung des Kreises der begünstigten Veräußerungsmöglichkeiten.

(e) Steuerliche Behandlung von Desinvestitionen

Beim Verkauf von Wirtschaftsgütern einer Kapitalgesellschaft kommt es zu einer Besteuerung der stillen Reserven. Ausnahmen bestehen lediglich in den Fällen, in denen es sich um den Verkauf einer Beteiligung an einer anderen Kapitalgesellschaft handelt[390] oder es sich um die Veräußerung von Grund und Boden handelt, für die die Voraussetzungen für die Bildung einer Rücklage gem. § 6b EStG erfüllt sind. Aus Sicht des Gesellschafters ist die Möglichkeit, die Beteiligung an der Tochtergesellschaft – abgesehen von der 5%-Pauschale des § 8b Abs. 3 Satz 1 KStG – steuerfrei zu veräußern, ein wesentlicher Vorteil. Hingegen führen alle anderen Organisationsformen zu einer steuerbaren und in der Regel auch steuerpflichtigen Veräußerung. Um diese Vorteile gezielt nutzen zu können, muss sehr sorgfältig geprüft werden, welche Unternehmensaktivitäten in einer Kapitalgesellschaft verselbstständig werden sollen, um damit die Voraussetzung für eine zukünftige steuerfreie Veräußerung zu schaffen.

(f) Gewerbesteuerliche Vor- und Nachteile

Das System der gewerbesteuerlichen Hinzurechnungen und Kürzungen kommt bei Konzernstrukturen recht häufig zum Tragen. Besondere Probleme können daraus entstehen, dass bestimmte Hinzurechnungen gleich mehrfach vorgenommen

---

387 Vgl. BFH vom 26. 10. 1987, GrS 2/86, BStBl. II 1988, S. 348.

388 Vgl. § 8 Abs. 3 EStG.

389 Vgl. BFH vom 28. 8. 2002, VI R 88/99, BStBl. II 2003, S. 154 und vom 1. 10. 2009, VI R 22/07, BStBl. II 2010, S. 204.

390 Hierbei sind die nicht abzugsfähigen Betriebsausgaben in Höhe von 5% des Veräußerungsgewinns zu beachten.

werden.[391] Daher ist auf eine sehr sorgfältige Gestaltung der konzerninternen Beziehungen zu achten, um solche Mehrfacherfassungen zu vermeiden.

Beispiel:

Die Muttergesellschaft M-AG nimmt ein Darlehen auf und leitet dieses an ihre Tochtergesellschaft T-GmbH weiter. Hier werden die von M und T zu zahlenden Zinsen (von M an die Bank und von T an M) in beiden Fällen als Entgelte im Sinne von § 8 Nr. 1 Buchst. a) GewStG qualifiziert. Folglich käme es zu einer doppelten Hinzurechnung von jeweils einem Viertel der Entgelte. Ein solcher Nachteil ließe sich z. B. dadurch vermeiden, dass das Darlehen direkt von der T-GmbH aufgenommen wird, so dass bei der M-AG keine hinzurechnungspflichtigen Finanzierungskosten anfallen.

Für Kapitalgesellschaften gibt es keine besonderen, allgemeinen Freibeträge bei der Gewerbesteuer.[392]

(g) Administrative Belastungen durch das steuerliche Verfahrensrecht

Da jede einzelne Konzerngesellschaft selbstständiges Steuersubjekt ist, kommt es zu einer hohen administrativen Belastung, weil für jede Gesellschaft gesonderte Steuererklärungen abzugeben sind und eine steuerliche Betreuung erforderlich ist. Außerdem können weitere Belastungen entstehen, wenn z. B. zur steuerlichen Würdigung bestimmter Sachverhalte Informationen von anderen Konzerngesellschaften beschafft bzw. bereitgestellt werden müssen. Aber auch die Begleitung von Betriebsprüfungen ist bei Konzernen mit einer großen Zahl von Kapitalgesellschaften mit erheblichen administrativen Belastungen verbunden. Hinzukommt, dass die Finanzverwaltung die Angemessenheit von Vergütungen für schuldrechtliche Verträge sehr genau analysieren wird, um damit die gezielte Nutzung von steuerlichen Vorteilen (wie etwa eines niedrigen gewerbesteuerlichen Hebesatzes oder die frühere Nutzung von Verlustvorträgen) zu verhindern.

(h) Zusammenfassende Beurteilung

Wie diese Übersicht zeigt, können mit einem Kapitalgesellschaftskonzern erhebliche Vorteile erzielt werden. Allerdings ist hierfür entscheidend, inwieweit es gelingt, die entstehenden Nachteile zu begrenzen. Dabei zeigt sich, dass die „optimale Beteiligungstiefe" nur im Einzelfall bestimmt werden kann. Hierunter ist der Grad zu verstehen, in dem Einzelaktivitäten des Unternehmensverbundes in Kapitalgesellschaften verselbstständigt werden. Besonders zu beachten ist hierbei, dass die steuerneutrale Separierung von Unternehmensteilen nach den Vorschriften des UmwStG regelmäßig an bestimmte Verbleibens- und Behaltensfristen geknüpft ist[393] und das Teilbetriebser-

---

[391] Vgl. hierzu S. 314 ff.

[392] Dies gilt nicht für den Freibetrag von 100.000,- € nach § 8 Nr. 1 GewStG.

[393] Vgl. hierzu nochmals S. 109 ff.

fordernis erfüllt werden muss, die den unternehmerischen Handlungsspielraum einschränken. Als nachteilig erweisen sich die häufig entstehenden gewerbesteuerlichen Hinzurechnungen (z. B. infolge von konzerninternen Kreditbeziehungen oder Nutzungsüberlassungen), die Nichtnutzung von Verlusten durch andere Konzerngesellschaften und Liquiditätsnachteile bei Ausschüttungen infolge der zivilrechtlichen Vorgaben als auch der grundsätzlich gebotenen Einbehaltung von Kapitalertragsteuer.

3.4.4.2 Besonderheiten beim Vorliegen der Organschaft

- Welche Abweichungen ergeben sich, wenn eine Organschaft besteht?
- Welche besonderen Vor- und Nachteile ergeben sich infolge der Begründung einer Organschaft?

3.4.4.2.1 Begriff und Zweck der Organschaft

- Wie ist der Begriff der „Organschaft" definiert?
- Bei welchen Steuerarten gilt die Organschaft?
- Welcher Zweck wird mit der Begründung einer Organschaft verfolgt?

Eine Möglichkeit zur Ausgestaltung der Unternehmensstruktur besteht in der Begründung von Organschaften. Hierbei bleibt die rechtliche Selbstständigkeit der einzelnen Gesellschaften bestehen. Das Steuerrecht gestattet aber unter bestimmten Voraussetzungen, die einzelnen Organgesellschaften **wie rechtlich unselbstständige Teile eines einheitlichen Unternehmens** zu behandeln. Die Organschaft kann deshalb definiert werden als die steuerrechtliche Lehre von der wirtschaftlichen Einheit rechtlich selbstständiger Wirtschaftssubjekte. Anwendbar ist dieses Instrument im Bereich der Körperschaft-, der Gewerbe- und der Umsatzsteuer. Hierbei handelt es sich um eine steuerliche Sonderregelung, die zwar an gewisse zivilrechtliche Voraussetzungen angeknüpft, aber die zivilrechtliche Selbstständigkeit der einzelnen Gesellschaften unberührt lässt.

Mit Hilfe der Organschaft sollen die steuerlichen Nachteile, die mit rechtlich selbstständigen Gesellschaften verbunden sind, überwunden werden. Dies geschieht, indem zunächst eine Ermittlung des Einkommens auf der Ebene des Organs erfolgt. Dieses wird dann dem Organträger zugerechnet und ist von diesem zu versteuern bzw. Umsätze des Organs gelten als solche des Organträgers. Damit führt die Organschaft dazu, dass die einzelnen Gesellschaften des Organkreises grundsätzlich als eine steuerliche Einheit angesehen werden, womit regelmäßig Zins- und Liquiditätsvorteile verbunden sind.

Abbildung 3-25: Zivilrechtliche und steuerliche Struktur einer Organschaft

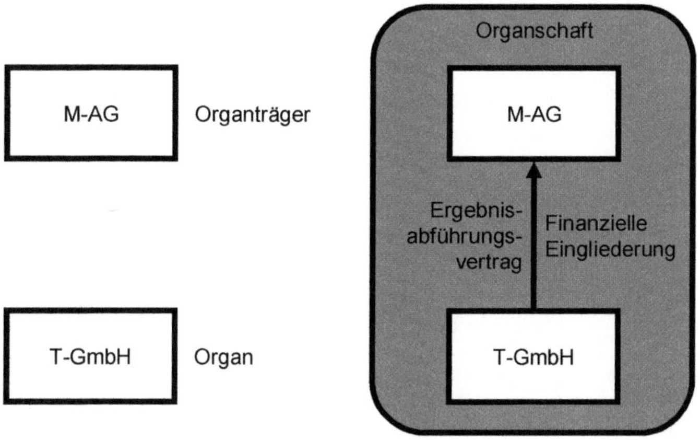

3.4.4.2.2 Voraussetzungen für die ertragsteuerliche Organschaft

- Welche Voraussetzungen müssen erfüllt sein, damit eine Organschaft vorliegt?
- Sind diese Voraussetzungen für alle Steuerarten gleich und wenn nein, welche Rechtfertigung gibt es für diese unterschiedlichen Voraussetzungen?
- Welche Voraussetzungen verlangen das Körperschaft- und Gewerbesteuerrecht für das Vorliegen einer Organschaft?
- Inwieweit bestehen unterschiedliche Voraussetzungen bei der Körperschaftsteuer und der Gewerbesteuer?
- Was verbirgt sich hinter diesen Voraussetzungen?

Die Voraussetzungen für das Vorliegen einer Organschaft ergeben sich aus den jeweiligen Einzelsteuergesetzen. Die folgende **Abbildung 3-26** fasst diese Voraussetzungen zusammen. Diese Voraussetzungen werden neben den persönlichen Voraussetzungen an Organ und Organträger im Folgenden – bezogen auf die jeweilige Steuerart – eingehend erläutert, um damit die Voraussetzungen zu charakterisieren, die für das Wählen dieser Konzernstruktur erfüllt sein müssen.

Der Gesetzgeber hat mit dem UntStFG[394] die Voraussetzungen für das Vorliegen einer Organschaft im Bereich der Gewerbesteuer an die Voraussetzungen geknüpft, die

394 Gesetz zur Fortentwicklung des Unternehmenssteuerrechts (UntStFG) vom 20. 12. 2001, BGBl. I 2001, S. 3858.

auch im Körperschaftsteuergesetz verlangt werden.[395] Damit sind einheitliche Grundsätze für beide Steuern zu beachten mit der Folge, dass entweder die Voraussetzungen für eine Organschaft bei beiden Steuern erfüllt sind oder gar nicht. Im Folgenden wird vereinfachend von einer ertragsteuerlichen Organschaft gesprochen, wobei zu beachten ist, dass es im EStG eine Notwendigkeit für vergleichbare Regelungen nicht gibt. Infolge der transparenten Besteuerung von Personengesellschaften werden die auf den einzelnen Mitunternehmer entfallenden Gewinnanteile diesem ohnehin und unmittelbar zugerechnet, so dass insoweit ein vergleichbarer Mechanismus zur Anwendung kommt. Allerdings wird die Berücksichtigung von zugewiesenen Verlusten möglicherweise in Folge von § 15a EStG beschränkt.

Abbildung 3-26: *Sachliche Voraussetzungen für die Organschaft in den Einzelsteuergesetzen*

	KStG	GewStG
Finanzielle Eingliederung	+	+
Wirtschaftliche Eingliederung	–	–
Organisatorische Eingliederung	–	–
Ergebnisabführungsvertrag	+	+

Voraussetzung für das Vorliegen einer ertragsteuerlichen Organschaft ist, dass es sich bei dem Organ um eine AG, SE, eine Kommanditgesellschaft auf Aktien oder um eine GmbH handelt. Diese Gesellschaft muss nicht nur ihren **Sitz** (§ 11 AO), sondern auch ihre **Geschäftsleitung** (§ 10 AO) im Inland haben.[396] Organträger kann eine unbeschränkt steuerpflichtige natürliche Person oder eine nicht steuerbefreite Körperschaft, Personenvereinigung oder Vermögensmasse i. S. d. § 1 KStG mit Geschäftsleitung im Inland oder eine Personengesellschaft i. S. d. § 15 Abs. 1 EStG mit Geschäftsleitung im Inland sein. Außerdem muss er ein **gewerbliches Unternehmen** im Sinne des § 14 Abs. 1 KStG sein. Im Fall der Personengesellschaft dürfen an dieser nur Gesellschafter beteiligt sein, die mit dem auf sie entfallenden Teil des zuzurechnenden Einkommens in Deutschland der Einkommen- bzw. der Körperschaftsteuer unterliegen. Außerdem besteht gem. § 18 KStG die Möglichkeit, auch im Ausland ansässige Organträger in den Anwendungsbereich dieser Regelungen fallen zu lassen. Voraussetzung hierfür

395 Vgl. § 2 Abs. 2 Satz 2 f. GewStG.

396 Infolge eines von der EU-Kommission angestrengten Vertragsverletzungsverfahrens wurde mit BMF-Schreiben vom 28. 3. 2011, IV C 2 – S 2770/09/10001, BStBl. I 2011, S. 300 das Erfordernis des sog. doppelten Inlandsbezugs suspendiert. Demnach erkennt die Finanzverwaltung nunmehr auch solche Gesellschaften als mögliches Organ an, die nach dem Recht eines anderen EU-/EWR-Staates gegründet wurden aber ihren Ort der Geschäftsleitung im Inland haben.

ist, dass im Inland eine Zweigniederlassung unterhalten wird, die zur beschränkten Steuerpflicht des Ausländers führt, und dieser Niederlassung der gesamte Gewinn des Organs zugerechnet wird. Diese Struktur ist in **Abbildung 3-27** dargestellt.

Gem. § 14 Nr. 1 KStG ist die sog. **finanzielle Eingliederung** des Organs in den Organträger erforderlich. D. h. dieser muss an der Organgesellschaft dauerhaft beteiligt sein, und zwar so, dass ihm die Mehrheit der Stimmrechte an dem Organ zusteht. Hierfür ist es (z. B. im Fall von Mehrfachstimmrechten[397]) nicht erforderlich, dass der Organträger auch die Mehrheit der Anteile hält. Eine mittelbare Beteiligung ist nach § 14 Nr. 1 Satz 2 KStG ausreichend, wenn jede der Beteiligungen, auf denen die mittelbare Beteiligung beruht, die Mehrheit der Stimmrechte gewährt. Das früher bestehende sog. Additionsverbot, das eine Zusammenrechnung von mittel- und unmittelbaren Anteilen zur Begründung einer körperschaftsteuerlichen Organschaft untersagte, ist vom Gesetzgeber mittlerweile aufgehoben worden.

Abbildung 3-27: *Organschaft unter Beteiligung eines beschränkt Steuerpflichtigen*

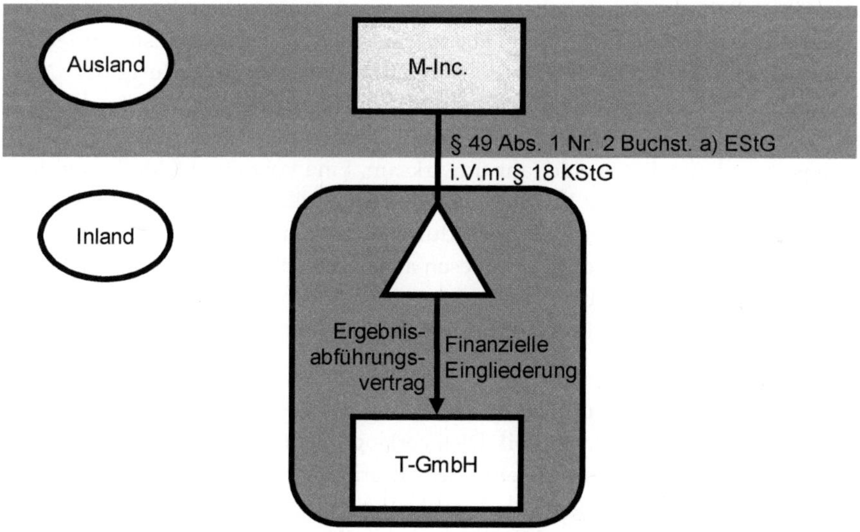

397 Vgl. hierzu § 12 Abs. 2 AktG und insbesondere § 5 EGAktG.

Das Instrument der Organschaft ist zunächst vom Reichsfinanzhof[398] entwickelt, später vom Bundesfinanzhof[399] bestätigt und schließlich vom Gesetzgeber kodifiziert worden. Seit jeher verlangte die Rechtsprechung das **Vorliegen eines Ergebnisabführungsvertrages**. Auch § 14 Abs. 1 Nr. 3 KStG sieht dieses Erfordernis vor. Danach muss spätestens zu dem Zeitpunkt, zu dem die Organschaft zum ersten Mal durchgeführt werden soll, ein Ergebnisabführungsvertrag[400] des Organs mit dem Organträger vorliegen. Dieser ist mindestens für eine Geltungsdauer von 5 Jahren abzuschließen. Durch den Ergebnisabführungsvertrag werden die Einkünfte des Organs dem Organträger zugerechnet. Dies bildet gedanklich den letzten Geschäftsvorfall im abgelaufenen Wirtschaftsjahr, so dass eine Zurechnung zum Organträger noch im gleichen Veranlagungszeitraum erfolgt. Damit wird anders als im Kapitalgesellschaftskonzern ohne bestehende Organschaft eine phasengleiche Vereinnahmung von Gewinnen ermöglicht. Wird der Ergebnisabführungsvertrag in einem Jahr nicht durchgeführt, ist er von Anfang an unwirksam, wenn er noch nicht in fünf aufeinander folgenden Jahre angewendet wurde. Hieraus entstehen in der Regel erhebliche Zinsbelastungen, weil die Organgesellschaft ihr eigenes Einkommen nunmehr versteuern muss und es damit zu Steuernachzahlungen kommt. Diese sind zu verzinsen, wobei es sich um nicht abzugsfähige Betriebsausgaben handelt. Hingegen kommt es beim Organträger möglicherweise zu einer Steuererstattung. Die hieraus möglicherweise entstehenden Zinsen sind jedoch steuerpflichtig. Nutzte der Organträger hingegen Verluste der Organgesellschaften, kann es auch bei ihm zu einer nicht unerheblichen Zinsbelastung kommen. Wurde der Ergebnisabführungsvertrag hingegen bereits für fünf Jahre angewendet, so ist er nur für dieses eine Jahr unwirksam. Eine vorzeitige Kündigung des Vertrages ohne Wirkung für die Vergangenheit ist bei Vorliegen eines wichtigen Grundes möglich. Zu beachten ist, dass die Nichtdurchführung des Ergebnisabführungsvertrages alleine nicht ausreichend ist, um diesen auch zivilrechtlich zu beseitigen. Vielmehr besteht dieser solange fort, bis er ordnungsgemäß gekündigt wurde. Insoweit lässt die Nichtdurchführung die zivilrechtlichen Abführungs- bzw. Ausgleichspflichten unberührt.

Voraussetzung für die steuerliche Anerkennung des Ergebnisabführungsvertrages ist dessen **zivilrechtliche Wirksamkeit**. Dies verlangt nicht nur die Wahrung umfangreicher formaler Anforderungen wie etwa Schriftform, eine qualifizierte Zustimmung der Hauptversammlung des Organs[401], Gewährung von Ausgleichszahlungen oder Abfindungen an die Minderheitsaktionäre und die Verpflichtung zur Übernahme von

---

398 Vgl. RFH-Gutachten vom 26. 7. 1932, I D 2/31 und III D 2/32, RStBl. 1933, S. 123, 126.

399 Vgl. zur Rechtsentwicklung BFH vom 4. 3. 1965, I 249/61 S, BStBl. III 1965, S. 329.

400 Das Gesetz spricht zwar vom Vorliegen eines Gewinnabführungsvertrages, gleichwohl ist diese Formulierung missverständlich, denn ein solcher Vertrag muss die Verpflichtung enthalten, auch entstehende Verluste auszugleichen. Damit kommt es nicht nur zu einer Abführung von Gewinnen, sondern auch von Verlusten, weshalb im Folgenden von einem Ergebnisabführungsvertrag gesprochen wird.

401 Nach § 293 Abs. 1 AktG muss die Organgesellschaft eine Mehrheit von ¾ des vertretenen Kapitals (nicht Stimmrechte) erreichen. Gleiches gilt nach § 293 Abs. 2 AktG für die Organträger-AG/KGaA.

sämtlichen Verlusten.[402] Diese Verpflichtung führt im Ergebnis dazu, dass die sonst gegebene Haftungsbegrenzung zwischen der Organgesellschaft und dem Organträger faktisch aufgegeben werden muss und der Organträger die unbeschränkte Haftung für sämtliche Verluste des Organs zu übernehmen hat. Diese Verlustausgleichspflicht ist nicht beschränkt oder beschränkbar, so dass sie das gesamte Vermögen des Organträgers umfasst. Besteht ein Organkreis aus einem Organträger mit einer Reihe von Organgesellschaften fallen in die Haftungsmasse auch die Anteile an anderen Unternehmen. Da Organschaften häufig begründet werden, um eine Optimierung der Verlustnutzung im Konzern zu erreichen[403], muss sehr sorgfältig geprüft werden, wie hoch das Risiko eines möglichen wirtschaftlichen Scheiterns beurteilt wird.

Der Ergebnisabführungsvertrag muss aus Gründen des Gläubigerschutzes eine Regelung enthalten, die die Auflösung vorvertraglicher freier Rücklagen ausschließt. Damit wird erreicht, dass in die Gewinnabführung nur solche Gewinne einbezogen werden können, die während der Geltung dieses Vertrages entstanden sind. Außerdem dürfen solche Beträge nicht abgeführt werden, für die nach § 268 Abs. 8 HGB eine Ausschüttungssperre bestünde. Damit wird erreicht, dass auch beim Vorliegen eines Ergebnisabführungsvertrages entsprechende Gegenwerte für die Bilanzpositionen im Unternehmen verbleiben. Diese Regelungen verhindern jedoch nicht, dass Gewinnrücklagen aus einer Zeit vor Begründung des Ergebnisabführungsvertrages an den Gesellschafter ausgeschüttet werden. Diese unterliegen den allgemeinen Regelungen für Gewinnausschüttungen und führen beim Gesellschafter zu Dividenden, die als solche zu besteuern sind. Damit sind diese Gewinne aus dem Anwendungsbereich des Ergebnisabführungsvertrages ausgegrenzt, nicht aber dauerhaft an das Unternehmen gebunden.

Außerdem ordnet § 14 Nr. 5 KStG an, dass bei der Organgesellschaft **Einstellungen in freie Rücklagen** nur im Rahmen vernünftiger kaufmännischer Beurteilung erfolgen dürfen. Ergänzend ist zu beachten, dass gem. § 294 Abs. 2 AktG[404] der Gewinnabführungsvertrag[405] in das Handelsregister einzutragen ist. Diese Eintragung hat konstitutive Wirkung, d. h. der Gewinnabführungsvertrag wird erst zu diesem Zeitpunkt wirksam.

3.4.4.2.3 Auswirkungen des Vorliegens einer Organschaft

- Sind die Konsequenzen einer Organschaft unabhängig von der jeweiligen Steuerart?
- Welche Konsequenzen ergeben sich infolge einer ertragsteuerlichen Organschaft?

402 Vgl. § 302 Abs. 1 AktG.
403 Vgl. zu diesen Motiven im Detail die Ausführungen auf S. 39 ff.
404 Diese Regelung gilt für die GmbH analog.
405 Die Begriffe Gewinnabführungsvertrag und Ergebnisabführungsvertrag sind Synonyme.

Da sowohl die Voraussetzungen für das Vorliegen einer Organschaft in den Einzelsteuergesetzen zumindest teilweise unterschiedlich definiert werden und als auch die jeweils angestrebten Zielsetzungen differieren, hat eine steuerartenbezogene Betrachtungsweise zu erfolgen. Da die Tatbestandsvoraussetzungen und die verfolgten Zielsetzungen im Bereich des KStG und des GewStG identisch sind, können diese gemeinsam behandelt werden.

Die Organschaft führt zu einer **Zurechnung des Einkommens** des Organs zum Organträger, und zwar unabhängig davon, ob dieses positiv oder negativ ist. Dies geschieht besteuerungstechnisch indem zunächst für die Organgesellschaft eine Einkommensermittlung erfolgt und dieses dann vollständig dem Organträger zugerechnet wird. Dabei ergeben sich mit Blick auf die Ermittlung des Einkommens des Organ keine Besonderheiten. Eine Ausnahme bilden Verlustvorträge, die aus einer Zeit vor Begründung der Organschaft stammen.[406] Diese sog. **vororganschaftlichen Verluste** können nicht mit positiven Einkünften ausgeglichen werden, die während des Bestehens der Organschaft entstehen sowie Dividendenerträge. Handelsrechtlich handelt es sich bei den Gewinnabführungen um Aufwand beim Organ und Ertrag beim Organträger. Körperschaftsteuerrechtlich darf die Gewinnabführung des Organs dessen Gewinn nicht mindern.[407] Daher entspricht das dem Organträger zuzurechnende Einkommen prinzipiell[408] dem Gewinn vor Gewinnabführung. Hieraus folgt, dass das zuzurechnende Einkommen des Organs so zu ermitteln ist, als ob eine Gewinnabführung nicht stattgefunden hätte. Da die Gewinnabführung beim Organträger ebenfalls Berücksichtigung findet, droht die Gefahr einer Doppelbelastung. Um dies zu vermeiden, bleibt bei der Ermittlung des Einkommens des Organträgers der von der Organgesellschaft abgeführte Gewinn außer Ansatz. Für den Bereich der schuldrechtlichen Beziehungen gilt, dass sie nach den allgemeinen Grundsätzen zu berücksichtigen sind. Damit wird der gesamte steuerliche Organkreis nicht als Einheit behandelt, denn dies würde bedeuten, dass eine Eliminierung von Zwischengewinnen vorzunehmen wäre (sog. **Einheitstheorie**). Stattdessen sind etwaige verdeckte Gewinnausschüttungen in dem dem Organträger zuzurechnenden Einkommen der Organgesellschaft enthalten. Angemessene Umlagen auf die Organgesellschaften für die vom Organträger entrichteten Steuern wirken sich lediglich handelsbilanziell aus. In steuerlicher Hinsicht zeitigen sie weder beim Organ noch beim Organträger eine Wirkung.[409]

---

406 Daneben muss das Organ die laufenden Ausgleichszahlungen an verbleibende Minderheitsgesellschafter zu 17/20 versteuern (§ 16 KStG).

407 Ob es sich bei der notwendigen Korrektur um eine Gewinnausschüttung, eine nicht abzugsfähige Betriebsausgabe oder einen Korrekturposten sui generis handelt, ist strittig. Vgl. Wassermeyer, Inner- und vororganschaftlich verursachte Mehr- und Minderabführungen, steuerlicher Ausgleichsposten, in: Herzig, (Hrsg.), Organschaft, Stuttgart 2003, S. 210 f.

408 Differenzen ergeben sich durch die Überleitung des handelsrechtlichen Jahresüberschusses zum steuerlichen Unterschiedsbetrag nach § 4 Abs. 1 EStG und der nachfolgenden Berücksichtigung außerbilanzieller Korrekturen, wie etwa nicht abzugsfähiger Betriebsausgaben, insbesondere der Ausgleichszahlungen an verbleibende Minderheitsgesellschafter.

409 Vgl. §§ 10 Nr. 4 KStG, 12 Nr. 3 EStG.

In einem zweiten Schritt erfolgt die Zurechnung des Ergebnisses des Organs zum Organträger, das ebenfalls eigenständig zu ermitteln ist. Diese Summe wird der Veranlagung des Organträgers zugrunde gelegt, so als ob es sich ausschließlich um eigenes Einkommen des Organträgers handelte. Dabei sind die Steuerart und der Tarif des Organträgers maßgeblich.[410] Allerdings bleibt die Organgesellschaft selbstständiges Steuersubjekt, auch wenn sie i. d. R. einkommenslos ist.[411] Die Steuerfreiheit von Einnahmen der Organgesellschaft bleibt erhalten, wenn für den Organträger seiner Rechtsform nach die gleichen Befreiungsvorschriften gelten. M. a. W.: Voraussetzung für die Steuerfreiheit beim Organträger ist, dass die Einnahmen ebenfalls steuerfrei wären, wenn der Organträger sie direkt bezogen hätte.

Diese Besteuerungstechnik kann dazu führen, dass Gewinne einer Kapitalgesellschaft nicht mehr der Körperschaftsteuer unterliegen. Ursächlich hierfür ist, dass konsequent zwischen den Ebenen Einkunftsermittlung und Einkunftsbesteuerung zu unterscheiden ist. Die Einkunftsermittlung erfolgt auf Ebene des Organs nach den jeweils geltenden Vorschriften. Da es sich hierbei um eine Kapitalgesellschaft handelt, sind auch die körperschaftsteuerlichen Regelungen zu beachten. Grundsätzlich wird nicht der Gewinn sondern das Einkommen der Organgesellschaft dem Organträger zugerechnet. Dies schlösse die Anwendung von § 8b KStG mit ein. Diese wird aber durch die besonderen Bestimmungen des § 15 Satz 1 Nr. 2 KStG suspendiert: § 8b KStG ist nicht beim Organ anzuwenden. Vielmehr verlangt § 15 Satz 1 Nr. 2 Satz 2 KStG, dass §§ 3 Nr. 40, 3c Abs. 2 EStG, 8b KStG auf Ebene des Organträgers anzuwenden ist. Wenn die Personengesellschaft lediglich natürliche Personen als Gesellschafter hat, sind dort nur 40% der Dividenden steuerfrei.[412]

Ist Organträger hingegen eine Personengesellschaft, so sind auch bei der Besteuerung des Organeinkommens die Vorgaben dieser Rechtsform zu beachten. Folglich entsteht bei ausschließlich natürlichen Personen als mitunternehmerisch beteiligten Gesellschaftern eine Belastung mit Gewerbesteuer auf Ebene der Personengesellschaft (wobei der Gewerbeertrag des Organs im Gewerbeertrag des Organträgers enthalten ist) und eine Belastung mit Einkommensteuer bei den Gesellschaftern.

Eine weitere steuerliche Besonderheit entsteht aus den Wechselwirkungen zwischen Zivil- und Handelsrecht: Gem. § 304 AktG muss der Gewinnabführungsvertrag zwingend Regelungen enthalten, in welcher Form **außenstehende Gesellschafter einen Ausgleich** für die zukünftig erfolgende Abführung des vollständigen Gewinns erhalten. Auf Grund der umfassenden Abführung würde der Gewinnanspruch der Aktio-

---

410 Handelt es sich um eine Personengesellschaft, wird das zuzurechnende Einkommen des Organs neben dem Gewinn aus Gewerbebetrieb für jeden Gesellschafter einheitlich und gesondert festgestellt.

411 Eine Ausnahme bilden die Fälle, in denen Ausgleichszahlungen an außenstehende Gesellschafter gezahlt werden. Sie stellen gem. § 16 KStG gemeinsam mit der hierauf entfallenden Körperschaftsteuer eigenes Einkommen des Organs dar. Vgl. S. 197.

412 Vgl. Rödder, Steuerfreie Beteiligungserträge der Organgesellschaft, in: Herzig (Hrsg.), Organschaft, Stuttgart 2003, S. 143 ff.

näre praktisch wertlos. Dies stellt einen tiefen Eingriff in die Vermögensposition der Minderheitsgesellschafter dar.[413] Um einen sachgerechten Interessenausgleich zu ermöglichen, ist vorgesehen, dass die Minderheitgesellschafter Anspruch auf eine Entschädigung haben. Die §§ 304 und 305 AktG sehen hierfür unterschiedliche Möglichkeiten vor. Der Gewinnabführungsvertrag muss zwingend die Möglichkeit des Ausscheidens der Minderheitsgesellschafter gegen eine angemessene Abfindung in bar bzw. in Aktien beinhalten. Daneben besteht die Möglichkeit gegen angemessene, laufende Ausgleichszahlungen als Gesellschafter an der Organgesellschaft beteiligt zu bleiben. Handelsrechtlich sind die Ausgleichszahlungen erfolgswirksam. Steuerlich dürfen die Ausgleichszahlungen den Gewinn gem. § 4 Abs. 5 Nr. 9 EStG i. V. m. § 8 Abs. 1 KStG nicht mindern. Es handelt sich also um nicht abzugsfähige Betriebsausgaben. Die Organgesellschaft hat gem. § 16 KStG stets in Höhe von 20/17 der Ausgleichszahlung eigenes (von ihr zu versteuerndes) Einkommen. Dies gilt unabhängig davon, ob die Organgesellschaft die Ausgleichszahlung selbst entrichtet hat oder ob dies vom Organträger übernommen wurde. Da in letzterem Fall die zu versteuernde Ausgleichszahlung noch im Gesamteinkommen des Organträgers enthalten ist, muss dieses um den von der Organgesellschaft zu versteuernden Einkommensteil gemindert werden. Es erfolgt also eine Zurechnung in Höhe von 17/20 der Ausgleichszahlung zur Organgesellschaft. Zivilrechtlich bestehen für die Form der Ausgleichszahlungen unterschiedliche Gestaltungsmöglichkeiten. Hierbei kann es sich einerseits um eine Art Rentengarantie in Form einer festen, stets in gleicher Höhe anfallenden Zahlung handeln oder andererseits um eine Rentabilitätsgarantie in Gestalt einer variablen Zahlung in Abhängigkeit von der Gewinnsituation des Organträgers oder der Organgesellschaft.

Der Empfänger der Ausgleichszahlungen erzielt stets Einkünfte aus Kapitalvermögen, die er als solche zu behandeln hat, unabhängig davon, ob diese vom Organträger oder von der Organgesellschaft gezahlt worden sind. Deren steuerliche Behandlung richtet sich nach dem steuerlichen Status des Gesellschafters und folgt den allgemeinen Regelungen über die Besteuerung von Dividenden.

Gem. § 14 Satz 1 Nr. 5 KStG kann bei der Organgesellschaft nur insoweit eine **Zuführung** von Gewinnanteilen **in Gewinnrücklagen** erfolgen, wie dies bei vernünftiger kaufmännischer Beurteilung wirtschaftlich begründet ist. Dies setzt voraus, dass ein objektivierter konkreter Anlass vorliegt. Dies kann z. B. eine geplante Betriebsverlagerung sein. Wird eine entsprechende Rücklage gebildet, weicht der an den Organträger abgeführte Gewinn der Organgesellschaft von dessen zuzurechnendem Einkommen ab. Obwohl der Wert der Beteiligung des Organträgers an der Organgesellschaft steigt, bleibt der Bilanzansatz beim Organträger unverändert. Erfolgt später eine Veräußerung, so führt dies zu einer steuerlichen Doppelbelastung. Gem. § 14 Abs. 4 KStG

413 Zwar können Aktiengesellschaften Minderheitsgesellschafter unter den Voraussetzungen der §§ 327a f. AktG im Rahmen eines Squeeze-Out ausschließen, doch haben die Aktionäre keine Möglichkeit, vom Mehrheitsgesellschafter die Übernahme ihrer Anteile zu verlangen. Im GmbHG sind diese Regelungen ohnehin nicht enthalten.

ist ein aktiver Ausgleichsposten erforderlich, der in Höhe des Teils der versteuerten Rücklagen einkommensneutral zu bilden ist. Wird die Beteiligung an der Organgesellschaft veräußert, wird der Ausgleichsposten aufgelöst mit der Folge, dass sich der Veräußerungsgewinn um diesen Betrag vermindert. Wird die Rücklage bei der Organgesellschaft zu Gunsten des Organträgers aufgelöst, so mindert sich der Ausgleichsposten beim Organträger ebenfalls (einkommensneutral).[414]

Die Organschaft hat zur Folge, dass die **Abschirmwirkung der Kapitalgesellschaft überwunden** wird, so dass die entstehenden Verluste nicht mehr auf der Ebene der Kapitalgesellschaft eingeschlossen sind. Vielmehr können sie sich einkunftsmindernd beim Organträger auswirken. Hiermit kann ein Ergebnisausgleich innerhalb des Organkreises erfolgen. Hierfür ist unerheblich, ob das Organ positive Einkünfte erzielt und der Organträger negative oder umgekehrt. Dieser Ausgleich erfolgt über den gesamten Organkreis, so dass beispielsweise hohe Verluste einer Schwertergesellschaft zu einer steuerlichen Entlastung führen können. Dieser sofortige Verlustausgleich kann zu Vorteilen führen, wenn damit eine sonst erfolgende Anwendung der Mindestbesteuerung vermieden werden kann. Dies könnte bei einem Verzicht auf die Organschaft dazu führen, dass sich Verluste erst deutlich später auswirken und hieraus Zins- und Liquiditätsnachteile entstehen. Hinzu kommt, dass eine Reihe von Vorschriften dazu führen, dass vorhandene Verlustvorträge verfallen. Neben den Fällen des Gesellschafterwechsels ist insbesondere auf die Regelungen im UmwStG zu verweisen, die bei einer Änderung der Rechtsform die Verluste untergehen lassen. Gelingt es, durch die auf Grund der Organschaft früher erfolgende Verlustnutzung einen Untergang dieser Verlustvorträge zu verhindern, entstehen endgültige Vorteile.[415] Diesem Aspekt kommt besondere Bedeutung zu, weil die Alternative – die indirekte Berücksichtigung der Verluste über eine Teilwertabschreibung auf die Beteiligung bei der Muttergesellschaft – gem. § 8b Abs. 3 KStG nicht zulässig ist. In vielen Fällen ist die Organschaft die wirksamste Möglichkeit, Verluste des Organs beim Organträger zu berücksichtigen.

Außerdem treten Zinsvorteile ein, denn die Zurechnung des Gewinns zum Organträger erfolgt zum Ende des Geschäftsjahres, so dass es insoweit auf die Frage des Zeitpunkts der Aktivierung von Dividendenansprüchen[416] nicht ankommt. Vielmehr wird dieser Betrag noch im laufenden Geschäftsjahr des Organträgers berücksichtigt.[417]

---

414 Vgl. Abschn. 59 Abs. 1 Satz 4 KStR.

415 Analoges gilt für bestehende Zins- und EBITDA-Vorträge.

416 Vgl. Strunk/Kaminski, Steuerliche Gewinnermittlung bei Unternehmen, Neuwied 2001, S. 104 f.

417 Dies gilt, wenn Organ und Organträger gleichlaufende Wirtschaftsjahre haben. Liegt hingegen keine Organschaft vor, könnte die Aktivierung der Forderung auf Dividende beim Gesellschafter nach einer entsprechenden Beschlussfassung in der Gesellschafterversammlung der Tochtergesellschaft erfolgen. Vgl. hierzu BFH vom 7. 8. 2000, GrS 2/99, BStBl. II 2000, S. 632 ff.

Ein weiterer Vorteil der ertragsteuerlichen Organschaft besteht darin, dass **steuerfreie Einnahmen** des Gesellschafters **weitergeleitet** werden können, ohne dass die gewährte Steuerfreiheit verloren geht.

Beispiel:

An der A-KG ist die natürliche Person A als Komplementär beteiligt, Kommanditisten sind seine Kinder B und C. Die A-KG hat in ihrem Betriebsvermögen eine 100% Beteiligung an der A-GmbH, die in Frankreich eine Betriebsstätte unterhält. Dies führt in Frankreich zur beschränkten Körperschaftsteuerpflicht. In der Bundesrepublik Deutschland sind auf Ebene der A-GmbH die Gewinne der Betriebsstätte von der inländischen Besteuerung infolge des Doppelbesteuerungsabkommens zwischen Deutschland und Frankreich von der deutschen Besteuerung freigestellt.[418] Für Zwecke der Gewerbesteuer erfolgt eine Kürzung nach § 9 Nr. 3 Satz 1 GewStG, unabhängig vom Vorliegen eines DBA. Sofern die A-GmbH diese Gewinne nun ausschüttet, würde auf Ebene der A-KG eine Belastung mit Gewerbesteuer infolge von § 9 Nr. 2a GewStG nicht eintreten. Allerdings würden die Dividendenausschüttungen der Besteuerung im Rahmen des Teileinkünfteverfahrens unterliegen. Damit geht – wirtschaftlich betrachtet – die Freistellung der ausländischen Einkünfte im Inland unter. Dies ließe sich vermeiden, wenn zwischen der A-KG und der A-GmbH eine Organschaft begründet wird. Folglich könnte dann auf Ebene der A-KG bzw. bei den hinter ihr stehenden Mituternehmern eine Berufung auf die Freistellungsregelung in den Doppelbesteuerungsabkommen erfolgen. Damit kann die Steuerbelastung auf die Dividende im Fall der Weiterausschüttung vollständig vermieden werden. Abkommensberechtigt bliebe die Organgesellschaft. Sie ist weiterhin Gesellschaft und steuerpflichtig i. S. d. Abkommens.[419] Auf dieser Ebene wird das Einkommen ermittelt und somit die Freistellung gewährt.[420] Bei einer ausschließlichen Ansässigkeit der Gesellschafter der A-KG in der Bundesrepublik Deutschland ist dies problemlos der Fall.

Die körperschaftsteuerliche Organschaft kann außerdem genutzt werden, um Probleme im Zusammenhang mit der Zinsschranke zu lösen. Der Gesetzgeber hat im Rahmen des Unternehmensteuerreformgesetzes 2008[421] im § 4h EStG und § 8a KStG erhebliche Verschärfungen für den Abzug von Zinsaufwendungen vorgenommen. Im Ergebnis wird damit eine Begrenzung des Zinsaufwands, der den Zinsertrag übersteigt, auf 30% des steuerlichen EBITDA vorgenommen. Gem. § 15 Satz 1 Nr. 3 KStG

418 Vgl. Kaminski/Strunk, Steuern in der internationalen Unternehmenspraxis, Wiesbaden 2006.

419 So aber auch Wassermeyer, in: Debatin/Wassermeyer, DBA, Art. 3 OECD-MA, Oktober 2009, Rz. 18c.

420 Vgl. Heurung/Möbus, BB 2003, S. 766. Wohl auch Frotscher, in: Frotscher/Maaß, KStG/GewStG/UmwStG, § 15 KStG, August 2009, Rz. 26, Walter, in: Ernst & Young, KStG, § 15, Oktober 2007, Rz. 860 mit Begründung. Vgl. auch die Schemata bei Haase, BB 2009, S. 983, Neumann, in: Gosch, KStG, § 15, 2. Aufl., München 2009, Rz. 35. Anders aber Müller/Stöcker, Organschaft, 7. Aufl., Berlin 2008, Rz. 601.

421 Unternehmensteuerreformgesetz 2008 (UStRG 2008) vom 14. 8. 2007, BGBl. I 2007, S. 1912.

sind Organ und Organträger als einheitlicher Betrieb anzusehen, sodass die Regelungen zur Zinsschranke nur auf Ebene des Organträgers Anwendung finden. Hiermit verbunden ist der Vorteil, dass ein eventueller Zinssaldo auf Ebene des Organs (bzw. des Organträgers) mit einem Zinssaldo beim Organträger (bzw. des Organs) verrechnet werden kann. Dies hat zur Folge, dass quasi eine „Konsolidierung" für Zwecke der Zinsschranke innerhalb des Organkreises erfolgt und nur, wenn insgesamt ein Zinsüberhang innerhalb des Organkreises entsteht, die Regelungen zur Zinsschranke zur Anwendung kommen können.

Aber auch bei der Ermittlung des steuerlichen EBITDA können sich Vorteile einstellen. Im Kapitalgesellschaftskonzern wirken sich Gewinnausschüttungen infolge des § 8b Abs. 1 KStG nicht auf das steuerliche EBITDA der empfangenden Gesellschaft aus. Dies ist im Fall der ertragsteuerlichen Organschaft anders: Durch die Zurechnung des Einkommens des Organs erhöht sich auch das für die Zinsschranke maßgebliche Einkommen. Dies glättet das Gesamteinkommen, was zu einer Verstetigung des Zinsabzugs führt. Für den Fall, dass Beteiligungen im Organkreis fremdfinanziert wurden, vermindert sich aus den gleichen Gründen das Risiko, dass korrespondierender Zinsaufwand nicht abgezogen werden kann.

Ferner ergeben sich Vorteile dahingehend, dass der Organkreis nur als ein Betrieb i. S. d. Zinsschranke gilt und daher nicht als Konzern zählt.[422] Sofern es keine weiteren Konzerngesellschaften gibt, die nicht organschaftlich verbunden sind, besteht die Möglichkeit sich auf die Stand-Alone-Klausel des § 4h Abs. 2 Buchst. b) EStG zu berufen. Die Voraussetzungen hierfür sind im Einzelfall kritisch zu prüfen, da bereits das Vorliegen einer konzernverbundenen Mitunternehmerschaft oder einer nicht in den Organkreis einbeziehbaren Auslandskonzerngesellschaft die Inanspruchnahme der Befreiungsvorschrift zum Scheitern verurteilt.[423]

Insofern ist zu berücksichtigen, dass auf Grund der o. g. Tatbestandsvoraussetzungen der Organschaft[424] ausschließlich eine inländische Gesellschaft als Organträger verwendet werden kann. Folglich können bei grenzüberschreitenden Sachverhalten Zinssalden zwischen in- und ausländischen Gesellschaften nicht verrechnet werden. Insoweit erweist sich zwar die Organschaft für den Inlandsfall als eine mögliche Lösung für das Problem der Zinsschranke, jedoch nicht für grenzüberschreitende Fälle. Dies führt unmittelbar zur Frage, inwieweit die erfolgende Einschränkung auf Inlandsfälle sich vor dem Hintergrund des Europarechtes rechtfertigen lässt. Denkbar ist, dass sich diese Rechtswidrigkeit entweder gegen den Inlandsbezug der Organschaft[425] oder gegen § 15 Satz 1 Nr. 3 KStG richtet.

Im Rahmen der Zinsschrankenregelungen können sich auch Nachteile in den Fällen der Organschaft ergeben. Nach § 15 Nr. 3 Satz 2 KStG gelten Organ und Organträger

---

422 Vgl. BMF-Schreiben vom 4. 7. 2008, IV C 7 – S 2742 – a/07/10001, BStBl. II 2008, S. 718.
423 Vgl. Herzig/Liekenbrock, DB 2007, S. 2387 ff.
424 Vgl. S. 190 ff.
425 Vgl. hierzu ausführlich S. 191 ff.

für Zwecke der Zinsschranke als ein Betrieb. Hieraus folgt, dass die Freigrenze gem. § 4h Abs. 2 Buchst. a) EStG nur einmalig genutzt werden kann. Dies ist nachteilig, wenn zum Organkreis gehörende Gesellschaften isoliert betrachtet unterhalb der Freigrenze von 3 Mio. € bleiben. Ohne die Organschaft käme es für diese Gesellschaft zu einer Ausnahme von der Anwendung der Zinsschranke. Eine Lösung könnte dadurch erreicht werden, dass die Organschaft beendet wird, so dass jede Gesellschaft sich wieder auf die Freigrenzenregelung berufen kann. Dafür bedarf es jedoch einer eingehenden Analyse der hiermit verbundenen weiteren Auswirkungen. In diesem Zusammenhang kann die Beendigung der Organschaft oder das Ausscheiden einzelner Organgesellschaften aus dem Organkreis zu einem vollständigen bzw. quotalen Untergang bestehender Zinsvorträge und EBITDA-Vorträge führen.[426]

Darüber hinaus minimiert die Begründung einer ertragsteuerlichen Organschaft Risiken, die aus verdeckten Gewinnausschüttungen zwischen Organträger und Organgesellschaft resultieren. Nach R 61 Abs. 4 Satz 1 KStR stellen verdeckte Gewinnausschüttungen vorweggenommene Gewinnabführen dar, die das zuzurechnende Einkommen der Organgesellschaft zwar erhöhen, aber gleichzeitig wiederum aus dem eigenen Einkommen des Organträgers auszuscheiden sind.[427] Daher fallen keine verzinslichen Steuernachzahlungen auf Ebene der Organgesellschaft mehr an.

Auch im Bereich der **Gewerbesteuer** lassen sich durch eine Organschaftsbegründung einige Vorteile erzielen. Hier ist zunächst die Vermeidung der doppelten Erfassung des gleichen Ertrages durch die gleiche Steuer zu nennen. Dies gilt für den Bereich der Finanzierungskosten i. S. v. § 8 Nr. 1 GewStG, die bei einer Weiterleitung der Darlehensbeträge über mehrere Konzernstufen einer mehrfachen Hinzurechnung unterliegen. Durch die Ermittlung des Einkommens und die entsprechende Zurechnung zum Organträger lässt sich dieses Problem lösen. Dann ist nur das Entgelt für Schulden gewerbesteuerlich hinzuzurechnen, das an einen Gläubiger außerhalb des Organkreises gezahlt wurde. Außerdem entstehen Vorteile beim Verlustausgleich, denn hier wird eine Ausgleichsmöglichkeit geschaffen, die Liquiditätsnachteile verhindert. Weitere Vorteile entstehen, wenn damit eine Nutzung von negativen Gewerbeerträgen erfolgen kann, die bei einer nicht zeitnahen Nutzung untergingen. Dies wäre etwa bei einer zukünftig nicht mehr erfüllten Forderung nach Unternehmens- und Unternehmeridentität der Fall.

Ein weiterer Vorteil entsteht wenn es gelingt, eine körperschaftsteuerliche Organschaft an einer inländischen Kapitalgesellschaft zu begründen, bei der die Quote der direkten Beteiligung weniger als 15% beträgt. Infolge der abweichenden Regelungen im GewStG in Form dieser Mindestbeteiligungsquote als Voraussetzung für die Kürzung des Gewerbeertrages um die Dividenden, würde sich § 8b Abs. 1 KStG nicht auf die

426 Vgl. BMF-Schreiben vom 4. 7. 2008, IV C 7 – S 2742 – a/07/10001, BStBl. II 2008, S. 718, Tz. 47.
427 Vgl. R 62 Abs. 2 Satz 1 KStR. A. A. BFH vom 20. 8. 1986, I R 150/82, BStBl. II 1987, S. 455.

Gewerbesteuer auswirken.[428] Folglich entsteht bei Beteiligungen von weniger als 15% eine gewerbesteuerliche Belastung beim Gesellschafter, so dass es im Ergebnis zu einer Doppelbelastung kommt. Durch die Begründung einer gewerbesteuerlichen Organschaft lässt sich diese Belastung vermeiden, da in diesem Fall die Zurechnung des Gewerbeertrags die Gewinnausschüttung ersetzt. Hierfür wäre Voraussetzung, dass durch eine zugleich bestehende mittelbare Beteiligung die Forderung nach finanzieller Eingliederung erfüllt wird. Zwar könnte in solchen Fällen auch ein Verkauf von Beteiligungen erwogen werden, doch ist dies u. U. nachteilig. Entscheidend hierfür ist, dass die Veräußerungsgewinne nach § 8b Abs. 2 KStG keiner Besteuerung unterliegen, aber nicht abzugsfähige Betriebsausgaben in Höhe von 5% des Veräußerungsgewinns entstehen.[429]

Abbildung 3-28: *Möglichkeit zur Vermeidung der gewerbesteuerlichen Belastung von Nicht-Schachteldividenden mit Hilfe einer gewerbesteuerlichen Organschaft*

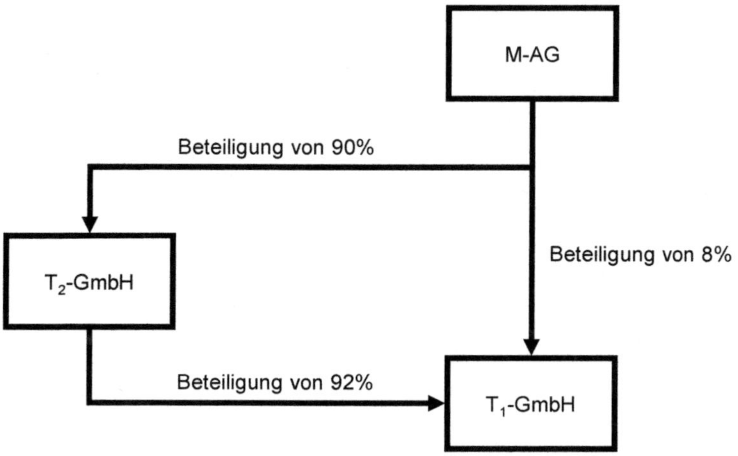

Wie die vorstehenden Ausführungen zur ertragsteuerlichen Organschaft gezeigt haben, lässt sich durch diese eine Vielzahl von Vorteilen erlangen. Die wesentlichen sind in **Abbildung 3-29** zusammengefasst. Gleichwohl darf nicht übersehen werden, dass diese Vorteile mit einer **Aufgabe der Haftungsbeschränkung** „erkauft" werden und im Verlustfall eine vollumfängliche Haftung droht, weil die entstehenden Verluste

[428] Hierbei handelt es sich um eine der Verschärfungen, die durch das Gesetz zur Fortentwicklung des Unternehmenssteuerrechts (UntStFG) vom 20. 12. 2011, BGBl. I 2001, S. 3858 eingeführt worden sind.

[429] Vgl. § 8b Abs. 3 Satz 1 KStG.

zwingend vom Organträger auszugleichen sind. Damit wird eines der Hauptmotive, das regelmäßig für die Errichtung von Kapitalgesellschaftskonzernstrukturen spricht, aufgegeben.

Teilweise wird die Organschaft auch genutzt, um im Rahmen von steuerplanerischen Maßnahmen drohende Nachteile zu vermeiden. Allerdings sind auch in anderen Bereichen u. U. ergänzende Maßnahmen erforderlich, die mit Hilfe einer Organschaft verwirklicht werden können.[430]

Abbildung 3-29: *Vorteile der Organschaft im Körperschaft- und Gewerbesteuerrecht*[431]

Körperschaftsteuer	Gewerbesteuer
■ Vorteile bei Anwendung der Zinsschranke, durch Eliminierung von innerorganschaftlichen Zinsaufwendungen und Zinserträgen, Glättung des steuerlichen EBITDA sowie vereinfachte Anwendung der Konzernklausel ■ Verlustausgleich zwischen mehreren rechtlich selbstständigen Unternehmen infolge der allgemeinen Einkunftszurechnung ■ Steuerung des Risikos des Untergangs nicht genutzter Verlust-, Zins- und EBITDA-Vorträge ■ Minderung des Risikos verdeckter Gewinnausschüttungen ■ Regelmäßig Zinsvorteile durch schnelleren Bezug von Dividenden ■ „Durchleitung" steuerfreier Einnahmen auf die Ebene der Anteilseigner ■ Vermeidung der Doppelbelastung mit Körperschaftsteuer und Einkommensteuer im Rahmen des Teileinkünfteverfahrens, wenn Gesellschafter eine natürliche Person ist ■ Unterstützende Funktion im Rahmen von Gestaltungen zur Erlangung der erbschaftsteuerlichen Abschottung bei Auslandsvermögen (insbesondere im Verhältnis zu den USA und gegenüber Kanada)	■ Ausschluss der doppelten Erfassung des gleichen Ertrages durch die selbe Steuer im Bereich der Hinzurechnungstatbestände nach § 8 Nr. 1 GewStG und den Schachteldividenden ■ Verlustausgleich ⇨ Schaffung der Ausgleichsmöglichkeit und Vermeidung von Liquiditätsnachteilen

430 Vgl. hierzu auch das Beispiel zur Unterstützung der erbschaftsteuerlichen Optimierung auf S. 205 ff.

431 Auf die letzten drei körperschaftsteuerlichen Vorteile wird auf S. 205 ff. eingegangen.

3.4.4.2.4 Exkurs: Besonderheiten bei Personengesellschaften oder Einzelunternehmen als Organträger

Neben dem Anwendungsbereich einer Organschaft für reine Kapitalgesellschaftskonzerne bietet sich dieses Instrument auch für Konzerne an, bei denen die Muttergesellschaft bzw. der Organträger ein gewerbliches Einzelunternehmen oder eine gewerblich tätige Personengesellschaft ist. Als Gründe hierfür sind zu nennen:

- direkte **Verlustberücksichtigung** auf Gesellschafterebene ohne die Gefahr der Nichtanerkennung einer nach § 3c Abs. 2 EStG nur in Höhe von 60% zu berücksichtigenden Teilwertabschreibung auf die Kapitalgesellschaftsbeteiligung.[432]

- Seit Einführung des Halb-[433] und nunmehr des Teileinkünfteverfahrens[434] ist die Organschaft ein Instrument, um eine **Doppelbelastung von Dividenden mit Einkommensteuer einerseits und Körperschaftsteuer andererseits zu vermeiden**. Während normalerweise die Gewinne zunächst einer Belastung mit Körperschaftsteuer unterliegen und bei ihrer Weiterausschüttung an den Anteilseigner (natürliche Person) der Einkommensteuer unterliegen, wird es durch die Begründung einer Organschaft möglich, nur die Belastung mit Einkommensteuer eintreten zu lassen, wobei andererseits die Einkünfte voll umfänglich der Besteuerung unterliegen. Dies ist in den Fällen vorteilhaft, in denen die individuelle Einkommensteuerbelastung des Anteilseigners (natürliche Person) niedriger ist, als sie es im Falle einer kumulierten Belastung mit Körperschaftsteuer einerseits und einer Belastung mit Einkommensteuer auf 60% der Dividenden andererseits wäre. Unter Annahme eines gewerbesteuerlichen Hebesatzes von 400% lohnt sich die Begründung der ertragsteuerlichen Organschaft bis zu einem kritischen Einkommensteuersatz von 48,88%. In diesen Konstellationen ist die Begründung der ertragsteuerlichen Organschaft stets von Vorteil. Erst bei gewerbesteuerlichen Hebesätzen von weniger als 285% können sich durch den Verzicht auf die organschaftliche Einbindung der Kapitalgesellschaft Vorteile einstellen.[435] Bei einem Hebesatz von 200% ergibt sich ein kritischer Einkommensteuersatz von 40,97%.

- Auch im Rahmen von Überlegungen zur Erbschaftsteuer und **Erbschaftsteuerplanung** kann die ertragsteuerliche Organschaft unterstützende Funktion erlangen. Dies soll am folgenden Beispiel verdeutlicht werden:

  Eine inländische natürliche Person verfügt in Kanada über umfangreichen Grundbesitz. Wenn diese natürliche Person verstirbt, unterliegt dieser in Deutschland der unbeschränkten Erbschaftsteuersteuerpflicht (infolge des inländischen Wohnsitzes

432 Vgl. hierzu BFH vom 20. 5. 1965, IV 49/65 U, BStBl. III 1965, S. 503, vom 23. 9. 1969, I R 71/67, BStBl. II 1970, S. 87 und vom 6. 11. 1985, I R 56/82, BStBl. II 1986, S. 73.

433 Vgl. hierzu Kaminski/Strunk, Grundlagen der Besteuerung unternehmerischer Tätigkeiten, 2. Aufl., Wiesbaden 2007, S. 261 ff.

434 Vgl. Kaminski/Strunk, Besteuerung unternehmerischer Tätigkeiten, 2. Aufl., Wiesbaden 2007, S. 261 f.

435 Das gleiche gilt ab Hebesätzen von ca. 630%.

oder gewöhnlichen Aufenthalts) und in Kanada entsteht eine beschränkte Erbschaftsteuerpflicht (infolge der Belegenheit der Grundstücke). Das Problem besteht darin, dass nach Auffassung des BFH[436] die kanadische capital gains tax mit deutscher Erbschaftsteuer nicht vergleichbar ist, so dass ihre Anrechnung gem. § 21 ErbStG auf die deutsche Erbschaftsteuer ausscheiden muss. Die Konsequenz wäre, dass im Falle eines Erbganges eine Doppelbesteuerung mit kanadischer Veräußerungsgewinnbesteuerung einerseits und deutscher Erbschaftsteuer andererseits entstünde. Im Ergebnis könnte eine Steuerbelastung entstehen, die von der zu vererbenden Substanz kaum noch etwas übrig lässt.[437] Diese ist dadurch vermeidbar, dass die in Kanada belegenen Immobilien von der deutschen Person in eine deutsche Kapitalgesellschaft eingebracht werden. Das hat den Vorteil, dass im Falle eines Todes des Gesellschafters der deutschen Kapitalgesellschaft in Kanada kein erbschaftsteuerlicher Vorgang ausgelöst wird und daher keine Veräußerungsgewinnbesteuerung anfällt. Damit ist auch das Problem der Versagung der Anrechnung der kanadischen Steuer auf die deutsche Erbschaftsteuer gelöst.

Negative Folgewirkungen entstehen aus dieser Gestaltung wenn laufende Erträge aus den Grundstücken erzielt werden. Diese konnten bisher nach Abkommensrecht ausschließlich in Kanada besteuert werden.[438] Wenn jedoch die Immobilie von einer inländischen Kapitalgesellschaft gehalten wird, würde eine Weiterausschüttung dieser Gewinne an den inländischen Anteilseigner dazu führen, dass die Dividende nunmehr dem Teileinkünfteverfahren nach § 3 Nr. 40 Buchst. d) EStG unterläge. Folglich würde die bisher entstehende Freistellung nur noch für die inländische Kapitalgesellschaft wirksam werden, nicht aber für den dahinter stehenden Gesellschafter.

Diese negative Folgewirkung lässt sich dadurch vermeiden, dass zwischen der natürlichen Person und der inländischen Kapitalgesellschaft eine ertragsteuerliche Organschaft begründet wird. Dies setzt jedoch voraus, dass die natürliche Person ihrerseits eine gewerbliche Betätigung ausübt. Damit wird erreicht, dass die abkommensrechtlichen Vergünstigungen (ausschließlich Besteuerung des in Kanada belegenen Vermögens) im Belegenheitsstaat auch für den Organträger (hier: natürliche Person) zur Anwendung kommen. Folglich bliebe die entstehende Steuerfreistellung nicht nur für die Kapitalgesellschaft bestehen, sondern diese würde unmittelbar dem dahinter stehenden Gesellschafter zugerechnet werden mit der Konsequenz, dass es auch bei diesem bei einer Freistellung bliebe. Damit könnten die negativen Folgewirkungen der erbschaftsteuerlichen Gestaltung im Bereich der Ertragsteuer umgangen werden. Im Ergebnis ist damit eine Gestaltung gefunden, die

---

436 Vgl. BFH vom 26. 4. 1995, II R 13/92, BStBl. II 1995, S. 540.

437 Allerdings hat der BFH im vorliegenden Fall den Abzug der kanadischen capital gains tax als Nachlassverbindlichkeit zugelassen, so dass insoweit eine Entlastung erfolgte, die jedoch deutlich geringer ist, als diejenige, die bei einer Anrechnung entstehen würde.

438 Vgl. Art 6 Abs. 1 i. V. m. Art. 23 Abs. 2 Buchst. a) DBA Bundesrepublik Deutschland – Kanada, vom 17. 7. 1981, BGBl. II 1982, S. 802.

es ermöglicht, sowohl die entstehenden nachteiligen Folgen im Bereich der Erbschaftsteuer zu vermeiden als auch einkommensteuerlich die gleichen Konsequenzen entstehen zu lassen, wie bei Haltung der Beteiligung direkt durch die natürliche Person. **Abbildung 3-30** fasst die Unterschiede im Verhältnis zwischen dem Grundstück und der inländischen Person zusammen.

Abbildung 3-30: *Erbschaftsteuerliche Vorteile der Zwischenschaltung einer Kapitalgesellschaft am Beispiel Kanadas*

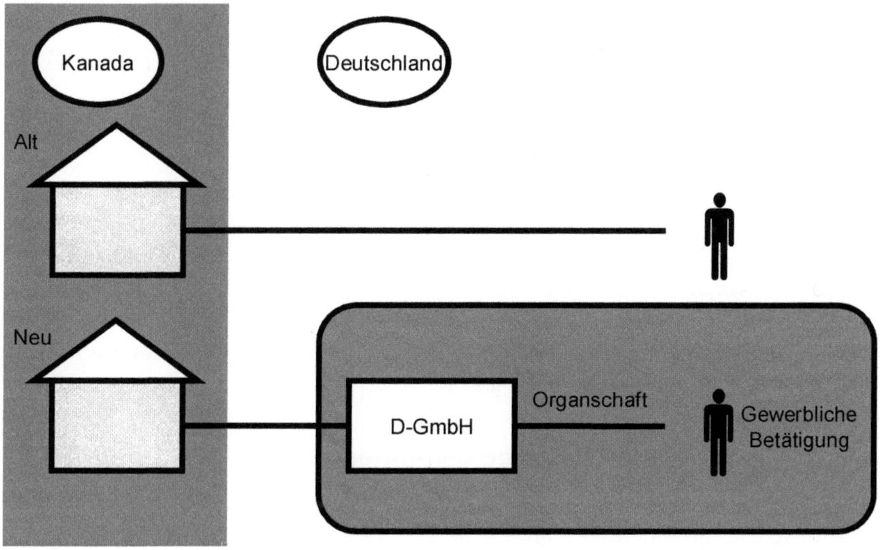

Die Organgesellschaft muss zwingend eine Kapitalgesellschaft sein, während die Gewinne der Personengesellschaft bzw. des Einzelunternehmens (Organträger) der Einkommensteuer unterliegen. Die Organschaft bewirkt, dass nunmehr auch die Gewinne der Organgesellschaft nach Maßgabe der Regelungen über Personengesellschaften bzw. Einzelunternehmen der Besteuerung unterliegen. Hieraus folgt insbesondere, dass eine pauschalierte „Anrechnung" der Gewerbesteuer nach § 35 EStG auf die Einkommensteuer zu erfolgen hat. Wie bei Personengesellschaften und Einzelunternehmern kann individuell entschieden werden, inwieweit ein Antrag zur Anwendung des ermäßigten Steuersatzes gem. § 34a EStG gestellt wird. Dieses Recht steht dem einzelnen Mitunternehmer zu und wird durch eine ertragsteuerliche Organschaft nicht tangiert. Allerdings wird es dadurch möglich, auch bei dieser Rechtsform eine günstigere Besteuerung für solche Gewinne zu erlangen, die dauerhaft im Unternehmen belassen werden sollen.

3.4.4.2.5 Ergänzende mögliche Vor- und Nachteile gegenüber dem Kapitalgesellschaftskonzern ohne Bestehen einer Organschaft

Die auf S. 186 ff. für den Kapitalgesellschaftskonzern allgemein diskutierten Vorteilhaftigkeitsüberlegungen erfahren einige Modifikationen, wenn die Gesellschaften in einen Organkreis einbezogen werden. Im Folgenden sind nur die Punkte aufgegriffen, bei denen sich Abweichungen gegenüber dem Kapitalgesellschaftskonzern ohne Organschaft ergeben. Aus Vereinfachungsgründen wird davon ausgegangen, dass alle Gesellschaften über eine Organschaft ihrer jeweiligen Besitzgesellschaft verbunden sind.

(a) Ergebnisabführung zwischen den Unternehmen

Die Organschaft führt dazu, dass eine Ermittlung des Einkommens bei jeder einzelnen Konzerngesellschaft erfolgt und dann dieses Ergebnis dem jeweiligen Organträger zuzuordnen ist. Damit kommt es zu einer **Zurechnung** dieser Einkünfte unabhängig von deren Höhe, so dass insbesondere auch Verluste an den Organträger „abzuführen" sind, unabhängig vom Zeitpunkt der Beschlussfassung über die Gewinnverwendung. Vielmehr folgt schon aus dem steuerrechtlich erforderlichen Ergebnisabführungsvertrag, dass der gesamte Gewinn des Organs dem Organträger unmittelbar zuzurechnen ist. Daher führt die Begründung einer Organschaft stets zu Zins- und Liquiditätsvorteilen, weil die sonst erforderliche Beschlussfassung über die Gewinnverwendung nicht abgewartet werden muss und gleichzeitig eine temporäre Belastung mit Kapitalertragsteuer unterbleibt.

(b) Ergebnisausgleich zwischen den Unternehmen

Infolge der Zurechnung des Einkommens zum Organträger kommt es zu einem Ergebnisausgleich innerhalb des gesamten Kapitalgesellschaftskonzerns. Damit wird zugleich die *„Besteuerung von Aufwand"* wie sie bei Kapitalgesellschaften sonst in Verlustsituationen infolge von schuldrechtlichen Verträgen zwischen Gesellschaft und Gesellschafter droht, verhindert.

(c) Funktionsverlagerungen zwischen den Unternehmen

Verlagerungen von Funktionen und die damit einhergehende Überführung von Wirtschaftsgütern zwischen den einzelnen Gesellschaften des Kapitalgesellschaftskonzerns führen auch beim Vorliegen einer Organschaft zu einer **Gewinnrealisierung**. Eine Besonderheit besteht lediglich insoweit, als nach Auffassung des Niedersächsischen FG[439] die Übertragung eines selbsterstellten immateriellen Wirtschaftsgutes des Anlagevermögens nicht zu einem Bilanzansatz beim Organträger führen darf. Vielmehr soll das Bilanzierungsverbot des § 5 Abs. 2 EStG entsprechend anwendbar sein. Dabei sind auch verdeckte Gewinnausschüttungen und verdeckte Einlagen möglich, wobei

---

439 Vgl. FG Niedersachsen vom 30. 5. 1979, IV 1/75, EFG 1979, S. 569.

ggf. durch eine außerbilanzielle Korrektur des Gewinns zu gewährleisten ist, dass eine systemwidrige Doppelerfassung bei Organ und Organträger unterbleibt.

(d) Geldwerte Vorteile gegenüber den Mitarbeitern

Geldwerte Vorteile gegenüber den Mitarbeitern der einzelnen Konzerngesellschaften beim verbilligten Kauf von Produkten der Konzerngesellschaft sind steuerlich nur insoweit begünstigt, wie sie gegenüber den Mitarbeiten dieser Gesellschaft erbracht werden.[440] Hingegen sind Leistungen gegenüber Mitarbeitern einer anderen zum Organkreis gehörenden Konzerngesellschaft nicht privilegiert. Etwas anderes gilt lediglich dann, wenn eine Gesellschaft nach ihren Vorgaben und Plänen von einer Gesellschaft innerhalb des Organkreises produzieren lässt oder damit vergleichbare gewichtige Beiträge zur Herstellung der Ware erbringt.[441]

(e) Gewerbesteuerliche Vor- und Nachteile

Infolge der einheitlichen Organschaftsvoraussetzungen im Körperschaft- und Gewerbesteuergesetz liegen beide Organschaften gleichzeitig vor. Dies erweist sich als besonders positiv, weil damit die Möglichkeit besteht, **Gewerbeverluste** innerhalb des Konzerns **sofort nutzen zu können**. Allerdings ist zu beachten, dass trotz der Organschaft für jede Gesellschaft zunächst gesondert der Gewerbeertrag zu ermitteln ist. Von diesem Grundsatz wird jedoch eine Ausnahme gemacht, wenn diese getrennte Ermittlung mit dem Ziel der gewerbesteuerlichen Organschaft nicht zu vereinbaren ist. Gem. § 2 Abs. 2 Satz 2 GewStG wird **fingiert**, dass das **Organ eine Betriebsstätte des Organträgers** ist. Hieraus folgert die Rechtsprechung, dass z. B. Entgelte für Finanzierungskostenbestandteile zwischen Gesellschaften des Organkreises nicht nach § 8 Nr. 1 GewStG hinzugerechnet werden.[442] Damit ist die Organschaft auch eine Lösung für die auf S. 189 dargestellte Problematik der mehrfachen Erfassung von Sachverhalten im Rahmen der Hinzurechnungen.

(f) Administrative Belastungen durch das steuerliche Verfahrensrecht

Die Organschaft selbst führt zu vergleichsweise geringen administrativen Belastungen. Allerdings ergeben sich einige Besonderheiten, wenn an der Organgesellschaft Minderheitsgesellschafter beteiligt sind. Hier kann es infolge von sog. Minderabführungen und der daraus entstehenden Notwendigkeit zur Bildung von Ausgleichsposten zu einer zusätzlichen Belastung kommen.

---

440 Vgl. § 8 Abs. 3 EStG.

441 Vgl. BFH vom 28. 8. 2002, VI R 88/99, BStBl. II 2003, S. 154 und vom 1. 10. 2009, VI R 22/07, BStBl. II 2010, S. 204.

442 Vgl. z. B. BFH vom 23. 10. 1974, I R 182/72, BStBl. II 1975, S. 46

(g) Zusammenfassende Beurteilung

Die Ausführungen machen deutlich, dass die Organschaft viele der Probleme im Kapitalgesellschaftskonzern zu lösen vermag. Allerdings darf dabei nicht übersehen werden, dass der „Preis" für die Vorteile darin besteht, dass infolge des Ergebnisabführungsvertrages die in vielen Fällen erwünschte **Haftungsbegrenzung aufgegeben wird**. Im betrachteten Fall des Kapitalgesellschaftskonzerns, bei dem alle Gesellschaften über eine Organschaft miteinander verbunden sind, würde die Muttergesellschaft mit ihrem gesamten Vermögen (einschließlich ihrem Beteiligungsbesitz) für die Verbindlichkeit der Tochtergesellschaft haften. Als problematisch erweist sich außerdem, dass infolge der engen Voraussetzungen eine Organschaft über die Grenze in der Regel nicht möglich ist. Die bisher bekannt gewordenen Versuche, ähnliche Strukturen zu schaffen und dann unter Hinweis auf das Europarecht eine entsprechende Anwendung vornehmen zu wollen, sind gescheitert. Insoweit wird deutlich, dass bei ausländischen Kapitalgesellschaften die Organschaft bei der derzeitigen Rechtsentwicklung kein geeignetes Instrument sein kann, um die im Kapitalgesellschaftskonzernfall aufgezeigten Probleme zu lösen.

Herzig (Hrsg.), Organschaft, Stuttgart 2003
Müller/Stöcker, Die Organschaft, 8. Aufl., Herne/Berlin 2011
Schuhmann, Die Organschaft, 3. Aufl., Bielefeld 2001
Theisen, Der Konzern, 2. Aufl., Stuttgart 2000
Kommentierungen zu §§ 14 ff. KStG, § 2 GewStG und § 2 UStG

3.5 Standortwahl

- Wie ist der Begriff des Standorts zu definieren?
- Welche Bedeutung hat die Frage der Standortwahl für die Unternehmung?
- Welche unterschiedlichen Ausprägungen der Standortwahl lassen sich unterscheiden?

Der „Standort" lässt sich definieren als der Ort, an dem das Unternehmen seine Produktionsfaktoren einsetzt. Die Standortwahl ist eine konstitutive Entscheidung, bei der die Unternehmung versucht, aus der Vielzahl möglicher Standorte denjenigen auszuwählen, der für das Unternehmen am günstigsten ist. Zu entscheiden ist einerseits, an welchem räumlichen Ort ein Unternehmen tätig werden soll (**betriebliche Standortwahl**) und andererseits wie z. B. im Rahmen eines Produktionsprozesses die einzelnen Fertigungsbereiche am sinnvollsten anzuordnen sind (**innerbetriebliche Standortwahl**). Ein Unternehmen muss nicht notwendigerweise nur über einen Standort verfügen, vielmehr können z. B. an unterschiedlichen Standorten Produktionsstätten unterhalten werden. Standortentscheidungen sind von grundlegender

Bedeutung für die Unternehmung, da sie sich regelmäßig nicht kurzfristig korrigieren lassen. Dies gilt insbesondere für die betriebliche Standortwahl. Andernfalls entstehen nicht nur hohe Kosten z. B. infolge des Ankaufs von Grundstücken (insbesondere wegen der hiermit verbundenen Transaktionskosten[443]), sondern auch erhebliche Probleme durch den Verlagerungsvorgang selbst (z. B. Produktionsausfallzeiten, notwendige Personalmaßnahmen usw.).

In Abhängigkeit von der regionalen Abgrenzung lassen sich bei der betrieblichen Standortwahl folgende Ausprägungsformen unterscheiden:[444]

- **Lokaler bzw. regionaler Standort**:
  Die betriebliche Tätigkeit des Unternehmens beschränkt sich auf einen lokal eng begrenzten Bereich, wie z. B. eine Stadt, eine Gemeinde oder eine Region (z. B. einen Landkreis).

- **Nationaler Standort**:
  Die betriebliche Tätigkeit des Unternehmens erstreckt sich auf ein bestimmtes Land, ohne dass alle Aufgaben an einem Ort ausgeübt werden. Denkbar sind z. B. Produktionsstandorte in unterschiedlichen Gebieten eines Landes und insbesondere viele Niederlassungen für den Vertrieb der Produkte.

- **Internationaler Standort**:
  Die unternehmerische Tätigkeit erstreckt sich nicht mehr nur auf ein Land, sondern auf unterschiedliche Staaten. Dadurch wird es möglich, z. B. im Ausland zu produzieren und diese Waren in verschiedenen Ländern beispielsweise über eigene Vertriebsgesellschaften zu vermarkten.

Die folgenden Ausführungen beschäftigen sich ausschließlich mit der **betrieblichen Standortwahl** und gehen davon aus, dass eine Entscheidung für einen Ort innerhalb der Bundesrepublik Deutschland bereits gefallen ist, so dass Fragen der internationalen Standortwahl nicht berücksichtigt werden.[445] Gleichwohl können gerade durch gezielte räumliche Zuordnung von Funktionen innerhalb eines Unternehmens erhebliche Vorteile erlangt werden. Steuerliche Faktoren können bei der innerbetrieblichen Standortwahl nur entstehen, wenn sich ein Standort auf mehrere Gemeinden erstreckt und in diesen unterschiedliche Hebesätze gelten. Hierbei kommen jedoch die gleichen Überlegungen zur Anwendung, wie bei einer regionalen Standortwahl, sofern eine Dispositionsmöglichkeit wirtschaftlich überhaupt besteht und damit eine Gestaltbarkeit vorliegt. Allerdings erfolgt in diesen Fällen eine Zerlegung des Steuermessbetrages auf die einzelnen Gemeinden, in denen eine Betriebsstätte unterhalten wird. Als Aufteilungsmaßstab dient die in der jeweiligen Gemeinde gezahlte Lohnsumme. In

---

443 Aus steuerlicher Sicht ist insbesondere auf die GrdESt zu verweisen, deren Höhe von den Bundesländern bestimmt wird.

444 In Anlehnung an Thommen/Achleitner, Allgemeine Betriebswirtschaftslehre, 6. Aufl., Wiesbaden 2009, S. 106 f.

445 Vgl. hierzu Kaminski/Strunk, Steuern in der internationalen Unternehmenspraxis, Wiesbaden 2006, S. 71 ff.

§ 31 GewStG wird dieser Schlüssel genauer definiert. Hierbei gilt für die Lohnsumme eine Obergrenze von 50.000,- € je Arbeitnehmer. Dadurch kann die gewerbesteuerliche Belastung auch in den Fällen begrenzt werden, in denen sich Leitungsbetriebsstätten in Gemeinden mit einem hohen Hebesatz befinden, aber Produktionsbetriebsstätten in Gemeinden mit niedrigen Hebesätzen angesiedelt sind.

3.5.1 Allgemeine Kriterien für die Standortwahl

- Welche Faktoren haben Einfluss auf die Standortwahl?
- Inwieweit kommt dem Faktor Steuern Einfluss auf die Standortwahl zu?

Die Entscheidung für (oder gegen) einen bestimmten Standort wird jeweils auf der Grundlage von sog. Standortfaktoren getroffen. Hierunter werden die Parameter verstanden, die das Unternehmen als Entscheidungsträger für so gravierend hält, dass ihnen im Rahmen der Standortentscheidung Bedeutung zukommt. Dabei wird regelmäßig eine **Standortanalyse** durchgeführt, um zu prüfen, inwieweit welcher Standort die Anforderungen erfüllt. Welche Standortfaktoren zu berücksichtigen sind, lässt sich nur für den Einzelfall beantworten. Letztlich bestimmen die individuellen Verhältnisse des Unternehmens die jeweils zu stellenden Anforderungen. So weist z. B. ein Stahlwerk andere Anforderungen an seinen Standort auf als beispielsweise ein Beratungsunternehmen.

Allerdings lassen sich bestimmte Faktoren identifizieren, denen i. d. R. Bedeutung beizumessen ist. Diese können wie folgt zusammengefasst werden:

- Kosten der Produktionsfaktoren (z. B. Arbeitslöhne, Energie),
- Verfügbarkeit von Produktionsfaktoren (insbesondere Rohstoffe und qualifizierte Arbeitskräfte. Diese Frage wird regelmäßig auch durch den Freizeitwert und das kulturelle Umfeld des Standorts bestimmt.),
- Größe des Absatzmarktes,
- Wettbewerbssituation (sowohl auf den Absatz- als auch auf den Beschaffungsmärkten),
- Finanzierungsmöglichkeiten,
- Umweltschutzauflagen,
- Verkehrsanbindungen,
- staatliche Leistungen,
- Steuern und Subventionen,
- Dauer von Genehmigungsverfahren,

- Akzeptanz des Unternehmens in der Bevölkerung an unterschiedlichen Standorten,
- Kommunikationsinfrastruktur,
- Arbeitsproduktivität und
- „guter Ruf" des Standortes (z. B. wenn ein bestimmter Standort mit hoher Qualität gleichgesetzt wird).

Letztlich ist für den Einzelfall zu entscheiden, welche Gewichtung jeder Faktor hat und inwieweit diese Liste um unternehmensindividuelle Anforderungen angepasst werden muss. Dabei zeigt sich häufig, dass kein Standort alle Faktoren in optimaler Weise erfüllt, sondern alle nur bedingt geeignet sind. In solchen Fällen wird häufig über eine sog. **Standortspaltung** nachgedacht, bei der die betrieblichen Funktionen auf unterschiedliche Standorte verteilt werden.

Aus theoretischer Sicht liegt der optimale Standort an dem Ort, an dem die **Differenz zwischen standortabhängigen Erträgen und standortabhängigen Aufwendungen am größten ist**. In der Theorie ließe sich dieses Problem mit Hilfe von Methoden der Investitionsrechnung lösen.[446] Gleichwohl fehlt es in der Realität regelmäßig an der Möglichkeit, diese Faktoren hinreichend genau zu quantifizieren, insbesondere vor dem Hintergrund der langfristigen Bindungswirkung dieser Entscheidung und der bestehenden Probleme, die sich aus der Unsicherheit der zukünftigen Entwicklung ergeben, sowie sich häufig entstehenden Veränderungen von Anforderungen und Rahmenbedingungen im Zeitablauf.

Abbildung 3-31: *Grunderwerbsteuersätze zum 1. 1. 2012.*

Bundesland	GrESt-Satz	Bundesland	GrESt-Satz
Baden Württemberg	5,00%	Niedersachsen	4,50%
Bayern	3,50%	Nordrhein-Westfalen	5,00%
Berlin	4,50%	Rheinland-Pfalz	3,50%[447]
Brandenburg	5,00%	Saarland	4,00%
Bremen	4,50%	Sachsen	3,50%
Hamburg	4,50%	Sachsen-Anhalt	4,50%
Hessen	3,50%	Schleswig-Holstein	5,00%
Mecklenburg Vorpommern	3,50%[448]	Thüringen	5,00%

446 Vgl. z. B. Hansmann, Industrielles Management, 8. Aufl., München 2006, S. 108 ff.
447 Ab 1. 3. 2012: 5,0%.
448 Geplant zum 1. 7. 2012: 5,0%.

Für die folgenden Überlegungen wird isoliert auf den **Faktor Steuern** abgestellt und es werden lediglich die Auswirkungen berücksichtigt, die sich im Rahmen der laufenden Besteuerung ergeben. Hingegen bleiben einmalige Belastungen im Zusammenhang mit der Begründung eines Standortes (insbesondere die Grunderwerbsteuer in den Fällen des Grundstückserwerbs) unberücksichtigt. Die Bundesländer haben das Recht, den Steuersatz bei der Grunderwerbsteuer zu bestimmen. Nachdem zunächst nur Berlin und Hamburg von dem bisherigen Steuersatz von 3,5% abgewichen sind, ist eine zunehmende Tendenz in immer mehr Ländern festzustellen, einen höheren Steuersatz anzuordnen. Auch wenn die entstehende Steuer die Betroffenen belastet, sind die hiermit verbundenen Unterschiede gering. Der Steuersatz gilt innerhalb des gesamten Bundeslandes und bei einer späteren Veräußerung erfolgt häufig eine teilweise Kompensation. Diese entsteht daraus, dass bei der Bestimmung des Veräußerungsgewinns vom Verkaufspreis die Anschaffungskosten (einschließlich der Anschaffungsnebenkosten) abziehbar sind. Dadurch tritt beim Verkauf eine – wenn auch geringfügige – Entlastung ein, die vor dem Hintergrund der unterschiedlichen Zeitpunkte ihrer Entstehung weiter an wirtschaftlicher Bedeutung verliert. Hinzu kommt, dass es sich regelmäßig um einmalige Belastungen handelt, die für die Standortwahl vergleichsweise geringe materielle Bedeutung haben, weil nur die Höhe der Steuersatzdifferenzen zu Besteuerungsunterschieden führt.

Weber, Über den Standort der Industrien, 1. Teil, Reine Theorie des Standorts, Tübingen 1909
Behrens, Allgemeine Standortbestimmungslehre, 2. Aufl., Köln/Opladen 1971

3.5.2 Steuerliche Aspekte im Rahmen der nationalen Standortwahl

- Welche Bedeutung kommt dem Faktor Steuern im Kontext der übrigen Standortfaktoren zu?
- Welches Verhältnis besteht zwischen steuerlichen Standortvorteilen bzw. steuerlichen Investitionsanreizen und Standortnachteilen?
- Welche weiteren Standortfaktoren sind im Zusammenhang mit steuerlichen Standortfaktoren stets noch besonders zu beachten?

Wie die obige Aufzählung der Standortfaktoren zeigt, ist die Besteuerung ein Faktor unter mehreren. Dabei ist zu beachten, dass es Fälle gibt, bei denen die Standortentscheidung weitgehend determiniert ist. Dies gilt z. B., wenn ein bestimmtes Absatzgebiet bearbeitet werden soll und hierfür eine räumliche Präsenz „vor Ort" erforderlich ist. Allerdings ist zu berücksichtigen, dass die Gemeinden mit dem Hebesatzrecht die Möglichkeit haben, ihre Attraktivität für Unternehmen zu erhöhen.

Wenn in bestimmten Regionen **besondere Anreize** geboten werden, damit Unternehmen dort investieren, ist zu beachten, dass dies oft geschieht, um vorhandene Standortnachteile auszugleichen. Folglich ist in diesen Fällen besonders genau zu prüfen, welche Nachteile dies sind. Die steuerlichen Standortfaktoren sind dadurch gekennzeichnet, dass sie einer häufigen Änderung unterliegen. Hieraus folgt, dass unsicher ist, inwieweit diese Vorteile genutzt werden können. Außerdem bleiben die ggf. vorhandenen Standortnachteile i. d. R. dauerhaft bestehen, während die steuerlichen Vorteile oder Förderinstrumente regelmäßig zeitlich befristet sind.

Ferner besteht die Möglichkeit, dass Gemeinden und Länder versuchen, mit anderen Anreizen, die nichtsteuerlicher Art sind, ähnliche Ergebnisse zu erzielen wie durch steuerliche. Dies gilt für das gesamte Instrumentarium der **Investitionsfördermaßnahmen** (wie z. B. Investitionszulagen und -zuschüsse, zinsverbilligte Darlehen, günstige Grundstücke, Übernahme der Kosten für die Schulung von neuem Personal usw.). Diesen Vorteilen kommt besondere Bedeutung zu, weil damit entweder zusätzliche Einnahmen erzielt oder Ausgaben vermieden werden können. Letztlich ist es für die Unternehmen unerheblich, in welcher Form die Begünstigung erfolgt, sofern deren Ergebnis zur Attraktivität des Standorts führt. Zugleich wird deutlich, dass eine isolierte Betrachtung einzelner Teilaspekte der Standortwahl nur unter einschränkenden Voraussetzungen zu sachgerechten Ergebnissen führt.

3.5.2.1 Bedeutung des Standortfaktors Steuern

- Können Steuern überhaupt Einfluss auf die Standortwahl haben?
- Aus welchen steuerlichen Regelungen kann ein Einfluss auf die Standortwahl entstehen?

Zwar gelten die meisten steuerrechtlichen Regelungen bundeseinheitlich, so dass dadurch keine Beeinflussung der Standortwahl erreicht werden kann. Gleichwohl gibt es bedeutende Unterschiede in Abhängigkeit von der Ansässigkeit. Diese resultieren einerseits daraus, dass es für bestimmte Steuern (die Gewerbesteuer und die Grundsteuer) ein **Hebesatzrecht der Gemeinden** gibt.[449] Hieraus folgt, dass die jeweilige Gemeinde die Höhe der Steuerbelastung mitbestimmen kann. Außerdem gibt es **steuerliche Fördermaßnahmen**, die nur gewährt werden, wenn Investitionen in Gebieten erfolgen, die vom Gesetzgeber als besonders förderungswürdig angesehen werden (z. B. sog. Sanierungsgebiete und städtebauliche Entwicklungsbereiche, § 7h EStG).

Ferner gibt es bestimmte Steuern, die nicht in allen Gemeinden bestehen. So erheben z. B. einige Gemeinden eine Zweitwohnungsteuer. Diese erfasst Personen, die in einer Gemeinde eine Wohnung innehaben, die nicht ihren Hauptwohnsitz, sondern nur eine Nebenwohnung bildet. Bemessungsgrundlage bildet hierbei in der Regel die Jahreskaltmiete bzw. die ortsübliche Vergleichsmiete, auf die ein von der Gemeinde zu be-

[449] Vgl. Art. 106 Abs. 6 Satz 2 GG.

stimmender Steuersatz anzuwenden ist. Aus betriebswirtschaftlicher Sicht kann aus einer solchen Steuer eine Erhöhung der Personalkosten resultieren, wenn – etwa in den Fällen der Personalentsendung[450] – die Notwendigkeit besteht, den betroffenen Arbeitnehmern diese Steuer zu erstatten. Wenn dies geschieht, ist zu beachten, dass diese Erstattung beim Arbeitnehmer zu einem lohnsteuerpflichtigen Vorteil führt, der die Bemessungsgrundlage für die persönliche Einkommensteuer erhöht. Insoweit ist die hiermit verbundene Belastung u. U. deutlich höher als die tatsächliche Zweitwohnungsteuer.

Ein Einfluss kann auf die Standortwahl daraus resultieren, dass der Steuerpflichtige meint, infolge einer **unterschiedlichen Steuererhebungspraxis** der Finanzverwaltungen Vorteile erlangen zu können. So könnte die Meinung vertreten werden, eine Finanzverwaltung verhalte sich gegenüber möglichen Ansinnen der Steuerpflichtigen großzügiger als eine andere. Dies kann z. B. bei einem Steuererlass nach § 227 AO, bei einer Steuerstundung nach § 222 AO oder bei der Einräumung von Fristverlängerungen der Fall sein.[451] Zu nennen ist auch die Frage, was z. B. im Rahmen des Betriebsausgabenabzugs als (noch) betrieblich veranlasst angesehen wird[452], und die Belastung infolge unterschiedlicher Intervalle, in denen das Unternehmen einer Betriebsprüfung unterliegt. Solche Einschätzungen sind sehr subjektiv und werden häufig von persönlichen Empfindungen geprägt. Folglich kann sich diese kurzfristig ändern. Außerdem ist fraglich, ob diesen Faktoren eine so große Bedeutung beigemessen werden kann, dass hiervon tatsächlich Standortentscheidungen abhängig gemacht werden. Zu beachten ist dabei, dass jederzeit die Gefahr besteht, dass eine für den Steuerpflichtigen günstigere Verwaltungspraxis einer Finanzverwaltung durch eine einheitliche (bundes- oder landesweit gültige) Verwaltungsanweisung beendet wird oder aktuelle Rechtsprechung zur Änderung der bisherigen Auffassung führt.

3.5.2.2 Hebesatzautonomie der Gemeinden

- Für welche Steuern haben die Gemeinden ein besonderes Hebesatzrecht?
- Wie ist dieses Hebesatzrecht zu rechtfertigen?

Die Gemeinden haben für die **Realsteuern** (dies sind die Grundsteuer und die Gewerbesteuer) gem. Art. 106 Abs. 6 Satz 2 GG ein Hebesatzrecht. Der Bund kann jedoch

---

450 Auch wenn im Sozialversicherungsrecht eine Entsendung nur bei einer Tätigkeit im Ausland vorliegt, soll der Begriff im Folgenden in dem Sinne verstanden werden, dass ein Arbeitnehmer auf Weisung seines Arbeitgebers für einen befristeten Zeitraum dauerhaft an einem anderen Arbeitsort tätig wird. Dies kann sowohl innerhalb des gleichen als auch im Rahmen der Eingliederung in ein anderes Unternehmen (z. B. eine Tochtergesellschaft) geschehen.

451 Zu beachten ist jedoch, dass beim Überschreiten bestimmter Betragsgrenzen (vgl. hierzu das BMF-Schreiben vom 28. 7. 2003, IV D 2 – S 0457 – 17/03, BStBl. I 2003, S. 401) eine Mitwirkung des Bundesfinanzministeriums an Billigkeitsmaßnahmen geboten ist.

452 Gem. § 4 Abs. 4 EStG ist dieses Kriterium Voraussetzung für die Qualifikation als Betriebsausgabe.

eine gesetzliche Ober- oder Untergrenze für die Höhe der Hebesätze einführen.[453] Der Gesetzgeber hat hiervon im § 16 Abs. 4 Satz 2 GewStG Gebrauch gemacht und den Mindesthebesatz auf 200% normiert.[454] Dieser kommt nur zur Anwendung, wenn die Gemeinde sonst einen niedrigeren Hebesatz anwenden würde. In den Einzelgesetzen ist eine sog. Steuermesszahl definiert, auf die dieser Hebesatz angewendet wird. Dies ist der Gewerbesteuermessbetrag bei der Gewerbesteuer[455] und der Steuermessbetrag.[456] Innerhalb einer Gemeinde muss der **Hebesatz** für die jeweilige Steuer für alle Steuerpflichtigen gleich hoch sein. Es wäre z. B. nicht zulässig, einem sich neu ansiedelnden Unternehmen einen Hebesatz von 200% zu gewähren, allen anderen jedoch einen deutlich höheren Satz aufzuerlegen.[457]

Ziel der Hebesatzautonomie war es, einerseits den Gemeinden eine Möglichkeit zu geben, ihre Einnahmen teilweise selbst bestimmen zu können. Dies kann in der Weise erfolgen, dass ein zusätzlicher Finanzbedarf durch eine Erhöhung der Hebesätze gedeckt wird. Andererseits sollte ein Anreiz für die Gemeinden geschaffen werden, sich um die Ansiedlung von Unternehmen zu bemühen. Insoweit erfolgt durch die Gewerbesteuer eine „Entlohnung" von Bemühungen der Gemeinden zur Verbesserung ihrer Attraktivität für Investoren, und zugleich sollen die Unternehmen ein „Entgelt" für die in Anspruch genommenen Leistungen der Gemeinde bezahlen. Dies gilt unabhängig davon, dass Steuern keine Gegenleistung für eine konkrete Leistung des Staates darstellen.[458]

3.5.2.2.1 Gewerbesteuer

- Inwieweit entsteht ein Belastungsunterschied bei der Gewerbesteuer in Abhängigkeit von der Standortwahl?
- Inwieweit schwanken die gewerbesteuerlichen Hebesätze an unterschiedlichen Standorten?
- Welche Belastungswirkungen ergeben sich aus den unterschiedlichen Hebesätzen, insbesondere auch bei anderen Steuern?
- Welche Bedeutung kommt dem Hebesatzrecht der Gemeinden für die Gewerbesteuer im Rahmen der Standortwahl zu?

---

453 Diese Auffassung wird in der Literatur teilweise bestritten, vgl. zur Gegenauffassung z. B. Walz/Süß, DStR 2003, S. 1637, Otting, DB 2004, S. 1222.

454 Vgl. zur hiergegen gerichteten Klage das Urteil des BVerfG vom 25. 1. 2005, 2 BvR 2185/04, BVerfGE 112, S. 216, das – allerdings im einstweiligen Rechtsschutz – die Weitergeltung des § 16 Abs. 4 Satz 2 GewStG angeordnet hat. Im Beschluss im Hauptsachverfahren (BverfG vom 27. 1. 2010, 2 BvR 2185/04, 2 BvR 2189/04, BVerfGE 125, S. 141 ff.) hat das BVerfG die Verfassungsmäßigkeit der Regelung bestätigt.

455 Vgl. § 14 GewStG.

456 Vgl. § 13 GrStG. Dieser ergibt sich, in dem auf den Einheitswert der Steuermessbetrag angewendet wird.

457 Vgl. § 16 Abs. 4 Satz 2 GewStG bzw. § 25 Abs. 4 GrStG.

458 Vgl. zur Definition der Steuern § 3 Abs. 1 AO.

Die Gewerbesteuer ist, ausgehend vom Steuerbilanzgewinn, um Hinzurechnungen, Kürzungen und ggf. evtl. Verlustvorträge zu korrigieren, auf volle 100,- € abzurunden und bei Personengesellschaften und Einzelunternehmen um den Freibetrag nach § 11 Abs. 1 Satz 3 2. Hs. GewStG zu kürzen und anschließend mit der Steuermesszahl zu multiplizieren.[459] Dieser Steuermessbetrag wird mit dem gemeindlichen Hebesatz multipliziert. Während bis einschließlich Vz. 2007 die Gewerbesteuer ihre eigene und die einkommen- bzw. körperschaftsteuerliche Bemessungsgrundlage verringerte, ist dies durch das UStRG 2008[460] geändert worden. Gemäß § 4 Abs. 5b EStG ist die Gewerbesteuer keine Betriebsausgabe mehr. Diese Formulierung des Gesetzgebers erweist sich als problematisch, weil anders als in den Fällen des § 4 Abs. 5 EStG keine nicht abzugsfähigen Betriebsausgaben vorliegen, sondern bereits das Merkmal der Betriebsausgabe nicht erfüllt sein soll. Da dieses gemäß § 4 Abs. 4 EStG an die betriebliche Veranlassung knüpft, stellt sich z. B. die Frage, ob es sich bei den Gewerbesteuerzahlungen um verdeckte Gewinnausschüttungen einer Kapitalgesellschaft handelt. Ursächlich hierfür ist, dass es bei Kapitalgesellschaften nach der Rechtsprechung des BFH keine außerbetriebliche Sphäre gibt.[461] Wenn die betriebliche Veranlassung nicht gegeben ist, stellt sich die Folgefrage, ob der Gesetzgeber eine Veranlassung im Gesellschaftsverhältnis annehmen wollte.

Eine solche Interpretation ließe sich nur schwerlich mit dem Objektsteuercharakter der Gewerbesteuer vereinbaren. Auch die Finanzverwaltung interpretiert dieser Regelung – trotz des abweichenden Gesetzeswortlauts – im Sinne einer nicht abzugsfähigen Betriebsausgabe.[462] Auch wenn nicht ausgeschlossen werden kann, dass die Rechtsprechung einer stärker am Wortlaut orientierten Auslegung folgen wird, liegt den weiteren Ausführungen ebenfalls dieses Verständnis zugrunde. Die vom Gesetzgeber verfolgte Zielsetzung lässt erkennen, dass es sich um ein offensichtliches Redaktionsversehen handelt.

■ **Beispiel:**

Ein Unternehmen erwägt, alternativ den Standort in den Gemeinden A (Hebesatz von 500%)[463] oder B (Hebesatz von 200%)[464] zu wählen. Alle übrigen Faktoren sollen jeweils unabhängig von der Standortwahlentscheidung sein. Hinzurechnungen und Kürzungen bei der Gewerbesteuer gleichen sich aus. Rundungen und der Freibetrag nach § 11 Abs. 1 Satz 3 2. Hs. GewStG bleiben bei der Alternative Einzelunternehmung unberücksichtigt.

---

459 Vgl. hierzu Kaminski/Strunk, Besteuerung unternehmerischer Tätigkeiten, 2. Aufl., Wiesbaden 2007, S. 132 ff.

460 Unternehmensteuerreformgesetz 2008 (UStRG 2008) vom 14. 8. 2007, BGBl. I 2007, S. 1912.

461 Vgl. BFH vom 4. 12. 1996, I R 54/95, BFHE 182, S. 123.

462 OFD Hannover vom 18. 5. 2009, S 2137 – 135 – StO 221/222.

463 Dieser Wert liegt leicht oberhalb des derzeit höchsten Hebesatzes von Gemeinden mit mehr als 50.000 Einwohnern. Dieser beträgt 490% und wird in München, Düsburg, Hagen, Obernhausen, Witten und Bottropp erhoben.

464 Dies entspricht dem Mindesthebesatz des § 16 Abs. 4 Satz 2 GewStG.

	Gemeinde A (h = 500%)		Gemeinde B (h = 200%)	
	Kapital-gesellschaft	Einzel-unternehmer	Kapital-gesellschaft	Einzel-unternehmer
Gewinn vor Steuern	100,00	100,00	100,00	100,00
./. Gewerbesteuer	17,50	17,50	7,00	7,00
./. Körperschaftsteuer	15,00		15,00	
Einkommensteuer (45,0%)[465]		45,00		45,00
./. Anrechnung gem. § 35 EStG		13,30		7,00
= verbleibende Einkommensteuer		31,70		38,00
./. Solidaritätszuschlag	0,83	1,74	0,83	2,09
= Gewinn nach Steuern[466]	66,67	49,06	77,17	52,91

Wie die Belastungsrechnung zeigt, sind die Wirkungen sehr unterschiedlich in Abhängigkeit von der Rechtsform. Bei Kapitalgesellschaften entsteht – beim unterstellten Hebesatz von 500% – eine höhere Belastung aus der Gewerbesteuer (17,50) als aus der Körperschaftsteuer (15,00 zzgl. Solidaritätszuschlag von 0,83). In dem Umfang, in dem die Belastung mit Gewerbesteuer sinkt, geht auch die Gesamtsteuerbelastung der Kapitalgesellschaft zurück (Abnahme der Gewerbesteuer um 10,50 und Verringerung der Gesamtsteuerbelastung um diesen Betrag). Dies verdeutlicht die große Bedeutung, die gewerbesteuerliche Hebesätze für die Gesamtsteuerbelastung von Kapitalgesellschaften und damit auch für deren Standortwahl haben.

Hingegen ergibt sich beim Einzelunternehmer ein grundlegend anderes Bild, das auf Grund der Wechselwirkung zwischen Gewerbesteuer und Einkommensteuer entsteht. Zwar geht die Gewerbesteuerbelastung ebenfalls um 10,50 Punkte zurück, doch verringert sich die Gesamtsteuerbelastung lediglich um 3,85 Punkte. Dies liegt darin begründet, dass § 35 EStG die Ermäßigung des Einkommensteuersatzes an die tatsächlich gezahlte Gewerbesteuer knüpft. Folglich sinkt bei einem niedrigen Hebesatz der Entlastungsbetrag um 6,3 Punkte. Dieser Effekt tritt ein, wenn die Gewerbesteuerbelastung geringer ist, als das Produkt aus 3,50 und 3,80, also 13,30. Durch diesen Wert wird der maximale Entlastungsbetrag determiniert, um den sich die Einkommensteuer verringern kann. Hieraus folgt zugleich, dass eine Verlagerung von Standorten in Gemeinden oberhalb eines Hebesatzes von 380% zwar zu einem Anstieg der Gewer-

465 Hierbei wird unterstellt, dass der Einzelunternehmer ein zu versteuerndes Einkommen von mehr als 250.730,- € bzw. bei zusammenveranlagten Steuerpflichtigen mehr als 501.461,- € erzielt. Ab diesem Grenzwert beträgt der Steuersatz konstant 45%.

466 Bei der Interpretation dieser Ergebnisse ist zu beachten, dass im Fall der Ausschüttung die Dividenden beim Empfänger (= natürliche Person) einer erneuten Besteuerung als Einkünfte aus Kapitalvermögen unterliegen, während die Gewinne der Einzelunternehmung „auf der Ebene" des Gesellschafters mit der Einkommensteuer belastet werden.

besteuer führt, aber keinen höheren Entlastungsbetrag bewirkt. Dementsprechend kann ein Einzelunternehmer seine Tätigkeit in eine Gemeinde mit einem Hebesatz von bis zu 380% verlegen, ohne dass es zu einem geringeren Entlastungsbetrag bei der Einkommensteuer kommt. Allerdings wären hiermit geringere Gewerbesteuerzahlungen verbunden, so dass sich die Gesamtsteuerbelastung insgesamt verringert. Im Hebesatzintervall zwischen 380% und 200% müssen die gegenläufigen Effekte – Abnahme der Gewerbesteuer einerseits und Zunahme der Einkommensteuer in Folge des geringeren Entlastungsbetrags andererseits – berücksichtigt werden, wobei die Zunahme der Einkommensteuer durch eine hiermit verbundene höhere Bemessungsgrundlage für den Solidaritätszuschlag verstärkt wird. Im Ergebnis steht damit einer Entlastung um 10,50 Punkte Gewerbesteuer eine Mehrbelastung von 6,30 Punkten Einkommensteuer und 0,35 Punkten Solidaritätszuschlag gegenüber. Hieraus resultiert eine Entlastung von 3,85 Punkten. Damit zeigt sich, dass die Verlagerung zur Nutzung von niedrigen Hebesätzen von Einzelunternehmern nur zu einer vergleichsweise geringen Abnahme der Steuerbelastung führt. Dies gilt entsprechend für die Mitunternehmer einer Personengesellschaft.

Dieses Ergebnis ist unabhängig von der Höhe des individuellen Steuersatzes. Etwas anderes wird lediglich dann gelten, wenn auf Grund eines Verlustausgleichs oder -abzugs die Anrechnung der Gewerbesteuer auf die Einkommensteuer nicht – oder nicht in vollem Umfang – erfolgen kann.

Die Hebesätze schwanken in den einzelnen Gemeinden sehr stark. Abbildung 3-32 fasst diese zusammen.

Abbildung 3-32: *Gewerbesteuerliche Hebesätze der Gemeinden mit mehr als 100.000 Einwohnern in der Bundesrepublik Deutschland im Jahr 2011*

Gemeinde	Hebesatz	Gemeinde	Hebesatz
Aachen	445	Köln	475
Augsburg	435	Krefeld	440
Bergisch Gladbach	460	Leipzig	460
Berlin	410	Leverkusen	460
Bielefeld	435	Lübeck	430
Bochum	460	Ludwigshafen a. R.	360
Bonn	460	Magdeburg	450
Bottrop	490	Mainz	440
Braunschweig	450	Mannheim	415
Bremen	440	Moers	460
Bremerhaven	395	Mönchengladbach	450
Chemnitz	450	Mülheim a. d. R.	480
Cottbus	400	München	490
Darmstadt	425	Münster	460
Dortmund	468	Neuss	445

Gemeinde	Hebesatz	Gemeinde	Hebesatz
Dresden	450	Nürnberg	447
Duisburg	490	Oberhausen	490
Düsseldorf	440	Offenbach a. M.	440
Erfurt	420	Oldenburg	430
Erlangen	425	Osnabrück	425
Essen	480	Paderborn	403
Frankfurt a. M.	460	Pforzheim	380
Freiburg i. Br.	400	Potsdam	450
Fürth	440	Recklinghausen	470
Gelsenkirchen	480	Regensburg	425
Gera	450	Remscheid	450
Göttingen	430	Reutlingen	380
Hagen	490	Rostock	450
Halle (Saale)	450	Saarbrücken	450
Hamburg	470	Salzgitter	410
Hamm	465	Schwerin	420
Hannover	460	Siegen	450
Heidelberg	400	Solingen	475[467]
Heilbronn	380	Stuttgart	420
Herne	480	Ulm	360
Hildesheim	410	Wiesbaden	440
Ingolstadt	400	Witten	490
Kaiserslautern	410	Wolfsburg	360
Karlsruhe	410	Wuppertal	460
Kassel	440	Würzburg	420
Kiel	430	Zwickau	450
Koblenz	395		

Damit wird deutlich, dass die Gewerbesteuer einen **erheblichen Einfluss auf die Gesamtsteuerbelastung** der unternehmerischen Tätigkeit hat. Hieraus folgt, dass der Frage der Hebesätze der Gemeinden – u. U. erhebliche – Bedeutung für die Standortwahl zukommt. Zwar hat der Gesetzgeber mit der Regelung des § 35 EStG für eine pauschalierte „Anrechnung" der Gewerbesteuer auf die Einkommensteuer und damit für eine Entlastung von dieser Steuer gesorgt, doch zeigt die Übersicht der Hebesätze deutlich, dass diese – zumindest in den Städten mit mehr als 100.000 Einwohnern – den kritischen Hebesatz von 380%[468] regelmäßig überschreiten, so dass trotz des

467 Seit EZ 2012.

468 Vgl. hierzu Kaminski/Strunk, Besteuerung unternehmerischer Tätigkeit, 2. Aufl., Wiesbaden 2007, S. 247 ff.

Abzugs des Entlastungsbetrags gem. § 35 EStG eine Mehrbelastung entsteht. Die vorgesehene Obergrenze für die Entlastung bewirkt, dass die gezahlte Steuer höher als der Entlastungsbetrag ist, der von der Einkommensteuer abgezogen werden kann.

Außerdem lässt sich die **Entwicklung** der Hebesätze **nicht langfristig voraussagen**, so dass z. B. nicht ausgeschlossen werden kann, dass schon kurz nach Vornahme entsprechender Investitionen eine Erhöhung des Hebesatzes erfolgt.[469] Außerdem tritt ein gravierender Unterschied zwischen den Rechtsformen zu Tage: Bei Personengesellschaften und Einzelunternehmen führt die pauschalierte „Anrechnung" der Gewerbesteuer auf die Einkommensteuer gem. § 35 EStG dazu, dass die Belastung mit Gewerbesteuer tendenziell an Bedeutung verliert.[470] Daher kann insbesondere in Gemeinden, mit einem Hebesatz unterhalb der 380% und eine überwiegend von Personengesellschaften geprägten Wirtschaftsstruktur nicht ausgeschlossen werden, dass mit dem Argument der Kompensation der Steuermehrbelastung durch einen höheren Entlastungsbetrag gem. § 35 EStG eine Anhebung des Hebesatzes auf 380% erfolgt. Inwieweit hierüber eine belastbarere Prognose möglich ist, entzieht sich einer wissenschaftlichen Diskussion.

3.5.2.2.1 Grundsteuer

- Inwieweit besteht ein Belastungsunterschied bei der Grundsteuer in Abhängigkeit von der Standortwahl?
- Inwieweit schwanken die Hebesätze der Grundsteuer an unterschiedlichen Standorten?
- Welche Belastungswirkungen ergeben sich aus den unterschiedlichen Hebesätzen, insbesondere auch bei anderen Steuern?
- Welche Bedeutung kommt dem Hebesatzrecht der Gemeinden für die Grundsteuer im Rahmen der Standortwahl zu?

Bemessungsgrundlage der Grundsteuer ist gem. § 13 Abs. 1 Satz 2 GrStG der vom Lagefinanzamt gesondert festgestellte Einheitswert des Grundbesitzes.[471] Hieraus ergibt sich, dass diese Steuer nur einen Einfluss auf die Standortwahl haben kann, wenn das Unternehmen Grundvermögen besitzt. Infolge des Abstellens auf den Ein-

---

469 Zu beachten ist allerdings § 16 Abs. 3 GewStG, wonach eine Erhöhung des Hebesatzes mit Wirkung vom Beginn dieses Kalenderjahres bis zum 30. Juni zu beschließen ist.

470 Dies gilt zumindest, wenn die „Anrechnung" in vollem Umfang zu der angestrebten Entlastung führt. Etwas anderes gilt hingegen, wen infolge der Höchstgrenzen ein Teil der Gewerbesteuer nicht zu einer Entlastung bei der Einkommensteuer führt.

471 Der BFH hat mit Urteil vom 30. 6. 2010, II R 60/08, BStBl. II 2010, S. 897, entschieden, dass Vorschriften über die Einheitsbewertung des Grundvermögens trotz der verfassungsrechtlichen Zweifel, die sich aus den lange zurückliegenden Hauptfeststellungszeitpunkten des 1.1.1964 bzw. – im Beitrittsgebiet – des 1. 1. 1935 und darauf beruhender Wertverzerrungen ergeben, jedenfalls für Stichtage bis zum 1. 1. 2007 noch verfassungsgemäß sind. Ob dies auch für spätere Stichtage gilt, ist zweifelhaft.

heitswert ist die Bemessungsgrundlage für diese Steuer regelmäßig niedrig, verglichen mit einer alternativen Berechnung auf der Grundlage der Zeitwerte. Gem. §§ 14, 15 GrStG ist die Höhe der auf den Einheitswert anzuwendenden Messzahl von der Art des Grundstücks abhängig und beträgt für Betriebsgrundstücke in der Regel 3,5 ‰. Auch die Hebesätze der Grundsteuer schwanken sehr stark. **Abbildung 3-33** gibt für ausgewählte Standorte einen Überblick.

Abbildung 3-33: *Hebesätze für die Grundsteuer in der Bundesrepublik Deutschland für Gemeinden mit mehr als 100.000 Einwohnern im Jahr 2011*[472]

Gemeinde	Hebesatz		Gemeinde	Hebesatz	
	A	B		A	B
Aachen	305	495	Köln	165	500
Augsburg	345	485	Krefeld	220	475
Bergisch Gladbach	255	487	Leipzig	350	650
Berlin	150	810	Leverkusen	295	590
Bielefeld	270	490	Lübeck	400	500
Bochum	250	525	Ludwigshafen a. R.	320	420
Bonn	265	530	Magdeburg	250	450
Bottrop	265	570	Mainz	290	400
Braunschweig	320	450	Mannheim	260	450
Bremen	250	580	Moers	240	435
Bremerhaven	220	530	Mönchengladbach	220	475
Chemnitz	350	540	Mülheim a. d. R.	230	530
Cottbus	400	450	München	535	535
Darmstadt	252	370	Münster	230	460
Dortmund	245	480	Neuss	205	455
Dresden	280	635	Nürnberg	332	490
Duisburg	260	550	Oberhausen	250	530
Düsseldorf	156	440	Offenbach a. M.	250	400
Erfurt	300	420	Oldenburg	360	430
Erlangen	300	460	Osnabrück	300	450
Essen	255	590	Paderborn	192	381
Frankfurt a. M.	175	460	Pforzheim	400	500
Freiburg i.Br.	600	600	Potsdam	250	493
Fürth	350	550	Recklinghausen	285	495
Gelsenkirchen	265	530	Regensburg	295	395
Gera	320	490	Remscheid	230	490
Göttingen	530	530	Reutlingen	320	400
Hagen	265	530	Rostock	300	450

472 Die sog. Grundsteuer A gilt für land- und forstwirtschaftliche Betriebe, die sog. Grundsteuer B für andere Grundstücke. Der Hebesatz A ist meistens niedriger als der für die Kategorie B.

Gemeinde	Hebesatz A	Hebesatz B	Gemeinde	Hebesatz A	Hebesatz B
Halle (Saale)	250	475	Saarbrücken	275	460
Hamburg	225	540	Salzgitter	350	430
Hamm	225	500	Schwerin	300	550
Hannover	530	530	Siegen	225	435
Heidelberg	400	470	Solingen	255	590
Heilbronn	330	410	Stuttgart	520	520
Herne	240	520	Ulm	325	430
Hildesheim	460	460	Wiesbaden	275	475
Ingolstadt	350	460	Witten	197	470
Kaiserslautern	280	370	Wolfsburg	270	420
Karlsruhe	420	420	Wuppertal	240	510
Kassel	450	490	Würzburg	340	450
Kiel	400	500	Zwickau	300	470
Koblenz	300	390			

Wie diese Werte zeigen, sind die Belastungsunterschiede infolge variierender Hebesätze gering, was insbesondere auf die häufig vergleichsweise niedrige Bemessungsgrundlage zurückzuführen ist. Hieraus folgt, dass von der **Grundsteuer im Regelfall keine nachhaltigen Einflüsse auf die Standortwahl ausgehen**. Außerdem ist zu bedenken, dass nur ein mittelbarer Zusammenhang zwischen der Standortwahl des Unternehmens und der Belastung mit Grundsteuer besteht: Letztlich kommt es auf die Belegenheit des Grundvermögens an. Dieses kann am Ort des Unternehmens belegen sein, sich jedoch auch an anderen Orten befinden. In diesen Fällen verringert sich der Einfluss der Grundsteuer auf die Standortwahl weiter, weil diese Steuerbelastung zumindest zum Teil unabhängig vom gewählten Standort eintritt. Außerdem ist die Grundsteuer eine abzugsfähige Betriebsausgabe und verringert damit sowohl die Bemessungsgrundlage der Gewerbesteuer als auch die der Einkommen- bzw. Körperschaftsteuer.

Bei Kapitalgesellschaften, bei denen ein enges Verhältnis zwischen Gesellschaft und Gesellschaftern zu beobachten ist, wie dies bei vielen mittelständischen Unternehmen der Fall ist, befindet sich das Immobilienvermögen häufig nicht im Betriebsvermögen der Gesellschaft, sondern im Privatvermögen der Gesellschafter. Hierfür sprechen neben Haftungserwägungen und der mittelbaren Beteiligung der Mitgesellschafter an dem Grundstück auch steuerliche Überlegungen. So besteht zumindest grundsätzlich die Möglichkeit unter den Voraussetzungen des § 23 EStG eine nicht steuerbare Veräußerung vorzunehmen. Ferner würde die Einlage einen Rechtsträgerwechsel darstellen, der zu einer Belastung mit Grunderwerbsteuer führt. Für die Standortüberlegung folgt hieraus, dass sich die Belastungsunterschiede von der Ebene der Gesellschaft auf die des Gesellschafters verlagern. Auf Grund des nicht gegebenen Trennungsprinzips bestehen diese Möglichkeiten bei Einzelunternehmern und Personengesellschaften nicht. Im Fall der Kapitalgesellschaftsalternative erzielen die Gesellschafter – eine Angemessenheit der Vereinbarung unterstellt – hieraus Einkünfte aus Kapitalvermögen. Bei diesen ist die gezahlte Grundsteuer als Werbungskosten abzugsfähig.

3.5.2.3 Steuerliche Investitionsfördermaßnahmen

- Welche steuerlichen Investitionsfördermaßnahmen können eingesetzt werden?
- Welche davon werden eingesetzt, und wie wirken sich diese aus?
- Welche besonderen Probleme bestehen bei diesen Fördermaßnahmen?
- Welche Bedeutung kommt ihnen für die Standortwahl von Unternehmen zu?

Der Staat versucht, durch eine ganze Reihe von Investitionsfördermaßnahmen gezielt Investitionen an solche Standorte zu „locken", die er als besonders förderungswürdig ansieht. Damit soll der Vorgabe aus Art. 72 Abs. 2 GG entsprochen werden, für gleichwertige Lebensverhältnisse in ganz Deutschland zu sorgen. Abbildung **3-34** fasst die wesentlichen Formen zusammen. Dabei zeigt schon diese Übersicht, dass es unterschiedliche Förderinstrumenten gibt.

Hierbei handelt es sich um Regelungen, die vergleichsweise häufig vom Gesetzgeber geändert werden, um eine zielgenaue Wirkung zu erreichen und der Haushaltslage Rechnung zu tragen. Diesen Maßnahmen kam insbesondere in den Jahren 1990 ff. Bedeutung zu, als der Gesetzgeber mit ihnen versuchte, die Wirtschaft in den neuen Bundesländern zu fördern.

Im Folgenden werden die wesentlichen Förderinstrumente charakterisiert. Zu deren Auswirkungen auf Investitions- und Finanzierungsentscheidungen wird auf die späteren Ausführungen auf S. 234 ff. dieses Buchs verwiesen.

Abbildung 3-34: *Unterschiedliche Formen von Investitionsfördermaßnahmen*

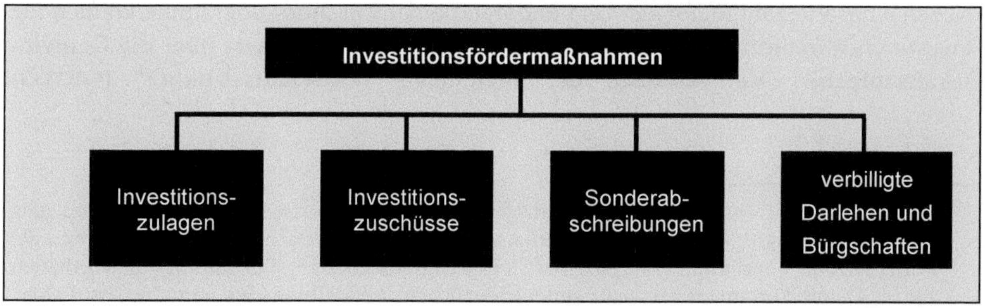

Durch **Investitionszulagen** wird die Anschaffung oder Herstellung von neuen, abnutzbaren und beweglichen Wirtschaftsgütern begünstigt, die bestimmte, im jeweiligen Fördergesetz näher bestimmte Anforderungen (insbesondere Verbleibensfristen) erfüllen. Die Förderungshöhe richtet sich regelmäßig nach dem Zeitpunkt der Anschaffung oder Herstellung. Die Investitionszulagen sind bei der Unternehmung steuerfrei.[473] Sie sind also weder steuerpflichtige Betriebseinnahme, noch vermindern sie die Bemessungsgrundlage für die Abschreibungen des Investitionsobjektes.[474] Ziel der Investitionszulagen ist es, die Liquidität der Unternehmen kurzfristig zu verbessern. Die Zulagen werden nach Ablauf des Wirtschaftsjahres festgesetzt, indem die Investition erfolgte, und sollen innerhalb eines Monats nach Bekanntgabe des Bescheids ausgezahlt werden[475], was sich wegen praktischer Schwierigkeiten jedoch nicht immer gewährleisten lässt.

Außerdem entsteht durch diese Maßnahmen ein erheblicher Verwaltungsaufwand. Aus der Sicht des Investors besteht die Gefahr, dass sein begründeter Anspruch auf Zulagengewährung auf Grund einer falschen Verwaltungsentscheidung nicht anerkannt wird und er diesen einklagen muss. Dies vermindert die positiven Wirkungen der Investitionszulage erheblich. Außerdem könnte eine veränderte wirtschaftliche Situation einen anderen als den ursprünglich geplanten Einsatz des Wirtschaftsguts erforderlich machen. Wenn dadurch die Fördervoraussetzungen (insbesondere die Verbleibensfristen) nicht mehr erfüllt sind, muss der Investor die Zulage zurückzahlen. Dies könnte zu einer erheblichen Belastung der Liquidität in späteren Jahren führen oder – um dies zu verhindern – die Anpassungsflexibilität einschränken. Trotz dieser praktischen Probleme ist die Investitionszulage aus theoretischer Sicht das Instrument, das am besten geeignet ist, weil die hiermit verbundenen Anreizwirkungen vergleichsweise groß sind und auch in einer Verlustsituation ein Vorteil eintritt. Hinzu kommen positive Liquiditätseffekte. Gem. § 1 Abs. 2 InvZulG 2010 besteht das Fördergebiet aus Brandenburg, Mecklenburg-Vorpommern, Sachsen, Sachsen-Anhalt und Thüringen und mit Einschränkungen aus dem Land Berlin. Durch das Investitionszulagengesetz 2010 (InvZulG 2010) wurde die Förderung, die ursprünglich Ende 2009 beendet werden sollte, bis Ende 2013 verlängert, wobei das Fördervolumen dabei nachhaltig verringert wurde.

Neben einer Vielzahl regionaler und anderer kleiner Zuschussprogramme können für Investitionen in bestimmten Gebieten **Zuschüsse nach dem Gesetz über die Gemeinschaftsaufgabe „Verbesserung der regionalen Wirtschaftsstruktur" (GRWG)**

---

473 Vgl. § 13 Satz 1 InvZulG 2010. Allerdings geht diese Steuerfreiheit verloren, wenn eine Kapitalgesellschaft eine der Investitionszulage entsprechende Ausschüttung an die Anteilseigner vornimmt, während bei Personengesellschaften die Steuerfreiheit erhalten bleibt. Damit kommt es zu einer unterschiedlichen Behandlung der „durchgeschütteten" Investitionszulagen bei Personen- und Kapitalgesellschaften.

474 So ausdrücklich § 13 Satz 2 InvZulG 2010.

475 Vgl. § 10 InvZulG 2010.

gewährt werden.[476] Das GRWG wird durch einen regelmäßig weiter zu entwickelnden Koordinierungsrahmen[477] konkretisiert, indem insbesondere die Abgrenzung des Fördergebiets, die Regelung der einzelnen Fördermaßnahmen erfolgt sowie die Fördervoraussetzungen und die Mittelausstattung festgelegt werden.[478] Durch die Zuschüsse sollen volkswirtschaftlich besonders förderungswürdige Investitionsmaßnahmen unterstützt werden, die zusätzliche Beschäftigungseffekte für strukturschwache Gebiete schaffen, indem bestehende Standortnachteile durch gezielte regionalpolitische Fördermaßnahmen ausgeglichen werden. Besonderes Ziel ist dabei die Schaffung neuer, dauerhaft wettbewerbsfähiger Arbeitsplätze.[479] Durch die regelmäßige Weiterentwicklung sind die Investitionszuschüsse änderungsanfällig. Hinzu kommt, dass die Länder die Möglichkeit haben, räumliche Förderschwerpunkte zu schaffen. Dies hat nicht zuletzt auf Grund der hohen Nachfrage nach GA-Mitteln zu einer ständig zunehmenden Regionalisierung der Investitionszuschussgewährung geführt. Für einen Investor, der nach einem Unternehmensstandort sucht, hat dies zur Folge, dass diese Fördermaßnahmen kaum noch zu überblicken sind. Insbesondere mittelständische Unternehmen, die nicht über eine entsprechend qualifizierte Steuerabteilung verfügen, werden kaum in der Lage sein, diese vielfältigen Maßnahmen zu durchschauen. Außerdem führen die aufwendigen Vergleiche zwischen alternativen Standorten zu hohen Suchkosten.

Bei der Förderungshöhe wird nicht zwischen unterschiedlichen Investitionsformen unterschieden. Vielmehr erfolgt eine Unterteilung in verschiedene Fördergebiete, die in Abhängigkeit von der Größe des Unternehmens und der Belegenheit eine unterschiedlich hohe Förderung vorsehen. Diese beträgt bis zu 50% der förderungsfähigen Investitionskosten.[480] Diese Differenzierung verursacht nicht nur erhebliche Abgrenzungsprobleme, die für den Investor zusätzliche Unsicherheitsmomente bezüglich seiner Förderung schaffen, sondern sie ist auch aus betriebswirtschaftlicher Sicht zweifelhaft. Die Bevorzugung von neugegründeten Unternehmen gegenüber bestehenden, die Rationalisierungsinvestitionen vornehmen, ist nicht einsichtig. Sie kann dazu führen, dass sanierungsbedürftige Betriebe aufgegeben und anschließend neu gegründet werden, um ebenfalls die höhere Förderung zu erhalten.[481]

Bei den im Koordinierungsrahmen genannten Fördersätzen handelt es sich um die maximal mögliche Förderung. Inwieweit dieser Satz tatsächlich gewährt wird, hängt

---

476 Eine Förderung aus GA-Mitteln können auch Unternehmen aus anderen Regionen des Bundesgebiets in Anspruch nehmen, es handelt sich um eine allgemeine, regionalpolitische Fördermaßnahme und nicht ausschließlich um ein Programm für die neuen Bundesländer.

477 Vgl. § 4 Abs. 2 GRWG.

478 Vgl. § 4 Abs. 3 GRWG. Für den ab 2009 geltenden Koordinierungsrahmen der Gemeinschaftsaufgabe „Verbesserung der regionalen Wirtschaftsstruktur" (GRW-Koordinierungsrahmen 1/2009) vgl. BT-Drs. 16/13950.

479 Vgl. Ziffer 1.1 Teil I-A des GRW-Koordinierungsrahmens 1/2009, BT-Drs. 16/13950.

480 Vgl. Ziffer 2.6.2 Teil II-A des GRW-Koordinierungsrahmens 1/2009, BT-Drs. 16/13950.

481 Vgl. Kroker/Feust, Investitionsförderung in den neuen Bundesländern – Eine betriebswirtschaftliche Effizienzanalyse, iw-Trends 1/1991, S. A-16.

neben dem Ermessen der bewilligenden Behörde von den zur Verfügung stehenden Haushaltsmitteln ab. Damit ist diese Förderung aus Sicht des Investors besonders problematisch. Er muss die Verhältnisse an jedem potentiellen Standort genau prüfen, soweit es überhaupt möglich ist, bestimmte Faktoren (z. B. den Bestand an noch vorhandenen Fördermitteln) in Erfahrung zu bringen. Außerdem wird vor Gewährung der Investitionszuschüsse geprüft, ob das geplante Investitionsvorhaben mit dem Flächennutzungsplan und mit den Bebauungsplänen übereinstimmt und ob das Investitionsvorhaben umweltverträglich ist. Die Konsequenz ist nicht nur eine „Überfrachtung" der Förderregelungen, was wesentlich zu deren Unübersichtlichkeit beiträgt, sondern auch eine weitere Verlängerung der Genehmigungsfristen. Die Investitionszuschüsse sollen zeitnah zum Investitionsbeginn ausgezahlt werden; deshalb hat eine Beantragung der Fördermittel vor Beginn der Investition zu erfolgen. In der Praxis kommt es offenbar zu erheblichen Auszahlungsverzögerungen, was der Grundidee der Förderung durch Zuschüsse zuwider läuft. Investoren müssen einen nicht unerheblichen Verwaltungsaufwand auf sich nehmen, bevor sie die Hilfen erhalten.[482]

Steuerlich hat der Anspruchsberechtigte bezüglich der Behandlung von Investitionszuschüssen ein Wahlrecht:[483] Entweder behandelt er sie als Betriebseinnahmen, die den steuerpflichtigen Gewinn erhöhen, oder er vermindert die Anschaffungs- bzw. Herstellungskosten des begünstigten Wirtschaftsgutes und damit die Abschreibungsbemessungsgrundlage. Dadurch kommt es in den folgenden Perioden auf Grund von geringeren Abschreibungen zu einer „Nachversteuerung" der Zuschüsse. Aus Sicht der Standortwahl erweist sich die Komplexität der Regelung als Nachteil. Für einen Investor entstehen hohe Informationskosten. Zugleich besteht Unsicherheit, ob die Förderung tatsächlich erlangt wird. Selbst wenn dies gelingt, führt die ertragsteuerliche Behandlung zu einer nur abgeschwächten Wirkung. Allerdings ist zu beachten, dass das Fördergebiet – anders als das Investitionszulagengesetz – nicht nur die neuen Bundesländer umfasst.

Der Gesetzgeber hat in den letzten Jahren eine Vielzahl von Vorschriften über **Sonderabschreibungen** erlassen und zwischenzeitlich wieder abgeschafft. Diese beziehen sich entweder auf die gezielte Förderung bestimmter Investitionen oder der Investition in bestimmten Gebieten. Die Förderung erfolgt indem Steuerpflichtige, die solche Investitionen tätigen, diese schneller abschreiben können als andere Investitionen bzw. Investitionen an anderen Standorten. Die sich hieraus ergebenden Vorteile hängen im Wesentlichen davon ab, wie die individuellen steuerlichen Verhältnisse der Gesellschaft aussehen. Handelt es sich z. B. um eine Kapitalgesellschaft, die schon vor Berücksichtigung der Sonderabschreibungen Verluste erzielte, führen die Sonderab-

---

482 Nicht nur die einzelnen Förderungen sind regional sehr verschieden, sondern auch die Zuständigkeiten für die Bearbeitung der Anträge sind in den Bundesländern unterschiedlich geregelt. Vgl. Ziffer 1.1 der Erläuterungen zum Antragsformular auf Gewährung öffentlicher Finanzierungshilfen an die gewerbliche Wirtschaft im Rahmen der regionalen Wirtschaftsförderung im Anhang 7, BT-Drs. 16/13950.

483 Vgl. BFH vom 22. 1. 1992, X R 23/89, BStBl. II 1992, S. 488 sowie R. 6.5 Abs. 2 EStR.

schreibungen lediglich zu einer weiteren Erhöhung des Verlustabzugspotentials und damit u. U. zu einer deutlich geringeren Entlastungswirkung. Allerdings muss eingeräumt werden, dass Sonderabschreibungen in ihrer Handhabung relativ einfach sind und insbesondere zu wenig zusätzlichem Verwaltungsaufwand führen. Nachdem der Gesetzgeber diese Maßnahmen weitgehend abgeschafft hat, kommt ihnen für die Standortwahl lediglich eine vergleichsweise geringere Bedeutung zu.

Außerdem werden von Bund, Ländern und z. T. auch den Gemeinden (oder von diesen gegründeten besonderen Förderungseinrichtungen) spezielle Programme angeboten, die Investoren **zinsverbilligte Darlehen** gewähren. Grundüberlegung dieser Maßnahme ist, dass die Eigenkapitalausstattung vieler Unternehmen unzureichend ist und bei kapitalintensiven Investitionen die entstehende Belastung mit Zinsen häufig zu einer sehr starken Einschränkung des finanziellen Handlungsspielraums der Unternehmen führt. Folglich wird versucht, durch gezielte Finanzierungshilfen dieses Problem zu lösen. Diese Maßnahmen sind sehr unterschiedlich ausgestaltet und werden teilweise von der Stellung entsprechender Sicherheiten abhängig gemacht. In diesen Fällen muss das Unternehmen bzw. müssen deren Gesellschafter über entsprechende – noch nicht als Sicherheit gestellte – Vermögenswerte verfügen, damit eine Nutzung überhaupt erfolgen kann. Da die Kreditvergabe häufig auf Bundes- oder Landesebene erfolgt, ist der Einfluss auf die Standortwahl regelmäßig gering.

3.5.2.4 Besondere Steuern in einigen Gemeinden

- Welche besonderen Steuern werden von den Gemeinden erhoben?
- Welche Bedeutung kommt diesen im Rahmen der Standortwahl zu?

Das föderale System der Bundesrepublik Deutschland gibt den Gemeinden die Möglichkeit, besondere Steuern zu erheben. Dies gilt z. B. für die sog. **Zweitwohnungssteuer**, die bei den Steuerpflichtigen erhoben wird, die in einer Gemeinde „lediglich" ihren Zweitwohnsitz unterhalten. Aus dem Blickwinkel der betrieblichen Standortwahl sind hier weniger die Steuern von Interesse, die an den Verbrauch oder Konsum anknüpfen[484], als vielmehr solche, mit denen die Gemeinden versuchen, **bestimmte Lenkungszwecke** zu verfolgen. Diese Regelungen zielen weniger auf ein möglichst hohes Steueraufkommen ab, sondern sollen bestimmte Verhaltensweisen begünstigen oder sanktionieren.[485] Nachdem das Bundesverfassungsgericht die Erhebung von besonderen Steuern auf Einwegverpackungen verworfen hat[486], gilt dies speziell für

484 Auch wenn nicht übersehen werden soll, dass im Einzelfall (z. B. bei der Versetzung von Mitarbeitern) hieraus eine zusätzliche Belastung entsteht, weil die Arbeitnehmer nur dann bereit sind, an diesen Standort zu gehen, wenn der ihnen entstehende Nachteil durch den Arbeitgeber ausgeglichen wird.

485 In diesem Zusammenhang wird nochmals auf die Definition der Steuern in § 3 AO verwiesen, wonach die Erzielung von Einnahmen auch Nebenzweck der Besteuerung sein kann, vgl. Kaminski/Strunk, Besteuerung unternehmerischen Tätigkeiten, 2. Aufl., Wiesbaden 2007, S. 3 f.

486 Vgl. BVerfG vom 7. 5. 1998, 2 BvR 1991/95 und 2004/95, HFR 1998, S. 578.

besondere Abgaben auf Geldspielautomaten. Diese zielen darauf ab, die Gewinne aus solchen Geschäften abzuschöpfen, um so die Verbreitung derartiger Geschäfte einzuschränken.

Aus betriebswirtschaftlicher Sicht haben diese regionalen Steuern eine geringe Bedeutung. Zwar kann es aus Sicht der Unternehmen vorteilhaft sein, sich bei der Standortwahl nicht direkt in der Gemeinde anzusiedeln, in der eine solche Steuer erhoben wird, sondern in einer Nachbargemeinde. Gleichwohl ist es riskant, solche Entscheidungen ausschließlich auf der Grundlage steuerlicher Überlegungen zu treffen; die gewählte Standortgemeinde könnte jederzeit eine vergleichbare Regelung einführen. Außerdem verdeutlicht gerade das Beispiel der Steuer auf Geldspiele, dass mit einem anderen Standort häufig ein anderer „Absatzmarkt" verbunden ist; andernfalls ist eine solche Steuer wenig sinnvoll. Folglich ist genau zu prüfen, inwieweit die Veränderungen des Absatzmarktes eine evtl. Entlastung von einer solchen speziellen Steuer kompensieren. Damit ist festzustellen, dass solchen Steuern i. d. R. eine geringe Bedeutung für die Standortwahl zukommt, sie aber auf andere unternehmerische Entscheidungen einen erheblichen Einfluss haben können.[487]

3.5.3 Fazit zum Einfluss von Steuern auf die betriebliche Standortwahl

Die Analyse der Entscheidungswirkung hat gezeigt, dass sich Belastungsunterschiede in Folge der unterschiedlichen hohen Hebesätze als auch spezieller (steuerlicher) Investitionsfördermaßnahmen ergeben können. Dabei kommt den Hebesätzen besondere Bedeutung zu, weil sie in der Regel zu dauerhaften Belastungsunterschieden führen, während die Investitionsfördermaßnahmen regelmäßig nur für einen begrenzten Zeitraum gewährt werden.

Wie die obigen Berechnungen gezeigt haben, sind die Belastungsunterschiede bei Kapitalgesellschaften deutlich größer als bei Einzelunternehmern und Personengesellschaften. Da die Gewerbsteuer einen erheblichen Teil der Gesamtsteuerbelastung von Körperschaften ausmacht, kommt bei ihnen dem Hebesatz herausragende Bedeutung zu. Bei Investitionsfördermaßnahmen ist festzustellen, dass deren Bedeutung in den letzten Jahren in Folge der deutlich gesunkenen Fördersätze nachhaltig zurückgegangen ist. Dabei muss auch berücksichtigt werden, inwieweit an den geförderten Standorten andere Nachteile bestehen (wie z. B. die Lage oder eine schlechte Verkehrsanbindung) und damit diesen Vorteil gegebenenfalls dauerhaft eintretenden Nachteile gegenüberstehen. Ferner ist festzustellen, dass in dem Fördergebiet gem. § 1 Abs. 2 InvZulG häufig eher niedrigere Hebesätze gelten, so dass gegebenenfalls mehrere begünstigende Regelungen nebeneinander genutzt werden können.

---

487 Vgl. hierzu die Ausführungen zur Produktionsfaktorsteuer auf S. 397 ff.

Fischer, Steuerchaos und betriebliche Standortwahl, in: *Peemöller/Uecker* (Hrsg.), Standort Deutschland, FS zum 65. Geburtstag von *A. Heigl,* Berlin 1995, S. 171 ff.
Fischer, Standortwahl und Steuern, Handwörterbuch der Betriebswirtschaft, in: *Wittmann/Kern/Köhler/Kupper/Wysoki* (Hrsg.), 5. Aufl., Stuttgart 1993, Sp. 3973 ff.
Rose, Betriebswirtschaftliche Steuerlehre, 3. Aufl., Wiesbaden 1992, S. 75 ff.
Wöhe/Bieg, Grundzüge der Betriebswirtschaftlichen Steuerlehre, 4. Aufl., München 1995, S. 155 ff.
Wöhe, Betriebswirtschaftliche Steuerlehre II/2. Der Einfluss der Besteuerung auf Unternehmenszusammenschlüsse und Standortwahl im nationalen und internationalen Bereich, 4. Aufl., München 1997
Koordinierungsrahmen der Gemeinschaftsaufgabe „Verbesserung der regionalen Wirtschaftsstruktur" (GRW-Koordinierungsrahmen 1/2009), abgedruckt auf BT-Drs. 16/13950 vom 08.09.2009

4 Geschäftsleitungsentscheidungen im weiteren Sinne

4.1 Grundsätzliches

- Welche einzelnen Fragestellungen sind im Rahmen der Bereichsentscheidungen zu diskutieren?
- Warum ist es notwendig, im Rahmen dieser Fragestellungen steuerliche Überlegungen mit zu berücksichtigen?
- Welche Zielsetzung wird den weiteren Überlegungen zugrunde gelegt?

Unter Bereichsentscheidungen werden solche Entscheidungen verstanden, die zwar für das Unternehmen von Bedeutung sind, aber dessen Verhältnis zur Außenwelt und zu den Gesellschaftern nicht entscheidend prägen. Hierbei handelt es sich insbesondere um die folgenden Fragen:

- Investitions- und Finanzierungsentscheidungen,
- Controlling,
- Marketingentscheidungen,
- Personalentscheidungen und
- ausgewählte Produktionsentscheidungen.

Eine solche Aussage darf jedoch nicht in dem Sinne missverstanden werden, dass Bereichsentscheidungen für das Unternehmen nur eine geringe materielle Bedeutung haben. Dies ist nicht der Fall. Vielmehr sind diese Entscheidungen dadurch charakterisiert, dass sie infolge ihrer Häufigkeit und der mit ihnen verbundenen finanziellen Konsequenzen für die Unternehmung von entscheidendem Gewicht sind.

Diese Entscheidungen werden regelmäßig nicht von der obersten Unternehmensleitungsebene getroffen (wie z. B. dem Vorstand einer Aktiengesellschaft oder dem Geschäftsführer einer GmbH), sondern von den jeweiligen Leitern der Bereiche. Hieraus entsteht für das Unternehmen die Notwendigkeit, diese Bereichsentscheidungen in die übrigen Entscheidungen des Unternehmens einzufügen. Damit muss eine **Verbindung zwischen den Teilplänen** der einzelnen Bereiche und der Gesamtplanung des Unternehmens hergestellt werden. Dies kann entweder „top-down" geschehen, indem ausgehend von bereits getroffenen Geschäftsleitungsentscheidungen die einzelnen Teilplanungen in den unterschiedlichen Unternehmensbereichen erfolgen, oder „bottom-up" indem sich zunächst die Entscheidungsfindung in den einzelnen Unternehmensbereichen vollzieht und diese dann auf Ebene des Gesamtunternehmens abgestimmt und koordiniert wird. Unabhängig von der Vorgehensweise, setzt eine Planung voraus, dass eine Zielsetzung besteht, die das Unternehmen verfolgt.

Im einleitenden Kapitel würde bereits die Zielsetzung der relativen Steuerminimierung erläutert. Für die weiteren Überlegungen wird davon ausgegangen, dass die Erträge unabhängig von den Investitionsentscheidungen sind. Dies ist regelmäßig nicht der Fall, zumal wenn berücksichtigt wird, dass mit unterschiedlichen Investitionsobjekten regelmäßig unterschiedlich hohe Zahlungsströme verbunden sind. Wenn davon ausgegangen werden kann, dass die **Erträge unabhängig von der Besteuerung** sind, so besteht die Aufgabe darin, die Handlungsalternative zu wählen, die bei gegebenen realen Handlungsmöglichkeiten zur geringsten Steuerbelastung führt. Allerdings ist die Steuerminimierung kein Selbstzweck. Vielmehr ist die Fortführung der unternehmerischen Tätigkeit als Datum zu beachten. Folglich kann eine Verringerung der Steuerbelastung nur in diesem Rahmen erfolgen. Damit wird eine Steuerminimierungsstrategie, die darauf hinausliefe, alle Aktivitäten einzustellen, unterbunden. Diese Zielsetzung gilt für alle im Folgenden zu diskutierenden Bereichsentscheidungen. Hiervon unabhängig zu prüfen, ist die Frage, ob die unternehmerische Tätigkeit zu einer ausreichenden Rendite führt oder es lohnender wäre, die vorhandenen Mittel in Finanzanlagen (oder anderen Objekten) zu investieren.

4.2 Investition und Finanzierung

- Welchen Einfluss haben Steuern auf Investitionsentscheidungen?
- Welchen Einfluss haben Steuern auf Finanzierungsentscheidungen?
- Welches Verhältnis besteht zwischen diesen beiden Bereichen?

4.2.1 Begriffliche Grundlagen und Verhältnis der Begriffe zueinander

4.2.1.1 Begriffliche Grundlagen

Die Begriffe „Investition" und „Finanzierung" sind im betriebswirtschaftlichen Schrifttum sehr eingehend diskutiert.[488] Im Folgenden sollen nicht diese – mehr oder

488 Entsprechende Abgrenzungen finden sich in jedem Lehrbuch zur Allgemeinen Betriebswirtschaftslehre.

weniger – unterschiedlichen Definitionen dargestellt oder bewertet werden. Vielmehr erfolgt eine möglichst anschauliche Begriffsbestimmung, die ein gemeinsames Grundverständnis der sich anschließenden steuerlichen Ausführungen ermöglicht.

4.2.1.1.1 Investition

- Wie ist der Begriff „Investition" zu definieren?
- Welche Investitionsformen lassen sich unterscheiden?

Der Begriff der Investition lässt sich ganz allgemein als die **Verwendung von finanziellen Mitteln** definieren. Entscheidend ist, dass es zu einem Abfluss finanzieller Mittel (also einer Auszahlung) kommt. Allerdings ist nicht jeder Mittelabfluss als Investition zu charakterisieren. Vielmehr führt z. B. die Begleichung einer Verbindlichkeit auch zu einer Auszahlung, ohne dass es sich hierbei um eine Investition handelt. Erforderlich ist vielmehr, dass die Auszahlung in der Erwartung erfolgt, dass ihr in der Zukunft höhere Rückflüsse (in der Regel in Form von Geld) gegenüberstehen. Regelmäßig wird eine Investition mit einem Mittelabfluss beginnen. Nur in Ausnahmefällen sind Investitionen nicht mir dem Abgang liquider Mittel verbunden. Dies kann etwa der Fall sein, wenn keine Hingabe von Geld sondern von Sachmitteln erfolgt, wie dies etwa bei Tausch- und tauschähnlichen Vorgängen geschieht.

- **Beispiel:**

  Ein Unternehmen erwirbt eine Maschine von einem Lieferanten, gegen den das Unternehmen eine Forderung in Höhe des Kaufpreises hat. Aus Vereinfachungsgründen erklären die Vertragsparteien Aufrechnung von Forderung und Verbindlichkeit[489] mit der Konsequenz, dass diese Ansprüche untergehen. Hier liegt gleichwohl eine Investition vor, obwohl der Bestand des Unternehmens an liquiden Mitteln nicht verändert wurde.

Eine Investition lässt sich damit zusammenfassend als die Umwandlung von Vermögenswerten (insbesondere Zahlungsmitteln) eines Unternehmens in Sachgüter, Dienstleistungen und Forderungen definieren.[490] Dabei ergibt sich die vorgenommene Einschränkung in der Definition auf Unternehmen aus dem Erkenntnisobjekt der Betriebswirtschaftslehre und der Betriebswirtschaftlichen Steuerlehre.[491] Im Rahmen einer Investitionsentscheidung sind zwei Fragestellungen zu unterscheiden:

- Soll eine Investition **überhaupt durchgeführt** werden, d. h. ist sie wirtschaftlich sinnvoll oder wäre es besser, auf sie zu verzichten? Ist die Vorteilhaftigkeit zu bejahen, interessiert darüber hinaus die Frage über welchen Zeitraum sich die Nutzung des Investitionsgutes erstrecken soll.

---

489 Vgl. §§ 387 ff. BGB.

490 In Anlehnung an Käfer, Investitionsrechnungen, 4. Aufl., Zürich 1974, S. 5.

491 Vgl. hierzu Kaminski/Strunk, Besteuerung unternehmerischer Tätigkeiten, 2. Aufl., Wiesbaden 2007, S. 6 ff.

- Sind mehrere Investitionen vorteilhaft, ist zu prüfen, **welche** der sich bietenden Investitionsalternativen diejenige ist, die die größten Vorteile aufweist. Es ist also eine Auswahl zwischen sich ausschließenden Alternativen zu treffen.

Die unterschiedlichen **Formen** von Investitionen lassen sich nach verschiedenen Kriterien differenzieren. Dies können z. B. nach der Dauer des Investitionsprojektes kurz-, mittel- oder langfristige Investitionen sein. Außerdem kann nach der Art des Investitionsobjekts differenziert werden. Danach sind z. B. Sach- und Finanzinvestitionen sowie solche in immaterielle Wirtschaftsgüter zu unterscheiden. Schließlich kann nach der Zielsetzung unterschieden werden, die mit der Investition verfolgt wird. Hier lassen sich beispielsweise nennen:[492]

- Ersatzinvestitionen (Ersatz alter Investitionsgüter (i. d. R. Maschinen) durch neue gleiche oder zumindest gleichartige),
- Rationalisierungsinvestitionen (Auswechselung noch funktionierender Investitionsgüter durch effizienter arbeitende (z. B. kostengünstigere)),
- Erweiterungsinvestitionen (Beschaffung zusätzlicher Anlagen mit dem Zweck, das quantitative Leistungspotential zu erhöhen),
- Umstellungsinvestitionen (Ersatz alter Anlagen mit dem Ziel, auf diesen zukünftig andere Produkte fertigen zu können) und
- Diversifikationsinvestitionen (Investitionen in das bereits bisher angebotene Produkt, um weitere Varianten oder im Zusammenhang mit diesem stehende neue Produkte anbieten zu können).

Wie diese Aufzählung zeigt, ist eine Systematisierung nach sehr unterschiedlichen Kriterien möglich, ohne dass eine der Systematiken für sich in Anspruch nehmen kann, die „richtige" zu sein. Wichtig ist festzustellen, dass in den letzten Jahren eine deutliche Verschiebung der Investitionstätigkeit weg von Maschinen und Anlagen hin zu immateriellen Wirtschaftsgütern (insbesondere Software, Know-how, Forschung und Entwicklung) stattgefunden hat, die sowohl die Ermittlung der Auszahlungen als auch die Bestimmung der erwarteten Rückflüsse erschwert.

4.2.1.1.2 Finanzierung

- Wie ist der Begriff „Finanzierung" zu definieren?
- Welche unterschiedlichen Finanzierungsformen lassen sich unterscheiden?

Der Begriff der Finanzierung kann definiert werden als die **Beschaffung von finanziellen Mitteln**. Hierbei handelt es sich um jede Form von Zahlungsmitteln und sämtliches Buch- und Giralgeld (z. B. Sichtguthaben auf einem Bankkonto). In Abhän-

492 In Anlehnung an Thommen/Achleitner, Allgemeine Betriebswirtschaftslehre, 6. Aufl., Wiesbaden 2009, S. 680 f.

gigkeit vom zu finanzierenden Gegenstand kann zwischen einer Objekt- und einer Unternehmensfinanzierung unterschieden werden. Erstere ist lediglich auf die Finanzierung eines bestimmten Projektes gerichtet (z. B. eines neuen Produktionsstandortes), letztere auf die Finanzierung des Unternehmens als Ganzes.

Fragen der Finanzierung haben für jedes Unternehmen besondere Bedeutung. Es muss jederzeit in der Lage sein, seinen finanziellen Verpflichtungen nach zu kommen. Ist die Liquidität des Unternehmens nicht mehr gegeben, besteht Zahlungsunfähigkeit. In einem solchen Fall sind die Leitungsorgane der Gesellschaft bzw. ggf. auch die Gesellschafter verpflichtet, unverzüglich einen Insolvenzantrag zu stellen.[493]

Eine Systematik der verschiedenen Finanzierungsvorgänge kann nach verschiedenen Kriterien erfolgen. So z. B. nach dem Finanzierungsanlass (beispielsweise dauerhafte Verstärkung der Kapitalausstattung oder lediglich kurzfristige Überbrückung eines Liquiditätsengpasses), nach der Rechtsstellung des Kapitalgebers (als Eigen- oder Fremdkapital), nach der Herkunft der Mittel (aus dem Unternehmen, d. h. über den Absatzmarkt oder von außerhalb, d. h. über den Kapitalmarkt), nach der Dauer der Kapitalüberlassung (kurz-, mittel- oder langfristig) und ggf. nach der Häufigkeit der Finanzierungsvorgänge (beispielsweise einmalige Finanzausstattung vs. laufende Unterstützungszahlungen durch den Gesellschafter zum Ausgleich von Verlusten).

Von zentraler Bedeutung erweist sich aus betriebswirtschaftlicher (aber auch aus rechtlicher) Sicht, ob es sich beim überlassenen Kapital um haftendes Eigenkapital handelt oder um Fremdkapital, das dem Unternehmen nur zeitweise zur Verfügung steht und mit dessen Rückzahlung früher oder später zu rechnen ist. Die Finanzierungspraxis hat eine ganze Reihe von Instrumenten entwickelt, bei denen die Abgrenzung zwischen Eigen- und Fremdkapital nicht ohne weiteres möglich ist. Vielmehr zielen diese sog. hybriden Finanzierungsinstrumente darauf ab, die Vorteile von Eigen- und Fremdkapital miteinander zu kombinieren. Hieraus folgt, dass in Abhängigkeit davon, welchen Faktoren besondere Bedeutung beigemessen wird, sehr unterschiedliche Ausgestaltungsformen zu unterscheiden sind, die auch Auswirkungen auf die steuerliche Qualifikation der Finanzierungsmittel sowie der Ein- und Auszahlungen haben.

Für die weiteren Überlegungen ist die Unterscheidung zwischen Innen- und Außenfinanzierung von besonderer Bedeutung, weil hiermit grundlegend andere (steuerliche) Konsequenzen verbunden sind. Diese Abgrenzung ist in Abbildung 4-1 dargestellt.

[493] Vgl. § 17 Abs. 1 InsO.

Abbildung 4-1: *Unterschiedliche Finanzierungsformen*

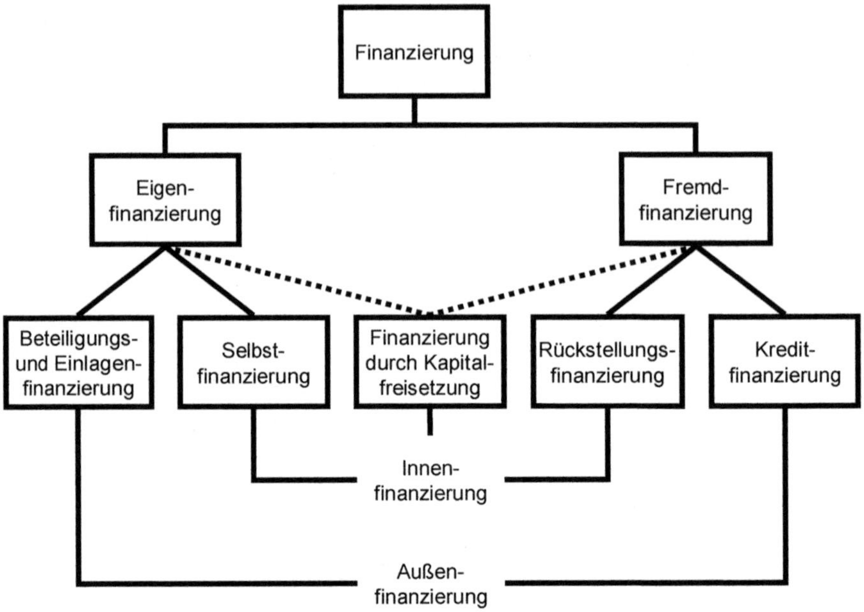

Quelle: In Anlehnung an Perridon/Steiner, Finanzwirtschaft der Unternehmung, 15. Aufl., München 2009, S. 358.

Diese verschiedenen Formen der Finanzierung lassen sich folgendermaßen definieren:

- **Außenfinanzierung:** Beschaffung von finanziellen Mitteln über den Kapitalmarkt, d. h. von außerhalb des Unternehmens, sei es über die Gesellschafter oder durch Unternehmensfremde, wie insbesondere Banken.

- **Innenfinanzierung:** Es erfolgt keine Zuführung von Kapital in das Unternehmen von „außen", sondern durch den ordentlichen Geschäftsbetrieb, indem auf dem Absatzmarkt Umsatzerlöse erzielt werden, die höher als die entstehenden Kosten sind.

- **Fremdfinanzierung:** Beschaffung von finanziellen Mitteln, bei dem die Kapitalgeber eine Gläubigerstellung einnehmen. Charakteristisch für die Fremdfinanzierung ist, dass regelmäßig keine Haftungsübernahme erfolgt, die Zahlungsansprüche der Kapitalgeber nicht gewinnabhängig sind, kaum Einflussnahmemöglichkeiten auf das Unternehmen bestehen und dass die Kapitalüberlassung zeitlich begrenzt ist. Die Fremdfinanzierung kann entweder im Wege der Außenfinanzierung über die Aufnahme von Krediten oder im Wege der Innenfinanzierung über die Bildung von Rückstellungen erfolgen.

- **Beteiligungsfinanzierung:** Beschaffung von finanziellen Mitteln durch Zuführung von Eigenkapital durch bisherige oder neu hinzutretende Unternehmenseigner.
- **Selbstfinanzierung:** Finanzierung des Unternehmens, indem erzielte Gewinne nicht an die Gesellschafter ausgeschüttet werden (Thesaurierung).
- **Finanzierung durch Kapitalfreisetzung:** Vermögensumschichtung. Insbesondere durch den Rückfluss von Abschreibungsgegenwerten über den betrieblichen Umsatzprozess erlangt das Unternehmen finanzielle Mittel zurück, die für Finanzierungszwecke genutzt werden können (Abschreibungsfinanzierung). Gleiches gilt für die Veräußerung von (ggf. nichtbetriebsnotwendigem) Vermögen. Zugleich ist zu beachten, dass infolge der Steuerwirksamkeit der korrespondierenden Aufwendungen eine Minderung der Steuerbelastung eintritt, die ihrerseits zu Finanzierungszwecken genutzt werden kann. Die Finanzierung aus Kapitalfreisetzungen erfolgt auch innerhalb des Unternehmens. Allerdings kann keine ausschließliche Zuordnung zur Eigen- oder Fremdfinanzierung erfolgen.[494]
- **Eigenfinanzierung:** Bei der Eigenfinanzierung handelt es sich um solche Maßnahmen, die entweder aus den Unternehmen selbst oder von deren Gesellschaftern stammen.

4.2.1.2 Verhältnis der Begriffe zueinander

- Welches Verhältnis besteht zwischen den Begriffen „Investition" und „Finanzierung"?

Die Begriffe Investition und Finanzierung stehen in **gegenseitiger Abhängigkeit** voneinander. Die Finanzierung ist Voraussetzung für eine Investition, denn eine Investition ist nur dann durchführbar, wenn deren Finanzierung gesichert ist. Umgekehrt ist es wenig sinnvoll, über Finanzierungsfragen nachzudenken, ohne dass die anschließende Verwendung der zusätzlich erlangten finanziellen Mittel berücksichtigt wird. Andernfalls könnte die Situation entstehen, dass ein Unternehmen zusätzliches Fremdkapital zu einem Zinssatz von z. B. 6% aufnimmt und dieses Geld anschließend zinsbringend für 3% anlegt.

Auf der Grundlage der oben vorgenommenen Definition kann auch gesagt werden, dass eine Investition durch einen Zahlungsstrom gekennzeichnet ist, der mit Auszahlungen beginnt und mit Einzahlungen endet, während Finanzierungen durch einen Zahlungsstrom charakterisiert sind, der mit Einzahlungen beginnt und mit Auszahlungen endet. Bei einem solchen Verständnis besteht der Unterschied zwischen beiden Bereichen lediglich im Vorzeichen der ersten Zahlung.[495]

---

494 Vgl. Perridon/Steiner, Finanzwirtschaft der Unternehmung, 15. Aufl., Stuttgart 2009, S. 357 ff.

495 In Anlehnung an Schneider, Investition, Finanzierung und Besteuerung, 7. Aufl., Wiesbaden 1992, S. 21.

🕮	Zu den Begrifflichkeiten: *Steiner,* Finanzierung, in: *Wittmann* (Hrsg.), Handwörterbuch der Betriebswirtschaftslehre, Stuttgart 1993, Sp. 1024 ff. *Rückle,* Investition, in: *Wittmann* (Hrsg.), Handwörterbuch der Betriebswirtschaftslehre, Stuttgart 1993, Sp. 1924 ff. *Perridon/Steiner,* Finanzwirtschaft der Unternehmung, 15. Aufl., München 2009, S. 29 ff. und S. 357 ff.

4.2.2 Investition

- Mit Hilfe welcher Verfahren lässt sich die Vorteilhaftigkeit einer Investition bestimmen?
- Welche praktische Relevanz haben die unterschiedlichen Verfahren?

Die Verfahren zur Beurteilung von Investitionen lassen sich grundsätzlich in statische und dynamische Methoden unterteilen, wie dies in Abbildung 4-2 geschehen ist. Darüber hinaus gibt es noch Modellansätze im Rahmen des Operations Research, die entweder produktions- oder finanzorientiert sind. Auf diese wird im Folgenden jedoch nicht weiter eingegangen. Diese Modelle erweisen sich regelmäßig als von ihren Prämissen geprägt, so dass lediglich im Einzelfall entschieden werden kann, ob ihr Einsatz sinnvoll ist. Außerdem bestehen besondere Schwierigkeiten bei der Bestimmung der für diese Modelle benötigten Daten. Auch in der Praxis habe sie keine große Bedeutung.

Abbildung 4-2: *Unterscheidung zwischen statischen und dynamischen Investitionsrechnungsmethoden*

Statische Verfahren	Dynamische Methoden
■ Kostenvergleichsrechnung ■ Gewinnvergleichsrechnung ■ Rentabilitätsrechnung ■ Amortisationsrechnung	■ Kapitalwertmethode ■ Methode des internen Zinsfußes ■ Annuitätenmethode

Statische Verfahren sind dadurch charakterisiert, dass sie die **unterschiedlichen Zeitpunkte**, zu denen die Rechengrößen anfallen, nicht berücksichtigen. Infolgedessen wird auf eine Auf- bzw. Abzinsung zur Sicherstellung eines einheitlichen Betrachtungszeitpunkts verzichtet. Hingegen berücksichtigen die dynamischen Methoden Unterschiede im zeitlichen Anfall der Zahlungsströme. Hieraus folgt, dass bei ihnen ein einheitlicher Zeitpunkt benötigt wird, auf den alle Zahlungen zu beziehen sind.

Empirische Untersuchungen zeigen (vgl. Abbildung 4-3), dass in der Praxis beide Arten von Verfahren große Verbreitung finden. Deshalb werden im Folgenden beide Arten von Methoden behandelt.

Abbildung 4-3: *Einsatz von Investitionsrechenverfahren*[496]

Methode	Zahl der Unternehmen	in % von 203
Interne Zinsfuß-Methode	106	55,2
Pay-back-Methode	102	50,2
Kapitalwert-Methode	97	47,8
Kostenvergleichs-Methode	88	43,3
bilanzielle Renditen (ROI[497])	76	37,4
Annuitäten-Methode	46	22,7
andere Methoden	7	3,4
keine Methode	1	0,5

4.2.2.1 Statische Verfahren

4.2.2.1.1 Kostenvergleichsrechnung

- Wodurch ist die Kostenvergleichsrechnung charakterisiert?
- Welchen Einfluss haben Steuern im Rahmen der Kostenvergleichsrechnung?

Diese Methode stellt auf den Vergleich der aus unterschiedlichen Investitionsalternativen entstehenden Kosten ab, wie sie sich i. d. R. aus der Kostenrechnung ergeben. Gewählt wird die Variante, die zur **geringsten Kostenbelastung** führt. Dabei kann sich die Betrachtung entweder auf einen bestimmten Zeitraum beziehen (z. B. Kosten je Jahr) oder auf die Leistungseinheit (z. B. je hergestellter Einheit). Analytisch lässt sich der anzustellende Kostenvergleich für jedes alternative Investitionsprojekt j wie folgt bestimmen:

496 Entnommen aus Drukarczyk, Unternehmensbewertung, München 1996, S. 6. Mehrfachnennungen waren möglich.

497 Der Return on Investment wird definiert als das Verhältnis des Gewinn zum gesamten investierten Kapital. Es handelt sich hierbei um ein statisches Verfahren der Investitionsrechnung

$$RoI = \frac{Gewinn}{Umsatz} \cdot \frac{Umsatz}{investiertes\ Kapital}.$$

Kosten des Projektes j = laufende Kosten + durchschnittliche Werteverzehr + Zinsen auf das durchschnittliche gebundene Kapital

$$K^j = K_l^j + \frac{A_0^j - L^j}{T} + i \cdot \left(\frac{A_0^j - L^j}{2} + L^j \right),$$

wobei:

K^j	=	Kosten des Investitionsprojektes j,
j	=	Index der Investitionsprojekte (j = 1, ..., n),
K^j_l	=	durchschnittliche laufende Kosten des Investitionsprojektes,
A_0^j	=	Anschaffungskosten des Investitionsprojektes j,
L^j	=	Liquidationserlös des Investitionsprojektes j am Ende von T,
T	=	Nutzungsdauer[498] und
i	=	Kalkulationszinsfuß.

Grundannahme dieser Methode ist, dass die **Erlöse** im Rahmen der Überlegungen **nicht berücksichtigt werden müssen**, z. B. weil sie unabhängig von der zu wählenden Investitionsalternative sind. Außerdem werden im Rahmen dieser Methode nur die Kosten berücksichtigt, die nicht bei allen Investitionsformen in gleicher Weise anfallen. Eingesetzt wird sie, um einen Vergleich zwischen Alt- und Neuanlagen durchführen zu können und um die Vorteile mehrerer vergleichbarer Erweiterungsinvestitionen bestimmen zu können.

Dieser Modellansatz soll nun um **Steuern** ergänzt werden. Dies geschieht zunächst für die Steuern, die im Rahmen des Beschaffungsvorgangs anfallen. Hierbei kann es sich einerseits um die USt handeln, andererseits um andere Verkehrsteuern (insbesondere die Grunderwerbsteuer). Die Umsatzsteuer ist für die Unternehmen i. d. R.[499] erstattungsfähige Vorsteuer, so dass eine Berücksichtigung ausscheiden muss. Zwar kann es zu einer wirtschaftlichen Belastung kommen, wenn die Umsatzsteuer bis zum Zeitpunkt der USt-Voranmeldung vorfinanziert werden muss, gleichwohl rechtfertigt dies keine Berücksichtigung. Erstens handelt es sich hierbei um ein Finanzierungsproblem, und zweitens ist die Frage, inwieweit eine solche Belastung eintritt, vom Zahlungszeitpunkt abhängig. Insoweit könnte allenfalls im Einzelfall entschieden werden, wie hoch die Belastung aus dieser vorübergehenden Finanzierung ist. Wenn die USt nicht

498 Vereinfachend wird unterstellt, dass alle Investitionsprojekte eine identische Nutzungsdauer haben. Andernfalls hätte T in Abhängigkeit von j betrachtet werden müssen.

499 Vgl. zu den Ausnahmen Kaminski/Strunk, Besteuerung unternehmerischer Tätigkeiten, 2. Aufl., Wiesbaden 2007, S. 72 ff.

als Vorsteuer erstattet wird, ist sie wie die anderen beschaffungsbedingten Steuern zu behandeln. Sie erhöht die Anschaffungskosten des Wirtschaftsguts und ist – sofern dieses der Abnutzung unterliegt – im Rahmen der Anschaffungskosten auf die Jahre der Nutzungsdauer zu verteilen.

Entstehen im Zusammenhang mit einer Investition Produktionsfaktorsteuern, weil Rohstoffe eingesetzt werden, die zu einer entsprechenden Steuerbelastung führen, dann sind diese als Kosten anzusehen. Insoweit wird der Behandlung in der Kosten- und Leistungsrechnung gefolgt.

Fraglich ist, ob die gewinnabhängigen Steuern (also die Gewerbesteuer, die Einkommensteuer bzw. die Körperschaftsteuer und ergänzend der SolZ[500]) im Rahmen der Kosten oder über einen Multiplikator berücksichtigt werden. Gegen den Ansatz im Rahmen der Kosten spricht – neben der grundsätzlichen Bedenken gegen einer Charakterisierung von Steuern als Kosten[501] –, dass dadurch der Gewinn verringert würde und damit die Bemessungsgrundlage, die für die Bestimmung der Höhe der Steuern erforderlich wäre.[502] Zwar könnte darüber nachgedacht werden, ob dieses Problem mit Hilfe einer Nebenrechnung zu lösen wäre. Die Kostenvergleichsrechnung wird allerdings regelmäßig bei Investitionsprojekten angewendet, denen keine Erträge zugerechnet werden können, so dass auch eine sachgerechte Zuordnung einer Steuerbelastung zu einzelnen Investitionsprojekten ausscheidet. Zur Lösung dieses Problems mag die Überlegung dienen, dass die Erträge aller betrachteten Investitionsobjekte gleich hoch sind und die Steuern dadurch Berücksichtigung finden, dass bei der günstigsten Alternative infolge der geringeren Kosten eine höhere Ertragsteuerbelastung entsteht. Diese wird dann dieser Alternative als Kostenbelastung hinzugerechnet. Die hierfür benötigten Aufwendungen können unter bestimmten Annahmen aus den Gesamtkosten abgeleitet werden. Zu den Annahmen zählt, dass die laufenden Kosten abzugsfähige Betriebsausgaben sind und die durchschnittlichen kalkulatorischen Abschreibungen den durchschnittlichen steuerlichen Abschreibungen zzgl. des periodisierten Liquidationserlöses entsprechen. Die kalkulatorischen Zinsen sind zwar nicht in der Aufwandsgröße enthalten, können aber ggf. als kalkulatorische Nachsteuerzinsen interpretiert werden. Da der Steuersatz in aller Regel weniger als 100% beträgt, wird nie mehr als der entsprechende Kostenunterschied hinzugerechnet, sodass sich damit die Vorteilhaftigkeit nicht ändern kann. Steuern sind damit modellimmanent entscheidungsirrelevant. Ferner würde diese Vorgehensweise zu erheblichen Verwerfungen führen. Diese entstehen insbesondere auf Grund der unterstellten (aber unzutreffenden) Gleichheit von Kosten und ertragsteuerlichen Betriebsausgaben. Hieraus folgt, dass zwar mit erheblichem Rechenaufwand ein Ansatz hergeleitet wer-

500 Vereinfachend wird er im Folgenden bei den Steuern mit behandelt, auch wenn es sich seiner Natur nach um eine Ergänzungsabgabe zu den Ertragsteuern handelt.

501 Vgl. zur Diskussion, ob Steuern Kosten sind u. a. Döring, Kostensteuern, Stuttgart 1984, S. 86 f., Wagner, ZfbF 1981, S. 922 ff. oder Wagner/Pasternak, krp 1985, S. 195 ff.

502 Im Rahmen der Kostenvergleichsrechnung werden Unterschiede in der Bemessungsgrundlage im Vergleich zur steuerlichen Gewinnermittlung aus Vereinfachungsgründen unberücksichtigt gelassen.

den kann, der diesem Einwand Rechnung trägt, um die steuerlichen Belastungen zu berücksichtigen, damit aber der eigentliche Vorteil dieses Ansatzes – seine leichte Bestimmbarkeit – verloren ginge. Daher erweist sich diese Vorgehensweise als nicht sinnvoll.

4.2.2.1.2 Gewinnvergleichsrechnung

- Wodurch ist die Gewinnvergleichsrechnung charakterisiert?
- Welchen Einfluss haben Steuern im Rahmen der Gewinnvergleichsrechnung?

Die Gewinnvergleichsrechnung berücksichtigt die Erlösseite mit und empfiehlt die Investitionsalternative, die den **größten Gewinnbeitrag** erwarten lässt. Analytisch ist dieses Verfahren auf der Grundlage von Durchschnittswerten wie folgt darstellbar:

$$G^j = E^j - K^j,$$

wobei:

G^j	=	Durchschnittsgewinn des Investitionsvorhabens j,
j	=	Index der Investitionsvorhaben (j = 1, ..., n),
E^j	=	Durchschnittserlös des Investitionsvorhabens j und
K^j	=	Durchschnittskosten des Investitionsvorhabens j.

An diesem Verfahren erweist sich als vorteilhaft, dass die unterschiedlichen Erlössituationen der Alternativen berücksichtigt werden. Hingegen ist problematisch, dass ein Zusammenhang zwischen dem Gewinn und der einzelnen Investition hergestellt wird. Dies ist jedoch nur möglich, wenn ein einstufiger Fertigungsprozess betrachtet wird, der in der Realität jedoch sehr selten ist. Vielmehr durchlaufen Produkte regelmäßig mehrere Fertigungsstufen. Damit stellt sich das Problem, dass eine Aufteilung des Gewinns aus dem gesamten Produkt auf die einzelnen Investitionsprojekte zu erfolgen hat. Außerdem werden Investitionsprojekte regelmäßig nicht nur für ein Produkt genutzt, so dass die zusätzliche Schwierigkeit darin besteht, die hieraus entstehenden Gewinne anteilig zuzurechnen. Schließlich führt die Berücksichtigung der Erlösseite dazu, dass im Unternehmen zusätzliche finanzielle Mittel vorhanden sind, die für eine Anlage in Form einer sog. **Differenzinvestition** genutzt werden kann. Hierunter sind solche Investitionen zu verstehen, die aus den finanziellen Mitteln getätigt werden, die sich auf Grund unterschiedlicher Laufzeiten und Kapitaleinsätze beim Vergleich mehrerer Investitionsvorhaben ergeben.

Wenn dieser Ansatz um **steuerliche Faktoren** ergänzt wird, ist an die einzelnen Bestandteile anzuknüpfen. Zwar sind die Erlöse mit den Betriebseinnahmen weitgehend identisch (Ausnahmen können z. B. bei Bestandsveränderungen entstehen), doch stellen sich die gleichen Probleme wie im Rahmen der Kostenvergleichsrechnung: Eine vereinfachende Berücksichtigung ist zu ungenau, eine exakte analytische Herleitung zerstört den „Wert" dieses Verfahrens, indem seine Einfachheit verloren geht. Auch die Kosten können nicht ohne weiteres mit den steuerlich abzugsfähigen Betriebsausgaben gleichgesetzt werden. Hierzu kann auf die Ausführungen zur Kostenvergleichsrechnung verwiesen werden.[503] Zusammenfassend ist festzustellen, dass in die Gewinnvergleichsrechnung steuerliche Faktoren zwar einbezogen werden können, dies aber zu einer erheblichen Komplizierung führt und damit weitere Zweifel am Sinn der Anwendung dieses Ansatzes entstehen.

4.2.2.1.3 Rentabilitätsrechnung

- Wodurch ist die Rentabilitätsrechnung charakterisiert?
- Welchen Einfluss haben Steuern im Rahmen der Rentabilitätsrechnung?

Sofern alternative Investitionsprojekte einen unterschiedlichen Kapitalbedarf aufweisen, kann dies im Rahmen einer Rentabilitätsberechnung berücksichtigt werden. Ausgehend von der Kosten- bzw. Gewinnvergleichsrechnung wird diese Größe (Kosten bzw. Gewinn) zum in der Investition durchschnittlich gebundenen Kapital[504] ins Verhältnis gesetzt. Damit lässt sich eine solche Größe bestimmen als:

$$\text{Rentabilität} = \frac{\text{Gewinn der Periode}}{\text{durchschnittlich gebundenes Kapital}} \cdot 100 \quad .$$

Vorteilhaft ist die Investition, die die **höhere Rentabilität** aufweist bzw. wenn eine einzelne Investition zur Disposition steht, diejenige, die eine als Zielwert vorgegebene Mindestrendite übersteigt. In diesem Fall kann dieser Wert berechnet werden als:

$$\text{Rentabilität} = \frac{\text{Kostenersparnis der Periode}}{\text{zusätzlicher durchschnittlicher Kapitaleinsatz}} \cdot 100 \quad .$$

Wenn dieser Ansatz um **steuerliche Faktoren** ergänzt wird, stellen sich die gleichen Probleme, die oben schon für die Gewinnvergleichsmethode diskutiert wurden. Entweder erfolgt eine Veränderung der Rentabilität zur Rentabilität nach Steuern, indem vergröbernd eine Multiplikation mit dem Faktor $(1 - s_{er})$ erfolgt, wobei s_{er} den kombi-

503 Vgl. hierzu den vorherigen Gliederungspunkt.

504 Der Einsatz des durchschnittlich gebundenen Kapitals erfolgt, weil bei den statischen Investitionsrechenverfahren durchschnittliche oder repräsentative Perioden herangezogen werden. Um dem Grundsatz der Extensionsentsprechung Rechnung zu tragen, erfordert dies den Ansatz eines durchschnittlichen bzw. repräsentativen Kapitaleinsatzes. Für den Fall, dass das Kapital bis zum Ende der Nutzungsdauer gebunden bleibt, entsprechen sich eingesetztes Kapital und durchschnittlich gebundenes Kapital.

nierten Grenzsteuersatz[505] darstellt, was zu erheblichen Ungenauigkeiten und methodischen Unzulänglichkeiten[506] führen würde, oder es müsste ein sehr komplexer Ansatz gewählt werden. Dieser hätte aber zur Folge, dass der bisherige Vorteil dieses Ansatzes – die leichte Handhabbarkeit – völlig verloren ginge. Hingegen führt die Berücksichtigung mit Hilfe eines Multiplikators dazu, dass keine Veränderung der Vorteilhaftigkeitsreihenfolge gegenüber dem Nichtsteuerfall erfolgt, sofern nicht unterschiedliche Steuersätze für unterschiedliche Investitionsobjekte verwendet würden.

4.2.2.1.4 Amortisationsrechnung

- Wodurch ist die Amortisationsrechnung charakterisiert?
- Welchen Einfluss haben Steuern im Rahmen der Amortisationsrechnung?

Bei der Amortisationsrechnung (auch als Pay-back- oder Pay-off-Periode bezeichnet) wird die Länge des **Zeitraums** bestimmt, die **bis zur Rückzahlung des Investitionsbetrages** durch die Einzahlungsüberschüsse benötigt wird. Dieser Wert lässt sich ermitteln, indem die Einzahlungsüberschüsse jeder Periode so lange addiert werden, bis sie den ursprünglichen Investitionsbetrag erreichen. Analytisch lässt sich dieser Wert bestimmen, indem die folgende Gleichung nach t* aufgelöst wird:

$$A_0 = \sum_{t=1}^{t^*} \left(E_t - A_t \right),$$

wobei:

t^*	=	Periode, in der sich das Investitionsobjekt amortisiert hat,
t	=	Index der Perioden (t = 1, ..., T),
T	=	Nutzungsdauer,
E_t	=	Einzahlungen der Periode t und
A_t	=	Auszahlungen der Periode t.

505 Dies würde für einen Einzelunternehmer bzw. den Mitunternehmer einer Personengesellschaft bedeuten, dass dieser Steuersatz sowohl die Gewerbesteuer, die Einkommensteuer, die Anrechnung der Gewerbesteuer auf die Einkommensteuer gem. § 35 EStG als auch den Solidaritätsschlag auf die festgesetzte Einkommensteuer umfasst. Bei einer Kapitalgesellschaft würde er sowohl die Gewerbesteuer, die Körperschaftsteuer als auch den Solidaritätszuschlag auf die Körperschaftsteuer umfassen.

506 Dies gilt auch dann, wenn statt auf Größen der Kostenrechnung auf handelsbilanzielle Größen abgestellt wird. Der hierbei heranzuziehende Gewinn entspricht auf Grund von Überleitungsrechnungen sowie außerbilanziellen Korrekturen nicht der steuerlichen Bemessungsgrundlage.

Wenn vereinfachend für E_t und A_t Durchschnittswerte über die gesamte Laufzeit der Investition verwendet werden und diese als konstant angenommen werden, so lässt sich dieser Ausdruck vereinfachen und nach t* auflösen. Es gilt dann:

$$A_0 = t^* \cdot (E - A),$$

wobei:

E = Durchschnittswert der Einzahlungen aus dem Investitionsprojekt über dessen gesamte Laufzeit und

A = Durchschnittswert der Auszahlungen aus dem Investitionsprojekt über dessen gesamte Laufzeit

oder umgeformt:

$$t^* = \frac{A_0}{E - A}.$$

Anders als bei den anderen statischen Verfahren wird bei der Amortisationsrechnung nicht auf Kosten, sondern auf Ein- und Auszahlungen abgestellt. Wenn davon ausgegangen werden kann, dass die Werte im Zeitablauf konstant sind, kann diese Vorgehensweise vereinfacht werden. In einem solchen Fall kann die Länge des benötigten Zeitraums bestimmt werden als:

$$\text{Pay-back-Periode} = \frac{\text{Kapitaleinsatz}}{\text{Kostenersparnis + Abschreibungen}} \quad \text{bzw.}$$

$$\text{Pay-back-Periode} = \frac{\text{Kapitaleinsatz}}{\text{Gewinn + Abschreibungen}}.$$

Wenn dieser Ansatz um steuerliche Faktoren ergänzt wird, ist dies problemlos möglich, wenn davon ausgegangen wird, dass die Steuern im Faktor S_t zusammengefasst werden. Dieser beinhaltet sämtliche Steuern der Periode t, die durch die Investition verursacht sind. Damit verändert sich die obige Formel wie folgt, wobei wieder nach t* aufzulösen ist:

$$A_0 = \sum_{t=1}^{t^*} \left(E_t - A_t - S_t\right),$$

wobei:

S_t = durch die Vornahme der Investition ausgelöste Steuermehrbelastung in der Periode t.

Diese **Steuerbelastung** lässt sich näher bestimmen. Dabei wird vereinfachend davon ausgegangen, dass für die Ertragsbesteuerung ein einheitlicher kombinierter Ertragsteuersatz gilt, der zunächst zu bestimmen ist. Wie bereits auf S. 242 ausgeführt, ist eine evtl. Verkehrsteuerbelastung im Rahmen der Auszahlungen zu berücksichtigen. Auf eine Berücksichtigung einer evtl. Belastung mit ErbSt wird aus Vereinfachungsgründen verzichtet. Die Steuer ermittelt sich als Produkt aus Steuersatz und Bemessungsgrundlage. Wenn unterstellt wird, dass die Einzahlungen den Betriebseinnahmen und die Auszahlungen den Betriebsausgaben entsprechen[507], so bilden sie die Bemessungsgrundlage, wobei zuvor noch eine Korrektur um die Abschreibungen der Periode t erfolgen muss. Dabei ist zu beachten, dass es sich hierbei regelmäßig um eine lineare Abschreibung handeln wird.[508] Außerdem sind u. U. Sonder- und Teilwertabschreibungen zu berücksichtigen. Damit gilt:

$$S_t = s_{er} \cdot \left(E_t - A_t - Abs_t\right),$$

wobei:

s_{er} = kombinierter Ertragsteuersatz und

Abs_t = Abschreibungen der Periode t.

Der kombinierte Ertragsteuersatz lässt sich, wenn eine nach Rechtsformen der Unternehmung differenzierende Betrachtungsweise erfolgt, näher bestimmen. Handelt es sich um eine Körperschaft, so unterliegt diese der Gewerbesteuer, der Körperschaftsteuer und dem Solidaritätszuschlag auf die Körperschaftsteuer. Der kombinierte Steuersatz ergibt sich damit als:

$$s_{er}^{Körp} = s_{GewSt} + s_{KSt} \cdot \left(1 + s_{SolZ}\right),$$

wobei:

s_{GewSt} = Steuersatz der Gewerbesteuer[509],

s_{KSt} = Steuersatz der Körperschaftsteuer und

s_{SolZ} = Solidaritätszuschlag.

Im Fall der Personengesellschaft bzw. eines Einzelunternehmers ändert sich an der Gewerbesteuerpflicht nichts, denn es wird eine reine Grenzbetrachtung vorgenommen, so dass der Freibetrag gem. § 11 Abs. 1 Nr. 1 GewStG als bereits ausgeschöpft anzusehen ist. Anstelle der Körperschaftsteuer kommt es zu einer Belastung mit Ein-

---

507 Sofern diese vereinfachende Prämisse aufgegeben wird, werden komplizierte Anpassungsrechnungen erforderlich, die alle Unterschiede zwischen Einzahlungen und Betriebseinnahmen und Auszahlungen und Betriebsausgaben nivellieren müssten.

508 Für alle Wirtschaftsgüter, die nach dem 1. 1. 2011 erworben werden, ist eine degressive Abschreibung nicht mehr zulässig. Für davor angeschaffte Güter kann weiterhin eine degressive AfA erfolgen, wenn zum Zeitpunkt der Anschaffung diese Regelung zulässig war.

509 Dieser setzt sich sowohl für Personen- als auch für Kapitalgesellschaften aus dem Produkt aus einheitlicher Gewerbesteuermesszahl und gemeindeindividuellen Gewerbesteuerhebesatz zusammen.

kommensteuer, wobei auf diese gem. § 35 EStG eine „Anrechnung“ eines Teils der Gewerbesteuer zu erfolgen hat.[510] Die festgesetzte Einkommensteuer bildet dann die Bemessungsgrundlage für den Solidaritätszuschlag. Der sich ergebende Steuersatz lässt sich damit schreiben als:

$$s_{er}^{EPU} = s_{GewSt} + \left(s_{ESt} - \min\left(3{,}8 \cdot m;\ s_{GewSt}\right)\right) \cdot \left(1 + s_{SolZ}\right),$$

wobei:

s_{er}^{EPU} = Ertragsteuersatz für Einzelunternehmen und Personengesellschaften,

s_{ESt} = Steuersatz Einkommensteuer und

m = Gewerbesteuermesszahl.

Wenn die oben hergeleitete vereinfachte Form (Verwendung von Durchschnittswerten) der Gleichung zur Bestimmung des Amortisationszeitpunktes um die steuerlichen Faktoren ergänzt wird, dann gilt:

$$A_0 = t^* \cdot (E - A - S)$$

oder eingesetzt und umgeformt:

$$t^* = \frac{A_0}{E - A - s_{er} \cdot \left(E - A - Abs\right)}.$$

Die Einbeziehung der steuerlichen Faktoren führt regelmäßig zu einer Verlängerung des Amortisationszeitraumes. Entscheidend ist, ob bis zum Amortisationszeitpunkt eine vollständige Abschreibung erfolgen kann. Dies gilt auch für die Fälle, in denen das Unternehmen Sonderabschreibungen und dgl. nutzt. Ursächlich hierfür ist die unterstellte Durchschnittsbildung, bei der diese Effekte verloren gehen.

4.2.2.1.5 Beurteilung der statischen Verfahren

- Wie sind die statischen Verfahren zu beurteilen?
- Wie lässt sich die weitere Verbreitung dieser Verfahren in der Praxis erklären?

Wie die Abbildung 4-3 zeigt, kommt den statischen Verfahren große praktische Bedeutung zu. Dies liegt daran, dass sie sich sehr **einfach handhaben** lassen, insbesondere,

[510] Aus Vereinfachungsgründen wird davon ausgegangen, dass der Steuerpflichtige konfessionslos ist. Andernfalls müssten die Kirchensteuer und deren Abziehbarkeit als Sonderausgabe gem. § 10 Abs. 1 Nr. 4 EStG berücksichtigt werden, was infolge der entstehenden Periodisierungsunterschiede zu einer erheblichen Verkomplizierung führen würde.

weil die erforderlichen Berechnungen einfach und die Input-Daten auf betriebswirtschaftlich verständlichen Basisdaten beruhen.

Gleichwohl dürfen die Schwächen dieser Methoden nicht übersehen werden. Diese liegen insbesondere in der **Nichtberücksichtigung der unterschiedlichen Zahlungszeitpunkte**, die für unternehmerische Entscheidungen von großer Bedeutung sind. Einerseits erweisen sie sich für die Liquiditätsplanung als von grundlegender Bedeutung, andererseits besteht die Möglichkeit, Zahlungsrückflüsse, die zu einem früheren Zeitpunkt in das Unternehmen fließen, zwischenzeitlich wieder anzulegen, so dass damit die Rendite einer Investition gesteigert werden kann. Außerdem führt die Verwendung von Durchschnittswerten zu einer sehr starken Vereinfachung, die allenfalls als eine Näherungslösung angesehen werden kann, die jedoch mit den tatsächlichen Gegebenheiten des Einzelfalls wenig gemeinsam hat. Außerdem erweist sich eine Zuordnung von Gewinnen zu einzelnen Investitionsprojekten als außerordentlich schwierig, denn i. d. R. gibt es keinen einstufigen Fertigungsprozess. Selbst wenn dies der Fall sein sollte, verbleibt immer noch das Problem der Zuordnung der unternehmensbezogenen Gemeinkosten. Außerdem werden die Kosten als gegebene Größe betrachtet, nicht aber danach gefragt, inwieweit sich diese verändern lassen, z. B. indem weitere Investitionen getätigt oder Substitutionsprozesse durchgeführt werden, die zu veränderten Kosten führen. Ein besonderes Problem besteht bei der Anwendung der Pay-back-Methode. Sie fragt lediglich danach, innerhalb welcher Frist die Auszahlungen wieder in das Unternehmen zurückfließen. Wenn die Maschinen jedoch eine unterschiedliche Lebensdauer haben, kann es durchaus sinnvoll sein, sich für eine längere Pay-back-Periode zu entscheiden. Denn diese stellt dem Unternehmen insgesamt für einen längeren Zeitraum ein Nutzungspotential zur Verfügung und erwirtschaftet somit länger Zahlungsüberschüsse. Dieser Aspekt wird völlig vernachlässigt, was zu Fehlentscheidungen führen kann. Außerdem haben sämtliche Partialmodelle den Nachteil, dass innerbetriebliche Interdependenzen unberücksichtigt bleiben. Betrachtet werden also lediglich die Zahlungen, die aus dem einzelnen Investitionsprojekt entstehen, ohne dass z. B. Wechselwirkungen mit anderen Bereichen (z. B. Finanzen, Personal) berücksichtigt werden.

Auch die Berücksichtigung der Besteuerung erweist sich als unbefriedigend. Letztlich führt die unterstellte Verwendung von Durchschnittswerten oder eines repräsentativen Zeitraums dazu, dass wesentliche Faktoren unberücksichtigt bleiben. Dies gilt in besonderer Weise für die Periodisierung der Anschaffungskosten mit Hilfe der Abschreibungen. Hieraus folgt, dass diese Methoden nicht geeignet sind, Investitionsprojekte miteinander zu vergleichen, bei denen unterschiedliche Abschreibungsverfahren zur Anwendung gelangen. Da gerade in diesem Bereich erhebliche Unterschiede bestehen, führt dies zu einer wenig sinnvollen Begrenzung des Aussagewerts dieser Verfahren.

Zusammenfassend ist damit festzustellen, dass diese Methoden zwar eine hohe Praktikabilität besitzen, jedoch mit erheblichen Schwächen behaftet sind. Sie können insbesondere dann eingesetzt werden, wenn die Investitionsobjekte stets gleichmäßig hohe

Zahlungsströme aufweisen. Außerdem sind sie sinnvoll einsetzbar, wenn keine oder nur wenige innerbetriebliche Abhängigkeiten bestehen.

4.2.2.2 Dynamische Verfahren

- Worin bestehen die grundlegenden Unterschiede der dynamischen gegenüber den statischen Verfahren?

Im Folgenden werden die dynamischen Verfahren der Investitionsrechnung und deren Beeinflussung durch die Besteuerung eingehend analysiert. Sie versuchen, einige der Schwächen der statischen Verfahren zu beseitigen. Dies geschieht, indem die **unterschiedlichen Zeitpunkte, zu denen die Zahlungen im Rahmen einer Investition anfallen, berücksichtigt werden.** Außerdem wird dem Umstand Rechnung getragen, dass die Zahlungen in den verschiedenen Perioden unterschiedlich hoch sein können. Hierfür ist es erforderlich, sämtliche Zahlungen auf einen einheitlichen Betrachtungszeitpunkt zu beziehen, d. h. auf- bzw. abzuzinsen. Dabei ist zu beachten, dass mit den unterschiedlichen Zeitpunkten eine verschiedene Wertigkeit verbunden ist. Eine Zahlung, die heute zufließt, ist gegenüber einer gleich hohen Zahlung am Ende des Investitionszeitraums „höherwertig", weil das Kapital zwischenzeitlich zinsbringend angelegt werden kann. Damit bringt der Zinssatz i die Zeitpräferenz des Investors zum Ausdruck.

Außerdem ist als weiterer Unterschied zu nennen, dass die dynamischen Verfahren an Ein- und Auszahlungen anknüpfen, während die Kosten-, Gewinn- und Rentabilitätsanalysen auf Erlöse und Kosten abstellen. Ferner verwenden diese drei Methoden Durchschnittswerte bzw. Werte einer als repräsentativ angesehenen Periode. Hingegen werden bei den dynamischen Verfahren die tatsächlichen Zahlungen in der Höhe berücksichtigt, in der sie in jeder Periode anfallen.

4.2.2.2.1 Der Kapitalwert

(a) Der Kapitalwert ohne Steuern als Ausgangspunkt

- Welche Aussage verbirgt sich hinter dem Kapitalwert?
- Wie ist der Kapitalwert analytisch zu bestimmen?

Der Kapitalwert[511] einer Investition ist definiert als der Auszahlungsminderbetrag einer Sachinvestition gegenüber einer einzahlungsgleichen Finanzinvestition. Er lässt sich durch Diskontierung aller aus der betrachteten Investition resultierenden Ein- und Auszahlungen auf den Zeitpunkt null bestimmen. Damit lässt sich der Kapitalwert auch als folgender Barwert bestimmen:

---

[511] Teilweise wird auch vom Net Present Value gesprochen.

$$C_0 = -A_0 + \sum_{t=1}^{n} \frac{(E_t - A_t)}{(1+i)^t},$$

wobei:

C_0 = Kapitalwert,

A_0 = Anschaffungsauszahlung zu Beginn der Investition (Zeitpunkt t_0),

E_t = Einzahlungen der Periode t (wobei diese auch einen evtl. Liquidationserlös in der Periode n beinhalten können[512]),

A_t = Auszahlungen der Periode t (wobei diese auch ein evtl. zusätzliches Entgelt in der Periode n für die Entsorgung des Investitionsobjektes beinhalten können),

i = Kalkulationszinsfuß,

t = Periodenindex (t = 0, 1, ..., n) und

n = Nutzungsdauer der Investition.

Ökonomisch sagt ein positiver Kapitalwert aus, dass der Investor bei Tätigung der Sachinvestition einen Vorteil gegenüber einer Geldanlage am Kapitalmarkt erlangt, welchen er ohne sich schlechter zu stellen ausschütten könnte. Das Unternehmen könnte insofern auch mehr Geld als Anfangsauszahlung (nämlich genau den Betrag des Kapitalwerts) ausgeben, als es eigentlich müsste, ohne den Erfolg der Investition zu gefährden. Hieraus folgt, dass eine Investition vorteilhaft ist, wenn sie einen positiven Kapitalwert aufweist. Dabei werden alle Zahlungen (auch der Kapitalwert) auf den Entscheidungszeitpunkt t_0 bezogen. Alternativ könnte auch auf den Endvermögenszuwachs am Ende des Investitionsprojektes (V_n) abgestellt werden. Hierbei gilt folgende Beziehung:

$$V_n = (1+i)^n \cdot C_0,$$

wobei:

V_n = Vermögensendwert zum Zeitpunkt n und

n = Ende des Planungszeitraums.

---

512 Alternativ bestünde auch die Möglichkeit, den Liquidationswert (L_n), der am Ende des Investitionsprojekts entsteht, gesondert zu berücksichtigen. Dieser wäre dann dem Ausdruck hinzuzuaddieren und auf den Zeitpunkt t_0 abzuzinsen $\left(+\frac{L_n}{(1+i)^n}\right)$.

Die Berechnung des Kapitalwerts setzt voraus, dass die Aus- und Einzahlungen der einzelnen Perioden hinreichend genau geschätzt werden können. Hier besteht insbesondere bei langfristigen Investitionsprojekten ein Unsicherheitsproblem, z. B. bei der Bestimmung zukünftiger Reparaturkosten oder bei Schätzung der Einzahlungen. Hier kommt den Erfahrungen der Entscheidungsträger besondere Bedeutung zu. In vielen Fällen wird es sich als sinnvoll erweisen, mit unterschiedlichen Szenarien zu arbeiten, in denen unterschiedliche Werte unterstellt werden.

Die zweite wichtige Größe ist der **Zinssatz**. Hier lassen sich folgende Bestimmungsmöglichkeiten unterscheiden:

- Abgestellt wird auf die **Verzinsung**, welche die beste **alternative Anlageform** des zu investierenden Kapitals erbringen würde. Grundidee ist es dabei, dass ein rational handelnder Unternehmer sich nur dann für eine solche Investition entscheidet, wenn er mindestens die Rendite erzielen kann, die er aus der Alternativanlage bekäme; sonst würde er sich für diese entscheiden. Liegt ein vollkommener Kapitalmarkt vor, entspricht dieser Zinssatz dem Marktzins.
- Es wird eine **Mindestrendite** vorgegeben. Das Unternehmen trifft eine Aussage darüber, wie hoch die Verzinsung des eingesetzten Kapitals mindestens sein soll, damit die Investition als sinnvoll angesehen wird. Damit wird dem Umstand Rechnung getragen, dass unterschiedliche Investitionen mit verschieden stark ausgeprägten Chancen und Risiken behaftet sind, und in den Fällen, in denen das Unternehmen der Auffassung ist, dass ein höheres Risiko besteht, auch ein Zuschlag auf den Zinssatz verlangt wird.[513] Allerdings ist hiermit das Problem möglicher Fehlentscheidungen verbunden. Wird eine zu hohe Rendite erwartet, werden zu viele Sachinvestitionen abgelehnt. Die Anlage zum Kapitalmarktzins führt zu einem Verlust gegenüber der Anlage in der Sachinvestition. Bei zu geringer Mindestrendite, werden zu viele Investitionsobjekte realisiert. Sofern diese Investitionen fremdfinanziert werden, erhöht sich das Leveragerisiko. Ferner entstehen Verluste dadurch, dass die alternative Anlage am Kapitalmarkt höhere Renditen verursacht.
- Der Zinssatz wird auf der **Grundlage der Finanzierungskosten** bestimmt. Ausgangspunkt dieses Ansatzes bildet die Überlegung, dass eine Investition wenigsten eine Verzinsung in Höhe des Betrages aufweisen muss, der erforderlich ist, um die Kosten für deren Finanzierung aufbringen zu können. Damit wird letztlich auf den Kapitalmarktzins abgestellt, so dass insoweit eine Objektivierung erfolgt, denn dieser Wert lässt sich vergleichsweise einfach bestimmen. Denkbar wäre, auf einen gewichten Kapitalkostensatz aus Eigen- und Fremdkapital abzustellen. Hierdurch können jedoch Fehlentscheidungen ausgelöst werden, weil bei einem unvollkommenen Kapitalmarkt die gewichteten Kapitalkosten immer unterhalb der Grenzverzinsung liegen. Insofern werden Investitionen „zu teuer" finanziert. Dies führt

513 Zu beachten ist dabei, dass ein höherer Kalkulationszinssatz c. p. zu einem geringeren Kapitalwert der Investition führt e. v. v.

zu Kapitalverlusten, da die Grenzinvestition nicht mehr zu dem gewichteten Kapitalkostensatz zu finanzieren ist.

Dieser Zinssatz ist nicht unabhängig von der jeweiligen Periode, sondern variiert mehr oder weniger stark. Insoweit wäre es erforderlich, mit periodenverschiedenen Zinssätzen zu rechnen. Allerdings hätte dies zur Folge, dass eine erhebliche Verkomplizierung einträte. Deshalb wird im Rahmen von Grundmodellen der Investitionsrechnung stets mit folgenden Annahmen gearbeitet: Der Investor kann während des gesamten Planungszeitraums jeden beliebigen Geldbetrag zu einem einheitlichen Zinssatz i ausleihen und anlegen. Damit wird nicht nur ein vollständiger Kapitalmarkt unterstellt, der dazu führt, dass Soll- und Habenzinssatz identisch sind, sondern auch, dass ein im Zeitablauf stabiles Gleichgewicht auf diesem Markt besteht.

(b) Berücksichtigung von steuerlichen Effekten im Rahmen des Kapitalwertkalküls

(i) Änderungen im Rahmen der Bestimmung des Kapitalwerts

- Welche Veränderungen ergeben sich gegenüber der Ausgangsformel zur Bestimmung des Kapitalwerts, wenn Steuern bei dessen Ermittlung mitberücksichtigt werden?
- Wie lassen sich diese in die Formel zur Bestimmung des Kapitalwerts integrieren?
- Welche Prämissen sind hiermit verbunden, und wie sind diese zu würdigen?

(α) Grundsätzliche Auswirkungen

- Welche grundsätzlichen Auswirkungen ergeben sich aus der Berücksichtigung der Besteuerung?
- Wie werden Abschreibungen und Rückstellungen berücksichtigt?

Die Berücksichtigung von Steuern im Rahmen des Kapitalwerts führt zu einer Reihe von Problemen, die im Folgenden zunächst einzeln behandelt werden sollen, um dann zusammenfassend deren Berücksichtigung in der Formel zur Bestimmung des Kapitalwerts vornehmen zu können.

Zunächst sind die Abweichungen zwischen den **Einzahlungsüberschüssen** der Periode t (also $E_t - A_t$) und der steuerlichen Bemessungsgrundlage zu bestimmen. Dazu müssen insbesondere für die Abweichungen zwischen den reinen Zahlungen und dem steuerrechtlich vorgeschriebenen Berücksichtigungszeitpunkt entsprechende Korrekturen vorgenommen werden. Ausschlaggebend hierfür ist, dass die ertragsteuerliche Bemessungsgrundlage das zu versteuernde Einkommen bildet, nicht der Einzahlungsüberschuss. Abweichungen ergeben sich dabei insbesondere im Bereich der **Abschreibungen und** der **Rückstellungen**. Dieses Problem wird dadurch gelöst, dass die Unterschiede infolge von Rückstellungen als Aspekt der Finanzierung angesehen und infolgedessen im Rahmen der Investitionsrechnung nicht berücksichtigt werden.[514] Die Differenzen bei den Auszahlungen werden lediglich bei den Abschreibungen explizit berücksichtigt. Die Anschaffungsauszahlung wird nicht als Betriebsausgabe angesehen, dafür ist in jeder Periode ein anteiliger Werteverzehr in Form von Abschreibungen zu berücksichtigen.

Eine weitere Schwierigkeit besteht darin, dass auch innerhalb der Ertragsteuern die Bemessungsgrundlagen nicht einheitlich sind. Vielmehr führen insbesondere die Hinzurechnungen und Kürzungen im Bereich der Gewerbesteuer zu Abweichungen gegenüber dem Gewinn, der sich auf der Grundlage der Steuerbilanz ergibt. Namentlich die 25%ige Hinzurechnung der Entgelte für Schulden hat große Bedeutung. Dieses Problem wird durch die Annahme gelöst, dass sich diese Hinzurechnungen und Kürzungen regelmäßig ausgleichen. Außerdem wird hierin i. d. R. ein Aspekt gesehen, der im Rahmen der Finanzierung zu betrachten ist. Insbesondere zur Lösung der Hinzurechnungsproblematik wird unterstellt, dass entweder keine entsprechende Qualifikation als Schuld erfolgt (z. B. weil eine Finanzierung mit Hilfe von Eigenkapital vorgenommen wurde) oder der Freibetrag des § 8 Nr. 1 GewStG unterschritten ist oder den gesamten Hinzurechnungen in entsprechender Höhe Kürzungen gem. § 9 GewStG gegenüber stehen.

Schließlich ergeben sich weitere Schwierigkeiten daraus, dass die im Modell regelmäßig unterstellten proportionalen Steuersätze häufig nicht mit der Realität übereinstimmen. Dies liegt einerseits an der oben bereits beschriebenen Möglichkeit der Gemeinden, die Hebesätze für diese Steuer kurzfristig zu erhöhen. Andererseits gilt im Bereich der Einkommensteuer ein progressiver Tarif, so dass ein steigendes zu versteuerndes Einkommen zu einem steigenden Steuersatz führt. Außerdem hat der Gesetzgeber für die kommenden Jahre Senkungen der Abgabenlast in Aussicht gestellt,[515] die – sofern sie sich in niedrigeren Einkommensteuersätzen niederschlagen – selbst bei einer unterstellten Anwendung des Spitzensteuersatzes diesen Wert nicht unverändert lassen können.

Die vorstehenden Ausführungen verdeutlichen, dass es bei der Berücksichtigung von Steuern im Rahmen des Kapitalwerts nicht darum gehen kann, mit einem Höchstmaß an Genauigkeit das geltende Steuerrecht zu modellieren. Aufgabe ist es vielmehr, diejenigen Faktoren herauszuarbeiten, die die **wesentlichen Einflüsse sichtbar machen.** Daher besteht die Notwendigkeit, mit Vereinfachungen zu arbeiten. Dabei ist zu beachten, dass es sich bei allen dem Kapitalwert zugrunde liegenden Größen ohnehin um geschätzte Werte handelt. Andernfalls würde eine vollständige Information unterstellt, die es in der realen Welt nicht gibt. Hieraus folgt zugleich, dass diese Berech-

---

514 Hiermit sind Ungenauigkeiten verbunden, weil etwa eine Gewährleistungsrückstellung zu einem Investitionsobjekt gehört und hiermit zeitlich Verschiebungen zwischen unterschiedlichen Perioden verbunden sein können.

515 Vgl. Koalitionsvertrag zwischen CDU, CSU und FDP, 17. Legislaturperiode, Wachstum. Bildung. Zusammenhalt, S. 9.

nungen mit gewissen **Unsicherheiten** verbunden sind. Deshalb ist es auch zulässig, bei der Berücksichtigung des Faktors Steuern mit gewissen Vereinfachungen zu arbeiten. Allerdings sind bei der Analyse der so gewonnen Erkenntnisse diese Prämissen besonders zu würdigen.

(β) Auswirkungen auf den Zinssatz

- Welchen Einfluss hat die Besteuerung auf die Zinskomponente?

Hauptunterschied des Kapitalwerts **gegenüber den statischen Methoden** der Investitionsrechnung ist die Berücksichtigung der verschiedenen Zahlungszeitpunkte. Hieraus ergibt sich die Notwendigkeit, eine Vergleichbarkeit der Zahlungen herzustellen. Dies geschieht mit Hilfe des Zinssatzes. Aus steuerlicher Sicht resultiert hieraus die Notwendigkeit, die entstehenden Effekte mit zu berücksichtigen: Wenn Kapital als Fremdkapital aufgenommen wird, handelt es sich bei den hierfür zu zahlenden Zinsen um Betriebsausgaben, die den Gewinn mindern. Ausnahmen können im Bereich der Gewerbesteuer mit der 25%igen Hinzurechnung der Entgelte für Schulden oder im Rahmen der Zinsschranke bestehen[516], die jedoch zunächst vernachlässigt werden. Hieraus folgt, dass diese Zahlungen den Gewinn und damit auch die Steuerbelastung des Unternehmens verringern. Wenn hingegen Kapital zinsbringend angelegt wird, führt dies zu einer Gewinnerhöhung und infolgedessen auch zu höheren Steuerzahlungen. In beiden Fällen ergibt sich, dass dem Unternehmen im Ergebnis nur ein Betrag nach Steuern verbleibt. Hieraus folgt, dass die Verringerung des Gewinns auch zu einer Verringerung der Steuerbelastung führt, die Erhöhung des Gewinns durch die Zinsanlage nur in Höhe des Betrages nach Steuern verbleibt. Folglich sind bei allen Zinszahlungen nicht mehr die Bruttozinsen i, sondern die **Nettozinsen i_s** anzusetzen. Das Verhältnis zwischen diesen beiden Größen lässt sich wie folgt bestimmen:

$$i_s = i \cdot (1 - s_{er}),$$

wobei:

i_s	=	Nettozinssatz,
i	=	Bruttozinssatz und
s_{er}	=	kombinierter Ertragsteuersatz.

Die Annahme des Nettozinses i_s enthält die implizite Annahme eines Alternativobjektes in Gestalt einer Anlage in zinsbringende Wertpapiere. Im Gegensatz zum Vorsteuermodell wird hierdurch die Anlage in Aktien ausgeschlossen. Andernfalls wären bei Personengesellschaften und Einzelunternehmen nur 60% des relevanten Steuersatzes gem. § 3 Nr. 40 EStG und bei Kapitalgesellschaften gem. § 8b Abs. 5 KStG nur 5% des relevanten Steuersatzes in die Korrektur einzubeziehen.

516 Vgl. zur Begrenzung der steuerlichen Abzugsfähigkeit von Finanzierungskosten infolge der Zinsschranke die Ausführungen auf S. 296 ff.

(γ) Das Standardmodell zur Berücksichtigung des Einflusses von Steuern auf die Ein- und Auszahlungen

- Welche Prämissen sind erforderlich, um zu einem möglichst einfach handhabbaren Kapitalwertmodell mit Steuern zu gelangen?
- Wie lässt sich ein solcher Ansatz möglichst einfach in der Formel zur Bestimmung des Kapitalwerts darstellen?

Neben den oben bereits erläuterten Annahmen zum Zinssatz sind einige weitere vereinfachende Prämissen erforderlich, um einen einfachen Ansatz zur Berücksichtigung von Ertragsteuern im Rahmen des Kapitalwertmodells herleiten zu können. Dies sind im Einzelnen:

- Der Periodengewinn wird während des gesamten Planungszeitraums zu einem **einheitlichen Ertragsteuersatz s_{er}** versteuert, der sowohl die Belastung mit GewSt, Einkommensteuer bzw. Körperschaftsteuer und Solidaritätszuschlag berücksichtigt. Hingegen bleibt bei natürlichen Personen die Belastung mit Kirchensteuer unberücksichtigt.
- Neben den Ertragsteuern gibt es **keine weiteren steuerlichen Belastungen**, also insbesondere keine Substanzsteuern und keine ErbSt.
- Bemessungsgrundlage für die Ertragsteuern ist der **Periodengewinn**, der dem **Zahlungssaldo nach Berücksichtigung von Abschreibungen** entspricht. Damit werden sämtliche Unterschiede zwischen den Zahlungen und der steuerlichen Gewinnermittlung als auch Differenzen bei den Bemessungsgrundlagen der einzelnen Ertragsteuern eliminiert.
- Gewinne sind zum **Zeitpunkt ihrer Entstehung** zu versteuern. Damit sollen zwischenzeitliche Finanzierungseffekte ausgeschlossen werden.
- **Verluste** werden sofort und in voller Höhe verrechnet und bewirken eine **sofortige Steuererstattung.** Diese Prämisse grenzt für den Bereich der Mitunternehmerschaften und der Einzelunternehmen insbesondere die Regelungen zur sog. Mindestbesteuerung aus.[517] Bei Kapitalgesellschaften liegt dem die Annahme zugrunde, dass aus anderen Aktivitäten ausreichend hohe Gewinne vorhanden sind, um eine sofortige Steuerentlastung zu gewährleisten.
- Das Investitionsobjekt wird über die Nutzungsdauer vollständig abgeschrieben, so dass die **Summe der Abschreibungen der Anschaffungsauszahlung entspricht**.
- Am Ende der Nutzungsdauer entsteht **weder ein Liquidationserlös, noch** fallen **Entsorgungskosten** an.

---

517 Vgl. hierzu ausführlich Kaminski/Strunk, Besteuerung unternehmerischer Tätigkeit, 2. Aufl., Wiesbaden 2007, S. 109 ff.

- Die **Zahlungsreihen** vor Steuern sind **unabhängig** von den zu zahlenden **Steuern**.

Unter diesen Prämissen lässt sich der Einfluss der Besteuerung wie folgt darstellen: Die Einzahlungsüberschüsse sind um die Steuern der jeweiligen Periode zu verringern. Hieraus folgt, dass für jede Periode t der Einzahlungsüberschuss zusätzlich um die Steuern zu verringern ist. Die Höhe der Steuern kann bestimmt werden als Produkt aus Steuersatz und Bemessungsgrundlage. Letztere ergibt sich – unter den oben genannten Prämissen – als:

$$E_t - A_t - Abs_t .$$

Wenn die bisherigen Überlegungen zusammengefasst werden, so ergibt sich die Formel zur Bestimmung des Kapitalwerts nach Steuern. Diese lautet:

$$C_{0s} = -A_0 + \sum_{t=1}^{n} \frac{(E_t - A_t)}{(1+i_s)^t} - \sum_{t=1}^{n} s_{er} \cdot \frac{E_t - A_t - Abs_t}{(1+i_s)^t}$$

oder vereinfacht als:

$$C_{0s} = -A_0 + \sum_{t=1}^{n} \frac{(E_t - A_t) \cdot (1 - s_{er}) + s_{er} \cdot Abs_t}{(1+i_s)^t} .$$

(ii) Wirkungsweisen ausgewählter Parameter auf den Kapitalwert

- Wie wirkt sich die Berücksichtigung der Besteuerung auf die einzelnen Komponenten zur Bestimmung des Kapitalwerts aus?
- Welchen Einfluss hat die Höhe des Steuersatzes auf den Kapitalwert?
- Welche Bedeutung kommen den Abschreibungssätzen und -methoden für die Höhe des Kapitalwerts zu?

Im Weiteren wird analysiert, wie die einzelnen Parameter sich auf den Kapitalwert einer Investition auswirken. Hierbei sind die folgenden Faktoren zu unterscheiden:

- **Die Besteuerung der Einzahlungsüberschüsse:** Der Abzug der steuerbedingten Auszahlungen führt dazu, dass der Kapitalwert sinkt, denn die Einnahmeüberschüsse der Periode verringern sich.
- **Die steuermindernde Berücksichtigung der Abschreibungen:** Die Abschreibungen führen nicht zu einer Auszahlung, mindern damit nicht den Einzahlungsüberschuss; gleichwohl können sie mindernd bei der Ermittlung der steuerlichen Bemessungsgrundlage abgezogen werden. Hieraus folgt, dass sie zu einer Erhöhung des Kapitalwerts der Investition führen.

- **Der Einfluss der Besteuerung auf den Kalkulationszinssatz:** Die Berücksichtigung der Steuern im Rahmen des Zinssatzes führt im Ergebnis zu einem im Rahmen des Kapitalwertkalküls zu berücksichtigenden niedrigeren Zinssatz. Dieser bewirkt seinerseits einen höheren Kapitalwert, denn durch den Einbezug der Steuern mindert sich auch die Nachsteuerrendite des Alternativobjektes, so dass den in der Zukunft anfallenden Erträgen der Sachinvestition ein vergleichsweise höherer „Wert" beigemessen wird.

Damit zeigt sich, dass diese drei Effekte eine **unterschiedliche Auswirkung** auf den Kapitalwert haben. Je nach Stärke der Einzeleffekte kann sich die generelle Vorteilhaftigkeit einer Investition in das Gegenteil verkehren, so dass die Investition insgesamt nicht mehr lohnend ist[518], und außerdem kann sich bei einem Vergleich mehrerer Investitionsprojekte miteinander die relative Vorteilhaftigkeit, also die Reihenfolge der Objekte, ändern.

Die Stärke des Einflusses der Besteuerung auf den Kapitalwert einer Investition ist abhängig von der Abschreibungsmethode und dem Ertragsteuersatz. Deshalb soll im Folgenden mit Hilfe einiger Beispiele gezeigt werden, wie die Veränderung dieser Parameter sich auf die Vorteilhaftigkeit einer Investition auswirkt.

- **Beispiel:**

Betrachtet wird eine Maschine, die zu Anschaffungskosten i. H. v, 100.000,- € in t_0 erworben werden kann. Die Investition soll durch eine Kapitalgesellschaft erfolgen, die in einer Gemeinde mit einem gewerbesteuerlichen Hebesatz von 470% ansässig ist, so dass sich ein kombinierter Ertragsteuersatz von 32,275% ergibt. Die Einzahlungen aus dieser Investition betragen in t_1 beginnend jährlich 40.000,- €, die Auszahlungen 10.000,- €. Der Kalkulationszins vor Steuern beträgt 10%, woraus sich ein Nettozinssatz i_s von 6,7725% ergibt. Es werden die folgenden alternativen Abschreibungsformen betrachtet:

a) Eine lineare Abschreibung über die Jahre der betriebsgewöhnlichen Nutzungsdauer von 5 Jahren oder

b) Eine Sonderabschreibung in Höhe von 50% (neben der linearen Abschreibung in t1) mit anschließender linearer Abschreibung.

518 Allerdings kann auch die Situation eintreten, dass durch die Einführung einer Besteuerung die Vorteilhaftigkeit einer Investition zunimmt, vgl. hierzu S. 261 ff.

Hieraus ergibt sich für die Alternative a) folgende Berechnung:

Periode	0	1	2	3	4	5
E_t - A_t	-100.000	30.000	30.000	30.000	30.000	30.000
Abs_t		20.000	20.000	20.000	20.000	20.000
Gewinn		10.000	10.000	10.000	10.000	10.000
Steuer		3.228	3.228	3.228	3.228	3.228
E_t - A_t - Steuer		26.773	26.773	26.773	26.773	26.773
Diskontierungs-faktor	1,0000	0,9366	0,8772	0,8215	0,7694	0,7206
Barwert	-100.000	25.074	23.484	21.994	20.599	19.293
Kapitalwert	10.444					

Für die Alternative b) ergibt sich entsprechend:

Periode	0	1	2	3	4	5
E_t - A_t	-100.000	30.000	30.000	30.000	30.000	30.000
Abs_t		60.000	10.000	10.000	10.000	10.000
Gewinn		-30.000	20.000	20.000	20.000	20.000
Steuer		-9.683	6.455	6.455	6.455	6.455
E_t - A_t - Steuer		39.683	23.545	23.545	23.545	23.545
Diskontierungs-faktor	1,0000	0,9366	0,8772	0,8215	0,7694	0,7206
Barwert	-100.000	37.165	20.653	19.343	18.116	16.967
Kapitalwert	12.244					

Wie diese Beispielsberechnung zeigt, ist der Kapitalwert umso höher, je mehr Abschreibungsvolumen auf die Anfangsperioden des Investitionsprojekts verteilt werden kann. Ausschlaggebend dafür ist, dass dadurch in den ersten Jahren ein niedrigerer Gewinn entsteht und damit ein Steueraufschub in Höhe des Ertragsteuersatzes, multipliziert mit den Abschreibungsmehrbeträgen, entsteht. Zwar können in der Zukunft nur geringere Abschreibungen geltend gemacht werden, denn letztlich bilden die Anschaffungskosten die Obergrenze für die Summe der Abschreibungen, doch ist bei einem positiven Kalkulationszinsfuß die Erhöhung des Kapitalwertes durch den anfänglichen Steueraufschub stets höher als die Summe der Barwerte der späteren Steuermehrzahlungen. Daraus lässt sich die Aussage herleiten, dass c. p. die **Investitionen vorteilhafter sind, bei denen eine schnellere Abschreibung möglich** ist.

Beispiel:

Das obige Beispiel soll nun variiert werden, um die zweite Einflussgröße einer näheren Betrachtung zu unterziehen. Unterstellt wird, dass die Kapitalgesellschaft lediglich die Variante mit den linearen Abschreibungen betrachtet und entweder der oben bereits verwendete Steuersatz von $s_{Er}^{Körp_a}$ = 32,275% zur Anwendung gelangt oder alternativ der von $s_{er}^{Körp_b}$ = 22,825%. Dieser ergibt sich, wenn in die Formeln zur Ermittlung des kombinierten Ertragsteuersatzes ein gewerbesteuerlicher Hebesatz in Höhe von 200% eingesetzt wird.

Periode	0	1	2	3	4	5
E_t - A_t	-100.000	30.000	30.000	30.000	30.000	30.000
Abs_t		20.000	20.000	20.000	20.000	20.000
Gewinn		10.000	10.000	10.000	10.000	10.000
Steuer		2.283	2.283	2.283	2.283	2.283
E_t - A_t - Steuer		27.718	27.718	27.718	27.718	27.718
Diskontierungs-faktor	1,0000	0,9284	0,8618	0,8001	0,7428	0,6896
Barwert	-100.000	25.732	23.888	22.177	20.588	19.113
Kapitalwert	11.497					

Das Beispiel zeigt die Wirkung des Steuersatzes auf den Kapitalwert, die sich aus zwei Richtungen ergibt:

- Einerseits führt ein höherer Steuersatz zu einer stärkeren Verringerung der Einzahlungsüberschüsse und damit zu einem Sinken des Kapitalwerts.
- Andererseits bewirkt ein höherer Steuersatz ein Sinken des Kalkulationszinsfußes nach Steuern. Hieraus folgt, dass der Kapitalwert steigt, denn die zukünftigen Einzahlungsüberschüsse werden weniger stark abgezinst.

Fraglich ist, welcher dieser beiden Effekte überwiegt. Dies wird regelmäßig das Sinken des Kapitalwerts sein, auch wenn Ausnahmen hiervon möglich sind.

(iii) Alternative Verwendung des Vermögensendwerts

Wie auf S. 252 gezeigt, lässt sich der Kapitalwert in den Vermögensendwert überführen und umgekehrt. Hieraus folgt, dass wenn die Besteuerung in die Überlegungen mit einbezogen wird, folgende Beziehung zwischen den beiden Größen besteht:

$$V_n^s = (1 + i_s)^n \cdot C_0^s.$$

Insoweit bestehen keine Besonderheiten, so dass auf die obigen Ausführungen zum steuerlichen Einfluss auf die einzelnen Komponenten verwiesen werden kann.

(iv) Das sog. Steuerparadoxon als Sonderfall

- Was wird unter dem sog. Steuerparadoxon verstanden?
- Welche Ursachen gibt es für diesen Effekt?

Im Regelfall gilt, dass der Kapitalwert einer Investition vor Steuern größer ist als der nach Steuern. Allerdings gibt es Situationen, in denen diese Aussage nicht stimmt, sondern der Kapitalwert nach Steuern größer als der vor Steuern ist. Hier bewirkt die Einführung einer Steuer die (Zunahme der) Vorteilhaftigkeit einer Investition. Dieser Fall wird als **Steuerparadoxon** bezeichnet.

- **Beispiel:**

Es erfolgt die Anschaffung einer Maschine zum Zeitpunkt t_0 für 300.000,- €. Die Nutzungsdauer beträgt 5 Jahre. Im Jahr t_1 kann neben der linearen Abschreibung eine Sonderabschreibung von 50% vorgenommen werden. Der Kalkulationszinsfuß vor Steuern i beträgt 10% und der kombinierte Ertragsteuersatz $s_{er}^{Körp}$ = 32,275%.[519] Der Kapitalwert ohne Steuern ergibt sich als:

Periode	0	1	2	3	4	5
E_t		90.000	90.000	135.000	180.000	240.000
A_t	300.000	120.000	90.000	60.000	15.000	15.000
E_t - A_t	-300.000	-30.000	0	75.000	165.000	225.000
Diskontierungs-faktor	1,0000	0,9091	0,8264	0,7513	0,6830	0,6209
Barwert	-300.000	-27.273	0	56.349	112.697	139.707
Kapitalwert	-18.520					

Wie die Berechnung zeigt, ist der Kapitalwert vor Steuern negativ, also wäre die Investition nicht vorteilhaft. Nun werden der Kapitalwert nach Steuern berechnet.

Periode	0	1	2	3	4	5
E_t - A_t	-300.000	-30.000	0	75.000	165.000	225.000
Abs_t		180.000	30.000	30.000	30.000	30.000
Gewinn		-210.000	-30.000	45.000	135.000	195.000
Steuer		-67.778	-9.683	14.524	43.571	62.936
E_t - A_t - Steuer		37.778	9.683	60.476	121.429	162.064
Diskontierungs-faktor	1,0000	0,9366	0,8772	0,8215	0,7694	0,7206
Barwert	-300.000	35.381	8.493	49.683	93.429	116.785
Kapitalwert	3.772					

Es zeigt sich, dass der Kapitalwert nach Steuern nun positiv ist. Insoweit wäre die Investition vorteilhaft. Damit ergibt sich das Gegenteil des oben dargestellten Ergebnisses, nämlich dass die Berücksichtigung von Steuern zu einer Verringerung des Kapitalwerts führt. Hier ist der Unterschied so gravierend, dass es nicht nur zu einer Abnahme des bisher negativen Werts kommt, sondern der Kapitalwert positiv wird.

519 Hieraus ergibt sich ein Nettozinssatz von i_s = 10% (1 – 0,32275) = 6,7725%.

Das Ergebnis scheint paradox und würde – wenn es denn allgemeine Gültigkeit hätte – besagen, dass die **Steuern stets nur hinreichend hoch sein müssten, um eine Investition als vorteilhaft erscheinen zu lassen**. Dies ist jedoch nicht zutreffend. Vielmehr entsteht das Ergebnis aus den Annahmen des Kapitalwertkalküls, weil eine jederzeitige Anlage von finanziellen Mitteln am Kapitalmarkt möglich ist. Es kommt zu einer Veränderung der Rangfolge zwischen Finanz- und Sachinvestitionen infolge der Besteuerung. Ausschlaggebend hierfür ist, dass bei der Sachinvestition infolge der Verrechnung von Abschreibungen ein Zinsgewinn entsteht, der bei steigenden Steuersätzen die relative Vorteilhaftigkeit gegenüber der Finanzanlage erhöht. Folglich kommt es zu einem Anstieg des Kapitalwerts.

Vor diesem Hintergrund sind zwei wichtige Aussagen zu treffen: Erstens lässt sich der Effekt des wachsenden Kapitalwerts infolge steigender Steuersätze nicht beliebig steigern. Bei einem Steuersatz von 100% wäre weder eine Sach- noch eine Finanzanlage lohnend. Der sich ergebende Zinsgewinn der Sachanlage steigt bei zunehmenden Steuersätzen, erreicht dann sein Maximum, um danach bei weiterer Erhöhung der Steuersätze wieder zu sinken. Daher kann dieser Effekt nur auftreten, wenn die Steuersätze sich nicht bereits „rechts" vom Maximum befinden. Zweitens wird deutlich, dass der **Kapitalwert nur ein relatives Maß für die Vorteilhaftigkeit einer Investition ist – kein absolutes**. Er vergleicht die Vorteilhaftigkeit der Sachinvestition mit der alternativen Kapitalanlage zum Zinssatz i (bzw. i_s).

(v) Berücksichtigung von ausgewählten Investitionsfördermaßnahmen im Rahmen des Kapitalwertkalküls

- Wie wirken sich die unterschiedlichen Investitionsfördermaßnahmen auf den Kapitalwert einer Investition aus?

Die obigen Ausführungen haben gezeigt, dass sich eine möglichst kurzfristige Abschreibung einer Investition positiv auf deren Kapitalwert auswirkt. Daher ist es wenig überraschend, dass der Gesetzgeber in der Vergangenheit immer wieder Sonderabschreibungen zur Förderung von bestimmten Investitionen eingesetzt hat. Gleichwohl darf dabei nicht übersehen werden, dass die im Rahmen des Modellansatzes unterstellten Prämissen sich nicht verallgemeinern lassen. Die positive Wirkung der Sonderabschreibungen kann zu einem Teil darauf beruhen, dass entstehende Verluste in früheren Perioden des Investitionsprojektes einen sofortigen und vollständigen Verlustausgleich zur Folge haben. Dies ist in der Realität (insbesondere infolge der Regelungen zur Mindestbesteuerung und des § 15a EStG bei beschränkt haftenden Gesellschaftern einer Mitunternehmerschaft) jedoch keineswegs zwingend. In solchen Fällen bedarf es vertiefender Analysen, inwieweit die Verluste steuerlich tatsächlich zu einer entsprechenden Entlastung führen. Hierfür bieten sich **Finanzpläne** an.

Daneben werden vom Gesetzgeber weitere Investitionsfördermaßnahmen eingesetzt. Hierbei handelt es sich insbesondere um Investitionszulagen und -zuschüsse. Die übrigen Maßnahmen stellen entweder Formen von Abschreibungsvergünstigungen dar, die neben oder anstelle der planmäßigen Absetzungen für Abnutzung geltend gemacht werden können, wobei sich keine grundlegend anderen Wirkungsmechanismen ergeben als die am Beispiel der Sonderabschreibung dargestellten, oder um Maßnahmen, die auf die Verbesserung der Finanzsituation der Unternehmen ausgerichtet sind. Insoweit handelt es sich nicht um klassische investitionsrechnerische Probleme, so dass auf ihre Berücksichtigung im Folgenden verzichtet wird. Auch auf die Regelungen des Stabilitätsgesetzes[520], die unter besonderen Voraussetzungen Abzüge von der Steuerschuld zulassen, wird wegen der nicht gegebenen praktischen Bedeutung dieser Vorschrift nicht eingegangen.

Durch Investitionszulagen wird die Anschaffung oder Herstellung von neuen, abnutzbaren und beweglichen Wirtschaftsgütern begünstigt, die bestimmte, im jeweiligen Fördergesetz näher bestimmte Anforderungen (z. B. Verbleibensfristen) erfüllen. Die Investitionszulagen sind bei der Unternehmung steuerfrei.[521] Sie sind also weder steuerpflichtige Betriebseinnahmen, noch vermindern sie die Bemessungsgrundlage für die Abschreibungen des Investitionsobjektes.[522] Wie anhand von Vergleichsrechnungen leicht nachgewiesen werden kann, ist die Rentabilitätswirkung von Investitionszulagen wesentlich höher als bei den anderen, derzeit praktizierten Fördermaßnahmen.[523] Hieraus folgt für die Berechnung des Kapitalwerts, dass zwar eine Einzahlung vorliegt, ihr jedoch keine Auszahlung gegenübersteht. Da die Einzahlung steuerfrei bleibt, ist sie in voller höher im Rahmen des Kapitalwerts zu berücksichtigen und nicht nur in Höhe des steuerverkürzten Betrages.

Die Investitionszuschüsse werden insbesondere nach dem Gesetz über die Gemeinschaftsaufgabe „Verbesserung der regionalen Wirtschaftsstruktur" (GRWG) gewährt.[524] Steuerlich hat der Anspruchsberechtigte bezüglich der Behandlung von Investitionszuschüssen ein Wahlrecht:[525] Entweder behandelt er sie als Betriebseinnahmen, die den steuerpflichtigen Gewinn erhöhen, oder er vermindert die

---

520 Gesetz zur Förderung der Stabilität und des Wachstums der Wirtschaft (Stabilitätsgesetz) vom 8. Juni 1967, BGBl. I 1967, S. 582 ff.

521 Allerdings geht diese Steuerfreiheit verloren, wenn eine Kapitalgesellschaft eine der Investitionszulage entsprechende Ausschüttung an die Anteilseigner vornimmt, während bei Personengesellschaften die Steuerfreiheit erhalten bleibt. Damit kommt es zu einer unterschiedlichen Behandlung der „durchgeschütteten" Investitionszulagen bei Personen- und Kapitalgesellschaften, die einen Verstoß gegen den Grundsatz der Rechtsformneutralität der Besteuerung darstellt.

522 So ausdrücklich § 13 InvZulG 2010.

523 So z. B. auch Schneider, DB 1991, S. 1084, ders., Investition, Finanzierung und Besteuerung, 7. Aufl., Wiesbaden 1992, S. 348, und Kroker/Feust, Investitionsförderung in den neuen Bundesländern – Eine betriebswirtschaftliche Effizienz-analyse, iw-Trends 1/1991, S. A-9, Jansen, Investitionsförderung durch die Bilanzierung nach BilMoG?, in: Rautenberg (Hrsg.), Unternehmen zwischen Investitionsförderung und neuen steuerlichen Belastungen, Stuttgart 2010, S. 19 ff.

524 Eine Förderung aus GA-Mitteln können auch Unternehmen aus anderen Regionen des Bundesgebiets in Anspruch nehmen, es handelt sich um eine allgemeine, regionalpolitische Fördermaßnahme.

525 Vgl. BFH vom 22. 1. 1992, X R 23/89, BStBl. II 1992, S. 488, sowie R. 6.5 Abs. 2 EStR.

Anschaffungs- bzw. Herstellungskosten des begünstigten Wirtschaftsgutes und damit die Abschreibungsbemessungsgrundlage. Hieraus folgt für die Kapitalwertformel, dass entweder eine Erhöhung der – steuerpflichtigen – Einzahlungen erfolgt und die Abschreibungsbemessungsgrundlage unverändert bleibt, oder – wie schon bei den Investitionszulagen – eine steuerfreie Einzahlung vorliegt, die gesondert zu berücksichtigen ist und ergänzend eine Verringerung der Abschreibungsbemessungsgrundlage nach sich zieht. Damit kommt es durch den verringerten Entlastungseffekt um die Abschreibungen zu einer Nachversteuerung des – bisher steuerfreien – Investitionszuschusses. Kann der Anspruchsberechtigte davon ausgehen, dass ein sofortiger Verlustausgleich erfolgen kann, sollte stets letztere Alternative gewählt werden. Hierdurch wird erreicht, dass die Versteuerung erst in einer späteren Periode erfolgt. Hiermit sind Zins- und Liquiditätsvorteile verbunden. Etwas anderes gilt allenfalls, wenn bei der späteren Versteuerung mit höheren Steuersätzen zu rechnen ist. Dann bedarf es im Einzelfall einer Vergleichsrechnung auf Grundlage der prognostizierten Zahlen.

4.2.2.2.2 Die Methode des internen Zinsfußes

- Was ist unter dem „internen Zinsfuß" zu verstehen?
- In welchem Verhältnis steht diese Methode zum Kapitalwertansatz?

Der interne Zinsfuß (oder Internal Rate of Return) ist derjenige Zinssatz, bei dem der Kapitalwert der Investition Null beträgt. D. h. es wird danach gefragt, wie hoch die Effektivverzinsung des in der Investition gebundenen Kapitals ist. Analytisch lässt sich dieser Wert bestimmen, wenn die Bestimmungsgleichung für den Kapitalwert gleich Null gesetzt wird und dann nach dem Zinssatz i aufgelöst wird. Hieraus ergibt sich:

$$A_0 = \sum_{t=1}^{n} \frac{E_t - A_t}{(1+r)^t},$$

wobei:

r	=	interner Zinsfuß,
A_0	=	Anschaffungsauszahlung zu Beginn der Investition (Zeitpunkt t_0),
E	=	Einzahlungen in jeder Periode und
A	=	Auszahlungen in jeder Periode.

Eine Investition ist nach diesem Kriterium immer vorteilhaft, wenn der **interne Zinsfuß über dem Kalkulationszinssatz liegt**, also wenn gilt: r > i. Wenn mehrere Investitionsalternativen miteinander verglichen werden, ist diejenige zu wählen, welche den höchsten internen Zinsfuß aufweist. Ein inhaltlicher Unterschied gegenüber dem Kapitalwert besteht bei der Prämisse über die Wiederanlage der Rückflüsse aus dem

Investitionsprojekt. Der Kapitalwert unterstellt eine Anlage zum Kapitalmarktzins (i), während die Methode des internen Zinsfußes hierfür den internen Zinssatz (r) verwendet. Hieraus folgt, dass beide Methoden nicht zwangsläufig zu gleichwertigen Ergebnissen führen. Für Normalinvestitionen[526] ist dies allerdings der Fall. Andernfalls ergeben sich nur dann identische Entscheidungen, wenn i = r gilt. Gegen die Annahme einer Anlage des freigesetzten Kapitals zum internen Zinsfuß bestehen jedoch Bedenken. Sie ist nur zulässig, wenn jederzeit Investitionsprojekte zur Verfügung stehen, die eine entsprechend hohe Rendite versprechen. Dies ist zumindest in den Fällen, in denen die interne Verzinsung einer Investition vergleichsweise hoch ist, nicht gegeben. Die Prämisse des Kapitalwerts entspricht eher der Realität[527] und ist daher vorzuziehen, zumal wenn sich der Zinssatz i – wie oben erläutert[528] – als ein auf einem vollkommenen Kapitalmarkt gebildeter Wert darstellt.[529]

Wird im Rahmen dieser Überlegungen die **Besteuerung** berücksichtigt, ist es erforderlich – wie schon beim Kapitalwert – die Größen entsprechend ihrer Beeinflussung durch die Besteuerung zu verändern. Mit Blick auf die Anpassung der zu diskontierenden Größen kann hierzu auf die Ausführungen zur Anwendung des Kapitalwertkriteriums verwiesen werden. Hieraus ergibt sich:

$$A_0 = \sum_{t=1}^{n} \frac{E_t - A_t}{\left(1+r_s\right)^t} - \sum_{t=1}^{n} s_{er} \frac{E_t - A_t - Abs_t}{\left(1+r_s\right)^t}.$$

Der resultierende interne Zins ist als Effektivverzinsung des gebundenen Kapitals nach Steuern zu verstehen. Mit Blick auf die Investitionsentscheidung ist zu bedenken, dass der Kapitalmarktzins (i) – analog zum Vorgehen zur Berücksichtigung von Steuern beim Kapitalwertkriterium[530] – zum Zins nach Steuern (i_s) verkürzt wird. Dabei gilt die folgende Beziehung:

$$i_s = i \cdot \left(1 - s_{er}\right).$$

Dieser Überlegung kommt für die Beurteilung der Vorteilhaftigkeit große Bedeutung zu, da dem Grundsatz der Extensionsentsprechung genügt werden muss. Damit ein zulässiger Vergleich zustande kommen kann, muss es sich sowohl beim internen Zinssatz als auch bei der Vergleichsgröße, dem Kapitalmarktzins, einheitlich entweder um Nachsteuer- oder aber um Vorsteuergrößen handeln. Die Investition ist demnach Vorteilhaft, wenn $r_s > i_s$ oder äquivalent dazu $r_s > i\,(1 - s_{er})$ gilt.

---

526 Allgemeiner: Das gebundene Kapital darf nie negativ werden.

527 Ferner ist die Interne Zinsfußmethode für Wahl- sowie für Programmentscheidungen ungeeignet, da sich die verschiedenen Investitionsprojekte regelmäßig in ihrer individuellen Struktur unterscheiden.

528 Vgl. S. 251 ff.

529 Vgl. zu einer Diskussion der Internen Zinsfußmethode insbesondere Hering, Investitionstheorie, 3. Aufl., München 2008, S. 97 ff.

530 Vgl. hierzu nochmals S. 256 ff.

Beispiel:

Es erfolgt die Anschaffung einer Maschine zum Zeitpunkt t_0 für 100.000,- €. Die Nutzungsdauer beträgt 2 Jahre und es wird linear abgeschrieben. Im ersten Jahr fließen dem Unternehmen 20.000,- € und im zweiten Jahr 120.000,- € zu. Der Kapitalmarktzins vor Steuern i beträgt 15% und der kombinierte Ertragsteuersatz $s_{er}^{Körp}$ = 32,275%.

Der interne Zins vor Steuern beträgt 20%, was bedeutet dass die Investition im Vergleich zur Anlage des gleichen Betrages am Kapitalmarkt vorzuziehen ist. Die Berücksichtigung der Besteuerung führt zu Steuerminderzahlungen im ersten Jahr von 9.682,50 € und zu einer Steuerbelastung im zweiten Jahr von 22.592,50 €. Unter Berücksichtigung dieser zusätzlichen Zahlungen ergibt sich ein interner Zins nach Steuern von ca. 14,65%. Im Vergleich mit dem Kapitalmarktzins nach Steuern von ca. 10,16% ist die Investition auch bei expliziter Berücksichtigung der Besteuerung vorteilhaft. Der Vergleich mit dem Kapitalmarktzins vor Steuern ist dagegen unzulässig und würde zu Fehlentscheidungen führen. Eine direkte Anpassung des internen Zinses vor Steuern um ($1-s_{er}$) auf ca. 13,55% kann ebenfalls zu Fehlentscheidungen führen, da dies den Steuerstundungseffekt der Abschreibungen unberücksichtigt lässt.

Auf dieser Grundlage lassen sich die für den Nichtsteuerfall dargestellten Vereinfachungsüberlegungen auch unter Berücksichtigung der Besteuerung durchführen. Hierbei bestehen jedoch methodische Probleme, weil die Abschreibungen nicht über eine unbegrenzte Laufzeit hinweg vorgenommen werden können. Insoweit kann allenfalls eine Betrachtung für einen als repräsentativ angesehenen Zeitraum erfolgen.

4.2.2.2.3 Die Annuitätenmethode

- Wie kann mit Hilfe der Annuitätenmethode die Vorteilhaftigkeit einer Investition bestimmt werden?
- In welchem Verhältnis steht die Annuitätenmethode zum Kapitalwert?

Die Annuitätenmethode ist letztlich nur eine **veränderte Form des Kapitalwertkalküls**, die sich von diesem durch den unterschiedlichen Betrachtungszeitpunkt unterscheidet. Während der Kapitalwert auf den Zeitpunkt t_0, also den Investitionszeitpunkt, abstellt, fragt die Annuitätenmethode danach, wie hoch ein gleichbleibender nachschüssiger, periodischer Betrag ist, der aus einer Investition erzielt werden kann. Dieser Betrag wird als Annuität oder Rente bezeichnet. Damit ist die Annuität nichts anderes als die gleichmäßige Verteilung des Kapitalwerts auf die Dauer der Investition. Analytisch lässt sich dieser Wert dadurch herleiten, dass der Kapitalwert mit dem sog. Annuitätenfaktor multipliziert wird. Hieraus folgt:

$$a = C_0 \frac{i \cdot (1+i)^n}{(1+i)^n - 1},$$

wobei:

a = Annuität,

C_0 = Kapitalwert,

i = Kalkulationszinsfuß und

n = Nutzungsdauer der Investition.

Die Annuität ist die Aufteilung des Kapitalwerts über die gesamte Investitionsdauer unter Berücksichtigung von Zinseszinsen. Folglich kann auch für die Frage der Vorteilhaftigkeit nichts anderes gelten als beim Kapitalwert selbst. Eine Investition ist vorteilhaft, wenn die Annuität a größer als Null ist und bei der Auswahl zwischen mehreren Investitionsalternativen ist diejenige zu wählen, die die höchste Annuität aufweist. Allerdings können Probleme entstehen, wenn die einzelnen Investitionsalternativen eine unterschiedlich lange Nutzungsdauer haben. Hier muss ein einheitlicher Planungszeitraum zugrunde gelegt werden, um eine Vergleichbarkeit gewährleisten zu können.

Eine Berücksichtigung der Besteuerung führt zu keinen anderen Ergebnissen, als sie bereits im Rahmen des Kapitalwertkalküls dargestellt worden sind. Der Kapitalwert ist entsprechend den dort entwickelten Grundsätzen in einen Kapitalwert nach Steuern zu modifizieren. Außerdem ist im Rahmen des Annuitätenfaktors anstelle des Zinssatzes i der Nettozinssatz i_s zu verwenden. Damit ergibt sich für die Annuität nach Steuern der folgende Ausdruck:

$$a_s = C_{0s} \frac{i_s \cdot (1+i_s)^n}{(1+i_s)^n - 1},$$

wobei:

a_s = Annuität nach Steuern.

Beispiel:

Als Beispiel für die Annuitätenmethode sollen die gleichen Beispielsfälle herangezogen werden, die bereits auf S. 259 ff. zur Erläuterung des Kapitalwertkriteriums dienten. Daher kann in diesem Zusammenhang ein Rückgriff auf das entsprechende Zahlenmaterial, insbesondere die dort berechneten und im Rahmen der Annuitätenmethode benötigten Kapitalwerte, erfolgen. Bei einer Laufzeit von fünf Jahren ergibt sich ein steueradjustierter Annuitätenfaktor von 0,24241. Bei linearer Abschreibung führt dies zu einer Kapitalwertannuität nach Steuern von 2.532 € (Alternative Abschreibungsform a)).

Die Kapitalgesellschaft kann – wie im vollständigen Finanzplan unten gezeigt – diesen Betrag über fünf Jahre hinweg jedes Jahr zusätzlich zu den übrigen Dividenden ausschütten und steht am Ende dieses Zeitraumes genauso gut da, wie wenn sie den Investitionsbetrag auf dem Kapitalmarkt angelegt hätte.

Periode	0	1	2	3	4	5
E_t - A_t	-100.000	30.000	30.000	30.000	30.000	30.000
Rückzahlung		-100.000	-82.532	-63.881	-43.966	-22.703
Zinsen		-10.000	-8.253	-6.388	-4.397	-2.270
Abs_t		20.000	20.000	20.000	20.000	20.000
Gewinn		0	1.747	3.612	5.603	7.730
Steuer		0	-564	-1.166	-1.808	-2.495
Ausschüttung		-2.532	-2.532	-2.532	-2.532	-2.532
Geldaufnahme	100.000	82.532	63.881	43.966	22.703	0
Saldo	0	0	0	0	0	0

Diese Anlage am Kapitalmarkt hätte allerdings keinen finanziellen Spielraum mehr für zusätzliche Dividendenausschüttungen geschaffen. Ist hingegen eine Sonderabschreibung möglich, erhöht sich die Kapitalwertannuität nach Steuern auf 2.968 € (Alternative Abschreibungsform b). Der Annuitätenfaktor hingegen bleibt c. p. konstant, sodass Annuitätenmethode und Kapitalwertkriterium stets zu äquivalenten Ergebnissen führen.

4.2.2.2.4 Der vollständige Finanzplan (VOFI)

(a) Begriff und Aufbau

- Welche Größen sind im vollständigen Finanzplan enthalten?
- Welche Aussagen und Entscheidungen können mit Hilfe des vollständigen Finanzplans getroffen werden?

Alle vermögensorientierten Investitionskalküle lassen sich auf das Grundmodell des vollständigen Finanzplanes[531] zurückführen. Er beinhaltet alle infolge eines Investitionsobjektes anfallenden Ein- und Auszahlungen, unter Berücksichtigung des zu Beginn der Investition vorhandenen Eigenkapitals und der Anschaffungsauszahlung.

Aus dem vollständigen Finanzplan wird für jede Periode erkennbar, welche finanziellen Unterdeckungen entstehen, die einer Finanzierung bedürfen und welche freien Mittel zur Verfügung stehen, um diese anlegen zu können. Damit wird nicht nur eine realitätsgerechte Darstellung der finanziellen Auswirkungen eines Investitionsobjektes vorgenommen, sondern auch eine Grundlage für Finanzierungs- bzw. Anlageentscheidungen geschaffen. Auf Grund der unterschiedlichen Berücksichtigung von

531 Dieser darf nicht mit dem finanzwirtschaftlichen Finanzplan für Zwecke der Kapitalbindungs- und Liquiditätsplanung verwechselt werden.

Kapitalerträgen und Zinsaufwendungen kann auch ein unterschiedlicher Soll- und Habenzinssatz abgebildet werden. Daher bedarf es nicht der – sehr restriktiv wirkenden – Annahme des vollkommenen und vollständigen Kapitalmarktes.

Abbildung 4-4: *Grundstruktur eines vollständigen Finanzplanes*

	t_0	t_1	...	t_n
Anfangsvermögen				
Zahlungsreihe des Investitionsobjektes				
Finanzierung • Kreditaufnahme • Finanzierungszins • Tilgung				
Anlage • Geldanlage • Anlagezins • Rückzahlung				
Entnahmen				
Endvermögen				

Allerdings besteht auch beim vollständigen Finanzplan die Notwendigkeit, die Zahlungsreihe des Investitionsobjekts sowie der Finanzierungs- und Anlagemöglichkeiten zu schätzen. Diese Bestimmung ist häufig aufwendig. Deshalb wird häufig mit vereinfachenden Annahmen gearbeitet (z. B. im Zeitablauf konstante Soll- und Habenzinssätze). Hierbei handelt es sich jedoch um das allgemeine Unsicherheitsproblem, dass vielen unternehmerischen Entscheidungen anhaftet.

(b) Berücksichtigung von steuerlichen Belastungen

■ Wie lassen sich die steuerlichen Auswirkungen infolge einer Investition im Rahmen des vollständigen Finanzplanes berücksichtigen?

Die Ausgangsüberlegung zur Abbildung von steuerlichen Auswirkungen einer Investition im Rahmen eines vollständigen Finanzplanes besteht in der Überlegung, dass die Investition zu steuerlichen Zahlungen führt. Diese werden im Rahmen des vollständigen Finanzplanes mit erfasst. Hierbei handelt es sich in der Regel um zusätzliche Auszahlungen. Denkbar ist jedoch auch, dass infolge eines Verlustes eine Einzahlung für die Unternehmung entsteht. Dies wäre etwa bei einer Steuererstattung infolge eines Verlustrücktrages gegeben.

Da die steuerlichen Bemessungsgrundlagen nicht an Zahlungsgrößen anknüpfen, sondern eine eigenständige Ermittlung nach Maßgabe der steuerlichen Regelungen verlangen, muss dies im Rahmen einer Nebenrechnung berücksichtigt werden. Hingegen kann das steuerliche zu versteuernde Einkommen nicht aus dem vollständigen Finanzplan ermittelt werden.

■ **Beispiel:**

Die konkrete Vorgehensweise wird mit Hilfe des folgenden Beispiels erläutert: Betrachtet wird ein Investitionsobjekt, das zu folgender Zahlungsreihe führt:

Zeitpunkt	Zahlungsreihe
0	- 100 Mio. €
1	- 10 Mio. €
2	50 Mio. €
3	100 Mio. €
4	50 Mio. €

Das Unternehmen, eine konzernverbundene, deutsche Kapitalgesellschaft ohne sonstige Aktivitäten[532], kann innerhalb des hier denkbaren Rahmens freie Mittel zum Habenzins von 5% anlegen. Sofern eine Fremdfinanzierung erfolgt, muss diese mit 10% p. a. verzinst und in der folgenden Periode zu 100% zurückgezahlt werden. Die Anschaffungsauszahlung in t_0 muss zur Hälfte fremdfinanziert werden. Sonstige Tatbestände, die bei der Gewerbesteuer eine Hinzurechnung oder Kürzung auslösen oder ertragsteuerlich zu nicht abzugsfähigen Betriebsausgaben führen, liegen nicht vor. Der Entscheider verfolgt die Zielsetzung der Endwertmaximierung. Für das Unternehmen gilt ein gewerbesteuerlicher Hebesatz von 320%, wobei lediglich in dieser Gemeinde Betriebsstätten unterhalten werden.

Wie die Berechnung des Zahlungssaldos zeigt, ist die Investition vorteilhaft, weil am Ende der Investitionsdauer ein Betrag von 107,489 Mio. € vorhanden ist, während bei der alternativen Anlage der im Zeitpunkt t_0 zur Verfügung stehenden Mittel am Kapitalmarkt lediglich lediglich 57,707 Mio. € verfügbar wären.[533] Am Beispiel der Auswirkungen in der Periode t_1 und t_2 wird erläutert, welche steuerlichen Konsequenzen aus der Durchführung der Investition entstehen und welche Auswirkungen hieraus im vollständigen Finanzplan entstehen. Dabei wurden auch die Größen mit vermerkt, die für steuerliche Zwecke in der Zukunft Bedeutung haben können.

In t_0 erfolgt die Investition. Die Anschaffungsauszahlung in Höhe von 100 Mio. € wird hälftig mit Eigen- und mit Fremdkapital finanziert. Folglich ist die Kapitalgesellschaft mit 50 Mio. € verschuldet.

532 Diese Annahme führt im Ergebnis dazu, dass sich alle (steuerlichen) Konsequenzen innerhalb dieses Unternehmens zwangsläufig infolge dieser Investition ergeben müssen.

533 Rechnung: $50\text{ Mio. €} \cdot (1 + 5\% \cdot (1 - 15\% \cdot 1{,}055 - 3{,}5\% \cdot 320\%))^4$.

Abbildung 4-5: *Beispiel zum vollständigen Finanzplan mit Steuern (Angaben in 1000 €)*

	Zeitpunkt	0	1	2	3	4
	Eigenkapital	50.000				
	ZR (entspricht steuerlichem EBITDA)	-100.000	-10.000	50.000	100.000	50.000
	Geldaufnahme/-anlage	50.000	65.000	22.979	-61.984	
./.	bzw. + Soll- und Habenzinsen		-5.000	-6.500	-2.298	3.099
	Tilgung		-50.000	-65.000	-22.979	61.984
./.	AfA		-25.000	-25.000	-25.000	-25.000
	Gewinn lt. Steuerbilanz		-40.000	18.500	72.702	28.099
+	n.a.f. Zinsen nach § 4h EStG		5.000			
./.	Nutzung Zinsvortrag nach § 4h EStG			-5.000		
	Gewinn lt. Steuerbilanz nach Korrekturen		-35.000	13.500	72.702	28.099
./.	Verlustabzug nach § 10d EStG			-8.500	-26.500	
	Einkommen		-35.000	5.000	46.202	28.099
	KSt		**0**	**-750**	**-6.930**	**-4.215**
	SolZ		**0**	**-41**	**-381**	**-232**
	Gewinn lt. Steuerbilanz nach Korrekturen		-35.000	13.500	72.702	28.099
+	Hinzurechnung			2.850	549	
	Gewerbeertrag		-35.000	16.350	73.252	28.099
./.	Verlustabzug nach § 10a GewStG			-10.210	-24.790	
	Gewerbeertrag nach Verlustabzug			6.140	48.462	28.099
	GewSt		**0**	**-688**	**-5.428**	**-3.147**
	Nachrichtlich: VV KSt		35.000	26.500	0	0
	Nachrichtlich: VV GewSt		35.000	24.790	0	0
	Nachrichtlich: Zinsvortrag		5.000			
	Nachrichtlich: EBITDA-Vortrag		0	3.500	3.500	3.500
	Zahlungssaldo	0	0	0	0	107.489

Aus dieser Kreditaufnahme resultiert annahmegemäß in t_1 eine Zinszahlung in Höhe von 5 Mio. € (entsprechend 10%) und eine Rückzahlung des vollen Betrages. Da aus der Investition eine Unterdeckung der Einzahlungen über die Auszahlungen erfolgt, muss sich die Gesellschaft mit 65 Mio. € verschulden. Das steuerliche Ergebnis der Gesellschaft ergibt sich grundsätzlich aus dem Überschuss der Betriebsausgaben über die Betriebseinnahmen (10 Mio. €), den Abschreibungen (25 Mio. €[534]) und den Zinsaufwendungen (5 Mio. €). Allerdings ist zu prüfen, ob vorliegend auf Grund der Zinsschrankenregelung[535] eine außerbilanzielle Hinzurechnung eines Teils der Zinsen erfolgen müsste. Vorliegend beträgt das steuerliche EBITDA ./. 10 Mio. €, so dass der Zinsabzug in voller Höhe wieder hinzugerechnet werden muss. Hieraus ergibt sich der korrigierte Steuerbilanzgewinn, der auch dem Verlustvortrag entspricht.[536] Dieser Betrag gleicht auch dem vorzutragenden negativen Gewerbeertrag. Zu beachten ist, dass keine Hinzurechnung nach § 8 Nr. 1 GewStG zu erfolgen hat. Diese Regelung erfasst nur solche Beträge, die den Gewerbeertrag verringert haben. Dies ist vorliegend infolge der Nichtabzugsfähigkeit der Zinsen auf Grund der Zinsschranke nicht der Fall.

In t_2 muss zunächst das Darlehen in Höhe von 65 Mio. € getilgt werden. Ferner besteht ein Finanzierungsbedarf für die Zinsen in Höhe von 6,5 Mio. €. Zugleich fließen aus der Investition 50 Mio. € Einzahlungsüberschüssen. Insoweit besteht zunächst ein Finanzierungsbedarf in Höhe 21,5 Mio. €. Allerdings Ließe dies die Steuer unberücksichtigt. Folglich ist die steuerliche Bemessungsgrundlage zu bestimmen, um den endgültigen Finanzierungsbedarf berechnen zu können.

Das vorläufige steuerliche Ergebnis setzt sich aus den Einzahlungsüberschüssen von 50 Mio. € abzüglich den Abschreibungen (von 25 Mio. €) und dem Zinsaufwand (6,5 Mio. €) zusammen. Also beträgt es 18,5 Mio. €. Nunmehr ist zu prüfen, ob die Zinsschranke zu einer Begrenzung der Abzugsfähigkeit der Finanzierungskosten führt. Dabei ist zu beachten, dass aus t_1 ein Zinsvortrag besteht, der den laufenden Zinsaufwand der Periode erhöhten könnte. Das steuerliche EBITDA beträgt hier 50 Mio. €. Diese Größe ergibt sich aus dem Gewinn laut Steuerbilanz (50 Mio. €) zzgl. Abschreibungen (25 Mio. €) und Zinsaufwand (6,5 Mio. €) und entspricht damit dem Einzahlungsüberschuss der Investition. Da die Zinsschranke einen Abzug in Höhe von 30% des steuerlichen EBITDA zulässt, könnten max. 15 Mio. € abgezogen werden. Da die vorliegenden Zinsaufwendungen deutlich niedriger sind, kann ein voller Abzug der laufenden Zinsen erfolgen. Hinzu kommt, dass der Zinsvortrag von 5 Mio. € nunmehr das Ergebnis der Gesellschaft verringert.

---

534 Bestimmt als die Anschaffungskosten in Höhe von 100 Mio. € dividiert durch die 4 Jahre der betriebsgewöhnlichen Nutzungsdauer.

535 Vgl. § 4h EStG i. V. m. § 8a KStG und S. 296 ff.

536 Annahmegemäß soll ein Verlustrücktrag nach § 10d Abs. 1 EStG nicht möglich sein. Sonst wären ggf. Einzahlungen infolge von Steuererstattungen auf Grund eines Verlustausgleiches oder eines Verlustrücktrags zu berücksichtigen.

Außerdem muss berücksichtigt werden, dass Verlustvorträge vorhanden sind. Infolge der Mindestbesteuerung können sich diese jedoch nicht vollständig auswirken. Vielmehr ist dies nur bis zu 1 Mio. € der Fall. Dieser Betrag wird hier um 12,5 Mio. € überschritten, die nur max. in Höhe von 60% durch Verlustvorträge aufgebraucht werden dürfen. Dies ergibt zusammen mit dem Sockelbetrag einen Verlustabzug in Höhe von 8,5 Mio. €, so dass ein zu versteuernden Einkommen von 5 Mio. € verbleibt. Hierauf ergibt sich eine Körperschaftsteuer i. H. v. 750.000,- € und 41.250,- € Solidaritätszuschlag.

Bei der Gewerbesteuer ist zunächst zu beachten, dass nunmehr die Zinszahlungen zu einer Hinzurechnung nach § 8 Nr. 1 Buchst. a) GewStG führen. Diese beträgt 2,85 Mio. € und ergibt sich aus den Zinsen von 6,5 Mio. €und den Zinsvortrag von 5 Mio. €, abzüglich des Freibetrages nach § 8 Nr. 1 GewStG von 100.000,- € und der anschließenden Multiplikation mit den 25%. Damit beträgt der Gewerbeertrag 16,35 Mio. €. Hiervon sind – unter Beachtung der Mindestbesteuerung – die negativen Gewerbevorträge abzuziehen. Insgesamt können von diesen 10,21 Mio. €[537] abgezogen werden. Damit ergibt sich eine gewerbesteuerliche Bemessungsgrundlage von 6,14 Mio. €. Hierauf entfallen 688.000,- € Gewerbesteuer.

Die verbleibenden Verlustvorträge ergeben sich, wenn von den Vorjahreswerten die im laufenden Veranlagungszeitraum genutzten Beträge abgezogen werden.

Die Werte für die Jahre t_3 und t_4 lassen sich so wie Abbildung 4-5 in dargestellt entsprechend berechnen.

4.2.2.2.5 Beurteilung der dynamischen Verfahren der Investitionsrechnung

- Wie sind die dynamischen Verfahren zu beurteilen?
- Wie lässt sich die weite Verbreitung dieser Verfahren in der Praxis erklären?

Der Vorteil dieser Verfahren liegt darin, dass sie einen **höheren Realitätsbezug** aufweisen, weil sie den zeitlichen Ablauf der aus einem Investitionsprojekt entstehenden Ein- und Auszahlungen berücksichtigen. Dies geschieht, indem die Zahlungen jeder Periode gesondert ermittelt werden und ein einheitlicher Bezugspunkt für die Zahlungen gewählt wird. Damit wird zugleich berücksichtigt, dass freigesetztes Kapital zwischenzeitlich zinsbringend angelegt werden kann.

Gleichwohl weisen auch diese Verfahren einige Mängel auf. Hier ist zunächst die **Unsicherheit** über die zukünftigen Daten (insbesondere die Entwicklung der steuerlichen Rahmenbedingungen) zu nennen. Letztlich bleibt der Unternehmung nur die Möglichkeit, mit Schätzungen zu arbeiten. Hieraus folgt, dass das Risiko von Fehlschätzungen besteht und infolgedessen falsche Entscheidungen getroffen werden.

537 Rechnung: 16,35 Mio. € ./. 1 Mio. € Sockelbetrag = 15,35 Mio. € davon 60% = 9,21 Mio. € zzgl. des Sockelbetrages von 1 Mio. € ergibt insgesamt 10,21 Mio. €.

Dieses Problem wird sich vielfach nur durch alternative Annahmen über die relevanten Daten (Einnahmen, Auszahlungen, Zinssatz und ggf. auch die Laufzeit der Investition) begrenzen lassen. Eine Restunsicherheit bleibt. Auch die Frage der Zurechnung von einzelnen Einzahlungs- und Auszahlungsströmen zu einem einzelnen Investitionsprojekt erweist sich als problematisch, insbesondere wenn an Investitionsvorhaben im Bereich der immateriellen Wirtschaftsgüter gedacht wird.

Schließlich sind die jeweiligen Annahmen bezüglich der **Wiederanlage der Einzahlungsüberschüsse** mitunter nicht unproblematisch. Unterstellt wird, dass sie zum vorgegebenen Kalkulationszinssatz erfolgt. Inwieweit dies tatsächlich möglich ist, hängt jedoch wesentlich von der Frage ab, wie dieser bestimmt wurde. Fraglich kann sein, ob das Unternehmen in der Lage gewesen wäre, die verlangte Mindestrendite zu erzielen.[538] Außerdem lassen diese Methoden Fragen der Investitionsdauer und hieraus entstehende Vor- oder Nachteile bzw. der Investitionshöhe unberücksichtigt. Dies gilt namentlich für die Frage, inwieweit Beschränkungen bei der zeitlichen Verfügbarkeit des Kapitals bestehen. Daher sind auch die beschriebenen dynamischen Investitionsrechenverfahren mit allen bei Partialmodellen auftretenden Mängeln behaftet.

Die Berücksichtigung der Besteuerung erweist sich bei diesen Ansätzen als möglich und sinnvoll. Zwar werden – wie die obigen Ausführungen deutlich gemacht haben – z. T. sehr einschränkende Prämissen getroffen, doch dienen diese dazu, ein Modell zu entwickeln, das einerseits dafür geeignet ist, die grundlegende Wirkungseinflüsse des Faktors „Steuern" herauszuarbeiten und zugleich übersichtlich und damit relativ einfach praktisch anwendbar ist. So könnten etliche der oben getroffenen Annahmen aufgegeben werden, wenn hierfür eine (erhebliche) Verkomplizierung des Ansatzes in Kauf genommen würde. Dafür steht dem Entscheider ein ergiebiges Instrumentarium zur Analyse der betriebswirtschaftlichen Auswirkungen unternehmerischer Maßnahmen oder steuerlicher Regelungen, wie etwa den verschiedenen Verlustverrechnungsbeschränkungen, zur Verfügung. Dessen ungeachtet haben bereits diese vereinfachenden Überlegungen deutlich gemacht, wie groß die Bedeutung des Faktors Steuern im Rahmen von Investitionsentscheidungen ist, und gezeigt, dass deren Berücksichtigung bei der Entscheidungsfindung zwingend geboten ist.

4.2.2.3 Einfluss der Besteuerung auf den optimalen Ersatzzeitpunkt einer Investition

- Kann der optimale Ersatzzeitpunkt einer Investition allgemeingültig hergeleitet werden?
- Wie verändert sich dieser Zeitpunkt, wenn steuerliche Überlegungen bei der Entscheidungsfindung mitberücksichtigt werden?

Die Frage der Nutzungsdauer eines Investitionsobjektes wurde bisher als exogen determinierte Größe betrachtet. Diese Annahme soll nun aufgegeben werden. Auf der

538 Vgl. hierzu S. 253.

Grundlage einer **einmaligen Investitionsentscheidung** soll die optimale Nutzungsdauer bestimmt werden. Dabei ist zwischen der technischen und der wirtschaftlichen Nutzungsdauer zu unterschieden. Die technische Nutzungsdauer beantwortet die Frage, über welchen Zeitraum hinweg eine Investition eine bestimmte Leistung bewirken kann. Diese Periode lässt sich unter Inkaufnahme von hohen Reparaturkosten häufig beliebig verlängern, wie das Beispiel Oldtimer zeigt. Allerdings ist eine solche Vorgehensweise ökonomisch nicht zweckmäßig. Deshalb wird auf die wirtschaftliche Nutzungsdauer abgestellt. Dies ist der Zeitraum, in dem die Maschine wirtschaftlich sinnvoll innerhalb des Unternehmens eingesetzt werden kann. Auch der Bundesfinanzhof verwendet zur Bestimmung der betriebsgewöhnlichen Nutzungsdauer die Begriffe wirtschaftliche und technische Nutzungsdauer. Nach seiner Auffassung fallen beide Größen regelmäßig zusammen. Ist jedoch die wirtschaftliche Nutzungsdauer kürzer, ist diese für Zwecke der Bestimmung der Abschreibungen heranzuziehen.[539] Die „optimale" wirtschaftliche Nutzungsdauer ist erreicht, wenn der **Kapitalwert der Anlage maximal** ist. M. a. W.: Dieser Zeitpunkt ist dann erreicht, wenn durch eine Änderung der Nutzungsdauer keine Erhöhung des Kapitalwerts erzielt werden kann.

Dies ist der Fall, wenn der zusätzliche **Einzahlungsüberschuss** ($E_t - A_t$), der durch das Weiterbetreiben der Anlage um eine Periode die Minderung des Restwertes der Anlage in dieser Periode zuzüglich der Zinsen auf den Restwert am Ende der Vorperiode gerade nicht mehr übersteigt. Ausgangspunkt der **Restwertkomponente** ist der erzielbare Restveräußerungserlös. Mit jedem Jahr der Nutzung der Anlage unterliegt dieser einer Wertminderung. Um den Wertverlust zu bestimmen, ist der Restwert der Vorperiode um den Restwert der laufenden Periode zu verringern. Damit ergibt sich die Wertminderung, die bei einer Nutzung der Anlage um ein weiteres Jahr entsteht. Wenn sich die Weiternutzung der Anlage lohnen soll, muss dieser entgangene Ertrag bei der Entscheidung hierüber Berücksichtigung finden. Analytisch lässt sich dieser Wert bestimmen als:

$$\Delta R_t = R_{t-1} - R_t ,$$

wobei:

ΔR_t	=	Minderung des Restwerts in der Periode t,
R_{t-1}	=	Restwert der Anlage in der Periode t – 1 und
R_t	=	Restwert der Anlage in der Periode t.

Die **Zinskomponente** stellt die entgangenen Zinserträge dar, denn wenn das Unternehmen die Maschine eine weitere Periode lang nutzt, so entfällt damit die Möglichkeit den Veräußerungserlös (Restwert) zinsbringend anzulegen. Hieraus würde ein zahlungswirksamer Ertrag in Höhe von $i \cdot R_{t-1}$ entstehen. Wenn sich die Weiternutzung der Anlage rentieren soll, muss dieser Ertrag als Opportunitätskosten

[539] Vgl. BFH vom 19. 11. 1997, X R 78/94, BStBl. II 1998, S. 59 oder Strunk/Kaminski, Steuerliche Gewinnermittlung bei Unternehmen, Neuwied 2001, S. 147 ff.

der Maschine angelastet werden. Wenn die drei Faktoren zusammengefasst werden, so lohnt sich die weitergehende Nutzung immer dann wenn

$$E_t - A_t > \left(R_{t-1} - R_t\right) + i \cdot R_{t\;1}$$

gilt. Ist die Bedingung erstmalig nicht erfüllt, entspricht der Periodenindex der vorangegangenen Periode der optimalen Nutzungsdauer und die Desinvestition ist vorzunehmen.

Wenn dieser Ansatz um die Auswirkungen der **Ertragsteuern** erweitert wird, ist zu prüfen, in welchen Bereichen sich Veränderungen ergeben. In diesem Zusammenhang sind zunächst die Gewinnsteuerzahlungen auf den laufenden steuerpflichtigen Gewinn zu berücksichtigen. Diese wurden aus dem Kapitalwert hergeleitet und müssen nun lediglich insoweit modifiziert werden, als es nicht um sämtliche Perioden sondern um einen konkreten Betrachtungszeitraum geht. Damit ergibt sich die Besteuerung des laufenden Gewinns des Jahres t als:

$$S_t = s_{er} \cdot \left(E_t - A_t - Abs_t\right).$$

Auch die Veränderung des Restwerts der Anlage wird durch die Steuer beeinflusst. Zwar bleibt der Wertverlust ΔR_t unverändert, aber es muss ergänzend berücksichtigt werden, dass im Fall der Veräußerung der Anlage ein Veräußerungsgewinn entsteht. Dieser ermittelt sich aus der Differenz zwischen dem Restwert R und dem Buchwert B. Wenn die Entscheidung fällt, die Maschine nicht im Jahr t-1, sondern erst ein Jahr später, also im Jahr t zu verkaufen, hat sich dieser Wert verändert. Als entscheidungsrelevante Bemessungsgrundlage für die Veräußerungsgewinnbesteuerung darf nun nicht mehr der absolute Ausdruck $R_{t-1} - B_{t-1}$ angesetzt werden. Vielmehr muss die Veränderung dieser Werte i. S. eines zusätzlichen Veräußerungsgewinns infolge der Weiternutzung während einer weiteren Periode ermittelt werden. Diese ergibt sich aus der Differenz von $R_{t-1} - B_{t-1}$ und $R_t - B_t$. Damit ist die Bemessungsgrundlage bestimmt, auf die der Ertragsteuersatz anzuwenden ist. Die Komponente zur Bestimmung des **Restverkaufserlöses** ergibt sich nach Umformungen als:

$$\left(R_{t-1} - R_t\right) - s_{er} \cdot \left(\left(R_{t-1} - R_t\right) - \left(B_{t-1} - B_t\right)\right).$$

Außerdem besteht ein Einfluss auf die Zinsen des Restverkaufserlöses. Zu beachten ist, dass sich einerseits der Bruttozinssatz i zum Nettozinssatz i_S verringert. Außerdem führt die Veräußerung der Maschine in der Periode t-1 zu einem Veräußerungsgewinn bzw. -verlust, der – unter den oben getroffenen Prämissen zur Herleitung des Kapitalwerts – stets einkommenswirksam wäre. Damit muss die Weiternutzung der Investition nicht mehr den vollen Zinsentgang erbringen, sondern lediglich den Teil, der nach Berücksichtigung der Steuerbelastung auf den Veräußerungsgewinn noch verbliebe. Dies lässt sich analytisch ausdrücken als:

$$i_s \cdot \left(R_{t-1} - s_{er} \cdot \left(R_{t-1} - B_{t-1}\right)\right).$$

Werden die einzelnen Bestandteile zusammengefasst, so ist eine weitere Verlängerung der Nutzungsdauer nicht mehr sinnvoll, wenn gilt:

$$E_t - A_t - s_{er} \cdot (E_t - A_t - Abs_t) >$$
$$(R_{t-1} - R_t) - s_{er} \cdot ((R_{t-1} - R_t) - (B_{t-1} - B_t)) + i_s \cdot (R_{t-1} - s_{er} \cdot (R_{t-1} - B_{t-1}))$$

Dieser Ausdruck lässt sich weiter vereinfachen. Die Veränderung der Buchwerte $B_{t-1} - B_t$ entspricht den Abschreibungen Abs_t, sodass sich beide Terme auf den zwei Seiten der Ungleichung eliminieren lassen. Im Anschluss daran kann lässt sich der Ausdruck $(1 - s_{er})$ in allen drei Komponenten der Ungleichung durch Faktorzerlegung isolieren und anschließend herauskürzen. Mit Blick auf die Zinskomponente geschieht dies, indem der Ausdruck i_s durch den Zusammenhang $i * (1 - s_{er})$ ersetzt wird. Es ergibt sich folgender Ausdruck:

$$E_t - A_t > (R_{t-1} - R_t) + i \cdot (R_{t-1} - s_{er} \cdot (R_{t-1} - B_{t-1}))$$

Im Ergebnis bedeutet dies, dass die Besteuerung lediglich einen Einfluss auf die Zinskomponente hat. Im Fall, dass die Anlage nicht weiter betrieben wird, mindert die früher anfallende Steuer auf den Veräußerungsgewinn den möglichen Anlagebetrag, was sich letztlich auf den hiermit erzielbaren Zinsertrag auswirkt. Sind demnach stets Veräußerungsgewinne zu erwarten, führt dies tendenziell dazu, dass sich der Weiterbetrieb häufiger lohnt. Bei Veräußerungsverlusten ist dies umgekehrt. Die hierbei erzielte Steuerminderung bewirkt eine frühere Desinvestition. Im Übrigen hat die Besteuerung der operativen Gewinne sowie der Veränderungen bei den erzielbaren Veräußerungsgewinnen keinen Einfluss und wirkt somit partiell steuerneutral.

Wenn vereinfachend davon ausgegangen wird, dass der Veräußerungspreis dem Restbuchwert entspricht, also $R_{t-1} = B_{t-1}$ gilt, entstehen keine Veränderungen der optimalen Nutzungsdauer. In diesem Fall herrscht Steuerneutralität.

Beispiel:

Es erfolgt die Anschaffung einer Maschine zum Zeitpunkt t_0 für 120.000,- €. Es erfolgt eine lineare Abschreibung über drei Jahre. Der Kalkulationszins vor Steuern beträgt 10% und der kombinierte Ertragsteuersatz 32,275%. Für die Zahlungen aus laufender und Desinvestitionstätigkeit gilt folgendes:

Periode	$E_t - A_t$	R_t
0	-120.000	120.000
1	50.000	100.000
2	75.000	80.000
3	50.000	60.000
4	25.000	40.000
5	15.000	20.000

Ohne Berücksichtigung von Steuern ergibt sich eine optimale Nutzungsdauer von drei Jahren, wie aus der nachfolgenden Tabelle entnommen werden kann:

Periode	$E_t - A_t$		$R_{t-1} - R_t$	$+ i * R_{t-1}$
0	-120.000			
1	50.000	>	20.000	12.000
2	75.000	>	20.000	10.000
3	50.000	>	20.000	8.000
4	25.000	<	20.000	6.000
5	15.000	<	20.000	4.000

Ab diesem Zeitpunkt lohnt sich eine Weiternutzung der Anlage nicht mehr, da sonst auf den höheren Veräußerungserlös zuzüglich der Zinsen, die durch die Anlage dieses Betrages auf dem Kapitalmarkt erzielt werden können, verzichtet werden müsste. Unter Berücksichtung von Steuern steigt, wie aus nachstehender Tabelle entnehmbar ist, die optimale Nutzungsdauer auf vier Jahre an.

Periode	$E_t - A_t$		$R_{t-1} - R_t$	$+ i * [R_{t-1} - s_{er} * (R_{t-1} - B_{t-1})]$
0	-120.000			
1	50.000	>	20.000	12.000
2	75.000	>	20.000	9.355
3	50.000	>	20.000	6.709
4	25.000	>	20.000	4.064
5	15.000	<	20.000	2.709

Nun lohnt sich zum Zeitpunkt t_3 der Weiterbetrieb der Maschine. Dies liegt darin begründet, dass durch die Desinvestition eine zusätzliche Steuerbelastung ausgelöst wird, die den am Kapitalmarkt anlegbaren Nettoveräußerungserlös schmälert und somit den hierdurch erzielbaren Zinsertrag verringert. Diese Verringerung wirkt sich im Beispiel derart gravierend aus, dass die Nutzungsdauerentscheidung aus der Berechnung unter Vernachlässigung der Besteuerung revidiert werden muss.

Unter Zugrundelegung einer alternativen betriebsgewöhnlichen Nutzungsdauer von sechs Jahren, stellt sich dagegen eine optimale Nutzungsdauer von wiederum drei Jahren ein. In dem Fall entsprechen die Abschreibungen den Wertminderungen, sodass bei Veräußerung keine zusätzliche Steuerbelastung ausgelöst wird. Dies bewirkt wie nachfolgende Tabelle zeigt, dass die Vorsteuerrechnung der Nachsteuerrechnung entspricht.

Periode	$E_t - A_t$		$R_{t-1} - R_t$	$+ i * [R_{t-1} - s_{er} * (R_{t-1} - B_{t-1})]$
0	-120.000			
1	50.000	>	20.000	12.000
2	75.000	>	20.000	10.000
3	50.000	>	20.000	8.000
4	25.000	<	20.000	6.000
5	15.000	<	20.000	4.000

Diese Bedingung ist in aller Regel nicht erfüllt. Die planmäßige Abschreibung führt höchstens zufällig zur Identität von Buch- und Restwert. Etwaige Sonderabschreibungen haben bereits von Vornherein nicht die Intention eine Gleichheit beider Werte zu erreichen, sondern führen als Investitionsfördermaßnahme zu höheren Gewinnminderungen, als sie durch den eigentlichen Werteverzehr veranlasst sind. Auch Teilwertkorrekturen sind nicht geeignet eine Gleichheit zu erreichen. Dies liegt darin begründet, dass eine Zuschreibung auf einen Wert oberhalb der Anschaffungskosten unzulässig ist, die Abschreibung aber eine dauerhafte Wertminderung erfordert. Auch wenn diese vorliegt, führt das Bewertungskonzept dazu, dass entweder die Teilwertvermutungen greifen, die bei Anlagevermögen regelmäßig auf die fortgeführten Anschaffungskosten rekurrieren, oder aber auf die Wiederbeschaffungskosten abzustellen ist, die bei Anlagevermögen regelmäßig oberhalb des Veräußerungspreises liegen. Aus diesen Gründen wird regelmäßig eine Berücksichtigung der Besteuerung erforderlich sein.

Betge, Investitionsplanung, 3. Aufl., Wiesbaden 1998

Bieg/Kußmaul, Investitions- und Finanzierungsmanagement, Band I: Investition, München 2000, S. 35 ff.

Blohm/Lüder, Investition, 9. Aufl., München 2006

Heinhold, Unternehmensbesteuerung Band 3: Investition und Finanzierung, Stuttgart 1996

Mellwig, Investition und Besteuerung, Wiesbaden 1985

Schneider, Investition, Finanzierung und Besteuerung, 7. Aufl., Wiesbaden 1992

Siegel, Steuerwirkungen und Steuerpolitik, Würzburg 1982, S. 129 ff.

Wöhe/Bieg, Grundzüge der Betriebswirtschaftlichen Steuerlehre, 4. Aufl., München 1995, S. 347 ff.

Perridon/Steiner, Finanzwirtschaft der Unternehmung, 15. Aufl., München 2009, S. 78 ff.

Kruschwitz, Investitionsrechnung, 12. Aufl., München 2009, S. 112 ff.

4.2.3 Finanzierung

- Welchen Einfluss hat die Besteuerung auf Finanzierungsentscheidungen?

Um die Auswirkungen der Besteuerung auf Finanzierungsentscheidungen untersuchen zu können, bedarf es eines Beurteilungskriteriums. Hierfür werden die **Kapitalkosten nach Steuern** herangezogen. Aus Sicht eines Investors besteht die Aufgabe der Finanzierung darin, die Beschaffung von Finanzmittel zu möglichst geringen Kosten vorzunehmen. Werden steuerliche Aspekte in diese Überlegungen mit einbezogen, ist dieses Kriterium unter Berücksichtigung der Besteuerung zu verwenden. Dabei soll nicht die Grundsatzfrage diskutiert werden, ob Steuern Kosten im betriebswirtschaftlichen Sinne sind,[540] sondern nur deutlich gemacht werden, dass aus Sicht des Investors entscheidend ist, wie hoch die Kosten sind, die ihm – unter Berücksichtigung steuerlicher Aspekte – durch die Finanzierung entstehen.

4.2.3.1 Vorbemerkungen zur Unternehmensfinanzierung als zentraler Herausforderung unternehmerischen Handelns

- Welche Bedeutung kommt der Unternehmensfinanzierung für die Unternehmenstätigkeit zu?

- Welche Zielkonflikte entstehen bei der Unternehmensfinanzierung?

Die überragende Bedeutung von Finanzierungsfragen in der Praxis von Unternehmen jeder Größenklasse ergibt sich insbesondere durch zwei Aspekte. Zum einen handelt es sich um eine **Reduzierung der Produktlebenszyklen** und zum anderen um die zunehmenden **Kosten für die Entwicklung** neuer Produkte. Dies hat betriebswirtschaftlich zur Folge, dass die finanzielle Belastung für Unternehmen für die Entwicklung von Produkten ständig zunimmt. Gleichzeitig verkürzt sich auf Grund der verringerten Produktlebenszyklen die Zeit, in der das Unternehmen durch erzielte Erlöse die Investitionen amortisieren kann. Dies hat unter anderem zur Folge, dass zahlreiche Unternehmen ihre Tätigkeit international ausüben, weil nur so eine hinreichend große Zahl von Produkten abgesetzt werden kann. Fehlt es dem Unternehmen an entsprechenden finanziellen Mitteln, um den Ausbau neuer Märkte und die Entwicklung neuer Produkte vorzunehmen, wird damit auch die Wettbewerbsfähigkeit im Inland stark eingeschränkt. Schließlich müssten die hohen Entwicklungskosten ausschließlich auf dem inländischen Markt erlöst werden.

Diese Überlegungen sind in die allgemeinen betriebswirtschaftlichen Ziele der Unternehmensfinanzierung einzubinden.

540 Vgl. hierzu grundlegend Döring, Kostensteuern, Stuttgart 1984, S. 86 f., Wagner, ZfbF 1981, S. 922 ff. oder Wagner/Pasternak, krp 1985, S. 195 ff.

Abbildung 4-6: Allgemeine Anforderungen an die Unternehmensfinanzierung

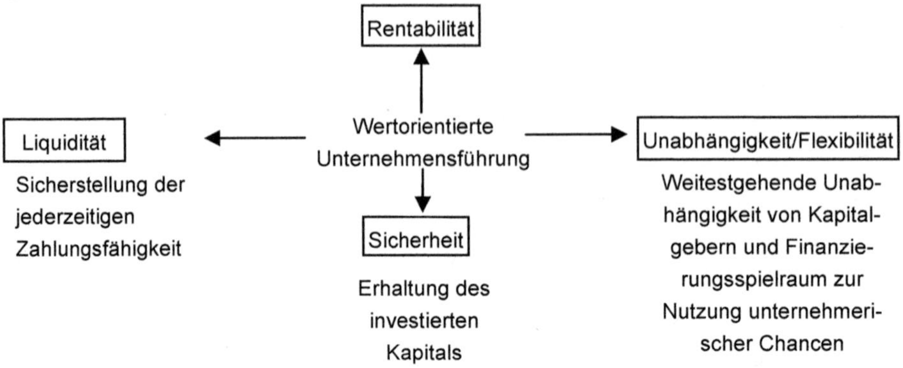

Diese Kriterien werden auch durch steuerliche Faktoren beeinflusst. So kann z. B. eine entstehende Steuernachzahlung zu einer erheblichen Belastung der Liquiditätslage des Unternehmens führen. Ferner kann etwa die steuerliche Nichtabzugsfähigkeit von Finanzierungskosten dazu führen, dass sich die Kapitalkosten nach Steuern und somit die Rentabilität ganz anders darstellt, als dies vor Berücksichtigung der Besteuerung geschah.

4.2.3.2 Grundlegende steuerliche Aspekte von unterschiedlichen Finanzierungsformen für Kapitalnehmer und -geber

- Welche Faktoren haben Einfluss auf die steuerliche Behandlung von Finanzierungsalternativen?
- Ist es ausreichend, die Überlegungen auf die Ebene des Unternehmens zu beschränken?

Die steuerlichen Folgen unterschiedlicher Finanzierungsalternativen sind von einer Vielzahl von Faktoren abhängig. Von besonderer Bedeutung sind hierbei die Rechtsform von Kapitalgeber und -nehmer, die nationalen und internationalen Steuervorschriften, die erwarteten Unternehmensergebnisse sowie die Ansässigkeit des Kapitalgebers. Im Folgenden wird unterstellt, dass die Beteiligten ausschließlich in der Bundesrepublik Deutschland ansässig sind und damit ausschließlich die inländischen steuerlichen Vorschriften einen Einfluss auf Finanzierungsentscheidungen entfalten können.

Kapitalgeber führen bei ihrer Investitionsentscheidung regelmäßig eine **Nachsteuerbetrachtung** durch, die entstehende steuerliche Mehr- oder Minderbelastungen berücksichtigt. Folglich muss ein Kapital suchendes Unternehmen sich nicht nur mit der steuerlichen Behandlung des aufgenommenen Kapitals und der hierfür gezahlten Vergütungen auseinandersetzen, sondern auch mit der Frage der Besteuerung beim Kapitalgeber. Nur so ist sichergestellt, dass eine finanzielle, gesellschaftsrechtliche und/oder schuldrechtliche Finanzierungsform gewählt wird, die sich für den potentiellen Kapitalgeber steuerlich als vorteilhaft erweist, so dass er bereit ist, sich hieran zu beteiligen.

Die zunehmende Komplexität der steuerrechtlichen Vorschriften sowie deren hohe Änderungsgeschwindigkeit machen es erforderlich, entsprechende steuerliche Überlegungen nicht nur einmalig durchzuführen, sondern laufend. Nur dadurch wird es möglich, wirtschaftliche Schäden infolge einer „falschen" Finanzierung zu vermeiden. Hieraus können weitere Nachteile entstehen, wenn es unmöglich ist, die gewählte Finanzierungsstruktur an die veränderten Rahmenbedingungen anzupassen. Entscheidet sich ein Unternehmen zu einer langfristigen Finanzierung, so ist es gleichwohl erforderlich, die steuerlichen Risiken im Vorfeld abzuschätzen. Die Höhe dieser Nachteile gibt zugleich einen Anhaltspunkt für die Höhe möglicher Transaktionskosten, wenn geprüft wird, ob aus der bestehenden Finanzierungsstruktur in eine andere, nunmehr als vorteilhaft identifizierte Form gewechselt werden soll.

In nahezu allen Darlehensverträgen wird von Banken gegenüber ihren Schuldnern eine sog. **„grossing-up Klausel"** vereinbart. Diese sieht vor, dass der Darlehensnehmer den vereinbarten Zins in voller Höhe zu leisten hat. Dies gilt auch, wenn nach den steuerlichen Vorschriften der Darlehensnehmer verpflichtet ist, eine Quellensteuer einzubehalten.

Wie die vorstehenden Ausführungen gezeigt haben, wird die Höhe der Kapitalkosten wesentlich durch die steuerlichen Konsequenzen der unterschiedlichen Finanzierungsformen bestimmt. Das Unternehmen kann durch Gestaltung der vertraglichen Vereinbarungen bzw. die Auswahl der Kapitalgeber versuchen, steuerliche und wirtschaftliche Vorteile zu erlangen. Dies setzt jedoch die Kenntnis der Besteuerungsunterschiede sowie der zu berücksichtigenden Interdependenzen zwischen den rechtlichen und steuerlichen Aspekten voraus.

4.2.3.3 Rechtliche und wirtschaftliche Entscheidungskriterien von Finanzierungsformen als Grundlage der steuerlichen Beurteilung

- Welche wirtschaftlichen Faktoren spielen bei der Wahl der Finanzierungsform eine wesentliche Rolle?
- Wodurch wird die Überlassung von Eigen- bzw. von Fremdkapital charakterisiert?

Im Rahmen von Finanzierungsentscheidungen sind rechtliche Aspekte und wirtschaftliche Überlegungen zu berücksichtigen. Diese beziehen sich insbesondere auf die Laufzeit, Verzinsung, Haftung, Stellung im Insolvenzfall, Kontrolle und Beendigung.

Die **Dauer** der Kapitalüberlassung ist vor allem für den Kapitalgeber von besonderer Bedeutung. Die Überlassung von Eigenkapital ist regelmäßig unbefristet und kann oftmals nur unter erheblichen wirtschaftlichen Verlusten beendet werden. Ursächlich hierfür sind insbesondere bei Kapitalgesellschaften die Kapitalerhaltungsvorschriften, die eine Ausschüttung des Nennkapitals verhindern sollen. Folglich ist eine Rückgewähr der Einlagen nicht ohne weiteres möglich und regelmäßig mit erheblichen Haftungsrisiken verbunden. Für den Investor ist die Möglichkeit, sich von seinem Engagement zu einem Zeitpunkt zu lösen, den er selbst bestimmen kann, ein wesentliches Entscheidungskriterium. Deshalb sind Beteiligungen an börsennotierten Gesellschaften besonders attraktiv. Bei ihnen führt die Übertragung von Anteilen nicht zu einem Kapitalabfluss beim Unternehmen. Bedeutung hat ferner die generelle Möglichkeit der Veräußerung von Anteilen an Gesellschaften.

Bei der Eigenkapitalüberlassung erfolgt die Vergütung für die Überlassung des Kapitals ausschließlich durch den erzielten Gewinn. Allerdings wird dieser regelmäßig nur teilweise ausgeschüttet, während andere Teile zur Stärkung der Selbstfinanzierung verwendet werden.[541] Beim Fremdkapital wird die – in der Regel gewinnunabhängige – Verzinsung im Vorhinein festgelegt. Liegen – die auf S. 49 ff. ausführlich analysierten – Mischformen zwischen Eigen- und Fremdkapital vor, beinhalten diese regelmäßig Elemente einer festen Verzinsung und eines gewinnabhängigen Teils. Diese sog. hybriden Finanzierungsinstrumente lassen sich auch hinsichtlich der Haftung der Kapitalgeber im Insolvenzverfahren unterschiedlich ausgestalten. Hingegen ist beim Eigenkapital eine unbeschränkte Haftung unausweichlich, während Fremdkapitalgeber – je nach der Form der ihnen eingeräumten Sicherheiten – als Gläubiger im Insolvenzverfahren teilnehmen würden.

Im Rahmen von Kreditverträgen werden den Darlehensnehmern zunehmend zu beachtende Vorgaben auferlegt. Dies gilt z. B. für den Verschuldungsgrad, den Cash Flow und ähnliche Aspekte. Im Rahmen von sog. **Covenants** muss durch den Schuldner zugesagt werden, dass bestimmte Grenzwerte nicht unterschritten werden. Geschieht dies dennoch, kann dies zu einer höheren Verzinsung, der Notwendigkeit zur Stellung von zusätzlichen Sicherheiten und ggf. sogar zur Rückforderung des Darlehensbetrages führen. Hieraus ergibt sich die Notwendigkeit zur fortlaufenden Beobachtung dieser Kennzahlen. Im Bedarfsfall sind Maßnahmen zur Einhaltung der zugesagten Vorgaben zu treffen. Hiermit können steuerliche Konsequenzen verbunden sein. Entschließt sich etwa ein Unternehmen zur Veräußerung von Anlagevermögen mit hohen stillen Reserven, um die vorgegebene Eigenkapitalquote nicht zu unterschreiten, führt dies zu einer Steuerbelastung auf die nunmehr aufgedeckten stillen Reserven, so dass die Erhöhung des Eigenkapitals nur um den Gewinn nach Steuern

541 Vgl. hierzu S. 334 ff.

erfolgt. Teilweise werden auch spezielle Tax Covernants vereinbart. Diese sollen das Unternehmen u. a. anhalten zeitnah allen steuerlichen Verpflichtungen nachzukommen, um aus steuerlichen Nachzahlungen entstehende Risiken für die Finanzierung des Unternehmens zu begrenzen. Der Inhalt eines Tax Covenant kann auch darin bestehen, dem Kapitalnehmer ein Kündigungsrecht zuzusprechen, wenn infolge der geänderten Rechtsvorschriften die Finanzierungskosten steuerlich nicht mehr abzugsfähig sind.[542]

4.2.3.4 Steuerliche Entscheidungskriterien

4.2.3.4.1 Überblick

- Welche Zielsetzung liegt der Suche nach einer steuerlich vorteilhaften Finanzierung zugrunde?
- Welche grundlegenden Änderungen brachte die Unternehmensteuerreform 2008 für Finanzierungsfragen?

Sowohl aus der Sicht des zu finanzierenden Unternehmens als auch des Kapitalgebers ist der mit der Finanzierung verbundene Vermögensabfluss bzw. der Vermögenszuwachs nach Steuern das entscheidende Kriterium. Insoweit stellen Steuerzahlungen und deren Vermeidung einen Gestaltungsparameter für die Optimierung der Unternehmensfinanzierung dar. Für die Unternehmen steht hierbei die **Erlangung von steuerlich abzugsfähigem Aufwand** zu einem möglichst frühen Zeitpunkt im Vordergrund. Dies gilt nicht nur für die Zinsen, sondern insbesondere auch für das Damnum, die Bereitstellungskosten sowie Vermittlungskosten. Den Kapitalgeber interessiert vor allem die Frage nach der Steuerbarkeit der Erträge aus der Kapitalüberlassung, dem ggf. anzuwendenden Steuersatz, dem Besteuerungszeitpunkt, den Möglichkeiten des steuermindernden Abzugs von Refinanzierungsaufwendungen und den eingetretenen oder zu erwartenden Wertminderungen. Da einige steuerliche Vorteile nur bestimmten Kapitalgebern, z. B. Privatpersonen, zustehen, kann dies ein Grund sein, nicht nur die traditionellen Wege der Bankfinanzierung in Anspruch zu nehmen. Vielmehr bietet es sich an, Alternativen zu prüfen.

Die **Unternehmensteuerreform 2008**[543] hat zu grundlegenden Änderungen geführt, die im weiteren Verlauf noch eingehend analysiert werden. Zu nennen sind hierbei insbesondere:

- Die Zinsschranke zur Begrenzung der Abzugsfähigkeit von Schuldzinsen auf Ebene des Unternehmens (§ 4h EStG, § 8a KStG),

---

542 Vgl. Kaminskaite, Auswahl mezzaniner Finanzierungsinstrumente in mittelständischen Unternehmen als betriebswirtschaftliches Entscheidungsproblem, Göttingen 2011, S. 279, 303.

543 Vgl. Unternehmensteuerreformgesetz 2008 (UStRG 2008) vom 14. 8. 2007, BGBl. I 2007, S. 1912.

- Die Anwendung eines linearen Steuersatzes von 25% (zzgl. Solidaritätszuschlag und ggf. Kirchensteuer) auf private Kapitaleinkommen im Rahmen der sog. Abgeltungssteuer auf Basis der Bruttobemessungsgrundlage,
- Die Besteuerung von bisher als private Veräußerungsgeschäfte qualifizierten Veräußerungsgewinnen bei der Kapitalanlage im Privatvermögen mit der Abgeltungssteuer,
- Die Umgestaltung des Halbeinkünfteverfahrens zum sog. Teileinkünfteverfahren bei bestimmten Kapitalüberlassungen aus dem Betriebsvermögen eines Einzelunternehmens oder einer Personengesellschaften bzw. bestimmten Fällen der Anlage aus dem Privatvermögen heraus.

Schon diese Übersicht zeigt, dass gravierende Änderungen erfolgt sind, die die Rahmenbedingungen für die Unternehmensfinanzierung grundlegend verändert haben. Vor diesem Hintergrund wird zunächst eine grundsätzliche Vorteilhaftigkeitsüberlegung durchgeführt. Hieran knüpfen die späteren Aussagen zur steuerlichen Behandlung der jeweiligen Finanzierungsformen an.

4.2.3.4.2 Zuflusszeitpunkt

- Warum ist die Frage des Zuflusszeitpunkts relevant?
- Wann wird bei den unterschiedlichen Finanzierungsalternativen der Zufluss angenommen?
- Gibt es Besonderheiten bei der Veräußerung von Anteilen?

Vor dem Hintergrund der Zielsetzung einer Gewinnmaximierung nach Steuern kommt der Frage besondere Bedeutung zu, wie eine Besteuerung der Kapitelüberlassungsentgelte beim Kapitalgeber erfolgt. Bei **privaten Anlegern** gilt grundsätzlich das Zuflussprinzip. Folglich sind Zahlungen, die für das Eigen- oder das Fremdkapital des Unternehmens geleistet werden, erst dann steuerlich zu erfassen, wenn der Anleger hierüber wirtschaftlich verfügen kann. Dies ist typischerweise beim Zufluss der Geldbeträge i. S. d. § 11 EStG gegeben. Bei denjenigen Kapitalanlegern, die ihre Beteiligungen an der Gesellschaft bzw. ihre Forderung gegenüber dieser im **Betriebsvermögen** halten und eine Gewinnermittlung nach den §§ 4 Abs. 1 bzw. 5 EStG vorzunehmen haben, kommt es bereits nach den allgemeinen bilanziellen Grundsätzen zur Erfassung. Folglich wird nicht auf den Zahlungszeitpunkt, sondern auf die Begründung des Anspruches abgestellt.

Die Besteuerung bei **Beendigung des Engagements** folgt der steuerlichen Behandlung der laufenden Erträge. Allerdings besteht bei Anteilen im Sinne von § 17 EStG eine Besonderheit: Abweichend vom Zufluss-Abfluss-Prinzip gilt der vereinbarte Kaufpreis unabhängig von der tatsächlichen Zahlung bereits zum Zeitpunkt des Vertragsabschlusses als steuerpflichtig zugeflossen.[544] Hierunter fallen Anteile im Privatvermögen, bei denen eine Beteiligung von mindestens 1% am gezeichneten Kapital der Gesellschaft besteht oder innerhalb der letzten 5 Jahre bestand. Dies ist insbesondere bei Veräußerungen unter Sicherungseinbehalt zur Absicherung des Käufers hinsichtlich der Einhaltung von Garantieversprechen seitens des Verkäufers wichtig. Hiermit können erhebliche Liquiditätseffekte verbunden sein, weil eine Besteuerung des gesamten vereinbarten Betrags erfolgt und nicht nur des ausgezahlten Betrags.

- **Beispiel:**

Der Käufer des Unternehmens ist bereit, für eine 20%ige Beteiligung an einer Kapitalgesellschaft dem Veräußerer einen Gesamtkaufpreis von 20 Mio. € zu bezahlen. Zum Zeitpunkt des Vertragsabschlusses wird ein Betrag von 10 Mio. € ausgezahlt. Der restliche Kaufpreis wird in zwei gleichen Raten von jeweils 5 Mio. € in den beiden Folgejahren überwiesen. Die Beteiligung befand sich bisher im Privatvermögen.

Obwohl der Verkäufer im Zeitpunkt des Vertragsabschlusses erst über einen Betrag von 10 Mio. € verfügt, hat eine Besteuerung des Gewinns bereits in Höhe der Differenz zwischen den 20 Mio. € und den Anschaffungskosten der Beteiligung zu erfolgen. Dies ist unabhängig davon, dass der Zufluss erst in den Folgejahren eintreten wird. Kommt es beispielsweise auf Grund der Verletzung von Garantieversprechen nicht zur Zahlung des ursprünglich vereinbarten, vollen Kaufpreises, wird die Steuerfestsetzung des Veräußerungsjahres geändert. Hieraus resultiert dann eine entsprechende Steuererstattung.

Erfolgt die Überlassung von Fremdkapital, sind die hierfür gezahlten Zinsen im Zuflusszeitpunkt zu besteuern (Privatvermögen) bzw. zum Zeitpunkt der Entstehung des Anspruchs als Forderung zu aktivieren (Betriebsvermögen).

4.2.3.4.3 Berücksichtigung von Wertminderungen

- Wie können sich Wertminderungen von Beteiligungen steuerlich auswirken?
- Gibt es hierbei rechtsformspezifische Unterschiede?
- Wie wirken sich Wertminderungen von Darlehensforderungen steuerlich aus?

Da häufig nicht vollständig ausgeschlossen werden kann, dass die unternehmerische Betätigung zum gewünschten Erfolg führt, stellt sich die Frage, inwieweit hiermit verbundene Wertminderungen sich steuerlich auswirken können. Damit sollen die wirtschaftlichen Auswirkungen der Vermögensschäden begrenzt werden, indem zumindest eine steuerliche Berücksichtigung des Wertrückgangs erfolgt.

Bei **Beteiligungen an Kapitalgesellschaften**, die von natürlichen Personen in einem Betriebsvermögen gehalten werden, kommt es zu einer Berücksichtigung der Wert-

[544] Vgl. BFH vom 2. 10. 1984, VIII R 20/84, BStBl. II 1985, S. 428.

minderungen, sofern eine voraussichtliche Dauerhaftigkeit gegeben ist. Es kann steuerbilanziell eine Abschreibung auf dem Teilwert der Beteiligung erfolgen.[545] Allerdings ist zu beachten, dass die Gewinnminderung in Höhe der Differenz zwischen dem bisherigen Buchwert und dem Teilwert sich nur in Höhe von 60% ergebniswirksam auswirkt. § 3c Abs. 2 EStG führt zu einer einkommenserhöhenden außerbilanziellen Korrektur in Höhe von 40% dieses Betrages. Entsprechendes gilt, wenn die Anteile im Privatvermögen gehalten werden, aber die Beteiligungsschwelle des § 17 Abs. 1 EStG von mindestens 1% überschritten ist. Allerdings erfolgt in diesem Fall die Berücksichtigung der Wertminderung erst zum Zeitpunkt der Realisierung der Verluste, also beim Verkauf oder der Verwirklichung eines Tatbestands, der diesem steuerlich gleichgestellt ist. Hingegen scheidet eine Teilwertabschreibung aus.

Im Privatvermögen gehaltene Beteiligungen, bei denen die Beteiligungshöhe nicht mindestens 1% am gezeichneten Kapital beträgt, können erst zum Zeitpunkt der Realisierung des Verlustes durch Verkauf steuermindernd geltend gemacht werden. Für die Behandlung dieser Veräußerungsverluste enthält § 20 Abs. 6 Satz 5 EStG eine Sonderregelung. Diese dürfen nicht nach Maßgabe der § 20 Abs. 6 Satz 2 EStG mit den anderen Einkünften aus Kapitalvermögen ausgeglichen werden. Vielmehr kann lediglich ein Ausgleich mit positiven Veräußerungsgewinnen erfolgen. Werden solche im laufenden Veranlagungszeitraum nicht erzielt, erfolgt ein zeitlich unbeschränkter Verlustvortrag, so dass dann ein Abzug erfolgen kann. Durch eine gesonderte Feststellung dieser Verluste wird die verfahrensrechtliche Grundlage für die spätere Nutzung geschaffen.

Bei **Fremdkapital**, das aus dem Betriebsvermögen einer natürlichen Person gewährt wurde, können Wertminderungen ergebniswirksam berücksichtigt werden, wenn sie voraussichtlich dauerhaft sind. Befindet sich die Forderung hingegen im Privatvermögen, kann eine Wertminderung sich erst im Zeitpunkt der Realisierung des Wertverlustes auswirken. Dies kann z. B. zum Zeitpunkt des Ausfalls der Forderung oder bei einem Forderungsverzicht der Fall sein. Hingegen scheidet eine frühere Berücksichtigung aus. Die Wertminderungen können nur mit anderen Kapitaleinkünften gem. § 20 EStG verrechnet werden.[546] Hingegen scheidet eine Einbeziehung in den allgemeinen Verlustausgleich aus. Entscheidend hierfür ist, dass diese Einkünfte der Abgeltungssteuer unterliegen und damit eine auf diese Einkünfte bezogene Beschränkung erfolgt.

Bei den **Beteiligungen an Personengesellschaften** ergeben sich folgende Besonderheiten. Verluste im Eigenkapital werden nicht gesondert erfasst, weil es sich bei Beteiligungen an Personengesellschaften nicht um ein Wirtschaftsgut handelt.[547] Vielmehr ist nach Maßgabe der auf S. 72 ff. dargestellten Grundsätze zu prüfen, inwieweit die Verluste der Personengesellschaft anteilig dem Gesellschafter zugerechnet und von diesem geltend gemacht werden können. Überlässt der Gesellschafter seiner Perso-

[545] Vgl. § 6 Abs. 1 Nr. 2 Satz 2 und 3 EStG.

[546] Vgl. § 20 Abs. 6 Satz 2 EStG.

[547] Vgl. BFH vom 26. 6. 1990, VIII R 81/85, BStBl. II 1994, S. 645, Rn. 48 und BFH vom 25. 2. 1991, GrS 7/89, BStBl. II 1991, S. 691.

nengesellschaft Fremdkapital, wird die Darlehensforderung als Sonderbetriebsvermögen qualifiziert. Die voraussichtlich dauerhaften Wertminderungen eines im Sonderbetriebsvermögen des Gesellschafters befindlichen Darlehens können sich direkt als negative gewerbliche Einkünfte steuermindernd auswirken. Dies gilt auch, wenn der Gesellschafter nur in Höhe seiner Einlage für die Verbindlichkeiten der Personengesellschaft haftet. § 15a EStG führt insoweit nicht zu einer weiteren Einschränkung der Verlustberücksichtigungsmöglichkeiten, weil dieser auf Verluste aus dem Sonderbetriebsvermögen keine Anwendung findet.

Gewährt die natürliche Person ein Darlehen an eine Personengesellschaft, an der sie nicht beteiligt ist, führt die Realisierung des Darlehensverlustes zu verrechenbaren Kapitaleinkünften im Sinne des § 20 Abs. 1 Nr. 7 EStG. Diese können jedoch nur mit anderen Einkünften aus § 20 EStG ausgeglichen werden.

Bei Kapitalgebern in der Rechtsform einer Kapitalgesellschaft können Wertminderungen bei Beteiligungen an anderen Kapitalgesellschaften gemäß § 8b Abs. 3 Satz 3 KStG nicht berücksichtigt werden. Liegt eine mittelbare Beteiligung über eine zwischengeschaltete Personengesellschaft vor, gilt dies entsprechend.[548] Im letzteren Fall erfolgt eine Berücksichtigung der Verluste direkt auf der Ebene der Mitunternehmerkapitalgesellschaft, so dass sich die von einer Personengesellschaft erzielten Verluste zunächst zu 60% auf der Ebene der Anteilseignerkapitalgesellschaft auswirken. Anschließend erfolgt eine außerbilanzielle Korrektur nach Maßgabe des § 8b Abs. 3 Satz 3 KStG, so dass im Ergebnis keine Gewinnminderung eintritt. Etwas anderes würde nur gelten, wenn die Fremdüblichkeit der Darlehensvereinbarung nachgewiesen werden kann.

Wird Fremdkapital von einer Kapitalgesellschaft an eine andere Kapitalgesellschaft überlassen, können gemäß § 6 Abs. 1 Nr. 2 EStG i. V. m. § 8 Abs. 1 KStG bei einer voraussichtlich dauerhaften Wertminderung Teilwertabschreibungen auf die Forderung vorgenommen werden. Handelt es sich um einen Gesellschafter, der zu mindestens 25% an der Kapitalgesellschaft beteiligt ist, sind ergänzend § 8b Abs. 3 Sätze 4 ff. KStG zu beachten. Danach darf ein solches Gesellschafter-Darlehen nicht mit Wirkung für das steuerliche Ergebnis abgeschrieben werden, so dass eine außerbilanzielle Korrektur vorzunehmen ist. Etwas anderes gilt lediglich in den Fällen, in denen es dem Steuerpflichtigen gelingt, einen Fremdvergleich zu führen.[549] Dies bereitet in der Praxis häufig Schwierigkeiten und ist mit erheblicher Unsicherheit verbunden, weil erst nach einer Betriebsprüfung feststeht, ob der Fremdvergleich anerkannt wird.

548 Vgl. § 8b Abs. 6 Satz 1 KStG.
549 Vgl. § 8b Abs. 3 Satz 6 KStG.

4.2.3.4.4 Behandlung von Veräußerungsgewinnen (bei Erwerb nach dem 1.1.2009)

- Wie werden Veräußerungsgewinne steuerlich behandelt?
- Besteht hierbei ein Unterschied, ob es sich um Anteile im Betriebs- oder im Privatvermögen handelt?

Ist eine Kapitalgesellschaft an einer anderen Kapitalgesellschaft beteiligt, sind etwaige Veräußerungsgewinne gem. § 8b Abs. 2 KStG steuerfrei. Da alle laufenden Aufwendungen im Zusammenhang mit der Beteiligung an einer Kapitalgesellschaft steuerlich abzugsfähig sind, sieht der Gesetzgeber eine nicht widerlegbare Pauschalierung vor. Gem. § 8b Abs. 3 Satz 1 KStG gelten 5% des Veräußerungsgewinns als nicht abzugsfähige Betriebsausgaben. Folglich kommt es zu einer Erhöhung des Einkommens und damit der Bemessungsgrundlage der Körperschaftsteuer und der Gewerbesteuer in Höhe dieses Betrages.

Die Veräußerung von Eigenkapital an einer **Personengesellschaft**[550] durch eine Kapitalgesellschaft ist gemäß § 8 Abs. 2 KStG i. V. m. § 16 EStG steuerbar und steuerpflichtig. Etwas anderes gilt lediglich insoweit, wie ein Veräußerungsgewinn auf Beteiligungen an anderen Kapitalgesellschaften entfällt, die sich im Betriebsvermögen der Personengesellschaft befinden. Eine Gewerbesteuerzahlung ist damit nicht verbunden. § 8b Abs. 2 KStG gilt auch für die Ermittlung des Gewerbeertrages und führt damit zu einer gewerbesteuerlichen Kürzung.[551]

Demgegenüber ist bei natürlichen Personen, die ihre Beteiligung in einem Betriebsvermögen halten, der Veräußerungsgewinn aus einer Kapitalgesellschaft gemäß § 3 Nr. 40 Buchst. a) EStG zu 60% steuerpflichtig. Auch ein etwaig entstehender Veräußerungsverlust ist gemäß § 3c Abs. 2 EStG nur in Höhe von 60% abzugsfähig.

Bei Beteiligungen an einer Personengesellschaft ist der Aufgabegewinn vollständig steuerpflichtig. Etwas anderes gilt nur, wenn besondere Befreiungstatbestände und Begünstigungen bei Einhaltung bzw. Vorliegen bestimmter Kriterien anwendbar sind. Dies kann z. B. für die Möglichkeit der Bildung einer steuerfreien Rücklage nach § 6b EStG gelten. Bei Anteilen an Kapitalgesellschaften die von natürlichen Personen im Betriebsvermögen gehalten werden, kommt es zur Anwendung des Teileinkünfteverfahrens gem. § 3 Nr. 40 Buchst. c) EStG.

---

550 Eine Beteiligung an einer Personengesellschaft bildet steuerlich kein Wirtschaftsgut, vgl. erneut BFH vom 26. 6. 1990, VIII R 81/85, BStBl. II 1994, S. 645, Rn. 48 und BFH vom 25. 2. 1991, GrS 7/89, BStBl. II 1991, S. 691.

551 Dies gilt unabhängig von der Höhe der Beteiligung an der verkauften Kapitalgesellschaft, weil § 9 Nr. 2a GewStG lediglich für Dividenden gilt, nicht aber für Veräußerungsgewinne, vgl. BFH vom 7. 12. 1971, VIII R 3/70, BStBl. II 1972, S. 468.

4.2.3.4.5 Quellensteuern (seit 2009)

- Welche Belastungswirkung ist mit der Abgeltungssteuer des § 32d EStG verbunden?
- Wie ist dies im Vergleich mit den früher geltenden Regelungen zu beurteilen?

Die Quellensteuer hat sowohl Vorauszahlungs- als auch bei anderen Steuerpflichtigen Abgeltungscharakter. Mit der Neufassung der Besteuerung von Kapitaleinkünften seit dem 1. Januar 2009 hat sich für private Anleger Grundlegendes geändert. Es wird eine 25%ige Kapitalertragsteuer auf Zinsen, Veräußerungsgewinne und Dividenden einbehalten, die Abgeltungscharakter für den Steuerpflichtigen hat. Dies kann – verglichen mit der alten Rechtslage – bei Nichtvorliegen von Werbungskosten zu erheblichen Verbesserungen bzw. Begünstigungen für vermögende Privatpersonen führen. Schließlich entfällt durch die Abgeltungssteuer die Besteuerung z. B. der Zinsen aus Anleihen mit dem individuellen Einkommensteuersatz von bis zu 45%. Darüber hinaus können sich weitere Vorteile aus einer Minderung des Progressionsanstiegs ergeben, weil die der Abgeltungssteuer unterliegenden Kapitaleinkünfte nicht dem Progressionsvorbehalt unterliegen. Schließlich haben die Kapitaleinkünfte bisher dazu geführt, dass der auf die übrigen Einkünfte anzuwendende Steuersatz anstieg. Dies unterbleibt nunmehr.

4.2.3.4.6 Vorteilhaftigkeitsvergleich

- Ist es für einen Gesellschafter vorteilhaft seine Gesellschaft mit Eigen- oder mit Fremdkapital auszustatten?
- Welche Rolle spielt in diesem Zusammenhang die Abgeltungssteuer des § 32d EStG?
- Wie ändern sich die Ergebnisse, wenn nicht ein hoher, sondern ein durchschnittlicher Steuersatz angenommen wird?

Vor dem Hintergrund der unterschiedlichen Behandlung von Zinsen und Gewinnen auf Ebene des Unternehmens und der steuerlichen Behandlung beim Gesellschafter stellt sich die Frage, welche Finanzierungsform steuerlich am vorteilhaftesten ist. Zu deren Beantwortung wird im Folgenden davon ausgegangen, dass eine Kapital- bzw. Personengesellschaft einen bestimmten Betrag (hier: 1.000,- €) für Investitionen benötigt. Denkbar sind die folgenden Finanzierungsmöglichkeiten:

a) Der Gesellschafter tätigt eine **Einlage** in die Gesellschaft und erhält dafür den Gewinn (hier mit 100,- € unterstellt) ausgeschüttet (Beteiligung an einer Kapitalgesellschaft) bzw. muss diesen bei der Personengesellschaftsalternative als gewerbliche Einkünfte nach § 15 Abs. 1 Satz 1 Nr. 2 EStG besteuern (Alternative Eigenfinanzierung).

b) Es erfolgt die Vergabe eines **Darlehens vom Gesellschafter** an die Kapitalgesellschaft. Die Darlehenszinsen betragen jährlich 90,- €. Bei der Personengesellschaft werden die hierfür gezahlten Vergütungen als Sonderbetriebsennahmen gem. § 15 Abs. 1 Satz 1 Nr. 2 2. Hs. EStG in gewerbliche Einkünfte umqualifiziert, so dass die hiermit verbundenen steuerlichen Konsequenzen denen der Alternative a) entsprechen. Im Fall der Kapitalgesellschaftsalternative liegen Einkünfte aus Kapitalvermögen gem. § 20 Abs. 1 Nr. 7 EStG vor. Diese unterliegen jedoch infolge von § 32d Abs. 2 Nr. 1 Buchst. b) EStG nicht der Abgeltungssteuer, sondern der tariflichen Einkommensteuer. Vorliegend wird unterstellt, dass der Gesellschafter seine Einkünfte dem Spitzensteuersatz in Höhe von 45% zu unterwerfen hat (Alternative Gesellschafterfremdfinanzierung).

c) Die Gesellschaft verschuldet sich **bei einer Bank** zu den gleichen Konditionen, wie sie dies bei ihrem Gesellschafter könnte. Die jährliche Zinsen betragen somit ebenfalls 90,- €. Der Gesellschafter legt sein vorhandenes Eigenkapital bei einer Bank an, was zu gleichhohen Zinsen wie im Fall b) führt. Ein Rückgriffsfall im Sinne des § 32d Abs. 2 Nr. 1 Buchst. c) EStG liegt nicht vor (Alternative Bankfremdfinanzierung).

Die **Abbildung 4-7** stellt die entstehenden steuerlichen Effekte dar. Wie die Berechnungen zeigen, ist in allen Fällen die Verschuldung auf Ebene des Unternehmens und die Anlage des Kapitals durch den Gesellschafter bei einer Bank die vorteilhafteste Alternative. Dieses Ergebnis ändert sich auch bei niedrigeren Steuersätzen kaum. Wird etwa von einem ESt-Satz von 30% ausgegangen, bleibt diese Variante immer noch die steuerlich vorteilhafteste. Damit wird deutlich, dass steuerlich Anreize für eine hohe Kreditfinanzierung bestehen. Dies ist vor dem Hintergrund der Funktion des Eigenkapitals als Haftungspuffer wirtschaftlich problematisch. Die steuerlich vorteilhafte Vorgehensweise führte dazu, dass die Haftungsmasse miniert würde.

Hierbei ist darauf hinzuweisen, dass im Belastungsvergleich von einer vollständigen Abzugsfähigkeit der Finanzierungskosten ausgegangen wird. Dies setzt voraus, dass die Regelungen der Zinsschranke, die auf S. 296 ff. ausführlich behandelt werden, nicht zu einer Begrenzung des Betriebsausgabenabzugs führen. Zugleich zeigt sich, dass der Gesetzgeber einerseits Anreize für eine möglichst hohe Verschuldung der Unternehmen gesetzt hat, andererseits diese mit der Zinsschranke gerade begrenzen will.

Abbildung 4-7: *Belastungsrechnung bei Eigen-, Gesellschafter- und Bankenfremdfinanzierung einer Personen- bzw. Kapitalgesellschaft*

	Personengesellschaft			Kapitalgesellschaft		
	Eigenfinanzierung	Gesellschafter-Fremdfinanzierung	Bank-Fremdfinanzierung	Eigenfinanzierung	Gesellschafter-Fremdfinanzierung	Bank-Fremdfinanzierung
Gewinn vor Steuern und Zinsen	100,00	100,00	100,00	100,00	100,00	100,00
Zinsen an Gesellschafter/Bank		-90,00	-90,00		-90,00	-90,00
Gewinn vor Steuern	100,00	100,00	10,00	100,00	10,00	10,00
Gewerbesteuer (h = 470%)	16,45 €	16,45	5,35	16,45	5,35	5,35
Körperschaftsteuer zzgl. Solidaritätszuschlag				15,83	1,58	1,58
Einkünfte						
aus Gewerbebetrieb	100,00	100,00	10,00 €			
aus Dividenden				67,73	3,07	3,07
aus Zinsen			90,00		90,00	90,00
Einkommensteuer						
auf gewerbliche Einkünfte	31,70	31,70	3,17			
auf Dividendeneinkünfte				16,93	0,77	0,77
auf Zinseinkünfte			22,50 €		40,50	22,50
Solidaritätszuschlag	1,74	1,74	1,41 €	0,93	2,27	1,28
Verfügbares Einkommen	50,11	50,11	67,57 €	49,86	49,53	68,52
Steuersatz	49,89%	49,89%	32,43%	50,14%	50,47%	31,48%
Rangfolge	2	2	1	2	3	1

4.2.3.5 Grundformen der Außenfinanzierung

- Welche beiden Ausprägungsformen der Außenfinanzierung lassen sich unterscheiden?
- Welchen steuerlichen Einflüssen unterliegen diese Finanzierungsformen?

Abbildung 4-8: *Abgrenzung zwischen Eigen- und Fremdkapital sowie hybriden Finanzinstrumenten*

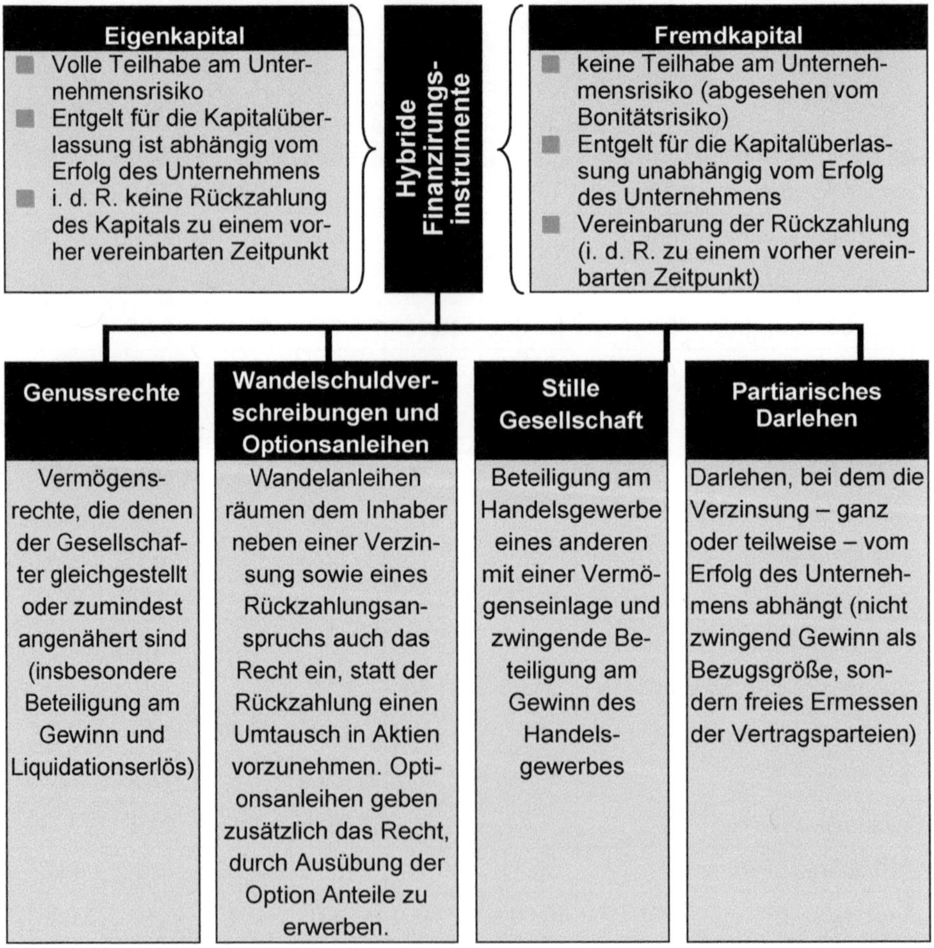

Eigenkapital
Volle Teilhabe am Unternehmensrisiko
Entgelt für die Kapitalüberlassung ist abhängig vom Erfolg des Unternehmens
i. d. R. keine Rückzahlung des Kapitals zu einem vorher vereinbarten Zeitpunkt
Hybride Finanzierungsinstrumente
Fremdkapital
keine Teilhabe am Unternehmensrisiko (abgesehen vom Bonitätsrisiko)
Entgelt für die Kapitalüberlassung unabhängig vom Erfolg des Unternehmens
Vereinbarung der Rückzahlung (i. d. R. zu einem vorher vereinbarten Zeitpunkt)
Genussrechte
Vermögensrechte, die denen der Gesellschafter gleichgestellt oder zumindest angenähert sind (insbesondere Beteiligung am Gewinn und Liquidationserlös)
Wandelschuldverschreibungen und Optionsanleihen
Wandelanleihen räumen dem Inhaber neben einer Verzinsung sowie eines Rückzahlungsanspruchs auch das Recht ein, statt der Rückzahlung einen Umtausch in Aktien vorzunehmen. Optionsanleihen geben zusätzlich das Recht, durch Ausübung der Option Anteile zu erwerben.
Stille Gesellschaft
Beteiligung am Handelsgewerbe eines anderen mit einer Vermögenseinlage und zwingende Beteiligung am Gewinn des Handelsgewerbes
Partiarisches Darlehen
Darlehen, bei dem die Verzinsung – ganz oder teilweise – vom Erfolg des Unternehmens abhängt (nicht zwingend Gewinn als Bezugsgröße, sondern freies Ermessen der Vertragsparteien)

Die Außenfinanzierung umfasst sowohl die Fremdfinanzierung als auch die Beteiligungsfinanzierung. Nachfolgend sollen diese beiden Grundformen und deren steuerliche Behandlung dargestellt werden. Dabei erweist sich die Abgrenzung, ob Eigen- oder Fremdkapital zugeführt wird, von besonderer Bedeutung. Dabei ist zu beachten, dass es Finanzierungsformen gibt, bei denen sich die Frage, ob es sich hierbei um Eigen- oder Fremdkapital handelt, nicht ohne weiteres beantworten lässt. Diese Abgrenzung zwischen den verschiedenen Kapitalformen ist in **Abbildung 4-8** zusammengefasst.

4.2.3.5.1 Fremdfinanzierung

(a) Allgemeine Grundsätze

- Welchen steuerlichen Einflüssen unterliegt die Fremdfinanzierung?
- Inwieweit ergeben sich Abweichungen in Abhängigkeit von der Rechtsform der betrachteten Gesellschaft?
- Wie lassen sich diese Belastungsunterschiede quantifizieren?

Mit dem Vz. 2007 haben sich sowohl die Abzugsfähigkeit der Fremdkapitalzinsen als auch die Hinzurechnungsvorschriften bei der Gewerbesteuer verändert, die zum Teil zu erheblichen Verwerfungen zwischen den Finanzierungsarten geführt haben. Teilweise wurde überlegt, die Geldkapitalüberlassung durch eine Sachkapitalüberlassung zu substituieren. Gleichzeitig hat sich die Fremdfinanzierungsmöglichkeit von Unternehmen durch die Änderung des Besteuerungsregimes bei privaten Kapitalerträgen zum Vz. 2009 und der damit einhergehenden Abgeltungssteuer von 25% zzgl. Solidaritätszuschlag und Kirchensteuer grundlegend verändert.

Lediglich im Bereich der Gesellschafterfremdfinanzierung bei **Personengesellschaften** hat sich keine Änderung ergeben. Weiterhin führt die Regelung des § 15 Abs. 1 Satz 1 Nr. 2 2. Hs. EStG bei Personengesellschaften dazu, dass **schuldrechtliche Verträge** zwischen der Personengesellschaft und dem hinter ihr stehenden Mitunternehmer steuerlich nicht anerkannt werden. Vielmehr handelt es sich bei den Zinsen, die für entsprechende Darlehen bezahlt werden, um Entnahmen der Gesellschafter, die den Gewinn nicht mindern dürfen. Bei den Mitunternehmern liegen gewerbliche Einkünfte und nicht solche aus Kapitalvermögen vor. Sofern dem Gesellschafter für sein der Personengesellschaft zur Verfügung gestelltes Darlehen Refinanzierungskosten entstehen, kann er diese im Rahmen der Ermittlung seiner gewerblichen Einkünfte in vollem Umfang als Sonderbetriebsausgaben einkommensmindernd geltend machen.

Handelt es sich bei der Gesellschaft um eine **Kapitalgesellschaft**, werden schuldrechtliche Verträge zwischen ihr und den hinter ihr stehenden Gesellschaftern auch steuerlich anerkannt. Die gezahlten Zinsen stellen bei der Kapitalgesellschaft grundsätzlich Betriebsausgaben dar, die den Gewinn mindern. Neben den Beschränkungen des steuerlichen Abzugs im Rahmen der Zinsschranke sind die allgemeinen Anforderungen zur Vermeidung einer verdeckten Gewinnausschüttung zu beachten. Außerdem gilt bei Gesellschafterdarlehen, die von zu mindestens 25% beteiligten Kapitalgesellschaften gewährt werden, die Regelung des § 8b Abs. 3 Satz 3 KStG. Sie führt zu einer Versagung der steuermindernden Abzugsfähigkeit von Wertminderungen in den Gesellschafterdarlehen, sofern nicht der Drittvergleich[552] geführt werden kann.

(b) Einschränkung der Abzugsfähigkeit von Zinsen infolge der Zinsschranke

(i) Motive für die Einführung

- Welche Gründe gab es für die Einführung der Zinsschranke?
- Welche Besteuerungsfolgen löst die Zinsschranke aus?
- Warum knüpft die Zinsschranke auf der Ebene des Unternehmens und nicht auf der Ebene des Darlehensgebers an?

Nach § 4 Abs. 4 EStG sind alle Aufwendungen, die durch den **Betrieb veranlasst** sind, als Betriebsausgaben abzugsfähig. Dies gilt im Grundsatz auch für Finanzierungskosten. Nach bisherigem Verständnis wurde diese Regelung nur durchbrochen, wenn infolge der Einflussnahme des Gesellschafters eine fremdunübliche Finanzierungsweise erfolgte. Dies konnte entweder in unangemessenen Vereinbarungen zwischen einer Kapitalgesellschaft und ihrem Gesellschafter erfolgen oder durch übermäßige Entnahmen von Betriebseinnahmen und der deshalb notwendig werdenden Fremdfinanzierung des Unternehmens. Dem ersten Problemkreis wird mit den Regelungen zur verdeckten Gewinnausschüttung begegnet, dem zweiten mit dem Konzept der sog. Überentnahmen.[553]

Diesen Grundsatz hat der Gesetzgeber mit der zum Vz. 2007 in Kraft getretenen **Zinsschranke** durchbrochen. Hintergrund dieser Regelung war die Bekämpfung einer „übermäßigen" Gesellschafterfremdfinanzierung durch Steuerausländer. Für diese war es vorteilhaft, ihre inländischen Kapitalgesellschaften stark mit Darlehen zu finanzieren, weil die hieraus entstehenden Zinsen i. d. R. nicht in der Bundesrepublik Deutschland steuerpflichtig waren. Ursächlich hierfür ist die Regelung des § 49 Abs. 1 Nr. 5 EStG, der nur bei einer hinreichenden Besicherung durch inländisches Grundvermögen zu einer Steuerpflicht der Ausländer mit ihren inländischen Zinsen führt. Der Gesetzgeber hatte zunächst mit einer Regelung, die sich nur auf die Kreditgewährung durch Steuerausländer bezog, versucht dieses Problem zu lösen.[554] Nachdem der

552 Vgl. § 8b Abs. 3 Satz 6 KStG.

553 Vgl. hierzu S. 309 ff.

554 Vgl. § 8a KStG in der Fassung des Gesetzes zur Verbesserung der steuerlichen Bedingungen zur Sicherung des Wirtschaftsstandorts Deutschland im Europäischen Binnenmarkt (Standortsicherungsgesetz) vom 13. 9. 1993, BGBl. I 1993, S. 1569.

EuGH in der Rs. Langhorst-Hohorst[555] diese Regelungen für unvereinbar mit den Grundfreiheiten des EU-Rechts erklärt hatte, erfolgte eine Ausdehnung der Regelungen auf das Inland. Nachdem sich dies als nicht praktikabel erwies, unternahm der Gesetzgeber einen Regelungsversuch im Rahmen des Unternehmensteuerreformgesetz 2008.[556]

Es überrascht auf den ersten Blick, dass die Regelungen an die Abzugsfähigkeit der Zinsen beim Darlehensnehmer anknüpfen und nicht an die Besteuerung der Zinsen bei Darlehensgeber. Ursächlich hierfür ist, dass in den deutschen Doppelbesteuerungsabkommen die Bundesrepublik Deutschland ihr Besteuerungsrecht für Zinsen entweder auf eine Quellensteuer von 10% eingeschränkt oder hierauf vollständig verzichtet hat.[557] In den EU-Fällen ist die Zins- und Lizenzrichtlinie[558] zu beachten, die – unter bestimmten Voraussetzungen – ein Verbot der Einbehaltung von Quellensteuern bei Zinszahlungen zwischen EU-Kapitalgesellschaften und Betriebsstätten vorsieht. Insoweit wurde befürchtet, dass die Besteuerung der Zinsen infolge höherrangigen Rechts unterbleiben müsste oder umfangreiche „Abwehrmaßnahmen" erforderlich gewesen wären. Vor diesem Hintergrund erklärt sich, dass alle Unternehmen grundsätzlich von der Regelung betroffen sein sollen, denn damit ist gewährleistet, dass insoweit eine Schlechterstellung von Steuerausländern unterbleibt und die Regelungen in den Doppelbesteuerungsabkommen sowie in der Zins- und Lizenzrichtlinie nicht verletzt werden.

Ziel der gesetzlichen Regelungen ist die Erhöhung des Eigenkapitals deutscher Unternehmen; gleichzeitig soll der Verminderung des deutschen Steuersubstrats entgegen gewirkt werden.[559] Ein Verständnis der Regelungen zur Zinsschranke ist nur möglich, wenn berücksichtigt wird, dass es sich hierbei um eine Maßnahme zur Gegenfinanzierung handelt und nicht um eine Missbrauchsbekämpfungsmaßnahme.[560] Von ihr werden auch solche Gestaltungen erfasst, die offensichtlich keinem gestalterischen Konzept folgen und auch nicht dem Ziel der Steuerminimierung oder -gestaltung dienen.

Die Regelungen sehen vor, dass der **Betriebsausgabenabzug für Finanzierungskosten versagt** wird. Hiermit sind beim Gesellschafter als möglichen Empfänger der Zinszahlungen keine steuerlichen Konsequenzen verbunden. Aus wirtschaftlicher Sicht kommt es jedoch zu einer **Doppelbelastung**, weil beim Gesellschafter regel-

---

555 Vgl. EuGH vom 12. 12. 2002, C-324/00, ABl. EG 2003, Nr. C 31, S. 2.

556 Vgl. Unternehmensteuerreformgesetz 2008 (UStRG 2008) vom 14. 8. 2007, BGBl. I 2007, S. 912.

557 Vgl. zu einer Abkommensübersicht z. B. Geurts, in: Strunk/Kaminski/Köhler, AStG-DBA, OECD-MA Art. 11, Rz. 200.

558 Richtlinie 2003/49/EG des Rates vom 3. 6. 2003 über eine gemeinsame Steuerregelung für Zahlungen von Zinsen und Lizenzgebühren zwischen verbundenen Unternehmen verschiedener Mitgliedstaaten, ABl. EG 2003, Nr. L 157, S. 49.

559 Vgl. Regierungsbegründung in BT-Drs. 14/4841, S. 31.

560 Auf eine überhöhte oder bewusst herbeigeführte Fremdfinanzierung kommt es hierbei nicht an. Damit zeigt sich, dass es sich bei der Regelung nicht um eine Missbrauchsnorm handelt, sondern die Einnahmeerzielung im Fordergrund steht, kritisch auch Thiel, FR 2007, S. 730.

mäßig eine Besteuerung erfolgt, gleichzeitig auf Ebene der Gesellschaft jedoch kein Betriebsausgabenabzug möglich ist. Erfasst werden von dieser Regelung jegliche Formen von Fremdkapitalüberlassungen, egal, ob der Gläubiger im In- oder Ausland ansässig[561] oder ob er an der Gesellschaft beteiligt oder ob die Vergütung gewinnabhängig ist. Ferner sind Art und Laufzeit des Darlehens irrelevant. Insbesondere fallen auch klassische Darlehen der Hausbank unter diese Begrenzung. Die Vorgaben sind grundsätzlich rechtsformneutral ausgestaltet, so dass sie sowohl bei Einzelunternehmen, Personen- als auch Kapitalgesellschaften zur Anwendung kommen. Darüber hinaus haben sie auch Bedeutung für Betriebe, in denen selbstständige, freiberufliche oder land- und forstwirtschaftliche Tätigkeiten ausgeübt werden.

(ii) Ermittlung des steuerlichen EBITDA als Ausgangsgröße

■ Welche Prüfungsschritte sind bei der Zinsschranke zu beachten?

Die Prüfung der Zinsschranke erfolgt **in drei Schritten**. In einem ersten Schritt wird der jährliche Zinsertrag dem Zinsaufwand gegenübergestellt. In Höhe dieses Zinsertrages ist der Betriebsausgabenabzug für gezahlte Zinsen uneingeschränkt möglich. Sind die Zinsaufwendungen größer als die Zinserträge, darf ein Betriebsausgabenabzug nur in Höhe von 30% des steuerlichen EBITDA erfolgen (zweiter Schritt). Das steuerliche EBITDA ermittelt sich dabei nach dem in der **Abbildung 4-9** dargestellten Schema.

Dies hat zur Folge, dass nur dann, wenn das steuerliche EBITDA, das 3,33fache des Schuldzinsenabzugs beträgt[562], die Zinsschranke nicht zu einer Einschränkung des Betriebsausgabenabzugs führt. Ausnahmen bestehen lediglich dann, wenn die im Gesetz vorgesehenen Rückausnahmeregelungen erfüllt sind und deshalb ein vollständiger Betriebsausgabenabzug möglich ist.

561 Auf die Frage der Vereinbarkeit mit EU-Recht wird im Folgenden nicht eingegangen, vgl. hierzu Führich, IStR 2007, S. 341.

562 Vgl. Grotherr, IWB, F. 3, Gr. 3, S. 1489 ff., S. 1490.

Abbildung 4-9: Ermittlung des steuerlichen EBITDA

	Erträge (z. B. Umsatzerlöse, Dividenden, Zinserträge usw.)
–	Aufwendungen (z.B. Abschreibungen, Zinsaufwendungen, Gewerbesteuer [563]
=	**handelsrechtlicher Jahresüberschuss**
+/–	Überleitung Handels- in Steuerbilanz
=	**Steuerbilanzgewinn**
–	steuerfreie Dividenden (§ 3 Nr. 40 EStG bzw. § 8b KStG)
+/–	außerbilanzielle Korrekturen (z. B. nicht abzugsfähige Betriebsausgaben)
=	**steuerpflichtiger Gewinn**
–	Zinsertrag
+	Zinsaufwand
+	AfA (steuerliche Regel-AfA, GWG-Abschreibung, Pool-Abschreibung)
=	**Bemessungsgrundlage für 30% Zinsabzug („steuerliches EBITDA")**

In einem dritten Schritt wird ein nach Schritt eins und Schritt zwei nicht berücksichtigter Zinsaufwand gesondert festgestellt und in zukünftige Wirtschaftsjahre vorgetragen („**Zinsvortrag**"). Diese Regelungen sind mit dem Verlustvortrag vergleichbar.[564] Ferner gibt es noch die Möglichkeit, ein nicht genutztes steuerliches **EBITDA vorzutragen**.

Sind die Voraussetzungen der Zinsschranke erfüllt, ist anschließend zu prüfen, ob einer der Ausnahmetatbestände des § 4h EStG (ggf. i. V. m. § 8a KStG) erfüllt ist. Liegen die Voraussetzungen für eine dieser oben behandelten Regelungen vor, können die gesamten Finanzierungskosten als Betriebsausgaben abgezogen werden.

- **Beispiel:**[565]

  Ein Betrieb hat im laufenden Vz. die folgenden Zahlen: Der Zinsaufwand beträgt 100 Mio. €, der Zinsertrag 2 Mio. €, die Abschreibungen 20 Mio. €, der maßgebliche Gewinn 82 Mio. €. Die Voraussetzungen für eine Anwendung der Ausnahmeregelungen[566] seien nicht erfüllt. Damit ergibt sich die folgende Berechnung:

563 Die Gewerbesteuer mindert zwar das handelsrechtliche Ergebnis, wird aber im Rahmen der außerbilanziellen Korrekturen wieder hinzugerechnet, so dass im Ergebnis keine Minderung der Bemessungsgrundlage durch diese Steuer erfolgt.

564 Hiermit ist das Problem verbunden, dass zukünftig in bestimmten Fällen nicht mehr nur die vorhandenen Verlustvorträge untergehen sondern möglicherweise auch die Zinsvorträge.

565 In Anlehnung an Dörr/Geibel/Fehling, NWB, F. 4, S. 5199 ff., S. 5204.

566 Vgl. hierzu die Ausführungen im Anschluss an dieses Beispiel.

1. Schritt:	Zinsaufwand ./. Abzug in Höhe des Zinsertrages = Nettozinsaufwand	100 2 98	 2
2. Schritt:	Maßgeblicher Gewinn + Zinsaufwand ./. Zinsertrag + AfA = steuerliches EBITDA davon 30% abzugsfähig **insgesamt abzugsfähig im Vz.**	82 100 2 20 200	 60 **62**
3. Schritt:	**Zinsvortrag**		**38**

Zunächst erfolgt in Höhe des Zinsertrages ein Betriebsausgabenabzug von 2 Mio. €. Danach ist das steuerliche EBITDA zu ermitteln, von den sich ergebenden 200 Mio. € sind 30%, also 60 Mio. € abzugsfähig. Von den insgesamt entstehenden Zinsaufwendungen von 100 Mio. € können 62 Mio. € abgezogen werden, die verbleibenden 38 Mio. € sind im Rahmen des Zinsvortrages in zukünftigen Perioden zu berücksichtigen.

Die Wirkungsweise dieser Regelung wird erst bei einer mehrperiodigen Betrachtung deutlich. Im Folgenden wird unterstellt, dass die wirtschaftlichen Verhältnisse unverändert bleiben. Damit ergibt sich auf der Grundlage im Übrigen gleich bleibender Zahlen die folgende Berechnung:

1. Schritt:	Zinsaufwand + Zinsvortrag ./. Abzug in Höhe des Zinsertrages Nettozinsaufwand	100 + 38 2 136	 2
2. Schritt:	Maßgeblicher Gewinn + Zinsaufwand ./. Zinsertrag + AfA = steuerliches EBITDA davon 30% abzugsfähig **insgesamt abzugsfähig im Vz.**	82 100 2 20 200	 60 **62**
3. Schritt:	**Zinsvortrag**		**76**

Der laufende Zinsaufwand wird um den Zinsvortrag erhöht, im Übrigen bleibt die Berechnung unverändert. Wichtig ist, dass sich der Nettozinsaufwand erhöht. Im Übrigen bleibt der Zinsabzug unverändert. Wie die Berechnung zeigt, führen die Regelungen dazu, dass c. p. ein sich kontinuierlich erhöhender Zinsvortrag entsteht.

(iii) Definition des Fremdkapitals und der erfassten Zinsen

- Was wird unter Fremdkapital i. S. d. Zinsschranke verstanden?
- Welche Vergütungen fallen unter Zinsen i. S. d. Zinsschranke?

Die Zinsschranke erfasst gem. § 4h Abs. 3 EStG nur Aufwendungen und Erträge aus der vorübergehenden Überlassung von Geldkapital. Als Fremdkapital im Sinne der Zinsschranke sollen nach dem BMF vom 4. 7. 2008[567] alle als Verbindlichkeit passivierungspflichtige Kapitalzuführungen in Geld gelten, die nach steuerlichen Kriterien nicht zum Eigenkapital gehören. Dazu zählen insbesondere:

- fest und variabel verzinsliche Darlehen (auch Gesellschafterdarlehen i. S. d. § 8b Abs. 3 Sätze 4 bis 8 KStG),
- partiarische Darlehen und typisch stille Beteiligungen,
- Gewinnschuldverschreibungen,
- Genussrechtskapital (mit Ausnahme des Genussrechtskapitals i. S. d. § 8 Abs. 3 Satz 2 KStG),
- bei Banken: das nach dem KWG dem haftenden Eigenkapital zuzurechnende Fremdkapital.

Zinsaufwendungen i. S. d. Zinsschranke sind Vergütungen für Fremdkapital (§ 4h Abs. 3 Satz 2 EStG). Zinserträge i. S. d. Zinsschranke sind Erträge aus Kapitalforderungen jeder Art (§ 4h Abs. 3 Satz 3 EStG). Sie unterliegen nur dann der Zinsschranke, wenn sie den maßgeblichen Gewinn bzw. das maßgebliche Einkommen gemindert oder erhöht haben. Nach Ansicht der Finanzverwaltung sollen Zinsen zu einem festen oder variablen Zinssatz, aber auch Gewinnbeteiligungen (Vergütungen für partiarische Darlehen, typisch stille Beteiligungen, Genussrechte und Gewinnschuldverschreibungen) und sogar Umsatzbeteiligungen unter den Zinsbegriff fallen. Ferner sollen neben Damnum und Disagio auch Vorfälligkeitsentschädigungen sowie Provisionen und Gebühren, die an den Fremdkapitalgeber gezahlt werden, als Zinsen i. S. d. Zinsschranke behandelt werden.

Keine Zinsen i. S. d. Zinsschranke sind nach dem BMF-Schreiben vom 4. 7. 2008[568]:

- Boni, Skonti,
- Zinsen nach § 233 ff. AO,
- Dividenden,
- Gewinnauswirkungen aus der Bildung/Auflösung von Rückstellungen,

[567] Vgl. BMF-Schreiben vom 4. 7. 2008, IV C 7 –S 2742 – a/07/10001, BStBl. I 2008, S. 718.
[568] Vgl. BMF-Schreiben vom 4. 7. 2008, IV C 7 –S 2742 – a/07/10001, BStBl. I 2008, S. 718.

- in den Herstellungskosten aktivierte Bauzeitzinsen,
- Erbbauzinsen und
- Vergütungen für die vorübergehende Nutzung von Sachkapital.

Nach § 4h Abs. 3 Satz 4 EStG ergeben sich aus der Aufzinsung von unverzinslichen oder niedrig verzinslichen Kapitalforderungen oder Verbindlichkeiten ebenfalls Zinsen i. S. d. Zinsschranke (z. B. Zerobonds). Ausgenommen sind nach dem oben genannten BMF-Schreiben jedoch Zinserträge und Zinsaufwendungen aus erstmaligen Abzinsungen. Teilwertberichtigungen gelten grundsätzlich nicht als Zinsen i. S. d. Zinsschranke.

(iv) Interperiodische Auswirkungen

- Welche Regelungen sind beim Zinsvortrag zu beachten?
- Gibt es eine zeitliche Begrenzung für den Zinsvortrag?
- Unter welchen Voraussetzungen gehen die Zinsvorträge unter?
- Welche Regelungen sind beim EBITDA-Vortrag zu beachten?
- Gibt es eine zeitliche Begrenzung für den EBITDA-Vortrag?
- Unter welchen Voraussetzungen gehen die EBITDA-Vorträge unter?

Die nicht abzugsfähigen Zinsaufwendungen eines Veranlagungszeitraums sind nach § 4h Abs. 1 Satz 2 EStG in die folgenden Wirtschaftsjahre vorzutragen (Zinsvortrag). Sie erhöhen die Zinsaufwendungen dieser Wirtschaftsjahre und können dazu führen, dass im Vortragsjahr die Freigrenze nach § 4h Abs. 2 Satz 1 Buchst. a) EStG überschritten wird. Hierfür besteht keine zeitliche Begrenzung.

Ein nicht verbrauchter Zinsvortrag geht nach § 4h Abs. 5 EStG bei Aufgabe und Übertragung des Betriebes unter. Bei der Aufgabe und Übertragung eines Teilbetriebes bzw. bei Ausscheiden eines Mitunternehmers aus einer Personengesellschaft geht der Zinsvortrag nach Rechtsauffassung der Finanzverwaltung anteilig unter. Als Aufgabe eines Teilbetriebs soll auch das Ausscheiden einer Organgesellschaft aus dem Organkreis gelten. Die Nutzung vororganschaftlicher Zinsvorträge einer Organgesellschaft soll während der Organschaft nicht zugelassen werden.

Um die negativen Auswirkungen der Zinsschranke bei einem Rückgang des steuerlichen EBITDA zu begrenzen hat der Gesetzgeber einen **Vortrag** von in der Vergangenheit **nicht genutztem steuerlichen EBITDA** eingeführt. Damit soll einer krisenverschärfenden Wirkung dieser Regelung entgegen gewirkt werden. Im Ergebnis wirken sich in einem Veranlagungszeitraum nicht genutzte EBITDA-Beträge in einer anderen Periode aus.

Voraussetzung für die Anwendung dieser Regelung ist, dass das verrechenbare EBITDA größer ist als der nach § 4h Abs. 1 Satz 1 EStG ermittelte negative Zinssaldo.

Es gilt dann: EBITDA-Vortrag = verrechenbares EBITDA + EBITDA-Vortrag + Zinsertrag ./. Zinsaufwand. Allerdings kommt diese Regelung nur zur Anwendung, wenn keine der Ausnahmen des § 4h Abs. 2 EStG gilt. Damit kann ein EBITDA-Vortrag nur entstehen, wenn die Voraussetzungen der Zinsschranke erfüllt sind und deren Ausnahmen nicht anzuwenden sind. Die Wirkungsweise dieser Regelung veranschaulicht das folgende Beispiel.

Beispiel:

Jahr (Angaben in Mio. €)	01	02	03	04
EBITDA	20	20	1	20
Verrechenbares EBITDA (30% vom EBITDA)	6	6	3	6
Nettozinsaufwand	5	5	5	7
Abzugsfähiger Zinsaufwand	5	5	3	6
Vorläufig nicht abzugsfähiger Zinsaufwand	-	-	2	1
EBITDA-Vortrag dieses Jahres	1	1	-	-
Abzugsfähiger Zinsaufwand v. EBITDA-Vortrag		-	2	-
EBITDA-Vortrag (kum.)	1	2	-	-
Zinsvortrag (kumuliert)	-	-	-	1

Die Gesellschaft erzielt in Jahr 01 und 02 jeweils ein steuerliches EBITDA von 20 Mio. €. Wird der Zinsertrag vereinfachend mit Null angenommen, könnten max. 30% davon, also 6 Mio. €, als Zinsaufwand geltend gemacht werden. Der Zinsaufwand der Gesellschaft beträgt jedoch tatsächlich jeweils nur 5 Mio. €. Der insoweit nicht genutzte Betrag ist der EBITDA-Vortrag (jeweils 1 Mio. €), der sich über die Zeitablauf kumuliert. Im Jahr 03 geht das steuerliche EBITDA auf 10 Mio. € zurück. Damit beträgt das verrechenbare EBITDA nun 3 Mio. €, dem die unverändert gebliebenen Zinsen von 5 Mio. € gegenüberstehen. Unter normalen Umständen wären die überschießenden 2 Mio. € nicht abzugsfähig. Allerdings wird nun – entsprechend der oben erläuterten Verwendungsreihenfolgen – in einem zweiten Schritt von diesem nicht abzugsfähigen Zinsaufwand der EBITDA-Vortag abgezogen. Dies hat zur Folge, dass auch diese Beträge als abzugsfähiger Zinsaufwand zu behandeln sind. Gleichzeitig beträgt der neue EBITDA-Vortrag nunmehr Null. Außerdem ist zu beachten, dass die Anwendung dieser Regelung dazu führt, dass die nunmehr abzugsfähigen Zinsen zu einer höheren gewerbesteuerlichen Hinzurechnung nach § 8 Nr. 1 Buchst. a) GewStG führen.

Der Gesetzgeber hielt eine Begrenzung des EBITDA-Vortrages **auf fünf Jahre** für erforderlich. Dies führt zu einer deutlichen Verkomplizierung der Regelung, weil geprüft werden muss, welcher Vortrag wann verbraucht und welcher wann genutzt wurde. Außerdem wurde eine Verwendungsreihenfolge vorgeschrieben. Danach erfolgt zunächst eine interperiodische Berechnung, danach kommt es zur Nutzung des EBITDA-Vortrages, beginnend mit dem jeweils ältesten EBITDA-Vortrag. Die in dem Beispiel erfolgte Zusammenfassung zum kumulierten EBITDA-Vortrag erfolgte nur aus Vereinfachungsgründen, weil die wirtschaftlichen Auswirkungen dieser Regelung veranschaulicht werden sollten. Ein vorhandener EBITDA-Vortrag geht unter den gleichen Bedingungen unter, wie der Zinsvortrag.

(v) Ausnahmeregelungen

- Welche Ausnahmeregelungen gibt es?
- Welche Besteuerungskonsequenzen treten ein, wenn die Ausnahmeregelungen erfüllt sind?
- Welche Bedeutung soll nach dem Willen des Gesetzgebers diesen Ausnahmeregelungen zukommen?

Nachdem der Gesetzgeber einen sehr weitgehenden Grundtatbestand geschaffen hat, sollen Ausnahmen eine überbordende Anwendung der Zinsschranke verhindern. Sind diese erfüllt, führt die Zinsschranke nicht zu einer Einschränkung des Betriebsausgabenabzugs. Hierbei enthält § 8a KStG weitere Voraussetzungen. Nur wenn diese ergänzend erfüllt sind, kann sich eine Körperschaft auf die Ausnahmetatbestände des § 4h Abs. 2 EStG berufen.

1. Die Zinsschranke ist nicht anzuwenden, wenn die Nettozinsaufwendungen des Betriebes **weniger als 3 Mio. €** betragen.[569] In diesem Fall sind die Zinsen in voller Höhe abzugsfähig.[570] Damit sollen kleine und mittlere Betriebe nicht von den Beschränkungen der Zinsschranke erfasst werden.[571] Da es sich um eine Freigrenze handelt und nicht um einen Freibetrag, entstehen gerade im Übergangsbereich zwischen der Anwendung der Freigrenze und der vollen Wirkung der Zinsschranke erhebliche Belastungsunterschiede. Dies wird dann deutlich, wenn in der Vergangenheit die Freigrenze gerade eben unter- und sie nunmehr knapp überschritten wird.
2. Die Zinsschranke findet gem. § 4h Abs. 2 Buchst. b) EStG keine Anwendung, wenn der Betrieb, in dem der Zinsaufwand geltend gemacht wird, **nicht** oder nur anteilig **zu einem Konzern** gehört. Hiermit will der Gesetzgeber dem Umstand Rechnung tragen, dass innerhalb von Konzernstrukturen Gestaltungsmöglichkeiten besonders einfach umzusetzen sind. Deshalb soll auch ein weiter Konzernbegriff zugrunde gelegt werden.[572] Wann ein Betrieb zu einem Konzern gehört, regelt § 4h Abs. 3 Sätze 5 und 6 EStG. Dies ist der Fall, wenn der Betrieb nach dem für die Zinsschranke maßgeblichen Rechnungslegungsstandard im Sinne von § 4h

569 Vgl. § 4h Abs. 2 Satz 1 Buchst. a) EStG.
570 Unabhängig hiervon ist jedoch die Hinzurechnung nach § 8 Nr. 1 Buchst. a) GewStG.
571 Vgl. Regierungsbegründung S. 48 BT-Drs. 16/4841.
572 Vgl. Regierungsbegründung S. 50 BT-Drs. 16/4841.

Abs. 2 Buchst. c) EStG mit einem oder mehreren anderen Betrieben konsolidiert wird oder werden könnte oder wenn seine Finanz- oder Geschäftspolitik mit einem oder mehreren Betrieben einheitlich bestimmt werden kann. Hingegen ist keine Konzernzugehörigkeit gegeben, wenn der Betrieb nach dem maßgeblichen Konzernrechnungslegungsstandard nur anteilmäßig in den Konzernabschluss einzubeziehen ist oder einbezogen werden könnte. Ferner gibt es noch Sonderregelungen für sog. Zweckgesellschaften.

Bei **Kapitalgesellschaften** gibt es im § 8a Abs. 2 KStG eine Rückausnahme. Danach steht bei Betrieben in der Rechtsform einer Körperschaft die Anwendung der Konzernklausel unter der zusätzlichen Bedingung, dass **keine schädliche Gesellschafterfremdfinanzierung** i. S. v. § 8a Abs. 2 KStG vorliegt. Hierdurch sollen laut Regierungsbegründung[573] „Finanzierungsgestaltungen zwischen einer Körperschaft und ihrem Anteilseigner" verhindert werden. Eine Gesellschafterfremdfinanzierung ist danach gegeben, wenn es sich um Darlehensfinanzierungen handelt, die durch:

- einen unmittelbar oder mittelbar zu mehr als 25% am Grund- oder Stammkapital beteiligten Anteilseigner (sog. wesentlicher Anteilseigner),
- eine diesem nahe stehende Person nach § 1 Abs. 2 AStG oder
- einen Dritten (in der Regel einer Bank) erfolgt, der auf den wesentlichen Anteilseigner oder eine diesem nahe stehende Person nach § 1 Abs. 2 AStG zurückgreifen kann.

Gem. § 4h Abs. 2 Satz 2 EStG gelten diese Regelungen auch für mitunternehmerische Personengesellschaften, die einer Kapitalgesellschaft mittelbar oder unmittelbar nachgeordnet sind.

3. Sind die Freigrenzen überschritten und liegt ein Konzern vor, scheidet die Anwendung der Zinsschranke gleichwohl aus, wenn die Escape-Klausel[574] Anwendung findet. Hierfür ist Voraussetzung, dass die **Eigenkapitalquote**[575] des Betriebes nachweislich nicht um mehr als zwei Prozentpunkt unter der des Gesamtkonzerns liegt. Wie im Bereich der Konzernklausel darf zudem bei Körperschaften und diesen nachgeordneten Personengesellschaften keine schädliche Gesellschafterfremdfinanzierung vorliegen. Durch diese Regelung soll verhindert werden, dass aus Gründen der Steueroptimierung eine übermäßige Fremdfinanzierung deutscher Tochtergesellschaften im internationalen Konzern erfolgt.

Ist eine dieser drei Ausnahmevorschriften anwendbar, sind die Zinsen vollständig als Betriebsausgaben abzugsfähig. Zu bedenken ist, dass in diesen Fällen eine Kürzung

---

573 Vgl. Regierungsbegründung S. 75 BT-Drs. 16/4841.

574 Vgl. § 4h Abs. 2 Buchst. c) EStG.

575 Vgl. zur Durchführung des Eigenkapitalvergleichs z. B. Töben/Fischer, GmbHR 2007, S. 534 und zu den möglichen Auswirkungen auf den IFRS-Abschluss Heintges/Kamphaus/Loitz, DB 2007, S. 1261 ff. sowie Lüdenbach/Hoffmann, DStR 2007, S. 636 ff.

des Betriebsausgabenabzugs nach Maßgabe von § 8 Nr. 1 Buchst. a) GewStG erfolgt, so dass 25% der Finanzierungsentgelte dem Gewerbeertrag wieder hinzuzurechnen sind. In allen anderen Fällen ist der Betriebsausgabenabzug für Finanzierungskosten auf den Nettozinsaufwand zuzüglich 30% des steuerlichen EBITDA begrenzt. Unabhängig davon ist zu prüfen, ob andere Regelungen zu einer Begrenzung der Fremdfinanzierung oder der Abzugsfähigkeit von Zinszahlungen (wie insbesondere § 4 Abs. 4a EStG oder § 8 Abs. 3 Satz 2 KStG) führen.

Der Gesetzgeber zielte mit diesen Ausnahmeregelungen darauf ab, eine sehr starke Eingrenzung des Anwendungsbereichs der Zinsschranke vorzunehmen. Im Rahmen des Gesetzgebungsverfahrens vertraten Vertreter der Finanzverwaltung die Auffassung, dass es allenfalls Hundert Anwendungsfälle dieser Regelung geben würde. Die Realität zeigt etwas anderes, so dass der Gesetzgeber die Ausnahmen nochmals durch das Wachstumsbeschleunigungsgesetz[576] erweitert hat. Diese Änderungen sind bei der obigen Darstellung bereits berücksichtigt und bestanden in einer Erhöhung der Freigrenze von 1 Mio. € auf nunmehr 3 Mio. € und einer Verdoppelung des Prozentsatzes der zulässigen Abweichung in § 4h Abs. 2 Buchst. c) EStG. Ferner war der EBITDA-Vortrag ursprünglich nicht im Gesetz enthalten.

(vi) Beurteilung

- Ist das vom Gesetzgeber mit der Zinsschranke verfolgte Anliegen grundsätzlich gerechtfertigt?
- Wie sind die Regelungen der Zinsschranke und die aus ihr entstehenden Auswirkungen zu beurteilen?
- Sind die Regelungen mit anderen vom Gesetzgeber ebenfalls verfolgten Zielsetzungen vereinbar?

Es ist im Grundsatz verständlich, dass der Gesetzgeber eine Regelung geschaffen hat, die ein „Absaugen" von Gewinnen aus Gesellschaften entgegen wirkt. Dies gilt speziell für solche Gesellschaften, die sich im Eigentum von Ausländern befinden. Auf Grund der auf S. 296 dargestellten steuerlichen Behandlung von Zinsen könnten sie über eine hohe Fremdfinanzierung ihrer Gesellschaft Gewinne systematisch vom In- in das Ausland verlagern. Insoweit ist weitgehend unstreitig, dass die gesetzliche Regelung an sich eine berechtigte Zielsetzung verfolgt.

Etwas anderes gilt aber für die Ausgestaltung. Wie selbst dieser Überblick gezeigt hat, ist die Vorschrift extrem kompliziert. Vor diesem Hintergrund ist die grundsätzliche Herangehensweise des Gesetzgebers problematisch: Er schafft einen sehr weiten Grundtatbestand, in den alle Unternehmen zunächst fallen, und grenzt dann einige Unternehmen mit den Ausnahmetatbeständen wieder aus. Dies führt im Ergebnis

[576] Gesetz zur Beschleunigung des Wirtschaftswachstums (Wachstumsbeschleunigungsgesetz) vom 22. 12. 2009, BGBl. I 2009, S. 3950.

dazu, dass sich zunächst alle Unternehmen mit der Regelung beschäftigen müssen, um dann prüfen zu können, ob sie von ihr erfasst werden. Etwas anderes gilt lediglich, wenn klar erkennbar ist, dass die Freigrenze von 3 Mio. € Nettozinsaufwand mit Sicherheit nicht überschritten wird. Aus verwaltungsökonomischer Sicht wäre es wünschenswert, wenn sehr schnell feststünde, ob ein Steuerpflichtiger sich mit der Regelung auseinandersetzen muss. Dies ist umso gravierender, da nach Auffassung des Gesetzgebers von der Zinsschrankenregelung nur ein kleiner Teil von Unternehmen betroffen sein sollte. Tatsächlich ist sie jedoch in den Mittelpunkt der gesamten Unternehmensbesteuerung gerückt.

Widersprüchlich sind auch die unterschiedlichen Ziele, die der Gesetzgeber verfolgt. Wie oben gezeigt, führt die Abgeltungssteuer zu einer systematischen Begünstigung der Fremdfinanzierung im Vergleich zur Einlagenfinanzierung. Wird dieser Wertung gefolgt, ist es widersprüchlich, wenn gerade diese Verhaltensweise mit einer Nichtabzugsfähigkeit von Zinsaufwand sanktioniert wird. Es entsteht der Eindruck, als fehlte eine klare Wertungsentscheidung, die diesen Regelungen zugrunde liegt.

Kritik besteht jedoch nicht nur grundsätzlicher Art, sondern auch an der konkreten Ausgestaltung der Norm. Besonders nachteilig erweist sich, dass die Regelungen an den Gewinn anknüpfen. Dies hat zur Folge, dass in wirtschaftlich schwierigen Zeiten die maximal abziehbaren Zinsaufwendungen zurückgehen. Dies ist darin begründet, dass an den maßgeblichen Gewinn angeknüpft wird und dieser konjunkturellen Schwankungen unterliegt. Zwar soll dieser Effekt durch den EBITDA-Vortrag verringert werden, doch sind viele Fälle möglich, in denen dieser nicht ausreicht. Viele Unternehmen verringern in einer Krise Sachinvestitionen und lösen vorhandene Kapitalanlagen auf. Diese Maßnahmen führen dazu, dass sich das steuerliche EBITDA verringert, weil die Absetzungen für Abnutzungen sinken. Hinzu kommt, dass infolge der geringeren Zinserträge nur ein geringerer Abzug von Zinsaufwand möglich ist, so dass der Nettozinsaufwand steigt. Gleichzeitig werden Darlehensgeber häufig nur unter Berücksichtigung von Sicherheitszuschlägen beim Zinssatz bereit sein, einem Schuldner mit verschlechterter Bonität (weiteres) Fremdkapital zur Verfügung zu stellen. Dies führt tendenziell zu höheren Zinsen. Damit wachsen in einer Krise immer mehr Unternehmen in den Anwendungsbereich der Zinsschranke hinein. Dies ist nicht zuletzt vor dem Hintergrund der verfassungsrechtlichen Anforderungen an eine Besteuerung nach der wirtschaftlichen Leistungsfähigkeit problematisch, weil damit wirtschaftlich schwächere Unternehmen einer höheren Besteuerung unterworfen werden.

Der Gesetzgeber muss sich erneut die Frage nach der Konsistenz seiner Vorgehensweise gefallen lassen: Er begründet einerseits die im Folgenden noch zu diskutierenden Regelungen und § 8c KStG[577] damit, dass es zu einer Kumulation von Verlustvorträgen gekommen ist, die im Ergebnis aus fiskalischen Gründen vom zukünftigen Abzug ausgeschlossen werden sollen. Andererseits werden durch die Zinsschranke

---

577 Vgl. hierzu S. 75 ff.

gleich zwei Abzugspositionen aufgebaut, bei denen in der Zukunft genau die gleichen Probleme und Wirkungsweisen entstehen: Der Zins- und der EBITDA-Vortag.

Als problematisch erweist sich außerdem die Bestimmung des steuerlichen EBITDA. Wie auf S. 299 f. gezeigt, lässt das steuerliche EBITDA steuerfreie Einnahmen unberücksichtigt. Dies gilt speziell für § 8b Abs. 1 und 2 KStG. Im Ergebnis führt dies dazu, dass eine reine Holdinggesellschaft immer über ein steuerliches EBITDA von Null verfügt, so dass der Zinsaufwand – vorbehaltlich der Ausnahmeregelungen – in vollem Umfang nicht abzugsfähig wäre. Ein solches Ergebnis befremdet schon deshalb, weil der Gesetzgeber mit dem § 8b KStG eigentlich solche Gesellschaften gerade begünstigen wollte. Für die Gestaltungspraxis ist hieraus die Schlussfolgerung zu ziehen, den Erwerb von Beteiligungen nicht durch inländische Kapitalgesellschaft vorzunehmen, sondern durch ausländische.[578]

Von den Ausnahmevorschriften ist insbesondere die Freigrenze von 3 Mio. € als wirksam anzusehen. Allerdings darf nicht übersehen werden, dass die Freigrenze bereits bei Überschreiten um nur 1,- € zur Anwendung der Zinsschranke auf den gesamten Zinsaufwand führt. Zwar scheint die Freigrenze für die meisten Unternehmen ausreichend zu sein, da bei einem unterstellten Marktzins von 6% eine Gesamtfremdfinanzierung von fast 50 Mio. € steuerneutral aufgenommen werden kann. Allerdings gilt dies nicht für Sondersituation, wie z. B. einem Unternehmenskauf oder in Zeiten einer Wachstumsfinanzierung. Außerdem reicht diese Kapitalausstattung für bestimmte Unternehmen, wie Wohnungsunternehmen, Immobilienprojektentwicklungsunternehmen oder insbesondere anlagenintensive Industrieunternehmen, nicht aus. Die Aufgabe der Unternehmen und deren Berater bestehen darin, die Fremdfinanzierung unter Berücksichtigung von steuerlichen Aspekten so zu steuern, dass die jeweiligen Freigrenzen auf jeder Ebene nicht überschritten werden. Zu prüfen ist hierbei insbesondere, inwieweit ein Austausch von Fremdkapital durch Leasing oder Miete erfolgen kann, auch wenn dies zur gewerbesteuerlichen Hinzurechnung führt. Ob dies im Einzelfall günstiger ist, muss genau geprüft werden. Dieser Tausch von Geldkapitalüberlassung in Sachkapitalüberlassung ist offensichtlich bewusst vom Gesetzgeber zugelassen worden.

Schon dieser Überblick zeigt, dass die Regelung konzeptionell nicht geeignet ist, die berechtigte Zielsetzung zu erreichen. Hierbei besteht sogar die Befürchtung, dass diejenigen, die der Gesetzgeber mit der Regelung eigentlich treffen wollten, sich die Ausnahmetatbestände zu nutze machen, um die auf S. 296 dargestellt Folge der Nichtbesteuerung eines Teils des Unternehmensgewinns eintreten zu lassen.

---

578 Hingegen ist infolge der transparenten Besteuerung ein Rückgriff auf Personengesellschaften bei dahinter stehenden Kapitalgesellschaften nicht sinnvoll. Auch bei Personengesellschaften mit natürlichen Personen als deren Gesellschafter ändert sich dieser Befund nicht, weil dann das Teileinkünfteverfahren dazu führt, dass sich nur 60% der Dividenden EBITDA-erhöhend auswirken können.

(c) Exkurs: Ergänzende steuerliche Einschränkung der Finanzierungsmöglichkeiten bei Personengesellschaften und Einzelunternehmern

- Welche Besonderheiten bestehen bei der Finanzierung von Personengesellschaften und Einzelunternehmern?
- Besteht die Chance, aus der häufig engen Verbindung zwischen den Mitunternehmern und der Personengesellschaft steuerliche Vorteile zu erlangen?

Bei der Finanzierung von Einzelunternehmen und Personengesellschaften sind ergänzend besondere Regelungen zu beachten. Diese differenzieren nicht danach, ob die Gesellschafter ihrer Gesellschaft Eigen- oder Fremdkapital zugeführt haben. Entscheidend ist, ob eine sog. **Überentnahme** vorliegt. Das folgende Beispiel verdeutlicht das zugrunde liegende Problem.

- **Beispiel:**
  A ist einziger Kommanditist der A-GmbH & Co. KG und zugleich alleiniger Gesellschafter der A-GmbH (Alleinkomplementär). Er möchte sich für ausschließlich private Zwecke einen neuen Sportwagen kaufen (Anschaffungspreis: 230.000,- €). Leider verfügt er nicht über die hierfür notwendige Liquidität. Zwar wäre die B-Bank bereit, A ein entsprechendes Darlehen zu gewähren, doch würde dies – so die Überlegung des A – bei ihm zu steuerlich nicht abzugsfähigen Zinsen führen, denn diese sind ausschließlich privat veranlasst.[579] Wegen der ausschließlichen privaten Nutzung scheidet eine betriebliche Veranlassung des Pkw und damit der Zinszahlungen aus.[580] Deshalb kommt A auf folgende Idee: Er unterhält zukünftig zwei Bankkonten für die A-GmbH & Co. KG: Auf dem ersten lässt er alle Erträge eingehen, von dem zweiten werden alle Verbindlichkeiten der KG beglichen. Dieses Konto weist einen hohen negativen Saldo auf, für den Zinsen zu entrichten sind. Da die von diesem Konto geleisteten Zahlungen unstreitig betrieblich veranlasst sind, sind auch die Zinsen als Betriebsausgaben abzugsfähig. Das erste Konto weist einen hohen Überschuss auf. Diesen entnimmt A und finanziert damit seinen neuen Sportwagen.

  Im Ergebnis hat A damit erreicht, dass die ausschließlich privat veranlassten Zinsaufwendungen den betrieblichen Gewinn mindern. Der Große Senat des BFH hatte mit Beschluss vom 8. 12. 1997[581] entschieden, dass eine solche Gestaltung zulässig ist und zukünftige Einzahlungen – auch steuerlich – dem ersten Konto gutgeschrieben werden und dass die Zinsen für das zweite Konto bei der Gewinnermittlung stets abzugsfähig bleiben.

---

579 Vgl. § 12 Nr. 1 EStG.

580 Vgl. zur Abgrenzung zwischen Privat- und Betriebsvermögen Strunk/Kaminski, Steuerliche Gewinnermittlung bei Unternehmen, Neuwied 2001, S. 32 ff.

581 GrS 1-2/95, BStBl. II 1998, S. 193.

Das Beispiel zeigt deutlich den Gestaltungsspielraum, um privat veranlasste Finanzierungsaufwendungen im Ergebnis in den betrieblichen Bereich zu verlagern.[582] Der Gesetzgeber hat auf diese Rechtsprechung mit der Vorschrift des § 4 Abs. 4a EStG reagiert, die eine Einschränkung der Finanzierungsfreiheit bewirkt. Das Grundprinzip dieser Regelung sieht so aus, dass der Teil der Fremdkapitalzinsen, die auf eine „übermäßige" Entnahme des Steuerpflichtigen entfallen, den Gewinn der Gesellschaft nicht mindern dürfen. Hierfür ist es erforderlich, dass zunächst der Betrag der schädlichen Entnahmen bestimmt wird. Diese sog. **Überentnahmen** sind nach Maßgabe des in **Abbildung 4-10** dargestellten Schemas zu bestimmen, wobei ggf. auch eine **Unterentnahme** vorliegen kann. Damit wird deutlich, dass die Finanzierungsfreiheit der Gesellschaft dann nicht eingeschränkt wird, wenn der Gesellschafter nicht mehr entnimmt als den laufenden Gewinn der Gesellschaft. In diesem Rahmen ist auch das oben beschriebene Zweikontenmodell zulässig.

Abbildung 4-10: *Schema zur Ermittlung der sog. Über- bzw. Unterentnahmen i. S. d. § 4 Abs. 4a Satz 2 EStG*

	Gewinn des Wirtschaftsjahres
+	Einlagen des Wirtschaftsjahres
./.	Entnahmen des Wirtschaftsjahres
=	**Über- oder Unterentnahme des Wirtschaftsjahres**

Wenn für das Wirtschaftsjahr eine **Überentnahme** vorliegt, erfolgt nach § 4 Abs. 4a Satz 3 EStG eine **pauschale Kürzung der als Betriebsausgaben abzugsfähigen Schuldzinsen.** Diese beläuft sich auf 6% der Überentnahmen des Wirtschaftsjahrs. Die Bemessungsgrundlage für diesen Kürzungsbetrag erhöht sich um Überentnahmen, die der Unternehmer in vorangegangenen Wirtschaftsjahren vorgenommen hat. Sowie Überentnahmen der Vorjahre die Bemessungsgrundlage für die Kürzung der Schuldzinsen erhöhen, vermindert sie sich entsprechend um sog. Unterentnahmen der Vorjahre. Hierunter ist der Betrag zu verstehen, um den in den Vorjahren die Entnahmen die Summe aus Gewinn und Einlagen unterschritten haben. Mit anderen Worten: Durch die Gegenrechnung der Unterentnahmen der Vorjahre wird bewirkt, dass früher in der Gesellschaft belassene Gewinne später entnommen werden können, ohne dass es hierdurch zu einer Kürzung des Schuldzinsenabzugs käme.

Die Kürzung der Schuldzinsen in Höhe von 6% der Überentnahmen führt nicht zu steuerpflichtigen Einnahmen, sondern allenfalls zur Versagung des Schuldzinsenabzugs. Durch eine Sonderregelung in § 4 Abs. 4a Satz 4 EStG wird gewährleistet, dass

[582] Damit könnte die vom Gesetzgeber gewollte Ungleichbehandlung zwischen privaten und betrieblich veranlassten Schuldzinsen faktisch umgangen werden.

die Kürzung der nichtabzugsfähigen Schuldzinsen bei **2.050,- €** gekappt werden. Die Zinsen sind daher immer dann mindestens in Höhe von 2.050,- € zu berücksichtigen, wenn überhaupt Zinsen in dieser Höhe angefallen sind, sog. **Mindestabzug.**

- **Beispiel**:
  An der A-OHG sind A, B und C zu jeweils einem Drittel beteiligt. Der Gewinn der OHG hat im Wirtschaftsjahr 240.000,- € und die Schuldzinsen zur Finanzierung laufender Aufwendungen haben 30.000,- € betragen. Die Mitunternehmer B und C haben jeweils 160.000,- € entnommen, A 40.000,- €. Einlagen wurden nicht geleistet. Die Über- und Unterentnahmen entwickeln sich wie folgt:

	A	B	C
Gewinnanteil	80.000,-	80.000,-	80.000,-
Entnahme	40.000,-	160.000,-	160.000,-
Überentnahme		80.000,-	80.000,-
Unterentnahme	40.000,-		
Verzinsung (6%)	-	4.800,-	4.800,-
Anteilige Zinsen	10.000,-	10.000,-	10.000,-
Mindestabzug	684,-	683,-	683,-
Höchstbetrag	9.316,-	9.317,-	9.317,-
Hinzurechnungsbetrag	0,-	4.800,-	4.800,-

Bei den Gesellschaftern B und C sind Überentnahmen in Höhe von jeweils 80.000,- € entstanden. Demzufolge können Schuldzinsen in Höhe von jeweils 4.800,- € (= 6% auf 80.000,- €) nicht als Betriebsausgaben abgezogen werden. Der Gewinn der Mitunternehmerschaft ist um diese Beträge zu erhöhen. Der Gewinn der A-OHG ergibt sich danach wie folgt: 240.000,- € + 2 * 4.800,- € = 249.600,- €. Dieser verteilt sich auf die Gesellschafter wie folgt:

Gesellschafter A: 80.000,- € (= 1/3 von 240.000,- €)
Gesellschafter B: 84.800,- € (= 1/3 von 240.000,- € + 4.800,- €) und
Gesellschafter C: 84.800,- € (= 1/3 von 240.000,- € + 4.800,- €).

Zinsen für „**Investitionsdarlehen**" wurden von der Abzugsbeschränkung des § 4 Abs. 4a EStG ausgenommen, wenn diese zur Finanzierung von Anschaffungs- oder Herstellungskosten betrieblicher Anlagegüter verwendet wurden.[583] Hieraus folgt im Rahmen von Finanzierungsüberlegungen die Notwendigkeit, einen Zusammenhang zwischen der Finanzierungsmaßnahme und dem Investitionsprojekt herzustellen, um zu gewährleisten, dass diese Zinsen nicht von § 4 Abs. 4a EStG erfasst werden.

583 § 4 Abs. 4a Satz 5 EStG.

🕮	BMF-Schreiben vom 22. 5. 2000, IV C 2 – S 2144 – 60/00, BStBl. I 2000, S. 588, aufgehoben durch und Regelung neu gefasst durch BMF-Schreiben vom 17. 11. 2005, IV B 2 - S 2144 – 50/05, BStBl. I 2005, S. 1019, geändert durch BMF vom 7. 5. 2008, IV B 2 – S 2144/07/0001, BStBl. I, S. 588, auf Grund des BFH vom 29. 3. 2007, IV R 72/02, BStBl. II 2008, S. 420.

(d) Auswirkungen der gewerbesteuerlichen Hinzurechnungstatbestände

- Gibt es gewerbesteuerliche Besonderheiten bei der Finanzierung?
- Welche „Finanzierungsform" wird von diesen Regelungen in welchem Umfang erfasst und welche Belastungswirkungen sind hiermit verbunden?

Erheblichen Einfluss auf Finanzierungsentscheidungen entfalten auch die gewerbesteuerlichen Hinzurechnungstatbestände gem. § 8 Nr. 1 GewStG. Diese sehen unterschiedliche Quoten für die Hinzurechnung für verschiedene Formen der Finanzierung vor. Konkret ordnet die Regelung eine Hinzurechnung von 25% der folgenden Beträge an:

a) der Entgelte für Schulden,

b) der Renten und dauernden Lasten,

c) der Gewinnanteile des stillen Gesellschafters,

d) von 20% der Miet- und Pachtzinsen (einschließlich Leasingraten) für bewegliche Wirtschaftsgüter des Anlagevermögens, die im Eigentum eines anderen stehen,

e) von 50% der Miet- und Pachtzinsen (einschließlich Leasingraten) für die Benutzung der unbeweglichen Wirtschaftsgüter des Anlagevermögens, die im Eigentum eines anderen stehen und

f) von 25% der Aufwendungen für die zeitlich befristete Überlassung von Rechten (insbesondere Konzessionen und Lizenzen).

Eine Hinzurechnung erfolgt jedoch nur, wenn die Summe der Beträge aus a) bis f) den Freibetrag von 100.000 € übersteigt.

Die gesetzliche Regelung ist vergleichsweise kompliziert, weil die 25% sich auf die Prozentsätze bei den einzelnen Hinzurechnungstatbeständen beziehen. Um die konkrete Belastung bestimmen zu können, muss eine Multiplikation der Sätze erfolgen. In dem folgenden Beispiel wird jeweils von einem Entgelt von 100,- und einem Hebesatz von 400% ausgegangen. Auf dieser Grundlage lässt sich ermitteln, welche Belastungen mit dem jeweiligen Hinzurechnungstatbestand verbunden sind. Dabei wird davon ausgegangen, dass der Freibetrag bereits überschritten ist.

Abbildung 4-11: Belastungswirkung der gewerbesteuerlichen Hinzurechnungstatbestände bei unterschiedlichen Finanzierungsformen

	Betriebsausgabe	Fiktiver Zinsanteil	Zinsanteil	Hinzurechnung (25%)	Gewerbesteuerbelastung
Zinsen, Renten, dauernde Lasten, Gewinnanteile stiller Gesellschafter	100,00 €	100%	100,00 €	25,00 €	3,50 €
Entgelte für die Überlassung von Lizenzen und Konzessionen	100,00 €	25%	25,00 €	6,25 €	0,88 €
Mieten, Pachten & Leasingraten bei **beweglichen** Wirtschaftsgütern	100,00 €	20%	20,00 €	5,00 €	0,70 €
Mieten, Pachten & Leasingraten bei **unbeweglichen** Wirtschaftsgütern	100,00 €	50%	50,00 €	12,50 €	1,75 €

Der Freibetrag ist von der Summe der einzelnen Hinzurechnungstatbestände abzuziehen. Hierbei ist auf diese bereits der jeweilige Multiplikator anzuwenden. Allerdings gilt dies nicht für den 25%-Faktor, der auf die Gesamtheit der Hinzurechnungsbeträge anzuwenden ist.

- **Beispiel:**
  Unternehmer A hat in seiner GuV Zinsen in Höhe von 120.000,- € ausgewiesen.[584] Darüber hinaus zahlt er für bewegliche Wirtschaftsgüter Leasingraten in Höhe von 250.000,- €. Für das Betriebsgrundstück wird eine Jahrespacht von 300.000,- € entrichtet.

Zinsen Leasingraten für bewegliche Wirtschaftsgüter (20% von 250.000 €) Pachtzahlungen für Grundstücke (50% von 300.000 €)	120.000,- € 50.000,- € 150.000,- €
Summe	320.000,- €
Freibetrag	100.000,- €
Verbleiben	220.000,- €
davon 1/4 als Hinzurechnung	55.000,- €

Der Gewerbeertrag erhöht sich im betrachteten Erhebungszeitraum um die 55.000,- €. Die hiermit verbundene exakte steuerliche Mehrbelastung hängt von dem jewei-

584 Hieraus folgt, dass auf Grund von § 4h Abs. 2 Buchst. a) EStG eine Anwendung der Zinsschranke auf dieses Unternehmen ausscheidet.

ligen Hebesatz ab. Ferner ist auf die Möglichkeit der Anrechnung der Gewerbesteuer auf die Einkommensteuer zu verweisen.[585]

4.2.3.5.2 Beteiligungsfinanzierung

- Wodurch ist die Beteiligungsfinanzierung charakterisiert?
- In welchen unterschiedlichen Ausprägungsformen kann die Beteiligungsfinanzierung erfolgen?

Im Rahmen der Beteiligungsfinanzierung erfolgt die **Zuführung von (zusätzlichem) Eigenkapital** durch die Gesellschafter. Dies kann sowohl in Form von Geld- als auch von Sachmitteln geschehen. Bei der steuerlichen Beeinflussung dieser Finanzierungsform ist danach zu unterscheiden, ob es sich um einmalige Effekte handelt oder um laufende Finanzierungsmaßnahmen.

(a) Besteuerung der Kapitalaufnahme

(i) Bei Personengesellschaften

- Welche steuerlichen Konsequenzen sind mit der Einlage von Geld verbunden?
- Welche steuerlichen Konsequenzen sind mit der Einlage von Wirtschaftsgütern verbunden?

Da als Kriterium für Finanzierungsentscheidungen die Kapitalkosten verwendet werden, stellt sich die Frage, ob sich diese durch die Zuführung von Kapital erhöhen. Deshalb bedarf es einer Analyse, inwieweit die Zuführung von neuem Kapital eine zusätzliche Steuerbelastung auslöst.

Wenn die Kapitalzuführung in die Personengesellschaft in Form von Geld erfolgt, entstehen keine Probleme. Es findet buchungstechnisch eine Bilanzverlängerung statt (Mehrung des Bank-/Kassenkontos und des Eigenkapitals um den gleichen Betrag). Da Geld – zumindest, wenn von ausländischen Währungen abgesehen wird – keine stillen Reserven enthalten kann, stellt sich hier nicht die Frage nach der steuerlichen Behandlung von stillen Reserven. In jedem Fall liegen beim Gesellschafter „nachträgliche" Anschaffungskosten auf die Beteiligung vor, die als solche zu berücksichtigen sind. Sofern sich die Beteiligung im Betriebsvermögen befindet, hat eine Hinzuaktivierung zu erfolgen, wobei zu beachten ist, dass die Beteiligung an einer Personengesellschaft nicht als selbstständiges Wirtschaftsgut anzusehen ist.[586]

Erfolgt hingegen eine **Sacheinlage**, bestehen erhebliche Probleme, bei denen es darum geht, ob die in dem einzulegenden Wirtschaftsgut enthaltenen **stillen Reserven** auf-

---

[585] Vgl. hierzu nochmals S. 51 ff.

[586] Vgl. hierzu Strunk/Kaminski, Steuerliche Gewinnermittlung bei Unternehmen, Neuwied 2001, S. 101 f.

zudecken (und zu versteuern) sind und ob sie möglicherweise zukünftig steuerverhaftet sind, obwohl sie es bisher nicht waren.

Bei der Gesellschaft sind die Vermögensgegenstände handelsrechtlich maximal mit ihren Anschaffungs- bzw. Herstellungskosten, vermindert um Abschreibungen, anzusetzen. Steuerlich hat grundsätzlich eine Bewertung mit dem Teilwert zu erfolgen, wobei von dieser Regel einige Ausnahmen bestehen. Gem. § 6 Abs. 5 EStG hat bei der Überführung eines einzelnen Wirtschaftsguts aus einem Betriebsvermögen in ein anderes Betriebsvermögen desselben Steuerpflichtigen eine Fortführung des bisherigen Buchwerts zu erfolgen.[587] Damit entsteht weder bei der das Wirtschaftsgut abgebenden Gesellschaft ein Gewinn, noch kann die empfangende Gesellschaft höhere Abschreibungen geltend machen. Vielmehr sind diese maximal auf die Höhe des bisherigen Buchwerts beschränkt. Allerdings ist Voraussetzung für die Anwendung dieser Regelung, dass die Besteuerung der in dem Wirtschaftsgut enthaltenen stillen Reserven sichergestellt ist. Gemäß § 6 Abs. 3 EStG ist bei der unentgeltlichen Übertragung eines Betriebes, eines Teilbetriebes oder des Anteils eines Mitunternehmers an einem Betrieb der bisherige Buchwert der Wirtschaftsgüter fortzuführen.[588] Dies gilt auch, wenn eine natürliche Person (z. B. im Wege der vorweggenommenen Erbfolge) unentgeltlich in ein bestehendes Einzelunternehmen aufgenommen wird oder eine unentgeltliche Übertragung eines Teils eines Mitunternehmeranteils auf eine natürliche Person erfolgt.

Werden hingegen **Wirtschaftsgüter** eingebracht, die sich **bisher im Privatvermögen** des Steuerpflichtigen befanden, hat grundsätzlich eine Bewertung der Einlage mit dem Teilwert zu erfolgen.[589] Dies ist gem. § 6 Abs. 1 Satz 3 EStG der Betrag, den der Erwerber des gesamten Betriebes dem einzelnen Wirtschaftsgut zuordnen würde, wobei davon auszugehen ist, dass er den Betrieb fortführt. In der Praxis lässt sich diese Definition nur mit Hilfe der sog. Teilwertvermutungen praktisch handhabbar gestalten. Eine Ausnahme gilt jedoch in den Fällen, in denen ein Wirtschaftsgut eingelegt wurde, das innerhalb von 3 Jahren vor der Einlage erworben wurde. In diesem Fall bilden die Anschaffungs- oder Herstellungskosten die Obergrenze für die Bewertung mit der Folge, dass die stillen Reserven, die während der privaten Besitzzeit entstanden sind, bei einer Veräußerung des Wirtschaftsguts in vollem Umfang der Besteuerung unterliegen.[590] Dies gilt unabhängig von jeglicher Frist, wenn es sich beim einzulegenden Wirtschaftsgut um eine Beteiligung an einer Kapitalgesellschaft im Sinne des § 17 EStG handelt. In einem solchen Fall bilden die Anschaffungskosten für die Beteiligung stets die Obergrenze für die Bewertung.

---

587 Vgl. hierzu eingehend S. 148 ff.

588 Vgl. hierzu nochmals die Ausführungen auf S. 148 ff.

589 Vgl. zu dem Bewertungsgrundsätzen für Einlagen Strunk/Kaminski, Steuerliche Gewinnermittlung bei Unternehmen, Neuwied 2001, S. 42 ff.

590 Vgl. § 6 Abs. 1 Nr. 5 EStG.

Neben diesen ertragsteuerlichen Konsequenzen können sich auch Steuerbelastungen in Form von **Verkehrsteuern** ergeben. Dies gilt für die **Umsatzsteuer** und die Grunderwerbsteuer. Dabei ist zwischen den beiden Steuerarten zu trennen.[591]

(ii) Besonderheiten bei Kapitalgesellschaften

- Welche Abweichungen ergeben sich gegenüber den soeben dargestellten Besteuerungskonsequenzen, wenn die Einlage in eine Kapitalgesellschaft erfolgt?

Die oben dargestellten Regelungen gelten auch für die Einlage von Wirtschaftsgütern in eine Kapitalgesellschaft. Dies gilt auch für Einlagevorschrift des § 6 Abs. 1 Nr. 5 Buchst. b) EStG. Diese ist zwar auf die Einlage aus dem Privat- in ein Betriebsvermögen zugeschnitten, sie gelten jedoch nach höchstrichterlicher Rechtsprechung sinngemäß auch für die Einlage in eine Kapitalgesellschaft.[592] Es liegen **nachträgliche Anschaffungskosten** auf die Beteiligung an der Kapitalgesellschaft vor. Eine Besonderheit ergibt sich jedoch aus dem Bereich des Zivilrechts: Wenn eine Sacheinlage in eine Kapitalgesellschaft vorgenommen wird und dieser ein höherer Wert zugewiesen wird als tatsächlich vorhanden, also im Fall einer Überbewertung, kommt es zur sog. Differenzhaftung des Gesellschafters.[593] Er kann sich in einem solchen Fall nicht darauf berufen, dass er seine Einlage bereits vollständig geleistet hat. Vielmehr muss er in einem solchen Fall in Höhe des Betrages, indem eine Überbewertung vorlag, haften. Hieraus folgt, dass aus Gründen des Haftungsrisikos den Gesellschaftern geraten werden sollte, dafür zu sorgen, dass sie auch später noch einen Nachweis führen können, dass ihre Einlage tatsächlich voll werthaltig war.

(b) Laufende Besteuerung

- Wie erfolgt die laufende Besteuerung der Beteiligungsfinanzierung bei der Gesellschaft?
- Welche steuerlichen Konsequenzen ergeben sich, wenn der Gesellschafter das von ihm zur Verfügung gestellte Kapital über ein Darlehen refinanzieren muss?

(i) Bei Personengesellschaften

Die vom Mitunternehmer der Gesellschaft zur Verfügung gestellten Mittel werden steuerlich als Eigenkapital behandelt. Hieraus folgt, dass Entgelte, die hierfür von der Gesellschaft an den Gesellschafter gezahlt werden, steuerlich den Gewinn der Gesell-

591 Vgl. hierzu Kaminski/Strunk, Grundlagen der Besteuerung unternehmerischer Tätigkeit, 2. Aufl., Wiesbaden 2001, S. 157 ff.

592 Vgl. BFH vom 25. 5. 1999, VIII R 59/97, BStBl. II 2001, S. 226, m. w. N. Zu beachten ist allerdings, dass Einlagen gegen Gewährung von Gesellschaftsrechten nunmehr ein tauschähnliches Rechtsgeschäft darstellen, durch das die Grundsätze der Einlage verdrängt werden.

593 Vgl. § 9 GmbHG.

schaft nicht mindern dürfen. Vielmehr handelt es sich um einen **Vorabgewinn**, der weder die Bemessungsgrundlage der Einkommen- noch die der Gewerbesteuer verringert. Der Gesellschafter erzielt Einkünfte aus Gewerbebetrieb.[594]

Sofern beim Gesellschafter Aufwendungen im Zusammenhang mit der Eigenkapitalausstattung entstehen, wie z. B. Refinanzierungskosten oder Notarkosten für die Eintragung im Handelsregister[595], können diese vollständig als **Sonderbetriebsausgaben** geltend gemacht werden.[596]

Eine weitere Besonderheit gilt für die Mitunternehmer, die an einer Personengesellschaft beteiligt sind und lediglich auf ihre Einlage beschränkt haften. Für sie sieht **§ 15a EStG** eine Begrenzung der steuerlichen Geltendmachung von Verlusten vor.[597] Die Darlehensgewährung führt dazu, dass diese Grenze nicht verändert wird, weil kein haftendes Eigenkapital zugeführt wird. Nach der Rechtsprechung des BFH sind Verluste aus dem Sonderbetriebsvermögen sowie Sonderbetriebseinnahmen und -ausgaben bei der Ermittlung des Anteils des Gesellschafters am Verlust der KG außer Ansatz zu lassen. Die sich hieraus ergebenden Verluste sind grundsätzlich unbegrenzt ausgleichs- und abzugsfähig.[598] Hieraus entstehen für die beschränkt haftenden Gesellschafter einer Personengesellschaft interessante Gestaltungsmöglichkeiten: Führen sie ihrer Gesellschaft Eigenkapital zu, so fallen hieraus evtl. entstehende Verluste in den Anwendungsbereich des § 15a EStG, sind also maximal bis zur Höhe der Einlage ausgleichsfähig. Wenn hingegen die Gewährung eines Darlehens erfolgt, dann sind hieraus evtl. entstehende Verluste (insbesondere im Fall des Verzichts auf dieses Darlehen) vollständig ausgleichsfähig, d. h., sie fallen nicht unter die Ausgleichsbeschränkung des § 15a EStG, sondern unterliegen als Sonderbetriebsausgaben nicht dieser Vorschrift. Es sind jedoch auch Beschränkungen bei der Verlustnutzung in der Form zu beachten, dass die Einlage von Eigenkapital im Anschluss an einen erzielten Verlust nicht die Grenze der ausgleichsfähigen Verluste im Sinne des § 15a EStG erhöht. Dies führt zu erhöhter Sorgfalt und zutreffenden Bestimmung von Einlagen[599].

(ii) Bei Kapitalgesellschaften

Im Fall der Zuführung zusätzlichen Eigenkapitals kommt es im Rahmen der laufenden Besteuerung zu keinen Besonderheiten. Vielmehr wird dieses Kapital durch den Gewinn entgolten. Folglich liegen keine abzugsfähigen Betriebsausgaben vor, sondern es kommen die allgemeinen Grundsätze zur Behandlung von **Gewinnausschüttungen**

---

[594] Vgl. § 15 Abs. 1 Satz 1 Nr. 2 2. Hs. EStG.

[595] Dies gilt insbesondere für den Fall des Kommanditisten einer Kommanditgesellschaft.

[596] Sofern insgesamt negative Einkünfte aus Gewerbebetrieb entstehen, sind jedoch die Regelungen zur sog. Mindestbesteuerung zu beachten, vgl. hierzu Kaminski/Strunk, Grundlagen der Besteuerung unternehmerischer Tätigkeiten, 2. Aufl., Wiesbaden 2007, S. 112 ff.

[597] Vgl. hierzu nochmals S. 72 ff.

[598] Vgl. BFH. vom 14. 5. 1991, VIII R 31/88, BStBl. II 1992, S. 167.

[599] Vgl. auch R 15a Abs. 3 Satz 7 EStR 2008 sowie H 15a EStH 2009.

bei Kapitalgesellschaften (insbesondere die Verpflichtung zur Einbehaltung von Kapitalertragsteuer) zur Anwendung.

Für den Gesellschafter gibt es ebenfalls keine Besonderheiten. Diese Gewinne unterliegen bei natürlichen Personen, Einzelunternehmen und Personengesellschaften dem Teileinkünfteverfahren (§ 3 Nr. 40 Buchst. d) EStG), die damit im Zusammenhang stehenden Aufwendungen (insbesondere Finanzierungskosten) können im Gegenzug nur in Höhe von 60% abgezogen werden (§ 3c Abs. 2 EStG). Ist der Gesellschafter hingegen eine Kapitalgesellschaft, ist der Gewinn gem. § 8b Abs. 1 KStG oder § 8b Abs. 2 KStG von der Körperschaftsteuer befreit. Zu beachten sind jedoch die 5% des Veräußerungsgewinns als nicht abzugsfähige Betriebsausgaben. Besteht eine Beteiligung von weniger als 15% kommt es zu einer Belastung mit Gewerbesteuer.[600] Die Aufwendungen im Zusammenhang mit der Beteiligung können dann bei der Bestimmung des Gewerbeertrags berücksichtigt werden.

Hingegen scheidet eine Anwendung des § 3c Abs. 2 EStG auf Kapitalgesellschaften aus, denn dieser verweist explizit auf Einnahmen bzw. Betriebsvermögensmehrung i. S. d. § 3 Nr. 40 EStG. Hieraus folgt, dass insoweit nichtabzugsfähige Betriebsausgaben insbesondere bei den Refinanzierungskosten vorliegen, soweit diese mit steuerfreien Einnahmen im unmittelbaren wirtschaftlichen Zusammenhang stehen.

Wird hingegen die Beteiligung an einer Kapitalgesellschaft **durch eine Personengesellschaft, Einzelunternehmung oder eine natürliche Person in den Fällen des § 17 EStG gehalten**, so sind die hiermit im Zusammenhang stehenden Finanzierungsaufwendungen infolge der Regelung des § 3c Abs. 2 EStG i. V. m. § 3 Nr. 40 EStG nur zu 60% abzugsfähig. Dies gilt unabhängig von der Frage, ob die Kapitalgesellschaft Ausschüttungen an ihren Gesellschafter vornimmt. Hieraus folgt, dass wenn über Jahre hinweg keine Gewinnausschüttungen erfolgen, stets 40% der Refinanzierungskosten für diese Beteiligung steuerlich nichtabzugsfähige Betriebsausgaben bzw. Werbungskosten darstellen. Es ist zu prüfen, inwieweit es dem Steuerpflichtigen gelingt, über entsprechende Gestaltungsmöglichkeiten einen vollständigen Betriebsausgaben- bzw. Werbungskostenabzug zu erlangen. Hierfür bieten sich bei gewerblich Tätigen die Begründung einer Organschaft[601] – entsprechende Beteiligungsquoten unterstellt –, die Möglichkeit des debt-push-down und ggf. die Errichtung einer Holdinggesellschaft an. Dabei ist insbesondere zu prüfen, inwieweit es gelingt, die Finanzierung auf die Holdinggesellschaft zu verlagern, wenn die Holdinggesellschaft ihrerseits eine Zwischenholdinggesellschaft im Ausland errichtet und diese dann ihrerseits die Beteiligung an den inländischen Gesellschaften hält. Auf Grund der oben geschilderten Probleme mit der Zinsschranke, dürfte die Holding sich nicht auf ihre reine Holdingtätigkeit beschränken. Vielmehr müsste sie entgeltliche Dienstleistungen an ihre Tochtergesellschaften oder andere Gesellschaften erbringen, damit bei ihr steuerpflichtige Einkünfte entstehen, mit denen die Finanzierungskosten

600 Vgl. § 8 Nr. 5 GewStG.
601 Vgl. hierzu S. 190 ff.

ausgeglichen werden können. Ist sie Organträger im Rahmen der Organschaft, wird ihr das Einkommen der Organgesellschaften zugerechnet, so dass insoweit auch ein Zinsabzug erfolgen kann.

4.2.3.5.3 Steuerliche Aspekte bei Leasing, Factoring und Forfaitierung

(a) Leasing

(i) Ausgangsüberlegung

- Warum kann das Leasing als Finanzierungsinstrument angesehen werden?
- Nach welchen Grundsätzen erfolgt die bilanzielle Zuordnung von geleasten Wirtschaftsgütern?

Die wirtschaftliche Bedeutung von Leasingtransaktionen ergibt sich aus den positiven Auswirkungen auf das Bilanzbild, was regelmäßig zu einem besseren Rating und damit einer günstigeren Kreditvergabe durch Banken führt. Außerdem haben die obigen Ausführungen gezeigt, dass durch Leasingtransaktionen möglicherweise die negativen Auswirkungen der Zinsschranke begrenzt werden können.

- **Beispiel:**

Gegeben sei die folgende Bilanz:

A	P
Anlagevermögen 200	Eigenkapital 100 Fremdkapital 100

Das Unternehmen, das derzeit einen Verschuldungsgrad von 50% und eine Eigenkapitalquote von 50% hat, beabsichtigt eine neue Produktionsanlage mit Anschaffungskosten von 200 anzuschaffen und/oder zu mieten bzw. im Wege des Leasings zu finanzieren. Bei einer vollständigen Fremdfinanzierung der Anlagen ergäbe sich folgendes Bilanzbild:

A	P
Anlagevermögen alt 200 Anlagevermögen neu 200	Eigenkapital 100 Fremdkapital 300

Selbst wenn unterstellt wird, dass aus den Einzahlungsüberschüssen des Investitionsobjektes die Zins- und Tilgungszahlungen erfolgen können, kommt es zu einer nachhaltigen Verschlechterung der Finanzkennzahlen des Unternehmens: Es würde auf Grund der Fremdfinanzierung lediglich eine Eigenkapitalquote von 25% vorliegen. Eine solche Verschlechterung dieser Kennzahl findet regelmäßig seinen Niederschlag in schlechteren Bonitätsbeurteilungen sowie möglicherweise in Anpassungen der Kreditkonditionen für bestehende sowie für neue Darlehensverpflichtungen. Aber auch entsprechende negative Beurteilungen bei börsennotierten Unternehmen und Herabstufungen des Ratings sind denkbar.

Etwas anderes gilt, wenn das Unternehmen in der Lage ist, die Anlage über ein sog. finance lease, also eine Finanzierung über eine Leasinggesellschaft, zu finanzieren. Hierbei wird eine vertragliche Vereinbarung getroffen, bei der unter Berücksichtigungen der durch die Finanzverwaltung festgelegten Grundsätze zur Bestimmung des wirtschaftlichen Eigentums bei Leasinggeber und Leasingnehmer weder das in dem Unternehmen genutzte Wirtschaftsgut noch die sich auf Grund der Verpflichtung ergebene Belastung aus dem Leasingvertrag in der Bilanz des Leasingnehmers erscheinen. Aus Sicht des Unternehmens ist eine Leasingrate zu berücksichtigen statt im Falle der Beschaffung und Fremdfinanzierung die Abschreibung des Wirtschaftsgutes und die Zinsbelastung. Im Ergebnis bedeutet dies, dass die wirtschaftliche Belastung für das Unternehmen durchaus ähnlich einer vollständigen Fremdfinanzierung ist, doch ein erheblicher Vorteil dadurch entsteht, dass ein Wirtschaftsgut zwar genutzt aber nicht in der Handelsbilanz in Erscheinung tritt. Ebenso wenig ist eine Fremdverbindlichkeit auf der Passivseite zu berücksichtigen. Die Leasingvariante vermeidet vorliegend Fall die Verschlechterung der Finanzkennzahlen und die damit einhergehenden Nachteile bei den Fremdfinanzierungskonditionen.

Die **Zurechnung von Wirtschaftsgütern** beim Leasing richtet sich nach den sog. Leasingerlassen[602]. In Umsetzung von § 39 Abs. 2 Nr. 1 AO wird geregelt, wann eine Zurechnung zum Leasinggeber und wann zum Leasingnehmer zu erfolgen hat. Die Grundsätze werden im Folgenden zusammengefasst, wobei nur Fälle des Finanzierungsleasings relevant sind, weil Verträge im Rahmen des Operate Leasing wie gewöhnliche Mietverträge behandelt werden und folglich stets eine Bilanzierung beim Vermieter/Leasinggeber erfolgt. Folgende Fälle des Leasings sind zu unterscheiden:

- Sog. Spezialleasing liegt vor, wenn das geleaste Wirtschaftsgut ausschließlich vom Leasingnehmer wirtschaftlich sinnvoll genutzt werden kann. In diesen Fällen hat bei beweglichen Wirtschaftsgütern und bei Gebäuden stets eine Zuordnung zum Leasingnehmer zu erfolgen. Hierfür ist keine weitere Differenzierung erforderlich.
- In allen anderen Fällen ist danach zu unterscheiden, inwieweit eine Mietverlängerungs- oder Kaufoption eingeräumt wird. Dabei kommt der Grundmietzeit also dem Zeitraum, für den der Leasingvertrag geschlossen wird und in dem eine ordentliche Kündigung nicht möglich ist, grundlegende Bedeutung zu. Liegt die Grundmietzeit bei beweglichen Wirtschaftsgütern oder bei Gebäuden unter 40% oder über 90% der betriebsgewöhnlichen Nutzungsdauer, so hat beim Fehlen einer Mietverlängerungs- oder Kaufoption eine Zuordnung zum Leasingnehmer zu erfolgen. Als Nutzungsdauer ist der Zeitraum zu verstehen, innerhalb dessen das Wirtschaftsgut technisch verbraucht ist. Eine hiervon abweichende kürzere wirtschaftliche Nutzungsdauer ist nur anzunehmen, wenn die Möglichkeit einer wirtschaftlich sinnvollen anderweitigen Nutzung oder Verwertung endgültig entfallen

602 Vgl. BMF-Schreiben vom 19. 4. 1971, IV B 2 – S 2170 – 31/71, BStBl. I 1971, S. 264, vom 21. 3. 1972, F-IV B 2 – S2170 – 11/72, BStBl. I 1972, S. 188 sowie vom 23. 12. 1991, IV B 2 – S 2170 -115/90, BStBl. I 1992, S. 13.

ist.[603] Hierbei wird die betriebsgewöhnliche Nutzungsdauer nach Auffassung der Finanzverwaltung auch durch dem Bewertungsvorbehalt des § 5 Abs. 6 EStG nach den amtlichen AfA-Tabellen der Finanzverwaltung bestimmt. Diese Zuordnungskriterien begründen sich dadurch, dass bei einer Grundmietzeit von weniger als 40% der betriebsgewöhnlichen Nutzungsdauer ein verdecktes Kaufgeschäft angenommen wird. Es wird davon ausgegangen, dass der Leasinggeber sich auf solche Gestaltungen nur einlässt, wenn der Leasingnehmer die gesamten Aufwendungen für das Leasinggut während dieser Zeit wirtschaftlich übernimmt. Bei einer Nutzungsdauer von mehr als 90% der betriebsgewöhnlichen Nutzungsdauer ist der verbleibende Restnutzungsanteil nach Rückgabe des Leasingguts so verschwindend gering, dass dies einer Zuordnung zum Leasingnehmer nicht entgegenstehen soll. Diese Abgrenzungsgrundsätze gelten für alle Leasingfälle, d. h., unabhängig davon, ob eine Mietverlängerungs- oder Kaufoption eingeräumt wird. Ein Unterschied besteht jedoch wenn die Grundmietzeit zwischen 40% und 90% der betriebsgewöhnlichen Nutzungsdauer beträgt und dem Leasinggeber eine Kauf- oder Mietverlängerungsoption hat. Hier wird auf die Höhe der Anschlusszahlungen abgestellt: Ist der Kaufpreis kleiner als der Buchwert beim Verkauf, erfolgt eine Zuordnung zum Leasingnehmer, anderenfalls zum Leasinggeber. Ist hingegen eine Mietverlängerungsoption vorgesehen, wird auf die Höhe der Anschlussmiete abgestellt. Ist diese kleiner als der Wertverzehr, wobei dieser bei beweglichen Wirtschaftsgütern aus Restbuchwert und Restnutzungsdauer ermittelt wird, bei Gebäuden aus 75% der marktüblichen Miete für vergleichbare Gebäude, erfolgt eine Zuordnung zum Leasingnehmer, anderenfalls zum Leasinggeber.

Diese Abgrenzungskriterien zeigen, welche besondere Aufmerksamkeit der vertraglichen und tatsächlichen Gestaltung von Leasingverträgen gewidmet werden muss. Hierbei spielen auch die gewerbesteuerlichen Hinzurechnungen nach § 8 Nr. 1 Buchst. d) und Buchst. e) GewStG unabhängig von der gewerbesteuerrechtlichen Behandlung beim Leasinggeber eine große Rolle. Hierzu wird auf die Ausführungen auf S. 312 ff. verwiesen. Die Höhe der Hinzurechnungen bei beweglichen Wirtschaftsgütern beträgt 20% der Leasingraten, wobei von diesem Betrag 25% hinzugerechnet werden, soweit ein Freibetrag von 100.000,- € überschritten ist. Für unbewegliche Wirtschaftsgüter gilt, dass 50% der Leasingraten als Bemessungsgrundlage für die Hinzurechnung dienen und der Hinzurechnungsbetrag dann 25% ausmacht. Diese Regelungen haben Auswirkungen auf das Verhältnis von Geld- und Sachkapitalüberlassungen. Hierbei ist eine genaue Analyse der entstehenden steuerlichen Effekte notwendig. Zu prüfen ist, ob die Zinsschranke anzuwenden ist. Die Zinsanteile in den Leasingraten führen zu Zinsaufwendungen, wenn das wirtschaftliche Eigentum an dem Leasinggegenstand auf den Leasingnehmer übergeht. In diesem Fall hat der Leasinggeber eine Darlehensforderung und der Leasingnehmer eine Darlehensverbindlichkeit auszuweisen. Insoweit hängt die Vorteilhaftigkeit von der Zuordnung des Leasinggutes und der Höhe der Zinsanteile ab. Bei der alternativen Fremdfinanzierung sind – ggf. neben der Zins-

603 Vgl. BFH vom 19. 11. 1997, X R 78/94, BStBl. II 1998, S. 59

schranke – die gewerbesteuerliche Hinzurechnung von 25% und die Abschreibungen zu berücksichtigen. Aus letzteren entsteht ein Einfluss auf das steuerliche EBITDA.

(ii) Sonderfälle des Sale-and-lease-back sowie des lease out und lease in

- Welche Sonderfälle lassen sich beim Leasing unterscheiden?
- Welche steuerlichen Konsequenzen sind mit diesen verbunden?
- Welche Risiken bestehen bei solchen Gestaltungen?

Als eine Besonderheit der Finanzierung von Unternehmen ist die sog. **Sale-and-lease-back-Konstruktion** zu nennen. Dabei veräußert ein Unternehmen ein in seinem Eigentum stehendes Wirtschaftsgut an eine Leasinggesellschaft und schließt gleichzeitig einen Leasingvertrag über das Wirtschaftsgut ab. Diese Konstruktionen haben den Vorteil, dass erhebliche stille Reserven, die in der Handelsbilanz bisher nicht ausgewiesen wurden, aufgedeckt werden und sich damit die finanzwirtschaftlichen Kennzahlen, aber auch die Liquiditätssituation für das Unternehmen nachhaltig verbessern. Ein weiterer Aspekt liegt in der möglichen Vermeidung der negativen Folgen der Zinsschranke durch Substitutionen von Fremdkapital durch nun geschaffenes Eigenkapital. Bei der Sale-and-lease-back-Konstruktion bestimmt sich der Kaufpreis für das Wirtschaftsgut aus den abgezinsten Rückflüssen auf Grund des Leasingvertrages, so dass für den Vertragspartner nur das Bonitätsrisiko verbleibt. Typischerweise werden solche Verträge als Triple-Net-Lease-Verträge ausgestaltet, wobei nahezu jedes wirtschaftliche Risiko aus dem Leasingobjekt auf den Leasingnehmer übergeht. Diese aus der Sicht des Leasinggebers wirtschaftlich wünschenswerte Struktur hat seine Grenzen dort, wo eine Ausschaltung aller Risiken für den Leasinggeber zur Qualifikation des wirtschaftlichen Eigentums beim Leasingnehmer führt.

Neben dem finanzwirtschaftlichen Aspekt sind auch die steuerlichen Konsequenzen zu berücksichtigen. Die Realisierung der stillen Reserven führt zur sofortigen Versteuerung der aufgedeckten stillen Reserven in den Wirtschaftsgütern und bewirkt einen entsprechenden Liquiditätsabfluss, der den Finanzierungseffekt schmälert. Verfügt das Unternehmen über Verlustvorträge, mit denen grundsätzlich die entstehenden Veräußerungsgewinne verrechnen werden können, sind die Regelungen der Mindestbesteuerung des § 10d EStG zu beachten. Dies hat zur Folge, dass bei Unternehmen, die Verlustvorträge von mehr als 1 Mio. mit Veräußerungsgewinnen ausgleichen wollen, eine Mindestbesteuerung in Höhe von 40% des 1 Mio. übersteigenden Gewinns vorzunehmen ist. Dies führt dazu, dass selbst in Verlustsituationen ein finanzieller Abfluss durch Steuerzahlungen nicht zu vermeiden ist. Lediglich bei Immobilien ist durch die Bildung einer sog. § 6b EStG-Rücklage eine steuerfreie Vereinnahmung des Gewinns möglich, sofern eine Reinvestition in Betriebsimmobilien vorgenommen wird oder diese innerhalb einer bestimmten Frist beabsichtigt ist. Kommt es nach Ablauf der 4-Jahres-Frist des § 6b EStG nicht zur Reinvestition, erfolgt eine Versteuerung der stillen Reserven unter Berücksichtigung einer zusätzlichen

Besteuerung fiktiver Zinsvorteile. Im Ergebnis bedeutet dies, dass trotz der Notwendigkeit liquide Mittel durch Realisierung von stillen Reserven im Betriebsvermögen zu bilden, eine solche Vorgehensweise regelmäßig nicht ohne eine zusätzliche Steuerbelastung möglich ist.

Infolge dessen werden u. a. Gestaltungen diskutiert, die sich auf nicht bilanzierte Wirtschaftsgüter, wie z. B. selbst geschaffene immaterielle Wirtschaftsgüter des Anlagevermögens, beziehen. Diese werden an eine Leasinggesellschaft gegen Zahlung eines Einmalbetrages bzw. eines abgezinsten Betrages über die gesamte Laufzeit, der vorschüssig zu zahlen ist, überlassen. Anschließend wird das Wirtschaftsgut sofort zurückgemietet. Diese Gestaltung hat handels- und damit auch steuerrechtlich den Vorteil, dass es zu einem Zufluss von Kapital kommt, der jedoch nur als Kapitalüberlassung zu werten ist, ohne dass stille Reserven aufgedeckt werden, weil in dem Umfang, in dem durch den Zufluss stille Reserven aufgedeckt werden, gleichzeitig eine Abgrenzung über passive Rechnungsabgrenzungsposten zu erfolgen hat, die den eigentlich eintretenden Gewinn in dem Umfang, wie die Zahlung auf die zukünftigen Perioden wirtschaftlich entfällt, neutralisiert wird.[604]

(iii) Weitere Aspekte bei der Vermietung von Wirtschaftsgütern

- Welche steuerlichen Konsequenzen sind beim Vermieter mit der Überlassung von Wirtschaftsgütern verbunden?
- Inwieweit können beim Vermieter entstehende Ausgaben berücksichtigt werden?
- Welche Konsequenzen treten bei einer möglichen Veräußerung ein?

Aus der Sicht des Vermieters ergeben sich regelmäßig folgende steuerliche Beurteilungen: Vermietet oder verpachtet eine Person Wirtschaftsgüter an Unternehmen, die hiermit unternehmerische Tätigkeiten vornehmen, erzielt der Vermieter oder Verpächter in der Regel Einkünfte aus Vermietung und Verpachtung gemäß § 21 EStG. Erfolgt die Überlassung auf Grund eines schuldrechtlichen Vertrages zwischen einem Mitunternehmer einer Personengesellschaft und seiner Personengesellschaft führt dies gemäß § 15 Abs. 1 Satz 1 Nr. 2 2. Hs. EStG zu Einkünften aus Gewerbebetrieb. In diesen Fällen liegt eine eigene originäre unternehmerische Nutzung des Wirtschaftsgutes durch den Unternehmer bzw. Mitunternehmer vor. Die Wirtschaftsgüter werden in diesem Fall zu Sonderbetriebsvermögen. Alle Aufwendungen, die hiermit im Zusammenhang entstehen, sind vollständig abzugsfähig. Eventuelle Veräußerungsgewinne unterliegen als gewerbliche Einkünfte der Besteuerung.[605] Im Ergebnis erfolgt eine Behandlung der Überlassung des Wirtschaftsgutes durch den Gesellschafter wie bei Betriebsvermögen, jedoch mit der Einschränkung, dass bei Personengesellschaften

604 Vgl. zu Definition dieser Gestaltungen und der steuerlichen Konsequenzen im Detail Günther/Niepel, DStR 2002, S. 601 sowie Biagosch/Weinand-Härer, DB 1998, Beil. 6 zu Heft 20, S. 7.

605 Vgl. zu einer eingehenden Analyse und einem Vorteilhaftigkeitsvergleich S. 56 ff.

sich hieraus keine Auswirkungen auf das Gesamthandsvermögen ergeben, sondern Konsequenzen nur für den überlassenden Gesellschafter entstehen können. Es bleibt somit bei der zivilrechtlichen Zuordnung des Vermögensgegenstandes beim vermietenden Gesellschafter und in Insolvenzfällen bei einer entsprechenden Zuordnung zum Privatvermögen.

Bei der Vermietung und Verpachtung durch Nichtgesellschafter an Personengesellschaften und von Gesellschaftern wie Nichtgesellschaftern an Kapitalgesellschaften liegen Unternehmenstätigkeiten nur im weiteren Sinne vor. Gegenstand der Vermietung können sowohl Sachen, Grundvermögen als auch Rechte und sonstige immaterielle Wirtschaftsgüter sein. Die mit der Überlassung im Zusammenhang stehenden Aufwendungen, wie z. B. Kosten zur Finanzierung des vermieteten Wirtschaftsgutes sowie Abschreibungen, können steuermindernd als Werbungskosten geltend gemacht werden. Eine Bilanzierung der Wirtschaftsgüter bei Mieter oder Pächter scheidet in der Regel aus, da das wirtschaftliche Eigentum i. S. d. § 39 Abs. 2 Nr. 1 AO beim Vermieter/Verpächter verbleibt. Im Gegensatz zur Vermietung von Wirtschaftsgütern durch den Gesellschafter an seine Personengesellschaft ändert sich durch die Vermietung an die Kapitalgesellschaft nichts an der Zuordnung des Wirtschaftsgutes zur Vermögensart.

Sofern der Gesellschafter das vermietete oder verpachtete Wirtschaftsgut im Privatvermögen hat, kommt es unter Berücksichtigung des § 23 EStG in der Regel nicht zur Steuerbarkeit der Veräußerungsgewinne und -verluste, soweit zwischen An- und Verkauf des Wirtschaftsgutes ein Zeitraum von mehr als 12 Monaten bzw. bei Immobilien von mehr als 10 Jahren liegt. Nach der Unternehmensteuerreform 2008[606] kommt es seit dem 01. Januar 2009 zu einer Ausdehnung der Frist von einem Jahr bei beweglichen Wirtschaftsgütern auf 10 Jahre zur Erlangung der Nichtsteuerbarkeit von Veräußerungsgewinnen, sofern mit den Wirtschaftsgütern Einkünfte erzielt werden. Bei Personen, die die verpachteten bzw. vermieteten Wirtschaftsgüter im Betriebsvermögen halten, kommen die allgemeinen Grundsätze zur Behandlung von Betriebsvermögen zur Anwendung.

(b) Factoring und Forfaitierung

- Was ist unter Factoring zu verstehen?
- Was ist unter Forfaitierung zu verstehen?
- Welche steuerlichen Konsequenzen sind mit diesen Instrumenten verbunden?

Finanzwirtschaftlich haben sich die Formen des Verkaufs von bereits entstandenen Forderungen sowie zukünftiger Forderungen in den letzten Jahren durchgesetzt. Der Vorteil für das veräußernde Unternehmen liegt darin, dass als Kreditsicherheit bzw. als Wert der Forderung nicht die eigene Bonität berücksichtigt wird. Vielmehr wird

606 Unternehmensteuerreformgesetz 2008 (UStRG 2008) vom 14. 8. 2007, BGBl. I 2007, S. 1912.

hierfür auf die Bonität des Kunden abgestellt, gegen den die Forderung besteht. Insbesondere kleinere Unternehmen mit vergleichsweise schlechter eigener Bonität können u. U. durch den Austausch der Bonitäten leichter und kostengünstiger an Kapital gelangen. Beide Formen können sowohl als „echtes" wie auch als „unechtes" Factoring oder Forfaitierung gegeben sein. Ihnen ist gemein, dass Forderungen an einen dritten vor deren Fälligkeit veräußert werden. Die Unterschiede zwischen beiden Instrumenten bestehen im Wesentlichen darin, dass bei der Forfaitierung die Veräußerung einzelner Forderungen möglich ist und die Übernahme besonderer Serviceleistungen nicht erfolgt. Hingegen bestehen diese Dienstleistungen häufig in der Führung der Debitorenbuchhaltung des verkaufenden Unternehmens, in der Übernahme des Mahnwesens, ggf. auch in der Ausstellung der Rechnungen und einem Inkassodienst für nicht abgetretene Forderungen. Ggf. kann der Factor auch das Ausfallrisiko der Forderung tragen, sog. Delkrederefunktion.[607]

Steuerlich ist zu beachten, dass Zinsanteile bei solchen Vertragskonstrukten regelmäßig der Hinzurechnung bei der Gewerbesteuer unterliegen, wie das folgende Beispiel zeigt. Maßnahmen zur Vermeidung dieser gewerbesteuerlichen Konsequenzen durch ABS-Strukturen wurden von der Finanzrechtsprechung nur unter sehr engen Grenzen als zulässig angesehen[608].

Beispiel:

Logistikunternehmen L-GmbH		
	T€	T€
Forderung	1.000	
Factoring-/Fortfaitierungserlös	920	
Abschlag i. S. d. § 8 Nr. 1 Buchst. a) GewStG		80
Leasingraten: LKW	500	
davon 20% gem. § 8 Nr. 1 Buchst. d) GewStG		100
Leasingraten: Gebäude	800	
davon 50% gem. § 8 Nr. 1 Buchst. d) GewStG		400
Zwischensumme		580
./. Freibetrag i. S. d. § 8 Nr. 1 GewStG		100
Summe		480
davon 25% (= Gewerbeertrag)		120
x Steuermesszahl (3,5%)		4,2
x Hebesatz (400%)		16,8

607 In einem solchen Fall wird von echtem Factoring gesprochen.

608 Vgl. BFH vom 26. 8. 2010, I R 17/09, BFHE 231, 210 zum wirtschaftlichen Eigentum an Forderungen im sog. Asset-Backed-Securities-Modell.

4.2.3.5.4 Steuerliche Aspekte von Mezzanine Kapital, insbesondere Genussrechtskapital, Wandelanleihen

Neben den klassischen Formen der Eigen- und Fremdfinanzierung haben sich auch sog mezzanine Finanzierungsformen etabliert, bei denen individuell die Chancen und Risiken verteilt und in der Vergütung berücksichtigt werden können. Nachfolgend sollen einige Besonderheiten aufgezeigt werden.[609]

(a) Genussrechtskapital

- Was wird unter Genussrechtskapital verstanden?
- Wie wird es steuerlich behandelt?

Genussrechte, mit denen das Recht am Gewinn und Liquidationserlös einer Kapitalgesellschaft verbunden ist, führen zu Einkünften aus Kapitalvermögen gemäß § 20 Abs. 1 Nr. 1 EStG. Dies ist jedoch nur der Fall, wenn es sich um eigenkapitalähnliches Genussrecht handelt.[610] In diesen Fällen ist gemäß § 8 Abs. 3 Nr. 2 KStG eine Abzugsfähigkeit der Zahlungen auf das Genussrecht bei dem das Kapital aufnehmenden Unternehmen nicht möglich. Seit dem Veranlagungszeitraum 2009 gehört auch die Veräußerung von solchen Genussrechten zu den Einkünften aus Kapitalvermögen gemäß § 20 Abs. 2 Nr. 1 EStG, unabhängig von der bisher geltenden Veräußerungsfrist bei Privatvermögen und führt damit zur Besteuerung eines etwaigen Veräußerungsgewinns mit dem Abgeltungssteuersatz. Insoweit wird eine teilweise Annäherung an die Fälle des § 17 EStG vorgenommen, allerdings kommt nicht das Teileinkünfteverfahren zur Anwendung, sondern die Abgeltungssteuer.

(b) Wandelanleihen

- Was wird unter Wandelanleihen verstanden?
- Wie werden diese beim begebenden Unternehmen steuerlich behandelt?
- Welche steuerlichen Konsequenzen ergeben sich bei der Wandlung und einer evtl. späteren Veräußerung?

Die Wandelanleihe ist eine Schuldverschreibung, bei der der Gläubiger oder/und der Schuldner zu vorbestimmten Zeitpunkten statt einer Tilgung die Wandlung des Darlehens in Anteile an dem Schuldner verlangen kann. Die Vereinbarung einer

---

609 Zu den mezzaninen Finanzierungsformen gehören auch die stillen Gesellschaften, vgl. hierzu bereits ausführlich S. 25 ff.

610 Zur steuerlichen Abgrenzung von obligationsähnlichen und beteiligungsähnlichen Genussrechten i. S. d. § 8 Abs. 3 Nr. 2 KStG vgl. Kaminskaite, Auswahl mezzaniner Finanzierungsinstrumente in mittelständischen Unternehmen als betriebswirtschaftliches Entscheidungsproblem, Göttingen 2011, S. 91 ff.

Wandelanleihe ist grundsätzlich bei allen Kapitalgesellschaften möglich.[611] Bei Aktiengesellschaften und KGaA sind aktienrechtliche Beschränkungen der Gesamthöhe des Anleihebetrages zu beachten (berechtigte Kapitalerhöhung bis maximal 50% des Grundkapitals). Die konkrete Ausgestaltung des Wandlungsrechts, des Wandlungszeitpunktes und der Höhe der Verzinsung vor der Wandlung können relativ flexibel gestaltet werden. Dadurch wird die Anpassung an die besonderen Bedürfnisse des einzelnen Unternehmens ermöglicht. Bei Verträgen mit Angehörigen sind die Vergütungen fremdüblich auszugestalten, um steuerlich anerkannt zu werden. Bis zum Zeitpunkt der Wandlung wird die Wandelanleihe als Verbindlichkeit des Unternehmens behandelt. Ab dem Zeitpunkt der Wandlung handelt es sich um Eigenkapital.

Durch entsprechende vertragliche Vereinbarungen kann eine Wandlung auch verhindert werden. Wirtschaftlich betrachtet hat die Wandelanleihe eine Vielzahl von Vorteilen. So sind mit ihr bis zur Wandlung z. B. keine Gesellschaftsrechte, insbesondere keine Mitspracherechte im Unternehmen, verbunden. Es handelt sich nur um ein Schuldverhältnis. Erst ab dem Zeitpunkt der Wandlung wird der Inhaber der Wandelanleihe Miteigentümer des Unternehmens mit entsprechenden Gesellschafterrechten. Es existieren auch Wandelanleihen, bei denen im Ermessen des Kapitalnehmers liegt, ob die Wandelanleihe getilgt wird. Dadurch kann die Beteiligung am Unternehmen verhindert werden, wenn dies zu einem späteren Zeitpunkt nicht mehr gewünscht sein sollte.

Die Wandelschuld kann nachrangig zu anderen Verbindlichkeiten des Unternehmens ausgestaltet werden, so dass eine Verschlechterung der Bonität verhindert werden kann. Die Vergütung der Wandelschuld kann grundsätzlich erfolgsabhängig gestaltet werden, so dass die Liquiditätsbelastung des Unternehmens gesteuert werden kann.

Zinsen für das Wandeldarlehen vor Wandlung sind grundsätzlich abzugsfähige Betriebsausgaben. Soweit der Schuldner Teil eines Konzerns ist, sind die Beschränkungen der Zinsschranke zu beachten. Durch die Möglichkeit zur besonderen Ausgestaltung der Verzinsung (z. B. mit ertragsabhängigen Komponenten) können die Einschränkungen ggf. flexibel berücksichtigt werden. Bei endfälliger Verzinsung ist der Zinsaufwand beim Unternehmen als Aufwand zu berücksichtigen indem eine Rückstellung gebildet wird, beim Empfänger als Privatperson erfolgt die Besteuerung erst im Zuflusszeitpunkt. Beim Gläubiger unterliegen die Zinseinnahmen ab 2009 nur dann der Abgeltungssteuer von 25% zzgl. Solidaritätszuschlag ggf. zzgl. Kirchensteuer, wenn er mit weniger als 10% am Schuldner beteiligt ist und nicht nahestehende Person zu einem solchen Anteilseigner ist. Ansonsten erfolgt eine ungemilderte Besteuerung mit dem persönlichen Steuersatz des Gläubigers. Nahestehende Person ist

611 Bei der Rechtsform der GmbH fehlt die gesetzliche Möglichkeit zu einer bedingten Kapitalerhöhung. Somit ist die Ausgabe von Wandel- und Optionsanleihen bei einer GmbH unüblich und unpraktikabel, denn die schuldrechtliche Verpflichtung der Gesellschaft bzw. der Gesellschafter, zu einem späteren Zeitpunkt das zur Ausübung des Wandlungs- oder Optionsrechts notwendige Stammkapital zu schaffen und dem Gläubiger zu überlassen, ist nur unter engen Bedingungen einklag- und vollstreckbar.

nach der Gesetzesbegründung jeder, der vom Gläubiger beherrscht wird oder den Gläubiger beherrscht oder wenn Gläubiger und Schuldner von derselben Person beherrscht werden.[612] Eheleute sind nach der Rechtsprechung nur in Einzelfällen zusammen zu rechnen. Bei Kindern kommt es nach der Rechtsprechung zur verdeckten Gewinnausschüttung auf die tatsächliche Unabhängigkeit an, so dass regelmäßig ein Ergänzungspfleger notwendig sein wird.

Ein Gewinn aus der Veräußerung der Wandelschuldverschreibung vor der Wandlung ist zu 60% steuerpflichtig und zu 40% steuerfrei, wenn die Wandlung zu einem Kapitalanteil von mehr als 1% (d. h. Beteiligung i. S. d. § 17 EStG) führen würde.

Die Wandlung selbst stellt weder beim Unternehmen noch bei dem Gläubiger einen steuerpflichtigen Vorgang dar. Die Wandlung gilt als Anschaffung der Anteile. Als Anschaffungskosten für die Anteile gilt der Nominalbetrag des Wandeldarlehens. Nach Wandlung werden Zahlungen an den ehemaligen Gläubiger (jetzt Anteilseigner) als Gewinnausschüttungen behandelt und unterliegen beim Empfänger zukünftig ebenfalls der Abgeltungssteuer für Kapitalerträge.[613] Diese Zahlungen sind beim Unternehmen nicht abzugsfähig.

Die spätere Veräußerung der durch die Wandlung erhaltenen Anteile ist immer steuerpflichtig, wenn die Wandlung seit 2009 erfolgt ist. Der Veräußerungsgewinn ist zu 60% steuerpflichtig, wenn die Beteiligung 1% oder mehr beträgt. Ansonsten kommt die Abgeltungssteuer von 25% zzgl. Solidaritätszuschlag ggf. zzgl. Kirchensteuer zur Anwendung.

4.2.3.5.5 Steuerliche Aspekte der Finanzierung von Unternehmen in der Krise

- Welche steuerlichen Besonderheiten bestehen bei der Finanzierung von Unternehmen „in der Krise"?
- Wann wird von einer „Krise" gesprochen?

Verschlechtert sich die wirtschaftliche Situation eines Unternehmens, hat dies erhebliche Auswirkungen auf die Finanzierung. Dies liegt schon darin begründet, dass sich (potentielle) Kapitalgeber sehr systematisch und ausführlich mit der wirtschaftlichen Lage des (potentiellen) Schuldners beschäftigen. Zugleich ist die Zahlungsunfähigkeit gem. § 17 InsO Insolvenztatbestand. Hiermit ist die Notwendigkeit verbunden, über finanzielle Entlastungen auch mit den bisherigen Gläubigern zu sprechen. Für Kapitalgesellschaften und haftungsbeschränkte Personengesellschaften besteht daneben eine Insolvenzantragspflicht, wenn eine Überschuldung i. S. v. § 19 InsO vorliegt.

612 Vgl. BR-Drs. 220/07, S. 98.

613 Etwas anderes gilt, wenn die Ausnahmetatbestände des § 32d Abs. 2 EStG erfüllt sind.

In der Betriebswirtschaftslehre wird als Krise der Zustand eines Unternehmens bezeichnet, der seine Lebensfähigkeit in Frage stellt.[614] Die Existenzgefährdung ist dennoch nicht mit dem Krisenbegriff gleichzusetzen. Eine Unternehmenskrise ist bereits vollendet, wenn feststeht, dass die Bedrohung unheilbar zur Existenzauflösung des Unternehmens führen wird. Ferner soll dieser Begriff vermieden werden, wenn es sich um eine bloße Störung der Betriebsabläufe handelt, so dass ein guter Ausgang – ohne tief gehende Eingriffe – als sicher gilt. Das Ziel der Unternehmensführung in der Krise besteht vor allem darin, die Existenzgefährdung des Unternehmens möglichst schnell zu überwinden. Als Krise kann daher auch eine „Entscheidungssituation unter Existenzgefährdung bei begrenzter Entscheidungszeit"[615] verstanden werden. Insolvenzrechtlich wird als Krise der Eintritt der Insolvenzreife verstanden. Dies ist der Fall, wenn die Insolvenzantragsvoraussetzungen Zahlungsunfähigkeit, drohende Zahlungsunfähigkeit oder – bei haftungsbeschränkten Gesellschaften – Überschuldung vorliegen.[616]

(a) Qualifizierter Rangrücktritt zur Vermeidung der Überschuldung

- Wie wird eine Überschuldung i. S. d. Insolvenzordnung festgestellt?
- Wann wird von einem qualifizierten Rangrücktritt gesprochen?
- Welche steuerlichen Konsequenzen sind hiermit verbunden?

Zur Feststellung einer Überschuldung i. S. v. § 19 InsO bedarf es eines Überschuldungsstatus, in dem die Vermögenswerte der Gesellschaft mit ihren aktuellen Verkehrs- oder Liquidationswerten anzusetzen sind.[617] Eine bestehende Überschuldung kann durch einen qualifizierten Rangrücktritt bestehender Gesellschafterdarlehen erreicht werden[618]. Ein qualifizierter Rangrücktritt liegt vor, wenn der Gesellschafter nur aus zukünftigen Gewinnen, aus einem Liquidationsüberschuss, nach Überwindung der Krise aus einem die sonstigen Schulden übersteigenden Vermögen oder bis zur Abwendung der Krise nur zusammen mit den Einlagerückgewährungsansprüchen der Gesellschafter befriedigt wird. Ein qualifizierter Rangrücktritt bewirkt, dass die hiervon erfassten Verbindlichkeiten im Überschuldungsstatus der Gesellschaft nicht als Verbindlichkeit berücksichtigt werden müssen.

Steuerlich kommt es nicht zur Anwendung von § 5 Abs. 2a EStG, wenn Gläubiger (Gesellschafter) und Schuldner (Gesellschaft) vereinbaren, dass der Schuldner die

---

614 Vgl. Witte, in: Bratschitsch/Schnellinger, Unternehmenskrisen – Ursachen, Frühwarnung, Bewältigung, Stuttgart 1981, S. 9.

615 Vgl. Witte, in: Bratschitsch/Schnellinger, Unternehmenskrisen – Ursachen, Frühwarnung, Bewältigung, Stuttgart 1981, S. 11.

616 Vgl. §§ 17 – 19 InsO.

617 Hierbei werden nicht nur die bereits bisher bilanzierten Vermögensgegenstände angesetzt, sondern z. B. auch selbsterstellte immaterielle Wirtschaftsgüter des Anlagevermögens, die nach § 5 Abs. 2 EStG nicht bilanziert werden dürfen.

618 BGH vom 8. 1. 2001, II ZR 88/99, DStR 2001, S 175.

Verbindlichkeit nur aus künftigen Gewinnen, aus einem Liquidationsüberschuss oder aus sonstigen freien Vermögen tilgen kann und der Gläubiger im Rang hinter alle anderen Gläubiger zurücktritt.[619] Fehlt die Bezugnahme auf das sonstige freie Vermögen, ist nach BMF die Passivierung der Verbindlichkeit gem. § 5 Abs. 2a EStG ausgeschlossen.[620] Unklar ist weiterhin, ob das oben genannte BMF Schreiben auch für den qualifizierten Rangrücktritt in der Vergangenheit galt. Für die Zeit nach September 2006 erfolgte eine Klarstellung durch BMF vom 8. September 2006[621]. Bei einem qualifizierten Rangrücktritt liegen die Voraussetzungen des § 5 Abs. 2a EStG nicht vor, weil eine Abhängigkeit zwischen Verbindlichkeit und Einnahmen oder Gewinnen nicht besteht, sondern die Begleichung der Verbindlichkeit zeitlich aufschiebend bedingt – bis zur Abwendung der Krise – verweigert werden kann.

(b) Forderungsverzicht mit und ohne Besserungsschein

- Was wird unter „Forderungsverzicht" und „Besserungsschein" verstanden?
- Welche steuerlichen Konsequenzen sind hiermit verbunden?

Ein Forderungsverzicht bedeutet, dass der Gesellschafter oder ein sonstiger Gläubiger auf einen bestehenden Anspruch gegen die Gesellschaft verzichtet. Zivilrechtlich geht diese Forderung unter. Folglich muss eine Ausbuchung erfolgen. In der Praxis sind Gläubiger häufig nur zu einem Forderungsverzicht bereit, wenn sie die Möglichkeit haben, an einer erfolgreichen Sanierung zu partizipieren. Dies geschieht – neben evtl. weiterhin bestehenden Lieferbeziehungen – häufig durch Besserungsscheine. Danach lebt die Forderung des Gläubigers wieder auf, wenn die Sanierung erfolgreich verlaufen ist. In diesen Fällen wird rückwirkend aus dem Verzicht eine (i. d. R. zinslose) Stundung.

Der Verzicht eines Gesellschafters auf eine wertgeminderte Forderung führt bei der Kapitalgesellschaft[622] in Höhe des aktuellen Teilwertes (dies ist regelmäßig der werthaltige Teil) der Forderung zu einer Einlage, im Übrigen zu steuerpflichtigem Ertrag. Der Forderungsverzicht führt zu einer verdeckten Einlage, die beim Gesellschafter nachträgliche Anschaffungskosten für die Beteiligung bildet. In Höhe des nicht werthaltigen Teils ist die Forderung beim Gesellschafter (korrespondierend) auszubuchen. Dies geschieht über eine Teilwertabschreibung. Es ist weiterhin streitig, ob nur 60% nach § 3c Abs. 2 EStG[623] abzugsfähig sind oder ob eine vollständige Verlustberücksichtigung vorzunehmen ist. Seit 2008 ist die Neuregelung des § 8b Abs. 3 Sätze 4 ff.

---

[619] BMF vom 18. 8. 2004, IV A 6 – S 2133 – 2/04 BStBl. I 2004, S. 850, aber Aufhebung und geänderte Rechtsauffassung durch BMF-Schreiben vom 8. 9. 2006, IV B 2 – S 2133 – 10/06, BStBl. I 2006, S. 497.

[620] A. A. BFH vom 10. 11. 2005, IV R 13/04, BStBl. II 2006, S. 618.

[621] BMF-Schreiben vom 8. 9. 2006, IV B 2 – S 2133 – 10/06, BStBl. I 2006, S. 497.

[622] Da bei einer Personengesellschaft dieses Darlehen steuerlich nicht anerkannt wurde, sondern nach § 15 Abs. 1 Satz 1 Nr. 1 2. Hs. EStG eine Umqualifizierung erfolgte, stellt sich bei diesen ein vergleichbares Problem nicht.

[623] Vgl. BMF vom 7. 8. 2006, IV B 2 – S 2128 – 2/06, nnv, a. A. Korn/Strahl, KÖSDI 2006, S. 15328.

KStG zu beachten, nach der es keine Teilwertabschreibung auf Gesellschafterdarlehen mit steuerlicher Wirkung geben wird. Etwas anderes gilt jedoch, wenn der Nachweis geführt werden kann, dass auch ein fremder Dritter das Darlehen zu diesem Zeitpunkt zu diesen Konditionen gewährt hätte.

(c) Konsequenzen aus der Inanspruchnahme einer Bürgschaft

- Welche steuerlichen Konsequenzen ergeben sich, wenn ein Gesellschafter sich für Verbindlichkeiten seiner Gesellschaft verbürgt und hieraus von einem Gläubiger in Anspruch genommen wird?
- Auf welchen Zeitpunkt ist für diese Besteuerungsfolgen abzustellen?

Zahlungen infolge einer Bürgschaftsverpflichtung eines Gesellschafters zu Gunsten einer Bank für Kredite der Gesellschaft erhöhen die Anschaffungskosten der Beteiligung an dieser Gesellschaft noch nicht zum Zeitpunkt des Bürgschaftsversprechens, sondern erst zum Zeitpunkt der Inanspruchnahme. Erst bei Wertlosigkeit des Ersatzanspruches nach § 774 BGB gegen die Gesellschaft führt die Inanspruchnahme aus einer Bürgschaft – jedenfalls soweit und sobald gezahlt wird – zu nachträglichen Anschaffungskosten, wenn die Übernahme der Bürgschaft ihre Ursache im Gesellschaftsverhältnis hat. Statt auf den Wert des Darlehensrückforderungsanspruchs ist auf den Rückgriffsanspruch aus der Bürgschaft abzustellen. Ist der Rückgriffsanspruch wertlos, kommt eine Teilwertabschreibung in Betracht. Seit 2008 ist gem. § 8b Abs. 3 KStG keine Teilwertabschreibung mehr möglich, sofern nicht der Nachweis der Fremdüblichkeit der Bürgschaftsübernahme erbracht werden kann.

4.2.3.6 Grundformen der Innenfinanzierung

- Welche Formen der Innenfinanzierung sind zu unterscheiden?

Von Innenfinanzierung wird gesprochen, wenn die **finanziellen Mittel aus dem Unternehmen selbst**, also insbesondere aus dem Umsatzprozess, beschafft werden. Zu unterscheiden ist dabei zwischen der Selbstfinanzierung und der Finanzierung durch Kapitalfreisetzungen.

4.2.3.6.1 Selbstfinanzierung

- Welche Formen der Selbstfinanzierung sind zu unterscheiden?

Bei der Selbstfinanzierung ist es sinnvoll, zwischen stiller und offener Selbstfinanzierung zu differenzieren. Erstere liegt vor, wenn es zur Bildung von **stillen** Reserven im Unternehmen kommt, so dass Gewinne im Unternehmen verbleiben, **ohne dass dies aus der Bilanz ersichtlich** ist. Hingegen erfolgt bei der **offenen** Selbstfinanzierung ein bilanzieller Ausweis der im Unternehmen verbleibenden Finanzmittel auf der Passivseite der Bilanz.

(a) Stille Selbstfinanzierung

- Wie kommt es zu einer stillen Selbstfinanzierung?
- Kann das Unternehmen den Umfang, in dem es eine solche Finanzierung betreibt, gezielt steuern?

Das Bilanzsteuerrecht und die Regelungen zur steuerlichen Gewinnermittlung enthalten einerseits Vorschriften, die eine **zu niedrige Bewertung von Vermögenspositionen und einen zu hohen Ansatz von Schuldpositionen** verhindern sollen, andererseits sind sie von dem Grundsatz des Realisationsprinzips geprägt. Dieses besagt, dass Gewinne erst dann ausgewiesen und besteuert werden dürfen, wenn sie am Markt realisiert wurden. Damit kommt es zwingend zur Bildung von stillen Reserven, wenn der Wert eines Wirtschaftsguts steigt.

- **Beispiel:**

  Die A-GmbH erwirbt eine Beteiligung an der B-AG zu 100,- €/Aktie. Am Bilanzstichtag beträgt der Kurswert 125,- €/Aktie. Infolge des Realisationsprinzips scheidet die Berücksichtigung der zwischenzeitlich eingetretenen Wertsteigerung aus.

Für Zwecke der Selbstfinanzierung sind außerdem die Fälle von besonderer Bedeutung, in denen eine Wertminderung bilanziell zu berücksichtigen ist und damit eine Verringerung der steuerlichen Bemessungsgrundlage erfolgt, obwohl dem kein entsprechender Werteverzehr gegenübersteht. Dieser Effekt ist besonders groß, wenn der Steuergesetzgeber mit Hilfe von Sonderabschreibungen Anreize für bestimmte Gestaltungen schaffen will.[624] Hier sind die bilanziell vorgenommenen Wertminderungen bewusst überhöht, so dass die hiermit verbundenen Finanzierungseffekte regelmäßig deutlich stärker sind als bei einer ausschließlich nutzungsbedingten Abschreibung. Gleichwohl darf dabei nicht übersehen werden, dass sich die gewünschten positiven Auswirkungen auf die Finanzierung nur dann ergeben, wenn das investierende Unternehmen tatsächlich Gewinne erzielt und die gewährten Abschreibungsvergünstigen nicht lediglich dazu führen, dass die ohnehin schon vorhandenen Verlustvorträge (noch) größer werden.

- **Beispiel:**

  Ein Unternehmen erwirbt eine Maschine zu Anschaffungskosten in Höhe von 10.000,- €, die im Rahmen der laufenden Produktion eingesetzt wird. Infolge einer großen Nachfrage steigt der Preis der Maschine, so dass auch für gebrauchte Geräte dieses Typs ein Wert erzielt werden kann, der üben den damaligen Anschaffungskosten von 10.000,- € liegt. Gleichwohl sind Abschreibungen für diese Maschine zu verrechnen.

Außerdem führt das Aktivierungsverbot von selbsterstellten immateriellen Wirtschaftsgütern des Anlagevermögens gem. § 5 Abs. 2 EStG dazu, dass bei der Ent-

---

624 Vgl. zu deren Auswirkungen auf die Vorteilhaftigkeit einer Investition bereits oben S. 258 ff.

wicklung solcher Wirtschaftsgüter Aufwand verrechnet werden muss, der sofort und in voller Höhe den Gewinn mindert, obwohl u. U. dauerhaft nutzbare Güter geschaffen werden. Dies gilt steuerlich ungeachtet des Bilanzierungswahlrechtes nach § 248 Abs. 2 HGB seit 2010.

Beispiel:

Ein Reiseveranstalter lässt durch unternehmenseigene Programmierer eine Software zur Abwicklung von Buchungsvorgängen entwickeln. Obwohl dieses Programm über Jahre hinweg im Unternehmen eingesetzt wird, sind die hierfür entstehenden Aufwendungen sofort abzugsfähige Betriebsausgaben.

Das Bilanzsteuerrecht enthält eine Reihe von **Bilanzierungs- und Bewertungswahlrechten**, die zu einem Finanzierungseffekt führen. Hierbei kommt es ebenfalls zu einer Gewinnminderung infolge einer Unterbewertung von aktiven Wirtschaftsgütern. Ferner bestehen teilweise erhebliche Unsicherheiten bei der Bewertung. Dies gilt z. B. für die Bestimmung der Höhe von Rückstellungen für evtl. Patentrechtsverletzungen, da infolge des Maßgeblichkeitsprinzips der Handelsbilanz für die Steuerbilanz[625] das handelsrechtliche Vorsichtsprinzip auch für die Steuerbilanz gilt, so dass für die Bestimmung des Rückstellungsbetrages eine gewisse Unsicherheit besteht. Damit wird u. U. eine zu hohe Rückstellung gebildet.

In diesen Fällen kommt es zu einem Finanzierungseffekt für die Unternehmung. Dieser entsteht daraus, dass die liquiditätswirksamen Umsatzerlöse im Unternehmen verbleiben und noch nicht der Besteuerung unterliegen, da ihnen ein sofort gewinnmindernder Aufwand gegenüber steht. Damit kommt es zu einer Steuerstundung, die zu einer **Verringerung der Kapitalkosten** führt, weil die zu zahlenden Steuern erst zu einem späteren Zeitpunkt zu entrichten sind und damit die Liquidität des Unternehmens verbessert wird. Sofern davon auszugehen ist, dass die Bildung der stillen Reserven von der Betriebsprüfung anerkannt wird, ist dieser Effekt zinslos.[626] Hieraus folgt, dass im Unternehmen ein Zinsgewinn entsteht, denn der erforderliche Kapitalbedarf kann teilweise aus den nicht erfolgenden Steuerzahlungen bestritten werden. Dies führt zur Einsparung von Zinskosten und damit zu einer Verringerung der Kapitalkosten. Da diese Finanzierungsform zinslos ist, kommt es zu einer positiven Auswirkung auf die Rentabilität des gesamten Betriebes. Sofern Einzelunternehmen und Personengesellschaften betrachtet werden, kann ergänzend noch ein Steuersatzeffekt hinzukommen, indem Gewinne gezielt in Jahre verlagert werden, in denen der Steuerpflichtige nur einer geringen Steuerbelastung unterliegt.

625 Vgl. hierzu Strunk/Kaminski, Steuerliche Gewinnermittlung bei Unternehmen, Neuwied 2001, S. 53 ff.

626 Eine Ausnahme besteht allerdings, wenn es nachträglich zu einer Korrektur dieser Positionen durch die Betriebsprüfung kommt. Hierbei müssen nicht nur Steuernachzahlungen entrichtet werden, sondern auch die Zinsbelastung auf diese Beträge, die nicht abzugsfähige Betriebsausgaben sind und damit wirtschaftlich betrachtet eine erhebliche Belastung darstellen.

(b) Offene Selbstfinanzierung

- Wann liegt eine offene Selbstfinanzierung vor?
- Welche steuerlichen Konsequenzen sind mit der offenen Selbstfinanzierung verbunden?
- Gibt es gesetzliche Obergrenzen für die offene Selbstfinanzierung?

Von offener Selbstfinanzierung wird gesprochen, wenn im Unternehmen entstandene Gewinne nicht an die Gesellschafter ausgeschüttet oder von diesen entnommen werden, sondern im Unternehmen verbleiben. Dies geschieht bei Einzelunternehmen und Personengesellschaften im Wege der Gutschrift auf dem Kapitalkonto, bei Kapitalgesellschaften durch Einstellung in die Rücklagen. Dabei kann es sich sowohl um satzungsmäßige als auch um gesetzliche und sonstige Gewinnrücklagen handeln. Zu beachten ist, dass gem. § 150 Abs. 2 AktG Aktiengesellschaften verpflichtet sind, 5% des jährlichen Jahresüberschusses in die Gewinnrücklagen einzustellen, bis diese 10% des Grundkapitals erreicht haben.

Unabhängig von der Rechtsform ist eine offene Selbstfinanzierung nur aus **versteuerten Gewinnen** möglich. Eine steuerliche Begünstigung gibt es hierfür nicht. Dabei kommen für Einzelunternehmen und Personengesellschaften die allgemeinen Besteuerungsgrundsätze für Gewinne zur Anwendung, so dass eine Belastung mit Gewerbe- und Einkommensteuer sowie Solidaritätszuschlag erfolgt, wobei die „Anrechnung" der Gewerbesteuer auf die Einkommensteuer gem. § 35 EStG zu beachten ist. Bei Kapitalgesellschaften muss die Belastung durch die Gewerbe- und Körperschaftsteuer sowie durch den Solidaritätszuschlag berücksichtigt werden. Eine gewisse Privilegierung liegt bei Kapitalgesellschaften jedoch insoweit vor, als infolge der Thesaurierung noch keine Dividendenbesteuerung nach dem Teileinkünfteverfahren bei natürlichen Personen oder Personengesellschaften erfolgt. Der Gesetzgeber wollte im Rahmen des StSenkG[627] einen Anreiz für Kapitalgesellschaften schaffen, einen größeren Anteil ihres Gewinns zu thesaurieren. Damit kann es bis zum Zeitpunkt der Ausschüttung zu einem erheblichen Vorteil für die Kapitalgesellschaftsalternative kommen. Für eine Quantifizierung der Steuerbelastung wird auf S. 70 ff. verwiesen.

Eine Obergrenze für die offene Selbstfinanzierung gibt es weder steuerlich noch zivilrechtlich. Allerdings ist zu beachten, dass gem. § 58 Abs. 2 AktG Vorstand und Aufsichtsrat höchstens die Hälfte des Jahresüberschusses in die anderen Gewinnrücklagen einstellen können, wobei hiervon abweichende Regelungen in der Satzung zulässig sind. Allerdings ist dies nicht zulässig, wenn die anderen Gewinnrücklagen die Hälfte des Grundkapitals übersteigen oder sie diesen Grenzwert nach der Einstellung übersteigen würden.

---

627 Gesetz zur Senkung der Steuersätze und zur Reform der Unternehmensbesteuerung (StSenkG) vom 23. 10. 2000, BGBl. I 2000, S. 1790.

In seltenen Ausnahmefällen gestattet der Gesetzgeber eine offene Selbstfinanzierung, indem eine Rücklagenbildung aus **unversteuerten Gewinnen** erfolgen kann.[628] Dies gilt insbesondere für die Übertragung von im Rahmen einer Veräußerung aufgedeckten stillen Reserven gem. § 6b EStG. Begünstigt sind Gewinne aus dem Verkauf von Grund und Boden und von Gebäuden sowie bei Personengesellschaften aus der Veräußerung von Beteiligungen an Kapitalgesellschaften. Alternativ zur sofortigen Übertragung auf ein Ersatzwirtschaftsgut gestattet der Gesetzgeber die Bildung von Rücklagen aus unversteuerten Gewinnen. Zu beachten ist allerdings, dass diese – in Abhängigkeit vom Reinvestitionsobjekt – nach wenigen Jahren aufzulösen sind, so dass keine Möglichkeit zu einer langfristigen Rücklagenbildung besteht.[629]

Vor dem Hintergrund des Entscheidungskriteriums der Höhe der **Kapitalkosten** hängt deren Einfluss entscheidend davon ab, ob eine offene Selbstfinanzierung aus versteuerten oder aus unversteuerten Gewinnen erfolgt. Im ersten Fall ergibt sich kein steuerlicher Vorteil, so dass die Höhe der Kapitalkosten denen einer Beteiligungsfinanzierung entspricht. Wenn hingegen eine Finanzierung aus unversteuerten Gewinnen möglich ist, kommt es zu den gleichen positiven Effekten auf die Kapitalkosten, wie sie auf S. 333 für die stille Selbstfinanzierung beschrieben wurden.

4.2.3.6.2 Finanzierung durch Kapitalfreisetzungen

- Wodurch lässt sich die Finanzierung durch Kapitalfreisetzung charakterisieren?

Die Finanzierung durch Kapitalfreisetzung ist dadurch gekennzeichnet, dass dem Unternehmen im Rahmen der Umsatzerlöse Zahlungen zufließen, denen eine Gewinnminderung infolge einer **erfolgswirksamen Aufwandsverrechnung** gegenübersteht oder stille Reserven in vorhandenem Vermögen aufgelöst werden. Die so freigesetzten Beträge können im Unternehmen für Finanzierungszwecke genutzt werden. Außerdem kann erwogen werden, Wirtschaftsgüter, die für die eigentliche Unternehmenstätigkeit nicht mehr oder nicht zwingend als Eigentum benötigt werden, zu veräußern.

(a) Finanzierung aus Abschreibungen

- Warum werden überhaupt Abschreibungen verrechnet?
- Welche Auswirkungen ergeben sich aus der Verrechnung von Abschreibungen?
- Welche Finanzierungseffekte sind hiermit verbunden?

---

628 Vgl. zu einer Übersicht dieser Möglichkeiten Strunk/Kaminski, Steuerliche Gewinnermittlung bei Unternehmen, Neuwied 2001, S. 108, Abb. 26.

629 Eine Ausnahme gilt lediglich für den Fall, dass das Unternehmen regelmäßig entsprechende Veräußerungen tätigt und damit jährlich eine Neubildung von Rücklagen erfolgt, die in etwa dem Auflösungsbetrag entsprechen, so dass es zu einer „Bodensatzbildung“ kommt.

Die Anschaffung oder Herstellung von Wirtschaftsgütern durch ein Unternehmen führt in der Regel nicht zu sofort abzugsfähigen Ausgaben. Vielmehr soll – der Forderung nach einer periodengerechten Ermittlung des Gewinns entsprechend – eine zeitliche Abgrenzung dieser Aufwendungen über die Jahre der Nutzung erfolgen. Da eine exakte Bestimmung der Nutzungsdauer zum Zeitpunkt der Anschaffung des Wirtschaftsgutes nicht ohne weiteres möglich ist, wird hierfür auf eine Schätzung zurückgegriffen. Aus steuerlicher Sicht ist die betriebsgewöhnliche Nutzungsdauer anzusetzen. Dies ist der Zeitraum, während dessen das Wirtschaftsgut voraussichtlich seiner Zweckbestimmung entsprechend im Betrieb des Steuerpflichtigen genutzt werden kann. Dabei besagt der Ausdruck „betriebsgewöhnlich", dass die besonderen betrieblichen Verhältnisse zu beachten sind, unter denen das Wirtschaftsgut eingesetzt wird. Dies führt jedoch nicht dazu, dass auf die tatsächliche Nutzung des Wirtschaftsguts durch den Steuerpflichtigen abzustellen ist; vielmehr kommt es auf die objektive Nutzbarkeit des Wirtschaftsguts unter Berücksichtigung der betriebstypischen Beanspruchung an.[630] In der Regel fallen die technische und die wirtschaftliche Nutzungsdauer zusammen. In den Fällen, in denen jedoch eine kürzere wirtschaftliche Nutzungsdauer gegeben ist, kann diese angesetzt werden.[631] Dies setzt jedoch voraus, dass das Wirtschaftsgut weder entsprechend seiner ursprünglichen Zweckbestimmung nutzbar ist, noch dass es einen erheblichen Verkaufswert hat.

Die Abschreibungen werden – häufig allerdings in anderer Höhe[632] – in die Preise einkalkuliert und fließen dann in Form von Umsatzerlösen in das Unternehmen zurück. Damit dieser höhere Erlös nicht der Besteuerung unterliegt, können die Abschreibungen als Aufwand berücksichtigt werden. Dies schließt jedoch nicht aus, dass, wenn im Rahmen der Preiskalkulation höhere Abschreibungen verrechnet wurden, als diese steuerlich anzuerkennen sind, auf diesen Differenzbetrag eine Steuerbelastung anfällt.

Aus den Abschreibungen lässt sich ein Finanzierungseffekt erzielen, weil die in den Preisen enthaltenen Gegenwerte früher in das Unternehmen zurückfließen, als die Ersatzinvestition erforderlich ist, wenn davon ausgegangen wird, dass die Anfangsinvestition im Wege der Beteiligungsfinanzierung aufgebracht wurde. Außerdem kommt es zu einem Kapazitätseffekt, der darauf beruht, dass aus Abschreibungsgegenwerten zurückfließenden Mittel nicht nur zur Ersatzbeschaffung reinvestiert werden, sondern zur Finanzierung der Erweiterungsinvestitionen dienen können. Dieser Effekt wird als Kapazitätserweiterungs- oder als Lohmann-Ruchti-Effekt bezeichnet.[633]

---

630 Vgl. BFH. vom 19. 11. 1997, X R 78/94, BStBl. II 1998, S. 59, S. 61.

631 Ständige Rechtsprechung des BFH, vgl. neben dem BFH vom 19. 11. 1997, X R 78/94, BStBl. II 1998, S. 59, S. 61, auch die dort genannten Nachweise.

632 Die kalkulatorischen Abschreibungen werden regelmäßig auf der Grundlage der erwarteten Wiederbeschaffungskosten bestimmt. Außerdem besteht häufig ein Interesse daran, lediglich lineare Abschreibungen zu berücksichtigen.

633 Vgl. hierzu ausführlich Ruchti, Die Abschreibung, ihre grundsätzliche Bedeutung als Aufwands-, Ertrags- und Finanzierungsfaktor, Stuttgart 1953, S. 112 ff.

Aus dem Blickwinkel der Besteuerung ist wichtig festzustellen, dass es sich bei den Abschreibungen um abzugsfähige Betriebsausgaben handelt, die sowohl den **Gewerbeertrag als auch die Bemessungsgrundlage für die Einkommensteuer bzw. Körperschaftsteuer verringern**. Hieraus resultieren geringere Steuerzahlungen, die die Liquiditätssituation des Unternehmens verbessern, sowie die oben bereits geschilderten Auswirkungen auf die Rentabilität der Investition und damit des Unternehmens. Diese Beträge können – gemeinsam mit den Abschreibungen – genutzt werden, um entweder andere Investitionen zu finanzieren oder um die Verschuldung des Unternehmens zu verringern (Bilanzverkürzung). Im zuerst genannten Fall ist allerdings darauf zu achten, dass zum Zeitpunkt der Fälligkeit des ursprünglichen Darlehens ausreichend liquide Mittel vorhanden sind, um dessen Rückzahlung zu gewährleisten.

(b) Finanzierung aus Rückstellungen am Beispiel von Pensionsrückstellungen

- Auf welchen grundlegenden Effekten basiert die Finanzierung durch Rückstellungen?
- Welche Rückstellungsarten sind für die Finanzierung von besonderer Bedeutung?
- Welche Voraussetzungen müssen erfüllt sein, damit eine Pensionsrückstellung auch mit steuerlicher Wirkung gebildet werden darf?

Eine Finanzierung ist auch durch die Bildung von Rückstellungen möglich. Dies geschieht, indem durch die Zuführung zur Rückstellung eine Verringerung des laufenden Gewinns und damit eine Minderung der Steuerbelastung der betreffenden Periode erfolgt. Dabei ist der entstehende Finanzierungseffekt umso größer, je langfristiger diese Rückstellung gebildet werden kann. Deshalb sollen im Folgenden die Finanzierungswirkungen von Rückstellungen am Beispiel der Pensionsrückstellungen erläutert werden. Sie sind dadurch gekennzeichnet, dass einem Arbeitnehmer des Unternehmens eine Pensionszusage gewährt wird und hierfür eine Rückstellung gebildet werden kann. Im Extremfall steht die erste Zuführung zu dieser Rückstellung vom Zeitpunkt ihrer Bildung bis zum Renteneintritt des Arbeitnehmers zur Verfügung und kann zur Investitionsfinanzierung genutzt werden. Auch während der Auflösungsphase der Rückstellung fließt nicht sofort der Gesamtbetrag der Pensionsverpflichtung aus dem Unternehmen ab, sondern es erfolgt eine kontinuierliche Auflösung über die Jahre der Rentenzahlung an den Arbeitnehmer. Hieraus entsteht eine sehr langfristige Finanzierungswirkung.

Allerdings ist zu beachten, dass der Gesetzgeber im § 6a EStG gewisse Einschränkungen für die Bildung von Pensionsrückstellungen kodifiziert hat. Danach müssen die Bildung und Auflösung der Pensionsrückstellungen nach versicherungsmathematischen Grundsätzen erfolgen. Hierbei sind einerseits Zins- und Zinseszinseffekte sowie andererseits Sterbens- und Invaliditätswahrscheinlichkeiten zu berücksichtigen. Ausgangspunkt der Bewertung der Pensionsrückstellung ist, dass diese zum Zeitpunkt des Versorgungsfalleintritts dem Barwert der Pensionsverpflichtung entsprechen und vom Zeitpunkt der Pensionszusage bis zum Renteneintritt gebildet werden muss. Gem. § 6a Abs. 4 EStG hat die Zuführung zur Pensionsrückstellung in jedem Wirtschaftsjahr dem Unterschiedsbetrag zwischen dem Teilwert der Verpflichtung am Schluss des Wirtschaftsjahres und dem Teilwert am Schluss des vorangegangenen Wirtschaftsjahres zu entsprechen, wobei der Teilwert gleich dem Barwert der zukünftigen Pensionsverpflichtungen ist. Hieraus folgt, dass in Höhe der Zuführung zu diesen Rückstellungen Steuerzahlungen und Gewinnausschüttungen vermieden werden. Damit wird die Liquidität des Unternehmens (nachhaltig) gestärkt. Die Auflösung der Pensionsrückstellung erfolgt, indem in jedem Jahr der Unterschiedsbetrag zwischen dem versicherungsmathematischen Barwert der zukünftigen Pensionsleistungen am Schluss des Wirtschaftsjahres und diesem Wert am Schluss des vorangegangenen Wirtschaftsjahres gewinnerhöhend aufgelöst wird. Zugleich verringern die laufenden Pensionszahlungen als Betriebsausgaben den Gewinn. Dieser Aufwand ist in der Regel höher als der Auflösungsbetrag der Pensionsrückstellung. Im Ergebnis kommt es damit zu einer sehr langfristigen zinslosen Steuerstundung, deren Finanzierungswirkung umso größer ist, je später die Inanspruchnahme des Betriebes aus der Pensionszusage erfolgt.

Bei der Beurteilung eines solchen Effektes dürfen jedoch die hiermit verbundenen Auswirkungen auf andere unternehmerische Bereiche nicht vernachlässigt werden. Einerseits ist zu beachten, dass Pensionsrückstellungen in erster Linie ein **Instrument zur Mitarbeitermotivation** und zur Bindung von Arbeitnehmern an das Unternehmen, also in erster Linie ein personalpolitisches Instrumentarium, darstellen. Zweitens darf nicht übersehen werden, dass der Gesetzgeber im § 6a Abs. 1 und 2 EStG an restriktive Voraussetzungen angeknüpft hat. Nur unter diesen Voraussetzungen darf eine solche Rückstellung mit steuerlicher Wirkung überhaupt gebildet werden. Hierbei ist insbesondere zu beachten, dass die Pensionsleistungen nicht von zukünftigen Gewinnen abhängig gemacht werden. Ferner darf die Pensionszusage keinen Vorbehalt enthalten, dass die Pensionsanwartschaft oder die Pensionsleistung gemindert oder entzogen werden kann, so dass das Unternehmen sich im Regelfall diesen finanziellen Verpflichtungen nicht entziehen kann. Auf der anderen Seite sieht § 16 BetrAVG vor, dass Unternehmen verpflichtet sind, alle drei Jahre eine Anpassung der Pensionsansprüche der Arbeitnehmer an die zwischenzeitliche Inflation vorzunehmen. Hieraus folgt, dass Unternehmen praktisch alle drei Jahre ihre Pensionsverpflichtungen anpassen müssen, damit eine reale Substanzerhaltung dieser Pensionszusagen für die Arbeitnehmer gewährleistet ist. Aus Sicht der Unternehmen folgt hieraus, dass die mit solchen Pensionszusagen entstehenden finanziellen Belastungen erheblich sein können, und dass das Unternehmen kaum Möglichkeiten hat, eine einmal gegebene Zusage wieder rückgängig zu machen. Daher muss das Unternehmen dafür sorgen, dass es auch zu späteren Zeitpunkten diese finanziellen Belastungen wirtschaftlich tragen kann. Die Vergangenheit hat gezeigt, dass es etliche Unternehmen gab, die in Jahren mit hohen Gewinnen sehr umfangreiche Zusagen gegeben haben, aber in wirtschaftlich schwierigen Zeiten erhebliche Probleme hatten, diese Zusagen zu erfüllen. Zwar ist der mit der Pensionsrückstellung verbundene Finanzierungseffekt für das

Unternehmen von Vorteil, gleichwohl muss beachtet werden, dass die Pensionszusage zu späteren Zeitpunkten zu erheblichen Belastungen führen kann.

Regelmäßig wird die Dotierung der steuerlichen Pensionsrückstellung zu niedrig sein, da der Gesetzgeber in § 6a Abs. 3 Satz 3 EStG zur Ermittlung des Teilwertes der Pensionsverpflichtung ein Rechnungszinsfuß von 6% angenommen hat. Dieser ist in der jetzigen wirtschaftlichen Situation nicht zu erzielen und führt dazu, dass die Rückstellung eigentlich höher dotiert werden müsste. Auf Grund der handelsrechtlichen Verpflichtung, diese Rückstellungen nur mit dem Rechnungszins abzuzinsen, der auch am Kapitalmarkt erzielbar ist, kommt es zu einer massiven Höherbewertung der handelsrechtlichen Rückstellung und einer niedrigeren steuerlichen Ermittlung, die zum Ausweis latenter Steuern in der Handelsbilanz führt.

🕮	*Bieg/Kußmaul,* Investitions- und Finanzierungsmanagement, Band II: Finanzierung, München 2000, S. 448 ff. *Kußmaul,* Betriebswirtschaftliche Steuerlehre, 5. Aufl., München 2008, S. 184 ff. *Wöhe/Bilstein,* Grundzüge der Unternehmensfinanzierung, 10. Aufl., München 2009, S. 425 ff. mit ausführlichen Berechnungsbeispielen unter Berücksichtigung steuerlicher Effekte.

(c) Finanzierung durch Vermögensumschichtung

- Woraus entsteht der Finanzierungseffekt?
- Welche Wirtschaftsgüter eignen sich für diese Finanzierungsmaßnahme?

Eine Finanzierungswirkung tritt ein, wenn ein Unternehmen Wirtschaftsgüter veräußert. Hierbei kann es sich entweder um Wirtschaftsgüter handeln, die für die eigentliche unternehmerische Tätigkeit nicht (mehr) benötigt werden oder die nach einer Veräußerung vom Erwerber zurückgemietet werden können, sog. **Sale-and-lease-back-Verfahren.**[634] Aus steuerlicher Sicht kommen hierfür insbesondere solche Wirtschaftsgüter in Betracht, die steuerfrei veräußert werden können oder bei denen ein entstehender Veräußerungsgewinn durch eine gewinnmindernde Rücklage neutralisiert werden kann. Beispielhaft sei auf die Veräußerung von Immobilien verwiesen.

Sofern das besitzende Unternehmen in der Rechtsform eines Einzelunternehmens oder einer Personengesellschaft betrieben wird, besteht die Möglichkeit gem. § 6b Abs. 10 EStG eine Rücklage für den entstehenden Veräußerungsgewinn zu bilden, um so die aufgedeckten stillen Reserven auf Ersatzwirtschaftsgüter übertragen zu können. Allerdings besteht hierfür eine Höchstgrenze von 500.000,- €. Als mögliche Ersatzwirtschaftsgüter kommen in Betracht:

---

634 Vgl. hierzu bereits die Ausführungen auf S. 322 ff.

- Gebäude (Erwerb in den folgenden 4 Wirtschaftsjahren),
- Grund und Boden sowie
- Aufwuchs auf Grund und Boden.

Außerdem kann diese Regelung – unabhängig von der Rechtsform – genutzt werden, um Gewinne aus der Veräußerung von Grund und Boden sowie Aufwuchs auf Grund und Boden oder Gebäuden im Jahr der Aufdeckung zu neutralisieren, um diese in den folgenden vier Wirtschaftsjahren auf neu angeschafften Grund und Boden, Aufwuchs auf Grund und Boden und Gebäude zu übertragen. Alternativ kann eine Übertragung im selben Jahr der Realisierung der stillen Reserven steuerneutral auf die Anschaffungs- oder Herstellungskosten der genannten Wirtschaftsgüter erfolgen. Dabei ist allerdings zu beachten, dass, wenn eine Rücklagenbildung erfolgt und diese später ohne Übertragung auf ein entsprechendes Ersatzwirtschaftsgut aufgelöst wird, eine Strafverzinsung in Höhe von 6% des Rücklagenbetrages je Jahr des Bestehens gezahlt werden muss.[635]

Eine Veräußerung von nicht betriebsnotwendigem Vermögen kann auch in Form von Kapitalgesellschaftsanteilen bestehen. Eine Kapitalgesellschaft kann diese Anteile steuerfrei nach § 8b Abs. 2 KStG veräußern und den gesamten Betrag, ggf. abzüglich der zu berücksichtigenden pauschalierten nicht abzugsfähigen Betriebsausgaben gem. § 8b Abs. 5 Satz 1 KStG, für neue Investitionen nutzen.

4.2.3.7 Ausgewählte Sonderformen der Finanzierung

Im Rahmen von Finanzierungsüberlegungen spielt darüber hinaus eine Reihe von weiteren Formen der Kapitalbeschaffung eine bedeutende Rolle. Eine detaillierte Behandlung dieser Instrumente im Rahmen dieser Einführung ist jedoch nicht sinnvoll. Deshalb sollen sie hier nur überblicksartig genannt werden:

- das Leg-ein-hol-zurück-Verfahren,
- Kapitalerhöhung aus Gesellschaftsmitteln,
- Schütt-aus-hol-zurück-Verfahren,
- das partiarische Darlehen,
- Verpflichtung zu wiederkehrenden Leistungen.

635 Vgl. hierzu Strunk/Kaminski, Steuerliche Gewinnermittlung bei Unternehmen, Neuwied 2001, S. 212.

Bieg/Kußmaul, Investitions- und Finanzierungsmanagement, Band II: Finanzierung, München 2000, S. 448 ff.
Büschgen, Grundlagen betrieblicher Finanzwirtschaft: Unternehmensfinanzierung, 3. Aufl., Frankfurt a. M. 1991.
Drukarczyk, Theorie und Politik der Finanzierung, 2. Aufl., München 1993
Heinhold, Unternehmensbesteuerung Band 3: Investition und Finanzierung, Stuttgart 1996
Kaminskaite, Auswahl mezzaniner Finanzierungsinstrumente in mittelständischen Unternehmen als betriebswirtschaftliches Entscheidungsproblem, Göttingen 2011
Kußmaul, Betriebswirtschaftliche Steuerlehre, 5. Aufl., München 2008, S. 179 ff.
Perridon/Steiner/Rathgeber, Finanzwirtschaft der Unternehmung, 15. Aufl., München 2009
Schneider, Investition, Finanzierung und Besteuerung, 7. Aufl., Wiesbaden 1992
Siegel, Steuerwirkungen und Steuerpolitik, Würzburg 1982, S. 153 ff.
Vormbaum, Finanzierung der Betriebe, 9. Aufl., Wiesbaden 1996
Wöhe/Bieg, Grundzüge der Betriebswirtschaftlichen Steuerlehre, 4. Aufl., München 1995, S. 377 ff.
Wöhe/Bilstein, Grundzüge der Unternehmensfinanzierung, 10. Aufl., München 2009

4.3 Controlling

- Welcher Zusammenhang besteht zwischen dem Controlling und der Betriebswirtschaftlichen Steuerlehre?
- Welche Zielkonflikte können zwischen dem Controlling und dem Ziel der Steuerminimierung bestehen?
- Welche Bedeutung hat die Kenntnis steuerrelevanter Informationen für ein funktionsfähiges Controlling?

In Theorie und Praxis gewinnt die Verbindung zwischen dem Controlling und anderen betriebswirtschaftlichen Teilbereichen zunehmend an Bedeutung. Neben der traditionellen Verbindung des Controllings mit der Kosten- und Erlösrechnung, der externen Rechnungslegung und der Internen Revision sowie der Investitions- und Finanzrechnung, finden Controllingansätze ihren Niederschlag auch in der Beurteilung von Projekten und Maßnahmen, wie dies beim Projektcontrolling oder beim Controlling von Marketingmaßnahmen der Fall ist. Dies gilt umso mehr, als das Controlling infolge des (international) immer stärker werdenden Wettbewerbsdrucks einerseits und der stetig komplexer werdenden Unternehmens- und Konzernstrukturen andererseits in den letzten Jahrzehnten kontinuierlich an Bedeutung gewonnen hat.

Gleichwohl hat sich bisher keine einheitliche, abgegrenzte Sichtweise über die Aufgaben und Inhalte des Controllings entwickelt.[636]

Bisher noch recht wenig untersucht ist die Notwendigkeit der Einbeziehung von Steuern in ein unternehmens- bzw. konzernweites Controllingsystem, deren Ausgestaltung sowie Ansätze zur Überwindung unterschiedlicher Ziele des Controllings und der Betriebswirtschaftlichen Steuerlehre in Form der Steuergestaltungslehre.

4.3.1 Aufgaben des Controllings

- Was wird unter dem Begriff des Controllings verstanden?
- Welche Funktionen übernimmt das Controlling?
- Welche Schnittstellen bestehen zu steuerlichen Fragestellungen?

Der Begriff „Controlling" leitet sich vom englischen Begriff „to control" also kontrollieren, steuern, lenken, leiten (beispielsweise einer Firma), regulieren, regeln, beeinflussen, prüfen, überprüfen ab. Die im deutschsprachigen Raum im Rahmen des Controllings behandelten Probleme werden im englischen am häufigsten im Bereich Management Accounting diskutiert.[637] Hierunter werden alle Maßnahmen verstanden, die dazu dienen die Führungsbereiche Planung, Kontrolle, Organisation, Personalführung und Information so zu koordinieren, dass die Unternehmensziele optimal erreicht werden.[638]

Das Controlling widmet sich nicht nur der Kontrolle und Aufbereitung bestimmter, in der Vergangenheit verwirklichter Sachverhalte, sondern beinhaltet alle Aspekte einer Unternehmenssteuerung. Darüber hinaus werden zahlreiche weitere Aufgaben wahrgenommen. Controlling ist hierbei eine die Leitungspersonen unterstützende Tätigkeit, die den Entscheidern aussagefähige Informationen zur Verfügung stellt, anhand derer sachgerechte Entscheidungen getroffen werden können.

Zum Controlling gehören folgende **Aufgaben**:[639]

- **Informationsbeschaffung und -aufbereitung**, d. h. die Identifikation und Beschaffung benötigter Informationen für konkrete Entscheidungen sowie die Aufbereitung und Auswertung der gewonnenen Informationen stellt eine der wichtigsten Voraussetzungen des Controllings dar. Gleichzeitig beinhaltet diese Aufgabe aber

636 Vgl. zu einer Analyse unterschiedlicher Aufgaben und Begriffsinhalte z. B. Küpper, Controlling, 5. Aufl., Stuttgart 2008, S. 3 ff., Horváth, Controlling, 11. Aufl., München 2009, S. 16 ff. und Lachnit/Müller, Unternehmenscontrolling, Wiesbaden 2006, S. 3.

637 Vgl. Küpper, Controlling, 5. Aufl., Stuttgart 2008, S. 6 ff. Teilweise wird auch der Begriff Managerial Accounting verwendet.

638 Vgl. Küpper, Controlling, 5. Aufl., Stuttgart 2008, S. 28 ff., Ossadnik, Controlling, 4. Aufl., München 2009, S. 21 ff.

639 Küpper, Controlling, 5. Aufl., Stuttgart 2008, S. 28 ff., Ossadnik, Controlling, 4. Aufl., München 2009, S. 34 ff.

auch die größte Herausforderung des Controllings, die im Unternehmen vorhandene Datenfülle zu selektieren und auszuwerten. Dies ist regelmäßig nur mit dem Einsatz komplexer IT-Lösungen möglich.

- **Koordinationsaufgabe**, d. h. Koordination der verschiedenen Unternehmensteilrechnungen, der verschiedenen Unternehmensteilpläne, der verschiedenen Unternehmensführungsteilsysteme und der Unternehmensführung mit ihrer Umwelt. In das Aufgabenfeld des Controllings fällt insbesondere auch die Entwicklung und Implementierung eines geeigneten Planungssystems, das verschiedene Unternehmensteilpläne auf einander abstimmt, und eines funktionsfähigen Kontrollsystems. Da die Anpassung von Planzahlen an geänderte Daten ein stets wiederkehrender Prozess ist, kann dessen Bewältigung erhebliche Kräfte innerhalb des Controllings binden.

- **Dienstleistungsfunktion,** d. h. Koordination von Instrumentenauswahl und Informationsversorgung.

Umstritten ist hingegen, inwieweit die folgenden Aufgaben dem Controlling zu übertragen sind. Dies ist in den Unternehmen unterschiedlich ausgeprägt. Ursächlich hierfür ist, dass dem Controlling – ggf. zu Lasten der operativen Unternehmensteile – unterschiedliche Kompetenzen eingeräumt werden. Insoweit ist auch unterschiedlich, welche Befugnisse den jeweiligen Unternehmensbereichen zugeordnet werden.

- **Planung**, d. h. die Festlegung von Zielvorgaben, anhand derer die Leitungspersonen und ihre Leistung beurteilt werden können. So ist beispielsweise für ein funktionierendes Beteiligungscontrolling unverzichtbare Voraussetzung, dass Plangrößen hinsichtlich der zu erzielenden Kapitalrendite oder des Umsatzwachstums bekannt sind.

- **Kontrolle**, d. h. die Durchführung von Soll-Ist-Vergleichen wie auch Maßnahmen zur Verhinderung von Vermögensschäden des Unternehmens durch Dritte oder eigene Mitarbeiter.

- **Zielausrichtungsfunktion**, d. h. die Vorgabe zu welchem Zwecke und auf welche Ziele hin die Koordination der Unternehmensteilbereiche vorzunehmen ist. Dies wird bei erwerbswirtschaftlichen Unternehmen regelmäßig das Gewinnmaximierungsziel unter Beachtung der Liquiditätssicherung sein.

Neben diesen klassischen Aufgaben des Controllings übernimmt das Controlling auch Aufgaben in Steuerangelegenheiten des Unternehmens. Dies erfolgt häufig im Zusammenwirken und in enger Abstimmung mit der Steuerabteilung. Hierbei sollen einerseits Informationen zur Verfügung gestellt werden, die z. B. im Rahmen von Betriebsprüfungen genutzt werden können, um gegenüber der Finanzverwaltung bestimmte Vorgehensweisen zu erläutern und zu rechtfertigen. Hierbei führt der Einsatz von ohnehin bereits vorhandenen Daten nicht nur zu Kostenvorteilen, sondern möglicherweise vermitteln diese eine höhere Überzeugungskraft. Schließlich lagen diese Argumente und Annahmen auch der Entscheidungsfindung des Unternehmens zugrunde. Darüber hinaus muss das Controlling im Rahmen seiner Koordinationsfunktion – regelmäßig unter Beteiligung der Steuerabteilung – steuerliche Fragestellungen mit einbeziehen. Nur so lassen sich Entscheidungen treffen, die auch unter Berücksichtigung der Besteuerung einen möglichst hohen Zielerreichungsgrad aufweisen. Hierbei spielt weniger die Steuerdeklarationsarbeit eine große Rolle als vielmehr die Erfassung von möglicherweise steuerlich relevanten Fragestellungen und die Bereitstellung von Informationen zur Vornahme steuerlicher Gestaltungen im Sinne einer relativen Steuerminimierung.

Inhaltlich können sich die Aktivitäten des Controllings auf sehr unterschiedliche Bereiche beziehen. Hierbei nimmt das Controlling eine Koordination sowohl zwischen als auch innerhalb der einzelnen Teilbereiche des Unternehmens vor.

Beispiel:

Um die Fertigungsabläufe zu optimieren soll eine bisher am Standort A erfolgte Produktion an den Standort B verlagert werden. Hierzu müssten die Maschinen und Anlagen, auf denen produziert wird, von A nach B verbracht werden. Allerdings wurden diese Maschinen mit Hilfe von staatlichen Investitionsfördermaßnahmen[640] finanziert, die an eine Verbleibensfrist gebunden sind. Folglich würde die Überführung in eine Betriebsstätte außerhalb des Fördergebiets die Rückzahlung der gewährten finanziellen Unterstützung auslösen.

Wie das Beispiel zeigt, sind einerseits in der Controllingabteilung ausreichende steuerliche Kenntnisse erforderlich, um mögliche steuerliche Gefahren und drohende Nachteile erkennen zu können. Während eine detaillierte Prüfung ggf. auch durch andere erfolgen kann (wie z. B. durch die Steuerabteilung oder durch externe Steuerberater) bedarf es einer hinreichenden Sensibilität für steuerliche Fragestellungen. Schließlich kann etwa die Steuerabteilung erst dann tätig werden, wenn sie von diesem Vorgang Kenntnis erlangt hat. Da das Controlling häufig einen viel tieferen Einblick in die Details der unternehmerischen Abläufe hat, als dies bei der Steuerabteilung der Fall ist, kann es einfacher steuerrelevante Sachverhalte entdecken und einen Impuls für eine eingehende steuerliche Würdigung geben. Andererseits kann die Vernachlässigung von steuerlichen Auswirkungen dazu führen, dass eine Entscheidung getroffen bzw. vom Controlling empfohlen wird, die für das Unternehmen suboptimal wäre. Sind in dem obigen Verlagerungsbeispiel etwa die zurückzuzahlenden Zuschüsse höher als die entstehenden Kostenvorteile, wäre die empfohlene Vorgehensweise nicht sinnvoll.

In Abhängigkeit vom Anwendungsbereich des Controllings und seines Gegenstandes lassen sich unterschiedliche Teilgebiete abgrenzen. Es ergeben sich dann beispielsweise die folgenden Unterscheidungen:[641]

- gesamtbetriebliches und teilbetriebliches Controlling,

640 Vgl. zu diesen nochmals S. 263 ff.

641 Vgl. Lachnit/Müller, Unternehmenscontrolling, Wiesbaden 2006, S. 8.

- Erfolgs-, Finanz- und Risikocontrolling,
- operatives und strategisches Controlling,
- Controlling in einzelnen Funktionsbereichen, wie etwa Absatz-, Produktions-, Beschaffungs-, Logistik und Verwaltungscontrolling sowie
- Controlling bezogen auf einzelne Faktoren, wie z. B. Anlagen-, Material- oder Personalcontrolling.

Die wirtschaftliche Entwicklung der letzten Jahre hat zu einer zunehmenden Spezialisierung von Unternehmen geführt. Hiermit verbunden ist die Notwendigkeit einer Abstimmung und Koordinierung zwischen den einzelnen Unternehmensbereichen. Da diese Bereiche häufig in eigenen Gesellschaften rechtlich verselbstständigt werden, erfolgt im Weiteren eine Fokussierung auf das Beteiligungscontrolling und die hierbei zu beachtenden steuerlichen Aspekte. Dabei werden die Interdependenzen zwischen dem Controlling und einer steueroptimalen Unternehmenssteuerung, die Konsequenzen des steuerlichen Einflusses auf das Controlling sowie die Schwierigkeiten bei der Implementierung eines Beteiligungscontrollingsystems gezeigt. Zunächst ist zu definieren, was unter Beteiligungscontrolling zu verstehen ist und welches Verständnis der Aufgabe des Controllings dieser Sonderform zugrunde liegt.

4.3.2 Ausgewählte Überlegungen zum Beteiligungscontrolling

4.3.2.1 Definition

Die Aufgaben des Beteiligungscontrollings besteht in der **kontinuierlichen Beantwortung der Frage, ob der Beitrag einer Beteiligung zum gesamten Unternehmenserfolg angemessen ist.** Somit unterstützt es die Unternehmensleitung durch Entscheidungsvorbereitung zum Erwerb, Halten und/oder Veräußerung von Beteiligungen. Die Durchführung des Beteiligungscontrollings erfolgt zumeist mit Hilfe von Kennzahlen, die der Bilanzanalyse oder der Unternehmensbewertung entlehnt sind.[642] Insofern stellt das Beteiligungscontrolling zunächst ein Informationsinstrument dar, das gleichzeitig als Koordinationsinstrument benutzt wird. Im Rahmen des Informationsinstruments kann sowohl eine reine ex post Betrachtung – beispielsweise als Bestandsaufnahme der verursachten Kosten und erbrachten Leistungen – erfolgen als auch bei Informationen über Abweichungen zu Planvorgaben, wie z. B. Soll-Ist-Vergleich von Renditekennzahlen, ein Einsatz als Entscheidungsunterstützungsinstrument. Die Verzinsung des eingesetzten Gesamtkapitals oder des Eigenkapitals sowie die EBIT-

[642] Über die Vor- und Nachteile solcher Kennziffern soll an dieser Stelle keine Aussage getroffen werden. Vielmehr ist davon auszugehen, dass die Unternehmen solche zum Zwecke der Bewertung des anteiligen Konzernertrages eines Konzernunternehmens einsetzen.

Marge[643] sind gebräuchliche Kennziffern zur Bestimmung des Erfolgsbeitrages eines Konzernunternehmens zum Gesamtergebnis. In der Regel wird die Konzernleitung hierbei eine Renditevorgabe zu Beginn des Geschäftsjahres festlegen, die von allen Konzerngesellschaften erreicht werden muss. Hierbei handelt es sich regelmäßig um eine Kennziffer vor Berücksichtigung von Steuern. Die Gründe für die Nichtberücksichtigung von Steuern lassen sich wie folgt zusammenfassen:

- fehlende oder unzureichende Modellierbarkeit von steuerlichen Sachverhalten und daher fehlende Vergleichbarkeit der Steuerbelastung durch Sondereffekte,
- starke Abhängigkeit der Steuerbelastung vom Standort des Unternehmens bzw. Unternehmensteils,
- Einfluss der Einbindung der einzelnen Unternehmens- und Konzernteile in die Gesamtunternehmer bzw. den Konzern und hieraus entstehender Einfluss auf die Gesamtsteuerbelastung (wie etwa infolge eines Verlustausgleichs),
- die Tatsache, dass sich eine exakte Steuerfestsetzung zumeist erst im Anschluss an eine Betriebsprüfung, d h. mehrere Jahre nach Verwirklichung des Sachverhaltes, ergibt,
- rasche Steuersatz- und Gesetzesänderungen und somit fehlende Vergleichbarkeit im Zeitablauf.

Zwar werden diese Argumente zu Recht angeführt, doch lassen sich die genannten Probleme überwinden, indem bei Festlegung der Plandaten die aktuellen steuerlichen Regelungen berücksichtigt werden. Außerdem kann eine differenzierte Planung für einzelne Gesellschaften bzw. Unternehmensteilen einerseits und die unternehmerische Betätigung insgesamt andererseits die isolierte Betrachtungsweise ergänzen. Dadurch kann eine ungefähre zukünftige Steuerbelastung ermittelt werden, die dann im Wege einer Umlage auf die einzelnen Gesellschaften bzw. Unternehmensteile aufgeteilt werden kann.

4.3.2.2 Aufgaben des Beteiligungscontrollings

Als Führungsunterstützung durch Entscheidungsvorbereitung ist das Controlling ein integraler Bestandteil der Unternehmensführung im Sinne eines zielorientierten Willensbildungs- und Willensdurchsetzungsprozesses. Die Stufen der Informationsbeschaffung sowie Kontrolle können durch geeignete Maßnahmen erreicht werden und stellen insoweit die Basis der zukünftigen Aktivitäten dar. Hierbei ist auch zu ermitteln, inwieweit zu welchen Zeitpunkten Steuerbelastungen entstehen und möglicherweise vorhandene Verlustvorträge sich wann auswirken. Diesen Überlegungen

643 Das EBIT ergibt sich als: Umsatzerlös – Materialaufwand – Personalaufwand – sonstige betriebliche Aufwendungen + sonstige betriebliche Erträge – Abschreibungen auf das Anlagevermögen + Zuschreibungen zum Anlagevermögen. Die EBIT-Marge ergibt sich durch Division das EBIT durch die Umsatzerlöse.

kommt gerade vor dem Hintergrund der veränderten Bedeutung latenter Steuern große Bedeutung zu. Diese sind dadurch gekennzeichnet, dass sie nicht nur tatsächliche Steuerzahlungen berücksichtigen, sondern auch zukünftige steuerliche Be- und Entlastungen infolge von vorhandenen Verlustvorträgen. Gerade externe Analysten billigen häufig der **Konzernsteuerquote** erhebliche Aussagekraft zu. Diese bestimmt sich als Verhältnis der Differenz zwischen tatsächlichem und latentem Steueraufwand zum Ergebnis vor Steuern. Allerdings erfolgt eine sehr aggregierte Betrachtung für das gesamte Unternehmen bzw. den Konzern. Dies ist für die Beurteilung der steuerlichen Auswirkungen einzelner Entscheidungen jedoch nicht geeignet, weil damit auch auf Größen zurückgegriffen wird, die vom Einzelnen nicht zu beeinflussen sind. Erschwerend kommt hinzu, dass Steuern nicht für die einzelnen Entscheidungen oder (Investitions-)Objekte ermittelt werden, sondern für den Konzern als Ganzes. Dies gilt umso mehr, als einer Mehrbelastung in einem Bereich eine Entlastung in einem anderen gegenüber stehen kann.

Das Beteiligungscontrolling unterstützt die Unternehmens- bzw. Konzernführung bei Entscheidungen durch die Ermittlung von Informationen und durch eine Koordination. Diese Tätigkeit bezieht sich insbesondere auf:

- die Beteiligungsstruktur im Grundsätzlichen,
- die Begründung einer Beteiligungsstruktur,
- die Steuerung einer gegebenen Beteiligungsstruktur,
- Anpassungsvorgänge der Beteiligungsstruktur an neue Marktgegebenheiten,
- sowie Entscheidungen über die Aufgabe einer Beteiligung, die bisher zum Konzern gehörte.

Die Notwendigkeit der Berücksichtigung von Steuern im Rahmen des Beteiligungscontrollings oder als gesondertes steuerliches Beteiligungscontrolling ergibt sich aus den folgenden Gründen:

- Die Kenntnis über den steuerlichen Status der Konzerngesellschaften ist Voraussetzung einer steueroptimalen Konzernstruktur und Konzernsteuerung.
- Möglicherweise divergierende Ziele sowie Vorschläge für Handlungsempfehlungen und Anpassungsmaßnahmen zwischen Kostenrechnung, Controlling und Steuerplanung müssen erkannt und quantifiziert werden.
- Der Unternehmenswertbeitrag einer Beteiligung wird ohne Berücksichtigung von Steuern nur unvollständig abgebildet.
- Eine Leistungsbeurteilung des Leitungspersonals unter Außerachtlassung der steuerlichen Konsequenzen der Unternehmensentscheidung ist nicht sinnvoll. Hierbei soll das Beteiligungscontrolling auch Daten erfassen, die Rückschlüsse auf zukünftige steuerliche Risiken zulassen, um diese in die Leistungsbeurteilung einbeziehen zu können.

Es zeigt sich, dass eine Beurteilung von Vorteilhaftigkeitsüberlegungen nur unter Einbeziehung steuerlicher Aspekte möglich ist. Voraussetzung für die Berücksichtigung steuerlicher Aspekte im Rahmen eines Beteiligungscontrollings ist die genaue und zeitnahe Kenntnis der rechtlichen, tatsächlichen und steuerlichen Struktur des Konzerns. Im Rahmen einer solchen **rechtlichen und steuerlichen Bestandsaufnahme** sind Informationen über die Beteiligungsverhältnisse, die gegebenen Rechtsformen sowie die Art und Ausgestaltung der schuld- und gesellschaftsrechtlichen Verträge der Konzernunternehmen untereinander sowie gegenüber fremden Dritten unverzichtbare Voraussetzung für das Funktionieren eines Controllingsystems. Diese rechtliche Bestandsaufnahme ist gerade bei großen Konzernen mit mehreren hundert Tochtergesellschaften keineswegs ein einfaches Unterfangen. Es gilt hierbei nicht nur die Historie nachzuzeichnen, sondern auch aktuelle Veränderungen aufzuzeigen. Hierbei ist auch zu beachten, dass der rechtliche Status einzelner Gesellschaften – im In- und Ausland – unterschiedlich beurteilt werden kann. Da zahlreiche steuerliche Regelungen an die zivilrechtliche Ausgestaltung von Maßnahmen und Aktivitäten von Unternehmen anknüpfen, können steuerliche Effekte nur dann identifiziert und quantifiziert werden, nachdem die rechtlichen Rahmenbedingungen erfasst wurden. Diese Daten können nur dann als sinnvolle Entscheidungsgrundlage eingesetzt werden, wenn deren Aktualität gewährleistet ist. Folglich sind entstehende Änderungen zu berücksichtigen. Ferner muss dokumentiert werden, zu welchem Zeitpunkt diese Änderungen eingetreten sind, um z. B. in künftigen Betriebsprüfungen eine zeitlich zutreffende Abgrenzung nachweisen zu können.

Auch die **tatsächliche Ausgestaltung** von Geschäftsaktivitäten ist für die steuerliche Beurteilung wesentlich. So kommt es zum Beispiel für den Erhalt des Verlustabzugs nach § 10d EStG sowie § 10a GewStG unter anderem darauf an, dass keine sachliche Veränderung des Unternehmensgegenstandes stattgefunden hat und das Unternehmen weiterhin in demselben Geschäftsbereich tätig ist. Außerdem können Veränderungen in der Zusammensetzung der einzelnen Geschäftsfelder zur Versagung oder Erlangung steuerlicher Befreiungen führen, wie dies beispielsweise bei der Umsatzsteuerbefreiung nach § 4 UStG der Fall ist. Auch die Finanzierung von Investitionen kann für die steuerliche Beurteilung von wesentlicher Bedeutung sein, wenn eine steueroptimale Konzernstruktur gesucht wird.

Aus den Informationen dieser beiden Bereiche kann der **Steuerstatus** einer Gesellschaft sowie ihrer Gesellschafter ermittelt werden. Hierzu gehört zunächst eine Identifizierung der Rechtsform, die bei Gesellschaften ausländischen Rechts nicht ohne weiteres ersichtlich ist. Denkbar ist insbesondere bei Mischformen, dass diese anders qualifiziert werden, als dies nach deutschem Verständnis geschieht. In einem nächsten Schritt muss untersucht werden, ob die Gesellschaft Verlustvorträge hat und ob etwaige Änderungen in der Unternehmens- und Unternehmeridentität stattgefunden haben. Des Weiteren ist die Kenntnis steuerlich bedeutsamer Fristen erforderlich, wie z. B. die 5- bzw. 7-Jahresfrist nach den erbschaftsteuerlichen Verschonungsregelungen in § 13a Abs. 1 bzw. Abs. 8 ErbStG. Hierbei ist insbesondere bei Personengesellschaftskonzernen zu beachten, dass die Veräußerung von Beteiligungen auf unteren Konzernstufen zu steuerlichen Nachteilen beim Gesellschafter führen kann. Dies gilt speziell, wenn dadurch von ihm zu erfüllende Behaltensfristen nicht genügt wird. Dies ist immer dann der Fall, wenn funktional wesentliche Betriebsgrundlagen eines Betriebes veräußert werden[644] oder Teile des Veräußerungsgewinns entnommen werden und hierin eine Überentnahme i. S. v. § 13a Abs. 5 Satz 1 Nr. 3 ErbStG zu sehen ist. Zu erfassen ist auch, inwieweit es zeitliche Begrenzungen für einen Verlustvortrag gibt. In etlichen Staaten ist vorgesehen, dass Verluste innerhalb einer bestimmten Frist ausgeglichen werden müssen oder sonst steuerlich nicht mehr genutzt werden können.

Die eintretenden Steuerwirkungen können erst zutreffend beurteilt werden, wenn alle Informationen über die steuerlichen Gegebenheiten der Konzernunternehmen vorliegen. Nur auf dieser Grundlage kann eine zielgerichtete Steuerplanung erfolgen, weil erst damit der Gestaltungsrahmen aufgezeigt wurde, der sich im jeweiligen Fall bietet. Hierbei haben u. a. auch Informationen über künftig zu erwartende Betriebsprüfungen und mögliche steuerliche Risiken bei den Tochtergesellschaften besondere Bedeutung. Auf dieser Grundlage kann – regelmäßig noch außerhalb einer Betriebsprüfung – entschieden werden, ob risikobehaftete Verhaltenspraktiken abgestellt werden bzw. inwieweit bereits frühzeitig Argumente für eine Verteidigung der gewählten Vorgehensweise gegen mögliche steuerliche Angriffe gesucht werden.

4.3.2.3 Mögliche Zieldivergenzen zwischen Beteiligungscontrolling und dem Ziel relativen Steuerminimierung

Zwischen den originären Controllingzwecken und dem Ziel der Gewinnmaximierung nach Steuern können Unterschiede bestehen. Dies gilt unbeschadet davon, dass die Unternehmensleitung das Oberziel vorgibt. Das Controlling und die anderen Abteilungen des Unternehmens müssen ihre Subziele aus diesem Oberziel ableiten. Es besteht somit grundsätzlich Zielkongruenz zwischen Controllings- und Unternehmenszielen. Fraglich ist, inwieweit durch die Unternehmensleitung steuerliche Zielsetzungen und Überlegungen mit in die Vorgaben und in die Zielfindung einfließen. Insoweit können mögliche Unterschiede in einer unterschiedlichen Prioritätensetzung begründet oder der jeweils verfolgten Zielsetzung geschuldet sein.

So kann z. B. aus außersteuerlichen Gründen (z. B. bei Nichterreichung von internen Renditevorgaben) die Veräußerung einer Beteiligung durch die Mutterpersonengesellschaft sinnvoll sein. Dennoch sollte die Veräußerung unterbleiben, wenn die von § 6b Abs. 10 EStG verlangte Frist für eine steuerfreie Übertragung des Veräußerungsgewinns auf ein Ersatzwirtschaftsgut noch nicht abgelaufen ist. Aus dem Beteiligungsverkauf entstünde eine Steuerbelastung, die bei einer späteren Veräußerung

644 Allerdings wird keine Nachversteuerung vorgenommen, wenn die Reinvestitionsklausel nach § 13 Abs. 5 Satz 2 ErbStG anzuwenden ist.

vermieden werden könnte.[645] Sind hingegen Verlustvorträge vorhanden, kann eine Veräußerung von Wirtschaftsgütern sinnvoll sein, auch wenn hieraus ein grundsätzlich steuerpflichtiger Veräußerungsgewinn entsteht. Es ist daher zweckmäßig, Verluste möglichst frühzeitig nutzbar zu machen, indem die stillen Reserven durch Verkauf realisiert werden. Anschließend kann die Miete des innerhalb des Konzerns veräußerten Wirtschaftsguts erfolgen. Dies kann sich insbesondere in den Fällen als sinnvoll erweisen, wenn Verlustvorträge bestehen, die ggf. auf Grund eines bevorstehenden Gesellschafterwechsels oder einer geplanten Umwandlung – ganz oder teilweise – vom Untergang bedroht sind. Außerdem ist es vorteilhaft, das Eingreifen der Mindestbeteuerung zu vermeiden, indem kein Verlustabzug nach § 10d EStG erfolgt, sondern ein Verlustausgleich. Allerdings sind auch die hiermit verbundenen laufenden Auswirkungen zu berücksichtigen. Dies gilt insbesondere für entstehende Liquiditätsbelastungen durch anschließende Mietzahlungen und weitere steuerliche Konsequenzen. So würden die Mietzahlungen für die veräußerten Wirtschaftsgüter zu einer gewerbesteuerlichen Hinzurechnung gem. § 8 Nr. 1 GewStG führen.

Ein ähnliches Problem kann sich bei der Bestimmung angemessener Entgelte eines konzerinternen Leistungsaustausches ergeben. Aus Controllinggesichtspunkten ist ein Preis zu vereinbaren, der dem zwischen fremden Dritten entspricht und insoweit einen Marktpreis darstellt. Ggf. kann dieser aber auch um bestimmte Beträge korrigiert werden, wenn diese bei allen Gesellschaften in gleicher Höhe anfallen und somit entscheidungsirrelevant sind.

Beispiel:

Innerhalb des Konzerns wird ein Produktionsstandort für ein neues Produkt gesucht. Die vorhandenen Werke, die dieses technisch herstellen können, werden aufgefordert hierfür ein Angebot abzugeben. Da ein zentraler Einkauf erfolgt und von allen Gesellschaften eine bestimmte Lizenzgebühr zu entrichten wäre, bleiben diese bei der konzerninternen Planung unberücksichtigt. Insofern wird nicht die Zielsetzung verfolgt, einen am Marktpreis orientierten Betrag zu bestimmen, sondern es sollen vielmehr nur die relevanten Preisbestandteile in den Angeboten berücksichtigt werden.

Für steuerliche Zwecke kann es im Sinne einer Gesamtsteuerminimierung des Konzerns sinnvoll sein, Gesellschaften mit Verlusten durch sehr günstige Einkaufspreise zu unterstützen und Gesellschaften mit hohen Gewinnen durch marktunübliche Aufwendungen zu Gunsten der anderen Konzerngesellschaft zu belasten. Wenngleich die Finanzverwaltung entsprechende Instrumentarien zur Prüfung der Angemessenheit von Verrechnungspreisen geschaffen hat, sind doch in einem begrenzten Rahmen Gestaltungen möglich. Sofern das Controlling auch als Führungsunterstützungsinstrument genutzt wird, kann eine steuerliche Beeinflussung der Verrechnungspreise

645 Dies gilt unabhängig davon, dass die Veräußerung der Beteiligung durch die Personengesellschaft in Höhe von 40% von der Besteuerung auszunehmen wäre, vgl. § 3 Nr. 40 Buchst. a) EStG.

nur dann in Frage kommen, wenn den jeweiligen Geschäftsleitern für den Verzicht auf angemessene Preise ein sonstiger Vorteil eingeräumt wird. Hinzu kommt, dass diese regelmäßig im Rahmen ihrer persönlichen Vergütung am Erfolg des von ihnen geleiteten Unternehmensbereich beteiligt sind und daher nicht bereit sein werden, „nur" aus steuerlichen Interessen des Gesamtunternehmens oder -konzerns Nachteile hinzunehmen.

Es kann sinnvoll sein, bestimmte Unternehmenstätigkeiten aus steuerlichen Gründen in einer Konzerngesellschaft zu verselbstständigen, obwohl dies aus sonstigen kaufmännischen Überlegungen als nicht sachgerecht erscheint. Hingegen könnte etwa das Controlling vorbringen, dass die administrativen Kosten infolge der eigenständigen Gesellschaft und der hiermit verbundenen Berichts-, Prüfungs- und Kontrolltätigkeit im Vergleich zur Größe und zur wirtschaftlichen Bedeutung der Gesellschaft unverhältnismäßig hoch sind.

Beispiel:

Die A-GmbH diversifiziert ihr bisheriges Geschäftsfeld und wird in einem neuen Bereich tätig. Bisher ist unklar, ob dieses Geschäftsfeld zukünftig weitergeführt werden soll, ggf. in ein Joint Venture eingebracht oder ganz veräußert werden soll. Dies wird wesentlich davon abhängen, wie sich diese Tätigkeit entwickelt und welcher Finanzbedarf hiermit verbunden ist. Würden diese Aktivitäten innerhalb der A-GmbH als Abteilung geführt, wäre eine entstehende Veräußerung steuerbar und steuerpflichtig. Auch die Einbringung in ein Joint Venture kann nur unter den oben auf S. 109 ff. dargestellten Voraussetzungen des UmwStG erfolgen. Hingegen hat die Verselbstständigung in einer Kapitalgesellschaft den Vorteil, dass auch andere Geschäftspartner beteiligt werden können (etwa im Rahmen einer ordentlichen Kapitalerhöhung). Sofern die Veräußerung angestrebt wird, ermöglicht die gewählte Struktur die Veräußerung unter Nutzung des § 8b Abs. 2 KStG, so dass auf den Veräußerungsgewinn nur eine Steuerbelastung infolge der 5%-Pauschale des § 8b Abs. 3 Satz 1 KStG entsteht, im Übrigen aber eine Steuerfreiheit besteht.

4.3.2.4 Besondere Schwierigkeiten bei der Berücksichtigung von Steuern im Rahmen des Beteiligungscontrollings

Soll eine Berücksichtigung von Steuern im Rahmen des Beteiligungscontrollings erfolgen, ist zunächst zu bestimmen, welche Informationen hierfür benötigt werden. Hierzu zählen nur solche Daten, die steuerlich bedeutsam sind, ohne dass andere betriebswirtschaftliche Überlegungen unberücksichtigt bleiben. Hiermit ist der Controllingabteilung ein Bereich vorgegeben, in dem steuerliche Maßnahmen den Erfolgsbeitrag des Beteiligungsunternehmens beeinflussen können. Da die Controllingabteilung auf Informationen aus dem gesamten Unternehmen angewiesen ist, muss sichergestellt werden, dass jede Abteilung steuerrelevante Informationen identifizieren kann und diese zeitnah an das Controlling weitergibt. Hierfür bieten sich standardisierte Intranetlösungen an, die einen geringen Mehraufwand bei demjenigen hervorrufen, der die Informationen weiterreicht.

Die zeitnahe Kenntnis relevanter Daten setzt u. a. erhebliche Investitionen in die Informationstechnologiestruktur sowie Änderungen der Ablauf- möglicherweise aber auch der Aufbauorganisation voraus. Ferner bedarf es einer klaren Abgrenzung der Zuständigkeiten zwischen dem Controlling, der Buchführung und der Steuerabteilung. So muss etwa entschieden werden, wer für die Dokumentation und Archivierung von Steuererklärungen, Veranlagungen und Steuerfestsetzungen, sowie von Rechtsbehelfen und Fristenkontrollen verantwortlich ist.

Da in Unternehmen regelmäßig nur die Steuerabteilung über die nötige fachliche Kompetenz verfügt, die Informationen hinsichtlich ihrer steuerlichen Bedeutung zu beurteilen, hat dort die Sammlung und zentrale Auswertung der Daten zu erfolgen. Sie kann auch Soll-Vorgaben für eine Steuerquote[646] formulieren oder Vorgaben erlassen, inwieweit etwa bei der Erstellung von Angeboten steuerliche Belastungen im Rahmen der Kalkulation zu berücksichtigen sind. Hierbei kann die Nutzung von sog. Benchmarks sowie durch Best-Practice-Instrumente und Erfahrungswerten ein erster Anhaltspunkt zur Beurteilung der steuerlichen Ist-Situation sein.

Besondere Schwierigkeiten bereitet die Steuerung einer Beteiligungsstruktur anhand der Informationen aus dem Beteiligungscontrolling. Ursächlich hierfür sind häufig nicht eindeutig vorausberechenbare steuerliche Konsequenzen. So kann oft erst im Rahmen einer Betriebsprüfung festgestellt werden, dass bestimmte Vorgehensweise von der Finanzverwaltung nicht anerkannt werden. Dann ist es jedoch häufig zu spät um hieran für die Vergangenheit noch etwas zu ändern. Bei Dauersachverhalten ist zu prüfen, inwieweit hiermit die Verpflichtung verbunden ist, eine korrigierte Steuererklärung abzugeben. Hinzu kommt, dass nicht nur eine steuerliche Einkunftskorrektur erfolgt, sondern auch Zinsen auf die Steuernachzahlungen zu entrichten sind. Da diese keine abzugsfähigen Betriebsausgaben sind, ist die hiermit verbundene Belastung besonders hoch.

Im Idealfall erfolgt vor der kaufmännischen Entscheidung im Konzernunternehmen eine Voranfrage über die steuerlichen Folgen für das Konzernunternehmen, aber auch für die Steuerquote des Konzerns. So wäre z. B. an eine Online-Begutachtung und Beratung von Investitions- und anderen Unternehmensentscheidungen der jeweiligen Konzernunternehmen durch die zentrale Steuerabteilung zu denken. Bei der Implementierung solcher Systeme besteht jedoch eine Reihe von Problemen, wie etwa die hierarchische Einordnung der Mitarbeiter der Steuerabteilung, die Bestimmung der Beratungskapazität, die Schaffung von Anreizsystemen für das Leitungspersonal

646 Dieser Größe wird insbesondere von Analysten und anderen Unternehmensexternen große Beachtung geschenkt. Allerdings kann durch solche Vorgaben alleine das Ziel der Gewinnmaximierung nicht erreicht werden. Schließlich würde bei einer Einstellung der Unternehmenstätigkeit auch eine Steuerquote von Null erreicht, ohne dass den unternehmerischen Zielen Rechnung getragen würde.

steuerliche Aspekte bei ihren Bereichs- oder Geschäftsführungsentscheidungen mit zu berücksichtigen.

Bei einer Matrixorganisation stellt sich die Frage, welche Kompetenzen die Mitarbeiter der Steuerabteilung gegenüber den Führungskräften der Konzerngesellschaften haben sollen. Die Schwierigkeit für die Unternehmen besteht darin, den Entscheidungsbereich der Geschäftsleitungen der Konzerngesellschaften nicht über Gebühr einzuschränken und dennoch die steuerliche Belastung des Gesamtkonzerns zu minimieren. Hinzu kommt, dass nicht der Eindruck entstehen darf, als sei die Steuerabteilung eine übergeordnete Stelle, die sehr stark in die operative Tätigkeit eingreift.

In einem letzten Schritt ist die Entwicklung eines Systems positiver wie negativer Verhaltensmuster der Entscheidungsträger möglich, bei dem die Beurteilung und Vergütung der Leitungsperson anhand der entwickelten Kriterien erfolgt. Ein solches Verfahren ist mit erheblichen Schwierigkeiten behaftet, da zukünftige oder zwischenzeitlich eingetretene Gesetzesänderungen die Vorteilhaftigkeit von Geschäftsleitungsentscheidungen beeinflussen und es regelmäßig schwierig erscheinen lassen, monokausal die Verantwortung für ein bestimmtes steuerliches Ergebnis einer Führungsperson zuzuordnen. Ist dies jedoch nicht möglich, ist der Anreiz- bzw. Strafcharakter von bestimmten Ergebnissen nicht mehr vorhanden.

4.3.2.5 Steuerliche Beurteilung der gegebenen Beteiligungsstrukturen

Ausgangspunkt jeder Einbeziehung von Steuern in ein Beteiligungscontrolling ist die die Beurteilung des Ist-Zustandes einer gewählten Rechtsform einer Tochtergesellschaft oder Enkelgesellschaft für ertragsteuerliche Zwecke. Anschließend ist zu untersuchen, ob eine andere Rechtsform steuerlich vorteilhafter wäre (Feststellung des Soll-Zustandes). Hierzu bedarf es regelmäßig der Information über das Ausschüttungsverhalten, die zukünftige Ertragsentwicklung, die Inanspruchnahme steuerlicher Vergünstigungen und die Beachtung von üblicherweise einzuhaltenden Behaltensfristen sowie Informationen über zukünftige geplante Internationalisierungen. Darüber hinaus kommen bei gesellschaftergeführten Unternehmen weitere Aspekte hinzu, die die Entscheidung auf der Ebene der Gesellschaft mit beeinflussen können, z. B. schuldrechtliche Beziehungen zu den Gesellschaftern oder Unternehmensnachfolgeüberlegungen.

Wenn eine Festlegung erfolgt ist, in welcher Rechtsform eine Tochtergesellschaft oder Enkelgesellschaft zu führen ist, stellt sich die Frage, wie ein Wechsel aus dem Ist-Zustand in die gewünschte Rechtsform erfolgen kann. Hierbei geht es – wie die obigen Ausführungen gezeigt haben – um das Erfüllen der Voraussetzungen für eine Steuerneutralität. Diese bezieht sich jedoch zumeist nur auf die Ertragsteuern, nicht jedoch auf die Grunderwerbsteuer.[647] Zwar hat der Gesetzgeber mit § 6a GrEStG eine

[647] Vgl. hierzu auch S. 86 ff.

Regelung geschaffen, die unter bestimmten Voraussetzungen Umwandlungsvorgänge von der Grunderwerbsteuer befreit, doch wird hierfür verlangt, dass an dem Umwandlungsvorgang ausschließlich Gesellschaften beteiligt sind, an denen fünf Jahre vor und nach der Umwandlung eine mittelbare oder unmittelbare Beteiligung in Höhe von 95% bestand. Außerdem ist die Sicherstellung der Nutzung bestehender Verlustvorträge bei Umstrukturierungen und beim Beteiligungserwerb wichtig. Hierbei führen die Vorgaben zur sog. Mindestbesteuerung in § 10d Abs. 2 EStG zu Problemen, wenn versucht wird, Verlustvorträge durch die Aufdeckung von stillen Reserven nutzbar zu machen. Daher bedarf es einer längerfristigen Strategie zur Nutzung der Verlustvorträge.

Ferner ist zu prüfen, inwieweit ein steuerfinanzierter Unternehmenskauf möglich ist. Wie die Ausführungen auf S. 96 ff. gezeigt haben, sind diese Möglichkeiten nunmehr nicht mehr gegeben. In einem weiteren Schritt ist im Rahmen des steuerlichen Beteiligungscontrollings zu prüfen, inwieweit Steuern auf eine gegebene Beteiligungsstruktur Einfluss haben. Dies wird im Folgenden anhand der Verlustnutzung veranschaulicht.

Der Gesamterfolg eines Konzerns sei ausgeglichen, wobei einige Gesellschaften Gewinne und andere Verluste erzielen. Im Ergebnis kommt es zu Steuerzahlungen bei den gewinnausweisenden Gesellschaften. Das Beteiligungscontrolling soll in einem solchen Fall in enger Abstimmung mit der Steuerabteilung Alternativen aufzeigen, wie diese Steuerzahlungen vermieden werden können, und diese anschließend auf ihre Vorteilhaftigkeit untersuchen. Denkbar wären die folgenden drei Lösungsmöglichkeiten:

- Gestaltung durch Verrechnungspreise,
- Personengesellschaftskonzern,
- Organschaft.

Die erste Möglichkeit könnte in der Bestimmung der Verrechnungspreise bei Leistungsbeziehungen zwischen den Beteiligungsunternehmen liegen. Typischerweise würde den Unternehmen mit Gewinnen ein höherer Aufwand durch innerbetrieblichen Leistungsverkehr zugewiesen als einer „Verlustgesellschaft", die durch erhöhte Einnahmen ein ausgeglichenes Ergebnis erzielen könnte. Diese Gestaltungsvariante ist in der Regel mit hoher Unsicherheit hinsichtlich ihrer steuerlichen Anerkennung verbunden. Voraussetzung ist in jedem Fall, das Funktionen innerhalb des Konzerns tatsächlich auch wirtschaftlich verlagert werden und insoweit dies nur eine langfristige Lösungsmöglichkeit sein kann. Dies führt jedoch zu einem Dilemma. Während aus steuerlichen Gründen die Verlagerung von Gewinnern erfolgen soll, haben die Geschäftsführer der einzelnen Konzernunternehmen ein starkes Interesse an einem zutreffenden Preis. Dieses liegt u. a. daran, dass sie für das Ergebnis „ihrer" Gesellschaft verantwortlich sind und sich möglicherweise auch ihre persönlichen Bezüge – zumindest zu einem gewissen Teil – hiernach richten. Zu beachten ist, dass bei einer Verlagerung im Inland die steuerlichen Spezialvorschriften zur Funktionsverlagerung in § 1 Abs. 3 Sätze 9 und 10 AStG nicht anzuwenden sind. Vielmehr gelten diese ausschließlich für grenzüberschreitende Geschäftsbeziehungen.

Eine zweite Möglichkeit besteht in der Nutzung der Rechtsform Personengesellschaft. Da bei Kapitalgesellschaften Verluste auf der Ebene der Gesellschaft „eingeschlossen" sind und nur von dieser Kapitalgesellschaft genutzt werden können, nicht aber von den dahinter stehenden Gesellschaftern, bietet sich die Rechtsform der Personengesellschaft an. Bei Personengesellschaften wird der Verlust anteilig den Gesellschaftern unmittelbar zugerechnet und kann von diesen mit anderen positiven Einkünften verrechnet werden. Zu beachten ist jedoch die Verlustverrechnungsbeschränkung des § 15a EStG[648]. Außerdem hat jede Personengesellschaft ihren eigenen Gewerbeertrag selbstständig zu ermitteln, so dass für die gewerbesteuerlichen Verlustvorträge keine Lösung herbeigeführt werden kann. Diese bleiben genauso wie Gewinne einer anderen Tochterpersonengesellschaft in der jeweiligen Gesellschaft „verhaftet" und führen im Ergebnis dazu, dass trotz eines Gewerbeertrages der gesamten Unternehmensgruppe von Null Gewerbesteuer zu zahlen ist.

Als dritte Lösungsmöglichkeit könnte an die Begründung eines Organschaftsverhältnisses gedacht werden. Wie die Ausführungen auf S. 190 ff. gezeigt haben, führt die Organschaft dazu, dass die Gewinne und Verluste jeder Organgesellschaft direkt dem Organträger zugerechnet und nur bei diesem besteuert werden. Der Vorteil einer solchen Struktur liegt auf der Hand, da in Fällen, in denen Konzerngesellschaften Gewinne und andere Konzerngesellschaften Verluste erwirtschaften, ein Ausgleich herbeigeführt werden kann. Da die Voraussetzungen der körperschaftsteuerlichen Organschaft derjenigen der gewerbesteuerlichen entsprechen, kann damit auch für Zwecke der Gewerbesteuer eine Optimierung erreicht werden. Allerdings können damit solche Verluste und negative Gewerbeerträge nicht nutzbar gemacht werden, die bereits vor Begründung der Organschaft bei der Organgesellschaft entstanden sind.

4.3.2.6 Zusammenfassende Beurteilung zum steuerlichen Beteiligungscontrolling

Von herausragender Bedeutung für das Beteiligungscontrolling ist die Information über den steuerlichen Status jeder einzelnen Konzerngesellschaft. Vor allem die Konzerne, die auf Grund ihrer Dynamik einer ständigen Veränderung ihrer Beteiligungsstruktur sowie des Unternehmensgegenstandes unterliegen, müssen diesem Umstand besonderes Gewicht beimessen.

Entscheidungen im Rahmen des Beteiligungscontrollings haben i. d. R. steuerliche Auswirkungen, die in Richtung und Intensität im Vorhinein genau ermittelt werden müssen. Daher ist die genaue Kenntnis der steuerlichen Zusammenhänge sowie eine

[648] Vgl. hierzu bereits oben S. 72 ff.

gewisse Sensibilität für steuerliche Fragestellungen zwingende Voraussetzung für die Controllingtätigkeiten. Nicht erforderlich ist demgegenüber die exakte Kenntnis steuerlicher Abwehr- oder Gestaltungsmaßnahmen.

Heigl, Controlling und Interne Revision, 2. Aufl., Stuttgart 1989
Horváth, Controlling, 11. Aufl., München 2009
Kleinschnittger, Beteiligungs-Controlling, München 1993
Küpper, Controlling, 5. Aufl., Stuttgart 2008
Lachnit/Müller, Unternehmenscontrolling. Managementunterstützung bei Erfolgs-, Finanz-, Risiko- und Erfolgspotenzialsteuerung, Wiesbaden 2006
Ossadnik, Controlling, 4. Aufl., München 2009, S. 21 ff.
Weber, Einführung in das Controlling, 13. Aufl., Stuttgart 2011
Wurl, Industrielles Beteiligungscontrolling, Stuttgart 2003

4.4 Marketing

4.4.1 Begriff und Aufgaben

- Welchen Einfluss haben steuerliche Regelungen auf die Ausgestaltung von Produkt- und Vertriebsformen?
- Lässt sich eine zutreffende Preiskalkulation von Produkten ohne Berücksichtigung von Steuern vornehmen?
- Welche steuerlichen Probleme ergeben sich im Zusammenhang mit dem Aufbau, dem Erwerb und der Pflege einer Marke?

Als Marketing im Sinne der folgenden Ausführungen wird ein Bündel von Maßnahmen eines Unternehmens verstanden, das sowohl die **Absatzgestaltung als auch die Marktbeeinflussung** beinhaltet. Inhaltlich bedeutet dies, dass im Rahmen des Marketings folgende Bereiche diskutiert werden:

- Marktanalyse,
- Produktentwicklung und -ausgestaltung,
- Preiskalkulation eines Produktes,
- Bestimmung des Distributionsweges und
- Maßnahmen zum Aufbau einer Marke und Bewerbung der Produkte.

Um in diesen Bereichen zu aussagefähigen Ergebnissen zu gelangen, müssen die steuerlichen Konsequenzen der unterschiedlichen Handlungsalternativen bekannt sein.

Nicht Gegenstand der folgenden Ausführungen ist die in der Literatur bereits ausführlich geführte Diskussion über den Einfluss einer Verbrauchsteuer auf die Preis-Absatz-Funktion eines Unternehmens. Diese führt zu einer Veränderung der Steigung dieser Funktion. Hieraus ergibt sich, dass regelmäßig c. p. eine geringere Menge abgesetzt werden kann.[649]

Aus Sicht der Betriebswirtschaftlichen Steuerlehre sind folgende Aspekte zu berücksichtigen:

- **Steuerbelastung des handelnden Unternehmens**, z. B. hinsichtlich der Abzugsfähigkeit von Marketingaufwendungen, der Abschreibungsfähigkeit von materiellen wie immateriellen Wirtschaftsgütern, der Art und Dauer der planmäßigen Abschreibung sowie der verfahrensrechtlichen Anforderungen bei bestimmten, vor allem verbrauchsteuerpflichtigen Produkten.
- **Steuerbelastung hinsichtlich des zum Verkauf gestellten Produktes**, z. B. bestimmte Verbrauchsteuern (Kaffee, Tee, Mineralöl, Branntwein, Schaumwein usw.) sowie Steuern, die in unmittelbarem Zusammenhang mit dem Produkt stehen und regelmäßig infolge vertraglicher Abrede vom Erwerber gezahlt werden (z. B. Umsatzsteuer oder Grunderwerbsteuer).
- **Steuerbelastung bei Lieferanten und Distributionspartnern**, z. B. wenn bei grenzüberschreitenden Geschäften eine definitive Zusatzbelastung mit nicht abzugsfähiger Umsatzsteuer entsteht oder die Begründung von Steuerpflichten im Ausland auf Grund der Ausgestaltung der dort übernommenen Distributionsfunktion erfolgt.
- **Steuerbelastung beim Kunden**, z. B. die regelmäßig von diesem wirtschaftlich zu tragende Umsatzsteuer. Wettbewerbsverzerrungen ergeben sich durch international unterschiedliche Steuersätze und -regelungen.

4.4.2 Einfluss von Steuern auf ausgewählte Bereiche des Marketings

- Warum ist es erforderlich aus steuerlichen Gründen über eine Produktvariation nachzudenken?
- Warum ist die Identifizierung des Steuerstatus der Kunden eines Unternehmens wichtig?
- Welchen Einfluss haben steuerverfahrensrechtliche Aspekte auf die Produktentwicklung und die Preiskalkulation?

---

649 Vgl. zu einer eingehenden Darstellung z. B. Rose, Betriebswirtschaftliche Steuerlehre, 3. Aufl., Wiesbaden 1992, S. 268 ff. und Diller, Preispolitik, 4. Aufl., Stuttgart 2008, S. 65 ff., sowie zur Einführung einer Produktionsfaktorsteuer S. 393 ff.

Nachfolgend wird anhand von fünf ausgewählten Bereichen des Marketings gezeigt, wie Steuern diese Entscheidungen beeinflussen. Für alle Bereiche gilt, dass die Kenntnis der einschlägigen steuerlichen Regelungen erforderlich ist, um Art und Richtung der Beeinflussung bestimmen zu können. Insoweit sind die Ausführungen zur Erfassung des Steuerstatus beim Beteiligungscontrolling[650] in gleicher Weise auch für die anderen betriebswirtschaftlichen Entscheidungen gültig. Doch ist im Falle des Marketings die Ermittlung des Steuerstatus von Kunden noch schwieriger, als dies bei Tochter- und Enkelgesellschaften eines Konzerns der Fall ist. Regelmäßig ist das Unternehmen auf die freiwillige Preisgabe solcher Informationen durch die Kunden angewiesen, während im Konzernfall diese Daten regelmäßig auf Grund des gesellschaftsrechtlichen Einflusses beschafft werden können. Hingegen bleiben bei fremden Kunden nur die Möglichkeit der Einsichtnahme in den – regelmäßig beim elektronischen Bundesanzeiger offen zu legenden Jahresabschluss – und ein Rückgriff auf die vom Unternehmen veröffentlichten Informationen. Hierbei wird dem Internet-Auftritt regelmäßig besondere Bedeutung zukommen.

4.4.2.1 Marktanalyse

Der Produktion und dem Vertrieb von Produkten geht zumeist eine intensive Analyse des potenziellen Marktes voraus.[651] Hierbei bedienen sich die Unternehmen entweder spezialisierter Dienstleister, die für ihre Arbeitsergebnisse vergütet werden oder eigener Mitarbeiter. Von besonderer Bedeutung ist, wie die hierdurch verursachten Aufwendungen handelsbilanziell und steuerlich zu berücksichtigen sind. Handelt es sich um eine individualisierte Marktanalyse, die ausschließlich vom Unternehmen für die Einführung eines bestimmten Produktes genutzt werden kann, muss unseres Erachtens die Wirtschaftsguteigenschaft verneint werden. Die Marktanalyse ist nicht geeignet, dem Unternehmen über die laufende Periode hinaus einen Nutzen zu stiften. Daher liegen in jedem Fall sofort abzugsfähige Betriebsausgaben vor, die im Jahr der Verausgabung steuermindernd berücksichtigt werden müssen. Der Sachverhalt wäre anders zu beurteilen, wenn das Unternehmen eine Marktanalyse oder ein Kundenprofil erstellt, das entgeltlich fremden Unternehmen zur Nutzung überlassen würde. In diesen Fällen liegt ein immaterielles Wirtschaftsgut des Anlagevermögens vor, welches entweder angeschafft oder selbst erstellt wurde. Über den Maßgeblichkeitsgrundsatz des § 5 Abs. 1 EStG sind die handelsrechtlichen Grundsätze ordnungsmäßiger Buchführung auch für die steuerliche Gewinnermittlung anzuwenden, sofern das Steuerrecht dem nicht entgegensteht. Dies ist infolge des § 5 Abs. 2 EStG jedoch der Fall, der – wie § 248 Abs. 2 HGB – eine Bilanzierung selbsterstellter immaterieller Wirtschaftsgüter wie z. B. Marken, Kundenlisten und vergleichbare immaterielle Wirtschaftsgüter des Anlagevermögens verbietet. Folglich sind die entstandenen Aufwen-

[650] Vgl. hierzu nochmals S. 345 ff.

[651] Dieser beinhaltet auch die Erstellung von Kundenprofilen potentieller Produktabnehmer, die nicht nur in der Markteinführungsphase, sondern auch zu späteren Zeitpunkten genutzt werden können.

dungen in vollem Umfang als Betriebsausgaben i. S. d. § 4 Abs. 4 EStG im Jahr ihres Entstehens zu berücksichtigen, sofern kein entgeltlicher Erwerb erfolgt ist.

Beispiel:

Ein Unternehmen verschenkt an Personen einen internetfähigen Personal-Computer im Wert von 1.200,- € und möchte quasi als Gegenleistung von dem „Beschenkten" für einen Zeitraum von drei Jahren eine detaillierte Aufstellung des Surf- und Kaufverhaltens im Internet bekommen. Das Unternehmen stellt dem „Beschenkten" hierfür ein auf die Bedürfnisse der Studie abgestimmtes Formular zur Verfügung, welches dann vom Unternehmen ausgewertet wird und Eingang in ein Kundenprofil findet.

Unseres Erachtens liegt im vorliegenden Fall keine Schenkung vor, sondern in gewisser Weise ein Leistungsaustausch, der sowohl handels- wie auch steuerbilanziell abgebildet werden muss. Fraglich erscheint, ob die Ausgaben für die Personal-Computer im Jahr der Verausgabung bzw. Verschenkung als Wirtschaftsgut aktiviert werden müssen. Voraussetzung hierfür wäre, dass ein immaterielles Wirtschaftsgut des Anlagevermögens angeschafft wird. Dies ist jedoch nicht der Fall, denn das endgültige Wirtschaftsgut „Kundenprofil" wird durch das Unternehmen selbst erstellt, wobei die Informationen der „Beschenkten" nur einen Bestandteil darstellen. Die Generierung der Kundendaten auf Grund der empfangenen Informationen der „Beschenkten" stellt erst als fertige Datei die Voraussetzung für ein Wirtschaftsgut dar. Insoweit liegt durch das „Verschenken" der Personal-Computer noch kein Anschaffungsvorgang für einen Kundenstamm vor. Folglich sind die Aufwendungen für die Personal-Computer als sofort abzugsfähige Betriebsausgabe steuermindernd zu berücksichtigen. Diese für den leistenden Unternehmer sehr vorteilhafte steuerliche Behandlung muss bei der Ermittlung der Kosten für diese Marketing-Aktivität mit berücksichtigt werden.

Der dargestellten bilanziellen Behandlung steht nicht entgegen, dass eine Parallele zu einem Tauschvorgang gezogen werden könnte. Für die Hingabe der Computer bekommte das Unternehmen das Recht, den Kunden zu befragen. Eine solche Qualifikation wäre – in Abhängigkeit von der Ausgestaltung des Vertrages – zwar grundsätzlich denkbar, doch fehlt den Unternehmen in der Praxis die rechtliche oder faktische Handhabung zur Durchsetzung dieses Rechtes. Folglich ist die erlangte Rechtsposition zumeist wertlos.

Fraglich ist allerdings die umsatzsteuerliche Behandlung. Gemäß § 3 Abs. 1b Nr. 3 UStG handelt es sich bei dem Erwerb der Personal-Computer und deren „Verschenkung" um einen wirtschaftlich gesehenen umsatzsteuerlichen „Eigenverbrauch", der eine Umsatzsteuerpflicht zur Folge hat. Damit kann der Unternehmer die beim Einkauf der Personal-Computer zu zahlende Umsatzsteuer zwar als Vorsteuer geltend machen. Gleichzeitig stellt der Vorgang des Weiterreichens der Personal-Computer an die Kunden einen Umsatz dar, der seinerseits zur Umsatzsteuerpflicht führt. Da das Unternehmen den Kunden die Personal-Computer unentgeltlich überlässt, hat es mindestens die Umsatzsteuer auf den Einkaufspreis zzgl. Nebenkosten gem. § 10 Abs. 4 Nr. 1 UStG als weitere steuerliche Belastung zu tragen.

Die Marktanalyse wird u. a. zeigen müssen, ob potenzielle Kunden auch mit geringfügig veränderten Produkten erreicht werden können. Hiermit könnte die Grundlage gelegt werden, um Variationen des Produktes vorzunehmen, die zu steuerlichen Vorteilen oder der Vermeidung steuerlicher Mehrbelastungen führen.

4.4.2.2 Produktentwicklung und -ausgestaltung

Bereits bei der Produktentwicklung und -ausgestaltung ist darauf zu achten, ob dieselbe Funktionalität eines Produktes auch durch andere Werkstoffe, ein anderes Design, andere technische Möglichkeiten oder eine andere Verpackung erreicht werden kann.[652] Das Steuerrecht hat, trotz aller Kritik aus der Steuerwissenschaft, immer noch zahlreiche **steuerliche Lenkungsmaßnahmen**, die sich entweder **begünstigend oder belastend** auf ein bestimmtes unternehmerisches Verhalten auswirken. Folgende Beispiele sollen dies verdeutlichen:

- Für Personenkraftwagen mit einem besonders umweltfreundlichem Motor besteht eine Reduzierung der Kfz-Steuer, die bei der sog. Euronorm 5 bzw. 6 bis zur vollständigen Steuerbefreiung in den ersten zwei Jahren führt. Etwaige Mehrkosten bei der Produktion, die sich möglicherweise auch im Preis niederschlagen, werden vor dem Hintergrund einer Steuerersparnis von den Kunden eher akzeptiert. Für Kunden, die das Fahrzeug unternehmerisch nutzen, ist der wirtschaftliche Wert der Steuerfreiheit geringerer als für Nichtunternehmer. Unternehmern können die Kfz-Steuer als Betriebsausgabe steuermindernd gelten machen und sind daher wirtschaftlich nicht mit der vollen Kfz-Steuer belastet. Insbesondere umweltpolitische Lenkungsmaßnahmen, die durch entsprechende steuerliche Mehrbelastungen oder Entlastungen das Verhalten der Wirtschaftsakteure beeinflussen sollen, können zu veränderten Produktspezifikationen führen. So ist der Wiederverkaufspreis bei beispielsweise technisch nicht mehr dem geforderten Standard entsprechenden Produkten geringer und muss bei der Bestimmung des Verkaufspreises des Neuproduktes berücksichtigt werden oder aber eine Anpassung an die Produktspezifikation vorgenommen werden.
- Die Darreichung eines Produktes (insbesondere ob bei digitalisierten Produkten eine Belieferung als verkörperte CD oder als Download erfolgen soll) muss wegen der erheblichen – vor allem umsatzsteuerlichen – Folgen berücksichtigt werden. Sie stellt gleichzeitig auch eine Frage des zu wählenden Distributionsweges dar und wird daher auf S. 363 ff. behandelt.
- Die Art der Verpackung eines Produktes ist durch die Einführung eines sog. Dosenpfands (= Pfand auf Einwegverpackungen), also einer der Steuer vergleichbaren Abgabe, deutlich vorbestimmt. Während Mehrfachverpackungen von der Abga-

652 Vgl. z. B. Oblau, Marketing und Steuern, Berlin 2001, S. 17 ff.

benpflicht ausgenommen sind, kommt es bei Einwegverpackungen zu einer entsprechenden Belastung. Noch weitergehend wurde früher versucht, Einwegverpackungen in Schnellrestaurants über eine besondere Verpackungssteuer deutlich zu verteuern und damit die Anbieter zu einer anderen Verpackungsform zu bewegen. Allerdings haben diese Regelungen einer verfassungsrechtlichen Überprüfung nicht Stand gehalten.[653]

- Werden bei der Herstellung eines Produktes Stoffe verarbeitet, die einer gesonderten Steuerpflicht unterliegen und deshalb höhere Kosten verursachen, ist zu prüfen, ob Ersatzstoffe verarbeitet werden können, bei denen keine oder eine niedrigere Steuerbelastung gegeben ist.[654] So kann beispielsweise bei Süßwarenprodukten mit künstlichen Aromastoffen gearbeitet werden, die geschmacklich ähnlich wirken wie der Einsatz von der Kaffeesteuer unterliegenden Originalprodukten.

- Bei der Produktentwicklung ist ebenfalls darüber nachzudenken, mit welchem Gewicht unterschiedliche Komponenten in das Produkt eingehen. So unterliegt beispielsweise der Verkauf eines „Überraschungseis" einer ermäßigten Umsatzsteuer von derzeit 7%.[655] Hingegen würde der isolierte Verkauf des in dem „Überraschungsei" befindlichen Spielzeugs gem. § 12 Abs. 1 UStG zu einer regulären Umsatzsteuerbelastung von derzeit 19% führen. Nach Auffassung des Gesetzgebers und der Finanzverwaltung gibt die Schokolade dem Produkt das Gepräge. Hingegen ist das Spielzeug nur unselbstständige Nebenleistung. Da bei einer einheitlichen Lieferung oder sonstigen Leistung die Hauptleistung die umsatzsteuerliche Behandlung der Nebenleistung bestimmt, kommt es insgesamt zur Besteuerung mit dem für Nahrungsmittel geltenden reduzierten Umsatzsteuersatz. Wenn der Preis für das Produkt erhöht würde (z. B. infolge der Verwendung höherwertigen Spielzeugs), käme es künftig zu einer Besteuerung mit dem regulären Steuersatz, weil nun das Spielzeug der Gesamtleistung das Gepräge gibt. Aufgabe der Produktentwickler und/oder der Steuerabteilung innerhalb eines Unternehmens muss es daher sein, auf diese latenten Gefahren hinzuweisen. Für den Kunden ist die umsatzsteuerliche Belastung stets ein Preisbestandteil. Ein besonderes Risiko besteht für das Unternehmen immer dann, wenn der Preis gegenüber dem Abnehmer vorzeitig bekannt gegeben werden muss. Dieser kann später auch dann nicht mehr geändert werden, wenn sich herausstellt, dass eine für das Unternehmen nachteiligere umsatzsteuerliche Qualifikation gegeben ist. Eine Forderung der höheren Umsatzsteuer wird häufig weder rechtlich noch faktisch möglich sein, zumal wenn der Absatz eines Produktes an eine große Zahl von Kunden erfolgte.

Die Beispiele zeigen, dass bereits in dem frühen **Stadium der Produktentwicklung** Informationen über den Steuerstatus möglicher Kunden erforderlich sind, um die Akzeptanz von Produktvariationen zu ermitteln. Ebenso wichtig ist die Kenntnis von

---

653 Vgl. BVerfG vom 7. 5. 1998, 2 BvR 1991/95, 2 BvR 2004/95, BVerfGE 98, S. 106, S. 125 f.

654 Vgl. hierzu auch die Ausführungen zur sog. Produktionsfaktorsteuer auf S. 393 ff.

655 Vgl. § 12 Abs. 2 UStG i. V. m. laufende Nr. 30 der Anlage zu § 12 Abs. 2 Nr. 1 und 2 UStG.

zusätzlichen steuerlichen Be- oder Entlastungen in Abhängigkeit von der Produktgestaltung.

4.4.2.3 Preiskalkulation

Bei der Preiskalkulation sind die definitiven Steuerbelastungen auf jeder Stufe der Produktion und des Vertriebs zu berücksichtigen. Hierbei handelt es sich im Wesentlichen um **Verbrauchsteuern**, die die Einstandspreise benötigter Rohstoffe erhöhen. Es kann sich aber auch um die Belastung mit Umsatzsteuer für Vorprodukte handeln, wenn das produzierende Unternehmen selbst infolge der Steuerfreiheit eigener Ausgangsumsätze vom Vorsteuerabzug bei Eingangsumsätzen ausgeschlossen ist, wie dies z. B. bei Ärzten, Banken oder Versicherungen der Fall sein kann.

Ebenfalls berücksichtigt werden müssen übernommene **Risiken und ihre steuerliche Behandlung**. So führt beispielsweise die Produktion und Lagerung von Kaffee in sog. steuerfreien Steuerlägern dazu, dass es immer dann zu einer Kaffeesteuerpflicht kommt, wenn anhand der Bestandbuchhaltung ein Abgang aus dem Lager festgestellt wird. Dies gilt auch dann, wenn der Kaffee nicht in den Handel gelangt ist, sondern als Inventurdifferenz, Schwund oder infolge eines Diebstahls das Kaffeelager verlassen hat. Der Gesetzgeber knüpft in diesen Fällen die Steuerpflicht an das Verlassen des steuerfreien Lagers und das „in den Handel bringen" von Kaffee. Hierbei ist es unerheblich, auf welcher rechtlichen Grundlage und von wem dies erfolgt.

Bei der Ermittlung der Herstellungskosten eines Produktes sind die steuerlichen Vorschriften zur gewinnmindernden Berücksichtigung von Betriebsausgaben zu beachten. Entscheidend kann dies z. B. bei der Frage nach der Aktivierung von Kosten für Wirtschaftsgüter sein oder für den Umfang der in die Herstellungskosten einzubeziehenden Aufwendungen sowie für die Abschreibung der für die Produktion erforderlichen Maschinen und Anlagen. Je größer die steuerlichen Abschreibungsvergünstigungen für die im Produktionsprozess genutzten Maschinen sind, desto geringer können die jedem einzelnen Produkt zuzurechnenden Kosten sein.

4.4.2.4 Distributionsweg

Produktmanager[656] aber auch die Leiter von Vertriebsabteilungen müssen bei der Wahl der Vertriebswege sowohl außersteuerliche als auch steuerliche Aspekte berücksichtigen. Die Einbeziehung steuerlicher Fragen stellt sich hierbei nicht nur bei Vorteilhaftigkeitsentscheidungen, sondern auch bei der **Festlegung des Budgets einer geplanten Vertriebs- oder Marketingmaßnahme**. Vereinfachend lässt sich sagen, dass sofern steuerliche Mehrbelastungen, nicht in die Planung des Werbe- bzw. Marketingbudgets einer Campagne einbezogen werden, eine Erfüllung des Auftrages mit den insoweit zu knapp bemessenen Mitteln nicht möglich ist. In der unternehmerischen

656 Als Produktmanager werden Personen bezeichnet, die die operative Verantwortung für die Vermarktung einzelner Produkte besitzen.

Praxis zeigt sich regelmäßig, dass eine Nachverhandlung über zugesagte Budgets so gut wie ausgeschlossen ist. Hierbei kann z. B. das Auslösen eines steuerbaren und steuerpflichtigen Umsatzes auf Grund der Höhe der entstehenden Belastungen die gesamten Budgetplanungen hinfällig werden lassen.

Die gesetzliche Änderung zur Abzugsfähigkeit von Betriebsausgaben wie zum Beispiel die Beschränkung der **Höchstgrenze für abzugsfähige Geschenke** an Kunden und Lieferanten gem. § 4 Abs. 5 Satz 1 Nr. 1 EStG können zu einer Erhöhung der Kosten führen. Ein Überschreiten des gesetzlichen Grenzwerts der Aufwendungen führt außerdem zu dem Nachteil, dass die Zuwendung beim Empfänger nicht steuerfrei bleibt, sondern steuerpflichtig wird. Um negative Effekte beim Kunden zu vermeiden, wird das abgebende Unternehmen regelmäßig auch die Steuer des Empfängers übernehmen. Dies führt zu einer erheblichen Steuerbelastung, selbst wenn eine Pauschalversteuerung beim Unternehmen möglich ist.

4.4.2.4.1 Rechtliche und tatsächliche Ausgestaltungsformen des Distributionsweges

Nicht nur die Art und Ausgestaltung des Produktes sowie die werblichen Maßnahmen sind für den Erfolg entscheidend, sondern auch die Art und Ausgestaltung des gewählten Vertriebsweges. Wenngleich die Marketing-Überlegungen die Vornahme oder Nichtvornahme und die konkrete Ausgestaltung eines Vertriebsweges bestimmen, muss der Entscheidungsträger wissen, wie hoch die steuerliche Be- oder Entlastung der unterschiedlichen Alternativen ist. Ruft eine als sinnvoll erachtete Maßnahme steuerliche Mehrkosten hervor, muss der Entscheidungsträger gegenüber der Geschäftsleitung erläutern, dass bei einer quantitativen Betrachtung diese Mehrkosten gerechtfertigt sind und bei einer alternativen steuerlich weniger belastenden Maßnahme nicht dieselben Erfolgschancen bestehen. Die nachfolgenden Ausführungen zeigen die möglichen, steuerlichen Konsequenzen beispielhaft auf.

Auf Grund des Einsatzes moderner Kommunikationsmittel sowie geänderter Berufs- und Beschäftigungsbilder kann eine **Abgrenzung zwischen selbstständiger und nichtselbstständiger Arbeit** im Einzelfall schwierig sein. Bei dieser Unterscheidung kommt es regelmäßig nicht nur auf die rechtliche, sondern auch auf die tatsächliche Ausgestaltung an, wie die Abgrenzungsschwierigkeiten bei der sog. **Scheinselbstständigkeit** zeigen. Wegen der bedeutenden steuerlichen Konsequenzen für den Auftraggeber ist eine vorherige Klärung der Qualifikation mit der Finanzverwaltung sinnvoll. Gem. § 42e EStG hat jeder Arbeitgeber die Möglichkeit, bei seinem Betriebsstättenfinanzamt eine Anrufungsauskunft zu beantragen. Trotz dieser Möglichkeit sind Fälle denkbar, bei denen eine abschließende Klärung nicht im Vorhinein möglich ist. Dies zeigt sich z. B. bei der Beurteilung von Arbeitsleistungen beim sog. **Teleworking**, der Erledigung von Arbeiten an räumlich getrennten Orten unter Nutzung des Internets.

(a) Vertrieb mit eigenen Mitarbeitern oder selbstständigen Geschäftspartnern

Der Vertrieb von Produkten kann entweder mit eigenen Mitarbeitern oder selbstständigen Geschäftspartnern erfolgen. Bei reinen Inlandssachverhalten führt die Beschäftigung eigener Mitarbeiter regelmäßig zu erheblichen **administrativen Mehraufwendungen** durch die Errechnung, Erklärung und Abführung der Lohnsteuer für die Mitarbeiter. Außerdem tritt auf Grund der Haftung gem. § 42d EStG ein erhöhtes finanzielles Risiko hinzu. Hinzu kommt, dass von der Finanzverwaltung regelmäßig spezielle Lohnsteuerprüfungen durchgeführt werden, die für die Unternehmen eine weitere Belastung darstellen. Denkbar sind außerdem Fälle der Lohnsteuerpauschalierung, die ebenfalls mit einer erheblichen administrativen Belastung und steuerlichen Risiken verbunden sind. Ursächlich hierfür ist, dass es in der Regel nicht möglich sein wird, von aktuellen oder früheren Arbeitnehmern eine evtl. zu gering einbehaltene Lohnsteuer nachzufordern. Werden demgegenüber fremde Dritte als selbstständige Geschäftspartner für den Vertrieb eingesetzt, haben sie ihre steuerlichen Obliegenheiten selbst zu erfüllen und stellen insoweit keine Belastung und kein Risiko für das Unternehmen dar.

(b) Vorteilhaftigkeit unterschiedlicher Vertriebswege am Beispiel des Vertriebes digitaler Produkte

Gelangt das Unternehmen zu der Überzeugung, dass ein Vertrieb über das Internet als ausschließlicher oder als ergänzender Vertriebsweg zukünftig genutzt werden soll, muss es für diesen neuen Vertriebsweg die technischen Voraussetzungen schaffen. Aktivitäten zur Einkunftserzielung im Internet im Rahmen des **Electronic Commerce** setzen eine Homepage voraus, auf der das anbietende Unternehmen sowohl sich als auch seine Produkte und Dienstleistungen darstellt, die dem Kunden angeboten werden. Bestell-, Liefer- und Bezahlmöglichkeiten sind ebenso unerlässlich für Internet-Geschäfte. Sie verursachen infolge der Notwendigkeit zur programmseitigen Umsetzung erheblichen Aufwand. Die Aufwendungen für solche Homepages können zu Ausgaben in Millionenhöhe führen und bewirken damit für zahlreiche Unternehmen eine erhebliche finanzielle Belastung. Hierbei kann es sich handeln um:

- Kosten der Zurverfügungstellung der Speicherkapazität für eine Webpage,
- Kosten der programmseitigen Erstellung einer Webpage (Eigen- oder Fremdkosten),
- Beratungskosten hinsichtlich der grafischen und werblichen Gestaltung einer Webpage,
- Kosten der Aktualisierung und Pflege einer Webpage.

Die steuerliche Behandlung dieser Aufwendungen[657] hat wesentlichen Einfluss auf die Vorteilhaftigkeit dieser Vertriebsform und den mit ihr verbundenen Risiken. Sowohl die benötigte Website als auch die Domain sind **immaterielle Wirtschaftsgüter** des Anlagevermögens. Sofern sie selbst erstellt werden, fallen sie unter das Bilanzierungs- und Aktivierungsverbot des § 5 Abs. 2 EStG und führen zu sofort abzugsfähigen Betriebsausgaben. Handelsrechtlich ist zu prüfen, ob eine Aktivierung erfolgen kann. Dies wäre möglich, wenn die Voraussetzungen des § 248 HGB erfüllt sind und das dort vorgesehene Wahlrecht entsprechend ausgeübt wird. Nach h. M. sind die Planungsaufwendungen für die Erstellung einer Website den nicht aktivierungsfähigen Forschungskosten zuzurechnen. Hingegen soll es sich bei den Aufwendungen für die Entwicklung, den Test der Software, das Grafikdesign und die Schaffung von Funktionalitäten für Direktbestellungen um Entwicklungskosten handeln.[658] Während diese Behandlung handelsrechtlich als Nachteil angesehen werden kann, weil das Vermögen der Gesellschaft zu niedrig ausgewiesen wird, ist dies bei ertragreichen Unternehmen regelmäßig für steuerliche Zwecke ein Vorteil. Hierbei zeigen sich insbesondere erhebliche Gestaltungsmöglichkeiten bei der Erstellung einer Website. Wird die Website unter Mithilfe fachkundiger Personen selbst erstellt, führt dies zu sofort abzugsfähigen Betriebsausgaben. Demgegenüber liegt beim Erwerb einer durch fremde Dritte fertig gestellten Webpage ein Anschaffungsvorgang vor, der zur Bilanzierung und planmäßigen Abschreibung über die betriebsgewöhnliche Nutzungsdauer der Webpage zwingt. Im Einzelfall ist sehr genau zu prüfen, ob einer Herstellung oder einer Anschaffung der Vorzug gegeben wird. Es mögen außersteuerliche Gründe bestehen, die einer Anschaffung den Vorzug vor einer eigenen Herstellung geben. Dies kann z. B. hinsichtlich der Fragen der rechtlichen Durchsetzung von Mängelgewährleistungsansprüchen bei der Erstellung einer Webpage der Fall sein. Im Falle einer Anschaffung schuldet der Vertragspartner ein Ergebnis, im Rahmen einer Herstellung schuldet er jedoch nur eine Arbeitsleistung und dies unabhängig von deren Ergebnis. In diesem Zusammenhang ist eine entsprechende Anwendung der Grundsätze über **echte und unechte Auftragsproduktionen**, wie sie für den Bereich der Filmproduktionen seit Anfang der 80er-Jahre in Deutschland bekannt sind, zu prüfen.[659] Laufende Kosten der jederzeitigen Erreichbarkeit der Homepage sowie Kosten der Aktualisierung und Pflege der Website sind laufende Betriebsausgaben, die in vollem Umfang abzugsfähig sind. Ferner finden die allgemeinen Grundsätze zur Abgrenzung zwischen (nachträglichen) Anschaffungs- bzw. Herstellungskosten und Erhaltungsaufwand entsprechende Anwendung.

---

657 Siehe zu einer detaillierten Darstellung der bilanzsteuerlichen Aspekte bei Erstellung einer Internetpräsenz Strunk, in: Kaminski/Henssler/Kolaschnik/Papathoma-Baetge (Hrsg.), Rechtshandbuch e-Business, Kriftel 2001, S. 542 ff.

658 Vgl. Bertram, in: Bertram/Brinkmann/Kessler/Müller, Haufe HGB-Bilanz Kommentar, § 248, 2. Aufl., Freiburg 2011, Rz. 34.

659 Vgl. hierzu Strunk/Kaminski, Steuerliche Gewinnermittlung bei Unternehmen, Neuwied 2001, S. 91 f.

Wenn ein Online-Vertrieb eingerichtet werden soll, müssen sowohl die steuerlichen Konsequenzen infolge des Übergangs auf eine neues Vertriebssystems als auch die steuerlichen Konsequenzen im Rahmen des laufenden Betriebs dieses neuen Vertriebsweges berücksichtigt werden. Der **Übergang des Vertriebs** von einer rechtlich selbstständigen Einheit auf eine andere Gesellschaft innerhalb des Konzerns kann zur Realisierung stiller Reserven auf Ebene der die Vertriebsfunktion abgebenden Gesellschaft führen. Diese ist regelmäßig für den bisher aufgebauten Kundenstamm und die erlangte Marke von der anderen Gesellschaft zu entschädigen. Außerdem wird die bisherige Vertriebsgesellschaft möglicherweise für die Aufgabe der Geschäftschance „Vertrieb" zu entschädigen sein.[660] Unterbleiben entsprechende Ausgleichszahlungen zwischen den Gesellschaften, ist bei Kapitalgesellschaften das Vorliegen einer verdeckten Gewinnausschüttung bzw. einer verdeckten Einlage zu prüfen. Insbesondere wenn ein ausländisches Mutterunternehmen mit einer inländischen Vertriebstochtergesellschaft den Vertrieb zukünftig direkt aus dem Ausland vornehmen will, stellt sich aus steuerlicher Sicht regelmäßig die Frage, ob die Tochtergesellschaft einen Entschädigungsanspruch hat.

Bei der Erbringung von elektronischen Dienstleistungen über das Internet kann von großer Bedeutung sein, von welchem Standort die Leistung an die Kunden erbracht wird. Geschieht dies von einem inländischen Unternehmen an private Endkunden in z. B. Luxemburg, kommt es zur Besteuerung mit 19% deutscher Umsatzsteuer. Würde demgegenüber das Unternehmen in Luxemburg ansässig sein und von dort die Leistungen erbringen, käme es zu einer Besteuerung aller Leistungen der Gesellschaft an alle privaten Endkunden innerhalb der EU mit dem Luxemburger Umsatzsteuersatz von 15%. Im Ergebnis erzielt das Unternehmen durch eine solche Gestaltung, die auch mit entsprechenden Marketingaufwendungen und -maßnahmen verbunden werden muss, eine erhöhte Umsatzrendite von 4%-Punkten, die kaum durch andere Maßnahmen mit vergleichbarem Aufwand erlangt werden kann.

Gerade im Verhältnis zu privaten Endkunden ergeben sich für Unternehmen zahlreiche weitere Gestaltungsmöglichkeiten zur Vermeidung einer Umsatzsteuer bei grenzüberschreitenden Lieferungen und Leistungen aus Drittstaaten. So kann es beispielsweise sinnvoll sein, Produkte, die digitalisiert erbracht werden können, bewusst nicht in dieser Form zu vertreiben. Bei einer Lieferung als Buch oder CD kann eine Belastung mit deutscher Umsatzsteuer vermieden werden, da bis zu einem Warenwert von 25,- € eine Erhebung von Einfuhrumsatzsteuer aus Vereinfachungsgründen unterbleibt. Es kann daher vorteilhafter sein, die moderne Form der Übertragung von Informationen nicht zu nutzen und stattdessen die bisher übliche Form zu wählen. Hierbei sind neben den sich ergebenden Steuervorteilen jeweils auch die entstehenden Transaktionskosten (insbesondere Transportkosten) zu berücksichtigen.

[660] Vgl. hierzu Strunk/Kaminski/Zöllkau in: Strunk (Hrsg.), Steuern und Electronic Business, 2. Aufl., Neuwied 2003, S. 117 ff.

4.4.2.4.2 Maßnahmen zur Unterstützung eines gewählten Distributionsweges

(a) Maßnahmen gegenüber Geschäftspartnern am Beispiel von „Incentive"-Reisen

Steuerliche Besonderheiten bestehen auch bei sog. Incentive-Reisen. Hierbei sind besondere Regelungen für die Abzugsfähigkeit der Aufwendungen und die Steuerpflicht des zugewendeten geldwerten Vorteils bei Vertriebspartnern zu beachten.[661] Incentive-Reisen werden von Unternehmen Geschäftspartnern und eigenen Arbeitnehmern gewährt, um diese für erbrachte Leistungen zu belohnen und für die Zukunft zu größeren Anstrengungen zu motivieren.

Auf der **Ebene des die Reise gewährenden Unternehmens** sind die Aufwendungen als Betriebsausgaben nur dann abzugsfähig, wenn die Reise in einem sachlichen und zeitlichen Zusammenhang mit den Leistungen der Empfänger steht und als weitere Gegenleistung hierfür gewährt wird. In diesen Fällen können die Fahrt- und Unterbringungskosten in voller Höhe abgezogen und die Kosten für die Bewirtung gem. § 4 Abs. 5 Satz 1 Nr. 2 EStG nur zu 70% berücksichtigt werden. Ist der Zusammenhang mit erbrachten Leistungen nicht nachweisbar, weil es sich beispielsweise um einen Anreiz für erstmalig in der Zukunft zu erbringende Leistungen handelt oder weil allgemein das Geschäftsklima verbessert werden soll, handelt es sich hinsichtlich der Fahrt- und Unterbringungskosten um Geschenke gegenüber den Geschäftspartnern, die gem. § 4 Abs. 5 Satz 1 Nr. 1 EStG nicht abzuziehen sind, da sie regelmäßig 35,- € übersteigen werden. Die Bewirtungskosten sind demgegenüber generell unter Berücksichtigung der Beschränkung auf 70% der Ausgaben gem. § 4 Abs. 5 Satz 1 Nr. 2 EStG abzugsfähig. Gehören zu den Teilnehmern der Incentive-Reise auch Arbeitnehmer des Unternehmens, sind sowohl Fahrt-, Unterbringungs- als auch Bewirtungsaufwendungen vollständig gewinnmindernd zu berücksichtigen.

Auf der **Ebene der Empfänger** der Reiseleistungen liegt in Höhe des Wertes der Reise eine steuerpflichtige Betriebseinnahme vor, die von diesen steuerlich aus dem Betriebsvermögen entnommen wird, wenn die Reise ausschließlich touristischen Zwecken dient. Diese Versteuerung ist unabhängig davon, inwieweit die Aufwendungen beim leistenden Unternehmen als Betriebsausgabe abzugsfähig sind. Die Bestimmung des Wertes der Reiseleistung erfolgt nach vergleichbaren, fremdüblichen touristischen Angeboten. Für mitreisende Arbeitnehmer handelt es sich bei der empfangenen Reise um steuerpflichtigen Arbeitslohn, der unter den Voraussetzungen des § 40 Abs. 1 EStG pauschal versteuert werden kann.

Es ist darauf zu achten, dass Maßnahmen, die innerhalb einer Branche üblich sind und deren Marketing- bzw. Motivationserfolg unbestritten ist, sich nicht gegen ein Unternehmen wenden. Dies kann geschehen, wenn die Kosten wegen der steuerlichen Zu-

[661] Vgl. BMF-Schreiben vom 14. 10. 1996, IV B 2 – S 2143 – 23/96, BStBl. I 1996, S. 1192.

satzbelastung unerwartet hoch sind oder wenn die Empfänger die Reise zwar antreten, aber auf Grund der eigenen steuerlichen Mehrbelastung nicht mehr das Gefühl haben, einen besonderen Vorteil zu erhalten. Um solche Effekte zu vermeiden, wird das Unternehmen bei Auftreten von Steuernachforderungen die Steuerlast der Teilnehmer übernehmen. Da aber in der Übernahme einer Steuerschuld gegenüber einer Person wiederum ein geldwerter Vorteil liegt, muss auch dieser versteuert werden, so dass die Belastungen für die Unternehmen erheblich sein können. Daher ist eine klare Dokumentation über den Anlass und die Kosten der Reise sowie die Teilnehmer erforderlich, um die steuerlichen Risiken so gering wie möglich zu halten.

(b) Maßnahmen gegenüber Kunden am Beispiel von Preisausschreiben

Zur Kundenbindung und zum Aufbau einer Datenbank über Kunden sowie zur Bekanntmachung einer Marke kann es sinnvoll sein, die Kunden oder potenzielle Kunden durch Preisausschreiben und sonstige Auslobungen dazu zu bewegen, persönliche Kundendaten preiszugeben.[662] Sind Gegenstand dieser Preisausschreiben Sachpreise, muss das Unternehmen die Produkte vom Hersteller oder einem Zwischenhändler erwerben. Dieser wird dem Unternehmen den Kaufpreis inklusive **USt** in Rechnung stellen. Bei der Budgetplanung für ein solches Preisausschreiben ist zu beachten, dass die grundsätzlich als Vorsteuer abziehbare gezahlte Umsatzsteuer in diesen Fällen kein „durchlaufender" Posten ist, sondern eine **Definitivbelastung** des Unternehmens. Gemäß § 15 Abs. 1 Satz 2 UStG gilt eine Lieferung nicht für das Unternehmen ausgeführt, wenn der Unternehmer das gelieferte Produkt zu weniger als 10% für sein Unternehmen nutzt. Der Vorsteuerabzug ist daher ausgeschlossen, wenn z. B. ein ausgelobter Personenkraftwagen nicht vom Unternehmen genutzt wird, sondern vom Gewinner des Preisausschreibens, so dass die geforderten Voraussetzungen für den Vorsteuerabzug nicht erfüllt sind.

Im vorliegenden Fall ist die Bedeutung dieser vor einigen Jahren eingetretenen Einschränkung des Vorsteuerabzugs sehr groß, weil er zu einer nachhaltigen Verteuerung der Marketing-Campagne führt. In den Unternehmen ist dafür so sorgen, dass die Verantwortlichen in der Marketingabteilung von der zu erwartenden Steuerbelastung Kenntnis haben und die benötigten Finanzmittel für die werblichen Aktivitäten im Unternehmen entsprechend anpassen.

Als Gestaltungsalternative könnte darüber nachgedacht werden, den ausgelobten Preis zu verändern. Handelt es sich hierbei nicht um eine Lieferung, also die Verschaffung der dauerhaften Verfügungsgewalt an einer Sache, sondern um eine sonstige Leistung, kommt die Beschränkung des § 15 Abs. 1 Satz 2 UStG nicht zum Tragen. Folglich wäre es z. B. sinnvoller eine Reise als Preis auszusetzen, statt etwa die Übereignung eines Haushaltsgerätes. Allerdings entsteht ein möglicher Zielkonflikt zwischen attraktiven Preisen und steuerlicher Mehrbelastung. Zugleich ist deutlich ge-

662 Vor allem Zeitschriftenverlage und Fernseh- wie Rundfunksender bedienen sich dieser Methode sehr häufig.

worden, wie wichtig die Berücksichtigung von steuerlichen Überlegungen im Rahmen von Marketingentscheidungen ist.

4.4.2.5 Aufbau der Marke und Bewerbung des Produktes

Werbliche Maßnahmen zum Aufbau einer Marke bzw. zur Erhöhung des Bekanntheitsgrades eines Unternehmens oder Produktes sind grundsätzlich Betriebsausgaben im Sinne des § 4 Abs. 4 EStG. Folglich sind sie zum Zeitpunkt ihres Entstehens vollständig abzugsfähig. Eine Aktivierung einer selbst geschaffenen Marke ist infolge des § 5 Abs. 2 EStG nicht zulässig. Das Aktivierungswahlrecht des § 248 Abs. 2 HGB für selbsterstellte immaterielle Vermögensgegenstände des Anlagevermögens gilt explizit für Marken nicht, so dass insoweit ein Gleichlauf zwischen Handels- und Steuerbilanz gegeben ist. Wird eine Marke nicht selbst geschaffen, sondern erworben, ist sie handels- wie steuerrechtlich zu aktivieren und muss für steuerliche Zwecke planmäßig abgeschrieben werden. Hierbei ist längstens ein Zeitraum von 15 Jahren zu beachten[663], doch wurden in der Praxis auch Abschreibungsdauern von 8 Jahren anerkannt.

🕮	*Oblau,* Marketing und Besteuerung, Bielefeld 2001 *Rose,* Betriebswirtschaftliche Steuerlehre, 3. Aufl., Wiesbaden 1992, S. 268 ff. *Kasprik,* Marketing- und Unternehmensplanung, WISU 2001, S. 1634 ff. *Feuerlein,* Die Beziehungen zwischen absatzpolitischen Entscheidungen und der Besteuerung, Düsseldorf 1981

4.5 Personalwesen

4.5.1 Aufgaben und Definition des Personalwesens

- Welchen Einfluss haben Steuern auf Entscheidungen im Personalwesen?
- Welche unterschiedlichen Formen der Mitarbeitervergütung gibt es und zu welchen steuerlichen Folgen führen diese?
- Welche steuerlichen Besonderheiten sind bei der betrieblichen Altersversorgung von Mitarbeitern zu beachten?

Im Folgenden wird der betriebswirtschaftliche Teilbereich des Personalwesens betrachtet, der in Beziehungen zur Betriebswirtschaftlichen Steuerlehre steht und Schnittstellen mit ihr aufweist. Unter Personalwesen ist die Summe aller Maßnahmen zur effizienten **Verwendung und Organisation des Produktionsfaktors Arbeit**, der

663 Vgl. BMF-Schreiben vom 12. 7. 1999, IV C 2 – S 2172 – 11/99, BStBl. I 1999, S. 686.

Förderung der Motivation und Bildung der Mitarbeiter sowie der „gerechten" **Entlohnung** der erbrachten Arbeitsleistungen bzw. der **Kontrolle der Personalkosten** zu verstehen.[664]

Aufgabe des Personalwesens ist es, u. a. die rechtliche Ausgestaltung der Dienstverhältnisse, die Entwicklung von Beurteilungskriterien zur Leistungsmessung von Mitarbeitern sowie die Entwicklung unterschiedlicher Ansätze zur Steigerung der Mitarbeitermotivation vorzunehmen. Hierbei ergeben sich steuerliche Konsequenzen sowohl für den Arbeitgeber als auch den Arbeitnehmer aus der rechtlichen und tatsächlichen Ausgestaltung des jeweiligen Arbeitsverhältnisses.

Hinsichtlich der Organisationslehre, die sich mit Fragen der Personalorganisation, der Mitarbeiterführung und -motivation beschäftigt, sind erhebliche steuerliche Konsequenzen zu beachten. Namentlich handelt es sich hierbei um **Lohnanreizsysteme** zur Förderung der Motivation von Mitarbeitern, die unterschiedliche steuerliche Belastungsfolgen hervorrufen können, auf die im Folgenden besonders eingegangen wird.

Außerdem führen zum Beispiel **Mitarbeiterbeteiligungsmodelle** zu vielfältigen steuerlichen Konsequenzen, die erheblichen Einfluss auf die Vorteilhaftigkeit dieser Instrumente haben können. Besondere steuerliche Probleme entstehen auch bei sog. Aktienoptionsplänen, vor allem bei grenzüberschreitenden Sachverhalten und Entsendungsfällen in das Ausland bzw. aus dem Ausland in das Inland. Hierin liegt zugleich ein Gestaltungsinstrument, das zu steuerlichen Vorteilen führen kann. Diese können etwa darin bestehen, dass eine andere Qualifikation von Einkünften erreicht wird, die zu einer vorteilhafteren Besteuerung führt. Darüber hinaus hat die mögliche Gewährung einer betrieblichen Altersversorgung und deren steuerliche Behandlung besondere Bedeutung erlangt. Ein weiterer Aspekt ist die Gestellung von **Dienstwagen** und die Gewährung sonstiger vermögensrechtlicher Vorteile gegenüber dem Arbeitnehmer im Rahmen eines Gesamtpaketes seiner Vergütung.

Im Zusammenhang mit der Beschäftigung von **Arbeitnehmern oder freien Mitarbeitern** ergeben sich für Unternehmen nicht zuletzt durch die modernen Telekommunikationsmöglichkeiten besondere Schwierigkeiten. Diese beziehen sich auf die rechtliche und insbesondere steuerrechtliche sowie sozialversicherungsrechtliche Qualifizierung dieser Beschäftigungsverhältnisse.

4.5.2 Rechtliche Ausgestaltung der Dienstverhältnisse

- Welche steuerlichen Konsequenzen bestehen in Abhängigkeit von der rechtlichen Ausgestaltung von Dienstverträgen?

664 Vgl. u. a. Huber, Personalmanagement, München 2010, S. 6 sowie Weber, in: Gaugler/Weber, (Hrsg.), Handwörterbuch des Personalwesens, 2. Aufl., Stuttgart 1992, S. 1826 ff.

- Welche steuerlichen Haftungstatbestände und sonstigen Risiken ergeben sich bei der Beschäftigung von Arbeitnehmern?
- Wie können Risiken über die Qualifizierung der Dienstverhältnisse für das Unternehmen gemildert oder ganz vermieden werden?

Dienstleistungen können von Unternehmen durch unterschiedliche schuldrechtliche Verträge von Dritten in Anspruch genommen werden. Neben den gesondert zu beachtenden Ausprägungsformen innerhalb einzelner Dienst- und Werkverträge[665] hat insbesondere die Abgrenzung zwischen **selbstständig** tätigen Personen und **nichtselbstständigen** Arbeitnehmern zu erfolgen. Diese Abgrenzung ist schwierig, weil eine berufliche Betätigung in der Regel sowohl selbstständig als auch nichtselbstständig ausgeübt werden kann und daher eine Differenzierung allein über die inhaltliche Ausgestaltung der Tätigkeit nicht möglich ist. Beide Erscheinungsformen schließen sich innerhalb einer konkreten Tätigkeit gegenüber einem Dienstherrn begriffslogisch aus.

Gemäß § 19 Abs. 1 EStG ist Voraussetzung für das Vorliegen von Einkünften aus nichtselbstständiger Arbeit ein privates oder öffentlich-rechtliches Dienstverhältnis. Grundsätzlich kann für die Begriffsbestimmung eines Dienstverhältnisses auf das Zivilrecht zurückgegriffen werden. Letzteres definiert ein Dienstverhältnis als ein Rechtsverhältnis, in dem der Verpflichtete Dienstleistungen in abhängiger Stellung erbringt.[666] Die beiden Vertragsparteien schließen schuldrechtlich einen gegenseitigen Vertrag, durch den sich der eine Vertragspartner zur Erbringung einer Leistung verpflichtet und der andere zur Zahlung einer vereinbarten Vergütung. Anders als bei einem Werkvertrag schuldet der Verpflichtete nicht das Ergebnis einer Leistung, also den Erfolg, sondern nur die Leistung selbst. Dies ist jedoch unabhängig davon, ob die Leistung zu einem brauchbaren Erfolg geführt hat. Das wirtschaftliche Risiko einer fehlerhaften Arbeit trägt ausschließlich der Auftraggeber. Ein solcher Dienstvertrag wird allerdings typischerweise nicht zwischen einem Nichtselbstständigen und einem Unternehmer abgeschlossen, sondern regelmäßig zwischen zwei Unternehmern. Der Arbeitsvertrag ist ein Unterfall des Dienstvertrages und unterscheidet sich von diesem durch den Grad der persönlichen Abhängigkeit. Die Definition des Dienstvertrages kann somit für steuerliche Zwecke nicht unverändert übernommen werden, weil keine Verknüpfung mit der wirtschaftlichen Abhängigkeit des einen Vertragspartners vom anderen erfolgt.

Eine Anknüpfung an das Arbeits- oder das Sozialversicherungsrecht kann nur Indizien für oder gegen eine bestimmte steuerliche Qualifizierung bieten. Während in

---

665 Innerhalb der Gruppe der selbstständig tätigen Steuerpflichtigen ist die Frage nach der Einkunftsart ebenfalls von Bedeutung, da sich hieraus z. B. die Gewerbesteuerpflicht ergeben kann. Ein wesentlicher Bestimmungsgrund hierfür ist die vertragliche wie tatsächliche Ausgestaltung der Tätigkeit.

666 Vgl. hierzu mit weiteren Nachweisen aus der Rechtsprechung Thürmer, in: Blümich, EStG, § 19 Rz. 55 ff. (März 2011).

diesen Rechtsgebieten der Schutz des vermeintlich schwächeren Vertragspartners im Vordergrund steht, ist ein solcher Schutzgedanke dem Steuerrecht fremd. Dies zeigt sich bei der Diskussion über die **Scheinselbstständigkeit**, bei der versucht wird, divergierende Ziele der Rechtskreise unter einer einheitlichen Definition zu verbinden.

Das Steuerrecht orientiert sich an dem Grundsatz der Gleichmäßigkeit und „Gerechtigkeit" der Besteuerung und unterwirft Einkünfte der Steuer, unabhängig davon, welche schuldrechtlichen Vertragsverhältnisse hierfür die Grundlage gebildet haben. Die Definition in § 19 EStG soll auf der einen Seite sicherstellen, dass steuerbare Einkünfte nicht wegen fehlender Zuordnung der Besteuerung entzogen werden und zum anderen steuersystematisch eine zutreffende Einordnung der Einkünfte in das System der sieben Einkunftsarten ermöglichen. Im Ergebnis ist eine unabhängige, selbstständige Prüfung der steuerlichen Tatbestandsvoraussetzungen und Abgrenzungskriterien erforderlich, die von der Rechtsprechung entwickelt wurden.

4.5.2.1 Abgrenzung möglicher Ausgestaltungsformen

- Sind die bisherigen Abgrenzungskriterien der Rechtsprechung heute noch anwendbar?
- Haben moderne Organisations- bzw. Arbeitszeitformen Einfluss auf die steuerliche Abgrenzung?

Trotz der in § 19 Abs. 1 EStG sowie in § 1 LStDV enthaltenen Begriffsdefinitionen bleibt die jeweilige Ausgestaltung der **Indizien** für und gegen die Annahme einer Selbstständigkeit weitgehend der Beurteilung im Einzelfall vorbehalten. Eine solche Beurteilung ist anhand der durch die Finanzgerichte entschiedenen Sachverhalte vorzunehmen. Vor allem bei Tätigkeiten im Rahmen des Teleworking lassen sich die durch die Rechtsprechung aufgestellten Indizien für oder gegen die Annahme einer Selbstständigkeit nicht ohne weiteres anwenden. Unter Teleworking wird die Erledigung von Arbeiten an räumlich getrennten Orten unter Nutzung des Internets verstanden. Für traditionelle Tätigkeiten in einer physischen Geschäftswelt sind die Kriterien jedoch weiterhin wichtige Hilfen zur Beurteilung des jeweiligen Einzelfalls. Die Rechtsprechung hat regelmäßig folgende Kriterien zur Abgrenzung genannt:

- **Erlaubnis der Nebentätigkeit**
  In der Vergangenheit war es typisches Merkmal für eine nichtselbstständige Arbeit, dass der Arbeitnehmer seine volle Arbeitskraft dem Arbeitgeber zur Verfügung stellt, seinen Jahresurlaub zur Erholung und zum Erhalt der Arbeitskraft einsetzte und keine Nebentätigkeiten ausübte. Heute muss wohl davon ausgegangen werden, dass eine solche Situation nicht mehr gegeben ist. Die Zunahme von Teilzeitbeschäftigungsverhältnissen ermöglicht es den Arbeitnehmern teilweise nicht, auf eine weitere Beschäftigung und Einnahmequelle zu verzichten. Im Ergebnis ist dieses Kriterium wohl nicht mehr sehr geeignet, auf eine selbstständige Tätigkeit zu schließen.

- **Art und Inhalt der Tätigkeit**
  Eine eindeutige Zuordnung von Tätigkeiten zu entsprechenden Rechtsverhältnissen hat es unseres Erachtens bereits früher nur in begründeten Ausnahmefällen gegeben, so dass dieses Kriterium ebenfalls nur bedingt herangezogen werden kann. Ursächlich hierfür ist, dass eine Tätigkeit grundsätzlich sowohl selbstständig als auch unselbstständig ausgeübt bzw. von einem Unternehmen als entsprechende Dienstleistung beschafft werden kann.

- **Übernahme eines eigenen unternehmerischen Risikos**
  Die Frage nach dem eigenen unternehmerischen Risiko ist demgegenüber auch heute noch ein aussagefähiges Kriterium für die Annahme einer selbstständigen Tätigkeit, da dies wesentliches Merkmal einer Gewinneinkunftsart ist. Hingegen besteht bei einem Arbeitnehmer keine vergleichbare Risikosituation, weil er keinen bestimmten Erfolg schuldet, sondern lediglich seine Arbeitskraft.

- **Modalitäten der Entgeltgewährung**
  Die Art der Entgeltgewährung kann nur in Ausnahmefällen für oder gegen die Annahme einer bestimmten Qualifikation sprechen, da in der Vergangenheit aus außersteuerlichen Gründen eine Vielzahl moderner, z. T. ungewöhnlicher Entgeltsysteme eingerichtet wurde. Dennoch führt eine Vereinbarung zur Fortzahlung der Bezüge im Krankheitsfall regelmäßig zur Annahme einer nichtselbstständigen Arbeit, da gegenüber einem Selbstständigen diese Begünstigung nicht eingeräumt werden würde.

- **Fester Arbeitsplatz**
  Gem. § 1 Abs. 2 LStDV liegt eine Arbeitnehmereigenschaft vor, wenn der Steuerpflichtige in der Betätigung seines geschäftlichen Willens unter der Leitung des Arbeitgebers steht oder im geschäftlichen Organismus des Arbeitgebers dessen Weisungen zu folgen verpflichtet ist. Dies impliziert, dass der Arbeitnehmer einen festen Arbeitsplatz innerhalb der Organisation des Unternehmens hat. Geprägt ist diese nicht mehr zeitgemäße Betrachtungsweise von einer traditionellen Arbeits- und Organisationsstruktur in Unternehmen, die den persönlichen Zugriff des Arbeitgebers auf den Arbeitnehmer in den Vordergrund stellt. Fehlt z. B. ein fester Arbeitsplatz, geht die Rechtsprechung[667] von einer Indizwirkung für Selbstständigkeit aus. Moderne Kommunikationsmöglichkeiten und Arbeitsformen des Teleworking, die von der Ortsungebundenheit der Tätigkeit Gebrauch machen, zeigen die Schwächen einer solchen Betrachtung. Andernfalls müssten alle „Teleworker" als selbstständig Tätige qualifiziert werden.

- **Freie Zeiteinteilung**
  Ein Indiz für die Selbstständigkeit des zur Leistung Verpflichteten ist die freie Bestimmbarkeit seines Arbeitszeitpunktes, sofern er sich bei der Leistungserbringung innerhalb der vertraglich geforderten Fristen bewegt. Im Gegensatz dazu soll nach

[667] Vgl. BFH vom 14. 12. 1978, I R 121/76, BStBl. II 1979, S. 188.

der Rechtsprechung des BFH[668] die Einhaltung fester Arbeitszeiten stets für eine nichtselbstständige Tätigkeit sprechen. Dieser Auffassung widerspricht die steuerliche Qualifikation von Unternehmern, die sich z. B. in einem Einkaufszentrum vertraglich zur Befolgung einheitlicher Öffnungszeiten verpflichtet haben. Die Selbstständigkeit dieser Personen würde aus diesem Grunde allein niemand bezweifeln. Außerdem wird diese Forderung den heutigen Anforderungen an moderne Arbeitszeitmodelle, wie sie Beauftragte als auch Auftraggeber immer häufiger fordern, nicht mehr gerecht. Viele Personen im Dienstleistungsbereich arbeiten auf Abruf und sind dennoch als Nichtselbstständige zu qualifizieren.[669] Keine Indizwirkung der freien Zeiteinteilung liegt vor, wenn in einem Arbeitsvertrag explizit diese Möglichkeit eingeräumt wurde, wie dies z. B. bei Richtern, Professoren und Pastoren der Fall ist.

Die Beispiele zeigen, dass eine Abgrenzung zwischen selbstständiger und nichtselbstständiger Tätigkeit im Einzelfall schwierig sein kann. Vor allem auf Grund des Einsatzes moderner Kommunikationsmittel sowie geänderter Berufs- und Beschäftigungsbilder ergeben sich neuartige Schwierigkeiten. Bei dieser Unterscheidung kommt es regelmäßig nicht nur auf die rechtliche, sondern auch auf die tatsächliche Ausgestaltung an, wie die Schwierigkeiten bei der sog. **Scheinselbstständigkeit** zeigen.

Wegen der bedeutenden steuerlichen Konsequenzen für den Auftraggeber (insbesondere die Pflicht zur Einbehaltung von Lohnsteuer) ist eine vorherige Abstimmung der Qualifikation mit der Finanzverwaltung sinnvoll. Gem. § 42e EStG hat jeder Arbeitgeber die Möglichkeit, bei seinem Betriebsstättenfinanzamt eine Anrufungsauskunft zu beantragen. Danach hat das Betriebsstättenfinanzamt auf Anfrage eines Beteiligten Auskunft zu erteilen, inwieweit in einem konkreten Fall die lohnsteuerlichen Vorschriften anzuwenden sind. Trotz dieser Möglichkeit sind Fälle denkbar, bei denen eine abschließende Klärung nicht im Voraus möglich ist. Dies zeigt sich z. B. bei der Beurteilung von Arbeitsleistungen beim sog. **Teleworking**. Hierbei können insbesondere neue Modelle der Arbeitsorganisation zu steuerlichen Problemen führen.

4.5.2.2 Steuerliche Konsequenzen der unterschiedlichen Ausgestaltungsformen

- Welche haftungsrechtlichen Verpflichtungen hat ein Arbeitgeber?
- Welche administrativen Belastungen erwachsen einem Arbeitgeber durch die Beschäftigung von Arbeitnehmern?

Die obigen Ausführungen haben gezeigt, dass das Unternehmen durch die Ausgestaltung der Dienstverhältnisse die gewünschte Qualifikation erreichen kann. Wegen der im Folgenden noch zu erläuternden Nachteile und Risiken bei einer Arbeitgebereigenschaft wird der Unternehmer **in der Regel** versuchen, einen **selbstständigen Dritten**

668 Vgl. BFH vom 14. 6. 1985, VI R 150-152/82, BStBl. II 1985, S. 661.

669 Vgl. z. B. FG Rheinland-Pfalz vom 30. 1. 1989, 5 K 178/88, juris-Dok.-Nr. STRE897034870, für einen Sargträger.

zu beauftragen. Etwas anderes gilt, wenn der Unternehmer die steuerliche Aufwandsvorverlagerung bei selbsterstellten immateriellen Wirtschaftsgütern des Anlagevermögens ausnutzen will. In diesen Fällen benötigt der Unternehmer nichtselbstständige Arbeitnehmer, die die Tätigkeit ausüben und die Herstellung vornehmen. Andernfalls liegt eine Anschaffung vor, so dass das immaterielle Wirtschaftsgut zu aktivieren ist und nur über die Jahre der voraussichtlichen Nutzungsdauer über die Abschreibungen zu Aufwand wird.

Sowohl für die Besteuerung als auch für die Sozialversicherung ist es von grundlegender Bedeutung, ob ein Vertragsverhältnis zwischen einem Unternehmen und einer natürlichen Person als nichtselbstständiges Dienstverhältnis oder als ein solches mit einem freien Mitarbeiter zu qualifizieren ist.

Handelt es sich um einen freien Mitarbeiter, ergeben sich auf der Ebene des Mitarbeiters als auch beim beauftragenden Unternehmen steuerliche Konsequenzen im Bereich der Umsatzsteuer. Der Auftragnehmer wird regelmäßig dem Auftraggeber Umsatzsteuer in Rechnung stellen, die dann vom Auftraggeber als Vorsteuer geltend gemacht werden kann. Demgegenüber hat der Auftragnehmer seine sonstigen steuerlichen Obliegenheiten, wie z. B. die Abführung der Einkommensteuer, selber vorzunehmen. Insofern besteht keine Einbehaltungs- oder Haftungsverpflichtung seitens des Auftraggebers.[670]

Anders ist dies bei Dienstverhältnissen, bei denen der Auftraggeber als Arbeitgeber und der Auftragnehmer als Arbeitnehmer anzusehen sind. In diesen Fällen hat der Arbeitgeber die Lohnsteuer einzubehalten. Unterbleibt dies und kann die Steuer vom Arbeitnehmer nicht mehr erlangt werden, haftet der Arbeitgeber für die Steuer. Die Risiken für den Arbeitgeber sind sowohl hinsichtlich der Lohnsteuerhaftung als auch hinsichtlich der Haftung für Sozialversicherungsbeiträge nicht zu unterschätzen. So beträgt z. B. die Verjährungsfrist für sozialversicherungsrechtliche Haftungsansprüche dreißig Jahre. Um diese Risiken zu begrenzen, sollte die Möglichkeit der Anrufungsauskunft des § 42e EStG genutzt werden und vom zuständigen Betriebsstättenfinanzamt eine Bescheinigung dazu eingeholt werden, ob das vereinbarte Vertragsverhältnis zu einer Arbeitnehmerstellung des Vertragspartners führt.

Mitarbeiter des Personalwesens müssen feststellen können, ob die **gewünschte vertragliche Konstruktion** auch zur **steuerlich** optimalen oder zumindest zur steuerlich bekannten **Konsequenz** führt. Hingegen sind darüber hinausgehende steuerliche Probleme bei Mitarbeitern, mit denen gesonderte vertragliche Vereinbarungen getroffen werden, durch die Steuerabteilung oder externe Berater zu prüfen. Hierfür bedarf es – wie in allen anderen Bereichen des Unternehmens auch – einer gewissen Sensibilisierung für die steuerlichen Probleme. Ferner ist zu prüfen, inwieweit entstehende steuerliche Belastungen in die Kalkulation der Preise und der internen Leistungsverrechnung im Rahmen der Budgetplanung berücksichtigt werden müssen.

---

670 Eine Ausnahme besteht lediglich in den Fällen des § 50a EStG und bei der sog. Bauabzugsteuer gem. §§ 48 ff. EStG.

4.5.3 Unterschiedliche Ansätze zur Steigerung der Mitarbeitermotivation

- Welche Maßnahmen dienen der Motivation der Mitarbeiter?
- Wie erfolgt die steuerliche Behandlung geldwerter Vorteile?
- Wie erfolgt die Besteuerung von Aktienoptionsplänen?

In vielen Unternehmen besteht Verbesserungs- und Effizienzsteigerungspotential bei den Mitarbeitern, da hoch motivierte Mitarbeiter einen größeren Nutzen stiften als frustrierte oder antriebslose. Außerdem ist für viele Unternehmen der Produktionsfaktor „menschliche Arbeit" von herausragender Bedeutung, wie dies z. B. bei Beratungsgesellschaften sehr deutlich wird. Aus diesem Grund versuchen Unternehmen ihren Mitarbeitern ein Arbeitsumfeld zu schaffen, das diese zu Höchstleistungen motiviert. Die hierbei anzustrebende Arbeitszufriedenheit der Mitarbeiter ergibt sich aus unterschiedlichen monetären und nicht monetären Größen.

- Angenehmes Arbeitsumfeld durch bestimmte Umgangsformen (Ansprache der Mitarbeiter mit dem Vornamen, fehlende Kleiderordnung),
- Angenehmes Arbeitsumfeld durch homogene Mitarbeiterstruktur,
- Anreize durch intensive Aus- und Weiterbildungsmöglichkeiten,
- Umfangreiche freiwillige soziale Leistungen, wie z. B. verbilligtes Kantinenessen oder kostenloser Kinderhort sowie Übernahme der Kosten für Nahverkehrsmittel,
- Sonstige geldwerte Vorteile, wie z. B. Übernahme der Kosten für Mitgliedschaften in Vereinen und Gesellschaften, Pkw-Nutzung, verbilligtes Bewohnen von Wohnungen und Häusern, verbilligte Produkte des Unternehmens oder kostenlose Internetnutzung,
- Betriebliche Altersversorgung,
- Leistungsabhängige Gehaltsbestandteile, z. B. Aktienoptionsprogramme.

Die ersten drei Maßnahmen sind wichtig, aber mit keinen steuerlichen Konsequenzen verbunden. Dies ist bei den verbleibenden vier Maßnahmen anders. Sie werden daher im Folgenden näher betrachtet.

4.5.3.1 Freiwillige soziale Leistungen sowie sonstige Zuwendungen an Arbeitnehmer

Neben dem Arbeitslohn erhält der Arbeitnehmer oftmals weitere Zuwendungen vom Arbeitgeber, die entweder als **steuerbarer Arbeitslohn** oder als **nichtsteuerbare Zuwendung** beim Arbeitnehmer anzusehen sind. Grundsätzlich werden durch § 19 Abs. 1 Nr. 1 EStG neben Löhnen und Gehältern auch andere Bezüge und Vorteile steuerlich erfasst, die für eine Beschäftigung gewährt werden und bei denen ein eindeutiger

Veranlassungszusammenhang mit dem Arbeitsverhältnis besteht. Im Ergebnis hätte dies zur Folge, dass alle Vergünstigungen, die ein Arbeitnehmer von seinem Arbeitgeber erhält, von ersterem zu versteuern wären. Zuwendungen können auch dann Arbeitslohn sein, wenn sie nicht vom Arbeitgeber, sondern von dritter Seite kommen.[671] Erforderlich hierfür ist, dass sie sich für den Arbeitnehmer als Ertrag seiner Arbeit für den Arbeitgeber darstellen und im Zusammenhang mit dem Dienstverhältnis stehen.[672]

Zu einer Besteuerung kommt es regelmäßig nicht, wenn die Zuwendung nicht auf dem Dienstverhältnis beruht oder die Zuwendungen im überwiegenden eigenbetrieblichen Interesse des Arbeitgebers erfolgt. Unabhängig von der steuerlichen Abzugsfähigkeit der Aufwendungen beim Arbeitgeber zeigen die folgenden Beispiele Fälle von nicht steuerbaren Zuflüssen:

- **Zuwendungen im ganz überwiegenden eigenbetrieblichen Interesse:** Hierbei handelt es sich unter anderem um die Nutzungsmöglichkeit von Ruhe- und Aufenthaltsräumen, die Zurverfügungstellung von Parkplätzen, die Nutzungsmöglichkeit firmeneigener Sporteinrichtungen sowie die Inanspruchnahme ärztlicher Vorsorgeuntersuchungen. Die Begründung für die Nichtsteuerbarkeit der Zuwendung liegt darin, dass der Arbeitnehmer objektiv nicht bereichert ist. Von den nicht steuerbaren Zuwendungen sind solche zu trennen, die steuerbar, aber nach § 3 EStG steuerbefreit sind. Hierbei handelt es sich beispielsweise um die Gestellung von Berufskleidung, die Erstattung von Mehraufwendungen bei doppelter Haushaltsführung oder die Übernahme der Beförderungskosten der Arbeitnehmer mit öffentlichen Verkehrsmitteln. Besondere Bedeutung haben in diesem Zusammenhang die Steuerfreiheit für neben dem Arbeitslohn vom Arbeitgeber erbrachte Leistungen zur Unterbringung und Betreuung von nicht schulpflichtigen Kindern der Arbeitnehmer in Kindergärten gem. § 3 Nr. 33 EStG. Ferner bleiben Leistungen des Arbeitgebers zur Verbesserung des allgemeinen Gesundheitszustands und der betrieblichen Gesundheitsförderung unter den in § 3 Nr. 34 EStG genannten, näheren Voraussetzungen steuerfrei, wenn diese 500,- € im Kalenderjahr nicht überschreiten.

- **Betriebsveranstaltungen** sind oftmals nicht nur lästige Pflichtübung für Arbeitnehmer, sondern werden von Unternehmen auch zum geselligen Beisammensein der Mitarbeiter und zur Förderung des Betriebsklimas eingesetzt. Typischerweise übernimmt der Arbeitgeber alle Kosten einer solchen Veranstaltung, insbesondere die Kosten für Verpflegung und Getränke. Denkbar sind auch Eintrittskarten für kulturelle und sportliche Veranstaltungen, wenn dies nicht der alleinige Anlass der Betriebsversammlung ist. Eine Steuerfreiheit ergibt sich jedoch nur insoweit, als die Aufwendungen des Arbeitgebers insgesamt nicht mehr als 110,- € je Veranstaltung und je Arbeitnehmer betragen, wobei die Durchführung von zwei Veranstal-

671 Vgl. § 38 Abs. 1 Satz 3 EStG.
672 Vgl. BFH vom 5. 7. 1996, VI R 10/96, BStBl. II 1996, S. 545.

tungen pro Kalenderjahr als üblich angesehen wird.[673] Da es sich bei diesem Betrag um eine Freigrenze handelt, ist genau darauf zu achten, dass dieser Wert nicht überschritten wird. Andernfalls entsteht eine Steuerpflicht für die Arbeitnehmer als Gehaltsbestandteil. Im Zusammenhang mit Betriebsveranstaltungen kann gem. § 40 Abs. 2 Satz 1 Nr. 2 EStG eine Pauschalierung der Lohnsteuer mit 25% erfolgen.[674]

- **Aufmerksamkeiten,** die im gesellschaftlichen Verkehr üblicherweise ausgetauscht werden, gehören nicht zum Arbeitslohn, sofern sie betragsmäßig nicht bedeutsam sind. Dies ist bei einer Sachzuwendung von maximal 40,- € und nur aus Anlass eines besonderen persönlichen Ereignisses der Fall, wobei typische Anwendungsbereiche Blumen, Genussmittel oder Bücher sind.[675] Demgegenüber sind Geldzuwendungen unabhängig von der Höhe des Betrages generell als Arbeitslohn zu versteuern.

- **Berufliche Fort- und Weiterbildungskosten,** die vom Arbeitgeber getragen werden, sind kein Arbeitslohn, wenn die Maßnahme im überwiegenden betrieblichen Interesse liegt, wovon regelmäßig auszugehen ist. Um dies nachweisen zu können, sollte belegt werden können, welche Inhalte im Rahmen der Bildungsmaßnahme vermittelt wurden.

Sofern Zuwendungen mit der Absicht der Bereicherung des Arbeitnehmers geleistet werden, sind sie zu besteuern.

Die Beispiele zeigen, dass zur Vermeidung von Steuernachteilen für die Arbeitnehmer eine exakte Planung von Maßnahmen erforderlich ist, um die steuerlich optimale Ausgestaltung zu gewährleisten. Werden aus außersteuerlichen Gründen bestimmte steuerliche Freigrenzen überschritten, ist es bei der Planung der Maßnahmen wichtig, die sich hieraus ergebenden Mehrbelastungen auf Grund einer Pauschalierung der Lohnsteuer exakt zu kennen. Nur auf dieser Grundlage lassen sich die tatsächlichen Kosten der Maßnahme abschätzen.

---

673 Vgl. R 19.5 LStR 2011 sowie aus der hierzu ergangenen Rechtsprechung u. a. BFH vom 22. 3. 1985, VI R 170/82, BStBl. II 1985, S. 529, vom 25. 5. 1992, VI R 85/90, BStBl. II 1992, S. 655, vom 25. 11. 1993, VI R 45/93, BStBl. II 1994, S. 254, vom 16. 11. 2005, VI R 157/98, BStBl. II 2006, S. 437, vom 16. 11. 2005, VI R 151/99, BStBl. II 2006, S. 439, vom 16. 11. 2005, VI R 68/00, BStBl. II 2006, S. 440, vom 15. 1. 2009, VI R 22/06, BStBl. II 2009, S. 476 sowie vom 30. 4. 2009, VI R 55/07, BStBl. II 2009, S. 726.

674 Eine Pauschalierung kommt allerdings nur in Betracht, wenn die Teilnahme an der Veranstaltung grundsätzlich allen Arbeitnehmern offen steht. Vgl. H 19.5 LStR 2011, Stichwort „Pauschalbesteuerung" bzw. BFH vom 9. 3. 1990, VI R 48/87, BStBl. II 1990, S. 712.

675 Vgl. R 19.6 LStR 2011. Dieser Betrag ist nicht zu verwechseln mit der allgemeinen monatlichen Freigrenze für Sachbezüge i. H. v. 44,- € aus § 8 Abs. 2 Satz 9 EStG oder der den Betriebsausgabenabzug für Geschenke regelnden Freigrenze i. H. v. 35,- € gem. § 4 Abs. 5 Satz 1 Nr. 1 EStG.

4.5.3.2 Gestellung von Dienstwagen und andere geldwerte Vorteile

- Lassen sich durch die Gestellung von Dienstwagen steuerliche Vorteile erzielen?
- Wie erfolgt die Besteuerung von geldwerten Vorteilen?
- Welche Vorteile hat die Pauschalversteuerung gegenüber der Individualbesteuerung?

Die Festlegung über die Gesamtvergütung für einen Arbeitnehmer setzt sich mittlerweile nicht nur aus dem Grundgehalt zusammen, sondern auch aus **erfolgsabhängigen Komponenten** sowie aus sog. **geldwerten Vorteilen**. Festgehalt und Geldzahlungen auf Grund des Erreichens erfolgsabhängiger Unternehmensziele sind beim Arbeitgeber abzugsfähige Betriebsausgaben im Sinne des § 4 Abs. 4 EStG sowie beim Arbeitnehmer lohnsteuerpflichtiger Arbeitslohn. Etwas anderes gilt lediglich bei beherrschenden Gesellschaftern, wenn eine fremdunübliche Gesamtausstattung erfolgt. In diesen Fällen ist in entsprechender Anwendung der Grundsätze zur verdeckten Gewinnausschüttung eine Korrektur auf den fremdüblichen Teil vorzunehmen.

Während in der Vergangenheit als Sachzuwendung vor allem die Möglichkeit des freien Wohnens, der kostenlosen Nutzung von Elektrizität und Wärme sowie kostenfreier Mahlzeiten im Vordergrund standen, ist dies heute die Pkw-Nutzung, die Personal Computer-Nutzung, die Übernahme von Telefon- und Internetkosten sowie die Tragung der Kosten für die Mitgliedschaft in Gesellschaften und Vereinen.

Diese geldwerten Vorteile erhöhen grundsätzlich das Einkommen des Arbeitnehmers und müssen von diesem im Rahmen seiner Einkommensteuererklärung angegeben und versteuert werden. Da mit der Gewährung dieser geldwerten Vorteile eine Motivationsförderung bei den Arbeitnehmern erfolgen soll, hat ein Unternehmen besonders darauf zu achten, dass sich aus der Gewährung dieser geldwerten Vorteile kein steuerlicher Nachteil für die Arbeitnehmer ergibt. Dieser würde die Freude über die Zuwendung seitens des Arbeitgebers in Ärger über die erhöhte Steuerzahlung umschlagen lassen. Bei der Gewährung von geldwerten Vorteilen ist zu prüfen, ob die Einräumung dieses Vorteils (also z. B. die Gestellung eines Dienstwagens) unter Berücksichtigung der steuerlichen Aspekte beim Arbeitgeber und Arbeitnehmer günstiger oder ungünstiger als eine entsprechende Erhöhung und Barauszahlung des Gehaltes wäre.

Bei Sachzuwendungen ergeben sich zusätzliche Schwierigkeiten bei der Bestimmung der Höhe des Vorteils. Im Rahmen der Einräumung der privaten Mitbenutzung von Dienstkraftfahrzeugen sind alle Ausgaben, die durch das Fahrzeug hervorgerufen wurden, vom Arbeitgeber als Betriebsausgabe gewinnmindernd zu berücksichtigen. Auf der Ebene des Arbeitnehmers hat entweder eine pauschalierte Erfassung der privaten Nutzungsmöglichkeit im Rahmen der sog. 1%-Regelung des § 6 Abs. 1 Nr. 4 EStG oder im Rahmen eines Einzelnachweises der privaten und betrieblich veranlassten Fahrten zu erfolgen. Die private Nutzung wird zumeist nach der pauschalierten Methode des § 6 Abs. 1 Nr. 4 EStG erfasst, nach der für jeden Kalendermonat 1% des ursprünglichen Listenpreises zum Zeitpunkt der Erstzulassung zuzüglich der Kosten für Sonderausstattungen einschließlich der Umsatzsteuer anzusetzen ist. Für den Arbeitnehmer ist diese Pauschalierung immer dann günstiger, wenn er das Fahrzeug in erheblichem Maße auch für Privatfahrten nutzt. Demgegenüber sollten Arbeitnehmer, die das Fahrzeug ganz überwiegend betrieblich nutzen, zur Vermeidung steuerlicher Nachteile einen Einzelnachweis in Form eines Fahrtenbuchs führen.

Ist es dem Arbeitnehmer auch gestattet, die Fahrten zwischen Wohnung und Arbeitsstätte mit dem Kraftfahrzeug unentgeltlich vorzunehmen, erhöht sich der geldwerte Vorteil um 0,03% des oben genannten Listenpreises für jeden Kilometer der Entfernung zwischen Wohnung und Arbeitsstätte.[676] Durch die Möglichkeit des Arbeitnehmers pauschalierte Werbungskosten gem. § 9 Abs. 1 Satz 1 Nr. 4 EStG von 0,30 € je km steuermindernd anzusetzen wird sich regelmäßig keine zusätzliche Steuerbelastung aus der Berücksichtigung der privaten Nutzung für Fahrten zwischen Wohnung und Arbeitsstätte ergeben.

Ein nach § 19 EStG steuerbarer geldwerter Vorteil liegt bei der unentgeltlichen Nutzung eines Internetzugangs sowie der damit in Zusammenhang stehenden Kommunikationskosten vor. Gem. § 3 Nr. 45 EStG sind solche Lohnbestandteile steuerfrei, unabhängig davon, ob die Nutzung am Arbeitsplatz oder in privaten Räumlichkeiten des Arbeitnehmers erfolgt. Überlässt der Arbeitgeber dem Arbeitnehmer einen internetfähigen Personal Computer unentgeltlich, so liegt in der Übertragung des Eigentums an dem Computer ein Lohnzufluss, der gem. § 40 Abs. 2 Satz 1 Nr. 5 EStG pauschal durch den Arbeitgeber versteuert werden kann.

Hinsichtlich der Gewährung von sog. Bonusmeilen bei dienst- bzw. beruflich veranlassten Flugreisen, die vom Arbeitnehmer für private Zwecke genutzt werden dürfen, ergibt sich gem. § 19 Abs. 1 EStG eine Steuerpflicht. Die Höhe des geldwerten Vorteils ist nach § 8 Abs. 2 EStG zu ermitteln. Die Möglichkeit der Pauschalversteuerung gem. § 40 EStG wird z. B. von der Deutschen Lufthansa AG nicht nur für ihre eigenen Arbeitnehmer genutzt, sondern auch hinsichtlich aller anderen, begünstigten Arbeitnehmer anderer Arbeitgeber. Hierbei dient die Pauschalierung der verfahrensrechtlichen Vereinfachung der Steuererhebung, die sonst vermutlich nicht oder nur mit größten Mühen möglich wäre. Hieraus folgt, dass eine Besteuerung bereits durch den Anbieter dieses Programms für den Arbeitnehmer erfolgt, auch wenn dies von dem Begünstigten möglicherweise gar nicht wahrgenommen wird.

Weitere Anwendungsbereiche von geldwerten Vorteilen sind vor allem in den Unternehmen anzutreffen, die Konsumgüter produzieren bzw. Produkte erstellen, die auch von Arbeitnehmern für den täglichen Gebrauch genutzt werden können. In diesen Fällen des sog. Hausverkaufs von Produkten ist zu prüfen, welche steuerlichen Belastungen sich hieraus ergeben und von wem diese Belastungen tatsächlich getragen werden.

[676] Vgl. § 8 Abs. 2 EStG bzw. R 8.1 Abs. 9 LStR 2011.

4.5.3.3 Betriebliche Altersversorgung

- Welche steuerlichen Vorteile ergeben sich für den Arbeitgeber durch die Bildung einer Pensionsrückstellung?
- Wie erfolgt die Besteuerung der Pensionen beim Arbeitnehmer?
- Welche alternativen Formen der Altersversorgung gibt es?

Auf Grund der steigenden Unsicherheit über die gesetzliche Altersversorgung sind in den letzten Jahren verstärkt Unternehmen dazu übergegangen, betriebliche Altersversorgungen anzubieten, die als Bestandteil einer kombinierten Gehaltsvereinbarung anzusehen sind.

Hierbei ist regelmäßig zu unterscheiden zwischen einer direkten Pensionszusage, die über eine Pensionsrückstellung auf der Ebene des Unternehmens selber ermittelt wird und den Unterstützungskassen einerseits und den externen Durchführungswegen andererseits. Bei den externen Formen zahlt das Unternehmen regelmäßige Beiträge in eine Versicherung ein, so dass bei Eintritt des Versorgungsfalls aus dieser Versicherungssumme die Pensionsansprüche der Mitarbeiter bezahlt werden können. Folgende Formen lassen sich unterscheiden:

- Bei einer **Pensionszusage** verpflichtet sich der Betrieb selbst zur Leistung. Hat der Berechtigte einen Rechtsanspruch auf einmalige oder laufende Pensionsleistungen, kann der Verpflichtete gem. § 249 Abs. 1 HGB i. V. m. § 6a Abs. 1 und 2 EStG eine Pensionsrückstellung bilden. Deren Höhe bestimmt sich nach einem versicherungsmathematischen Gutachten, welches den Grundsätzen ordnungsmäßiger Buchführung entsprechen muss. Allerdings sind hierbei die steuerlichen Besonderheiten des § 6a EStG zu beachten. Dies gilt speziell für den Zinssatz und die weiteren Voraussetzungen, die für eine Rückstellungsbildung erfüllt sein müssen. Steuerpflichtiger Lohn nach § 19 EStG besteht erst zum Zeitpunkt des Zuflusses der Leistungen.
- Bei einer **Direktversicherung** erfolgt die betriebliche Altersversorgung durch eine Versicherungsgesellschaft. Hierbei fungiert der Arbeitgeber als Versicherungsnehmer und der Arbeitnehmer als Versicherter. Die Zahlungen an das Versicherungsunternehmen sind gem. § 4 Abs. 4 EStG Betriebsausgaben. Im Rahmen der Grenzen des § 3 Nr. 63 EStG können die Beiträge für den Versicherten, den Arbeitnehmer, steuerfrei geleistet werden. Für Altverträge, die auf noch vor dem Jahr 2005 erteilten Zusagen beruhen, besteht die Möglichkeit der Pauschalbesteuerung durch den Arbeitgeber gem. § 40b Abs. 1 EStG a. F. Dies ist regelmäßig günstiger als die individuelle Besteuerung.
- Bei einer **Unterstützungskasse** erfolgt eine Zuführung in die Unterstützungskassen, die als Betriebsausgaben gem. § 4d EStG gewinnmindernd zu berücksichtigen

sind.[677] Der empfangende Arbeitnehmer hat eine Auszahlung aus einer Unterstützungskasse als Einkünfte nach § 19 Abs. 1 Nr. 2 EStG zum Zeitpunkt des Zuflusses zu versteuern. Im Gegensatz zur Direktversicherung und zur Pensionszusage erlangt der Arbeitnehmer keinen Rechtsanspruch auf Zahlung aus der Unterstützungskasse. Insoweit besteht für den Arbeitgeber größere Flexibilität als bei den anderen Instrumenten.[678]

- Bei einer **Pensionskasse** haben die Arbeitnehmer einen konkreten Rechtsanspruch auf die Leistungen. Die Zahlungen des Arbeitgebers an die Pensionskasse sind beim Arbeitnehmer Arbeitslohn, sofern sie nicht innerhalb der Grenzen des § 3 Nr. 63 EStG steuerbefreit bleiben. Eine Pauschalversteuerung ist nach § 40b EStG a. F. für Altverträge möglich.[679] Auf nicht geförderten Beiträgen beruhende Auszahlungen von Rentenleistungen aus Neuverträgen unterliegen im Regelfall einer Besteuerung als private Leibrente mit dem Ertragsanteil. Beruhen diese hingegen auf geförderten Beiträgen, unterliegen die Kapital- und Rentenauszahlungen in vollem Umfang der Besteuerung.

- Bei einem **Pensionsfonds** handelt es sich um eine rechtlich selbstständige Versorgungseinrichtung, die sich aus den Zuwendungen eines oder mehrerer Trägerunternehmen finanziert, welche wiederum ihre betriebliche Altersversorgung dort abwickeln. Die Arbeitnehmer haben einen Anspruch auf die ihnen zugesagten Leistungen, welche nur als lebenslange Zahlungen erbracht werden dürfen.[680] Beim Arbeitgeber sind die Zahlungen an den Fonds abzugsfähig, soweit mit den Beiträgen an den Pensionsfonds festgelegte Versorgungsleistungen finanziert oder Fehlbeträge des Fonds ausgeglichen werden. Hingegen erfolgt bei ihm keine Aktivierung des Deckungskapitals. Beim Arbeitnehmer unterliegen Leistungen, die auf geförderten Beiträgen[681] beruhen, als sonstige Einkünfte nach § 22 Nr. 5 Satz 1 EStG in vollem Umfang der Besteuerung. Dies gilt unabhängig davon, ob sie in Form der Rente oder als Auszahlungsplan geleistet werden.

Aus betriebswirtschaftlicher Sicht ist – neben den positiven Auswirkungen auf die Motivation der Mitarbeiter – entscheidend, inwieweit sich hierdurch steuerliche Vorteile ergeben, die zu Liquiditätsvorteilen werden können. Für expandierende junge

---

677 Allerdings gibt § 4d EStG einen engen Rahmen für die Abzugsfähigkeit der Zuführungen in pauschaldotierte Unterstützungskassen vor.

678 Größere Flexibilität besteht bei Unterstützungskassen zudem in der freien Kapitalanlagewahl, die durch Mitspracherechte der Leistungsempfänger und des Betriebsrates beschränkt wird. Dem Vorteil des beschränkten Liquiditätsabflusses für pauschaldotierte steht allerdings entgegen, dass eine volle Vorausfinanzierung nur über rückgedeckte Kassen möglich ist.

679 Nach § 40b Abs. 1 EStG n. F. besteht die Pauschalbesteuerung sowie die Förderung nach § 3 Nr. 56 EStG für Neuverträge nur bei umlagefinanzierten Pensionskassen.

680 Gem. § 112 Abs. 1 VAG verpflichtet sich der Pensionsfonds dazu, die Altersversorgungsleistung als lebenslange Zahlung entweder in Form einer Leibrente oder in Form eines Auszahlungsplanes zu erbringen.

681 Vgl. § 3 Nr. 63 EStG, § 3 Nr. 66 EStG, § 10a EStG i. V. m. der Zulage nach Abschnitt XI EStG.

Unternehmen entstehen Vorteile, weil die auf Grund der Pensionszusage zu berücksichtigenden Aufwendungen auf der Unternehmensebene bereits zum Zeitpunkt der Ansammlung des Gegenwertes der zukünftigen Pensionszahlungen und nicht erst im Zeitpunkt der Auszahlung der Pension steuermindernd berücksichtigt werden können, ohne dass dies zu einem Liquiditätsabfluss führt.[682] Insofern hat das Unternehmen die Möglichkeit der Steuerfinanzierung des laufenden Geschäftsbetriebes, der sich durch eine Steuerminderzahlung ergibt, die ihre Grundlage in der Bildung einer Pensionsrückstellung hat. Da diese Rückstellung unter den Voraussetzungen des § 6a EStG auch steuerlich anerkannt wird, kommt es damit zu einer Gewinnminderung. Allerdings führen die Vorgaben zur Bildung und Auflösung dieser Rückstellung dazu, dass verglichen mit den späteren tatsächlichen Belastungen häufig nur vergleichsweise geringe Pensionsrückstellungen gebildet werden dürfen.[683]

4.5.3.4 Leistungsabhängige Vergütung

- Erfolgt die Besteuerung eines Vorteils bereits zum Zeitpunkt der Einräumung oder erst zum Zeitpunkt der Ausübung?
- Sind Einkünfte aus Aktienoptionsprogrammen solche im Sinne des § 19 EStG oder des § 20 Abs. 2 EStG?
- Wie erfolgt die Behandlung solcher Aktienoptionsprogramme beim gewährenden Arbeitgeber?

Eine immer populärer werdende Form der Mitarbeitermotivation ist die erfolgsabhängige Vergütung und Bezahlung durch Beteiligung am zukünftigen Unternehmenserfolg. Insbesondere bei Familienunternehmen ist es besonders wichtig, die Geschäftsführer und Führungskräfte, die nicht zur Familie gehören, so zu incentivieren und zu motivieren, dass sie die größtmöglichen wirtschaftlichen Erfolge für das Unternehmen realisieren. Um die Personalkosten nicht als Grundbelastung unabhängig vom wirtschaftlichen Erfolg zu hoch werden zu lassen, nutzen viele Unternehmen das Instrument einer Mitarbeiterbeteiligung. Die begünstigten Mitarbeiter sollen an dem von ihnen maßgeblich mitbestimmten wirtschaftlichen Erfolg, der während ihrer Zugehörigkeit zum Unternehmen entstanden ist, beteiligt werden.

4.5.3.4.1 Grundformen

Es lassen sich die folgenden Grundformen einer Mitarbeiterbeteiligung unterscheiden:

- **Management Shares** liegen vor, wenn dem Mitarbeiter bei Erreichen bestimmter zuvor festgelegter Erfolgsgrößen oder aus sonstigen vertraglichen Gründen eine

[682] Alternativ kann mittels der Durchführung über eine pauschaldotierte Unterstützungskasse zumindest ein beschränkter Liquiditätsabfluss erreicht werden.

[683] Möchte das Unternehmen hingegen einen Bilanzausweis vermeiden, so bietet sich die steuerbegünstigte Auslagerung von Pensionszusagen auf Pensionsfonds und rückgedeckte Unterstützungskassen an. Vgl. hierzu u. a. Wellisch/Gellrich/Quiring, BB 2010, S. 623.

bestimmte Anzahl von Aktien (shares) gewährt wird. Je nachdem, ob eine Zahlung für die Anteile erfolgt oder diese ohne eine solche übertragen werden, unterscheiden sich die steuerlichen Folgen. Gemeinsam haben diese Aktien, dass sie beim Ausscheiden aus dem Dienstverhältnis – zumeist zum Anschaffungspreis – an die Altgesellschafter oder an die Gesellschafter zurückzugeben sind. Im Ergebnis wird hierdurch sichergestellt, dass der Mitarbeiter an den laufenden Erträgen während seiner Tätigkeit für das Unternehmen beteiligt wird, nicht jedoch an den in dieser Zeit entstandenen stillen Reserven.

- **Pension Shares** unterscheiden sich von den Management Shares dadurch, dass der Mitarbeiter auch nach seinem Ausscheiden bis zu seinem Tod Gesellschafter des Unternehmens bleibt und insoweit an den laufenden Erträgen des Unternehmens auch nach seinem Ausscheiden partizipiert.

- **Virtuelle Mitarbeiterbeteiligungsmodelle** stellen eine besondere Art der Ermittlung der erfolgsabhängigen Vergütung des Managements dar. Ohne eine gesellschaftsrechtliche Beteiligung zu haben, wird der Manager wirtschaftlich so gestellt, als ob er an der Gesellschaft mit einem bestimmten Prozentsatz beteiligt wäre. Dies führt zur Befriedigung der wirtschaftlichen und finanziellen Interessen des Managements, nimmt diesen jedoch die Möglichkeit aktiv durch ihre Gesellschafterstellung Einfluss auf die Unternehmenspolitik zu nehmen.

Die Entscheidung über diese Modelle ist von einer Vielzahl von Parametern abhängig. So spricht zum Beispiel für die Stellung eines Managers als persönlich haftender Gesellschafter in einer Kommanditgesellschaft das nach außen deutlich werdende Bekenntnis des Managements, eine umfassende persönliche Haftung einzugehen. Hingegen kann die Zielsetzung, kein „Nichtfamilienmitglied" zum Gesellschafter werden zu lassen, für die Durchführung einer nur virtuellen Mitarbeiterbeteiligung entscheidend sein.

4.5.3.4.2 Mitarbeiterbeteiligungsgesellschaften

Alle Systeme verfolgen das Ziel, den Einfluss auf die Lenkung des Unternehmens auf die bisherigen Gesellschafter zu begrenzen und die „Neugesellschafter" auszuschließen oder den Einfluss weitgehend zu beschränken. Bei Kapitalgesellschaften kann dies über die Einräumung von Unterbeteiligungen oder durch die Begründung von Mitarbeiterbeteiligungs-Gesellschaften erfolgen. An diesen werden die Manager ebenso wie die bisherigen Gesellschafter beteiligt, wobei die „Altgesellschafter" regelmäßig die Mehrheit der Anteile und die Geschäftsführung in der Gesellschaft halten. Wird für diese die Rechtsform einer Gesellschaft des bürgerlichen Rechts (GbR) gewählt, können die Geschäftsführer die Gesellschaft in der Gesellschafterversammlung des Unternehmens vertreten. Damit verbleibt den Managern als Gesellschafter der GbR nur ein sehr beschränkter Einflussbereich.

Eine solche Beteiligungsstruktur kann etwa folgendermaßen aussehen: Zunächst errichtet der einzige Gesellschafter des Unternehmens mit einer weiteren, regelmäßig ihm nahe stehenden Person eine Mitarbeiterbeteiligungs-GbR. Dabei soll der Gesellschafter nahezu ausschließlich am Vermögen der GbR beteiligt sein, während die andere Person nur einen sehr geringen Anteil an dieser Gesellschaft hält. Geschäftsführer der GbR wird die nahe stehende Person und nicht der Gesellschafter. Einziger Vermögensgegenstand der GbR soll die Beteiligung an dem Unternehmen werden. Die dafür erforderliche Übertragung des Eigentums an Geschäftsanteilen des Unternehmens in das Vermögen der GbR erfolgt durch den Gesellschafter, indem dieser einen Teil seiner Geschäftsanteile an dem Unternehmen an die GbR abtritt.

Die Mitarbeiter beteiligen sich anschließend an der GbR. Dafür leisten sie eine Bareinlage. Deren Höhe bestimmt den Umfang der Beteilung des jeweiligen Mitarbeiters am Vermögen der GbR. Dies hat Rückwirkungen auf die Höhe der Beteiligung an den ausgeschütteten Gewinnen des Unternehmens. Die von den Mitarbeitern zu leistende Einlage ist an dem Nennwert der Geschäftsanteile an dem Unternehmen zu bemessen. Die Mitarbeiter sollen jedoch nicht (mittelbar) an den bestehenden und zukünftigen stillen Reserven in den Geschäftsanteilen beteiligt werden. Die mit den Geschäftsanteilen verbundenen Wertsteigerungschancen – aber auch die Wertverlustrisiken – verbleiben bei den „Altgesellschaftern". Allerdings müssen die Mitarbeiter das Risiko tragen, dass der Verkehrswert der Anteile an dem Unternehmen, z. B. durch eine nachhaltige Verlustsituation der Gesellschaft, unter den Nennwert der Anteile fällt. Die aus den Geschäftsanteilen resultierenden weiteren gesellschaftsrechtlichen Rechte (z. B. Stimmrechte) werden von der GbR als zivilrechtliche Eigentümerin der Anteile an dem Unternehmen und damit mittelbar von dem jeweiligen Mitarbeiter als Gesellschafter der GbR ausgeübt. Scheidet ein Mitarbeiter aus den Diensten des Unternehmens aus, muss er seine GbR-Anteile zurückgeben. Daher wird der Mitarbeiter schon bei Eintritt in die GbR verpflichtet, im Zeitpunkt der Beendigung seines Dienstverhältnisses – aus welchen Gründen auch immer – seine Beteiligung an der GbR an den Gesellschafter zu verkaufen und abzutreten. Als Kaufpreis wird der im Zeitpunkt des Ausscheidens aktuelle Nennwert der mittelbar auf den jeweiligen Mitarbeiter entfallenden Geschäftsanteile vereinbart. Eine darüber hinausgehende Leistung, etwa als Gegenleistung für etwaig bestehende stille Reserven, ist ausgeschlossen.

Die Gesellschafter der GbR sollen aus der Beteiligung keine gewerblichen Einkünfte im Sinne von § 15 Abs. 1 Satz 1 Nr. 2 EStG erzielen. Auch eine gewerbliche Prägung der GbR liegt nicht vor, weil dies zu gewerblichen Einkünften führte. Vielmehr ist die GbR ausschließlich vermögensverwaltend tätig. Aus der Übertragung der Anteile an dem Unternehmen vom Gesellschafter auf die GbR ergeben sich für den Gesellschafter insoweit steuerliche Konsequenzen, wie nach der Übertragung die Anteile an dem Unternehmen mittelbar auf die nahe stehende Person als Gesellschafter der GbR entfallen. Die Übertragung der Geschäftsanteile stellt in diesem Umfang eine Veräußerung im steuerlichen Sinne dar. Da diese Beteiligung nur sehr gering ist, entstehen hieraus nur sehr geringe steuerliche Belastungen.

Nach ständiger Rechtsprechung werden Wirtschaftsgüter – und damit auch Beteiligungen an Kapitalgesellschaften –, die zum Gesamthandsvermögen einer vermögensverwaltenden GbR gehören, den Gesellschaftern der GbR nach § 39 Abs. 2 Nr. 2 AO anteilig – d. h. so, als ob sie an den Anteilsrechten zu Bruchteilen beteiligt wären, – zugerechnet (sog. Bruchteilsbetrachtung).[684] Während nach Maßgabe des Privatrechts die Mitglieder der Gesamthandsgemeinschaft zur gesamten Hand berechtigt sind, wird nach § 39 Abs. 2 Nr. 2 AO steuerlich eine Berechtigung nach Bruchteilen fingiert. Steuerlich wird die Gesamthandsgesellschaft mithin als Bruchteilsgemeinschaft angesehen. Folglich handelt es sich bei der entgeltlichen Übertragung – wobei auch die Übertragung gegen Gewährung von Gesellschaftsrechten als entgeltlich anzusehen ist – einer im Privatvermögen gehaltenen steuerverstrickten Beteiligung auf eine GbR nur insoweit um eine Veräußerung, wie dem „Veräußerer" nicht das Gesamthandsvermögen gem. § 39 Abs. 2 Nr. 2 AO zuzurechnen ist.[685]

Werden die Mitarbeiter durch Zahlung eines Geldbetrages in Höhe des Nennkapitals der im Vermögen der GbR befindlichen Anteile des Unternehmens an der GbR beteiligt, liegt hierin steuerlich eine Veräußerung der Geschäftsanteile an dem Unternehmen durch den Gesellschafter. Dieses ist die Folge der oben dargelegten Bruchteilsbetrachtung. Danach wird den Mitarbeitern bei Beteiligung an der GbR für steuerliche Zwecke ein Anteil an den Geschäftsanteilen am Unternehmen zugerechnet. Auf Ebene der GbR ergeben sich keine steuerlichen Konsequenzen, weil die GbR nicht selbst Steuersubjekt für die Einkommen- bzw. Körperschaftsteuer ist. Die Gesellschaft unterliegt auf Grund ihrer Tätigkeit nicht der Gewerbesteuer.

Die Mitarbeiter erzielen keine gewerblichen Einkünfte aus § 15 EStG, da die GbR ausschließlich vermögensverwaltend tätig ist. Folglich werden auch keine gewerblichen Einkünfte i. S. v. § 15 Abs. 2 EStG erzielt und die Gesellschafter sind nicht als Mitunternehmer gem. § 15 Abs. 1 Satz 1 Nr. 2 EStG anzusehen.

Der Erwerb der Beteiligung an der GbR als solcher löst bei dem jeweiligen Mitarbeiter u. E. keine steuerlichen Folgen aus. Erst Einnahmen aus dieser Quelle führen bei ihnen zu steuerpflichtigen Einkünften. Etwas anderes gilt, wenn die Mitarbeiter die Beteiligung an der GbR teil- oder unentgeltlich, d. h. zu einem unter den Verkehrswert liegenden Preis, erwerben. In einem solchen Fall stellt die Differenz zwischen dem tatsächlich von dem Mitarbeiter aufgewendeten Betrag und dem Verkehrswert der Beteiligung an der GbR (beeinflusst von dem Verkehrswert der Geschäftsanteile an dem Unternehmen) eine Einnahme dar, die zu den Einkünften aus nichtselbstständiger Tätigkeit des Mitarbeiters gem. § 19 Abs. 1 Satz 1 EStG i. V. m. § 2 LStDV zählt.[686]

---

684 Vgl. BFH vom 19. 3. 1996, VIII R 15/94, BStBl. II 1996, S. 312, vom 12. 10. 1982, VIII R 72/79, BStBl. II 1983, S. 128, vom 7. 4. 1976, I R 75/73, BStBl. II 1976, S. 557 und vom 9. 5. 2000, VIII R 41/99, BStBl. II 2000, S. 686.

685 Vgl. Eilers/Schmidt, in: Hermann/Heuer/Raupach, EStG/KStG, § 17 EStG, September 2010, Rz. 88.

686 Vgl. BFH vom 17. 1. 2005, VI B 30/04, BFH/NV 2005, S. 884

Hinsichtlich der steuerlichen Konsequenzen beim bisherigen Gesellschafter hat eine differenzierende Betrachtung zu erfolgen. Die Einbringung in die GbR führt zunächst nicht zu einer Gewinnrealisierung. Werden die Mitarbeiter an der Gesellschaft beteiligt und erfolgt dies entgeltlich, kommt es zu einer anteiligen Versteuerung der insoweit aufzudeckenden stillen Reserven. Ist der Gesellschafter eine Kapitalgesellschaft, wäre ein Veräußerungsgewinn nach § 8b Abs. 2 KStG – abgesehen von der 5%-Pauschale nach § 8b Abs. 3 KStG – steuerfrei. Handelt es sich hingegen um eine natürliche Person, lässt sich eine Steuerbarkeit des Veräußerungsgewinns regelmäßig nicht vermeiden. Denkbar wäre auch, dass im Wege einer Kapitalerhöhung neue Anteile geschaffen werden. Diese könnten zunächst von der GbR erworben und anschließend zum Verkehrswert weiterveräußert werden.

Nach § 19 Abs. 1 Satz 1 Nr. 1 EStG gehören u. a. Bezüge und Vorteile, die für eine Beschäftigung gewährt werden, zu den Einkünften aus nichtselbstständiger Arbeit. Entsprechend bestimmt § 2 LStDV, dass Arbeitslohn alle Einnahmen sind, die dem Arbeitnehmer aus dem Dienstverhältnis zufließen. Hierbei ist es unerheblich, unter welcher Bezeichnung oder in welcher Form sie gewährt werden. Einnahmen fließen dem Arbeitnehmer mit Rücksicht auf das Dienstverhältnis zu, wenn sie sich im weitesten Sinne als Gegenleistung für das Zurverfügungstellen der individuellen Arbeitskraft erweisen.[687]

Laufende Erträge aus Gewinnausschüttungen des Unternehmens an die GbR stellen unter Anwendung der Bruchteilsbetrachtung anteilige Einkünfte der Mitarbeiter dar. Die Gewinnanteile der Mitarbeiter gehören zu den Einkünften aus Kapitalvermögen gem. § 20 Abs. 1 Nr. 1 EStG, die dem gesonderten Steuertarif i. H. v. 25% (§ 32d Abs. 1 EStG) mit Abgeltungswirkung (§ 43 Abs. 5 EStG) unterliegen. Gem. § 20 Abs. 5 EStG erzielt nur der Anteilseigner Einkünfte aus Kapitalvermögen in Form von Gewinnausschüttungen. Anteilseigner ist derjenige, dem nach § 39 AO die Anteile an dem Kapitalvermögen im Zeitpunkt des Gewinnverteilungsbeschlusses zuzurechnen sind.

Veräußert ein Mitarbeiter seine Beteiligung an der GbR an den Gesellschafter, ergeben sich daraus bei dem Mitarbeiter keine steuerlichen Folgen. Der Mitarbeiter hat die Anteile (mittelbar) zum Nennwert erworben und erzielt bei der Veräußerung einen Preis, der dem Nennwert der Anteile im Zeitpunkt seines Erwerbs entspricht. Dadurch beläuft sich der Veräußerungsgewinn stets auf „Null".

4.5.3.4.3 Unterbeteiligung

Bei der Begründung der Unterbeteiligung sind die Manager nicht direkt an dem Unternehmen beteiligt, sondern zivilrechtlich wie steuerlich nur mittels einer Kapitalforderung an den Erträgen aus der Hauptbeteiligung. Aus der Sicht des Hauptbeteiligten sind die Zahlungen an den Unterbeteiligten steuerlich als Betriebsausgabe zu behandeln sowie die vereinnahmten Dividenden oder Veräußerungsgewinne aus der

[687] Vgl. BFH vom 17. 1. 2005, VI B 30/04, BFH/NV 2005, S. 884.

Hauptbeteiligung als Ertrag zu versteuern, wobei die jeweiligen Besteuerungsfolgen in Abhängigkeit von der Rechtsform des Hauptbeteiligten sind und bereits auf S. 15 ff. erläutert wurden.

Das Instrument der Unterbeteiligung ist erst durch die Einführung der Abgeltungssteuer auf diese Form von Kapitaleinkünften eine interessante Alternative geworden. Bis zu deren Einführung erfolgte eine Belastung mit dem individuellen Einkommensteuersatz. Steuerlich ist die Unterbeteiligung trotz einer Vielzahl von zu beachtenden Einzelproblemen eine sehr steuereffiziente Form der Mitarbeiterbeteiligung. Problematisch erscheint jedoch, dass der Mitarbeiter einen entsprechenden Geldbetrag zur Begründung der Unterbeteiligung aufbringen muss. Dies kann dadurch gelöst werden, dass der Arbeitgeber seinem Mitarbeiter ein Darlehen zu besonders günstigen Zinsen gewährt und der Mitarbeiter einen höheren Betrag aus der Unterbeteiligung erhält als er für die Tilgung des aufgenommenen Darlehens zur Finanzierung der Unterbeteiligung bezahlen muss. Dies ist jedoch regelmäßig eine wirtschaftliche und keine steuerliche Fragestellung. Ist der vereinbarte Zinssatz für das gewährte Arbeitgeberdarlehen zu niedrig, liegt beim Arbeitnehmer ein geldwerter Vorteil in Höhe der Differenz zwischen marktüblichem Zins und tatsächlich vereinbartem Zins vor. Diesen hat der Arbeitnehmer als Einkünfte aus nichtselbstständiger Arbeit gem. § 19 EStG zu versteuern.

Aus Sicht des Arbeitnehmers ist nachteilig, dass die Zinsen nicht als Werbungskosten abgezogen werden dürfen. Vielmehr müssen sie aus versteuerten Kapitalerträgen, also aus dem Nettobetrag der Kapitaleinkünfte, bezahlt werden. Zur Vermeidung dieses Nachteils kann der Mitarbeiter die Unterbeteiligung mit eigenem, bereits vorhandenem Vermögen begründen oder der Arbeitgeber gewährt seinem Mitarbeiter eine Sonderzahlung, die dieser für die Unterbeteiligung verwendet. In diesen Fällen muss der Zufluss beim Mitarbeiter als Einkünfte aus nichtselbstständiger Arbeit versteuert werden.

4.5.3.4.4 Aktienoptionsprogramme

Eine ebenfalls weit verbreitete, „klassische" Form der Mitarbeiterbeteiligung ist ein Aktienoptionsprogramm. Hierbei wird dem Arbeitnehmer im Rahmen des Dienstverhältnisses ein **Recht auf den späteren Erwerb von Aktien zu einem feststehenden Preis** eingeräumt. International bestehen teilweise unterschiedliche Auffassungen, zu welchem Zeitpunkt eine Besteuerung zu erfolgen hat. Hierzu wird teilweise der Standpunkt vertreten, dass es auf den Zeitpunkt der Optionsgewährung ankomme, während andere Staaten auf die Ausübung der Option abstellen. Hiermit sind u. U. auch Rückwirkungen auf die vorliegende Einkunftsart (Kapitalvermögen oder nichtselbstständige Arbeit?) verbunden.

In Deutschland erfolgt eine Erfassung nicht bereits zum Zeitpunkt der Einräumung des Rechts, sondern erst bei Ausübung der Option. In Höhe des Betrages, um den zum Zeitpunkt der Ausübung der tatsächliche Marktpreis den garantierten Ankaufspreis übersteigt, kommt es zu einem steuerpflichtigen Zufluss. Hierbei handelt es sich um Einkünfte aus § 19 EStG, weil diese als Ausfluss des Arbeitsverhältnisses angesehen werden.

4.5.3.4.5 Nutzung von Wandelanleihen

Die Wandelanleihe ist als Instrument der Beteiligung von Mitarbeitern auf Grund der zivilrechtlichen Vorteile gegenüber Aktien attraktiv. Die solchermaßen am Unternehmen beteiligten Personen bekommen eine rein schuldrechtliche Position eingeräumt und sind nicht gesellschaftsrechtlich am Unternehmen beteiligt. Den Interessen des Unternehmers kann über eine ausgewogene Ausgestaltung der Anleihebedingungen Rechnung getragen werden. Die Entscheidung, ob die betreffende Person sich tatsächlich gesellschaftsrechtlich beteiligt, wird damit in die Zukunft verlagert. Gleichwohl erfolgt schon derzeit ein Vermögenszufluss beim Unternehmen.

Werden heute Wandelanleihen z. B. von Mitarbeitern gezeichnet, ohne dass dem eine Gegenleistung gegenüber steht, hat der betreffende Mitarbeiter einen Sachlohn zu versteuern. Wandelt er später die Anleihe und veräußert er dann seine Aktien zu einem Zeitpunkt, in dem das Unternehmen hohe Wertsteigerungen erfahren hat, so unterliegt der Veräußerungsgewinn nur der Abgeltungssteuer von 25% (zzgl. Solidaritätszuschlag und ggf. Kirchensteuer), nicht aber der in der Regel deutlich höheren Lohnsteuer.

Alternativ zu einer Wandelanleihe könnte auch der umgekehrte Fall angewendet werden: Dem Mitarbeiter werden bereits heute gesellschaftsrechtliche Anteile zugewendet. Diese müssen jedoch bei Nichterfüllung bestimmter Kriterien oder bei Nichteintritt bestimmter Bedingungen auf Grund von Call-Optionen an das Unternehmen zurückgewährt werden.

4.5.4 Zusammenfassende Beurteilung zum Einfluss von Steuern auf das Personalwesen

Die genaue Kenntnis bestehender Zieldivergenzen unterschiedlicher Teildisziplinen der Betriebswirtschaftslehre ist auch im Verhältnis des Personalwesens zur Betriebswirtschaftlichen Steuerlehre von grundsätzlicher Bedeutung für die Erlangung einer betriebswirtschaftlich optimalen Entscheidung. Möglicherweise lassen sich Zieldivergenzen und Konflikte bei der Zielerreichung nicht vollständig lösen, doch ist es u. E. erforderlich, genau zu wissen, in welcher Art und bestenfalls in welchem Umfang diese fehlenden Zielerreichungsgrade oder Divergenzen bestehen. Dies ist Voraussetzung, damit eine Unternehmensleitung die Entscheidung mit dem geringsten betriebswirtschaftlichen Nachteil über alle Bereiche treffen kann. In diesem Sinne sind Steuern ein Bestandteil, der auf Grund der finanziellen Belastungswirkung als bedeutend angesehen werden kann und daher bei der Entscheidungsfindung berücksichtigt werden muss.

Eine vertiefende Kenntnis steuerlicher Detailprobleme für Vertreter der anderen Teildisziplinen der Betriebswirtschaftslehre ist nicht erforderlich. Demgegenüber erforderlich ist eine ausreichende Sensibilisierung für die steuerlichen Implikationen und damit die Möglichkeit zeitnah im Vorfeld einer unternehmerischen Entscheidung die steuerlichen Konsequenzen durch Fachleute prüfen zu lassen, um sie in die eigene Entscheidungsfindung mit einbeziehen zu können. Ein Kardinalfehler wäre es, eine Entscheidung auch mit zivilrechtlichen Wirkungen zunächst zu treffen, um dann in einem zweiten Schritt – und damit zu spät – steuerliche Expertise einzuholen.

🕮	*Buttler,* Einführung in die betriebliche Altersversorgung, 5. Aufl., Karlsruhe 2008 *Huber,* Personalmanagement, München 2010, S. 3 ff. *Kirschbaum/Becker,* Lohnsteuer, Achim 2011, 15. Aufl., S. 299 ff. *Langohr-Plato,* Betriebliche Altersversorgung, 5. Aufl., Münster 2010 *Rose,* Betriebswirtschaftliche Steuerlehre, 3. Aufl., Wiesbaden 1992, S. 274 ff. Kommentierung zum EStG bzw. zur LStDV

4.6 Sonstige Bereiche

4.6.1 Ablauforganisation: Zuordnung von Funktionen zu räumlich getrennten Betriebsstätten

- Wie wird der Begriff der Ablauforganisation definiert?
- Inwieweit kann ein Einfluss der Besteuerung auf die Ablauforganisation bestehen?

Ein steuerlicher Einfluss kann auch auf die Organisation der unternehmerischen Tätigkeit gegeben sein. Ein solcher besteht sowohl im Bereich der Aufbau- als auch der Ablauforganisation. Die **Aufbauorganisation** beschäftigt sich mit der Frage der Bildung von Stellen, Instanzen, Stäben usw. und regelt die Zuordnung der die Organisation tragenden Institutionen. Dabei werden im Rahmen der Bildung von Stellen oder Abteilungen die organisatorischen Einheiten nach Maßgabe ihrer Kompetenzen voneinander abgegrenzt und durch Kommunikationsbeziehungen miteinander verknüpft.[688] Hingegen beschäftigt sich die **Ablauforganisation** mit den raumzeitlichen Aspekten der Organisation. Danach werden die organisatorischen Elemente (Handlungsträger, Aufgaben, Sachmittel usw.) hinsichtlich des zeitlichen und des räum-

688 Vgl. Benning, in: Scholz (Hrsg.), Vahlens Großes Personallexikon, München 2009, Stichwort „Aufbauorganisation".

lichen Ablaufs so gestaltet, dass alle Arbeitsgänge lückenlos aufeinander abgestimmt sind.[689]

Während sich der Einfluss der Besteuerung im Bereich der Aufbauorganisation im Wesentlichen auf die Frage konzentriert, ob einzelne Bereiche eines Unternehmens als Teil des Gesamtunternehmens geführt werden sollen oder ob deren Verselbstständigung in einem eigenen Unternehmen vorteilhafter wäre[690], ist der Einfluss der Besteuerung auf die Ablauforganisation ebenfalls zu berücksichtigen. Hierbei geht es um die Frage, **inwieweit bestimmte Organisationselemente aus steuerlichen Gründen anders gestaltet werden**, als dies ohne Berücksichtigung der Besteuerung der Fall gewesen wäre. Das folgende Beispiel soll einen solchen möglichen Einfluss verdeutlichen.

■ **Beispiel:**

Ein Produktionsbetrieb unterhält mehrere Fertigungsstätten, die in unterschiedlichen Gemeinden belegen sind. Um das Produkt verkaufen zu können, müssen die einzelnen Fertigungsschritte – und damit die unterschiedlichen Standorte – „durchlaufen" werden. Schließlich werden die Erzeugnisse in einem Fertigwarenlager gelagert, um von dort verkauft zu werden. Im Ergebnis erzielt das Gesamtunternehmen einen Verkaufserlös. Die dabei entstehenden Gewinne (oder Verluste) unterliegen der Gewerbesteuer und der Einkommensteuer bzw. der Gewerbesteuer und der Körperschaftsteuer (jeweils zzgl. SolZ). Für die Frage, welcher gewerbesteuerliche Hebesatz anzuwenden ist, hat eine Aufteilung des Gewerbesteuer-Messbetrages auf alle Gemeinden zu erfolgen, in denen eine Betriebsstätte unterhalten wird.[691] Maßstab hierfür bildet die Summe der Arbeitslöhne in den jeweiligen Betriebsstätten, wobei je Arbeitnehmer maximal 50.000,- € zu berücksichtigen sind, auch wenn die tatsächlich gezahlten Löhne höher sind. Die Zuordnung der wertbildenden Aktivitäten zu Betriebsstätten, die einer niedrigeren Gewerbesteuer unterliegen, kann hierbei ebenso eine sinnvolle Gestaltung sein, wie die Zuordnung von lohnintensiven Tätigkeiten in entsprechende Betriebsstätten, um die Belastungswirkungen mit Gewerbesteuer für die Geschäftsleitungsbetriebsstätten in Hochsteuergemeinden zu verringern.

Wie das Beispiel zeigt, kann durch eine gezielte Verlagerung von Tätigkeiten, die nicht an bestimmte Standorte gebunden sind, die Lohnsumme und damit der Zerlegungsmaßstab beeinträchtigt werden.[692] Damit wird deutlich, dass infolge der unterschiedlichen Hebesätze in den Gemeinden ein Einfluss der Besteuerung auf die Ablauforganisation besteht. Es ist schwierig, diese Möglichkeiten gezielt durch Gestaltungen zu nutzen, denn die Hebesätze können kurzfristig geändert werden, ohne dass das Unternehmen hierauf entsprechend reagieren kann. Allerdings haben die Überlegungen

689 Vgl. Meckl, in: Scholz (Hrsg.), Vahlens Großes Personallexikon, München 2009, Stichwort „Ablauforganisation".
690 Vgl. hierzu S. 154 ff.
691 Vgl. §§ 28 ff. GewStG.
692 Vgl. hierzu auch S. 216 ff.

zur Rechtsformwahl deutlich werden lassen, dass bei Kapitalgesellschaften teilweise mehr als die Hälfte der Gesamtsteuerbelastung aus der Gewerbesteuer entstehen kann.[693] Dies verdeutlicht, dass sich solche Überlegungen als sehr lohnend erweisen können.

Außerdem ist zu beachten, dass eine Beeinflussung der Ablauforganisation im Bereich des Rechnungswesens erfolgen kann. Dies lässt sich besonders gut am Recht der Finanzverwaltung zum **Zugriff auf das EDV-System** des Unternehmens verdeutlichen.[694] Nach Auffassung der Finanzverwaltung hat der Steuerpflichtige durch das Einrichten von bestimmten Zugriffsrechten dafür zu sorgen, dass ein Betriebsprüfer, der von diesem Recht Gebrauch macht, nur einen Zugriff auf die Daten erhält, die der Steuerpflichtige offen legen muss.[695] Hieraus ergibt sich unmittelbar die Notwendigkeit, durch entsprechende organisatorische Maßnahmen diese Anforderungen umzusetzen. Zugleich wird deutlich, dass ein unmittelbarer Einfluss auf die Organisation des EDV-gestützten Rechnungswesens besteht. Wird diese Möglichkeit der Finanzverwaltung nicht zeitnah eröffnet, kann gem. § 146 Abs. 2b AO ein sog. Verzögerungsgeld verhängt werden. Dieses kann zwischen 2.500,- und 250.000,- € betragen.

🕮	*Freudenberg/Peters,* Identifizierung von unbeabsichtigten Funktionsverlagerungen als Ergebnis operativer Geschäftsentwicklung, BB 2009, S. 822 ff. *Kaminski/Kerssenbrock Graf/Strunk,* Elektronischer Datenzugriff der Finanzverwaltung gem. § 147 Abs. 6 AO, Kommunikation und Recht 2002, S. 225 ff. *Kaminski/Strunk,* Funktionsverlagerungen im Rahmen von e-Business-Aktivitäten, IStR 2002, S. 789 ff. *Theisen/Mangels,* Besteuerung und nationale Standortwahl, DB 1991, S. 2197 ff. *Warnke,* Der Datenzugriff durch die Finanzverwaltung in Form der Datenträgerüberlassung, AO-StB 2005, S. 296 ff.

4.6.2 Produktion: Einfluss von Produktionsfaktorsteuern

- Inwieweit kann eine Beeinflussung von Entscheidungen im Bereich der Produktion durch Steuern erfolgen?
- Wie wirken sich sog. Produktionsfaktorsteuern aus?

693 Vgl. hierzu nochmals S. 50 ff.
694 Vgl. § 147 Abs. 6 AO.
695 Vgl. Abschn. I Nr. 2 Buchst. a) des BMF-Schreibens vom 16. 7. 2001, IV D 2 – S 0316 – 136/01, BStBl. I 2001, S. 415.

4.6.2.1 Grundsätzliche Überlegungen

Der Begriff der Produktion kann allgemein als jede Kombination von Produktionsfaktoren verstanden werden.[696] Dabei werden üblicherweise zur Produktion nicht nur die eigentliche Fertigung gezählt, sondern auch die Beschaffung und die Lagerhaltung.

Ein Einfluss der Besteuerung kann in einzelnen Teilgebieten von Produktionsentscheidungen gegeben sein. Abbildung 4-12 fasst mögliche Beeinflussungen zusammen.

***Abbildung* 4-12:** *Möglicher Einfluss der Besteuerung im Bereich der Produktion*

Entscheidung	Mögliche steuerliche Beeinflussung
Beschaffungsentscheidung	Auslösung einer Belastung mit Zöllen, Verbrauchsteuern und ggf. nicht erstattungsfähiger USt (z. B. wegen der Unmöglichkeit der Erfüllung formaler Anforderungen oder der fehlenden Berechtigung zum Vorsteuerabzug)
Lagerhaltung	Auslösung von Importzöllen (insbesondere in Abhängigkeit vom Lagerwert (ggf. Freigrenzen) und Lagerort) und ggf. Notwendigkeit der Vorfinanzierung von speziellen Verbrauchsteuern
Fertigungsentscheidung	■ Steuerbelastung infolge von speziellen Verbrauchsteuern auf eingesetzte Produktionsfaktoren ■ Belastung des fertigen Produktes mit besonderen Steuern (z. B. Mineralöl-, Tabak-, Bier- oder Schaumweinsteuer)[697]

4.6.2.2 Die Einführung einer Produktionsfaktorsteuer

In diesem Kapitel wird der Frage nachgegangen, welchen Einfluss eine Steuer hat, die an den Einsatz oder Verbrauch eines umweltschädlichen Produktionsfaktors anknüpft. Hintergrund bildet dabei die Diskussion, inwieweit es gelingen kann, durch den gezielten Einsatz von steuerlichen Maßnahmen einen Beitrag zur Förderung eines umweltfreundlichen Verhaltens zu leisten. Plakativ wird hierbei vom **„Steuern durch Steuern"** gesprochen. Die weiteren Ausführungen beschäftigen sich jedoch lediglich mit den Auswirkungen auf Ebene des Unternehmens, lassen hingegen mögliche volkswirtschaftliche Aspekte unberücksichtigt.

696 Vgl. Corsten, Produktionswirtschaft, 10. Aufl., München 2004, S. 1 f.

697 Anknüpfungspunkt bildet hierbei die Entnahme des produzierten Guts aus dem Herstellungsbetrieb oder die Entnahme zum Verbrauch in diesem.

Beispiel:

Die Produktion in einer Ein-Produkt-Unternehmung verursacht Schadstoffemissionen, die mit einer Steuer belegt werden. Wenn vereinfachend von einer linearen Kostenfunktion $K(x) = k_v \cdot x + K_f$ ausgegangen wird, so ergibt sich eine lineare Grenzkostenfunktion mit $K'(x) = k_v$. Wird nun die „Ökosteuer" (s) eingeführt[698], verändert sich die Kostenfunktion zu $K^*(x) = k_v \cdot x + s \cdot x + K_f$. Es wird unterstellt, dass die „Ökosteuer" so ausgestaltet ist, dass ein unmittelbarer Zusammenhang zwischen der Produktionsmenge x und der Steuerbelastung besteht. Mit anderen Worten: Das Aufkommen aus der „Ökosteuer" ergibt sich als Produkt aus dem Steuersatz und der Produktionsmenge.

Um beurteilen zu können, welche Auswirkungen sich aus der Einführung der Steuer für die Produktionsmenge X ergeben, sind die Kostenverläufe in **Abbildung 4-13** dargestellt. In das Kostendiagramm wird anschließend die marginale Zahlungsbereitschaft eingezeichnet. Sie gibt an, wie viel ein repräsentativer potentieller Käufer des Produkts bereit wäre, für eine – streng genommen infinitesimal kleine – zusätzliche Einheit des Produkts X zu bezahlen. Entscheidend ist, dass im relevanten Bereich die marginale Zahlungsbereitschaft eine negative Steigung aufweist. Diese Annahme liegt darin begründet, dass ein höherer Preis zu einem Rückgang der Nachfrage führt und umgekehrt.

Wie die **Abbildung 4-13** zeigt, bewirkt die Einführung der „Ökosteuer" einen Rückgang der abgesetzten Menge von X^{alt} auf X^{neu}. Damit scheint das mit der Einführung der Steuer verfolgte Ziel als erreicht. Allerdings darf nicht übersehen werden, dass diese Lösung auf einer ganzen Reihe von vereinfachenden Annahmen beruht. Dies gilt insbesondere für die negative Steigung der marginalen Zahlungsbereitschaft. Diese unterstellt, dass die Käufer infolge der zusätzlichen Steuerbelastung nur eine geringere Menge nachfragen. Eine solche Annahme ist zwar möglich, doch keineswegs zwingend. Denkbar ist auch, dass infolge der höheren Preise eine größere Menge nachgefragt wird. In diesen Fällen würde die „Ökosteuer" kontraproduktiv für die Umwelt wirken. Denkbar wäre auch, dass die Nachfrage unabhängig vom Preis ist. Dies könnte etwa der Fall sein, wenn alternative Produkte teurer sind als das betrachtete Produkt inklusive der „Ökosteuer" oder die Abnehmer auf das Produkt nicht verzichten können oder wollen.

[698] Es handelt sich um eine Pigou-Steuer, wie sie aus der volkswirtschaftlichen Theorie bekannt ist, vgl. Pigou, The Economics of Welfare, 4. Aufl., London 1932, Reprint London 1960, S. 184 ff.

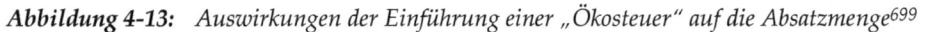

Abbildung 4-13: Auswirkungen der Einführung einer „Ökosteuer" auf die Absatzmenge[699]

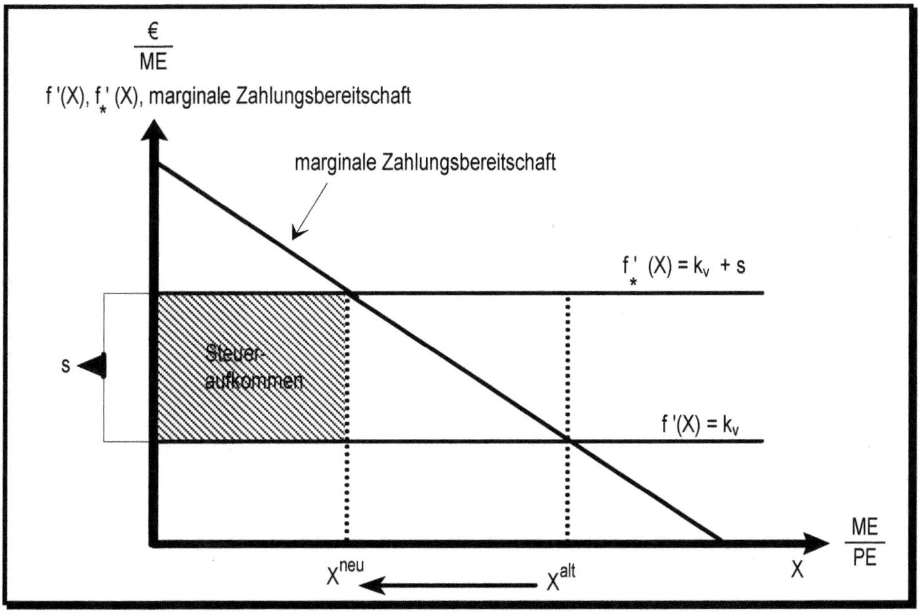

4.6.2.3 Auswirkungen der „Ökosteuer" bei alternativen Produktionsverfahren

Die gleichen Überlegungen können auch herangezogen werden, wenn zwei alternative Produktionsverfahren I und II zur Wahl stehen, die beide das gleiche Produkt betreffen. Der Absatz soll aus Vereinfachungsgründen in beliebiger Menge zum konstanten Preis p möglich sein. Im Ausgangsfall seien die Kosten für Verfahren II günstiger als die für I. Allerdings wird im Rahmen von II ein umweltschädliches Lösungsmittel eingesetzt. Der Gesetzgeber entschließt sich, eine gesonderte Steuer für solche Mittel einzuführen. **Abbildung 4-14** stellt die Änderung der Kostenverläufe dar.

699 Darstellung in Anlehnung an Gottfried/Wiegard, WiSt 1995, S. 501.

Abbildung 4-14: *Änderung der Kostenverläufe infolge einer Produktionsfaktorsteuer bei alternativen Produktionsverfahren*[700]

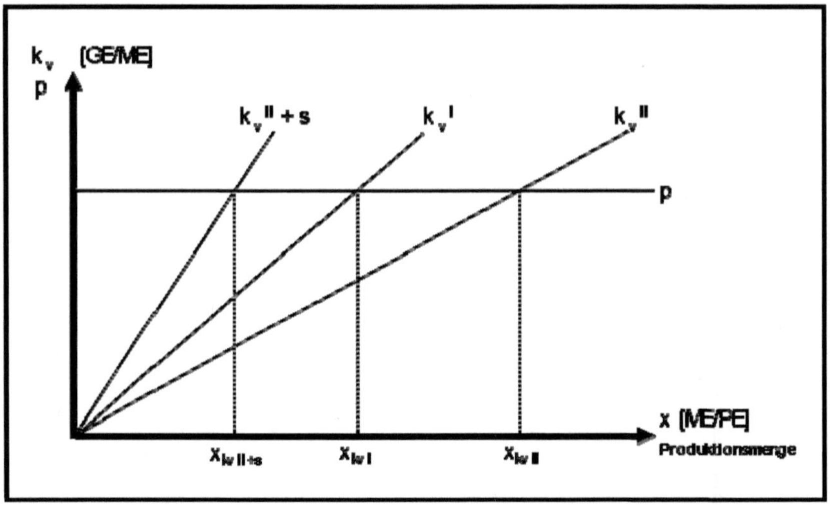

Die Darstellung zeigt, dass es zu einem Wechsel des Produktionsverfahrens kommen wird, weil nunmehr Verfahren I günstiger ist, bei dem annahmegemäß ein Einsatz des schädlichen Lösungsmittels nicht erfolgt. Allerdings darf dieses theoretische Ergebnis nicht ohne weiteres auf die Realität übertragen werden. Vielmehr würde sich ein Wechsel z. B. erst dann rentieren, wenn die niedrigeren Kosten bei Verfahren I auch die entstehenden Umstellungskosten für den Wechsel von Verfahren II zu I mit abdecken. Damit kann allenfalls eine langfristige Wirkung durch solche Steuern erzielt werden.

Außerdem kommt es zu einem Konflikt zwischen der ökologischen Wirkung der Steuer und dem Steueraufkommen. Wenn sich die Wirtschaftssubjekte in dem angestrebten Sinne verhalten und einen Wechsel vom umweltschädlichen zum umweltfreundlichen Verfahren vornehmen, betrüge das Steueraufkommen Null. Da aber regelmäßig eine Aufkommenswirkung einer solchen Steuer politisch gewollt ist, entsteht damit eine finanzielle Unterdeckung im Budget.

700 Darstellung in Anlehnung an Rose, Betriebswirtschaftliche Steuerlehre, 3. Aufl., Wiesbaden 1992, S. 264.

4.6.2.4 Fazit zum Einfluss der Besteuerung auf Produktionsentscheidungen

Wie die vorstehenden Ausführungen gezeigt haben, kann ein Einfluss der Besteuerung auf Produktionsentscheidungen darin bestehen, dass Steuern praktisch wie eine zusätzliche Kostenbelastung für ein bestimmtes Produkt oder eine Produktionsart wirken. In diesen Fällen kann es entweder zu einer Substitution des Produktionsfaktors kommen, der der Steuer unterliegt, durch einen anderen, der nicht mit einer solchen Steuerbelastung verbunden ist. Alternativ ist denkbar, dass eine Anpassung der Output-Menge erfolgt, indem die Steuer zumindest z. T. in Kauf genommen wird und lediglich – nach Maßgabe der absetzbaren Menge – eine Verringerung des Angebots erfolgt.

Der Gesetzgeber hat bei solchen Steuern besonders sorgfältig auf evtl. Ausweichreaktionen der Wirtschaftssubjekte zu achten, um sicherzustellen, dass nicht relativ schädliche Faktoren durch noch schädlichere (aber steuerlich nicht sanktionierte) ersetzt werden. Außerdem wird eine Preiselastizität der Nachfrage unterstellt, die zwar wahrscheinlich, aber keinesfalls zwingend ist.

🕮	*Fischer,* Die betriebliche Auswahl von Produktionsfaktoren unter dem Einfluss der Besteuerung, in: Zur Besteuerung der Unternehmung, Berlin 1968, S. 103 ff. *Fischer,* Die Hypothese der „doppelten Dividende" sogenannter Ökosteuern, in: *Kley/Sünner/Willemsen* (Hrsg.), Steuerrecht. Steuer- und Rechtspolitik. Wirtschaftsrecht und Unternehmensverfassung. Umweltrecht, FS *Ritter,* Köln 1997, S. 343 ff.

5 Ausblick

Die Ausführungen haben gezeigt, dass nahezu alle unternehmerischen Entscheidungen durch steuerliche Faktoren beeinflusst werden. Eine pauschale, verallgemeinernde Aussage über Art, Richtung und Intensität des steuerlichen Einflusses ist regelmäßig nicht möglich. Ursächlich hierfür sind einerseits die Vielzahl steuerlicher Anknüpfungspunkte und andererseits die große Zahl von steuerlichen Sonderregelungen. Hieraus ergibt sich, dass die sonst im Rahmen der Betriebswirtschaftslehre übliche Herleitung von allgemeingültigen Aussagen und Handlungsempfehlungen auf Grundlage modelltheoretischer Überlegungen nur bedingt sinnvoll ist. Insbesondere die hohe Komplexität der Sachverhalte, die häufigen Rechtsänderungen sowie die Besonderheiten des jeweils zu beurteilenden Einzelfalls bereiten hierbei besondere methodische Schwierigkeiten, sofern nicht restriktive Prämissen gesetzt werden, die die praktische Anwendung der hergeleiteten Vorteilhaftigkeitsüberlegungen sehr stark einschränken.

Die gewählten Beispiele von Unternehmensentscheidungen, die durch Steuern beeinflusst werden, haben gezeigt, dass über die bereits bekannten und ausführlich diskutierten Schnittstellen zwischen Steuern und Rechtformwahl und -wechsel sowie zwischen Steuern und Investition bzw. Finanzierung weitere wesentliche Entscheidungen erfolgen, die ohne Kenntnis der steuerlichen Beeinflussung nicht sachgerecht zu treffen sind. Die Frage, welche Entscheidung im Einzelfall als vorteilhaft anzusehen ist, hängt wesentlich von der vom Entscheidungsträger verfolgten Zielsetzung ab. Dies besteht regelmäßig im Ziel der Endvermögensmaximierung oder der Maximierung der Entnahmemöglichkeiten. Beide Ziele lassen sich nur erreichen, wenn das Ziel der relativen Steuerminimierung ebenso Berücksichtigung findet.

Ein solches Zielsystem lässt sich nur umsetzen, wenn frühzeitig eine Berücksichtigung steuerlicher Aspekte erfolgt. Dies setzt voraus, dass diese Fragestellung nicht nur Gegenstand von Überlegungen in der Steuerabteilung ist, sondern in allen Unternehmensbereichen eine hinreichende Sensibilität für steuerliche Einflüsse geschaffen wird. Da die Besteuerung kein alle anderen Faktoren bestimmendes Element sein darf, benötigen nicht alle Mitarbeiter umfassende steuerlicher Kenntnisse. Vielmehr ist es ausreichend, wenn Entscheidungsträger in ihren Unternehmensbereichen eine hinlängliche Sensibilität für die Bedeutung steuerliche Aspekte erlangen. Auch wenn die Forschungsbemühungen der Betriebswirtschaftlichen Steuerlehre in vielen Bereichen noch bei weitem nicht abgeschlossen sind, haben die Ausführungen deutlich werden lassen, dass erhebliche steuerliche Belastungsunterschiede bestehen und nachhaltigen Einfluss auf die Vorteilhaftigkeit unternehmerischer Entscheidungen haben.

Da die Berücksichtigung von steuerlichen Aspekten die Entscheidungsfindung häufig deutlich verkompliziert, sind andere Unternehmensbereiche nicht unbedingt daran interessiert, eine Beteiligung der Steuerabteilung herbeizuführen. Gleichwohl besteht bei einer Vernachlässigung steuerlicher Überlegungen die große Gefahr, dass einerseits falsche Entscheidungen getroffen werden und andererseits, dass es im Rahmen von Betriebsprüfungen zu u. U. empfindlichen Einkunftskorrekturen kommen kann. Ursächlich hierfür ist, dass sich entsprechende steuerliche Fehler im operativen Bereich in einer Betriebsprüfung nicht mehr beseitigen oder korrigieren lassen und hieraus nicht nur erheblichen Steuernachzahlungen sondern auch hohe – nicht abzugsfähige – Zinszahlungen entstehen können.

Glossarium

Ablauforganisation
beschäftigt sich mit den räumlichen bzw. zeitlichen Aspekten der Organisation. Danach werden die organisatorischen Elemente (Handlungsträger, Aufgaben, Sachmittel, usw.) hinsichtlich des zeitlichen und des räumlichen Ablaufs so gestaltet, dass alle Arbeitsgänge lückenlos aufeinander abgestimmt sind.

Abschreibungen
Berücksichtigung von Wertminderungen bei Wirtschaftsgütern, wobei planmäßige und außerplanmäßige Abschreibungen zu unterscheiden sind.

Absetzung für Abnutzung (AfA)
den steuerlichen Vorschriften entsprechende Abschreibungen, die den Werteverzehr infolge Verschleiß oder technischen Fortschritts erfassen. Neben der linearen AfA (Abschreibung in gleichen Jahresbeträgen) gibt es die degressive (Abschreibung in fallenden Jahresbeträgen) und die AfA nach Maßgabe der Leistung. Die degressive AfA ist steuerlich für Wirtschaftsgüter, die nach dem 1. 1. 2011 angeschafft oder hergestellt wurden, nicht mehr zulässig.

Amortisationsrechnung
Verfahren der Investitionsrechnung. Es wird danach gefragt, innerhalb welchen Zeitraumes die eingesetzten Mittel wieder zurück in die Unternehmung fließen. Investitionen mit kürzerer Amortisationsdauer sind denen mit längerer Amortisationsdauer vorzuziehen.

Anlagevermögen
Vermögensgegenstände, die dazu bestimmt sind, dem Unternehmen dauerhaft zu dienen, § 247 Abs. 2 HGB.

Annuitätenmethoden
Methode zur Analyse der Vorteilhaftigkeit einer Investition, indem darauf abgestellt wird, wie hoch ein gleichbleibender nachschüssiger, periodischer Betrag ist, der aus einer Investition erzielt werden kann.

Anschaffungskosten
Bewertungsmaßstab für entgeltlich erworbene Vermögensgegenstände. Die Anschaffungskosten bilden die absolute Obergrenze der Bewertung. Sie umfassen alle Aufwendungen zum Erwerb und zur Herstellung der Betriebsbereitschaft eines Vermögensgegenstandes, soweit sie diesem einzeln zugerechnet werden können, § 255 Abs. 2 HGB.

Anwachsung
Dinglicher Vorgang im Gesellschaftsrecht, nach dem der ausscheidende Gesellschafter seine Berechtigung an der Gesamthand verliert und diese auf die verbleibenden Gesellschafter übergeht (§ 738 BGB).

Aufbauorganisation
beschäftigt sich mit der Frage der Bildung von Stellen, Instanzen, Stäben usw. und regelt die Zuordnung der die Organisation tragenden Institutionen.

Außenfinanzierung
Beschaffung von finanziellen Mitteln über den Kapitalmarkt, d. h. von außerhalb des Unternehmens, sei es über die Gesellschafter oder durch Unternehmensfremde, wie insbesondere Banken.

„Besteuerung von Aufwand"
Situation, in der bei einer zum Unternehmensverbund gehörenden Kapitalgesellschaft eine Gewinnminderung entsteht, die sich infolge von Verlusten nicht steuermindernd auswirken kann, und in der gleichzeitig bei einer anderen Gesellschaft oder beim Gesellschafter als Ertrag zu einer Steuerzahlung führen.

Beteiligungsfinanzierung
Beschaffung von finanziellen Mitteln durch Zuführung von Eigenkapital durch bisherige oder neu hinzutretende Unternehmenseigner.

Betrieb
eine planvoll organisierte Wirtschaftseinheit, in der Sachgüter und Dienstleitungen erstellt und abgesetzt werden. Im Rahmen dieser Studienreihe wird unter einem „Unternehmen" die rechtlich-finanzielle Einheit verstanden, während der „Betrieb" als die technisch-organisatorische Seite aufgefasst wird.

Betriebsaufspaltung (Doppelgesellschaft)
Aufspaltung der unternehmerischen Tätigkeit in zwei Unternehmen, wobei eines als Besitz- und ein weiteres als Betriebsunternehmen tätig ist. Voraussetzung für die steuerliche Anerkennung ist das Vorliegen einer sachlichen und persönlichen Verflechtung.

Betriebsgrundlagen, wesentliche
Was als wesentliche Betriebsgrundlage anzusehen ist, ist zunächst normspezifisch auszulegen. Die hauptsächlich für umwandlungssteuerliche Zwecke herangezogene Definition der wesentlichen Betriebsgrundlage richtet sich nach der Art des Betriebs (z. B. Handel, Produktion) und der Funktion der einzelnen Wirtschaftsgüter im Unternehmen, d. h. ob diese für die Fortführung des Betriebs von Bedeutung sind. Es kommt damit auf die notwendige Organisationszugehörigkeit zum Betriebsvermögen an. Für Zwecke des § 16 EStG kommt eine quantitative Komponente hinzu. Nach der sog. funktional-quantitativen Betrachtungsweise gehören auch solche Wirtschaftsgüter zu den wesentlichen Betriebsgrundlagen, die erhebliche stille Reserven enthalten.

Betriebsteil
Eine abgrenzbare wirtschaftliche Aktivität, der bestimmte personelle und sachliche Ressourcen zugeordnet werden können. Der Betriebsteil braucht die Voraussetzungen eines Teilbetriebs nicht zu erfüllen. Hingegen sollen einzelne Wirtschaftsgüter oder Kostenstellen die Voraussetzungen eines Betriebsteils nicht erfüllen.

Betriebsvermögen
Summe aller aktiven und passiven Wirtschaftsgüter eines Betriebs. Die Abgrenzung des Betriebsvermögens ist von zentraler Bedeutung, weil alle Aufwendungen, die im Zusammenhang mit Betriebsvermögen entstehen, grundsätzlich Betriebsausgaben darstellen, während alle Einnahmen grundsätzlich zu Betriebseinnahmen führen. Bei der Gewinnermittlung nach § 4 Abs. 1 oder nach § 5 Abs. 1 EStG wird zwischen notwendigem Betriebsvermögen, gewillkürtem Betriebsvermögen und notwendigem Privatvermögen unterschieden. Notwendiges Betriebsvermögen stellen alle Wirtschaftsgüter dar, die dem Betrieb unmittelbar nutzen. Darunter fallen auch Wirtschaftsgüter, die betrieblich und privat genutzt werden, und deren betrieblicher Nutzungsanteil 50% übersteigt. Wirtschaftsgüter, die ihrer Art und Verwendung nach nicht eindeutig und überwiegend eigenbetrieblich genutzt werden, können gewillkürtes Betriebsvermögen darstellen. Allerdings müssen sie in einem gewissen objektiven Zusammenhang mit dem Betrieb stehen und dazu bestimmt und geeignet sein, ihm zu dienen. Der Steuerpflichtige hat hier einen gewissen Entscheidungsspielraum. Wirtschaftsgüter, die ausschließlich privaten Zwecken des Steuerpflichtigen dienen, sind notwendiges Privatvermögen. Dies gilt auch für Wirtschaftsgüter, die sowohl betrieblich als auch privat genutzt werden, deren betrieblicher Nutzungsanteil jedoch geringer als 10% ist.

Bonität
Fähigkeit eines Schuldners, in der Zukunft seinen Verpflichtungen nachkommen zu können

Darlehen, partiarische
Darlehen, bei dem der Gläubiger an Stelle eines vorher vereinbarten festen Zinses einen bestimmten Anteil vom Gewinn oder Umsatz erhält

Doppelbesteuerungsabkommen (DBA)
(eigentlich: Abkommen zur Vermeidung der Doppelbesteuerung) In Doppelbesteuerungsabkommen wird das Besteuerungsrecht der vertragsschließenden Staaten für bestimmte Sachverhalte aufgeteilt, an denen ein Wirtschaftssubjekt, das in mindestens einem der beiden Staaten ansässig ist, beteiligt ist. Sie erstrecken sich entweder auf die Steuer vom Einkommen und/oder vom Vermögen und werden zwischen – i. d. R. zwei – Staaten abgeschlossen. Daneben gibt es noch Doppelbesteuerungsabkommen für Nachlass-, Erbschaft- und Schenkungssteuern.

Doppelgesellschaft
siehe Betriebsaufspaltung

Eigenfinanzierung
Beschaffung von finanziellen Mitteln, die entweder aus den Gewinnen des Unternehmens selbst (Selbstfinanzierung) oder aus der Zuführung von Eigenkapital stammen (Einlagen- oder Beteiligungsfinanzierung).

Einheitsunternehmen
Organisationsform, bei der die gesamte unternehmerische Betätigung einer Person in einem Rechtsträger vereinigt ist.

Einlagen
Alle Wirtschaftsgüter, die der Steuerpflichtige im Laufe des Wirtschaftsjahres dem Betrieb zugeführt hat, § 4 Abs. 1 Satz 2 EStG.

Einlagenfinanzierung
Siehe Beteiligungsfinanzierung

Einzelrechtsnachfolge
Bei der Einzelrechtsnachfolge werden bewegliche Gegenstände durch Einigung und Übergabe (§ 929 BGB), Grundstücke durch notariell beurkundete Einigung und Auflassung im Grundbuch gem. §§ 873 f. BGB, Forderungen durch Abtretung gem. § 398 BGB und Schulden durch Schuldenübernahme gem. § 414 BGB übertragen. Im Fall der Schuldübertragung wird die Wirksamkeit des Rechtsgeschäftes von der Genehmigung durch den Gläubiger gem. § 415 BGB abhängig gemacht.

Entscheidung
Wahl einer von mehreren Alternativen, die dem Entscheidungsträger zur Erreichung eines Ziels zur Verfügung stehen.

Ergänzungsbilanz
Bilanz, in der die Besonderheiten bei dem einzelnen Gesellschafter gegenüber der Bilanz der Personengesellschaft (Gesamthandsbilanz) berücksichtigt werden. Sie kommt u. a. in Betracht beim Gesellschafterwechsel, bei Einbringungen in Personengesellschaften und bei der Inanspruchnahme personenbezogener Steuervergünstigungen durch die Personengesellschaft für einzelne ihrer Gesellschafter.

Ergebnisabführungsvertrag
Unternehmensvertrag, durch den sich eine AG oder eine KGaA verpflichtet, ihren gesamten Gewinn an ein anderes Unternehmen abzuführen (§ 291 Abs. 1 AktG). Diese Regelung gilt für die GmbH analog.

Factoring
Finanzierungsform, bei der ein spezielles Finanzierungsinstitut („Factor") von einem Verkäufer laufend dessen Forderungen ankauft und deren Verwaltung sowie das Risiko des Forderungsausfalls (Delkredererisiko) übernimmt. Wird letzteres nicht übernommen, handelt es sich um sog. unechtes Factoring.

Familiengesellschaft
Unternehmen, bei dem zwischen den Gesellschaftern verwandtschaftliche Beziehungen und Indizien für gleichgerichtete wirtschaftlichen Interessen bestehen.

Finanzierung durch Kapitalfreisetzung
Beschaffung von finanziellen Mitteln durch Vermögensumschichtung. Insbesondere durch den Rückfluss von Abschreibungsgegenwerten über den betrieblichen Umsatzprozess erlangt das Unternehmen finanzielle Mittel zurück, die für Finanzierungszwecke genutzt werden können (Abschreibungsfinanzierung). Gleiches gilt für die Veräußerung von (ggf. nichtbetriebnotwendigem) Vermögen. Zugleich ist zu beachten, dass infolge der Steuerwirksamkeit der korrespondierenden Aufwendungen eine Minderung der Steuerbelastung eintritt, die ihrerseits zu Finanzierungszwecken genutzt werden kann.

Finanzierung
Beschaffung von finanziellen Mitteln. Hierbei handelt es sich um jede Form von Zahlungsmitteln und sämtliches Buch- und Giralgeld (z. B. Sichtguthaben auf einem Bankkonto). Zu den möglichen Formen der Finanzierung siehe Finanzierung aus Kapitalfreisetzung, Rückstellungsfinanzierung, Beteiligungsfinanzierung, Selbstfinanzierung, Innenfinanzierung, Außenfinanzierung, Eigenfinanzierung, Fremdfinanzierung.

Firmenwert
siehe Geschäftswert.

Formwechsel
Jegliche im Gesetz zugelassene Änderung der Rechtsform eines Rechtsträgers mit der Folge der Wahrung seiner rechtlichen Identität und der grundsätzlichen Beibehaltung der bisherigen Mitgliedschaftsrechte.

Fremdfinanzierung
Beschaffung von finanziellen Mitteln, bei dem die Kapitalgeber eine Gläubigerstellung einnehmen. Charakteristisch für die Fremdfinanzierung ist, dass regelmäßig keine Haftungsübernahme erfolgt, die Zahlungsansprüche der Kapitalgeber nicht gewinnabhängig sind, kaum Einflussnahmemöglichkeiten auf das Unternehmen bestehen und dass die Kapitalüberlassung zeitlich begrenzt ist. Die Fremdfinanzierung kann entweder im Wege der Außenfinanzierung über die Aufnahme von Krediten oder im Wege der Innenfinanzierung über die Bildung von Rückstellungen erfolgen.

Gemeiner Wert
Preis, der im gewöhnlichen Geschäftsverkehr bei einer Veräußerung zu erzielen wäre. Dabei sind alle preisbeeinflussenden Umstände zu berücksichtigen, es sei denn, es handelt sich um ungewöhnliche oder persönliche Verhältnisse. Diese Definition des § 9 Abs. 2 BewG stellt – anders als der Teilwert – auf einen isolierten Verkauf ab, während der Teilwert die Einbindung in den Betrieb besonders berücksichtigt. Der gemeine Wert ist im Bereich der Erbschaft- und Schenkungsteuer der dominierende Wertmaßstab. Daneben kommt dem gemeinen Wert auch im ertragsteuerlichen Bereich

Bedeutung zu, wenn der Gesetzgeber eine Realisierung der im betrachteten Wirtschaftsgut enthaltenen stillen Reserven vorsieht.

Genussrechte
Rechte, die eine Beteiligung am Gewinn oder Liquidationserlös verbriefen, jedoch – anders als Aktien – weder Stimm- noch sonstige Mitgliedschaftsrechte verbriefen.

Gesamtausstattung
Gesamte Vergütung des Geschäftsführers einer Kapitalgesellschaft. Diese umfasst sowohl die Entgelte für seine Tätigkeit, also das Gehalt, als auch alle anderen Zuwendungen durch den Arbeitgeber (z. B. den Erwerb von Pensionsanwartschaften, die private Mitbenutzung eines Firmenwagens).

Gesamtrechtsnachfolge
Vermögensübertragungen, bei denen der neue Rechtsträger gesetzlich in die (Gesamt- bzw. Sonder-) Rechtstellung des alten Rechtsträgers eintritt. Wird nur ein Teil des Vermögens übertragen, spricht man von partieller Gesamtrechtsnachfolge (**Sonderrechtsnachfolge**).

Geschäftswert
Unterschiedsbetrag zwischen dem Gesamtkaufpreis für ein Unternehmen und allen einzeln bewertbaren Vermögensgegenständen und Schulden. Der Geschäftswert (gleichbedeutend: Goodwill) darf nur bilanziert werden, wenn er entgeltlich erworben wurde, (der sog. „derivativer Geschäftswert"). Hingegen besteht für einen selbst geschaffenen (originären) Firmenwert ein Bilanzierungsverbot. Die h. M. schließt das Vorliegen eines negativen Geschäftswerts aus.

Gesellschaftsform
siehe Rechtsform

Gewinnvergleichsrechnung
Methode der Investitionsrechnung, die auf die Höhe des aus einer Investition entstehenden Gewinns abstellt.

GmbH & Co. KG
Rechtsform, bei der eine GmbH (i. d. R. der einzige) Vollhafter einer Kommanditgesellschaft ist. Wenn die Gesellschafter der GmbH zugleich Kommanditisten der KG sind, wird von einer „typischen GmbH & Co. KG" gesprochen.

Hebesatzautonomie
Recht der Gemeinden, für die sog. Realsteuern Hebesätze festsetzen zu können.

Holding
Unternehmen, deren betrieblicher Hauptzweck in einer auf Dauer angelegten Beteiligung an einem (oder mehreren) rechtlich selbstständigen Unternehmen liegt. Dabei kann sie – einen entsprechenden Umfang der Kapitalanlage und deren stimmrechtliche Ausgestaltung vorausgesetzt – neben Finanzierungs- und Verwaltungsfunktionen

(Holding im engeren Sinne) auch die Aufgabe einer konzernleitenden Dachgesellschaft mit abhängigen Konzernunternehmen wahrnehmen (Holding im weiteren Sinne).

Innenfinanzierung
Beschaffung von finanziellen Mitteln über den (operativen) Umsatzprozess des Unternehmens. Zur Innenfinanzierung zählen die Selbstfinanzierung sowie die Finanzierung durch Kapitalfreisetzung und Rückstellungen.

Interner Zinssatz
Theoretischer Kalkulationszinssatz, bei dem der Kapitalwert der betrachteten Investition genau null beträgt. Der interne Zinssatz wird ökonomisch als Effektivverzinsung des gebundenen Kapitals interpretiert. Die Interne-Zinsfußmethode ist ein Investitionsrechenverfahren, nach dem Investitionen nur dann vorteilhaft sind, wenn deren Interner Zinssatz oberhalb des Marktzinses liegt.

Investition
Verwendung von finanziellen Mitteln. Entscheidend ist, dass es zu einem Abfluss finanzieller Mittel (also einer Auszahlung) kommt. Allerdings ist nicht jeder Mittelabfluss als Investition zu charakterisieren. Vielmehr führt z. B. das Begleichen einer Verbindlichkeit auch zu einer Auszahlung, ohne dass es sich hierbei um eine Investition handelt. Erforderlich ist vielmehr, dass die Auszahlung in der Erwartung erfolgt, dass ihr in der Zukunft Rückflüsse (in der Regel in Form von Geld) gegenüberstehen.

Investitionsfördermaßnahmen
Maßnahmen des Staates, mit dem dieser versucht, bestimmte Investitionen (z. B. nach sachlichen oder regionalen Kriterien) anzuregen und deren Vorteilhaftigkeit zu erhöhen.

Joint Venture
Zusammenarbeit von (i. d. R. nicht gebietsansässigen) Unternehmen mit Partnern aus dem Gastland.

Kapitalerhöhung aus Gesellschaftsmitteln
Einem Unternehmen wird nicht neues Kapital zugeführt, sondern Kapital- und/oder Gewinnrücklagen in Grund- bzw. Stammkapital umgewandelt. Damit erfolgt eine langfristigere Bindung dieses Kapitals an das Unternehmen.

Kapitalgesellschaftskonzern
Konzern, bei dem alle Gesellschaften in der Rechtsform einer Kapitalgesellschaft betrieben werden.

Kapitalwert einer Investition
Der Kapitalwert ist definiert als der Auszahlungsminderbetrag einer Sachinvestition gegenüber einer einzahlungsgleichen Finanzinvestition. Er lässt sich durch Diskontierung aller aus der betrachteten Investition resultierenden Ein- und Auszahlungen auf den Zeitpunkt null bestimmen. Die Kapitalwertmethode ist ein dynamisches Investitionsrechenverfahren. Demnach ist eine Sachinvestition dann stets vorteilhaft, wenn

der Kapitalwert größer als null ist.

Kasuistische Veranlagungssimulation
Durchführung der Verfahrensschritte, wie sie bei einer Wahl dieser Rechtsform durch das Finanzamt erfolgten, d. h. Ermittlung der Bemessungsgrundlage und Anwendung des Tarifs für jede Steuerart.

KGaA
Rechtsform für Unternehmen. Es handelt sich um eine Kapitalgesellschaft, die eine „Vermischung" von Elementen einer Kommanditgesellschaft und einer Aktiengesellschaft darstellt. Sie ist dadurch charakterisiert, dass es wenigstens einen persönlich haftenden Gesellschafter (Komplementär) gibt, der zugleich als Vorstand für die KGaA tätig ist (§ 278 Abs. 2 AktG). Damit obliegt ihm die Geschäftsführung und Vertretung der Gesellschaft. Zugleich gibt es ein in Aktien zerlegtes Kommanditkapital.

Kommanditaktionäre
Gesellschafter, die am Kommanditkapital einer KGaA beteiligt sind.

Kommanditist
Gesellschafter einer KG, der lediglich in Höhe ihrer Hafteinlage für Verbindlichkeiten der Gesellschaft haften.

Komplementär
Vollständig haftender Gesellschafter einer Kommanditgesellschaft.

Komplementär-GmbH
GmbH, deren (regelmäßig einzige) Aufgabe es ist, die Rolle des Vollhafters einer Kommanditgesellschaft zu übernehmen.

Konsumentenrente
Differenz zwischen dem Preis, den ein Käufer höchstens zu zahlen bereit ist und dem tatsächlich gezahlten Marktpreis, multipliziert mit der gekauften Menge.

Konzern
Die unter einheitlicher Leitung eines herrschenden Unternehmens stehende Zusammenfassung mit einem oder mehreren abhängigen Unternehmen, insbesondere bei Bestehen eines Beherrschungsvertrages oder einer Eingliederung (Unterordnungskonzern). Sind rechtlich selbstständige Unternehmen, ohne dass ein Unternehmen von dem anderen abhängig ist, und unter einheitlicher Leitung zusammengefasst, bilden sie ebenfalls einen Konzern (Gleichordnungskonzern).

Kostenvergleichsrechnung
Methode der statischen Investitionsrechnung, die auf die Höhe der Kosten abstellt, die aus einer Investition entstehen.

Kredit- oder Darlehensfinanzierung
Beschaffung von finanziellen Mitteln über den Kapitalmarkt, bei dem die Kapitalgeber eine Gläubigerstellung einnehmen. Charakteristisch für die Kredit- oder Darlehensfinanzierung ist, dass regelmäßig keine Haftungsübernahme erfolgt, die Zahlungsansprüche der Kapitalgeber nicht gewinnabhängig sind, kaum Einflussnahmemöglichkeiten auf das Unternehmen bestehen und dass die Kapitalüberlassung zeitlich begrenzt ist.

Leasing
Besondere Form der Vermietung und Verpachtung von Wirtschaftsgütern. Das Leasing hat in der Praxis u. a. eine Finanzierungsfunktion.

Mitunternehmer
Gesellschafter einer Personengesellschaft, der zugleich Mitunternehmerinitative entfaltet (= Teilhabe an unternehmerischen Entscheidungen) und Mitunternehmerrisiko trägt (= Teilnahme am Erfolg oder Misserfolg; soll nach der Rechtsprechung immer dann vorliegen, wenn der Gesellschafter mindestens die Rechte eines Kommanditisten hat, wie das HGB sie vorsieht). Um feststellen zu können, ob eine Mitunternehmerschaft vorliegt, ist immer auf das Gesamtbild der tatsächlichen Verhältnisse abzustellen.

Neutralität der Besteuerung
Postulat, nach dem der Faktor „Steuern" auf die Wahl zwischen unterschiedlichen Alternativen keinen Einfluss haben soll.

Nullkuponanleihe
Gleichbedeutend: Zerobond. Anleihen, die nicht laufend verzinslich sind, sondern stark unter dem Nennwert emittiert und bei Fälligkeit zum Nominalwert eingelöst werden.

Ökosteuer
Schlagwort, mit dem ausgedrückt werden soll, dass bestimmte Steuern mit dem Ziel eingesetzt werden, die Wirtschaftssubjekte zu umweltfreundlicherem Verhalten zu bewegen. Beispiel: Steuer auf den Ausstoß von Kohlendioxid (CO_2) – derzeit in der Bundesrepublik Deutschland (noch) nicht realisiert. Ansätze gibt es allerdings im Bereich der Mineralöl- und der Kfz-Steuer.

Optionsanleihen
(Gleichbedeutend: Optionsschuldverschreibungen, Warrants) Schuldverschreibung von Kapitalgesellschaften, bei der zusätzlich zum Anspruch auf Rückzahlung des Nennwerts zzgl. Zinsen ein Bezugsrecht für eine bestimmte Anzahl von Aktien der emittierenden Gesellschaft gewährt wird.

Organschaft
Steuerrechtliche Lehre von der wirtschaftlichen Einheit rechtlich selbstständiger Wirtschaftssubjekte. In der ertragsteuerlichen Anwendung bedeutet dies, dass einem Wirtschaftssubjekt (Organträger) das Einkommen der übrigen Wirtschaftssubjekte

(Organe) zugewiesen und nur von diesem versteuert wird. In Konzernstrukturen dient die Organschaft der Erlangung steuerlicher Vorteile.

Personengesellschaftskonzern
Konzern, bei dem alle Gesellschaften in der Rechtsform einer Personengesellschaft betrieben werden.

Privatvermögen
Wirtschaftsgüter, die entweder ausschließlich privat genutzt werden oder nur privat genutzt werden können, bilden sog. notwendiges Privatvermögen. Erfolgt eine teilweise betriebliche und eine teilweise private Nutzung, kann eine sog. Willkürung als Privatvermögen erfolgen, wenn der private Nutzungsanteil nicht weniger als 50% der Gesamtnutzung beträgt.

Produktionsfaktorsteuer
Steuer, die an den Einsatz oder den Verbrauch eines Produktionsfaktors anknüpft.

Rechtsform
System rechtlicher Regelungen, mit dem die Beziehungen zwischen Eigentümer und Betrieb, Betrieb und Außenstehenden sowie den Eigentümern untereinander determiniert werden.

Rechtsformwahl
Entscheidungsprozess bzw. -problem, bei dem versucht wird, aus der Vielzahl möglicher Rechtsformen diejenige auszuwählen, die für das Unternehmen am vorteilhaftesten ist.

Rechtsformwechsel
Im engeren Sinne ist er die Fortführung des unternehmerischen Engagements unter vollständiger Beibehaltung der bisherigen Gesellschafterstruktur in einer geänderten Rechtsform. Hiervon zu trennen sind Rechtsformwechsel im weiteren Sinne, bei denen sowohl die Unternehmensidentität als auch die Gesellschafteridentität nur weitgehend sichergestellt sind.

Rechtsträger
Eine juristische Einheit, die an einem Umwandlungsvorgang beteiligt ist. Die Beteiligungsfähigkeit wird im Umwandlungsgesetz für den jeweiligen Rechtsträger und für jede Form der Umwandlung ausdrücklich festgelegt. Dabei ist zwischen aktiver und passiver Beteiligungsfähigkeit zu unterscheiden, d. h. der Möglichkeit der Umwandlung aus bzw. in eine bestimmte Rechtsform. Sowohl Kapitalgesellschaften als auch Personenhandelsgesellschaften sind grundsätzlich auf beiden Seiten beteiligungsfähig. Ausnahmen bestehen lediglich für die Vermögensübertragung i. S. d. Umwandlungsgesetzes. Hier können zwar Kapitalgesellschaften als übertragende, nicht aber als übernehmende Rechtsträger auftreten.

Rentabilitätsvergleichsrechnung
Methode der statischen Investitionsrechnung, die die mit einer Investition verbundenen Kosten bzw. den hieraus erwarteten Gewinn zum in der Investition durchschnittlich gebundenen Kapital ins Verhältnis setzt.

Rückstellungsfinanzierung
Beschaffung von finanziellen Mitteln durch Zurückhaltung von Rückstellungsgegenwerten. Der bei der Bildung von Rückstellungen entstehende Aufwand ist nicht zahlungswirksam, sodass bei zeitgleich anfallenden Einzahlungen aus dem betrieblichen Umsatzprozess ein Finanzierungseffekt eintritt. Hierbei kommt insbesondere den Pensionsrückstellungen infolge des langen Zeitraums zwischen dem Zeitpunkt der Zusage und deren Einlösung eine sehr langfristige Finanzierungswirkung zu. Zugleich ist zu beachten, dass infolge der Steuerwirksamkeit der korrespondierenden Aufwendungen eine Minderung der Steuerbelastung eintritt, die ihrerseits zu Finanzierungszwecken genutzt werden kann.

Sachkapitalerhöhung
Kapitalerhöhung einer Kapitalgesellschaft unter Vornahme von Sacheinlagen (§ 56 GmbHG, § 183 AktG). Durch besondere Prüfungspflichten soll die Werthaltigkeit der Einlagen gewährleistet werden.

Selbstkontrahierungsverbot
Gem. § 181 BGB kann ein Vertreter eines anderen mit sich als Vertragspartner keine Rechtsgeschäfte vornehmen, sofern diese Regelung nicht ausdrücklich abbedungen wurde.

Selbstfinanzierung
Beschaffung von finanziellen Mitteln, indem erzielte Gewinne nicht an die Gesellschafter ausgeschüttet sondern einbehalten werden (Thesaurierung).

Sonderbetriebsausgaben
Aufwendungen, die dem mitunternehmerisch an einer Personengesellschaft beteiligten Gesellschafter (Mitunternehmer) durch den Erwerb, die Nutzung oder Veräußerung von Wirtschaftsgütern des Sonderbetriebsvermögens im Zusammenhang mit Sondervergütungen oder direkt durch die Beteiligungen entstehen. Diese Aufwendungen dürfen sich jedoch nur dann mindernd auf die Einkünfte aus Gewerbebetrieb auswirken, wenn sie die Voraussetzungen erfüllen, die an das Vorliegen von Betriebsausgaben gestellt werden.

Sonderbetriebsvermögen
Wirtschaftsgüter, die zivilrechtlich im Eigentum des Gesellschafters einer Personengesellschaft stehen, wenn sie dazu bestimmt sind, dem Betrieb der Gesellschaft zu dienen. Es liegt dann ein sog. Sonderbetriebsvermögen I vor. Dient das Wirtschaftsgut der Begründung oder Verstärkung der Beteiligung des Mitunternehmers an der Gesellschaft, handelt es sich um Sonderbetriebsvermögen II.

Sonderbilanz
Bilanz, in der das Sonderbetriebsvermögen eines Mitunternehmers ausgewiesen wird.

Spaltung in der Form der Abspaltung
Der übertragende Rechtsträger bleibt bestehen und überträgt nur einen Teil seines Vermögens, i. d. R. einen Teilbetrieb oder mehrere Teilbetriebe, auf einen bzw. mehrere andere – schon existierende oder neue – Rechtsträger. Die Anteilsinhaber des übertragenden Rechtsträgers erhalten hierfür Anteile bzw. Gesellschaftsrechte am übernehmenden Rechtsträger.

Spaltung in der Form der Aufspaltung
Ein übertragende Rechtsträger teilt unter Auflösung ohne Abwicklung sein gesamtes Vermögen auf und überträgt im Wege der Sonderrechtsnachfolge die Vermögensteile auf mindestens zwei andere – schon bestehende oder neu gegründete – Rechtsträger. Wie bei der Verschmelzung gegen Gewährung von Anteilen der übernehmenden Rechtsträgers erhalten die Anteilsinhaber des übertragenden Rechtsträgers Anteile oder Gesellschaftsrechte an den übernehmenden Rechtsträgern.

Spaltung in der Form der Ausgliederung
Wie bei der Spaltung geht nur ein Teil oder gehen nur Teile des Vermögens eines Rechtsträgers auf andere Rechtsträger über, jedoch gelangen die als Gegenleistung gewährten Anteile oder Gesellschaftsrechte am übernehmenden Rechtsträger in das Vermögen des übertragenden Rechtsträgers selbst.

Standort
der Ort, an dem das Unternehmen seine Produktionsfaktoren einsetzt.

Standortspaltung
Aufteilung der betrieblichen Funktionen auf unterschiedliche Standorte.

Standortwahl
Entscheidungsprozess bzw. -problem, bei dem die Unternehmung versucht, aus der Vielzahl möglicher Standorte denjenigen auszuwählen, der für das Unternehmen am günstigsten ist.

Steuerparadoxon
Situation, in der der Kapitalwert einer Investition nach Steuern größer ist, als er bei Nichtberücksichtigung der Besteuerung wäre.

Stille Gesellschaft
Beteiligung (in Form von Geld, Sacheinlagen, Rechten und/oder Dienstleistungen) einer natürlichen oder juristischen Person, einer Personengesellschaft oder einer Erbengemeinschaft am Handelsgewerbe eines anderen. Bei diesem kann es sich wiederum um eine natürliche oder juristische Person oder um eine Personengesellschaft handeln. Dabei wird die Einlage nicht Gesamthandsvermögen der Gesellschaft, sondern sie geht in das Vermögen des Inhabers des Handelsgewerbes über. Steuerlich ist zwischen der sog. typischen und der atypischen stillen Gesellschaft zu unterscheiden.

Stille Reserven
Nicht aus der Bilanz ersichtliche Vermögenswerte. Stille Reserven entstehen auf der Aktivseite, wenn der Buchwert niedriger als der Zeitwert ist oder bestimmte Wirtschaftsgüter gar nicht aktiviert wurden (z. B. selbsterstellte immaterielle Wirtschaftsgüter des Anlagevermögens). Sie entstehen auf der Passivseite, wenn die Wertansätze für Schulden oberhalb ihrer Zeitwerte liegen.

Teilbetrieb
Unternehmensteil, der bestimmte Anforderungen hinsichtlich Organisation, Selbständigkeit und Ausstattung mit Wirtschaftsgütern erfüllt. Wesentliche Bedeutung hat der Teilbetriebsbegriff im Umwandlungssteuerrecht (hier insbesondere Spaltungs- und Einbringungsvorgänge). Die Finanzverwaltung stellt in diesem Zusammenhang in Rn. 15.02 des UmwSt-Erlasses vom 11. 11. 2011 auf folgende Definition ab: „Teilbetrieb im Sinne des § 15 UmwStG ist die Gesamtheit der in einem Unternehmensteil einer Gesellschaft vorhandenen aktiven und passiven Wirtschaftsgüter, die in organisatorischer Hinsicht einen selbstständigen Betrieb, das heißt eine aus eigenen Mitteln funktionsfähige Einheit darstellen.“ Für Zwecke der Teilbetriebsveräußerung und -aufgabe nimmt R 16 Abs. 3 Satz 1 EStR dagegen folgende Definition vor: „Ein Teilbetrieb ist ein mit einer gewissen Selbständigkeit ausgestatteter organisch geschlossener Teil des Gesamtbetriebs, der für sich betrachtet alle Merkmale eines Betriebs im Sinne des Einkommensteuergesetzes aufweist und für sich lebensfähig ist.“

Teilsteuerrechnung
Verfahren zur Berücksichtigung der Abhängigkeiten zwischen den Steuerarten im Steuersatz.

Teilwert
Betrag, den ein Erwerber des ganzen Betriebs im Rahmen des Gesamtkaufpreises für das einzelne Wirtschaftsgut ansetzen würde, wobei davon auszugehen ist, dass der Betrieb fortgeführt wird, § 6 Abs. 1 Nr. 1 Satz 3 EStG. Es bestehen erhebliche Schwierigkeiten bei der praktischen Umsetzung dieser Definition, die über sog. Teilwertvermutungen (vgl. R 6.7 EStR) behoben werden sollen. Im Ergebnis orientiert sich der Teilwert stark an Marktpreisen oder an den (fortgeführten) Anschaffungs- oder Herstellungskosten.

Teilwertabschreibung
außerplanmäßige Abschreibung, um ein Wirtschaftsgut mit seinem niedrigeren Teilwert zu bewerten. Voraussetzung für die steuerliche Anerkennung einer solchen Abschreibung ist u. a., dass es sich um eine voraussichtlich dauerhafte Wertminderung handelt.

Thesaurierung
Einbehaltung von Gewinnen durch eine Kapitalgesellschaft.

Transparenzprinzip
Grundsatz, der besagt, dass die Einzelunternehmung bzw. Personengesellschaft steuerlich keine Steuersubjekteigenschaft besitzt, sondern auf die dahinter stehenden Personen abzustellen ist. Bei Personengesellschaften gilt dies nicht für Zwecke der Gewerbesteuer.

Trennungsprinzip
Grundsatz, der besagt, dass steuerlich zwischen der Kapitalgesellschaft einerseits und dem dahinter stehenden Gesellschafter andererseits zu unterscheiden ist.

Überentnahme
Entnahme von mehr als dem laufenden Gewinn(-anteil) aus einer Einzelunternehmung oder Personengesellschaft.

Übernahmebilanz
Im Fall der Verschmelzung zur Neugründung hat der übernehmende Rechtsträger eine gesonderte Übernahmebilanz aufzustellen. Hingegen kommt bei einem Formwechsel (§§ 190 ff. UmwG) eine Übernahmebilanz nicht in Betracht, weil sich die Identität des Rechtsträgers nicht ändert.

Übertragungsbilanz
In den Fällen der Verschmelzung einer Körperschaft auf eine Körperschaft muss die abgebende Gesellschaft die erhaltenen Wirtschaftsgüter in einer Bilanz erfassen.

Umlaufvermögen
Vermögensgegenstände, die dazu bestimmt sind, dem Unternehmen nicht dauernd zu dienen, Umkehrschluss aus § 247 Abs. 2 HGB.

Umwandlung
Fortbestehen einer wirtschaftlichen Einheit in einer anderen als der bislang geführten Rechtsform (§ 1 Abs. 1 UmwG versteht hierunter die Verschmelzung, Spaltung, Vermögensübertragung und den Formwechsel).

Unterentnahme
Entnahme von weniger als dem laufenden Gewinn(-anteil) aus einer Einzelunternehmung oder Personengesellschaft.

Unternehmen
siehe Betrieb.

Unternehmensform
siehe Rechtsform.

Verdeckte Gewinnausschüttung (vGA)
Vermögensminderung (oder verhinderte Vermögensmehrung) einer Kapitalgesellschaft, die durch das Gesellschaftsverhältnis veranlasst ist und nicht im Zusammenhang mit einer offenen Gewinnausschüttung steht. Dabei wird eine Veranlassung durch das Gesellschaftsverhältnis vermutet, wenn ein fremder Dritter bei Anwendung der Sorgfalt eines ordentlichen und gewissenhaften Geschäftsleiters dieses Geschäft unter sonst gleichen Bedingungen nicht oder nicht in der vorgenommenen Form abge-

schlossen hätte. Eine verdeckte Gewinnausschüttung darf nicht zu einer Minderung des Einkommens einer Kapitalgesellschaft führen, vgl. § 8 Abs. 3 Satz 2 KStG.

Verlustabzug
Berücksichtigung von Verlusten im Wege des Verlustrück- oder -vortrags.

Verlustausgleich
Berücksichtigung von Verlusten innerhalb des gleichen Veranlagungszeitraums.

Vermögensübertragung
Ähnlich der Verschmelzung und Spaltung handelt es sich um den Übergang des gesamten Vermögens eines Rechtsträgers im Wege der Gesamtrechtsnachfolge unter Auflösung und Abwicklung auf einen anderen Rechtsträger. Anders als bei der Verschmelzung oder Spaltung findet jedoch auf Grund der Rechtsnatur des übertragenden Rechtsträgers kein Anteilstausch statt, sondern es wird eine Gegenleistung anderer Art erbracht.

Verschmelzung
Übertragung des gesamten Vermögens eines Rechtsträgers auf einen anderen entweder schon bestehenden oder neu gegründeten Rechtsträger im Wege der Gesamtrechtsnachfolge unter Auflösung ohne Abwicklung, wobei den Anteilsinhabern des übertragenden und erlöschenden Rechtsträgers im Wege des Anteilstausches eine Beteiligung an dem übernehmenden Rechtsträger gewährt wird.

Wandelanleihe
(Gleichbedeutend: Wandelschuldverschreibung, Wandelobligation, Convertible Bond) Schuldverschreibung von Kapitalgesellschaften, bei der neben dem Anspruch auf Rückzahlung des Nennwerts zzgl. Zinsen das Recht besteht, die Anleihe in eine bestimmte Anzahl von Aktien der emittierenden Gesellschaft einzutauschen.

„Wiesbadener Modell"
Sonderform der Betriebsaufspaltung, jedoch mit der Besonderheit, dass ein Ehegatte zu 100% an Besitzunternehmen und der andere Alleingesellschafter der Betriebsgesellschaft ist. Da es an der persönlichen Verflechtung als Voraussetzung für die Betriebsaufspaltung fehlt, treten deren Rechtsfolgen nicht ein.

Wirtschaftsgut
Sachen und Rechte im bürgerlich-rechtlichen Sinne sowie sonstige vermögenswerte Vorteile, wenn für deren Erlangung Aufwendungen getätigt worden sind, ihnen im Geschäftsverkehr ein selbstständiger Wert beigelegt wird, und sie allein oder im Rahmen des gesamten Betriebs verkehrsfähig sind.

Zero-Bonds
siehe Nullkupon-Anleihe.

Zusatzlasten der Besteuerung
Nutzeneinbußen, die einem Wirtschaftssubjekt durch die Einführung einer Steuer über die fiskalische Belastung hinaus entstehen.

Stichwortverzeichnis

MIX
Papier aus verantwortungsvollen Quellen
Paper from responsible sources
FSC® C105338

If you have any concerns about our products,
you can contact us on
ProductSafety@springernature.com

In case Publisher is established outside the EU,
the EU authorized representative is:
Springer Nature Customer Service Center GmbH
Europaplatz 3, 69115 Heidelberg, Germany

Printed by Libri Plureos GmbH
in Hamburg, Germany